Elogios para *O Enxame Humano*

"Este livro excelente atrairá curiosos sobre as sociedades humanas, ou seja, basicamente todo mundo."

— *Publishers Weekly*, **Crítica com Estrela**

"Nossa era está repleta de startups de garagem que se tornam colossos do Vale do Silício do dia para a noite. Esse crescimento vertiginoso não é nada em comparação ao dos seres humanos, que passaram de bandos de caçadores-coletores ao nosso mundo globalizado em um piscar de nossos olhos evolucionários — e assim, hoje, um desconhecido em um continente distante pode ser morto quando apertamos um botão que opera um drone ou resgatado quando apertamos um botão que diz 'Doe Agora'. Em *O Enxame Humano*, Mark Moffett mapeia a ciência do desenvolvimento das sociedades humanas e suas difíceis consequências evolucionárias. Este livro de leitura agradável é ambicioso em sua abrangência interdisciplinar, rigoroso em sua ciência e profundamente instigante em suas implicações."

— **Robert Sapolsky, autor de** *Comportamento*

"Um *tour de force*."

— **Donald Johanson, descobridor do famoso fóssil do elo perdido "Lucy" e fundador do Instituto de Origens Humanas**

"*O Enxame Humano* é o livro de um biólogo que fascinará todos os leitores criteriosos e merece ser estudado a fundo também por psicólogos e sociólogos."

— **Roy Baumeister, autor, com John Tierney, de** *Força de Vontade*

"Ninguém proferiu declaração mais verdadeira: 'Nossa *grupabilidade* molda a história humana.' O livro de Moffett é uma análise abrangente e profundamente interessante de como um grande número de agentes individuais se torna uma sociedade. Suas viagens pelo mundo e lhe conferem uma visão única sobre a razão de

semelhanças quanto nas diferenças em relação a outros seres vivos — a capacidade de incluir grupos antes alógenos ao nosso, por exemplo. Nenhum livro que li recentemente fez meus neurônios acelerarem no mesmo ritmo que este."

— **Mahzarin Banaji, autora de** *Blindspot*

"Este é um livro de ideias fascinantes; muitas delas, contraintuitivas. As incríveis histórias de Mark Moffett sobre as sociedades animais convenceram-me de que o futuro das cidades humanas foi previsto pelas formigas. Se você gosta que o façam mudar de ideia, leia este manifesto."

— **Kevin Kelly, fundador da** *Wired Magazine* **e autor de** *Inevitável*

"Nos últimos 25 anos, surgiu um gênero na Grande História que inclui livros épicos como *Armas, Germes e Aço*, de Jared Diamond, *Os Anjos Bons da Nossa Natureza*, de Steven Pinker, e *Sapiens*, de Yuval Noah Harari. *O Enxame Humano*, de Mark Moffett, está destinado a ser incluído em futuras listas de tais livros que não só aumentam o conhecimento sobre quem somos, como chegamos aqui e para onde vamos, mas que mudam a visão de como nos encaixamos no cenário mais amplo da vida na Terra. Uma obra magistral, de importância monumental."

— **Michael Shermer, editor da revista** *Skeptic*
e autor de *The Moral Arc*

"O *Homo sapiens* é um animal social de pequenos grupos que parece estar fisicamente limitado a relacionamentos pessoais com alguns indivíduos. Entretanto, a humanidade luta para lidar com sociedades de bilhões enquanto as tecnologias humanas hoje representam ameaças existenciais associadas a esses números. Em *O Enxame Humano*, Mark Moffett apresenta uma visão intrigante das raízes biológicas e da evolução cultural dessa situação atualmente crítica."

— **Paul R. Ehrlich, autor de** *Human Natures*

"*O Enxame Humano* certamente é a explicação mais precisa, abrangente e original que encontraremos da nossa existência social, uma revelação inacreditável após a outra, a maioria surpreendente, todas fascinantes. É verdadeiro, sem dúvida, o que fica evidente quando se lê, e é muito bem escrito — uma leitura prazerosa."

— **Elizabeth Marshall Thomas, autora de** *The Harmless People*

O ENXAME HUMANO

Surgimento,
Desenvolvimento e Queda de
NOSSAS SOCIEDADES

MARK W. MOFFETT

ALTA CULT
EDITORA
Rio de Janeiro, 2022

O Enxame Humano

Copyright © 2022 da Starlin Alta Editora e Consultoria Eireli.
ISBN: 978-65-5520-345-5

Translated from original The Human Swarm: How Our Societies Arise, Thrive, and Fall. Copyright © 2018 by Mark W. Moffett. ISBN 978-0-4650-5568-5. This translation is published and sold by permission of Basic Books, an imprint of Perseus Books, LLC, the owner of all rights to publish and sell the same. PORTUGUESE language edition published by Starlin Alta Editora e Consultoria Eireli, Copyright © 2022 by Starlin Alta Editora e Consultoria Eireli.

Todos os direitos estão reservados e protegidos por Lei. Nenhuma parte deste livro, sem autorização prévia por escrito da editora, poderá ser reproduzida ou transmitida. A violação dos Direitos Autorais é crime estabelecido na Lei nº 9.610/98 e com punição de acordo com o artigo 184 do Código Penal.

A editora não se responsabiliza pelo conteúdo da obra, formulada exclusivamente pelo(s) autor(es).

Marcas Registradas: Todos os termos mencionados e reconhecidos como Marca Registrada e/ou Comercial são de responsabilidade de seus proprietários. A editora informa não estar associada a nenhum produto e/ou fornecedor apresentado no livro.

Impresso no Brasil — 1ª Edição, 2022 — Edição revisada conforme o Acordo Ortográfico da Língua Portuguesa de 2009.

Erratas e arquivos de apoio: No site da editora relatamos, com a devida correção, qualquer erro encontrado em nossos livros, bem como disponibilizamos arquivos de apoio se aplicáveis à obra em questão.

Acesse o site **www.altabooks.com.br** e procure pelo título do livro desejado para ter acesso às erratas, aos arquivos de apoio e/ou a outros conteúdos aplicáveis à obra.

Suporte Técnico: A obra é comercializada na forma em que está, sem direito a suporte técnico ou orientação pessoal/exclusiva ao leitor.

A editora não se responsabiliza pela manutenção, atualização e idioma dos sites referidos pelos autores nesta obra.

Dados Internacionais de Catalogação na Publicação (CIP) de acordo com ISBD

M695e	Moffett, Mark W.
	O enxame humano: surgimento, desenvolvimento e queda de nossas sociedades / Mark W. Moffett ; traduzido por Edite Siegert. - Rio de Janeiro: Alta Books, 2022.
	464 p. ; 16cm x 23cm.
	Tradução de: The Human Swarm
	Inclui bibliografia e índice.
	ISBN: 978-65-5520-345-5
	1. Ciências sociais. 2. Antropologia. 3. Metodologia política. 1. Siegert, Edite. II. Título.
	CDD 300
2021-3629	CDU 3

Elaborado por Odílio Hilario Moreira Junior - CRB-8/9949

Rua Viúva Cláudio, 291 — Bairro Industrial do Jacaré
CEP: 20.970-031 — Rio de Janeiro (RJ)
Tels.: (21) 3278-8069 / 3278-8419
www.altabooks.com.br — altabooks@altabooks.com.br

Produção Editorial
Editora Alta Books

Gerência Comercial
Daniele Fonseca

Editor de Aquisição
José Rugeri
acquisition@altabooks.com.br

Produtores Editoriais
Illysabelle Trajano
Maria de Lourdes Borges
Thales Silva

Marketing Editorial
Livia Carvalho
Thiago Brito
marketing@altabooks.com.br

Equipe de Design
Larissa Lima
Marcelli Ferreira
Paulo Gomes

Diretor Editorial
Anderson Vieira

Coordenação Financeira
Solange Souza

Coordenação de Eventos
Viviane Paiva

Produtor da Obra
Thiê Alves

Equipe Ass. Editorial
Beatriz de Assis
Brenda Rodrigues
Caroline David
Gabriela Paiva
Henrique Waldez
Mariana Portugal
Raquel Porto

Equipe Comercial
Adriana Baricelli
Daiana Costa
Fillipe Amorim
Kaique Luiz
Victor Hugo Morais

Atuaram na edição desta obra:

Tradução
Edite Siegert

Copidesque
Carolina Palha

Capa
Paulo Gomes

Revisão Gramatical
Isis Rezende
Kamila Wozniak

Diagramação
Joyce Matos

Ouvidoria: ouvidoria@altabooks.com.br

Editora afiliada à:

Dedico este livro a três pessoas notáveis.

Primeiro, ao meu mentor, Edward O. Wilson, pela admiração por seu espírito poético, suas décadas de criação de conexões entre as ciências e seu infatigável apoio a tantas carreiras.

A minha, fora dos trilhos, aí inclusa.

Ao falecido e enaltecido Irv DeVore, que promoveu o pensamento crítico entre gerações de antropólogos e enfrentou horas de conversas com este biólogo.

E a Melissa Wells, minha admirável esposa e parceira, que acredita em mim.

TAMBÉM DE MARK W. MOFFETT:

Adventures Among Ants:
A Global Safari with a Cast of Trillions

Face to Face with Frogs

The High Frontier:
Exploring the Tropical Rainforest Canopy

Este seria, portanto — prossegui —, o mais belo limite para os nossos chefes imporem à grandeza que a cidade deve ter; e, uma vez atingida ela, para a quantidade de território que devem reservar, deixando o restante.

Que limite?

Em minha opinião, o seguinte: até onde puder aumentar permanecendo unida, até aí pode crescer; para além disso, não.

Muito bem! — disse ele.

— PLATÃO, *A República*

Sumário

Introdução   1

Seção I: Afiliação e Reconhecimento

Capítulo 1: O que uma Sociedade Não É (E o que É)   17

Capítulo 2: O que os Vertebrados Ganham por Viver em Sociedade   29

Capítulo 3: Em Movimento   37

Capítulo 4: Reconhecimento Individual   45

Seção II: Sociedades Anônimas

Capítulo 5: Formigas e Seres Humanos, Maçãs e Laranjas   57

Capítulo 6: Os Derradeiros Nacionalistas   67

Capítulo 7: Seres Humanos Anônimos   81

Seção III: Caçadores-Coletores até Tempos Recentes

Capítulo 8: Sociedades de Bandos   99

Capítulo 9: A Vida Nômade   115

Capítulo 10: Estabelecendo-se   127

Seção IV: A Complexa História das Sociedades Anônimas

Capítulo 11: *Pant-hoots* e Senhas   147

viii *Sumário*

Seção V: Funcionando (ou Não) em Sociedades

Capítulo 12: Sentindo os Outros	169
Capítulo 13: Estereótipos e Histórias	181
Capítulo 14: A Grande Cadeia	193
Capítulo 15: Grandes Uniões	203
Capítulo 16: Colocando a Família em Seu Lugar	213

Seção VI: Paz e Conflito

Capítulo 17: Conflitos São Necessários?	227
Capítulo 18: Cooperando com os Outros	239

Seção VII: Vida e Morte das Sociedades

Capítulo 19: O Ciclo de Vida das Sociedades	253
Capítulo 20: O Dinâmico "Nós"	263
Capítulo 21: Inventando Estrangeiros e a Morte das Sociedades	273

Seção VIII: De Tribos a Nações

Capítulo 22: Transformando uma Vila em uma Sociedade Conquistadora	287
Capítulo 23: Criando e Destruindo uma Nação	305

Seção IX: De Prisioneiro a Vizinho... a Cidadão Global?

Capítulo 24: A Ascensão das Etnias	323
Capítulo 25: Divididos Continuamos	343
Capítulo 26: A Inevitabilidade das Sociedades	361

Conclusão: Identidades Mudam e Sociedades Se Desfazem	371

Agradecimentos, 379
Notas, 385
Referências, 411
Índice, 451

Introdução

Ao longo de toda a existência das sociedades humanas, as pessoas que as integravam mudaram e, em sua imaginação, transformaram-se em Seres Humanos excepcionais. E, considerando o quanto o pertencimento a uma sociedade é poderoso na criação da autoimagem coletiva dos cidadãos, eles não veem seus companheiros como diferentes — é em relação aos estrangeiros que eles sentem ter sofrido a transformação mais radical; às vezes, assustadora. Na mente das pessoas, grupos inteiros de estrangeiros podem se transformar em algo menos que humano, até mesmo um tipo de verme.

É tema histórico que estrangeiros podem ser considerados suficientemente desprezíveis para serem esmagados com o pé, como insetos. Pense no ano de 1854, território de Washington. Seattle, o chefe da tribo Suquamish e homônimo da cidade recém-fundada, tinha acabado de ouvir Isaac Stevens, o governador do território, recentemente indicado, falar aos anciões da tribo. Stevens explicou que os Suquamish seriam realocados a uma reserva. Levantando-se para responder, Seattle se elevou acima do pequeno governador. Falando em duwamish, lamentou o abismo entre as sociedades e reconheceu que os dias dos Suquamish estavam contados. No entanto, ele se mostrou resignado com a notícia: "Tribos seguem tribos, nações seguem nações, como as ondas do mar. É a ordem da natureza, e é inútil se lamentar."[1]

Como biólogo de campo, ganho a vida pensando na ordem da natureza. Passei anos observando o conceito que chamamos de "sociedade" enquanto explorava tribos e nações. Fico sempre cativado pelo fenômeno da estrangeiridade: o modo como diferenças objetivas, insignificantes, são transformadas em disparidades entre as pessoas e como se ramificam a todos os aspectos da vida, da ecologia à política. O objetivo de *O Enxame Humano* é assimilar o máximo possível dessa ampla busca investigando a natureza das sociedades do

2 O ENXAME HUMANO

Homo sapiens assim como as de outros animais. Este livro parte da premissa de que, por mais desagradável que a ideia pareça, as sociedades humanas e as de insetos são mais parecidas do que gostaríamos de acreditar.

Para os seres humanos, qualquer pequeno detalhe é sinal de estrangeiridade, como confirmei várias vezes. Expressões mortificadas me encararam na Índia quando peguei a comida com a mão incorreta. No Irã, tentei dizer "sim" com um aceno de cabeça, quando, para os locais, isso significa "não". Sentado no musgo dos planaltos da Nova Guiné, assisti ao *Muppet Show* com toda a vila em uma velha televisão ligada à bateria de um carro. Sabendo que eu era norte-americano e que o *Muppet Show* era norte-americano, todos os homens e mulheres me olharam com um ar zombeteiro quando um porco, uma espécie que eles veneram, valsava na tela de vestido e salto alto. Na base da conversa, consegui passar por metralhadoras na guerra civil da etnia Tamil, no Sri Lanka, e me preocupei enquanto burocratas bolivianos desconfiados tentavam descobrir quem era essa pessoa muito estranha e o que fazia — ou teria permissão de fazer — em seu país. Em casa, vi colegas norte-americanos se comportarem com o mesmo desconforto, perplexidade e, às vezes, raiva com outsiders. Em uma reação primitiva, ambas as partes pensam *como o outro* é estranho, apesar das profundas semelhanças de seres humanos, com dois braços, duas pernas e desejo de amar, ter um lar e uma família.

Em *O Enxame Humano*, examino a afiliação social como um componente específico do nosso senso de identidade, que deve ser considerado (como faço, principalmente nos capítulos finais) ao lado da raça e da etnicidade — identificações que exercem a mesma atração primária e emocional. A elevada significância de nossas sociedades — e etnicidades e raças —, comparada a outros aspectos da nossa identidade, parece disparatada. Para começar, Amartya Sen, economista e filósofa vencedora do prêmio Nobel, esforça-se para entender por que as pessoas perdem suas identidades em grupos que anulam todo o resto. Usando os conflitos mortais em Ruanda como exemplo, Sen lamenta o fato de que "um trabalhador Hutu de Kigali (a capital) é pressionado a se ver somente como um Hutu e incitado a matar Tutsis, quando, na verdade, ele não é só um Hutu, mas também um kigaliano, ruandense e africano, um trabalhador e um ser humano".[2] Esses e outros tipos de ruptura são tema dos capítulos a seguir. Quando as convicções sobre o que uma sociedade defende e quem a ela pertence entram em conflito, a desconfiança aumenta, e a união falha.

A palavra "tribalismo" vem à mente simbolizando várias pessoas atraídas por qualquer coisa, da paixão por corridas de automóvel à negação do aquecimento global.[3] A noção de tribo, aqui usada de forma livre, é tema comum de best-sellers. Entretanto, quando falamos da tribo de um habitante dos planaltos da Nova Guiné, ou do tribalismo referente à nossa conexão com uma sociedade, lembramo-nos de como um duradouro senso de pertencimento suscita amor e lealdade — mas, também, expresso em relação a estrangeiros, como promove ódio, devastação e desespero.

Antes de passarmos a esses temas, falaremos da mais básica das perguntas, ou seja: o que é uma sociedade? Veremos que há uma grande diferença entre ser social — promover uma conexão positiva com os outros — e a situação, muito menos comum na natureza, em que uma espécie tende a formar os grupos separados que chamamos de sociedades, que perduram por gerações. Fazer parte de uma sociedade não é uma questão de escolha; normalmente, está claro para todos quais membros são relevantes para ela. Outsiders, com sua inequívoca estrangeiridade, devido à aparência, sotaque, gestos e atitudes em relação a tudo, de porcos a gorjetas serem vistas como um insulto, são admitidos com dificuldade. E, então, em muitos casos, eles são totalmente aceitos somente com o passar do tempo — décadas, até séculos.

Após as nossas famílias, nossas sociedades são as afiliações às quais mais prometemos lealdade e pelas quais lutamos e morremos.[4] Mas, no cotidiano, a primazia das sociedades raramente é óbvia, formando só uma porção de nosso senso de identidade e de nosso reconhecimento de como os outros são diferentes. Como parte de nossa experiência diária, unimo-nos a partidos políticos, clubes do livro, grupos de pôquer, círculos de adolescentes. Podemos até criar um elo com os companheiros de viagem de um ônibus de excursão e encará-los com mais respeito que os de outro veículo por um tempo e, talvez como resultado, trabalhar em conjunto para resolver os problemas do dia.[5] A predisposição de nos unirmos a um grupo nos molda como indivíduos e tem sido tema de extensas pesquisas. Enquanto isso, nossa sociedade leva a vida, sendo tão facilmente ignorada quanto as batidas de nosso coração e a nossa respiração. Naturalmente, ela passa ao primeiro plano em momentos de adversidade ou de orgulho. Uma guerra, um ataque terrorista ou a morte de um líder molda uma geração. No entanto, mesmo em épocas de calmaria, nossa sociedade estabelece o tom de nossos dias, influencia nossas crenças e enriquece nossas experiências.

4 O ENXAME HUMANO

Refletir sobre as diferenças às vezes insuperáveis entre as sociedades — sejam populações fervilhantes em nações de dimensões continentais como os Estados Unidos ou tribos locais na Nova Guiné — suscita questões de máxima importância. As sociedades, e a rotulação de outras como *estrangeiras*, são parte da "ordem da natureza" e, portanto, inevitáveis? Presas por um senso de superioridade e vulneráveis à inimizade de outros grupos, todas as sociedades estão condenadas a fraquejarem e a sucumbirem, como supôs Seattle, como consequência de conflitos com outras sociedades ou devido a um senso de alienação que se espalha entre os membros da própria sociedade?

O Enxame Humano é minha tentativa de responder a essas perguntas. O debate vai da história natural para a pré-história e à trajetória inconstante das civilizações — das paredes de tijolos de lama da Suméria à vastidão eletrônica do Facebook. Cientistas comportamentais, por exemplo, separam interações humanas em estreitas estruturas contextuais usando jogos de estratégia a fim de esclarecer como tratamos uns aos outros. Contudo, eu me esforço para adotar uma abordagem mais ampla. Entender a origem, a manutenção e a dissolução das sociedades — o quanto são necessárias, como ocorrem e por que importam — nos levará pelas recentes descobertas da biologia, da antropologia e da psicologia, além de um pouco de filosofia.

A história também tem um papel na narrativa, embora mais pelos padrões que revela do que pelos detalhes. Apesar de cada sociedade ter a própria saga, acredito que haja forças subjacentes comuns que as unem, ou que provocam sua queda e destruição. O fato é que, seja por conquista, transmutação, assimilação, divisão ou morte, todas as sociedades — animais ou humanas, de caçadores-coletores limitados ou potências industriais — chegam a um fim. Essa impermanência é facilmente ignorada, considerando-se que sua longevidade é medida em termos do tempo da vida humana. A obsolescência é garantida não por vizinhos hostis ou por destruição ambiental (embora esses fatores tenham desempenhado um papel significativo no declínio de algumas sociedades), tampouco pela vida efêmera das pessoas, mas, sim, pela transitoriedade das identidades que os membros apresentam uns aos outros e ao mundo. As diferenças entre as pessoas exercem uma grande influência, e mudanças lentamente transformam o que antes era familiar em algo estrangeiro.

A conexão humana com as sociedades tem origens profundas, que remontam ao nosso passado animal. Entretanto, a ideia de descrever sociedades em termos de afiliação, com suas implicações de endogrupos e exogrupos [*ingroups* e *outgroups*], noções que pego emprestadas da psicologia, não é convencional na biologia. Meus colegas costumam ter aversão, raramente expressa, a falar sobre sociedades. Como exemplo, embora nosso idioma tenha palavras que abarquem muitos tipos de sociedades (como "bando", para macacos e gorilas; "alcateia" para lobos, mabecos ou cães selvagens africanos; "clã", para hienas malhadas e suricatos; "manada" para cavalos), os pesquisadores geralmente as evitam e simplesmente lhes designam o termo "grupo", com a consequente perda de clareza e entendimento. Imagine assistir a uma palestra, como ocorreu comigo, na qual um ecologista falou sobre um grupo de macacos que se "separou em dois grupos" e, mais tarde, "um dos grupos entrou em confronto com outro grupo". Foi necessária uma profunda concentração para decifrar essas frases: ele quis dizer que os membros de um determinado bando de macacos tomaram duas direções diferentes, sendo que um deles se deparou com um terceiro e se defendeu vigorosamente. Embora um bando seja, inegavelmente, um grupo, é um grupo de um tipo muito especial, diferenciado de todos os outros macacos por uma sociedade fechada e estável, pela qual vale a pena lutar e digna de ser rotulada com um termo próprio.

Quando um grupo — uma matilha, um bando, uma manada etc. — forma esse tipo de identidade singular que ultrapassa os elos comuns entre pais e filhos, ser parte dessa sociedade oferece muito. Que características compartilhamos com esses animais? Como nos diferenciamos deles — e, mais relevante, o quanto isso importa?

Embora modelos animais sejam úteis para esclarecer o valor das sociedades, são insuficientes para explicar como os seres humanos chegaram aonde estão hoje. Por mais naturais que nossas grandes nações pareçam para a maioria dos povos do mundo, não são mandatórias. Antes do florescimento das civilizações (refiro-me a sociedades com cidades e arquitetura monumental), os seres humanos também percorreram a superfície habitável da Terra em sociedades, porém muito menores: em tribos dependentes de hortas simples e animais domesticados, ou caçadores-coletores retirando as refeições da natureza. Essas sociedades eram as nações da época. Os antepassados de todos nós foram associados a elas em algum momento, se recuarmos eras até um período em que os seres humanos eram todos caçadores-coletores. De fato, muitos povos na Nova Guiné, Bornéu, florestas tropicais sul-americanas, África sub-saariana e outras partes do mundo conservam suas conexões primárias com

6 O ENXAME HUMANO

algumas poucas centenas ou milhares de indivíduos de tribos que, na maioria, vivem independentes do governo do país.

Para descrever as primeiras sociedades, nós nos baseamos em evidências de caçadores-coletores de séculos recentes e registros arqueológicos. Os grandes países que fazem o coração se encher de orgulho seriam incompreensíveis para esses nossos ancestrais. Examinaremos o que possibilitou essa transformação, gerando sociedades que continuam a discriminar estrangeiros apesar de elas terem se tornado tão numerosas que a maioria de seus integrantes não se conhecem. O anonimato casual que caracteriza as sociedades contemporâneas parece banal, mas é um grande problema. O ato aparentemente trivial de entrar em um café repleto de estranhos indiferentes uns aos outros é uma das realizações mais subvalorizadas de nossa espécie e separa os seres humanos da maioria dos outros vertebrados que vivem em sociedade. O fato de os animais dessas espécies reconhecerem cada indivíduo de sua sociedade é uma restrição que a maioria dos cientistas tem ignorado, mas explica por que leões ou cães-da-pradaria jamais construirão reinos intercontinentais. Ficar à vontade com membros desconhecidos da sociedade conferiu aos seres humanos vantagens desde o início e possibilitou a criação de nações.

As grandes populações que compõem as sociedades humanas modernas são únicas na crônica da vida de espécies maiores que uma unha. Entretanto, meu treinamento tem ocorrido com criaturas menores que isso: os insetos sociais, exemplificados (a partir de um viés pessoal) pelas formigas. A ideia básica deste livro surgiu quando encontrei um campo de batalha de quilômetros em uma cidade próxima a San Diego, em que duas supercolônias de formigas-argentinas, extremamente numerosas, defendiam seus territórios. Inicialmente, esses seres liliputianos me levaram a perguntar, em 2007, como um grande número de indivíduos, formigas *ou* seres humanos, pode, de fato, formar uma sociedade. Este livro vai falar de como, assim como os seres humanos, as formigas reagem umas às outras de tal forma que suas sociedades podem ser anônimas: nós — e elas — não temos necessidade de nos conhecermos como indivíduos a fim de manter as peculiaridades de nossas sociedades. Essa capacidade criou a possibilidade de os seres humanos transcenderem as limitações de tamanho da maioria das outras sociedades de mamíferos, como foi visto primeiro em sociedades de caçadores-coletores que se multiplicaram às centenas e, por fim, abriram caminho para as grandes repúblicas da história.

Como sociedades anônimas se desenvolvem? Nossa abordagem, baseada nas formigas, de identificação mútua depende de características compartilhadas que marcam os indivíduos como companheiros. Mas esses marcadores — que, nas formigas, são simples substâncias químicas e, em seres humanos, variam de roupas a gestos e idiomas — são insuficientes para explicar o que mantém as civilizações unidas. As condições favoráveis para expandir as sociedades humanas, comparadas às das formigas, com seus pequenos cérebros, têm sido severas e frágeis. As pessoas utilizam habilidades testadas de outras épocas em sua caixa de ferramentas mental para tornar a vida tolerável em resposta ao crescente número de integrantes na sociedade. O aumento das diferenças entre os indivíduos por meio de empregos ou outras peculiaridades (ou grupabilidade) faz parte do pacote. Talvez, mais surpreendente, o surgimento de desigualdades — o que discutirei especialmente no que tange ao surgimento de líderes — seja fundamental para construir a população de uma sociedade. Aceitamos esses fenômenos como fatos consumados, mas eles variavam notavelmente entre os caçadores-coletores, alguns dos quais viviam em sociedades itinerantes de iguais.

A coexistência de várias raças e etnicidades em uma sociedade tornou-se mais presente desde a agricultura, uma extensão da disposição, já mencionada, de aceitar distinções entre os indivíduos, incluindo a autoridade dos outros. Essa união de grupos antes independentes é desconhecida entre os grupos de caçadores-coletores e, de fato, não é encontrada em nenhuma outra espécie. As nações não teriam se estabelecido sem que as pessoas encontrassem um novo uso para suas ferramentas cognitivas de sobrevivência, a fim de assimilarem e se adaptarem aos diferentes grupos étnicos. Essa concessão à diversidade é acompanhada por fatores estressores que podem fortalecer a sociedade, mas também destruí-la. Assim, embora o sucesso desse caldeirão de culturas seja algo positivo, a mistura ocorre apenas parcialmente, com a questão do "nosso" na raiz de motins, limpezas étnicas e holocaustos.

Do início ao fim, meu objetivo é intrigá-lo com mistérios, alguns importantes, outros estranhos, mas esclarecedores. Como amostra, os elefantes das savanas africanas mantêm sociedades enquanto os elefantes asiáticos não as têm. Trataremos da curiosa questão do porquê, considerando a relação próxima dos seres humanos com duas outras espécies de primatas, o chimpanzé e o bonobo, as formigas fazem todo o tipo de coisas "humanas", como construir estradas, criar regras de trânsito, ter trabalhadores de saúde pública e traba-

8 O ENXAME HUMANO

lhar em linhas de montagem enquanto esses primatas não o fazem. Ainda refletiremos sobre se um grito de som primitivo chamado de *pant-hoot* [chamada] pode ter sido o primeiro pequeno passo de nossos ancestrais remotos em direção a um apelo patriótico e, de certa forma, a base de nossos reinos de dimensões continentais. Como eu, um estrangeiro, consigo ignorar as diferenças humanas e perseverar em outras sociedades quando a maioria dos animais, as formigas decididamente entre eles, são incapazes de fazê-lo? Ou, uma pergunta para o entusiasta de história: o resultado da Guerra Civil dos EUA pode ter sido influenciado pelo fato de a maioria dos sulistas da época ainda pensarem em si mesmos como norte-americanos?

George Bernard Shaw escreveu: "O patriotismo é, fundamentalmente, a convicção de que um determinado país é o melhor do mundo porque você nasceu nele."[6] Portanto, o que isso significa se o componente inerente da condição humana está firmemente ligado a uma sociedade, idolatrando-a, enquanto menospreza, desconfia, humilha ou até odeia estrangeiros? Esse fato é algo inesperado em nossa espécie e um dos motivos para eu escrever este livro. Embora tenhamos passado de sociedades pequenas a enormes, mantivemos uma extraordinária consciência de quem se adéqua a ela. Sim, fazemos amizade com estrangeiros, mas eles permanecem estrangeiros. Para o bem ou para o mal, as distinções continuam — com distinções igualmente pronunciadas e, muitas vezes, disruptivas aumentando dentro das próprias sociedades, por razões que espero esclarecer. O modo como tratamos as semelhanças e as diferenças determina a natureza e o futuro das sociedades.

A JORNADA À FRENTE

Nossas investigações não nos guiarão por uma longa estrada em linha reta, mas por vários caminhos interligados. De tempos em tempos, recuaremos para examinar temas como biologia e psicologia sob novos ângulos. Nossa trajetória nem sempre será cronológica, pois nos baseamos na história humana e também em nossa própria evolução para entender o que fazemos e como pensamos. Considerando o que parece uma jornada sinuosa por múltiplos e diversos pontos de desembarque, estruturei uma certa sequência para o que virá.

Dividi o livro em nove seções. A Seção I, "Afiliação e Reconhecimento", abrange a ampla gama de sociedades de vertebrados. O Capítulo 1 analisa o papel da cooperação nas sociedades, o que entendo ser menos essencial do que a questão da identidade: as sociedades consistem em um conjunto heterogêneo de membros em uma rica rede de relações, nem sempre harmoniosas. O Capítulo 2 abrange outras espécies de vertebrados, especialmente mamíferos, para esclarecer como as sociedades, apesar de quaisquer imperfeições no sistema de parceria que existam nelas, beneficiam os seus membros atendendo a suas necessidades e os protegendo. O Capítulo 3 destaca a relevância da movimentação dos animais dentro e entre as sociedades para o sucesso de vários grupos. Um padrão versátil de atividade, a fissão-fusão*, cria uma dinâmica que explica a evolução da inteligência em certas espécies, principalmente nos seres humanos, e é um tema recorrente neste livro. O Capítulo 4 investiga o quanto os membros da maioria das espécies de mamíferos precisam saber uns dos outros para que as sociedades se mantenham unidas. Aqui, revelo um fator limitante das sociedades de muitas espécies: todos os seus membros são obrigados a conhecer uns aos outros como indivíduos, gostem-se ou não, restringindo as sociedades a, no máximo, algumas dezenas de indivíduos. Isso levanta o questionamento de como as espécies humanas se libertaram dessa limitação.

A Seção II, "Sociedades Anônimas", trata de um grupo de organismos que invadem esse limite populacional: os insetos sociais. Um dos meus objetivos é derrubar eventuais aversões que você, leitor, tenha a comparar insetos a "espécies superiores", principalmente aos seres humanos, esclarecendo o valor dessas comparações. O Capítulo 5 relata como a complexidade social cresce com o desenvolvimento das sociedades de insetos, aumentando a complexidade de aspectos como infraestrutura e divisão de trabalho, uma tendência vista nos seres humanos. O Capítulo 6 analisa como a maioria dos insetos sociais e alguns vertebrados, como o cachalote, demonstram afiliação com a sociedade demarcando sua identidade: a química; um odor, no caso das formigas, e um som, no das baleias. A memória não limita essas técnicas básicas, assim, permitem às sociedades de certas espécies atingirem grandes dimensões, em alguns casos, indefinidas. O Capítulo 7 descreve como os seres humanos empregam a mesma abordagem: nossa espécie está em sintonia com marcadores que refletem o que cada sociedade acha aceitável, incluindo comportamentos tão sutis que só são notados subliminarmente. Assim, as pessoas se conectam com

---

* Uma sociedade de fissão-fusão é aquela em que o tamanho e a composição do grupo social mudam à medida que o tempo passa e que os animais se movem pelo ambiente; os animais se fundem em um grupo (fusão) — por exemplo, dormindo em um lugar — ou se dividem (fissão) — por exemplo, forrageando em pequenos grupos durante o dia. [N. da T.]

10 O ENXAME HUMANO

estranhos, no que chamo de sociedade anônima, mitigando barreiras quanto ao tamanho que pode atingir.

Os três capítulos da Seção III, "Caçadores-coletores até Tempos Recentes", questionam como eram as sociedades de nossa espécie antes do surgimento da agricultura. Falo de pessoas que viveram como caçadores-coletores até recentemente, desde as que viviam como nômades em pequenos grupos dispersos, os bandos, até os que se instalavam durante um ano todo, ou quase. Embora os nômades tenham recebido a maior parte da atenção e sejam o padrão como entendemos nossos ancestrais, uma conclusão óbvia é que as duas opções têm estado ao alcance dos seres humanos se remontarmos às origens da nossa espécie. Também podemos concluir que caçadores-coletores não eram pessoas arcaicas vivendo um modo de existência arcaico. Em essência, seu povo não era tão diferente de nós: seres humanos, "no tempo presente". Apesar dos traços da rápida e constante evolução humana dos últimos 10 mil anos, o cérebro humano não foi reestruturado de nenhuma forma fundamental desde o surgimento do primeiro *Homo sapiens*.[7] Isso significa que, não obstante quaisquer adaptações à vida moderna, podemos analisar os estilos de vida dos caçadores-coletores em registros históricos e pensar na natureza das primeiras sociedades humanas como o alicerce das atuais.

O que mais nos preocupa são as extraordinárias diferenças entre os caçadores-coletores nômades — os "paus para toda obra" com as mesmas opiniões, que resolviam problemas pela discussão — e os caçadores-coletores sedentários, cujas sociedades muitas vezes eram receptivas a líderes, à divisão do trabalho e a disparidades de riqueza. A primeira estrutura social mostra uma versatilidade psicológica que ainda possuímos, mesmo que a maioria das pessoas de hoje se comporte mais como caçadores-coletores sedentários. Duas conclusões da Seção III são que os caçadores-coletores tinham sociedades distintas e que elas se diferenciavam, como as atuais, por marcadores de identidade.

Isso significa que, em algum ponto do passado distante, nossos ancestrais devem ter dado o passo evolucionário crucial, mas até hoje ignorado, de usar os distintivos de afiliação, que, com o tempo, permitiriam às nossas sociedades atingirem grandes dimensões. Para indícios de como isso ocorreu, a Seção IV, com um capítulo, nos transporta ao passado e também examina o comportamento de chimpanzés e bonobos modernos. Apresento a hipótese de que uma simples mudança na forma como os símios usam uma de suas vocalizações, o *pant-hoot*, torna-a essencial para que eles identifiquem quem são os membros da sociedade. Tal transformação, ou algo parecido, pode ter ocorrido com facilidade com nossos ancestrais distantes. Mais marcadores teriam sido adicionados a essa "senha" inicial, muitos associados aos nossos corpos, transformando-os em quadros de aviso de carne e osso para mostrar a identidade humana.

Após observar como os marcadores de identidade se originaram, podemos explorar sua psicologia básica e a da afiliação às sociedades. Os cinco capítulos da Seção V, "Funcionando (ou Não) em Sociedades", revisam a fascinante gama de recentes descobertas sobre a mente humana. A maioria das pesquisas focou em etnicidade e raça, mas também se aplica às sociedades. Entre os tópicos estão: como as pessoas julgam que as outras possuem uma essência básica, fundamental, que as enquadra em dadas sociedades (e em dadas etnicidades e raças) a ponto de consideraram esses grupos como espécies biológicas distintas; como as crianças aprendem a reconhecê-los; o papel que os estereótipos desempenham em aperfeiçoar as interações e como se relacionam aos preconceitos; e como os preconceitos são manifestados automaticamente e, de forma inevitável, muitas vezes nos levam a perceber um estrangeiro mais como um membro de sua etnicidade ou sociedade do que como um indivíduo.

As avaliações psicológicas que fazemos dos outros são muitas e variadas, incluindo nossa inclinação para classificar os estrangeiros como "inferiores" ao nosso povo ou, em alguns casos, como sub-humanos. O Capítulo 14, na Seção V, elucida como aplicamos essas avaliações sobre os outros às sociedades como um todo. As pessoas acreditam que os membros de grupos estrangeiros (e seu próprio povo também) podem agir como uma entidade unida, com reações emocionais e metas próprias. O Capítulo 16 recua para usar o que descobrimos sobre a psicologia das sociedades e a biologia subjacente para apresentar questões mais abrangentes sobre como a vida familiar se encaixa nesse quadro — se, por exemplo, as sociedades podem ser entendidas como um tipo de extensão da família.

A Seção VI, "Paz e Conflito", trata das relações entre as sociedades. No Capítulo 17, documento as evidências da natureza que mostram que, embora as sociedades animais não vivam em conflitos, a paz é relativamente rara, presente em poucas espécies e viabilizada por situações de competição mínima. O Capítulo 18 destaca os caçadores-coletores para examinar como não meramente a paz, mas a colaboração se tornou crucial para a nossa espécie.

A Seção VII, "Vida e Morte das Sociedades", examina a forma como as sociedades se juntam e se desintegram. Antes de escrever sobre pessoas, pesquisei o reino animal, concluindo que todas as sociedades atravessam algum tipo de ciclo de vida. Veremos, porém que existem outros mecanismos para iniciar novas sociedades, sendo que a divisão de uma delas costuma ser o evento decisivo para que isso ocorra. Evidências dos chimpanzés e bonobos, amparadas por dados sobre outros primatas, mostram que a divisão é precedida pelo surgimento, ao longo de meses ou anos, de facções, o que aumenta a discórdia e, por fim, provoca uma cisão. A mesma formação de facções, geralmente com a passagem de séculos, ocorre com os seres humanos, exceto por uma diferença fundamental: a principal pressão que separou facções humanas ocorreu quando os marcadores aglutinadores originais que mantinham a sociedade unida deixaram de ser compartilhados, levando as pessoas a se verem como incompatíveis. Essa seção esclarece como as percepções das pessoas sobre suas identidades mudam com o tempo de um modo que não pôde ser interrompido na pré-história, basicamente devido a uma comunicação insatisfatória entre os grupos de caçadores-coletores. Por esse motivo, as sociedades de caçadores-coletores se dividiram, mesmo sendo minúsculas para os padrões atuais.

A expansão de sociedades em estados (nações) foi possibilitada pelas mudanças sociais que apresento na seção VIII, "De Tribos a Nações". Alguns assentamentos de caçadores-coletores e vilarejos tribais com agricultura simples deram os primeiros passos, hesitantes, nessa direção à medida que os líderes ampliavam seu poder para controlar sociedades vizinhas. Começo descrevendo como as tribos eram organizadas em múltiplas vilas, cada qual agindo de forma independente em grande parte do tempo. Os líderes dessas vilas mal conectadas não foram muito competentes em sustentar a unidade social e em restringir rupturas sociais, em parte, porque lhes faltavam os meios para fazer sua gente se identificar como sociedade — aspectos como estradas e navios, como seus compatriotas faziam em outros lugares. O crescimento também exigiu que as sociedades expandissem seu domínio sobre os territórios vizinhos. Isso não ocorreu pacificamente: no reino animal encontrei poucas evidências de sociedades que se fundiram livremente. As sociedades passaram a conquistar umas às outras, levando estrangeiros ao seu grupo. Transferências ocasionais de afiliação também ocorrem em outras espécies, mas entre os seres humanos essa troca foi levada a um novo nível com a chegada da escravatura e, finalmente, com a subjugação de grupos inteiros.

Agora que entendemos as forças que fazem pequenas sociedades se transformar em grandes, incluindo as nações atuais, o Capítulo 23, na Seção VIII,

Introdução 13

avalia como essas sociedades costumam chegar ao fim. O que é comum em sociedades unidas pela conquista não é a divisão entre facções, como vimos ocorrer com caçadores-coletores, tampouco o colapso total, embora possa acontecer, mas um rompimento ao longo das antigas linhas territoriais dos povos que as formaram. Grandes sociedades não são necessariamente mais duráveis que as pequenas, fragmentando-se em média a cada poucos séculos.

A Seção IX nos leva pelos caminhos tortuosos que causaram o surgimento das etnicidades e das raças e, às vezes, das águas turbulentas das identidades nacionais atuais. Para se tornar um todo interligado, uma sociedade conquistadora tinha que deixar de controlar o que antes eram grupos independentes e aceitá-los como membros. Isso exigia um ajuste nas identidades das pessoas; assim, os grupos étnicos minoritários se adaptavam ao povo majoritário — o grupo dominante que quase sempre fundou a sociedade e controla não só sua identidade, mas também a maioria dos recursos e do poder. Essa assimilação só é conseguida até certo ponto, pois etnicidades e raças — como demonstrado anteriormente, em relação a pessoas e também a sociedades — ficam mais à vontade juntas se compartilham alguns aspectos em comum, mas ainda são diferentes o bastante para se destacarem. Diferenças de status também surgem entre as várias minorias e podem mudar ao longo das gerações — embora a maioria quase sempre permaneça firmemente no controle. Levar as minorias ao grupo como membros da sociedade implica em permitir-lhes se misturarem às pessoas da maioria, uma integração geográfica de populações que nem todas as sociedades passadas permitiram.

O Capítulo 25, na Seção IX, trata de como as sociedades modernas possibilitaram a incorporação de grandes números de estrangeiros de forma mais amistosa por meio da imigração. Esses movimentos raramente ocorrem com facilidade e, como no passado, conferem menor poder e status aos imigrantes, que enfrentam menor resistência quando assumem papéis sociais que reduzem a competição com outros membros, ao mesmo tempo que lhes dão uma sensação de valor e de respeito. A identidade que os imigrantes valorizavam em sua terra natal étnica muitas vezes era reformulada em grupos raciais mais amplos. A mudança de percepção pode inicialmente ser imposta aos recém-chegados, mas eles a aceitam devido às vantagens de ter uma base de apoio social mais extensa na sociedade adotada. O capítulo se encerra descrendo os critérios, baseados na psicologia, a respeito da cidadania que faz as pessoas julgarem quem têm direito a um lugar na sociedade. Esse fato sofre uma forte influência do quanto as pessoas consideram que a sociedade deve permitir diferentes indivíduos em contraste a se proteger deles — atitudes relacionadas ao patriotismo e ao nacionalismo, respectivamente. Talvez uma sociedade saudável requeira diferentes pontos de vista por parte de seus membros, mesmo que eles também causem os conflitos sociais que chegam às manchetes hoje em dia. Considerando essas tensões, o capítulo final, "A Inevitabilidade das Sociedades", indaga se as sociedades são necessárias.

Ao fazer todas as inferências possíveis neste livro, admito desde já que um campo de estudo unificado de sociedades é um sonho distante. Com frequência, disciplinas acadêmicas promovem a concentração habitual em certos modos de pensamento e um desdém pelo desconhecido, ao dividir o mundo intelectual em sociedades alheias umas às outras, conhecidas como biologia, filosofia, sociologia, antropologia e história, deixando muito espaço livre entre elas para debate. Estudiosos "modernistas" de história encaram as nações como um fenômeno recente. Discordo, por achar que nossas origens nacionais têm raízes antigas. Alguns antropólogos e sociólogos vão um passo além e veem as sociedades como algo opcional, e consideram que as pessoas formam tais associações quando elas atendem a seus interesses. Minha meta é mostrar que se afiliar a uma sociedade é tão essencial para o bem-estar quanto encontrar um companheiro ou amar um filho. Também frustrarei alguns integrantes da minha disciplina, a biologia. Tenho ouvido biólogos se oporem energicamente à ideia de que as sociedades devem ser examinadas como grupos de identidades e afiliações distintas quando a espécie estudada não corresponde totalmente a esse critério — uma reação apaixonada que, mais que tudo, deixa claro o prestígio da palavra "sociedade".

Deixando disputas entre especialistas de lado, leitores de todas as convicções políticas encontrarão fatos positivos e negativos na ciência atual. Quaisquer que sejam suas opiniões em relação à sociedade, insisto para que considere as ideias dos campos que estão além dos seus interesses habituais, para se conscientizar de como seus próprios preconceitos, muitas vezes inconscientes, e os das pessoas que o cercam — expressos entre as multidões — afetam as ações do seu país e a sua conduta diária com os outros.

SEÇÃO I

Afiliação e Reconhecimento

CAPÍTULO 1

O que uma Sociedade Não É (E o que É)

Vistos do alto da escada do saguão principal da estação Grand Central, em Nova York, os enxames de pessoas se movem agitados sob o famoso relógio de quatro faces. As rápidas batidas dos sapatos no mármore do Tennessee e o burburinho de vozes, aumentando e se dissipando como em uma concha do mar, reverberam pela maravilhosa acústica cavernosa. O teto abobadado, exibindo 2.500 estrelas ao longo de suas trilhas ordenadas em uma noite de outubro em Nova York, cria um perfeito contraponto com o tumulto da humanidade, abaixo.

O grande número e a diversidade de pessoas passando umas pelas outras, ou conversando em grupos aqui e acolá, torna essa cena um microcosmo para a sociedade humana em sua totalidade: não da sociedade como afiliação voluntária de pessoas, mas como um grupo duradouro, o tipo que ocupa um território e inspira o patriotismo. Quando pensamos nessas sociedades, pensamos nos Estados Unidos, no antigo Egito, nos astecas, nos índios hopi — grupos essenciais à existência humana e pilares da nossa história coletiva.

Quais são as características de uma população que formam uma sociedade? Quer você tenha em mente o Canadá, a antiga dinastia Han, uma tribo da Amazônia, quer um bando de leões, uma sociedade é um grupo distinto de indivíduos formado por mais que uma simples família — mais que um ou ambos os pais com um único descendente indefeso —, cuja identidade partilhada os distingue de outros grupos e é sustentada continuamente através das gerações. De fato, ela pode acabar por produzir outras sociedades, como

18 O ENXAME HUMANO

quando os EUA se separaram da Grã-Bretanha ou um bando de leões se divide em dois. Mais importante, é raro e difícil que a afiliação de uma sociedade mude; esse grupo é fechado, "limitado". Embora a intensidade da paixão dos seus integrantes à consciência nacional varie, a maioria a valoriza acima de qualquer outra afiliação — seus laços com as famílias nucleares à parte. Essa importância é expressa entre os humanos pelo compromisso em lutar e até morrer pelo bem da sociedade, caso a situação exija.[1]

Alguns cientistas sociais veem as sociedades como construtos de conveniência política, um arranjo que surgiu em séculos recentes. Um estudioso com essa visão, o falecido historiador e cientista político Benedict Anderson, entendia as nações como "comunidades imaginadas", visto que suas populações são numerosas demais para permitir que seus integrantes se encontrem pessoalmente.[2] De fato, concordo com sua ideia básica. Ao servir para distinguir a *nós*, os que pertencem, *deles*, os estrangeiros, fatos imaginados partilhados é tudo de que precisamos para criar sociedades que são entidades genuínas e organizadas. Anderson também sugeriu que essas identidades imaginárias são produtos artificiais da modernidade e dos meios de comunicação de massa, e é aqui que nós dois divergimos. Fatos imaginados partilhados unem as pessoas com uma força mental tão válida e real quanto a força física, que une átomos a moléculas, transformando ambos em realidades concretas. Tem sido assim o tempo todo. Na verdade, o conceito de comunidades imaginadas aplica-se não só a sociedades modernas, mas a todas as sociedades de nossos ancestrais, provavelmente desde suas origens remotas, pré-humanas. Sociedades de caçadores-coletores, unidas por um senso de identidade comum, não dependiam de seus membros criarem relações individuais — ou de conhecer uns aos outros, como veremos; também entre outros animais, as sociedades são representadas de modo consistente na mente de seus membros e, nesse sentido, também são imaginadas. Isso não desvaloriza as sociedades de seres humanos. As sociedades estão enraizadas na natureza e, mesmo assim, floresceram de formas elaboradas e significativas que obviamente são próprias de nossa espécie, tema que discutiremos neste livro.

Acredito que o ponto de vista que apresento capta o que a maioria das pessoas pensa quando falamos de "sociedade". Naturalmente, os termos diferem, e nenhuma sociedade animal equivale a uma humana, assim como nenhuma sociedade humana é equivalente a outra. Para os preocupados em saber onde colocar um limite, digo: a utilidade de uma definição é mais bem provada pelo quanto aprendemos com situações anômalas, em que a palavra não funciona bem. Se insistirmos, qualquer definição, que não de termos matemáticos e outras abstrações, será derrubada. Mostre-me um carro e lhe mostrarei uma pilha de lixo que já funcionou como carro (e, talvez, na mente de um mecânico ainda seja um). Mostre uma estrela a alguém, e um astrônomo apontará para uma massa de poeira convergente superaquecida. O que caracteriza uma boa definição não é apenas delimitar um conjunto de x's, mas também percorrer mais de um caminho quando x se torna teoricamente intrigante.[3] Logo, há países que ampliam minha visão de sociedade como um grupo distinto com uma identidade partilhada norteadora. Por exemplo, o Irã conta com vários curdos entre seus cidadãos, apesar de o governo reprimir sua identidade como grupo, enquanto esses curdos se veem como uma nação separada e reivindicam direitos ao próprio território. Situações em que grupos como os curdos têm identidades que se chocam com a sociedade esclarecem fatores que servem, com o tempo, para empoderá-la e expandi-la, ou separá-la e se iniciar uma nova.[4] Conflitos quanto à identidade também surgem em sociedades de animais.

Muitos biólogos e antropólogos apresentam uma definição diferente de sociedade, descrevendo-a não em termos de identidade, mas como um grupo organizado de forma colaborativa.[5] Embora os sociólogos reconheçam a colaboração como vital ao sucesso das sociedades, é raro equipará-las a um sistema de cooperação.[6] Mesmo assim, fica fácil pensar em uma sociedade dessa maneira, e por motivos óbvios: os seres humanos evoluíram de tal modo que a cooperação é essencial à sua sobrevivência. Os seres humanos superam outros animais em termos de cooperação, aprimorando suas habilidades para comunicar suas intenções e inferir a dos outros para atingir metas partilhadas.[7]

O QUE NOS MANTÊM UNIDOS

Ao considerarmos a cooperação, comparada à identidade social, como uma característica essencial das sociedades e base para distinguir uma da outra, é interessante começar pela hipótese dos antropólogos sobre a origem da inteligência. Ela pressupõe que as relações sociais se desenvolveram conforme nossos cérebros aumentaram, cada qual impulsionando o tamanho e a complexidade um do outro.[8] O antropólogo de Oxford Robin Dunbar descreveu a correlação entre o tamanho do cérebro de uma espécie — mais exatamente, o

20 O ENXAME HUMANO

volume do neocórtex — e a quantidade média de relações sociais individuais que admite. Nossa proximidade com os chimpanzés, de acordo com os dados de Dunbar, admite cerca de 50 parceiros de coalizão ou aliados: chamando de amigos os desses 50 com os quais colabora com maior generosidade.[9]

Pelos cálculos de Dunbar, a pessoa comum mantém cerca de 150 relações próximas, e os amigos do peito mudam com o tempo, à medida que novas amizades são feitas e perdidas. Dunbar caracteriza essa quantidade como "as pessoas que você não se sentiria constrangido em acompanhar em um drinque se as encontrasse em um bar".[10] Ele ficou conhecido como o número de Dunbar.

A "hipótese do cérebro social" dá muita margem à discussão. Para começar, ela é reducionista: não há dúvidas de que há vantagens em ter muita massa cinzenta além de ficar ligado aos Toms, Dicks e Janes que conhece — encontrar comida, fabricar ferramentas e outras habilidades que também exigem esforço cognitivo. O contexto também é importante. Em uma conferência profissional, por exemplo, é provável que um acadêmico partilhe interesses com vários dos participantes e se junte de boa vontade a várias pessoas não convidadas naquele bar. Além disso, a amizade não é uma categoria binária de sim/não. Se o número de Dunbar fosse 50 ou 400, simplesmente teria indicado um maior ou menor grau de intimidade e relações básicas.

No entanto, não importa quantos recursos intelectuais sejam destinados às relações, nossos círculos sociais nem chegam perto do tamanho de estados-nações. A disparidade entre a capacidade de criar espaço em nossa vida para 150 amigos próximos e a competência de um chimpanzé de lidar com 50 é pequena para explicar as sociedades atuais, com suas dimensões impressionantes — ou mesmo as menores sociedades do passado. Na verdade, nunca houve uma sociedade humana, da Idade da Pedra à Era da Internet, formada somente, por um segundo, de um grupo de irmãos: um círculo de amigos e familiares vivendo com admiração mútua. Pensar de outro modo seria entender mal a natureza da amizade e, portanto, nossas redes de amigos. Na superpopulosa Índia; na ilha-nação Tuvalu, na Polinésia, com seus 12 mil cidadãos; ou entre a minúscula tribo El Molo, nas margens do lago Turkana, no Quênia, ninguém faz amizade ou coopera com todos na sociedade: eles são seletivos. Quando Jesus disse: "Ame o teu próximo como a ti mesmo", ele não quis dizer ser amigo de todos. Deixando El Molo de lado, nossas sociedades incluem muitas pessoas que nunca conheceremos, muito menos de quem seremos amigos. E esqueça os que não selecionamos como amigões, ou os que nos rejeitam — nosso pior inimigo quase certamente carrega um passaporte do nosso país.

Dados sobre a forma como indivíduos interagem revelam a mesma discrepância entre o número de Dunbar para uma espécie e o tamanho de suas sociedades. Uma sociedade de chimpanzés, chamada de comunidade, tem muito mais que cem integrantes, mas até em uma comunidade de cinquenta, que pelos cálculos de Dunbar consistiria de amigos do peito, isso não ocorre.[11]

As "limitações cognitivas sobre o tamanho do grupo" (frase de Dunbar), que intrigam alguns defensores da hipótese do cérebro social, ocorrem por causa da confusão das redes sociais (em que elos sociais variam em força e dependem da perspectiva de cada pessoa — descritos, por exemplo, pelo número de Dunbar) e de grupos distintos (mais notadamente as próprias sociedades).[12] Ambos desempenham um papel na vida dos humanos e outros animais. As sociedades, com seus limites ambíguos, proporcionam o solo mais rico em que redes cooperativas de longa duração, embora talvez dinâmicas, podem crescer. Apesar de, às vezes, as redes abrangerem todo mundo, elas se desenvolvem melhor entre os membros que se dão bem com todos, com base na inteligência e nas habilidades de cooperação à disposição de todas as pessoas.

As sociedades, então, marcadas como diferentes umas das outras pela identidade de seus membros, contam com mais que redes pessoais de aliados. E, diferentemente de outras espécies, os seres humanos mantêm a vida social ativa e as redes sociais fortes com diversas regras, que variam conforme a sociedade. Debatemos práticas — e penalidades — para promover diálogos equilibrados e comportamentos éticos que funcionem para o bem comum. O lixeiro faz sua parte recolhendo o lixo de estranhos em troca de um pagamento. Ele compra café do lojista da esquina, que não conhece, e fala com centenas de desconhecidos na igreja ou em uma reunião do sindicato. Mas o controle dessas interações tem limites. A despeito do partilhamento dos benefícios econômicos e de defesa que uma sociedade confere, divergências entre facções, principalmente sobre fazer sua parte e o bem comum, podem ser dolorosas. Entretanto, esses conflitos são os que menos importam. Nenhuma sociedade existe sem crimes ou violência (a antítese da cooperação) cometidos por um membro ou grupo contra outro. No entanto, sociedades podem perdurar por séculos mesmo se a disfunção acelerar sua dissolução — o Império Romano vem à mente de imediato, embora tenha havido inúmeras outras.

22 O ENXAME HUMANO

Em geral, porém, as sociedades favorecem a cooperação. Provavelmente é preciso muito mais egoísmo e desagregação para dividir uma sociedade do que a intuição sugere. Em *The Mountain People* [*O Povo da Montanha*, em tradução livre], Colin Turnbull, o antropólogo nascido na Inglaterra, relatou a decadência moral entre os Ik, de Uganda, durante o período de fome extrema nos anos de 1960 que provocou um descaso com os elos sociais e causou a morte de crianças e idosos. O relato de Turnbull mostrou até que ponto uma sociedade se desfaz em condições de estresse; entretanto, os Iks perseveraram.[13] Da mesma forma, a Venezuela permanece intacta apesar dos repetidos colapsos econômicos e da taxa de homicídios na capital, Caracas, que em alguns anos supera as mortes nas zonas de guerra. Sempre que visito um amigo intrépido lá, ele nos leva em alta velocidade pelas angustiantes ruas secundárias a fim de evitar tiroteios dos *motorizados* na rodovia. Apesar de tudo, ele ama o lugar. O surpreendente é que os venezuelanos têm tanto apego e orgulho por seu país quanto os norte-americanos pelo deles.[14] As sociedades sobreviveram a situações piores. Por exemplo, durante a corrida do ouro na Califórnia, a taxa de homicídios foi extraordinariamente maior do que a da atual Venezuela.

Embora divergências e atitudes ofensivas abalem a estrutura das sociedades, seu equivalente positivo, a cooperação, não necessariamente as une ou as separa das demais. Isso ocorre mesmo quando a cooperação contribui para o capital social que se forma entre seus membros e melhora a produtividade do todo. O maior problema na previsão da vida em uma sociedade com cooperação é que ignora grande parte do que é desafiador para sua existência. O teórico social do século XIX Georg Simmel interpretou a cooperação e o conflito como inseparáveis "formas de associação", inimagináveis uma sem a outra.[15] Focar demais a cooperação equivale à difícil tarefa de selecionar só o melhor.

Nas sociedades de nossos parentes símios, gentileza e cooperação também são apenas uma parte do quadro geral. Chimpanzés intimidam uns aos outros ou brigam abertamente por status, quando os perdedores acabam afastados ou mortos. A insignificante ajuda que os símios oferecem, fora das ligações mãe-filho, ocorre quando vários animais trabalham juntos para desbancar oponentes, lutando para que um deles conquiste o status de macho alfa. Segundo alguns relatos, chimpanzés também se unem para perseguir macacos piliocolobus, matando o oponente, agindo em paralelo mais do que em colaboração. Qualquer que seja o chimpanzé que acabe com a carne, ele pode dar um pedaço aos demais, mas somente depois de implorarem.[16] Os bonobos, que se parecem chimpanzés com cabeças pequenas e lábios cor-de-rosa, são mais caridosos, mas roubam comida dos companheiros de sociedade quando podem e não são muito inclinados ao trabalho em equipe.[17]

Até mesmo insetos sociais, o próprio símbolo da cooperação irracional, enfrentam conflitos domésticos e agem com egoísmo. Embora na maior parte das espécies de insetos sociais a rainha normalmente seja a única a reproduzir, entre as abelhas e algumas formigas, algumas operárias botam ovos de forma subversiva. Seus ninhos são verdadeiros estados policiais, com as operárias em uma busca vigilante para destruir quaisquer ovos que não sejam da rainha.[18] Qualquer que seja a espécie, os indivíduos que não contribuem puxam os outros para baixo; como as espécies, de artrópodes a humanos, lidam com trapaceiros e impõem um comportamento justo é um campo de estudo à parte.[19]

Considerando uma sociedade com suas associações definidas, geralmente de animais, quanta cooperação é necessária para mantê-la unida? Em teoria, não muito. Expulsar estrangeiros pode ser a colaboração mínima exigida. Imagine uma criatura solitária que controla um espaço ou território exclusivo e atira pedras em todos que se aproximam. Então, imagine algumas criaturas semelhantes ocupando um território juntas. Cada uma atira pedras em outsiders exatamente como antes, mas com uma diferença: elas se ignoram. Esse acordo tácito de "não fazer mal", por assim dizer — de coexistir em paz —, gera um tipo de cooperação rudimentar.

Naturalmente, as sociedades poderiam não ter evoluído se não oferecessem vantagens competitivas para o grupo (biólogos evolutivos chamam isso de seleção de grupo), os membros ou ambos.[20] Qual seria o atrativo para um bando tão impiedoso? Tal sociedade faria sentido se, por exemplo, dez animais que atirassem pedras dessa forma conquistassem mais que dez vezes o território que teriam sozinhos, ou ocupassem um território de melhor qualidade com menos esforço ou risco para cada membro. Pode ocorrer também que, pelo simples fato de manter os outros afastados, eles excluam aqueles cuja habilidade em atirar pedras é precária ao mesmo tempo que partilham de oportunidades exclusivas para se acasalar uns com os outros (mesmo que haja muitos conflitos internos sobre quem fará sexo com quem).

Estudos do reino animal mostram que sociedades podem existir com apenas um pouco de comportamento "pró-social" entre os membros: chame-o de protocooperação, talvez fazer boas ações por acidente.[21] O lémure-de-cauda--anelada de Madagascar chega perto de exibir essas expectativas mínimas; os

24 O ENXAME HUMANO

membros do bando ajudam pouco uns aos outros, exceto para juntar forças para atacar outsiders.[22] Um especialista é da opinião de que as marmotas, um tipo de esquilo alpino, nem mesmo gostam umas das outras, mas, mesmo assim, acham que se amontoar para se aquecer é motivação suficiente para ficarem juntas, enquanto outra autoridade descreveu o clã do sociável texugo como "uma comunidade fechada de animais solitários".[23] Até mesmo as pessoas mantêm-se comprometidas com grupos com cujos membros não se dão bem, sendo essa ajuda muitas vezes dependente do que a sociedade exige de nós.[24]

SOCIEDADES QUE SE DÃO BEM

Quando os navios espanhóis *Santa Maria*, *Pinta* e *Niña* chegaram ao Novo Mundo, uma sociedade os saudou e outra foi escravizada. O grupo total de índios tainos, uma tribo aruaque descrita por Cristóvão Colombo como "nus em pelo, como vieram ao mundo, homens e mulheres", nadou e remou em canoas para receber os recém-chegados. Sem entender uma palavra que os espanhóis falavam, os índios os cobriram de água doce, comida e presentes. Colombo registrou uma reação mais irônica em relação aos índios: "Eles seriam ótimos servos [...] Com cinquenta homens, poderíamos subjugá-los e obrigá-los a fazer tudo o que quiséssemos... Assim que cheguei às Índias, na primeira ilha que encontrei, tomei alguns nativos à força a fim de aprenderem e me darem informações sobre tudo o que havia naquelas paragens."[25]

O forte contraste entre esses dois enfoques alternativos, um de total confiança e outro de esperteza e exploração, é perturbador, mas dificilmente nos choca. Os seres humanos têm o talento de identificar quem faz parte ou não da nossa sociedade, e de criar um limite sólido entre o que os psicólogos chamam de endogrupos e exogrupos, mesmo quando somos amistosos com este último. Aprendemos desde a infância a considerar estrangeiros como uma possível ameaça ou — como os aruaques e Colombo fizerem, de formas diferentes — como uma oportunidade.

Assim, encontramos outra evidência de que a cooperação nem sempre indica onde uma sociedade termina e a próxima começa. Alguns em meio à multidão no saguão da Grand Central são, sem dúvida, estrangeiros promovendo relações produtivas com cidadãos dos EUA. Logo, assim como é possível ter inimigos e aliados na própria sociedade, também é possível que membros de uma sociedade se comuniquem com os de outra em nome da amizade e da cooperação. A camaradagem também ocorre entre sociedades não humanas — embora raramente. O bonobo é chamado de macaco hippie por preferir a paz à provocação. No entanto, aposto que bonobos isolados encontram adversários ocasionais em outras comunidades. Nem um pacifista se dá bem com todo mundo.

A facilidade com que as pessoas hoje voam para outros países levou os contatos com estrangeiros a um novo nível, que, como veremos mais tarde, não tem paralelo na natureza. De fato, a vida moderna desafia nossa tolerância em relação aos outros torcendo e expandindo nossas identidades de novas formas. Mas as sociedades permaneceram conosco o tempo todo.

COOPERAÇÃO SEM SOCIEDADES

Acompanhar Terry Erwin em uma floresta tropical peruana significa levantar de madrugada. Enquanto o vento ainda sopra fraco, esse entomologista do Museu de História Natural Smithsonian carrega uma máquina chamada "fogger" [bomba de inseticida] com um inseticida biodegradável e mira seu jato para o alto para que uma névoa cinza-clara suba entre as árvores. Ouve-se o leve barulho da chuva, mas a água não cai — em vez disso, o tamborilar vem do som de minúsculos corpos atingindo as folhas espalhadas no chão. Ao longo dos anos, Erwin aprendeu o quanto os trópicos são ricos. Segundo seus cálculos, 30 bilhões de indivíduos, pertencentes a 100 mil espécies, vivem em um único hectare da floresta tropical.[26]

Para onde quer que eu vá, me espanto com a diversidade dos seres vivos. Os dados de Erwin e de outros nos fazem analisar as sociedades a partir do ponto de vista da biodiversidade global, o mais amplo possível. O surpreendente é que a maioria dos organismos sobrevive como indivíduos solitários. Isso se aplica a mais que 99% das espécies empoleiradas nas árvores, no Peru ou em qualquer outro lugar. Excetuando a necessidade de acasalamento e de criar os filhotes, nem sempre ficar junto dos outros é óbvio. Capazes de sentir prazer na companhia dos outros, os seres humanos raramente pensam nessa questão. Contudo, seres semelhantes, pessoas ou pássaros, são concorrentes em potencial para os mesmos recursos: comida e água, oportunidades de sexo e um lugar para chamar de lar e criar os descendentes. Em muitas espécies, os indivíduos se agrupam apenas incidentalmente, para lutar ou brigar por comida, como muitos esquilos à cata de nozes. A existência solitária é uma abordagem

26 O ENXAME HUMANO

segura para conservar o que foi difícil de conquistar. Para que a vida em meio à multidão valha a pena — qualquer multidão, quanto mais toda uma sociedade — é preciso ganhar algo ao se lidar com os necessitados e gananciosos.

Uma opção é cooperar com os outros quando a situação é adequada, e isso possivelmente sugere uma última dificuldade em associar a cooperação às sociedades: embora indivíduos cooperativos sejam considerados sociáveis, isso não significa que formam uma sociedade. Em seu importante livro *A Conquista Social da Terra*, o ecologista Edward O. Wilson observa que animais sociais — que em certo ponto da vida se aproximam para obter algo mutuamente vantajoso — estão em todos os lugares.[27]

Mesmo assim, poucas espécies chegaram ao status de sociedades evolutivas. Observe duas unidades sociais básicas: um casal, e a mãe com filhotes. Nem todos os animais exibem até mesmo esses tipos de par social. O salmão solta os ovos para serem fertilizados em uma coluna de água, e as tartarugas abandonam as ninhadas após esconderem os ovos na areia. No entanto, recém-nascidos e filhotes são frágeis, então é estratégico sustentá-los enquanto são indefesos. Entre todos os pássaros e mamíferos, e em algumas espécies de outras classes de animais, as mães cuidam dos filhotes em um período crítico. Em alguns casos, como no do tordo-americano, os pais ajudam. Mesmo assim, geralmente é tão duradoura e extensa quanto o grupo pode ser: a maioria dessas pequenas famílias opera sozinha, não como parte de uma sociedade duradoura.

Tampouco redes de aliados ou amizades íntimas precisam de uma sociedade para florescer. Por exemplo, orangotangos não têm sociedades e vivem solitários a maior parte do tempo, mas a primatologista Cheryl Knott disse-me que as fêmeas que se conhecem na adolescência passam um tempo juntas vez ou outra ao longo da vida. Ou note que dois ou mais guepardos, apesar de muitas vezes não serem irmãos, colaboram para defender o território.[28] No entanto, segundo minhas estimativas, amizades, diferentemente de parceiras sexuais, prosperam nas sociedades — um padrão que sugere que afiliações confiáveis em sociedades proporcionam uma base estável para o tipo de relação íntima que intriga os adeptos da hipótese do cérebro social.

Contudo, estar com os outros — mesmo que em relações passageiras, não especificamente estabelecidas para criar filhos ou amizades — pode ser benéfico. Pense em coros de pássaros que vêm e vão como adolescentes barulhentos em uma festa. A formação desses bandos é uma ocasião social que atrai quem quer que esteja por perto, protegendo os pássaros de predadores, ligando-os aos seus parceiros ou agitando insetos para comer.[29] Alguns pássaros queimam menos energia migrando em formação em V do que voando sozinhos. Cardumes de sardinhas e manadas de antílopes oferecem recompensas semelhantes mesmo que os participantes não se comprometam com uma combinação específica.[30] Além desses benefícios compartilhados, também há casos de altruísmo, no qual um animal se prejudica, em algum nível, para ajudar os outros. Alguns vairões nadam à frente para examinar o predador, enquanto o cardume aparentemente aprende o quanto a situação é perigosa a partir de quão agressivamente o predador reage.[31] Quando a família está envolvida, essa generosidade tem uma lógica evolucionária especial, porque os indivíduos favorecem seus genes ao ajudar os parentes, como mostrado de um jeito elementar por um casal de tordos criando seus filhotes: isso é seleção de parentesco.

A proximidade oferece uma segurança em números totalmente egoísta, como observei, quando era estudante, em minha expedição tropical. Na Costa Rica, juntei-me ao lepidopterista Allen Young, que me pediu para registrar o comportamento das lagartas da borboleta asa de tigre. As lagartas irregulares comeram as folhas de uma erva daninha, descansaram e formaram grupos unidos. Aranhas e vespas eram a desgraça de sua existência; as lagartas que ficavam no exterior no grupo eram as primeiras escolhidas e mortas pelos predadores. Concluí que seu instinto de sobrevivência as fazia se apertar em um monte, cada uma empurrando a outra, deixando as mais fracas à morte. Ao escrever os resultados, descobri que W. D. Hamilton, um famoso biólogo, já tinha proposto esse comportamento centrípeto para cardumes, bandos de mamíferos etc., e lhe dado um nome: bandos egoístas.[32] Apesar de seu egoísmo, minhas lagartas ajudavam umas às outras, mesmo que só por acidente. Sozinhas, elas tinham dificuldade em cortar as duras folhas penugentas para comer; como grupo, tinham um melhor resultado, já que a primeira lagarta conseguia abrir a folha para todas se alimentarem.[33]

O ponto importante é que minhas lagartas — como cardumes de vairões, tordos cuidando dos filhotes, ou bandos de gansos — cooperam, mas não têm sociedades. Enquanto as companheiras eram do mesmo tamanho, quando combinei os filhotes de suas espécies, as larvas pareciam se dar bem umas com as outras. O mesmo ocorre sempre que indivíduos se juntam de qualquer jeito, por exemplo, quando lagartas da mariposa barraca oriental se unem para tecer uma barraca de seda, que é maior e protege mais do frio.[34] Da mesma forma, o pássaro africano mostrado como um tecelão social insere seu ninho entre muitos outros para produzir uma estrutura comunal que proporciona ar condicionado para todos os residentes. Os pássaros entram e saem dessas colônias à vontade, embora ao longo de meses, e não constantemente, como ocorre em vários bandos. Apesar de alguns pássaros se conhecerem, uma colônia, como um bando, não é fechada para estranhos. Qualquer recém-chegado é tolerado, contanto que encontre um lugar para construir seu ninho.[35]

Resumindo, os que equiparam sociedades com cooperação não entenderam bem a situação. Uma sociedade típica abrange todos os modos de relações, positivos e negativos, amistosos e conflituosos. Considerando que a cooperação floresce dentro e entre sociedades, e onde não há sociedade alguma, elas são mais bem concebidas não como uma reunião de cooperadores, mas como um tipo de grupo no qual todos têm uma percepção clara de participação, criada por uma identidade partilhada e duradoura. A afiliação em sociedades de seres humanos e de outras espécies é uma questão de sim/não, raramente ambígua. Embora as perspectivas de alianças, por amizade, laços de família ou obrigações sociais, estejam entre os principais ganhos de adaptação em sociedades de muitas espécies, não são necessárias à equação. Um misantropo sem família, cheio de desprezo pela humanidade, ainda pode reivindicar sua nacionalidade. Isso é verdade se ele vive como um eremita fora do sistema ou um parasita de outros dentro dele.[36] Os membros de uma sociedade são unidos por sua identidade, estejam ou não em contato regular ou dispostos a se ajudarem — embora a afiliação que tenham em comum seja um primeiro passo sólido para concretizar essas relações.

Então, o que veio primeiro, o ovo ou a galinha — a afiliação ou a cooperação? Se deve haver mais que o mínimo necessário de colaboração para as sociedades evoluírem, ou se afiliações precisam ser desenvolvidas antes que seja provável ter uma cooperação de longo prazo continua uma pergunta sem resposta. Qualquer que seja o caso, o próximo capítulo apresenta as muitas vantagens que as sociedades oferecem aos nossos primos vertebrados na natureza.

CAPÍTULO 2

O que os Vertebrados Ganham por Viver em Sociedade

Animais que vivem em sociedade passam por dificuldades tanto quanto espécies solitárias. Eles enfrentam conflitos sobre o que cabe a cada um, o direito ao acasalamento, formar uma família e criar os descendentes. Nem todos conseguem. A afiliação proporciona certa segurança para enfrentar o mundo. Isso se aplica até a sociedades cujos membros fazem pouco uns pelos outros além de expulsar intrusos. A expectativa é que fazer parte de uma sociedade bem-sucedida ou dominante permita a cada membro conseguir uma fatia maior da torta do que a porção que conseguiria sozinho ou em uma sociedade mais fraca. Embora grupos livres e temporários tenham vantagens, quando os animais se adaptam a uma vida em sociedades permanentes, voltar a sobreviver sozinhos pode representar um problema. Qualquer um fora de uma sociedade ou em uma sociedade decadente corre riscos.

Os vertebrados e, mais especificamente, os mamíferos, são um bom ponto de partida para considerarmos os benefícios das sociedades, principalmente pelo fato de sermos mamíferos e nossa evolução como tal ser um tema importante deste livro. Isso não significa que outros vertebrados não tenham sociedades. Em algumas espécies de pássaros, como na do gaio dos arbustos, filhotes ajudam os pais a criar os irmãos mais novos; considerando essa "sobreposição de gerações", como os biólogos a descrevem, seus grupos representam um tipo simples de sociedade. Ou pense no ciclídeo morador de conchas, *Neolamprologus multifasciatus*, um peixe nativo do lago Tanganica, na África.[1] Sociedades de até vinte ciclídeos vigiam um grupo de conchas que escavam

30 O ENXAME HUMANO

nos substratos. Cada peixe tem sua morada em uma concha pessoal no que um biólogo descreveu como um "complexo de apartamentos que deixaria os alojamentos públicos modernos orgulhosos".[2] Um macho alfa cuida da reprodução, e outsiders de qualquer sexo se introduzem entre os membros da colônia apenas em raros intervalos.

Os mamíferos que vivem em sociedades são muito mais conhecidos e discutidos do que os peixes e pássaros que o fazem.[3] Mesmo assim, revisitá-los pensando em afiliação e identidade gera novas perspectivas. Pense em dois exemplos amados, os cães-da-pradaria da América do Norte e os elefantes das savanas africanas. Ambos têm sociedades, mas não são os grupos que atraem mais atenção. As pessoas pensam nos cães-da-pradaria como seres que vivem em colônias ou cidades e elefantes em manadas; no entanto, uma colônia ou manada raramente é uma sociedade, mas uma multiplicidade de sociedades, antagônicas entre os primeiros, e muitas vezes conviviais nos segundos.

Nenhum cão-da-pradaria se identifica ou luta por uma colônia; em vez disso, sua lealdade é destinada a um dos pequenos grupos que ocupam um terreno dentro dela, às vezes chamados de confrarias (a palavra é apropriada e significa um grupo exclusivo). Talvez na mais estudada das cinco espécies de cães-da-pradaria, o cão-da-pradaria-de-cauda-curta, cada confraria contém até quinze adultos em idade reprodutiva, incluindo um ou mais de cada sexo, ocupando uma área fortemente defendida de até um hectare de extensão.[4]

Em comparação, os elefantes da savana são muito sociáveis em suas populações; no entanto, um grupamento merece ser chamado de sociedade.[5] Os grupos de núcleo, ou simplesmente núcleos, têm como membros até vinte fêmeas adultas, acompanhadas das crias. As sociedades são assunto das fêmeas. Cada macho segue seu caminho quando chega à maturidade e nunca participa do núcleo. Geralmente, os núcleos são identificados por suas reações mútuas, mesmo quando centenas de elefantes e muitos núcleos socializam. Para manter as afiliações distintas, eles evitam que outsiders, mesmo animais de quem gostam, passem muito tempo com eles. As relações entre os núcleos são complexas. Eles criam conexões, os elos grupais, mas essas redes sociais são inconsistentes, com diferenças de opinião sobre quem participa delas — o núcleo A pode se ligar ao B e C, ao mesmo tempo em que C evita B. Apenas os próprios núcleos de elefantes conservam uma afiliação constante de longo prazo.

A vida do elefante da savana em um núcleo difere da vida das outras duas espécies, o elefante da floresta da África e o asiático, que, embora sociais, não têm sociedades.[6] Se a ausência de sociedades torna essas espécies menos "sofisticadas" depende do significado dessa palavra. Pode ser que isso ocorra com eles, já que o cérebro dos elefantes asiáticos é mais pesado, em comparação com seu peso corporal, do que o do elefante da savana; talvez a dependência do elefante da savana de seu núcleo simplifique sua vida ao reduzir suas obrigações sociais diárias para com os poucos companheiros do grupo do núcleo. Espécies solitárias como as doninhas e os ursos precisam ser total e constantemente autossuficientes, o que explica porque são mais espertos que muitas espécies que vivem em sociedade, conforme avaliado por sua habilidade em resolver enigmas.[7] Elefantes asiáticos, por serem socialmente gregários, enfrentam desafios cognitivos frequentes por viverem com poucos limites sociais claros, comparados às espécies de elefantes das savanas, com seus núcleos.

AS VANTAGENS DAS SOCIEDADES PARA OS MAMÍFEROS

De modo geral, as sociedades oferecem aos mamíferos — de elefantes da savana e cães-da-pradaria a leões e babuínos — vários mecanismos de segurança e oportunidade a seus membros, defendendo-os dos perigos do mundo externo ao mesmo tempo em que dão permissão para usufruir os recursos que detêm em conjunto. Em geral, essas redes de segurança se dividem em duas categorias vagamente sobrepostas: sociedades sustentam e protegem.

Entre as funções de proporcionar recursos está o acesso a auxiliares confiáveis de longo prazo, o que é valioso para mães alimentando e abrigando os filhotes. Lobos cinzentos e pássaros como o gaio dos arbustos, entre outros, são reprodutores cooperativos, e suas sociedades se baseiam em grandes famílias, nas quais os filhotes ajudam os pais ou parentes próximos a criar os irmãos. Tomar conta dos pequenos quando a mãe sai para se alimentar é uma tarefa comum entre muitas espécies, mas os suricatos ajudantes também arrumam a toca e oferecem insetos caçados aos filhotes.[8] Entre alguns macacos, uma ajudante fêmea é de pouca valia; entretanto, se não tem filhotes, beneficia-se com o treino de lidar com um bebê — enquanto, nervosa, a mãe a vigia de perto.[9]

Outros benefícios das sociedades evidenciam como membros antigos que se conhecem bem obtêm refeições por meio de esforços grupais eficientes. Predadores de grandes animais conseguem presas que representam uma vantagem inesperada para todos. Contudo, a cooperação é mais exigida em algumas espécies, como os mabecos, do que em outras — os leões podem ser

32 O ENXAME HUMANO

preguiçosos para se juntar à caça do grupo e, muitas vezes, não recebem mais carne do que se caçassem sozinhos. Alguns comportamentos comuns em sociedades de mamíferos são importantes, porém pouco melhoraram o que podemos ver de agregações temporárias. Suricatos e lêmures-de-cauda-anelada, por exemplo, contam com a quantidade de membros para localizar áreas com alimento e, ao ficarem agrupados, agitam muitos insetos, que são facilmente apanhados. Os babuínos são conhecidos por ficarem próximos dos forrageiros mais bem-sucedidos do bando, ocasionalmente até roubando sua comida.

Talvez as sociedades dos golfinhos-nariz-de-garrafa, do oeste da Flórida, atendam a outro propósito: permitir que os animais se adaptem às condições locais. Criar um golfinho é uma responsabilidade enorme, e os filhotes aprendem tradições passadas de uma geração a outra. Os mais velhos de algumas comunidades ensinam os jovens a se unirem para cercar os peixes até que as presas se agrupem e sejam levadas à praia. Ali, eles pegam as presas derrotadas antes de mergulhar na água outra vez. Esse aprendizado social também tem uma função importante em espécies como os chimpanzés.[10]

A proteção que a sociedade proporciona aos seus membros pode ser tão crucial quanto os recursos que podem acessar. Naturalmente, ambos estão ligados. Como as chimpanzés fêmeas podem desertar e se unir a outra sociedade se não conseguirem o que precisam para seus filhotes, os machos se comprometem com a parte mais difícil do trabalho e do perigo de proteger os membros e manter seus recursos longe de intrusos belicosos. Ao que parece, não há melhor motivação imediata para os machos que o sexo.[11] Além de comida e água, muitas espécies mantêm um refúgio para os jovens ou se valem de características topográficas úteis: para os lobos cinzentos, uma vigia; para cavalos, um quebra-ventos; e, para muitos primatas, locais seguros para dormir. Espalhados em suas "cidades" como casas de subúrbio, os montículos controlados pelos cães-da-pradaria, como as conchas dos ciclídeos, são importantes para locais de moradia para de um a três membros por montículo, no caso dos cães-da-pradaria. Todos precisam ser defendidos de intrusos.

Quanto ao controle de recursos, os custos incorridos pelos próprios membros ao lidarem com os rivais são compensados pela eficiência de ter mais olhos e ouvidos para detectar competidores e outras ameaças externas, mais vozes para avisar no caso do surgimento de inimigos e mais dentes e garras para lutar. Defender os filhotes é essencial, como quando elefantes de um grupo de núcleo protegem os filhotes de todos contra leões, ou cavalos em uma

O *que os Vertebrados Ganham por Viver em Sociedade* 33

manada cercam os potros para dar coices nos lobos. Há momentos em que todos os envolvidos participam da defesa. Um bando inteiro de babuínos, até as mães carregando os filhotes, participam do ataque a um leopardo, sendo que alguns macacos ficam feridos na tentativa de encurralá-lo e, talvez, matá-lo.[12]

A competição mais intensa de uma sociedade geralmente ocorre com outras sociedades da própria espécie. A melhor defesa é o ataque. Um meio comum de monopolizar os bens de coespecíficos não é os proteger diretamente, mas reivindicar o espaço em que existem. A territorialidade é uma opção se uma área pode ser controlada com exclusividade ou, pelo menos, fortemente dominada. Assim, as espécies adotam a abordagem de construção de muros nas relações internacionais: no caso do peixe ciclídeo morador de conchas, muros são literalmente erguidos com areia atirada entre os complexos de apartamentos de diferentes grupos, enquanto os mamíferos como os lobos cinzentos e mabecos marcam seus espaços com o cheiro. Cães-da-pradaria se aproveitam de marcos visuais como rochas ou arbustos; entretanto, mesmo fronteiras que se estendem por terreno aberto continuam estáveis dos pais para os filhotes. Os roedores sabem exatamente onde estão e protegem seu espaço expulsando ou matando invasores. Quando uma espécie é territorial, suas sociedades são identificadas pelo simples mapeamento dos movimentos dos animais para mostrar que grupos separados ocupam diversas regiões.

As sociedades de algumas espécies, como as do cavalo, do elefante da savana e do babuíno da savana, não são territoriais. Em vez disso, coabitam o mesmo terreno com outras espécies do mesmo gênero. Mesmo assim, elas raramente vagueiam ao acaso, mas ficam em uma região que cada grupo conhece bem. Essas sociedades não brigam pelo acesso ao território em si, mas pelos recursos que contém, que geralmente estão espalhados demais para tornar a defesa de todo o território algo prático. Uma sociedade forte pode tomar o território ou seus recursos de uma sociedade menos populosa ou um animal solitário. Contudo, nem todos os mamíferos lutam contra os vizinhos mais próximos. As sociedades dos bonobos e dos golfinhos-nariz-de-garrafa da costa da Flórida se fixam a faixas de terreno que são essencialmente particulares, mas lutam pouco quando surgem intrusos, uma acomodação com limites sem muros que indica que enfrentam menos competição com os vizinhos.[13]

Às vezes, pertencer a uma sociedade é útil, em parte para reduzir atritos com animais da mesma espécie com a simples diminuição de suas interações com alguns membros misericordiosos. Por exemplo, uma manada de cavalos

34 O ENXAME HUMANO

geralmente tem adultos de ambos os sexos, mas algumas se saem bem sem um garanhão. "É melhor lidar com um mal conhecido do que com um desconhecido" é um ditado perfeito para as manadas compostas apenas de fêmeas, quando concordam que um garanhão se junte a elas. Não importa o quanto esse animal seja insistente em relação às éguas, ele repele o contínuo fluxo de outros machos incômodos que surgem.[14] Em outras espécies, membros de uma sociedade se acasalam com estranhos, ligações que os animais do sexo oposto tentam impedir. Um lêmure-de-cauda-anelada de passagem encontrará parceiras sexuais ávidas se puder entrar no grupo sem ser detectado pelos residentes machos. Da mesma forma, um cão-da-pradaria fêmea pode passar a outro território para um "caso amoroso", porém será atacada se descoberta no ato.

Uma vantagem derradeira das sociedades é sua variedade interna. Uma grande quantidade é mais que uma mera repetição de olhos e ouvidos, dentes e garras: as forças variadas dos membros compensam as deficiências individuais. Um macaco com a visão prejudicada ou uma perna ferida, ou que simplesmente é ineficiente para achar comida, pode acompanhar e se beneficiar dos olhos de águia e membros ágeis dos demais, mesmo quando o forte não defende intencionalmente os fracos. E os fracos também podem desempenhar um papel social, talvez cuidando dos bebês.

RELAÇÕES DENTRO DA SOCIEDADE

Em todas essas questões — de evitar ou combater predadores ou inimigos, a escapar de perseguições, encontrar recursos ou parceiros, coletar alimento, realizar tarefas e ensinar e aprender —, surgem oportunidades para cooperação ou altruísmo entre os animais. Embora se identificar como membros, mais do que a cooperação, seja a característica que une a sociedade, a cooperação é um benefício, mesmo que seus membros tenham metas conflitantes ou quando a ajuda não se estende a todos de modo uniforme. O egoísmo, como visto entre as lagartas que se escondem umas atrás das outras para não servir de refeição a um predador, raramente é um motivador para se associar aos outros. Mas membros que se envolvem em atos perigosos, como babuínos enfrentando um leopardo, mostram um alinhamento de interesses — embora tais alianças sejam mais bem desenvolvidas ou expressas em dadas espécies.

Muitos casos de afiliação *dentro* de uma sociedade, como as redes pessoais designadas pelo número de Dunbar, são customizados para o indivíduo.

Muitas vezes, o aliado e melhor amigo é um familiar ou parceiro sexual em potencial, mas nem sempre. Lobos cinzentos e cavalos se voltam para companheiros especiais para ter apoio e companhia.[15] Da mesma forma, leoas que criam filhotes ao mesmo tempo formam uma sólida parceria chamada creche. Laços entre golfinhos-nariz-de-garrafa machos, muitas vezes companheiros de infância com mães diferentes, duram a vida toda e auxiliam tanto a cortejar as fêmeas quanto a espantar os machos adversários.

Fortes amizades e redes de aliados não garantem uma vida fácil em sociedade, como deixamos claro no Capítulo 1. Nem todas as pessoas têm condições de morar em uma cobertura e nem todo lobo é líder do bando. As sociedades se transformam em verdadeiros campos de batalha social e, às vezes, física, colocando cada porção de recursos do grupo em risco. Muitas vezes, os animais ficam na sociedade apesar dos jogos de poder e transtornos, sofrimento e perseguição, resistindo por causa das oportunidades que surgem, cada um lutando por sua versão do sonho americano. Aqui, alguns têm mais dificuldades que outros. Diferenças de poder existem não só entre as sociedades, mas entre os seus membros. O controle de indivíduos dominantes, muitas vezes no topo da hierarquia social, apresenta um gargalo apertado para avançar em muitas sociedades de primatas, resultando em um intenso estresse fisiológico.[16] O mesmo se aplica às hienas-malhadas — a única espécie de hienas que forma sociedades. Em especial, o macho alfa das hienas-malhadas tem um pênis menor e menos testosterona que suas contrapartes femininas (que têm um apêndice sexual chamado pseudopênis) e um status tão baixo que qualquer filhote pode afastá-lo da comida.[17] Em comparação, elefantes da savana, golfinhos-nariz-de-garrafa e bonobos levam vidas idílicas, mas ainda enfrentam divergências: elefantas impopulares são maltratadas pelas irmãs, golfinhos brigam pelos parceiros, e a mãe bonobo intervém para assustar quaisquer machos que incomodem o filho enquanto ele tenta fazer sexo.

O domínio tem suas vantagens, mesmo para os que não o alcançam. Quando uma hierarquia é estabelecida, influenciada pelas qualidades físicas e mentais de cada indivíduo — e, em algumas espécies, baseada no status da mãe — o conflito se reduz, um bônus para todos. Com a posição resolvida, um macaco de posição inferior para de perder tempo confrontando indivíduos hierarquicamente superiores e foca a melhoria de seu posto, talvez irrelevante, entre os de nível igual ao seu. Sem aceitar a situação, os membros se esgota-

36 O ENXAME HUMANO

riam. Para as pessoas, assim como para outros animais, as sociedades se desintegrariam em uma luta geral e incessante para progredir.[18]

Então, parece que o afável bonobo dependente da proteção da mãe e um babuíno estressado com sua posição social vivem pela regra de Michael Corleone, proferida em *O Poderoso Chefão, Parte II*: "Mantenha seus amigos por perto e seus inimigos, mais perto ainda." Dentro dos limites da filiação previsível de uma sociedade, animais monitoram amigos e adversários, analisando como lidam com os relacionamentos, positivos e negativos e, às vezes, até trabalhando com concorrentes em proveito próprio.

Talvez isso explique o bonobo, uma espécie para quem as vantagens das sociedades não são óbvias, considerando que esses símios, em forte contraste com o chimpanzé, competem pouco, cultivam amizades e parceiros sexuais com estrangeiros, enfrentam poucos predadores e raramente precisam de ajuda para encontrar comida ou caçar uma presa grande.[19] De fato, bonobos podem ser extrovertidos e até generosos com outsiders.[20] Parece que eles poderiam se comportar do mesmo modo se vivessem sem comunidades distintas dignas de nota, no entanto, os limites da comunidade continuam a existir. Por quê, então, ter sociedades? Possivelmente suas comunidades existem por motivos insignificantes: para que os bonobos estruturem seus dias ao redor de um grupo de indivíduos claro e administrável. Essa hipótese é razoável, embora não totalmente satisfatória. Estou inclinado a acreditar que as sociedades oferecem a eles mais do que está claro aos cientistas no momento. Seja como for, uma coisa é certa: os bonobos, como os chimpanzés, os elefantes da savana e os cães-da-pradaria, as hienas malhadas e os golfinhos-nariz-de-garrafa — e outros vertebrados, como os gaios dos arbustos e ciclídeos moradores de conchas — estão firmemente enraizados em sua sociedade.

Um psicólogo afirmou que, nos seres humanos, como consequência de nosso passado evolucionário, nosso "senso de segurança e certeza pessoal" é mais forte quando pertencemos a um grupo percebido como diferente e distinto de outsiders.[21] Essa declaração se aplica a vários animais que dependem de serem sustentados e protegidos por seus companheiros de sociedade. Na verdade, grande parte da vida em sociedade depende de como os membros interagem, gerando movimentos dinâmicos dentro e entre sociedades que foram críticas em moldar a evolução social das espécies, seres humanos entre elas, um tema que discutirei adiante.

CAPÍTULO 3

Em Movimento

Nosso Land Rover parou com uma guinada quando vimos algo maravilhoso — um mabeco, as orelhas em pé formando duas parabólicas. Não contive o entusiasmo — esses caçadores de grupo são raros em Botsuana e em toda a África Subsaariana. Mabecos vivem em bandos, portanto, deveria haver outros por perto. Era uma fêmea, porém, estava só e parecia nervosa. Ela andou, parou, soltou um longo uivo, escutou, uivou de novo. Segundos após o terceiro uivo, ouvimos a resposta dos companheiros, e, no mesmo instante, a fêmea correu em sua direção. Após um minuto de buracos e trancos, nosso veículo parou em meio a uma multidão de cães selvagens, dormindo, saltando, rosnando, farejando e brincando à nossa volta.

As sociedades proporcionam benefícios que uma existência solitária não oferece — isso é evidente. Mas a forma que esses benefícios assumem tem tudo a ver com movimento. Os padrões pelos quais os indivíduos de uma sociedade se movem e ocupam o espaço determinam a interação de indivíduos e grupos. Para um mabeco ou macaco, ser separado dos companheiros da sociedade é uma situação de emergência de nível máximo. Se um suricato estiver concentrado em comer um escorpião e não notar a partida do clã, o retardatário emite um chamado até ouvir a resposta e se reunir aos demais, sua ansiedade refletindo o risco de um predador ou inimigo se aproveitar da situação para atacá-lo. Para os cavalos, também pode haver pânico para um garanhão em uma caminhada ou uma égua que fica para trás com seu potro. O andarilho pode subir em uma colina para enxergar a manada e correr para alcançá-la.

Isso não ocorre em todas as sociedades: em outras espécies, ficar espalhado é normal. Cães-da-pradaria são um caso claro, visto que ficam separados uns

38 O ENXAME HUMANO

dos outros nos montículos semiprivados de onde saem todos os dias para forragear. Suas tocas ficam no mesmo local por gerações. Entretanto, o mais intrigante desse hábito é um tipo dinâmico de vida nômade. Nessas espécies de fissão-fusão, os membros da sociedade se reúnem aqui e ali em grupos sociais que se formam, que se dissolvem e se renovam em outro local. Como a maioria dos animais raramente precisa estar próxima, um pouco de fissão-fusão é detectada em todas as espécies. Mesmo assim, a fissão-fusão é o comportamento rotineiro de vários mamíferos.[1] Sociedades de hienas-malhadas, leões, golfinhos-nariz-de-garrafa, bonobos e chimpanzés raramente convergem a um local. Para outros animais, a fissão-fusão é contextual: bandos de lobos cinzentos e núcleos de elefantes da savana às vezes se dividem para encontrar alimento. A fissão-fusão parece complexa, mas há muitas razões para analisar esse estilo de vida. As espécies de fissão-fusão incluem praticamente todos os mamíferos inteligentes que os antropólogos que estudam a hipótese do cérebro social ficam ansiosos por encontrar — principalmente nós, *Homo sapiens*.

Os animais de uma sociedade de fissão-fusão viajam buscando o sucesso social. Ou seja, a inteligência social entra em ação. Movendo-se com poucas limitações, esses animais dão-se ao luxo de escolher seus companheiros, passam um tempo de qualidade com amigos ou parceiros e ficam livres dos adversários. Para hienas-malhadas, esse alívio exige esforço — a espécie é competitiva desde o nascimento, às vezes com resultados fatais. Observando-as com a especialista em hienas Kay Holekamp, do Quênia, fiquei encantado ao ver filhotes brincando no seu esconderijo, até ver que o objeto de seu cabo de guerra era o corpo de um companheiro. Assim que as crias são grandes o bastante para deixar a toca, elas se espalham pela comunidade, procurando aliados ao mesmo tempo em que se aproximam com cautela de membros de outro clã.

A liberdade de movimento possibilita que as interações fiquem mais complexas e também é vantajosa quando as relações pessoais ficam difíceis de administrar. As opções, impossíveis para animais que vivem "cara a cara" — macacos, por exemplo, que não têm escolha senão ficar sempre com o bando —, são muitas. Veja este cenário: um chimpanzé esperto de nível social inferior encontra a oportunidade de escapar para um local tranquilo no território de sua comunidade para um encontro particular com uma fêmea. Ainda mais veladamente, um lobo cinzento ou leão macho pode escapulir para visitar outro bando ou grupo como um primeiro passo para desertar — a transição para se tornar membro de outra sociedade exige esse tipo de duplicidade trabalhosa. Não é surpresa que muitas espécies de fissão-fusão sejam tão inteligentes.

A fissão-fusão tem outras vantagens. Espalhar-se atende a uma população maior, sem que os membros precisem subir uns em cima dos outros para ter acesso aos mesmos recursos. Imagine o que ocorreria se uma comunidade de cem chimpanzés ficasse em um grupo unido: o território pelo qual passassem ficaria desprovido de recursos, obrigando-os a mover-se incansavelmente e a brigar por alimento como compradores em uma Black Friday. Em vez disso, os chimpanzés ficam separados, encontrando-se em grupos temporários, chamados de partidos, de grandes dimensões somente quando têm a sorte de encontrar um local rico em recursos, como uma árvore com os galhos pesados de frutos.

A estrutura de fissão-fusão tem suas desvantagens. Quando os membros se espalham e se separam em seu território, os inimigos podem entrar e atacar pequenos grupos ou indivíduos solitários com pouco risco para si próprios. Os atacantes também têm menor probabilidade de se tornarem alvos de um contra-ataque maciço antes de escapar. Tal investida contra alguns indivíduos seria suicida se dirigida a cem chimpanzés ou mais em um partido.[2]

Perigos de ataques à parte, a dispersão significa que animais de fissão-fusão monitoram melhor invasores em um grande espaço, já que a sociedade tem olhos e ouvidos em todo lugar. Talvez esse seja o motivo para os chimpanzés não buscarem comida em árvores frutíferas em territórios vizinhos. Em comparação, sociedades que se mantêm unidas raramente sabem quando um intruso invade locais mais afastados do território. Babuínos e mabecos que passam os dias próximos de membros do grupo não podem fazer muito sobre um animal mal-intencionado que visita uma parte distante de seu território. Assim, espalhar-se ajuda a sociedade animal a defender uma área maior.

JUNTOS OU SEPARADOS

É fácil alegar que uma espécie vive por fissão-fusão com base em nossa impressão. Entretanto, é importante considerar que os animais percebem o espaço de modo diferente, dependendo da acuidade sensorial e de como se mantêm em contato. Em suma, não cabe a nós decidir se os membros de uma sociedade são próximos. Escrevendo sobre as dificuldades enfrentadas pelo babuíno, o naturalista sul-africano Eugène Marais chamou sua vida de "um pesadelo contínuo de ansiedade"[3]— mas não é difícil imaginar essa ansiedade agravada pela constante presença do grupo. Dados de GPS de um bando de babuínos

40 O ENXAME HUMANO

confirmam que, na área em que formam um grupo coeso, eles não se aventuram em distâncias maiores que alguns metros.[4] Porém, embora um babuíno esteja ciente da presença dos outros, é improvável que registre as dezenas em seu grupo de momento em momento. Com frequência, a maioria dos companheiros fica fora da vista, desaparecendo atrás de suas costas ou ocultos por um arbusto. Como a visão e a audição do babuíno não são mais aguçadas do que as dos seres humanos, o melhor que podem fazer é ficar atentos aos companheiros que estão mais próximos e acompanhá-los quando se movimentam. Quando praticados por todos, esses comportamentos mantêm a formação do bando.

Espécies em que os membros da sociedade ficam mais distantes muitas vezes são associadas a habilidades sensoriais excepcionais. Elefantes escutam os sons dos companheiros a quilômetros de distância. Embora se suponha que um par de elefantes repousando sob uma árvore esteja isolado daqueles poucos comendo folhas fora de vista, os animais se conectam pela emissão de um chamado contínuo de baixa frequência conhecido como ronco. Essa habilidade de se comunicar em grandes distâncias permite aos membros espalhados do núcleo coordenar suas atividades.[5] Por mais afastados que estejam, a menos que a distância seja muito grande, os elefantes ficam mais cientes dos movimentos uns dos outros do que os babuínos em um bando compacto.

Esse sentimento de unidade, então, está nos olhos (ou ouvidos ou nariz) de quem o vê, e até animais de fissão-fusão entram em pânico quando isolados. Isso significa que para os membros da sociedade agirem em conjunto, ou reagirem, o que faz a diferença não é a proximidade física, mas saber onde os outros estão. Esse conhecimento pode ser limitado a uma área menor, como com os babuínos, ou ampla e distante, como com os elefantes. Os membros de uma sociedade estão *juntos* enquanto estiverem cientes uns dos outros.

Compare elefantes (que se espalham, mas agem como um, já que permanecem conectados por seus sentidos) com chimpanzés dispersos. Com uma visão e audição como a nossa, o chimpanzé só percebe os próximos a ele. Na verdade, as limitações sensoriais desses símios, para todos os efeitos, tornam suas comunidades mais fragmentadas do que os núcleos do elefante da savana. Em caso de perigo — um intruso hostil —, só os chimpanzés que estão juntos naquele local têm chance de organizar uma defesa. Assim, embora a comunidade esteja sempre dispersa, os chimpanzés passam a maior parte do tempo com os demais, em um dos partidos espalhados da comunidade.

No entanto, mesmo nas sociedades de fissão-fusão mais dispersas, os animais têm meios de confirmar a presença dos demais de tempos em tempos. As hienas malhadas gritam e berram a qualquer provocação; os chimpanzés mantêm contato por fortes chamados; os leões rugem; os lobos uivam. Enquanto há linhas de comunicação, os indivíduos não ficam totalmente isolados.[6]

Ainda estamos aprendendo que informações os chamados transmitem. Os animais os usam para atualizar os demais sobre seu paradeiro e se posicionar, embora algumas vocalizações chamem para a ação. Os leões convocam ajuda para uma luta ou para caçar o jantar. Sessenta hienas se uniram para um ataque a um clã inimigo, um evento horrível e ensurdecedor, enquanto um número menor prepara uma caçada. Comunicados podem ser hackeados. As hienas fazem tamanha algazarra que às vezes atraem inimigos e acabam brigando.

Entre os chamados dos chimpanzés, o *pant-hoot* é o mais ruidoso, reverberando por quilômetros. O nome é onomatopaico — nenhum ser humano emite um som desses em sociedades civilizadas (a menos que você seja Jane Goodall impressionando a plateia). O grito mostra empolgação entre os macacos e é uma saudação de vitória que fortalece o elo entre os machos e ajuda partidos não muito distantes a monitorarem uns aos outros. A descoberta de frutas faz os chimpanzés entrarem em um frenesi de chamados, atraindo os outros para qualquer ponto em que haja comida suficiente.[7] Mas são os *pant-hoots* de uma comunidade estranha que agitam os macacos. Eles ouvem, olham na direção do chamado e, às vezes, respondem no mesmo tom.[8]

Contudo, a maioria dos territórios dos chimpanzés é ampla, impedindo que partes muito separadas sejam ouvidas; dessa forma, na prática, nunca toda a comunidade é alertada para um problema, e nem sequer age. Em comparação, os bonobos formam partidos semelhantes, mas são maiores, mais duradouros e ficam a distâncias em que podem ser ouvidos. Ocorre uma troca ativa de informações em toda a comunidade bonobo. Essa habilidade é visível ao pôr do sol, quando os bonobos emitem um "toque de recolher" especial que guia todos para a mesma área na hora de dormir. A primatologista Zanna Clay disse-me que, caso um partido de bonobos se afaste até um ponto em que não possa ser ouvido pelos demais, eles renunciam a emitir o "toque de recolher", aparentemente cientes de que estão sozinhos — e está tudo bem.[9]

Um dia saberemos que os animais transmitem mais informações do que imaginamos. Os cães-da-pradaria de Gunnison comunicam-se com uma complexa variedade de tons; emitem um chiado de alarme diferente quando um

42 O ENXAME HUMANO

sujeito alto de camisa vermelha entra correndo em seu campo de visão comparado a um baixo, de roupas amarelas andando devagar; ou quando veem um coiote, comparado a um cão. Não sabemos se, e como, eles usam essas informações.[10] Outras espécies se comunicam de modo semelhante, mais do que sabemos. Um lobo que uiva dá instruções aos companheiros à distância? *Aqui sentimos o cheiro do sangue do inimigo — venham preparados para a batalha!*

E os seres humanos? Depois falarei mais sobre a dispersão em nossa espécie e seu significado para as origens de nossa inteligência e sociedades — mas vai uma amostra. Antes que a agricultura prendesse as pessoas a um território, os caçadores-coletores se espalhavam. Como ocorre com outras espécies, a fissão--fusão reduziu a competição na sociedade humana e aumentou a população que a terra abarcava. Ao mesmo tempo, permitiu que cada indivíduo decidisse como e quanto interagir com os outros. Chimpanzés talvez não sejam capazes de aproveitar o aspecto de fusão por completo para atrair membros distantes, enquanto, para os seres humanos, acompanhar os outros à distância tem sido a chave para o sucesso. A maioria das pessoas nas primeiras sociedades estava longe demais para gritar, tornando medidas engenhosas como sinais de fumaça e tambores indispensáveis. Essas técnicas tinham limitações, como todos os métodos de comunicação à longa distância antes que o código Morse transmitisse notícias em tempo real. Muitos sinais pré-históricos podem ter transmitido tantas informações quanto uma mensagem de texto dizendo "Olá".[11]

Mesmo assim, os primeiros registros estão repletos de indícios de que os caçadores-coletores se comunicavam, principalmente em emergências. Mensageiros que se revezavam eram o correio da época — correr não era problema; o corpo humano é resistente.[12] Por esses meios, a população sedenta se reunia na última poça d'água e qualquer um que se deparasse com um animal ou um inimigo atraía os outros para comemorar ou lutar. Em 18 de abril de 1623, em um dos primeiros contatos de europeus com nativos australianos, a tripulação de um navio holandês raptou um homem. No dia seguinte, viram-se diante de duzentos aborígenes brandindo suas lanças: a notícia se espalhara depressa.[13]

MUDANDO A LEALDADE

As sociedades são fechadas, mas não inexpugnáveis. O movimento entre elas é essencial para sua saúde. Sem oportunidades para indivíduos se transferirem de sociedade, exceto pelo raro infiltrado furtivo, as populações teriam se desenvolvido por cruzamentos consanguíneos, principalmente em sociedades pequenas. Elefantes das savanas contornam essa situação com machos que vagam livremente. Os machos passam grande parte do tempo com grupos variados de outros machos, ficando perto de um amigo ou dois. Sem ligação com um núcleo, acasalam-se com quem escolhem (mas raramente sem lutar com outro macho). Na maioria dos casos, porém, as sociedades consistem em machos e fêmeas adultos. Nessas espécies, a transferência entre sociedades pode ser um passo obrigatório para a maturidade. Os jovens podem deixar a sociedade em que nasceram depois que seus membros, que os viram crescer, os evitam como parceiros. Os primatas representam uma diversidade de padrões de dispersão sexual. Entre os gorila-das-montanhas e outros primatas, qualquer sexo pode fazer a mudança. Em outras espécies, apenas um deles. Entre as hienas e muitos macacos, é o macho que parte; entre os chimpanzés e os bonobos, é a fêmea — embora poucos chimpanzés fêmeas fiquem onde nasceram. Um animal pode se realocar de novo mais tarde, se seu status for tão baixo que seja obrigado a sair ou escapar voluntariamente. As hienas fêmeas não só atacam os machos, como não se interessam por recém-chegados como parceiros sexuais, obrigando muitos machos a tentarem a sorte em outro clã.

Às vezes, um animal fica sozinho até encontrar um novo lar. Na verdade, a aceitação por uma nova sociedade é difícil — para manter os limites definidos, as barreiras são altas. Um indivíduo insistente pode forçar sua entrada no grupo, lutando com animais do mesmo sexo, que o veem como um adversário para a fonte de parceiros na sociedade. Mas obter afiliação permanente no grupo pode exigir ser visto como desejável pelo sexo oposto. Assim, um babuíno macho recém-chegado se insinua em um novo bando derrotando os machos locais enquanto se aproxima das fêmeas. Um pretenso membro feminino de uma comunidade de chimpanzés faz sua primeira aparição quando está sexualmente receptiva. Essa estratégia atrai um séquito de machos entusiasmados que a protegem das fêmeas que preferem que ela não fique.

Mesmo assim, a chimpanzé fêmea precisa lutar depois que é aceita, assim como um babuíno recém-chegado fica obrigado a lidar com a hierarquia masculina; com coragem e apoio das fêmeas, ele chega ao topo. Esse problema não existe em espécies em que os novatos obrigam os ocupantes machos anteriores a deixar a sociedade. Leões e cavalos ficam com outros machos até conquistarem um lugar na sociedade, expulsando os atuais residentes machos. Talvez não ajam sozinhos: dois ou mais mabecos, leões e, às vezes, cavalos, podem se

44 O ENXAME HUMANO

unir para adotar uma atitude hostil e permanecem aliados por muito tempo depois. Lêmures-de-cauda-anelada machos e geladas da Etiópia cultivam essas amizades platônicas. Enquanto os geladas mantêm seus laços, os lêmures esquecem a parceria após conseguir se juntar aos outros machos.

Em outros casos, juntar-se a uma nova sociedade é uma questão de perseverança, não de força. De tempos em tempos, uma elefanta deserta para outro núcleo, às vezes após seus membros a terem "incentivado" repetidamente a partir. Uma hiena macho ou um macaco fêmea rodeia os limites de um clã ou bando, suportando ataques e abusos até que sua presença se torna rotineira e é tolerada. A facilidade da aceitação depende da rigidez da sociedade de destino. Um bando de lobos costuma admitir um macho solitário apenas depois de dias ou semanas de tentativas, às vezes, nunca; mas, nas circunstâncias certas, um cão sortudo é admitido quase de imediato. Isso foi demonstrado em 1997, quando um bando de Yellowstone, cujo macho alfa tinha sido morto por seres humanos, foi visto aceitando um lobo itinerante. Mantendo distância durante horas, o solitário e o grupo uivaram várias vezes até ficarem frente a frente. Por fim, um jovem quebrou o gelo, correndo à frente para receber o macho. Somente seis horas depois, todo o bando o recebeu com entusiasmo. Qualquer dono de cães reconheceria o comportamento: abanar as caudas, farejar e brincar. Apesar de o bando adotado ter matado dois de seus irmãos no ano anterior, ele se tornou o novo macho alfa no mesmo instante.[14]

Em espécies em que somente um sexo parte, é o menos aventureiro que tem a vida mais fácil. Como o residente de uma cidade que herda a fazenda da família, esse animal mantém amigos de infância e parentes tanto quanto familiaridade com seu território, uma área que conhece bem. O chimpanzé macho adulto, sempre caseiro, volta aos refúgios preferidos da infância, enquanto uma irmã que se muda para uma nova sociedade precisa começar do zero, cortando todos os elos, inclusive relações, com o local de nascimento.

Em tudo o que citamos, vimos que os modos pelos quais os animais viajam e acompanham um ao outro dentro da sociedade influenciam os benefícios que ela oferece; também vimos como os movimentos entre sociedades, realizados em intervalos raros e com dificuldade, possibilita mudanças de lealdade que tornam o antes estrangeiro parte consagrada da cena social. Em seguida, falaremos o quê e quanto os mamíferos devem realmente saber uns sobre os outros, a fim de reduzir o fluxo de indivíduos para dentro e fora de seus bandos, grupos, turmas e confrarias, para que cada sociedade funcione como uma unidade clara, independente e duradoura.

CAPÍTULO 4

Reconhecimento Individual

As sociedades, como vimos, não são inexpugnáveis. Um elefante pode buscar a sorte em um novo grupo núcleo, hienas macho e chimpanzés fêmeas podem se unir a outros clãs e bandos, e um lobo macho solitário pode ser coroado líder de uma matilha estrangeira. Esse movimento de mamíferos entre as sociedades traz à tona o problema de como a afiliação é conseguida e como permanece clara.

É possível que grupos que não sejam sociedades permaneçam nitidamente separados por tempo indefinido, mesmo quando os animais envolvidos não saibam nada um sobre o outro. Por exemplo, certas aranhas sociais se juntam às centenas para tecer teias comunitárias para apanhar presas, o pesadelo do homem comum. Como as teias são espaçadas e as aranhas ficam imóveis, as colônias não costumam se misturar. No entanto, coloque uma colônia perto da outra e as aranhas se misturarão sem nenhuma distinção entre elas.[1] Não é possível saber sem fazer esse experimento, mas as colônias provam que são totalmente permeáveis — abertas a estranhos que vêm e vão. Assim, seria exagero afirmar que as aranhas fazem parte de uma *sociedade*: elas não mostram nenhuma afiliação com a colônia que possa ser considerada como adesão. Às vezes, um excesso de permeabilidade representa um problema até para espécies com sociedades definidas. Na Ásia Ocidental e na África, onde as abelhas domésticas evoluíram, havia pouca oportunidade para confusão entre colmeias. Atualmente, os apicultores colocam as caixas de nidificação tão próximas umas das outras que algumas trabalhadoras se desgarram — voam desorientadas e vão cuidar da vida em feliz ignorância, trabalhando para a colônia errada, o que resulta em perda de abelhas para a colmeia original.

46 O ENXAME HUMANO

Entre a maioria dos vertebrados, a permeabilidade se restringe a transferências raras e difíceis entre sociedades de indivíduos à procura de parceiros para o acasalamento. Essas espécies mantêm outsiders formando sociedades de reconhecimento individual: cada animal deve reconhecer os demais como indivíduos, independentemente de esse companheiro ter nascido no grupo ou sido admitido de fora. Então, na mente do elefante da savana ou do golfinho-nariz-de-garrafa, cada Tom, Dick e Jane na sociedade precisa ser identificado como Tom, Dick e Jane. Não que eles usem nomes pessoais — exceto, talvez, pelos golfinhos. Esses cetáceos podem chamar a atenção de um amigo com "assobios típicos" personalizados, que alguns pesquisadores alegam significar "aqui, Jane!"[2]

Conhecer todos de memória e, naturalmente, saber quem pertence ao grupo, é muito fácil. Os animais também podem aprender a identificar indivíduos que não fazem parte de sua sociedade. E esses indivíduos são, com frequência, mas não precisam ser, inimigos. A primatologista Isabel Behncke me disse que certos bonobos cuidam da pelagem uns dos outros quando as comunidades se juntam. Embora não seja diplomacia internacional, cuidar da pelagem parece ser um sinal de amizade extrassocial. Essa abertura não leva a equívocos sobre quem vai para onde. Depois de alguma frivolidade, os macacos vão para casa, as afiliações intactas. Os chimpanzés não têm esses amigos estrangeiros, exceto no Parque Nacional Taï, na África, onde precisam ser circunspectos a respeito: as fêmeas de comunidades diferentes, que presumivelmente se conheceram na juventude, antes de emigrarem a outro local, se reunirão. As duas se encontram às escondidas, como se estivessem cientes de que seriam mortas se outro macaco as encontrasse cuidando da pelagem uma da outra.[3] Uma sociedade, então, raramente inclui *todos* os animais que conhece. Em vez disso, um animal vê sua sociedade como um conjunto particular de indivíduos: uma distinção "nós" versus "eles".

Essas capacidades parecem surpreendentes em um animal, mas muitos vertebrados armazenam informações sobre outros de sua espécie, classificando cada um em uma categoria que nós (a espécie que usa a linguagem) chamaríamos de "cidadão", e depois ainda classificando seus pares dentro desse grupo.[4] Considere os babuínos: eles reconhecem posição, família e coalizões dentro do bando, e usam essas categorias para prever como os outros se comportarão. Porque, por exemplo, as fêmeas basicamente herdam a posição social das mães, formando redes de apoio conhecidas como matrilinhagens, os babuínos esperam que uma fêmea de status inferior, não importa o quanto sua personalidade seja assertiva, recue diante de uma fêmea de posição superior, não importa o quanto esta seja insegura ou tímida. De fato, "na mente de um babuíno [...] categorias sociais existem independentes de seus membros", disseram os biólogos Robert Seyfarth e Dorothy Cheney.[5] Sem dúvida, isso se aplica não só às matrilinhagens, mas também às suas sociedades — seus grupos.

O macaco-vervet, da África, não só reconhece quais macacos são estrangeiros, como muitas vezes sabe a que grupos estão ligados. Cheney e Seyfarth descobriram que os vervets se reconhecem pela voz e prestam mais atenção quando os gritos do membro de um grupo vizinho surgem do lugar errado — do território de ainda outro bando. Os macacos-vervet saltaram em volta freneticamente como espectadores que esperam os golpes de uma luta de boxe. Suas expectativas correspondem ao que alguém imaginaria que aconteceria nessas circunstâncias. A reação dos macacos indica que eles se deram conta de que o vizinho cuja voz reconheceram deve ter entrado no território de outro grupo, comportamento que geralmente ocorre durante uma briga entre grupos. Assim, além de diferenciar sua própria sociedade da categoria geral de "todos os outros", os macacos-vervet compreenderam que os estrangeiros também se dividiram em diversos grupos.

Um sistema de afiliação baseado no reconhecimento individual funciona porque os membros concordam sobre quem faz parte do grupo. Às vezes, há diferenças de opinião, mas, em todas as espécies que formam sociedades, elas são raras e temporárias, limitadas a momentos transicionais quando um indivíduo está sendo expulso ou se ligando à sociedade. Um garanhão, excitado com a perspectiva de outro acasalamento, pode encorajar uma égua a se juntar à manada enquanto as demais éguas, ainda a considerando uma intrusa, tentam afastá-la. A etapa final para a égua, enquanto procura derrubar a oposição das fêmeas, não é só ser reconhecida, mas ser reconhecida como uma do grupo.

RECONHECIDAMENTE DIFERENTE

Naturalmente, reconhecer os parceiros do grupo exige que cada membro seja diferenciável de certa forma. No reino animal, o reconhecimento pode vir em diversas modalidades sensoriais. As vocalizações da maioria dos mamíferos sociais, dos chamados dos macacos-vervet aos rugidos dos leões, variam de um indivíduo a outro. A visão também é importante: os macacos-prego podem

48 O ENXAME HUMANO

rapidamente distinguir entre fotos de membros de seu grupo e as de estrangeiros.[6] Dependendo do contexto, as manchas características das hienas-malhadas servem como camuflagem e como meio de identificação à distância na savana aberta. Sem marcas distintas como as das hienas, os chimpanzés são atraídos, assim como as pessoas, aos rostos, notadamente aos olhos, como característica de diferenciação principal. As vozes também são distintas como as dos seres humanos, e eles também podem diferenciar uns aos outros perfeitamente bem pelos traseiros, um dom ainda a ser testado em seres humanos.[7] Cavalos abrem caminho para uma fonte de água se veem membros de uma manada dominante se aproximando a 50m.[8] Macacos se acostumam de tal modo um ao outro que em Uganda o colobo vermelho e outras espécies — macaco azul, mangabei e macacos-da-cauda-vermelha — brincam juntos com todos, concentrando-se em certas amizades interespécies.[9] Ao estudar o quanto leões conhecem uns aos outros, George Schaller, conservacionista sênior da Sociedade de Preservação da Vida Selvagem, observou atentamente seu comportamento dentro e fora dos grupos:

> Não importa o quanto as fêmeas estejam espalhadas ou a frequência com que encontram cada um dos demais membros, elas ainda são uma unidade social fechada que não permite a entrada de leoas estranhas... O membro de um grupo se une a outros sem hesitação, muitas vezes correndo em sua direção, enquanto um estranho normalmente se agacha, avança alguns passos, vira-se como se fosse fugir e, em geral, comporta-se como se estivesse inseguro da recepção.[10]

Os felinos saltam sobre o leão que parece estranho até ser identificado como de seu bando. Note que ninguém se dispôs a provar metodicamente que os leões ou quaisquer outros animais reconhecem todos os membros de sua sociedade, mas a suposição parece segura com base nessa breve observação.

Lembrar-se dos outros deve ter sido um precursor necessário da evolução das sociedades de vertebrados.[11] De fato, eu não me surpreenderia se o reconhecimento individual fosse universal entre os mamíferos e pássaros, considerando que peixes, sapos, lagartos, caranguejos, lagostas e camarões têm essa capacidade.[12] Deveríamos prever isso. Mesmo em animais que não vivem em sociedade, distinguir um indivíduo de outro ainda é importante, seja lutando por um território, dominando outros, encontrando um parceiro ou diferenciando o filhote de um do de outro. E assim hamsters, por mais antissociais que sejam, integram os cheiros de diferentes partes dos corpos peludos dos outros de sua espécie a uma representação de cada indivíduo, de forma semelhante à que nossa mente processa traços faciais para criar uma representação abrangente de uma pessoa.[13] Pinguins-imperadores e seus filhotes experimentam longos períodos de separação quando os pais partem durante dias para buscar alimento. Como se encontram entre os milhares de uma colônia? Ouvindo.[14] Da mesma forma que filtramos o burburinho em uma festa, os pássaros ouvem seletivamente os chamados de sua cria: *Foi Tom que ouvi do outro lado do iceberg?*

Por mais numeroso que seja o grupo, nem hamsters, nem pinguins têm sociedades. E por mais amplos que sejam esses feitos de memória, a vida em sociedade apresenta um conjunto de circunstâncias diferente quando exige um conhecimento generalizado de *todos* — ou, pelo menos, conhecimento de todos os outros membros a um nível mínimo. Mas mínimo até que ponto?

Biólogos que estudam a questão do reconhecimento e das relações focaram as conexões mais fortes em uma sociedade: os indivíduos que se conhecem melhor e como interagem. No entanto, como consequência dessa escolha aparentemente sensata, uma área de investigação igualmente atraente foi negligenciada — a questão de quanto os indivíduos que interagem *menos* em uma sociedade realmente conhecem uns aos outros. É possível que dois membros que nunca se aproximaram desconheçam a existência do outro. Essa falta de contato também pode ser sinal de indiferença, desdém ou incapacidade de começar um relacionamento porque se movimentam em círculos sociais diferentes. Talvez os dois se ignorem ou evitem mutuamente como opção estratégica ou, como o sujeito que você viu em um café centenas de vezes, eles nunca chegaram a se apresentar porque não há horas suficientes no dia para isso.

Talvez seja ainda mais simples. Talvez você esteja alheio ao sujeito tomando café, mas ainda o registre em sua mente. A experiência a seguir lhe soa familiar? Certo dia, senti algo diferente quando estava na cafeteria. Depois de um momento, percebi que um cliente assíduo não estava ali, uma pessoa que, por mais que eu quisesse, não poderia descrever em detalhes. Quando usamos alguns instantes para perceber alguém, como o cliente do café, como uma pessoa, diz-se que o individualizamos — nós o apresentamos como Tom, Dick ou Jane. Pessoas e, presumivelmente muitos animais, não têm persistência para individualizar a todos. Armazenamos os conhecimentos sobre os outros em um nível esquemático, até subliminar.

50 O ENXAME HUMANO

Aqui está um exercício intelectual. Suponha que os seres humanos se relacionassem com todos desse modo esquemático. Um cientista diria que estamos nos *habituando* às peculiaridades específicas de cada indivíduo, o que significa que nosso subconsciente registra seus atributos pessoais ao mesmo tempo que desligamos esses atributos de nossa consciência diária, assim como fazemos com o ruído ambiente que não notamos até que ele pare. Uma espécie ainda pode formar sociedades pelo reconhecimento individual a esse nível subliminar sem estar ciente de nenhum indivíduo a sua volta — esse seria um mundo estranho e impessoal, não é mesmo?

Apesar dessa possibilidade, desconfio que a maioria das sociedades de vertebrados é pequena o suficiente para que os animais conheçam os outros membros, não apenas do jeito minimalista pelo qual fiquei vagamente ciente daquele cliente do café, mas realmente a fundo, quer eles escolham notá-los constantemente, quer interajam com eles com frequência.[15]

EXIGÊNCIAS DA MEMÓRIA

Os membros de um bando de babuínos ou macacos-vervet ficam próximos o suficiente para se encontrarem diariamente, se não a cada poucos minutos. A exposição constante aos mesmos rostos conhecidos deveria tornar o reconhecimento de indivíduos algo muito fácil. Entretanto, como longe dos olhos significa longe do coração, e alguns animais em uma sociedade de fissão-fusão ficam longe dos companheiros por um tempo, lembrar-se pode ser um desafio. Por exemplo, biólogos passam meses observando certos chimpanzés tímidos, muitas vezes fêmeas agredidas membros da comunidade, mas que ficam sozinhas em um canto separado do território. É quase certo que outros chimpanzés veem esses solitários apenas de vez em quando e também após longos intervalos.[16] Naturalmente, chimpanzés precisam ter boa memória.

Os antropólogos designaram nossa espécie como "liberada da proximidade" porque não só nos lembramos dos outros, mas também mantemos relacionamentos com pessoas que não vemos por longos períodos (até por meio de intermediários — amigos de amigos etc.). Para nós, a confiança é facilmente reconquistada, ou desconfianças são reavivadas.[17] Essa "liberação" também ocorre com outros mamíferos, quando companheiros de sociedade voltam a se reunir pacificamente após uma longa ausência. Há muitos registros de animais que, ao reconhecer outros a despeito das mudanças geradas pela idade, retomam o relacionamento em um piscar de olhos. O biólogo Bob Ingersoll se lembra de ter visitado uma chimpanzé que não o via há mais de trinta anos. "Primeiro, ela não me reconheceu, nem eu a ela. Então, perguntei: 'Mona, é você?' E ela imediatamente fez um sinal: 'Bob, abraço, abraço.'"[18]

Lembranças nem sempre duram tanto. Cavalos não se lembram de seus filhotes depois de uma separação de dezoito meses. Nesse período, o potro já terá se integrado a uma sociedade — uma manada — própria.[19] Talvez, em espécies em que os animais partem para sempre, uma boa memória seria desperdício de energia mental e um fardo.

As exigências de memória incluem inserir-se no banco de memória dos outros. Em uma sociedade de reconhecimento individual, ser identificado corretamente, sobretudo como um do grupo, implica, basicamente, ser conhecido por todos. Um outsider que se une à sociedade se arrisca devido ao status inicial de estranho: qualquer um que não reconheça o recém-chegado poderá atacar. Para evitar essa dificuldade, como ressaltou o primatologista Richard Wrangham, o recém-chegado provavelmente ficará próximo aos que já conhece, de modo que os animais que ainda não conheceu o verão como membro do grupo — *o amigo de nosso amigo deve ser um amigo* — ou, no mínimo, um compatriota.

Jovens nascidos em uma sociedade não estão livres desse dilema. O processo de se tornar uma presença conhecida começa cedo, com a mãe identificando seu filhote. Pássaros distinguem sua cria com uma idade em que é provável haver confusão, por exemplo, quando os filhotes deixam o ninho e se misturam a outros filhotes: as espécies que se agrupam em colônias diferenciam os filhos desde o nascimento.[20] Para que um filhote se torne parte da sociedade, porém, não só a mãe, mas todos precisam aprender a identificá-lo. Felizmente, no início o bebê é inofensivo, relativamente ignorado por todos além da mãe. Os problemas surgem quando ele atinge uma idade em que pode ser confundido com um possível intruso ameaçador. Todos os adultos de um grupo de mangustos-anões untam os filhotes com a excreção das glândulas adanais, talvez um sinal de aceitação.[21] Até então, como o imigrante, os filhotes de todas as espécies ficam com quem conhecem bem, apresentando-se com segurança como *o amigo do amigo, que deve ser um amigo.*

RECONHECIMENTO INDIVIDUAL E O
TAMANHO DAS SOCIEDADES

Todas as sociedades de mamíferos que mencionei têm uma evidente característica em comum: são pequenas, muitas vezes com uma dezena ou duas de membros, raramente mais que cinquenta. Os leões não percorrem o Serengeti em bandos de milhares para atacar uma manada de gnus. Cães-da-pradaria nunca dominam um território no estilo das nações humanas, suas tocas se espalhando no terreno com uma população preparada para repelir estrangeiros. E outros símios não se unem em exércitos como em *Planeta dos Macacos*.

Em alguns casos, a melhor explicação é a ecológica. Mil leões teriam dificuldades em se alimentar todos os dias, e um grupo dessas dimensões passaria fome. Contudo, podemos prever com segurança que as sociedades da maioria de nossos primos vertebrados são consistentemente pequenas por uma razão mais prosaica: como Dunbar reconheceu em amizades, é difícil rastrear vários indivíduos, neste caso, às vezes, mesmo minimamente.

Com exceção dos seres humanos, e sua incrível capacidade de viver juntos, as sociedades de símios, como as dos chimpanzés, atingem o máximo de duzentos membros. A maioria dos grupos de vertebrados mais numerosos que esses são agregações — escolas, rebanhos, colônias, manadas etc., de onde os indivíduos vêm e vão sem problemas —, não sociedades, que têm afiliações rígidas. Certa vez, um cardume de arenques, que vivia perto de Manhattan (e concorria com o tamanho da ilha) chegou a 20 milhões de peixes. O céu é o limite para as queleas-do-bico-vermelho, que voam em círculos na África em bandos de um milhão, enquanto manadas de gnus de igual tamanho correm ruidosamente abaixo. Quanto a aves nidificadoras, as maiores colônias podem ser as dos 4 milhões de pardelas-escuras que se reproduzem na ilha de Guafo, no Chile.

Esses grupos são oportunistas. Os pinguins se agrupam, mas eles entre pais e filhotes à parte, são indiferentes a quem está no grupo. Durante migrações, "os gnus reunidos são um bando de estranhos", como afirmou um biólogo da vida selvagem.[22] O mesmo pode ser dito sobre o caribu e o bisão-americano, que ficam com os filhotes e alguns amigos, mas se juntam a manadas formadas por vários grupos de desconhecidos.[23]

Uma sociedade de mamíferos dependente de reconhecimento individual enfrenta um limite quanto à quantidade de animais, amigos ou inimigos, que cada um é capaz de rastrear e lembrar. À medida que as sociedades atingem essa quantidade máxima, a memória falha, limitando seu tamanho.[24]

O gelada, parecido com um babuíno com uma máscara de Halloween, é um exemplo revelador de limitações de memória. Como centenas de animais se alimentam em bando, poderíamos imaginar que sua memória em relação aos outros fosse notável. No entanto, quando o primatologista Thore Bergman observou como os animais reagiam a lembranças de outros geladas, concluiu que eles são quase tão ignorantes da multidão que os cerca quanto o bisão. Quase, mas não totalmente: seu reconhecimento dos outros limita-se a vinte ou trinta indivíduos. Bergman deduziu que os grupos dentro dos bandos, cada um composto de um ou dois machos e várias fêmeas adultas, são a verdadeira entidade social do gelada: em resumo, suas sociedades. Os bandos se formam quando dezenas desses grupos, tecnicamente chamados de unidades, se alimentam no mesmo terreno.[25] Um gelada macho alfa parece não conhecer ninguém fora de seu bando. Essa falta de conhecimento faz com que ele trate muitos machos estranhos ao grupo que se movem à sua volta o dia todo como possíveis parceiros sexuais para suas fêmeas e usurpadores de sua posição.

Isso pode fazer com que os geladas pareçam pouco inteligentes, mas proporciona uma lição importante. Animais dependentes do reconhecimento mútuo são compelidos a ser minimamente cientes de todos em sua sociedade, impedindo a formação de sociedades de grandes dimensões.[26] A nossa espécie, o *Homo sapiens*, suprimiu esse teto de vidro existente em outras espécies. Não importa o quanto fossem inteligentes, os seres humanos nunca chegariam ao sucesso atual sem aumentar o tamanho de seus grupos.

Porém, antes de falarmos dos seres humanos, continuaremos a explorar a natureza com outro ponto importante na evolução social, as sociedades dos insetos. Esses artrópodes não só incluem a maioria dos organismos que vivem em sociedade, mas entre suas colônias estão algumas cujas escala e complexidade são, de fato, imensas e que, acredito, lancem uma luz sobre nossas sociedades. Aqui está uma amostra crítica das conclusões que virão a seguir:

Chimpanzés precisam conhecer todo mundo.

Formigas precisam conhecer todo mundo.

Seres humanos só precisam conhecer algumas pessoas.

E isso fez toda a diferença.

SEÇÃO II

Sociedades Anônimas

CAPÍTULO 5

Formigas e Seres Humanos, Maçãs e Laranjas

Quando entrei em uma floresta tropical pela primeira vez, ainda jovem, o que mais me fascinou não foram os macacos, os papagaios nem as orquídeas, por mais atraentes que fossem, mas pedaços de folhas do tamanho de moedas, erguidas por formigas em um desfile de 30cm de largura e do comprimento de um campo de futebol.

Não é preciso ser entomologista para ser fã de formigas. Nós, seres humanos modernos, podemos estar geneticamente próximos dos chimpanzés e bonobos, no entanto, as formigas são os animais que mais se parecem conosco. As semelhanças entre nossa espécie e a delas revelam muito sobre sociedades complexas e como surgem. Na verdade, há muitos modos de vida entre as mais de 14 mil espécies de formigas e até mais em insetos sociais em geral, uma categoria que inclui cupins, abelhas sociais e determinadas vespas.

As formigas-cortadeiras dos trópicos norte-americanos exemplificam o potencial das formigas para a complexidade social. Em seu ninho, os pedaços de folhas verdes são usados como substrato para o cultivo de alimento, um fungo domesticado de que cuidam em jardins globulares cujo tamanho varia de uma bola de beisebol a uma de futebol. Existem formigas com estilos de vida nômade, até de fissão-fusão, mas espécies que se estabelecem, como as cortadeiras, o fazem em grande quantidade. Basear operações de forrageio fora do ninho ou do formigueiro principal é incomum em espécies de invertebrados, exceto nas que escondem os filhotes em uma cova ou grupos primazes que voltam para uma árvore para dormir, mas é comum entre as formigas. O tamanho das

58 O ENXAME HUMANO

colônias de formigas-cortadeiras pode ser gigantesco: nas florestas da Guiana Francesa, encontrei um formigueiro do tamanho de uma quadra de tênis. O inconveniente de tal metrópole é o mesmo enfrentado por uma cidade de seres humanos: levar recursos suficientes para esse local significa muitas viagens. Da extremidade do grande formigueiro saltam meia dúzia de pistas rápidas ao longo das quais as operárias arrastam centenas de quilos de folhas frescas a cada ano. Certa vez, para descobrir apenas parte de outra colônia, contratei seis homens com picaretas e pás perto de São Paulo. As picadas sangrentas que recebi naquela semana não me impediram de me sentir como um arqueólogo exumando uma cidadela. Centenas de jardins cresciam em câmeras dispostas ao longo de metros e metros de túneis extraordinariamente arranjados, alguns, pelo menos, 6m abaixo da superfície. Em escala humana, seu sistema subterrâneo teria vários quilômetros de profundidade.

A superabundância de atividade no ninho de qualquer espécie de formigas deixa claro para o observador casual que, entre os insetos sociais, os benefícios de viver em grupo são muitos e variados. As formigas operárias delimitam territórios, ousadamente coletando alimentos até de nossos pratos, e criam os descendentes em elaborados abrigos seguros. Comunicativas, persistentes, trabalhadoras, combativas, corajosas e altamente organizadas; agrônomas, pastoras ou caçadoras-coletoras, as formigas instituem forças de trabalho elaboradas de operações militares fantásticas e diligentes donas de casa, mestres em proteger e sustentar suas colônias. As formigas-cortadeiras, por exemplo, têm sociedades decididamente mais complicadas do que qualquer outro animal não humano e ainda empregam uma agricultura em grande escala.[1]

Comparar pessoas a formigas pode incomodar. Comparar-nos a outros mamíferos é mais aceitável, porque somos mamíferos, como nosso cabelo, sangue quente e capacidade de produzir leite confirmam. Por tudo isso, enquanto assiste a um documentário sobre sociedades de mamíferos, você provavelmente não vai se flagrar gritando *Eureka, eles são como nós!* As semelhanças são sutis. Com mais frequência, somos surpreendidos pelas diferenças: peculiaridades como o fato de que elefantes machos são proscritos — na verdade, não são membros de nenhuma sociedade. Quanto aos nossos parentes, o chimpanzé e o bonobo, a que ponto somos parecidos com eles? Fisicamente, lembramos os dois símios, devido à proximidade genética de nossa espécie. Mas, e quanto ao nosso modo de vida? A maioria das semelhanças que foi revelada, muitas vezes no contexto da psicologia e da antropologia evolucionária, se atém mais às facetas amplas da cognição do que aos detalhes da organização social dos símios, que pensaríamos, de outra forma, como específicas das pessoas.[2]

Essas semelhanças raramente são grandes ou exclusivas, como parecem. Na medida em que os chimpanzés e os bonobos pensam como nós, os paralelos muitas vezes também se estendem a outros animais. Ambos são como nós ao se reconhecer em um espelho; mas o mesmo ocorre com golfinhos, elefantes e pegas, e existe uma alegação, amplamente questionada, de que as formigas também o fazem.[3] Houve uma época em que se acreditou que chimpanzés eram os únicos entre os não humanos que fabricavam ferramentas — empregando galhos para apanhar cupins, por exemplo. No entanto, conhecemos outros fabricantes de ferramentas, como o tentilhão pica-pau, que usa galhos para puxar insetos.[4]

Chimpanzés se parecem conosco na forma de lidar com conflitos. Por exemplo, alguns indivíduos conseguem influência por meio da força, enquanto outros a conseguem com a inteligência. Para mencionar uma situação: uma chimpanzé fêmea pode impedir machos enfurecidos de usar uma pedra durante uma briga aproximando-se e tirando-a deles — repetidamente, se necessário.[5] Essas manobras políticas, pelo menos, parecem ser exclusivas de chimpanzés, bonobos e seres humanos, mas, na verdade, é provável que não sejam. A descoberta de tais hábitos é resultado direto de nossa opinião de que vale a pena estudar com atenção esses macacos, que reconhecemos como nossos parentes — como disse um cientista, os especialistas têm sido "chimpancêntricos".[6] O assassinato de "40F", a fêmea alfa da alcateia do pico Druid, em Yellowstone, é um exemplo relevante. Os indícios sugerem que a alcateia subiu para matá-la depois que ela atacou dois de seus membros com ferocidade. Pesquisadores que observaram esses atos escreveram: "Sua vida e morte podem ser resumidas com uma antiga frase que muitas vezes se aplica a tiranos humanos: quem viveu pela espada morrerá pela espada."[7] Os aspectos políticos de uma alcateia são realmente complicados. Quando esse tipo de escrutínio é aplicado em outro lugar, certamente serão identificadas mais espécies que competem com macacos e lobos no domínio das maquinações sociais.

A verdade é que, embora partilhemos 98,7% de nossos genes com os chimpanzés e os bonobos, são nossas diferenças que mais se destacam.[8] De fato, somos tão diferentes dos símios quanto maçãs de laranjas. Nas duas espécies, as relações são determinadas por rígidas hierarquias de poder, tirânicas entre os chimpanzés — especialmente os machos. Quando atingem a vida adulta, as

60 O ENXAME HUMANO

fêmeas das duas espécies trocam amigos e parentes da infância por outra comunidade e não voltam. As fêmeas são sexualmente receptivas de vez em quando, essa condição óbvia pelo inchaço na parte externa dos órgãos sexuais. A fêmea pode ser atacada ou ignorada pelos machos, exceto nos raros dias em que está no cio, momento em que muitas vezes é obrigada a fazer sexo. Não é de surpreender que nem chimpanzés, nem bonobos formam casais ou têm uma vida familiar longa, e as mães recebem pouco apoio do pai — ou de quem quer que seja — para cuidar dos filhos.[9] As fêmeas também não são muito hábeis em fazer amizades com as companheiras: na verdade, fêmeas prenhes acossadas precisam dar à luz em local privado para que seu bebê não seja morto.

Assim, embora eu ressalte semelhanças interessantes entre sociedades de seres humanos e outros vertebrados nas páginas a seguir — muitas vezes em relação aos benefícios de estar em uma sociedade e como essas sociedades interagem —, a maior parte da vida social de outros mamíferos, aí incluídos a de nossos primos símios, pode parecer muito estranha, se não totalmente não humana. E ao lado de sua estranheza está a nossa como mamíferos: nenhum chimpanzé precisa lidar com normas de vias expressas ou a manutenção de propriedades. Tampouco ele enfrenta congestionamentos de trânsito, problemas de saúde pública, linhas de montagem, trabalho em equipe complexo, alocação de mão de obra, economias de mercado, gestão de recursos, guerra em massa ou escravidão. Por mais estranhas que a aparência e a inteligência dos insetos sejam para nós, apenas certas sociedades de formigas e humanas fazem tais coisas, e alguns outros insetos sociais, como abelhas e cupins.[10]

REUNINDO UMA GRANDE SOCIEDADE: LIÇÕES DAS FORMIGAS

Os paralelos entre certos insetos sociais e os seres humanos modernos são, basicamente, resultado de pontos comuns subjacentes entre nós: nossas sociedades são populosas. Com frequência, cientistas que investigam o comportamento animal têm dedicado uma atenção limitada às relações evolucionárias entre as espécies, considerando que muitas características das sociedades têm mais a ver com escala — grandes quantidades — e não genealogia.[11] As sociedades que observamos entre vertebrados não humanos, incluindo os primatas não humanos, contêm, no máximo, algumas dúzias de indivíduos. Um ninho grande de formigas-cortadeiras abriga uma força de trabalho de milhões.

Quando uma população atinge essas dimensões, surgem todos os tipos de complexidades — na verdade, muitas vezes, para que as tarefas sejam realizadas. A coordenação observada entre grupos caçadores em uma sociedade de chimpanzés ou mabecos é imprevisível o suficiente para gerar uma visão subjetiva comparada à forma elaborada com que algumas formigas predadoras organizam as caçadas, onde algumas operárias impedem o avanço da presa, outras aplicam o golpe fatal e outras ainda separam o corpo em pedaços que são levados em equipes coordenadas. A maioria dos vertebrados não possui uma força de trabalho para assumir tarefas específicas, tampouco precisa operar dessa forma para que os membros recebam o alimento de que precisam.

O mesmo se aplica à moradia e infraestrutura. As tocas dos cães-da-pradaria são intrincadas; conectam-se no subsolo com câmaras de hibernação e becos sem saída para evitar a entrada de predadores. No entanto, em comparação com a arquitetura monumental dos ninhos de formigas-cortadeiras ou das colmeias, a moradia desses roedores parece uma relíquia da Idade da Pedra Animal.

Mas — já imagino seu protesto — nenhum caçador humano apanhou presas como as formigas fazem, e nenhuma casa humana se parece com seus ninhos. Quaisquer duas coisas, maçãs e laranjas incluídas, têm inúmeras características em comum e uma quantidade igualmente imensurável de dissemelhanças. O que interessa a alguém, semelhanças ou diferenças, depende do ponto de vista. Gêmeos idênticos não são idênticos aos olhos da mãe; e, como se mostrará importante ao analisarmos os aspectos psicológicos, os membros de uma raça, embora outsiders possam não os diferenciar, não parecem iguais uns aos outros. É importante lembrar o seguinte: *comparar coisas iguais é mortalmente entediante.* Fazer comparações é mais produtivo quando são observados paralelos entre ideias, coisas ou ações tratadas como distintas. Daí que a escravatura entre formigas, com os indivíduos trabalhando contra seus interesses imersos em outra sociedade, é diferente de como os norte-americanos a trataram, o que, por sua vez, é diferente do tratamento dos antigos gregos aos derrotados na guerra.

Pessoas e formigas encontram diferentes soluções para os mesmos problemas gerais, às vezes usando abordagens totalmente diversas; mas, novamente, o mesmo pode ocorrer em diferentes sociedades humanas ou de formigas. Em algumas partes do mundo, dirigimos na faixa da esquerda da estrada, em outras, na direita. Em rotas movimentadas em colônias de formigas-saqueadoras

62 O ENXAME HUMANO

asiáticas, o tráfego de entrada flui pelo centro da via, enquanto as formigas que saem usam as laterais, uma abordagem de três faixas que nenhum distrito humano experimentou. Ambas as abordagens evidenciam a importância de levar bens e serviços para os lugares certos com segurança e eficiência quando a população é enorme e certamente nem todos querem ou podem sair em busca de alimento.

Pense na alocação de bens e serviços. Os seres humanos mostram muita variedade aqui: as sociedades marxistas não lidam com problemas do mesmo modo que as capitalistas. As formigas têm soluções próprias. A formiga-de-fogo, por exemplo, tem um fluxo de mercadorias regulado de acordo com o que está disponível e o que é necessário, uma estratégia de mercado de oferta e procura. As operárias monitoram os desejos alimentares das outras formigas adultas assim como das crias e mudam as atividades quando a situação exige. Em um ninho repleto de comida, sentinelas e seus recrutas "vendem" a mercadoria regurgitando amostras aos "compradores" nas câmaras do ninho, que por sua vez vagueiam pelo ninho para distribuir refeições a quem as desejar. Se esses intermediários encontram seus clientes saciados de carne (insetos mortos, talvez), examinam o mercado em busca de outras mercadorias, até encontrarem, possivelmente, um vendedor oferecendo algo doce. Quando o mercado fica saturado e os vendedores não conseguem mais vender seus artigos, compradores e vendedores passam a outras tarefas ou tiram um cochilo.[12]

Como ocorre a divisão de trabalho entre as formigas? Certos trabalhos podem ser destinados a especialistas, que os executam com exclusividade, ou com mais frequência e precisão que outros. A idade desempenha um papel relevante na determinação dessa frequência: como as formigas jovens ainda estão próximas da cria nas câmaras do ninho onde elas mesmas foram criadas, começam como enfermeiras, cuidando e alimentando as larvas para a mãe (revertendo a cronologia dos seres humanos, na qual os mais velhos ajudam a cuidar dos netos). Mas as coisas podem se complicar. Assim como aspectos da aparência da pessoa oferecem indícios de sua carreira — a pessoa de terno carregando uma pasta pode bem ser um advogado; a com capacete e marmita provavelmente é operário de construção civil —, a divisão de trabalho entre as formigas também pode ser associada à aparência. A igualdade dos estereótipos de funcionários de escritório espigados à parte, em muitas espécies de formigas diferentes operárias têm tamanho e proporção corporal adequados ao seu papel.

Para formigas e a maioria dos outros insetos sociais, a especialização mais fundamental é diferente de tudo o que conhecemos em relação às pessoas e, na verdade, é mais próxima à situação dos lobos e dos suricatos: geralmente apenas uma fêmea (a rainha, nos insetos sociais) se reproduz. Esse aspecto da história da vida das formigas, em que várias gerações de jovens criam os irmãos, torna o grupo ao qual estão afiliados mais do que uma simples família e, portanto, merecedora da denominação "sociedade".

Além disso, sociedades de formigas são irmandades de fêmeas (motivo pelo qual muitas vezes descrevo as operárias no *feminino*). Isso não é incomum entre vertebrados. Também entre os elefantes da savana, todos os membros adultos de uma sociedade, ou núcleo, embora nem sempre irmãs, são fêmeas. Entretanto, para muitas formigas, o sexo importa pouco na prática porque as operárias são inférteis; os ovários de uma formiga-cortadeira são inativos. Enquanto isso, formigas macho, como os zangões, são socialmente inúteis: sua única contribuição é fazer sexo e morrer. Cupins, por outro lado, mostram paridade sexual: há um rei e uma rainha no ninho, e os operários são de ambos os sexos.

DIVIDINDO TAREFAS EM UM IMPÉRIO DE FORMIGAS

A divisão de trabalho nas espécies mais extremas de formigas-cortadeiras é totalmente diferente. Os surtos de crescimento de algumas larvas produzem uma casta de soldados que protege os outros habitantes do ninho. Os grandes soldados também atuam como uma equipe para o trabalho pesado de construção de estradas, limpando as vias para que alimentos, materiais e operárias fluam com tranquilidade. As robustas cortadeiras que feriram a minha pele enquanto eu escavava uma colônia em São Paulo pertenciam a essa casta.

Para cuidar dos jardins, as formigas formam linhas de montagem que envolvem todos, exceto os soldados.[13] Operárias de tamanho médio cortam as folhas e as passam para formigas um pouco menores, para serem transportadas para o ninho em longas filas. Quando as folhagens são deixadas na câmara de um jardim, formigas ainda menores as picam em pedacinhos, que operárias ainda menores transformam em polpa. Então, operárias ainda mais diminutas integram a matéria resultante ao jardim com as patas dianteiras, onde formigas menores "plantam" os tufos de fungo e então os colhem ao longo do tempo. As formigas menores limpam meticulosamente os jardins retirando fungos não comestíveis e tóxicos. As formigas também aplicam sua versão de

64 O ENXAME HUMANO

pesticidas, produzidas por seu corpo, aos jardins para manter a produção alta. A necessidade de todo esse trabalho, do plantio ao cuidado e à colheita, deveria corresponder a qualquer trabalho agrícola. Nenhum vertebrado além dos seres humanos, independentemente de quão inteligente ou numeroso, deu nem sequer um passo rudimentar na direção de controlar a produção de seus alimentos, algo que as formigas-cortadeiras e alguns outros insetos têm feito.[14]

Um problema com a produção em massa é lidar com o lixo. Garanto que isso não ocorreria com os chimpanzés. Nem poderia: como nas dispersas comunidades humanas do Tibete, onde nunca se usaram banheiros, e fazer as necessidades na mata continua habitual, os excrementos de chimpanzés desaparecem no solo antes que possam se transformar em uma catástrofe sanitária. Contudo, os ninhos das formigas-cortadeiras precisam de esquadrões de limpeza em tempo integral.[15] Além disso, seus ninhos são construídos de modo a manter a circulação de ar fresco. Depois de mais de 150 milhões de anos de evolução colonial, as formigas passaram a investir muito mais de seu PIB em segurança pública e em esforços de reciclagem que nós.

COMPLEXIDADE NAS SOCIEDADES, GRANDES E PEQUENAS

Nas formigas, é maravilhoso poder comparar sociedades complicadas como as das cortadeiras com colônias de espécies que levam uma vida muito simples. Algumas colônias são realmente pequenas, como as das *Acanthognathus teledectus*, ou *trap-jaw ants* [formigas com mandíbulas-armadilha], que contêm umas duas dezenas de operárias.[16] Cada colônia ocupa o centro oco de um galho no chão da floresta tropical norte-americana — o análogo de uma caverna para as formigas. Essa colônia não precisa de uma estrada, linha de montagem ou equipes complicadas mais do que de um clã de hienas, alcateia de lobos cinzentos de tamanho semelhante ou uma pequena tribo de seres humanos precisaria, além de talvez coordenar alguns indivíduos para matar as presas. As formigas *trap-jaw* não enfrentam crises ao distribuir suprimentos ou cuidar do lixo e, em caso de perigo, simplesmente fogem. Exceto pela rainha, elas têm o mesmo tamanho e realizam as mesmas tarefas. Para realizar todo o trabalho da colônia, cada uma tem o que equivale a um canivete suíço integrado à face. As *trap jaws* são mandíbulas compridas que terminam em uma ponta; cada formiga é, na verdade, uma armadilha de urso, preparada para executar a matança e carregar a presa totalmente sozinha. A especialização é mínima:

não só há poucos indivíduos para desempenhar diferentes funções, mas a especialização excessiva é perigosa quando o grupo é pequeno. Um esquadrão militar que perde seu único operador de rádio pode estar condenado. Uma colônia de formigas *trap-jaw* é simplesmente tão pequena que suas operárias precisam ser generalistas. Sociedades populosas oferecem uma redundância que possibilita uma força de trabalho mais personalizada, como a comparação de uma variedade de anúncios de empregos na cidade de Nova York e os de uma vila mostra.

O que torna a história da formiga-cortadeira ainda mais notável é que a espécie desenvolveu práticas agrícolas percorrendo um caminho semelhante ao dos seres humanos. Os progenitores das formigas-cortadeiras deram o primeiro passo na direção da criação de jardins há 60 milhões de anos, como revelam análises da genética das formigas e seus fungos.[17] As formigas que vivem como esses ancestrais ainda existem, e sua complexidade social é quase tão modesta quanto a da formiga *trap-jaw*. Essas sociedades consistem em algumas dezenas a algumas centenas de operárias cultivando minúsculos jardins de fungos silvestres; na verdade, de muitas maneiras elas se parecem com pequenas tribos humanas que muitas vezes cultivavam espécies silvestres que apanharam da natureza, cultivando apenas o que precisavam em pequenos pedaços de terra perto de simples moradias. Há 20 milhões de anos, muito antes do surgimento do *Homo sapiens*, algumas dessas formigas, facilmente ignoradas, plantavam seus fungos — eles se tornaram dependentes do cuidado das formigas.[18] Assim modificados, os fungos não mais se propagaram na natureza, mas agora poderiam ser cultivados em uma escala alucinante; a população das colônias explodiu da mesma forma que as sociedades humanas depois que a agricultura começou a ser aplicada em lugares como o vale do Nilo, sustentado por grãos domesticados.

Muitas características comuns de sociedades tão grandes, com infraestrutura e sistemas de gestão de resíduos, são exigências essenciais quando muitos se instalam em um mesmo lugar. No entanto, a complexidade e as quantidades não caminham invariavelmente juntas, como confirma uma espécie invasiva, a formiga-argentina. A maioria das "supercolônias" de formigas-argentinas abrange muito mais multiplicidade do que qualquer ninho de formigas-cortadeiras, mas as operárias têm o mesmo tamanho, não mostram especialização, não têm aptidão para formar linhas de montagem ou trabalho em equipe elaborado, e não constroem nenhum ninho monumental central. Ao depender de hábitos itinerantes semelhantes aos da hiena-malhada ou aos do bonobo, as formigas-argentinas potencializam a fissão-fusão ao nível máximo. Espalhando-se para quaisquer direções, elas transformam qualquer canto adequado do território em parte do ninho e em um local para se alimentarem. A simplicidade de uma supercolônia nos lembra de que, enquanto temos certeza de que não veremos um Empire State Building em uma vila tribal — a criação e a gestão da complexidade têm limites —, não vai haver arranha-céus ou bom encanamento em todas as metrópoles importantes.

Apesar de sua simplicidade social, porém, a eficiência com que cada supercolônia de formigas-argentinas permanece identificada como uma única unidade nos ajuda a responder à importante questão de como os seres humanos reúnem sociedades tão grandes, como descobriremos em seguida.

CAPÍTULO 6

Os Derradeiros Nacionalistas

Embora seja discutível se os insetos criaram a primeira sociedade, não há dúvidas de que são os mestres construtores dela. Apesar do minúsculo sistema nervoso, foram bem-sucedidos nessa tarefa. Porém, vários aspectos da cognição não requerem muito desenvolvimento cerebral. Há boas chances de que os insetos tenham capacidade mental para viverem experiências subjetivas — uma perspectiva unificada do mundo que rende um senso de "identidade", mesmo que seja simples do nosso ponto de vista. Incapazes de entrar em suas mentes, não podemos ter certeza.[1] No entanto, parte de seu sucesso é creditada a algo decididamente simples: uma abordagem eficiente para sociedades diferenciadas. Nenhuma espécie a ilustra melhor do que a formiga-argentina.[2]

Ornitólogos chamam qualquer pássaro desinteressante de LBJ — *little brown job* [pequeno pássaro marrom]. Se houvesse um LBJ entre as formigas, seria essa espécie, originária do norte da Argentina, mas globalmente invasiva. Quando morei perto de São Francisco, formigas-argentinas pálidas entravam na minha despensa, como em milhões de casas da área. Com um maxilar fraco, não pareciam capazes de nada, e nem sequer tinham ferrão. No entanto, a espécie é o ápice da evolução social. Eu poderia ter apanhado uma dessas pragas em minha casa, em Berkeley, dirigido 800km até a fronteira do México, largado-a lá e ela ficaria muito bem. No verdadeiro sentido da palavra, ainda estaria em casa. Por mais improvável que pareça, as formigas que corriam em volta dos fiscais de alfândega que inspecionavam meu passaporte eram membros da mesma nação das que atravessavam minha cozinha com indiferença.

68 O ENXAME HUMANO

Se, por outro lado, eu levasse a mesma formiga para cerca de 60km ao norte do México, nos arredores de San Diego, e a depositasse a 1cm ou 2cm além da fronteira, o que nada significa para nós, mas que as formigas delimitam com a vida, as coisas seriam muito diferentes. Ali, escondida na grama e pequena demais para ser notada pelos moradores do subúrbio, ela teria sido confrontada pela patrulha de fronteira das formigas e se juntado aos minúsculos corpos amontoados ao longo de uma faixa estreita em um quarteirão após outro sob a grama dos jardins bem cuidados, onde mais de um milhão de formigas morrem todos os meses no maior campo de batalha de todos os tempos.

A oeste dessa fronteira, está a propriedade da Colônia Lake Hodges, o reino da mesma espécie de formigas-argentinas espalhadas por mais de 50km^2. O domínio do leste é reivindicado pelo que os especialistas chamam de Grande Colônia, uma única entidade social cujo território se estende da fronteira do México até o Vale Central da Califórnia, depois de São Francisco. Considerando que um quintal no sul da Califórnia pode abrigar um milhão delas — uma pisada no jardim mais bem cuidado agita uma legião —, a Grande Colônia contém bilhões de operárias. Não é de surpreender, então, que os entomologistas chamem essas repúblicas de formigas de supercolônias.

São conhecidas quatro supercolônias na Califórnia: as duas mencionadas e mais duas. Com o nível de umidade adequado, quase nada detém seu crescimento contínuo — exceto combates, ao longo de zonas de contato contestadas que se estendem por quilômetros, lembrando as trincheiras da Frente Ocidental na Primeira Guerra. Acontece que o *Homo sapiens* não é o único organismo imperialista. O que surpreende é o tempo que as supercolônias estão em guerra. A espécie, logo registrada nos jornais, chegou à Califórnia em 1907. Cada supercolônia começou com algumas formigas, possivelmente alojadas em terra para vasos em carregamentos separados de plantas domésticas. Seus domínios se expandiram ao longo das décadas seguintes, dizimando outras espécies de formigas até se encontrarem. E então as lutas começaram. As linhas de frente mudam mês a mês, alguns metros em uma direção, depois em outra.

Internamente, porém, as supercolônias funcionam com tanta perfeição e em tamanha escala, que as populações das nações — com suas interferências, acentuadas diferenças de opinião, trapaças, egoísmo, flagrantes agressões e homicídios — parecem positivamente disfuncionais em comparação.[3]

Antes de se depararem com as zonas de guerra perto de San Diego, os cientistas encontravam formigas-argentinas vivendo em paz em todos os lugares, uma observação que os levou a concluir que todas pertenciam a uma família feliz. Ou seja, até 2004, quando os pesquisadores colheram amostras de formigas em diferentes vizinhanças, que, por um feliz acaso, estavam nos territórios de duas supercolônias diferentes. Para surpresa dos cientistas, uma luta se instalou no momento em que essas formigas foram reunidas, matando várias delas. A brusca reviravolta que esse fato causou na visão sobre as formigas-argentinas mostra como é trabalhoso interpretar sociedades na natureza.

A FORMIGA IGNORANTE

Se vertebrados com cérebros grandes só lidam com sociedades de algumas dezenas de indivíduos, o que possibilita à formiga, com sua minúscula cabeça de tecido neural, se sair infinitamente melhor? Por mais difícil que seja imaginar um ninho com um milhão delas, os impérios que formam nos surpreendem.

Naturalmente, as formigas não conhecem todos os indivíduos de sua sociedade, como os lobos e os chimpanzés o fazem. Isso não ocorre porque os insetos não reconhecem os outros como indivíduos. Por exemplo, a vespa-do-papel *Polistes fuscatus* faz um reconhecimento facial semelhante aos seres humanos. Reconhecer umas às outras é importante quando se unem para construir um ninho devido às lutas que determinam quem reproduzirá.[4] Mais tarde na estação, uma colônia chega a duzentas — muitas caras para lembrar. Entretanto, sem haver pelo que lutar, é provável que as vespas não rastreiem as companheiras.

Contudo, a vespa-do-papel é uma exceção: a maioria dos insetos sociais não faz reconhecimento individual. Formigas e abelhas operárias não se distinguem.[5] Associações entre formigas — o grupo imobilizando um combatente, por exemplo — são impessoais. O melhor que uma operária pode fazer é distinguir entre tipos de indivíduos — soldados de operárias ou larvas de pupas, por exemplo, e, essencialmente, a rainha de todos os demais.[6] As formigas exibem diferenças de personalidade, sendo que certas operárias se esforçam mais que outras, mas essas boas samaritanas não são reconhecidas por seu trabalho. Isso significa que as formigas evitam até confrontar uma rival ou formar alianças em suas sociedades, como fazem os vertebrados — exceto pela rainha, as formigas não escolhem favoritas, e toda operária da colônia está do mesmo lado. Para as formigas, apenas a sociedade importa, não o indivíduo.

O fato de as formigas não precisarem conhecer umas às outras explica por que é possível mover uma formiga-argentina para qualquer ponto em sua

70 O ENXAME HUMANO

supercolônia e ela continuar interagindo como antes, mas agora com qualquer companheira que esteja lá. Na verdade, até onde os especialistas sabem, as formigas-argentinas, sem terem um ninho central, vagueiam indiscriminadamente pelo território da supercolônia até morrer. Se são estranhas para sempre, passando por uma multidão de desconhecidos, como sabem onde a sua sociedade termina e a outra começa?

ANONIMATO

Em 1997, dois químicos criavam formigas-argentinas e baratas em laboratório para estudar o controle de pragas. Um assistente decidiu que as baratas seriam um bom alimento para as formigas-argentinas. Ocorreu uma descoberta incidental. Certo dia, as formigas começaram a matar umas às outras em vez de desmembrarem as baratas. A causa foi logo descoberta: naquela manhã, o técnico alimentara as formigas com uma barata diferente, uma praga na África. Todas que a tocavam eram sumariamente massacradas pelas companheiras.[7]

O problema era o cheiro. Quase toda a comunicação dos insetos se baseia em substâncias químicas chamadas feromônios, liberadas por glândulas especiais para sinalizar emergências ou a rota para o alimento. Os membros da colônia também são marcados por substâncias químicas. Embora as formigas não distingam indivíduos pelo cheiro pessoal, como os hamsters o fazem, elas se reconhecem como companheiras de ninho — ou intrusas — usando o odor como um sinal partilhado de identidade. Enquanto uma formiga exibe o emblema certo — o cheiro certo, o que exige que tenha a combinação certa de moléculas de hidrocarbonos no corpo —, as companheiras da colônia a aceitam como uma igual. O cheiro (ou gosto, se quiser chamá-lo assim, já que as formigas o detectam pelo toque) é como um distintivo que todas as formigas usam. Uma formiga invasora é logo detectada pelo cheiro estranho. Como formigas não têm uma bandeira branca de rendição, um intruso é morto com frequência, como a infeliz formiga-argentina que foi bisbilhotar do outro lado da fronteira. Baratas de faixa marrom, talvez por coincidência, possuem componentes críticos de cheiro que as formigas usam para identificar companheiras de colônia e intrusas. Ao tocar a barata oferecida como alimento, as moléculas de hidrocarbono são transferidas para a formiga, que acaba vestindo o uniforme da oponente e sendo confundida com o inimigo.

Os Derradeiros Nacionalistas 71

As marcas de identificação possibilitam aos insetos sociais transcenderem a disseminada exigência dos vertebrados de reconhecer uns aos outros. Quer estejamos falando de várias formigas *trap-jaw* [mandíbula-armadilha] amontoadas em um galho, quer de um bilhão de formigas-argentinas espalhadas em grandes extensões, elas não precisam ter se encontrado, tampouco se aproximado, quanto mais se lembrar uma da outra. As espécies que marcam sua identidade agregada têm o que chamo de sociedades anônimas.[8]

Os marcadores têm origens diversas. O exemplo da barata é uma prova de que o ambiente influencia a identidade da colônia, mas é improvável que todos os membros de uma supercolônia partilhem de um único ambiente. O fato de as fronteiras contíguas de supercolônias serem medidas em centímetros, em territórios que se estendem por quilômetros de um habitat variado, indica que a genética desempenha um papel decisivo. De fato, o cheiro de hidrocarbono está codificado nos genes, e a alimentação exerce pouco efeito.[9]

É fácil supor que as ações das formigas, incluindo sua reação ao marcador da colônia, sejam geneticamente definidas de forma fixa e simplista. Na verdade, a maioria dos aspectos do comportamento possui componentes integrados ou inatos, independentemente da espécie — até atividades humanas, como aprender um idioma, que nossos filhos aprendem automaticamente. O psicólogo social Jon Haidt descreveu essas características como organizadas antes da experiência.[10] Quando é provável que um ser vivo encontre uma série de problemas, o esquema de seu sistema nervoso — sua organização antes da experiência — deve permitir flexibilidade. Para os insetos sociais, assim como outros animais, isso significa menos flexibilidade que em seres humanos. No entanto, não os subestime. Mesmo minúsculos, os insetos são muito flexíveis.

Nas formigas, essa flexibilidade se estende ao reconhecimento do seu cheiro como grupo. Isso é demonstrado pelas formigas escravagistas, que exploram o modo como as formigas aprendem sua identidade para capturar escravas para todas as tarefas domésticas das colônias. As escravagistas atacam ninhos de outras espécies com agressividade. Indivíduos maduros não são úteis: totalmente nacionalistas, as formigas adultas preferem morrer a aceitar uma bandeira estrangeira. Em vez disso, as escravagistas capturam as jovens da colônia, preferindo pupas, a fase inativa, antes de os insetos se transformarem em formigas. As pupas ainda não carregam o cheiro da colônia. Normalmente, uma formiga emerge do estado de pupa no ninho da mãe rainha e logo aprende e assimila o cheiro da própria sociedade pelo resto da vida. Mas uma formiga sequestrada é enganada, gravando seus captores, e não a mãe, como um pintinho grava você se for a primeira coisa que vir. Ao emergir em um ninho escravagista — e ignorante de que algo está errado —, a formiga adota o cheiro da colônia social como sua "nacionalidade" e passa a trabalhar sem ser afetada pelas diferenças entre escrava e escravagista no tamanho ou cor, que parecem cruciais aos nossos olhos. Às vezes, as escravas percebem que algo está errado e escapam, mas as captoras geralmente as obrigam a voltar.[11]

A recepção favorável da escravagista pela escrava é o que menos importa, o cérebro adaptável das formigas entra em ação: para impedir uma desintegração social, cada escrava e sua escravagista precisam receber bem todas as outras escravas no ninho, não importando quantas colônias tenham sido surrupiadas. No entanto, apesar das diferenças de cheiro de cada indivíduo, nem escravagista, nem escrava têm problemas em identificar todos os outros como membros de "sua" sociedade. Baseados nessa adaptabilidade estão os cuidados pessoais.[12] Entre os primatas, eles criam laços, mas os especialistas suspeitam de que entre as formigas eles consolidam a ligação a nível social misturando o odor das companheiras de ninho, atingindo um padrão — assim, parte do cheiro das escravagistas passa para as jovens escravas, marcando-as como parte da colônia, e as escravas modificam também o cheiro de todos. A combinação de odores tem resultados inesperados. Caso uma escrava apareça na colônia em que nasceu — à qual realmente pertence, com o cheiro das companheiras e irmãs de colônia — é atacada como inimiga. Toques de tragédia grega.[13]

Adquirir um marcador nacional é como receber a chave da cidade: tudo é possível. Em um pomar na Austrália, desfiz um ninho de formigas-tecelãs e achei um aracnídeo cor de laranja de 5mm de comprimento. Várias picadas doloridas mais tarde, identifiquei a espécie, *Cosmophasis bitaeniata*, uma aranha que não tece teias, mas se junta às formigas-tecelãs como uma cidadã da colônia. Esse roubo de identidade ocorre quando a aranha absorve o cheiro da colônia roubando seus filhotes. Oculta pelo mau cheiro do nacionalismo, entra no ninho livremente para comer mais larvas tiradas das formigas babás. Quando absorve a identidade da colônia, a intrusa de oito patas está com a vida feita. Mesmo assim, há um risco: caso vá para outra colônia de formigas-tecelãs, será atacada, não como uma aranha, mas como uma formiga invasora.[14]

ANONIMATO COM UMA ESPINHA DORSAL

Nesse ponto, admito que tenho me contido. Há, pelo menos, um vertebrado que vive em sociedades anônimas que, na verdade, marca sua sociedade com o cheiro, como as formigas: o rato-toupeira-pelado.[15] Nem toupeira, nem rato, esse roedor enrugado cor-de-rosa sem pelo, residente das savanas africanas, "desconsidera até mesmo os padrões mais liberais da beleza animal", admitem dois notáveis especialistas da espécie.[16] Seus marcadores talvez expliquem como as colônias ultrapassam a quantidade habitual da maioria das sociedades de mamíferos, de 200 membros, contendo a maior já registrada 295 integrantes.

Diferentemente das formigas operárias, os ratos-toupeira-pelados reconhecem-se como indivíduos. Se obtêm vantagens com isso — talvez tenham um melhor amigo — não está claro. Também desconhecemos se, em uma grande colônia, eles se lembram de todos os membros ou, como imagino, precisam contar com o cheiro quando veem bolhas enrugadas menos conhecidas.

A natureza dos ratos-toupeira, similar à das formigas, surpreende. Únicos mamíferos de sangue frio, tremem juntos em noites frias, como as abelhas. Essas seções de proximidade geram o cheiro que se espalha pela colônia, como a função dos cuidados pessoais das formigas. Os ratos-toupeira-pelados, como os damaraland, outra espécie africana, dividem o trabalho com uma rainha reprodutora robusta. Nesse aspecto, parecem-se com os cupins, e menos com as formigas: a rainha seleciona dois ou três machos para serem reis, seus parceiros exclusivos.

Esses ratos-toupeira também se assemelham aos cupins nas inclinações subterrâneas. Por necessidade, dão importância à infraestrutura, cavando túneis que serpenteiam sob milhares de metros quadrados, para ter acesso a bulbos e tubérculos, seu único alimento. Em vez de a colônia se movimentar como uma tropa, os operários vêm e vão de um ninho central, como os insetos, um conjunto de câmeras reunidas em uma área de 0,5 a 1m de diâmetro. Os roedores vivem como nômades, mudando o local dos ninhos no labirinto de tocas a intervalos de poucas semanas. Entre os operários, os indivíduos maiores costumam agir como soldados, defendendo a colônia de cobras e de quaisquer ratos-toupeira-pelados estrangeiros detectados pelo odor desconhecido.

Não me surpreenderia se os marcadores que indicam afiliação existissem em outros mamíferos, especialmente se envolverem um cheiro ou som que as pessoas não detectam. As hienas-malhadas, por exemplo, esfregam a traseira

74 O ENXAME HUMANO

em touceiras, uma atividade chamada de *pasting* [espalhar, grudar]. Cada hiena tem um cheiro próprio, e imagina-se que essa troca em certos locais seja uma forma de ela se alinhar aos outros membros do clã. Porém, a combinação dos odores de diferentes membros gera um odor único para o grupo. Teoricamente, as hienas identificam os diferentes clãs pelo cheiro. Contudo, mesmo que possa, cada clã tem poucas dezenas de indivíduos, o suficiente para que os animais saibam quem pertence a ele ou não. O cheiro é mais útil como um tipo de backup, já que no cotidiano o reconhecimento individual é essencial.[17]

Os pássaros dão indícios mais persuasivos das sociedades anônimas. O *pinyon jay*, gaio do sudoeste dos EUA, voa em bandos de centenas, um comportamento normal entre os pássaros. No entanto, algo fabuloso ocorre: quando um bando encontra outro, eles se combinam em uma nuvem que depois se separa e volta à formação original. Isso me lembra de como os elefantes da savana se misturam pacificamente, às vezes em grandes números, mas sempre voltam aos núcleos originais. O notável é que, apesar de um núcleo consistir de poucos elefantes, o bando de gaios chega a quinhentos pássaros. Assim, o que superficialmente é um bando modesto do ponto de vista dos pássaros é, na verdade, uma sociedade populosa e bem formada, sendo que cada "sociedade do bando" contém afiliados de várias famílias durante todo o ano.[18] Um bando se concentra em um território de cerca de 23km², embora não seja territorialista: os gaios não defendem a área nem o alimento dentro dela, e invadem o espaço aéreo dos vizinhos. Em grande parte do ano, o bando voa como um grupo unido em busca de sementes e insetos. Na temporada de reprodução, pássaros dedicados aos parceiros (o gaio é mais monogâmico do que os seres humanos), espalham-se pelo território do bando a fim de criar os filhotes em ninhos — e mesmo assim se identificam com o mesmo grupo de pássaros.

Ninguém tem certeza sobre como as sociedades de bandos conservam uma clara separação, como os membros identificam os companheiros da sociedade quando estão voando em formação rígida e quando se dispersam entre os ninhos. As vocalizações de cada gaio — incluindo o chamado "próximo", um som nasal suave — são diferentes. Mesmo assim, é difícil afirmar que o gaio emprega o reconhecimento individual, porque isso exigiria que acompanhasse centenas de outros em pleno voo. De fato, estudos mostram que o gaio só reconhece o companheiro e os filhotes e uns poucos membros da sua rede de apoio pessoal a que pode recorrer para ajudá-lo nos transtornos com membros dominantes do bando, em relação a alimentos e material para os ninhos. Hipoteticamente, conhecer alguns, mas não todos os membros do bando, parece suficiente para manter todo o contingente de quinhentos pássaros reunidos, principalmente se cada pássaro ficar à vontade ao ouvir o chamado "próximo" de um gaio conhecido. Na prática, porém, essas alianças dentro da sociedade não manteriam o bando intacto. Ao longo do tempo, ele se fragmentaria ou se combinaria com outros bandos de modo permanente.

Com tantos pássaros envolvidos, é preciso algo mais que reconhecimento individual para reunir os da mesma espécie no voo. É quase certo que o gaio forma sociedades anônimas e, de fato, seu repertório vocal inclui marcadores prováveis para a afiliação a bandos. Os gaios repetem o chamado de *angústia* em resposta a predadores, um som que varia, indicando quem o emite e o bando a que pertence. Mais importante é o *grito* que emitem durante o voo. Esse som, que ornitólogos usam para identificar as espécies, também é diferente entre os bandos, como se espera de um marcador. Não tenho dúvidas de que o grito, o chamado de angústia, ou ambos, expressam a identificação do pássaro para o bando, o que explica como os gaios mantêm as afiliações em ordem.

Os gaios são incentivados a viver em sociedades permanentes em vez de em bandos temporários. Primeiro, o bônus da segurança: cada ave enterra uma porção de sementes para tempos difíceis (embora de modo semelhante às sociedades humanas, os gaios tenham sua parcela de ladroagem). Sentinelas montam guarda nas árvores mais altas, atentos a predadores, como raposas, que podem matar os pássaros que estão cavando. Os membros também coordenam suas atividades. Quando os bebês estão protegidos pela mãe, os pais saem para caçar juntos, espantando mais insetos do que fariam sozinhos, e voltando ao mesmo tempo de hora em hora para alimentar os respectivos ninhos. Depois que os filhotes deixam o ninho, socializam em um grupo de filhotes sob o olhar atento de adultos que ficam de guarda enquanto os outros pais buscam comida para as crias. Um ano depois, os jovens deixam os menores e se reúnem ao que equivale a uma gangue de adolescentes revoltados até estarem prontos para se comprometer com um parceiro, muitas vezes depois de serem admitidos em um novo bando. A vida dos gaios é muito organizada.

Finalmente, há evidências de que ainda outro grupo de vertebrados, os cetáceos, criam sociedades anônimas e de que elas, às vezes, atingem proporções assombrosas. Isso é notado especialmente nos cachalotes, a espécie com dentes comedora de lulas do famoso *Moby Dick*.[19] Esse colosso tem o que considero sociedades que operam de modo independente em dois níveis distintos.

76 O ENXAME HUMANO

Os cachalotes têm sociedades medianas para um vertebrado, de 6 a 24 fêmeas adultas, além dos filhotes, que ficam juntos. (Cachalotes machos adultos, como elefantes machos, vagueiam, acasalam-se à vontade e não participam das sociedades femininas.) Há sociedades de unidades há décadas; a maioria das fêmeas fica na sua por toda a vida, embora algumas se transfiram por razões desconhecidas, de modo que há unidades com indivíduos sem parentesco.

Jovens cachalotes aprendem uma série de cliques chamados codas; pense neles como uma ou duas letras extraídas de uma mensagem em Código Morse. Certos codas diferem ligeiramente de uma unidade social para outra. Os cachalotes os emitem quando sua unidade se aproxima de outra, aparentemente permitindo que elas se reconheçam e coordenem seus movimentos.

É interessante notar que essas unidades fazem parte de clãs, um arranjo que define bem os cachalotes de forma dupla. Cinco clãs atravessam o Pacífico, cada um marcado por um conjunto específico de codas. Os clãs são formados por centenas de unidades espalhadas por milhares de quilômetros quadrados. Embora seus dias sejam passados nas unidades, os cachalotes também valorizam as afiliações. Somente unidades do mesmo clã se aproximam das outras e até caçam juntas por um tempo — pense nisso como uma espécie de fissão-fusão. É improvável que cachalotes de diferentes clãs lutem, considerando a facilidade com que esses enormes animais se ferem. Além disso, não são territorialistas (apesar de alguns clãs viverem separados no Atlântico). Eles simplesmente se evitam.

As unidades proporcionam aos cachalotes muitas das vantagens usufruídas pelas sociedades de outros animais: proteção contra predadores, cuidado conjunto das crias e oportunidades de compartilhar o conhecimento acumulado; apesar de a vantagem de pertencer a um clã residir na forma como os cachalotes buscam alimentos — se as unidades de um clã mergulham ou viajam juntas ou ficam perto de ilhas ou mar aberto. Esses detalhes importam, pois definem as diferentes espécies de lulas capturadas por cada clã. Um clã realmente se sai muito bem nos anos quentes do El Niño, quando é difícil encontrar lulas. Acredita-se que os cachalotes capturam as presas com eficiência só quando se unem a outras unidades do clã, usando a mesma técnica de caça.

Essas diferenças de forrageio não são determinadas geneticamente. Com oportunidade de os machos se acasalarem com fêmeas de qualquer clã, todos têm a mesma formação genética. As estratégias devem ser culturais: os cachalotes as aprendem com os mais velhos, de forma semelhante à que os golfinhos aprendem táticas de pesca.[20] A simplicidade dos codas dificulta em muito cometer erros quanto à afiliação do clã.

REPRODUÇÃO NO REINO DAS FORMIGAS

Os gaios, os ratos-toupeira-pelados parecidos com insetos, e os cachalotes são a ponte evolucionária entre as sociedades de vertebrados, a maioria operando por reconhecimento individual. No entanto, as sociedades anônimas de formigas e, definitivamente, a minoria de espécies de formigas com grandes supercolônias, ainda se destacam por complexidade, eficiência e tamanho. Inicialmente, como se define a identidade de uma colônia de formigas e como explicar que a formiga-argentina a eleva ao status de supercolônia?

Uma sociedade de formigas nasce a partir de outra. O processo começa quando uma colônia madura cria rainhas aladas que voam para acasalar em pleno ar, muitas vezes, com uns poucos machos alados de outras colônias, até que cada rainha caia na terra e cave um pequeno ninho "inicial" sozinha para criar a primeira de muitas ninhadas de operárias. Estas se tornam o ponto forte da sociedade. Fatores genéticos e ambientais fazem com que produzam um cheiro e uma identidade independente das outras, incluindo as da colônia em que a rainha nasceu. O grupo se expande durante gerações até a população da colônia atingir uma dimensão madura, específica da espécie, em cujo ponto a produção de ninhadas passa a gerar rainhas e machos que partem para criar ainda outra geração de sociedades, um ano após outro. A rainha-mãe original fica em sua colônia, que sobrevive pelo mesmo tempo que ela. Isso pode ser muito tempo: 25 anos entre as cortadeiras. Com sua morte, as operárias entram em depressão e morrem logo depois. Nem com toda a comida e espaço do mundo a colônia duraria mais do que a rainha.

As supercolônias de formigas-argentinas devem sua sempre crescente população a uma mudança nos fatos: uma supercolônia não abriga uma rainha, mas milhões, porque elas não partem voando. Elas se mudam a pé entre câmeras de ninhos espalhadas em todo o território e ficam em sua sociedade nativa para pôr mais ovos, dos quais nascem formigas que também ficam. Ano após ano, a supercolônia aumenta suas dimensões e ocupa todos os cantos possíveis.

78 O ENXAME HUMANO

Enquanto o mesmo odor é produzido em todos os amplos domínios da supercolônia, a sociedade permanece intacta. Essa consistência parece impossível de atingir, mas há um método no sistema. Suponha que um gene do marcador da colônia sofra mutação em uma das muitas rainhas. Qualquer outra mudança genética em seu comportamento ou morfologia seria desconsiderada para sua aceitação. Entretanto, se seu odor não correspondesse mais à identidade das formigas ao redor, as operárias a matariam antes que pusesse ovos. A mutação desapareceria sem deixar traços. O resultado dessa incessante purificação na aderência das formigas a uma identidade não ocorre só em um ninho, mas, como na maioria das espécies, em extensões de centenas de quilômetros. Com uma identidade uniforme de um extremo a outro, as supercolônias atingem uma espécie de imortalidade. Pense nas quatro colônias na Califórnia como as mesmas sociedades que invadiram o estado há um século. Apesar dos rumores contrários, elas não mostram sinal de desaceleração.[21]

Essa é uma realidade difícil de compreender quando se está na Califórnia, com as formigas da Grande Colônia se espalhando até onde a vista alcança. Alguns biólogos questionam se uma supercolônia é uma sociedade. Outros fazem malabarismos para propor que, pelo fato de a população de uma supercolônia nunca formar uma fila contínua, não é uma sociedade, mas uma constelação de várias. Essa distribuição irregular de formigas, porém, tem mais a ver com a conveniência do habitat do que com o comportamento social ou com a identidade dos habitantes. Por exemplo, as formigas evitam áreas extremamente secas. No entanto, ligue os sprinklers do jardim em um dia quente e o que eram dois grupos de formigas se expandem e se combinam em um, sem problemas.

Quando questionados se esses bilhões de formigas representam uma sociedade, os mesmos especialistas respondem com cautela que elas *agem* como uma, mesmo com a distribuição irregular e a existência de uma variação genética de um local a outro dentro da supercolônia. Eu diria: *Mas claro!* Que critério faz sentido em determinar o que a qualifica como sociedade além das escolhas dos próprios membros sobre quem deve estar lá ou não? Enquanto as formigas se aceitarem e rejeitarem outsiders, o espaço do terreno que ocupam e a variedade dos membros não importarão mais que em uma nação como os Estados Unidos, com todas as suas etnicidades e discussões políticas.

Para as formigas, marcadores simples cumprem sua função. Quando o entomologista Jerome Howard levou uma operária cortadeira de um lado de sua

Os Derradeiros Nacionalistas 79

colônia a outro — uma distância de vários metros —, algumas formigas no novo local paravam para inspecionar a recém-chegada. Talvez a população de uma metrópole dessas dimensões, com suas vias principais e secundárias, não chegue a se misturar, de modo que as distinções sutis de odor se acumulam de um lugar a outro — uma mudança insignificante no símbolo de nacionalidade. Contudo, após um segundo de escrutínio, a recém-chegada teve permissão de prosseguir e cuidar da vida sem problemas — e ainda foi tratada como membro da colônia.

Considerando a escala das colônias, as formigas-argentinas parecem surpreendentemente unidas. A espécie mostra como os indivíduos podem continuar membros da sociedade mesmo cooperando ou interagindo pouco. A espécie se dá bem em viagens pelo mar; é assim que as quatro supercolônias foram da Argentina aos Estados Unidos. Também pegando carona em aviões, trens e automóveis, as supercolônias atravessaram o mundo sem perder a identidade, como os havaianos conservam uma nacionalidade comum com habitantes do continente dos Estados Unidos. A Grande Colônia também viajou e assumiu o controle de 3.000km no litoral europeu e em outras partes distantes do planeta, incluindo o Havaí. Enquanto isso, outras supercolônias se instalaram em lugares como a África do Sul, o Japão e a Nova Zelândia.

O peso combinado das formigas em supercolônias invasivas pode atingir e exceder a massa de um cachalote, o que nos faz perguntar como ficaram assim. Talvez o fato mais notável sobre as sociedades transcontinentais seja o quanto são maiores que as das formigas-argentinas em sua terra natal. As sociedades dessa espécie na Argentina são pequenas: no máximo, 1km de extensão, espantoso para uma formiga, mas não significativo pelos padrões da Califórnia. Essa diferença é tão radical que nos perguntamos se foi causada por uma mudança evolucionária importante. Imagino que alienígenas pensariam o mesmo em relação aos seres humanos se tivessem aterrissado na Terra há 20 mil anos e encontrado sociedades de alguns poucos caçadores-coletores, então retornassem séculos depois para descobrir a China com bilhões de almas. Uma explicação muito mais simples para as sociedades enormes de seres humanos modernos e formigas-argentinas é que nenhuma transformação extraordinária foi necessária: em ambas as espécies, a expansão das sociedades efetivou-se quando as condições foram adequadas. Essa extravagante capacidade de crescimento ilimitado, não o tamanho em si, é o que separa as supercolônias das sociedades de outras espécies. Mesmo várias dezenas de formigas-

80 O ENXAME HUMANO

-argentinas em um carregamento de plantas são, então, uma supercolônia (ou, pelo menos, o fragmento de uma). A capacidade de as sociedades crescerem indefinidamente é uma verdadeira raridade, característica de apenas algumas espécies de formigas, talvez dos clãs de cachalotes e dos seres humanos.

Além da capacidade de expansão, as sociedades de formigas-argentinas não são muito diferentes das de outras espécies de formigas. Elas dirigem sua agressão a intrusos e mostram pouca animosidade em relação a companheiros de colônia, como fazem todas as formigas. Além disso, as sociedades na Argentina não funcionam de modo diferente das enormes colônias que vivem em outros locais, exceto que seu crescimento é abafado pela superabundância de colônias desagradáveis de formigas na vizinhança. A condição que causa a expansão explosiva de uma supercolônia em outro local é a falta de competição. As supercolônias que chegaram à Califórnia não tinham nada para as impedir de conquistar o estado — até que seu crescimento parou quando encontraram e começaram a lutar umas com as outras.

Nos próximos capítulos, mostrarei que os seres humanos também não precisaram passar por nenhuma mudança essencial para que as pequenas uniões da pré-história crescessem, dadas as oportunidades. Todos os elementos necessários para o sucesso dos impérios já foram construídos dentro da mente paleolítica, até a fixação, definitivamente humana, pelos marcadores de identidade.

CAPÍTULO 7

Seres Humanos Anônimos

Há pouca coisa na história da vida mais notável do que um ser humano andando em um café. Os clientes podem nos ser desconhecidos e — nada acontece. Ficamos bem, calmos, encontrando quem não conhecemos. Isso nos diz algo único sobre a nossa espécie — polegares opostos, postura ereta e inteligência à parte —, porque a maioria dos vertebrados não faz isso. Um chimpanzé, ao se deparar com um desconhecido, mesmo em um café cheio deles, lutaria ou fugiria apavorado. Apenas uma jovem fêmea teria uma chance de sobreviver ao confronto sem se arriscar a uma luta — se receptiva ao sexo. Nem o bonobo passaria por um desconhecido com indiferença.[1] No entanto, os seres humanos têm o talento de lidar com estranhos e andar com tranquilidade em sua companhia. Gostamos de ser cercados por um mar de pessoas em um show, teatro, parque público ou feira. Crescemos acostumados à presença uns dos outros e a fazer amizade com uns poucos, conforme desejamos, na escola, nas viagens de férias ou no trabalho.

Possibilitamos esse anonimato reconhecendo sinais nos outros que correspondem às nossas expectativas — que agem como marcadores de identidade.[2] Entre eles, estão os que indicam todos os aspectos imagináveis de identidade. Um diamante de seis quilates indica riqueza e status, e alguns marcadores, como o jeito peculiar de fabricar pontas de flechas, são característicos de uma pessoa. Entretanto, neste livro, a palavra "marcador" e seus sinônimos especificarão os atributos associados a uma sociedade.[3] O reconhecimento de marcadores é uma aptidão humana que falta aos animais, com a exceção de alguns vertebrados, como os ratos-toupeira-pelados e os cachalotes, e da maioria de insetos sociais. Contudo, alguns cientistas sociais evitam essas comparações;

81

82 O ENXAME HUMANO

eles ficam intrigados (até não receptivos) com a ideia de que formigas, presumivelmente sem consciência disto, têm uma identidade. No entanto, apesar de lhes faltar a autorreflexão, formigas e outros insetos sociais se parecem conosco de um modo elementar, mas curioso, de manter sociedades anônimas.

A maioria dos mamíferos, na verdade quase todos os vertebrados, não tem nada que marque, com segurança, sua sociedade. Os cavalos de uma manada, por exemplo, nunca têm o mesmo andamento, tampouco relincham da mesma forma. Na maioria das situações, a ausência de marcadores mantém os vertebrados focados em lidar com relações individuais, em comparação com as formigas, que não possuem tal familiaridade. As pessoas se inserem no centro, com um foco seletivo em cultivar conexões sociais importantes sem a obrigação de acompanhar a todos na sociedade. Formamos relações variadas com base em nossas histórias sociais com os outros, tratando só algumas pessoas como indivíduos.[4] Resumindo as diferenças, retornamos à fórmula apresentada no final do Capítulo 4: para funcionar como sociedade, os chimpanzés precisam conhecer todo mundo; as formigas não precisam conhecer ninguém; os seres humanos, só algumas pessoas.

As pessoas às quais cada um de nós está conectado se inserem em círculos gradativos de relações, dos mais íntimos aos mais distantes: cônjuge, família nuclear, família estendida, os cerca de 150 amigos e as muitas centenas de "conhecidos". Além disso, há todos os que se identificam com nossa sociedade como um todo, tribo ou nação, o que, salvo em sociedades menores, como El Molo, do Quênia, abrange muitos desconhecidos. A maioria dessas conexões, além da profunda fidelidade à nossa sociedade, são redes particulares.[5] Sobrepondo-se a essa lista, há as pessoas com quem partilhamos afiliações especiais; algumas exibem marcadores próprios, como um boné do Chicago Bears. E, claro, o conhecimento que temos dos outros não se limita à nossa sociedade. Parecemos bonobos e elefantes da savana não apenas por conhecermos membros de outras sociedades, mas por até fazermos amizades com eles.

MARCANDO AS NOSSAS SOCIEDADES

Bandeiras, hinos e sinais agressivos de nacionalidade semelhantes são só os mais óbvios dos vários meios de as pessoas indicarem e perceberem suas conexões com a sociedade. Qualquer característica serve como marcador, consciente ou não, contanto que os membros detectem que algo está errado quando há aberrações nele. Enquanto formigas e ratos-toupeira-pelados dependem do odor para identificar companheiros, e cachalotes contam exclusivamente com a vocalização, para o Homo sapiens, praticamente qualquer coisa serve.

Certos marcadores são sempre exibidos, muitas vezes com clareza, como vestimentas socialmente aceitas. Outros são utilizados às vezes e têm a ver com valores, costumes e ideias. Alguns exigem um objetivo consciente — portar um passaporte, por exemplo —, enquanto outros são indícios sobre o que os membros não têm controle, como, em certas sociedades, a cor da pele. Um marcador não precisa estar ligado à pessoa; a identidade de um grupo não só se propaga entre as pessoas, mas se estende a qualquer coisa que a sociedade reivindique, talvez um local como Bunker Hill ou um objeto como o Sino da Liberdade.[6] Eventos históricos também entram na consciência nacional. Alguns são tão antigos quanto as próprias sociedades, mas ingredientes novos entram em cena o tempo todo. Na América do Norte, o ataque do 11 de Setembro foi um momento determinante. A visão das Torres Gêmeas em Nova York, os números 11/9, e a data que representam tornaram-se parte de como os norte-americanos se veem e de como os outros os enxergam, o que demonstra a rapidez com que novos aspectos das identidades se destacam.

Os marcadores de uma sociedade podem parecer banais ou esquisitos para estranhos. Por exemplo, o costume de comer com as mãos na Índia; ou, na Tailândia, principalmente com uma colher, nunca com pauzinhos [hashis]. Há questões extravagantes de gosto, embora um estranho de mente aberta ainda seja capaz de apreciar a beleza: pense no sistema tonal da música indiana ou nos desenhos em cerâmica preto-sobre-preto dos índios pueblo norte-americanos.[7] Tolas e arbitrárias ou não, algumas diferenças têm consequências de vida ou morte, como a prática de dirigir na pista esquerda ou direita da rua. Ainda outros marcadores são ícones que têm uma relação com fatos relevantes do mundo, como muitos hieróglifos egípcios, cujo significado é instantaneamente reconhecido. Até mesmo marcadores muito estranhos parecem lógicos a quem os usa. A águia-de-cabeça-branca e o urso, predadores fortes, representam a força dos Estados Unidos e a da Rússia, respectivamente, e a ligação com esses marcadores pode ser um forte aglutinador social.

Os marcadores podem ser reforçados ou determinados pela biologia. Certas mutações, disseminadas entre as pessoas milhares de anos atrás, com a chegada da domesticação de animais, permitiram aos adultos digerirem a lactose. Na Tanzânia, os pastores de gado Barabaig, que adoram leite, vivem perto de

84 O ENXAME HUMANO

caçadores-coletores Hadza, que ficam nauseados com laticínios. Sem dúvida, essa disparidade na alimentação aumentou ainda mais a separação.[8]

Embora a visão e a audição sejam sentidos primordiais para a percepção humana de marcadores, a importância do paladar é evidente. "O que é o patriotismo senão o amor pela comida da infância?", diz um provérbio chinês, e o que desperta o apetite das pessoas é relativo.[9] Comi centopeias fritas na China, vespas em conserva no Japão, embriões de porco na Tailândia, formigas torradas na Colômbia, lagartas mopane desidratadas na África do Sul, cupins crus na Namíbia, larvas de besouros na Nova Guiné e picadinho de rato no Gabão. Para os que apreciam essas iguarias, o nojo dos outsiders é um choque. E, embora não demos a mesma importância ao cheiro que as formigas, algumas pessoas criticam o hálito ou o cheiro corporal de grupos étnicos.[10]

Muitos atributos que chamo de marcadores se inserem na categoria da cultura. Embora essa palavra seja associada ao conjunto das realizações artísticas e intelectuais de uma sociedade, abrange tudo o que se passa de geração a geração, principalmente pelo ensino ativo. Entre os aspectos mais estudados, estão as normas, os conhecimentos compartilhados por cidadãos sobre valores e códigos morais, incluindo predileções quanto a ser generoso ou útil, e as crenças sobre o que é justo e adequado.[11]

Normas e atributos culturais em relação a alimentos e a bandeiras nacionais recebem mais atenção quando são tabu, mas uma mistura de marcadores mais sutis é muito importante e fácil de ser ignorada. Isso me lembra uma cena de *Bastardos Inglórios*, 2009, de Quentin Tarantino. Um espião britânico disfarçado de nazista pede três cervejas em um bar alemão erguendo os três dedos do meio da mão, em vez de o indicador, o médio e o polegar, como fazem os alemães — o tiroteio que se segue é um clássico emocionante do diretor.

Um estudo só de gestos específicos encheria volumes. Na Itália, as mãos de todos parecem estar sempre em movimento. Acenar na horizontal na frente do corpo com o indicador e o polegar se tocando, produzindo um "o", significa perfeito; o gesto de cortar com uma das mãos é um aviso para tomar cuidado; acenar as duas mãos na direção do rosto indica que algo é entediante. Isabella Poggi, psicóloga, classificou mais de 250 gestos como esses exclusivos da Itália, seculares e, muitas vezes, mais confiáveis em seus significados do que a palavra falada.[12] Gestos são mais primitivos do que as palavras e tão automáticos que cegos gesticulam quando se dirigem uns aos outros.[13]

As expressões, absorvidas tacitamente, em vez de aprendidas, passam despercebidas com mais facilidade do que os gestos. Normalmente, elas escapam ao nosso radar, embora variem de uma sociedade a outra. Na última década da sua vida, Charles Darwin publicou *A Expressão das Emoções no Homem e nos Animais*, no qual afirma que as emoções mais básicas do ser humano são universais.[14] Mesmo assim, os músculos faciais envolvidos em transmiti-las entram em ação de forma ligeiramente diferente nas sociedades. Por exemplo, norte-americanos que não distinguem japoneses nativos de japoneses norte-americanos em fotografias quando ambos não demonstram expressão, conseguem distinguir os japoneses norte-americanos, seus concidadãos, quando os rostos exibem raiva, aversão, tristeza, medo ou surpresa.[15] Em outro experimento, sem saber explicar, norte-americanos adivinhavam que uma pessoa era norte-americana ou australiana pelo modo como acenava ou andava, o que sugere que todo o corpo é um sotaque não verbal.[16] Tais diferenças, diferentemente dos gestos, mas como vários cheiros, são impossíveis de serem expressas em palavras.[17]

A capacidade de registrar esses detalhes resulta da exposição. Sua compreensão é igual à dos poucos indivíduos que distinguiam os aviões nazistas dos aliados durante a Segunda Guerra Mundial. Os britânicos estavam desesperados por mais observadores de aviões. O problema era que ninguém com essa habilidade sabia explicar como o fazia. O único método bem-sucedido de treinamento de novatos era, sem ideia do que procurar, a adivinhação. O observador os corrigia até que acertassem.[18] Muitas vezes, marcadores sociais são adquiridos e reconhecidos assim, sem compreensão ou reflexão.

RECONHECENDO OS MARCADORES

Nossos marcadores sociais são tão claros que alguns são notados por animais que não os usam. Elefantes detectam diferentes tribos humanas e têm expectativas sobre seu comportamento. No Quênia, eles temem os Massai, que os atacam com lanças como rito de passagem, mas são indiferentes aos Kamba, que não os caçam. Eles se escondem no capim alto quando os Massai se aproximam, possivelmente porque distinguem o odor do corpo dos membros da tribo, cuja alimentação é baseada, principalmente, em gado, do dos Kamba, vegetarianos. Os elefantes parecem distinguir as tribos por vestuário também e atacam tecidos vermelhos, preferidos pelos Massai.[19]

86 O ENXAME HUMANO

Os seres humanos desenvolveram marcadores de identidade pelo mesmo motivo: segurança e bem-estar. O psicólogo Gordon Allport, que criou a teoria da personalidade, explicou que "a mente humana precisa pensar em categorias... uma vida organizada depende disso".[20] Essa necessidade está enraizada em nosso legado animal: pombos, por exemplo, não só separam coisas em categorias como pássaro e árvore; eles podem ser treinados para distinguir entre quadros de Picasso e de Monet.[21] Todos os animais podem categorizar. Nenhum elefante ou ser humano, babuíno ou hiena é obrigado a reconhecer cada elefante que passa para reconhecer um quando o vê, identificando traços como tromba e seu chamado ressonante. Ainda assim, uma *sociedade* de elefantes, sem características físicas ou comportamentais específicas ao grupo, não é tão evidente aos olhos como os elefantes são como espécie.

Embora a maioria dos vertebrados não mostre a identidade de grupo abertamente (na voz ou no cheiro), saber quem faz parte gera sociedades tão válidas e concretas quanto as baseadas em marcadores. De fato, os seres humanos também têm grupos definidos puramente por reconhecimento individual. Veja, por exemplo, os times do meu bairro quando criança. Não podíamos comprar camisetas dos times, de modo que nenhum estranho sabia quem participava de qual se ficássemos misturados em uma fila. No entanto, nunca nos confundíamos. O que definia nossos times estava em nossa mente. Conhecíamos uns aos outros como indivíduos. Da mesma forma que observadores discernem uma alcateia de lobos de um bando de leões ao observar como interagem, espectadores podiam distinguir os dois times assistindo-nos jogar.

Marcadores são úteis mesmo quando os seres humanos se conhecem. Meu time da infância teria ficado entusiasmado de usar camisetas padronizadas se as tivesse. Elas não só teriam aumentado o orgulho da equipe, mas também teriam diminuído nossas diferenças e, talvez, dado uma aparência mais coesa e intimidadora (temas discutidos adiante no livro). As camisetas teriam nos ajudado a jogar também: ao usá-las, identificaríamos os membros do time pela cor, mesmo com a visão periférica, na rapidez das ações. O reconhecimento rápido e acurado é uma grande vantagem quando erros custam caro; sem ele, você pode perder a bola para o outro time ou, no caso das sociedades, seus recursos ou até a vida para um estrangeiro hostil. Camisetas também acelerariam o processo de atrair outros membros. Claro, talvez não confiássemos totalmente no novo membro no início, mas, considerando a aparência satisfatória (a camiseta), e o comportamento (incluindo a forma como conseguiram a camiseta), é provável que eles fossem rapidamente identificados como parte do grupo, mesmo pelos jogadores que não os conheciam.

Quanto às sociedades, os marcadores proporcionam a indelével consciência de quem *nós* somos, forçando desconhecidos a terem uma visão compartilhada do mundo, mesmo quando é desnecessário. Em situações normais, nossos marcadores nos são tão familiares e esperados que passam despercebidos. No entanto, ansiamos por eles quando ausentes. Por isso, quando queremos que os outros "gostem de nós" em uma viagem ao exterior, procuramos um bar, restaurante ou ponto de encontro de pessoas do nosso país e nos cumprimentamos, de certa forma familiares, embora desconhecidos, como velhos amigos.

Apesar da utilidade, adicionar marcadores para distinguir nossa sociedade de outsiders não causa uma mudança fundamental: podemos ser uma sociedade com eles; podemos continuar a ser sem eles — até certo ponto. Ter marcadores é cada vez mais valioso, e até essencial, para manter as sociedades organizadas à medida que a população cresce — e, nos seres humanos, para distinguir seus subgrupos. O fez de um muçulmano ou o boné do Chicago Bears não têm correspondente na natureza: o mesmo sujeito pode se identificar como bostoniano, bombeiro ou conservador sem um invalidar o outro — ou sua identidade como norte-americano. Muitos aspectos da identidade humana vêm com marcadores de que nos orgulhamos, mas a maioria é indiferente. Além de distinguir operária de rainha (e, em algumas espécies, de soldados), nenhuma formiga divide sua identidade nesses grupos. Na verdade, nem mesmo os vertebrados, que nunca se separam claramente em grupos duradouros dentro das sociedades e, certamente, sem ajuda de marcadores: mesmo que os lobos de uma alcateia tenham pelagem de cores diferentes, os negros nunca se separam dos cinzentos. Assim, os bilhões de uma supercolônia de formigas-argentinas parecem ser um contínuo homogêneo, enquanto você e eu somos diferentes em centenas de maneiras no modo como nos encaixamos na sociedade (por exemplo, desconfio que você não estuda formigas).

O PAPEL DA LINGUAGEM E O QUE REALMENTE É IMPORTANTE

Línguas, dialetos e sotaques são os marcadores humanos mais estudados e, talvez, mais poderosos. A maioria das sociedades e muitas etnicidades, como judeus ou bascos, têm uma língua ou uma versão própria dela.[22] O linguista evolutivo Mark Pagel escreve sobre a história bíblica da Torre de Babel, em

88 O ENXAME HUMANO

que Deus dá diferentes línguas às pessoas para evitar que se unam para construir uma torre alta o bastante para alcançar o céu: Pagel ressalta que a ironia dessa história é que "a língua existe para impedir a comunicação".[23] Acima e além das grandes diferenças entre as línguas, cada uma adota palavras que descrevem as pessoas que as fala e como se enxergam — e palavras que mostram quem pertence a diferentes sociedades. Rótulos importam, incluindo os nomes das próprias sociedades, que possuem um "poder fenomenal", como defende um erudito africano;[24] até crianças de seis anos preferem crianças que são de seu país.[25] Uma das maiores ameaças enfrentadas pela sociedade humana é a reivindicação de outro grupo pelo mesmo nome, mostrada hoje pela acalorada disputa em relação à palavra "Macedônia", que o país do mesmo nome tomou para si, mas que milhões de gregos aplicam a seu grupo étnico.

Contudo, diferenças no idioma não são necessárias nem suficientes para distinguir sociedades. "Quando um grupo perde sua língua, perde sua identidade", alega um linguista.[26] É possível que isso ocorra quando uma sociedade domina outra e transforma seu povo em servo ou o escraviza, quando muitos marcadores, inclusive a língua, se perdem ou são reformulados. No entanto, há grupos que perdem sua língua nativa e mantêm sua identidade e independência, refutando a influência absoluta sobre outros aspectos da identidade. Os pigmeus, da África, caçadores-coletores de tempo parcial, abandonaram suas línguas pelos últimos 3 mil anos em favor do idioma dos vizinhos agricultores, com quem vivem parte do ano. A cultura das sociedades de pigmeus permanece intacta, mesmo que apenas traços de suas línguas originais ainda existam — umas poucas palavras para descrever animais e plantas da floresta.[27]

O ponto essencial é que a rica combinação de marcadores possibilita às pessoas revelarem seu não pertencimento sem falar uma palavra. Apesar disso, as línguas têm sua importância na identidade humana. É quase impossível replicar uma língua ou dialeto com exatidão, a menos que tenham sido aprendidos na infância, conferindo a eles prioridade para revelar o estrangeiro entre nós.[28] O livro de Juízes (12:6), da Bíblia, reconta como os soldados gileaditas eliminaram o povo de uma tribo de Israel que falava com um leve sotaque:

> Um soldado gileadita lhe disse: "Então diga: Chibolete." Se ele dissesse: "Sibolete", sem pronunciar corretamente a palavra, prendiam-no e matavam-no no lugar de passagem do Jordão. Quarenta e dois mil efraimitas foram mortos naquela ocasião.

O valor da língua como um "ponto de verificação" da identidade é reforça-do pelo nível de nuance que transmite: as pessoas deduzem muito mais dela do que é necessário para compreender o que se diz.[29] Até uma criança registra a língua nativa de uma pessoa antes que ela termine uma palavra.[30] O mesmo ocorre com outros marcadores: estamos mais cientes de como nossos com-panheiros falam ou sorriem do que precisamos. Porém, o que torna a língua especialmente digna de atenção é o fato de que causa mais orgulho para os seres humanos falar como um nativo do que agir como um deles.[31] Talvez ape-nas tradições como andar sobre o fogo, praticadas por alguns polinésios, entre outras, sejam um sinal de comprometimento com um grupo que nenhuma língua confere. Entretanto, embora as pessoas raramente realizem esses ritos extremos, falam o tempo todo em todos os lugares e a todas as pessoas, seus so-taques mostrando de imediato seu status de nativo ou de estrangeiro. Poucos aspectos de identidade geram uma resposta tão imediata e profunda.

VARIAÇÃO ADMISSÍVEL, EXCÊNTRICOS E DISSIDENTES

As pessoas tratam suas diferenças de maneiras variadas. Por exemplo, nem sempre "uma língua é um dialeto com exército e marinha", como brincou o linguista ídiche Max Weinreich.[32] As sociedades não precisam ser marcadas pelo seu modo de falar, como mostra o exemplo dos pigmeus. O modo como usam as línguas revela que uma instituição com práticas estrangeiras pode não só ser tolerada, mas encorajada. Em países que ocupam um espaço pe-queno, como nos da Europa, as pessoas costumam falar outras línguas além da nativa, muitas vezes a dos vizinhos, parceiros de negócios ou de antigas potências coloniais. O multilinguismo não é novidade. Na Austrália, antes do contato com os europeus, muitas pessoas falavam múltiplas línguas, muitas ve-zes porque elas, ou um dos pais, tinham se unido à sociedade pelo casamento. Algumas nações, como a Suíça, têm vários idiomas nativos. Outras partilham um único idioma com outras sociedades, como o Reino Unido, a Austrália e os Estados Unidos, em que cada uma tem vários dialetos próprios.

O segredo da etnografia, a ciência que descreve as culturas, não está tan-to em registrar as semelhanças e as diferenças entre as sociedades, mas em encontrar o que seu povo considera importante, na linguagem ou em outros aspectos. O que um linguista definiria como dois idiomas pode ser interpre-tado pelos falantes como um só, ou vice-versa.[33] O que ressaltei sobre as super-

90 O ENXAME HUMANO

colônias argentinas também se aplica às sociedades de todas as espécies: são as escolhas dos indivíduos na sociedade em relação ao que sinaliza identidade que identificam os membros, e não o que você, como outsider, considera importante. Modifique um pouco o cheiro da colônia de formigas e descobrirá que algumas variações fazem diferença e outras não. Quanto às pessoas, variações na linguagem, por exemplo, não precisam arriscar nossa identidade — isso depende do que são essas variações.[34] Conheci um peruano que muitas vezes era confundido com um estrangeiro em seu país por não saber pronunciar o *r* suave em espanhol. Se ele é menos peruano por causa disso depende de seus compatriotas. As sociedades criam espaços de igual importância na linguagem. Para dar um exemplo, religiões modernas vão além e coexistem dentro de fronteiras territoriais; mas, em geral (mas nem sempre), fazem-no sem confundir o lugar a que cada pessoa pertence.

Os membros das sociedades não saem de uma mesma forma— elas possibilitam similaridade *e* diversidade. Para que uma pessoa seja bem recebida, seu comportamento deve obedecer aos limites sociais permissíveis, como ocorreu até com os caçadores-coletores: "O que ele faz e como o faz é problema dele, não do vizinho, contanto que obedeça às normas de comportamento aceitas", escreveu o especialistas em boxímanes, Hans-Joachim Heinz.[35] Diretrizes sociais, muitas vezes tácitas, mostram essas avaliações e limitam nossas escolhas; como diz um ditado japonês, o prego que se destaca é o primeiro a ser martelado. É claro que há questões de interpretação e gosto. Por exemplo, ultraconservadores têm pouca tolerância com arquiliberais e vice-versa, mesmo que admitam de má vontade que o outro pertence à sua sociedade. Ao esperar um nível adequado de conformidade — como o acordo tácito e treinamento desde a infância de não mostrar raiva abertamente em algumas culturas asiáticas —, os membros de uma sociedade detectam renegados e estrangeiros.

As sociedades valorizam a conformidade em diferentes graus. Algumas apoiam excentricidades como sinal de individualidade e espírito empreendedor, e pregam como valor básico o direito de ser diferente.[36] Ainda assim, todas as sociedades, incluindo as que se orgulham do comprometimento com a liberdade pessoal, existem por exigir a perda de escolha dos membros em nome da segurança e da previsibilidade. A precisão com que devemos aprender e imitar os outros — a estreiteza dos limites — é mais rigorosa em alguns comportamentos e situações. A repulsa pela pessoa que ignora normas de comportamento importantes é tamanha que o divergente é tratado com mais severidade pela mesma ofensa do que um estrangeiro — uma reação exagerada conhecida dos psicólogos como efeito ovelha negra. Desviantes com comportamento aquém das expectativas são rejeitados, estigmatizados, pressionados a mudar ou tratados como estrangeiros, dependendo do tipo e do alcance da aberração. Essa censura controla o que ocorre na sociedade.[37]

Os animais também têm uma tolerância limitada aos comportamentos diferentes. Até espécies com sociedades de reconhecimento individual suportam um mínimo de desvios. Como regra, elefantes apoiam os doentes, mas eles, e os chimpanzés, são conhecidos por tratar mal os indivíduos deficientes.[38]

Insetos sociais são conformistas. As formigas permitem pouca individualidade quando se trata da identificação.[39] Isso se reflete no comprometimento absoluto delas às suas sociedades anônimas baseadas somente no cheiro. Suas identidades rígidas nos dão um bom motivo para chamar uma colônia de formigas de superorganismo. Cada formiga está ligada à colônia como células ao organismo: as formigas se identificam detectando marcadores de hidrocarbono em seu corpo, e, em uma sociedade saudável, invariavelmente afugentam ou destroem aquelas com marcadores diferentes. Da mesma forma, as células do corpo identificam umas às outras pela química da sua superfície, e o sistema imunológico destrói as que apresentam os sinais errados. Assim, seu corpo, com seus trilhões de células-membro, representa uma sociedade microbiana.[40] Embora pessoas insatisfeitas possam deixar a sociedade, até se integrar à outra, uma formiga operária, ligada o tempo todo às colegas de ninho pelo cheiro, pode ser pressionada até a morte e ainda assim não abandonar as companheiras. Admire a devoção das células ao corpo ou do inseto social à sua colônia; mas, do ponto de vista humano, a imersão total em um todo maior é distópica. As sociedades humanas não são superorganismos, tampouco queremos que sejam — apreciamos demais nossas escolhas como indivíduos.

Como em outras sociedades animais, os jovens seres humanos também são dissidentes. Como as larvas das formigas, que ainda não têm o cheiro da colônia, as crianças têm, no máximo, uma identidade emergente. Porém, nenhuma criança conquista um lugar de respeito na sociedade apenas por estar viva.[41] Em comparação ao jovem nas espécies de reconhecimento individual, que só precisa conhecer e ser conhecido por todos, os jovens humanos precisam detectar e aprender os marcadores que lhes permitam se integrar. Até que nossos descendentes dominem essa tarefa, são fracos e ignorados. Os jovens humanos reconhecem seu pertencimento por proximidade aos pais ou aos amigos.

PRESSÃO SOBRE O CÉREBRO

Por mais que os seres humanos ainda contem com o reconhecimento individual na afiliação a alguns grupos, as espécies que dele dependem têm, ao menos, o potencial de usar marcadores? Embora saibamos que os primatas aprendem a associar uma ficha de plástico a um objeto não social (como comida),[42] entendemos muito menos sua habilidade de representar outros agentes sociais com marcadores. Assim, embora macacos não costumem usar sinais para diferenciar-se dos estrangeiros, adoraria apresentar um marcador a um bando para ver se "pega". Qualquer primata saudável rasgará uma camiseta vermelha, mas, e quanto à tinta: ele pode aprender a aceitar que companheiros de bando tenham uma mancha vermelha na testa? Se sim, ele receberia bem um estrangeiro com a marca do seu "time"? Um bando de grandes dimensões permaneceria junto se seus jovens adquirissem manchas vermelhas idênticas, possibilitando-lhes acompanhar cada um sem distinguir um macaco do outro? E as tensões aumentariam se metade do bando exibisse manchas azuis? Antecipo que a resposta é não. A mente dos macacos não foi geneticamente preparada para aceitar marcadores e não os reconheceria mesmo que existissem.

Contudo, antes de nos sentirmos superiores por usar marcadores para reconhecer e reagir aos outros, vamos considerar a cognição necessária para tal. Sugerir que os macacos não estão geneticamente preparados para aprender marcadores de identidade não significa que a habilidade exige uma grande capacidade intelectual. A hipótese do cérebro social alega que lidar com mais relações sociais exige um cérebro grande. Mas, para quem defende a teoria de que sociedades populosas requerem uma força mental extraordinária, a humilde formiga representa um sério desafio. Considerando sua complexidade e flexibilidade sociais, elas fazem muito com meros 250 mil neurônios. Como Charles Darwin disse: "O cérebro de uma formiga é um dos átomos mais extraordinários do mundo, talvez ainda mais do que o cérebro do homem."[43] É claro, os marcadores humanos são muito mais numerosos e diversos do que os das formigas, que não usam chapéus étnicos nem têm sotaque. No entanto, o odor que lhes serve de identidade é mais elaborado do que se imagina. Cada cheiro é composto por uma combinação de moléculas de hidrocarbono cujo tipo e concentração variam de uma colônia a outra.[44] Na prática, o cheiro representa toda uma coleção de marcadores, não apenas um, com algumas moléculas influenciando mais a interpretação do que outros. As formigas também reagem com agilidade ao cheiro de colônias estrangeiras, diferenciando, por exemplo, os membros de sociedades vizinhas, que conhecem bem, de membros de uma colônia que nunca encontraram. É provável que estes últimos, por serem uma ameaça desconhecida, sejam atacados com mais violência.[45]

Muitos acadêmicos alegariam que marcadores humanos são muito complicados e, de fato, alguns o são, como a memorização de um texto religioso antigo. Os seres humanos transformam os rótulos em arte, imbuindo muitos de nossos marcadores de significado, muitas vezes em vários níveis, para criar símbolos — um impulso que nos diferencia de outros animais. Para os irlandeses, o trevo é uma planta usada para prever o tempo; um emblema celta de boa sorte; e um instrumento que St. Patrick usou para ensinar a Santíssima Trindade aos druidas.

Cada pessoa desenvolve crenças sobre "sua afiliação pessoal a determinados símbolos ou, mais precisamente, o significado de certos símbolos", disse Edward Spicer, um antropólogo que estudou tribos de indígenas norte-americanas.[46] Sociólogos relutam em afirmar que qualquer animal sem habilidades simbólicas poderia ter qualquer coisa semelhante à nacionalidade, enquanto os antropólogos consideram o emprego de símbolos essencial ao surgimento da humanidade.[47] Contudo, a maioria das pessoas não sabe dizer até que ponto valoriza os símbolos.[48] Os norte-americanos cantam em voz alta *The Star--Spangled Banner* [A Bandeira Estrelada — Hino dos Estados Unidos] sem saber o que "spangled" significa — ou lembrar a letra. "É provável que até pessoas experientes no uso de símbolos — xamãs, padres, feiticeiros — não possam afirmar com precisão o que determinados símbolos representam", lembra a antropóloga social Mari Womack.[49]

Na verdade, não é necessário entender como ou por que algo é profundo ou possui um significado importante — ou inexista ou seja adequado — para nos sensibilizar. As pessoas não precisam sobrecarregar seu cérebro com o significado de um símbolo. O seu significado, se existir, depende de quem o usa.

Portanto, produzir e perceber marcadores não exige muito esforço e, uma vez aprendidos, aplicam-se a um número indefinido de indivíduos sem exigências mentais adicionais ou obrigação de manter uma relação. Entre as formigas, o tamanho do cérebro *diminui* em espécies que têm grandes sociedades.[50] Operárias em uma colônia pequena são mentalmente desafiadas, como as formigas sempre foram, porque são pau para toda obra. Em uma colônia grande, um soldado ataca inimigos, mas raramente, ou nunca, cuida dos filhotes, uma função de operárias inferiores. As formigas não só poupam esforço mental por

94   O ENXAME HUMANO

serem ignorantes em relação aos demais como indivíduos, mas em grandes colônias essa redução de habilidades não demanda o uso da inteligência.

Paras as pessoas, também, contanto que estranhos à nossa volta pareçam e ajam de forma razoável, a ignorância é uma bênção. Imagine ser obrigado a se apresentar e a conhecer a todos que encontra. A exigência mental seria tremenda. Em comparação, os marcadores são muito simples. Embora lidar com nossos marcadores pudesse ter aumentado o prosencéfalo, em comparação aos outros animais, não é provável que seja a causa principal. Sentado em um local público, você registra características físicas, culturais e outras dos que o cercam sem pensar muito, um investimento mínimo de esforço. Um psicólogo diria que marcadores reduzem a carga cognitiva da vigilância social, liberando-o para ler este livro ou conversar com amigos em um café. Mesmo tribos pequenas, como El Molo, no Quênia, com seus poucos integrantes, tiram vantagem do baixo custo do monitoramento social possibilitado pelo partilhamento de vestuário, linguagem etc. — eles conhecem cada companheiro intimamente, mas o El Molo ainda é uma sociedade anônima. Na verdade, desde a chegada da agricultura, o tamanho do cérebro dos seres humanos sofreu uma redução equivalente ao tamanho do punho de uma criança, atribuível, talvez, ao aumento da dependência dos outros para tarefas de cozinhar a construir.[51]

Naturalmente, os seres humanos adaptam seu comportamento às circunstâncias, e isso inclui se ajustar a culturas estrangeiras. Depois de meses na Índia rural, subconscientemente assimilei o sotaque e os movimentos laterais da cabeça enquanto falava. Mais tarde, em Singapura, passei para o sotaque deles, adicionando a palavra "*lah*" ao final das frases para dar ênfase. As mudanças no meu padrão de linguagem pareceram ajudar os locais a me entender, e certa vez, orgulhosamente, ajudei um turista indiano a se comunicar com um comerciante de Singapura "traduzindo" os dois dialetos ingleses. Mesmo assim, tenho certeza de que meu jeito estrangeiro de falar era evidente — se minha incapacidade de vestir o lungi, um sarongue masculino indiano, ou uma centena de outros fatores não me denunciassem.

Quanto ao tamanho do cérebro, ele tem menos a ver com a população da sua sociedade do que com a sua habilidade de mergulhar na vida de quem é importante para *você*. Os marcadores não só limitam o tamanho de uma sociedade, tornam a vida social menos complexa.[52] Então, por que tão poucos vertebrados os usam? É possível que suas sociedades funcionem melhor com populações tão pequenas que o reconhecimento individual é suficiente. No entanto, mesmo uma sociedade pequena que acompanha a todos individualmente requer maior capacidade mental do que a simplicidade de notar um marcador confiável. Pense na diferença entre sociedades anônimas e de reconhecimento individual como a analogia de maçãs e laranjas: os animais sabem quem se insere em cada categoria registrando suas semelhanças (identificando um marcador que partilham, assim como alguém identifica as laranjas por sua cor) ou suas diferenças (identificando cada membro por suas características pessoais). O primeiro caso exige menos concentração. Animais que contam com reconhecimento individual fazem o que podem para contornar essa carga cognitiva. A primatóloga Laurie Santos me disse que, quando bandos de macacos se enfrentam, ambos os lados se agrupam. Amontoar-se serve como uma barreira de defesa, mas também reduz a confusão. Portanto, se os macacos virem, pelo menos, um indivíduo estrangeiro no outro lado, aceitarão que todo o grupo é estrangeiro. Da mesma forma, supõem que um macaco cuidando do amigo é um membro mesmo quando o cuidador está de costas.

Interações pessoais complexas, com poucas dezenas de integrantes de nossas redes sociais íntimas, são uma característica da humanidade e um remanescente de sociedade de reconhecimento individual em outros primatas. Ao mesmo tempo, os seres humanos conhecem não só amigos e parentes, mas muitos outros com diversos graus de familiaridade. Assim, enquanto a maioria dos mamíferos trata cada membro da sociedade como indivíduo e, a partir desse conhecimento pessoal, cria uma identidade coletiva, as pessoas apreciam a opção das formigas de ignorar e até desconhecer os outros. Como as formigas, nós nos relacionamos com estranhos se partilharem nossa identidade.[53]

Este capítulo mostrou como as sociedades de formigas apresentam a mesma tendência de uma crescente complexidade no tamanho da população que os seres humanos. No entanto, adicionar cidadãos a uma nação, como adicionar formigas a um ninho, não precisa significar mais pressão sobre o cérebro. Ao empregar marcadores de identidade, nós, como membros de sociedades anônimas, recebemos a habilidade de pensar em um estrangeiro como um de nós.[54] Sociedades humanas modernas, em sua grandeza continental, às vezes devoradora, baseiam-se na imaginação, como também ocorreu nas sociedades pequenas de nossos ancestrais. Isso inclui as sociedades de seres humanos pré-agricultura do milênio retrasado, cujas pessoas não eram diferentes de você e de mim. Para compreender as pessoas de hoje, precisamos entender as de outrora.

SEÇÃO III

Caçadores-Coletores até Tempos Recentes

CAPÍTULO 8

Sociedades de Bandos

O Sol tinha ficado avermelhado quando o antropólogo sul-africano Louis Liebenberg parou o jipe perto do acampamento de boxímanes !Kung em Gautcha Pan, no deserto Kalahari, na Namíbia (o ! representa um som de estalo). Louis falou com um jovem chamado N!ani sobre a larva de um besouro que seu povo usa para envenenar flechas. Sim, disse N!ani, ele sabia de algumas à pequena distância e nos levaria.

Na manhã seguinte, levamos N!ani em nosso carro até uma extensa área plana interrompida por insignificantes árvores espinhentas e um ou outro baobá robusto. De fato, a noção de uma pequena distância nos padrões dos boxímanes era diferente da nossa. Depois de nos guiar pelo que pareceram quilômetros, N!ani nos fez parar junto a uma touceira de arbustos de folhas brilhantes. Ali, ele usou uma vara tradicional para escavar as pálidas larvas mortais e nos mostrou como espremer seu veneno sobre as pontas das flechas.

N!ani e seus companheiros !Kung, e outros boxímanes e caçadores-coletores de outros locais, não praticam a agricultura nem criam gado. Eles dependem totalmente da comida disponível na natureza, caçando animais com flechas envenenadas e outros implementos simples e colhendo legumes em uma ampla "pequena distância".

Por mais de cem anos, qualquer um que procurasse entender os primeiros seres humanos se voltava ao registro de indícios de como os caçadores-coletores viveram nos séculos recentes. Interessante é o padrão em que caçadores-coletores se movimentavam em pequenos grupos conhecidos como bandos.[1] Cada bando percorria os arredores e montava acampamentos de onde tirava comida

100 O ENXAME HUMANO

e água. Chamo esses caçadores-coletores nômades de sociedades, que, como falaremos neste e no próximo capítulo, normalmente consistiam em alguns bandos.[2] Diferencio bandos de tribos, uma palavra geralmente usada, como faço neste livro, para descrever sociedades simples estabelecidas, a maioria das quais depende da horticultura, em que as plantas são cultivadas em hortas e não em campos arados; assim como pastores nômades que cuidam de animais domesticados. (Para confundir ainda mais, "tribo" continua sendo a palavra escolhida para os indígenas norte-americanos, muitos dos quais viviam em sociedades de bandos.) Do ponto de vista do estudo das origens humanas, horticultores e pastores são retardatários e menos essenciais quando se trata de lidar com as características básicas da humanidade. A agricultura é uma inovação muito recente e até nações do mundo moderno precisam ser interpretadas considerando como as sociedades de caçadores-coletores operavam.

O arqueólogo Lewis Binford pediu a um nativo do Alasca que resumisse sua existência itinerante em uma sociedade de bando. "Ele pensou por um momento e disse: 'Fumaça de salgueiro e caudas de cães: quando acampamos, tudo é fumaça de salgueiro, e, quando estamos em movimento, só o que vemos são caudas de cães abanando à frente. A vida do esquimó é metade de cada.'"[3]

Por mais poéticas que sejam as palavras desse velho homem e por mais importantes que os caçadores-coletores tenham sido para os antropólogos, não sabemos se os povos que recentemente viveram da caça e da coleta refletem nosso passado com precisão. Durante séculos, esses povos tiveram que se adaptar à presença de fazendeiros e de pastores ou serem empurrados por eles para terras inóspitas e improdutivas. Sabemos que eles passaram por mudanças profundas antes que os primeiros exploradores documentassem seu estilo de vida.[4] Mesmo um pouco antes disso, quando os peregrinos chegaram aos EUA para fundar a Colônia de Plymouth, os primeiros indígenas a cumprimentá-los já falavam inglês (aparentemente ensinado por pescadores britânicos). Cerca de dois séculos depois, em sua expedição pelo país, Lewis e Clark encontraram tribos que já andavam a cavalo, animais extintos na América do Norte há milhares de anos, reintroduzidos pelos europeus.[5] É evidente que os indígenas de fotografias antigas já tinham se reinventado repetidas vezes.

Histórias semelhantes são contadas sobre vários caçadores-coletores. Os boxímanes, uma raça de pessoas baixas, magras, de pele avermelhada e imberbes, diferentes dos outros africanos, são especialmente valorizados nos estudos de evolução humana. Eles viveram em uma faixa do Sul da África — na mesma área e em um tipo semelhante de deserto e savana onde os seres humanos se desenvolveram — com evidências genéticas sugerindo que se separaram de outros povos em um passado distante.[6] Mesmo assim, foram influenciados por séculos de interações com pastores Bantu que vieram do norte muito antes da chegada dos europeus.

Antes de os europeus fazerem contato, a Austrália era uma das poucas localizações importantes na Terra onde caçadores-coletores se encontravam com agriculturalistas. Os aborígenes ocuparam o continente por 50 mil anos após uma primeira diáspora africana. Certamente, isso os torna uma fonte confiável de informações sobre o passado, apesar de o povo que vivia ao Norte comercializar e se casar com integrantes de outras tribos das Ilhas do Estreito de Torres, que cultivavam inhame e banana. Além disso, por um período que se iniciou em 1720, uma frota de pesqueiros da Indonésia foi até o Norte da Austrália para pescar pepinos-do-mar. Os indonésios levaram alguns aborígenes para visitar sua cidade natal, Macáçar. A partir de então, os aborígenes aprenderam a fabricar canoas com troncos e anzóis de conchas. Também passaram a apreciar novas músicas e cerimônias, cavanhaques, cachimbos, esculturas de madeira e pintura de crânios.[7] E, é claro, como todos os povos, os aborígenes não se estagnaram culturalmente; inventaram o bumerangue e criaram ciclos espirituais chamados de "tempo do sonho", itens e ideias não encontrados em nenhum outro lugar, mas amplamente disseminados pelo continente.

Quando os europeus chegaram, levaram doenças e ações militares que dizimaram populações inteiras antes que descrições mais precisas de suas sociedades fossem registradas; como um proeminente antropólogo concluiu: "Os tradicionais grupos locais da maioria das tribos aborígenes mudaram rápida e radicalmente com o impacto da colonização europeia."[8] Esse é um problema grave para os que estudam como as sociedades mantêm suas identidades e a separação uma da outra.

O contato europeu com caçadores-coletores representou um choque cultural difícil de imaginar. Ele mudou tudo. Antes da chegada dos europeus, é provável que os caçadores-coletores tivessem a própria versão de visão geocêntrica adotada por muitas civilizações até Copérnico provar que a Terra gira em torno do Sol. Como o explorador do século XIX Edward Micklethwaite Curr disse: "É provável que tribos que vivem no litoral pensem que o mundo é maior do que os que vivem no interior, e que os que vivem em grandes extensões desérticas tenham ideias mais amplas sobre o tema do que tribos em uma

102 O ENXAME HUMANO

vizinhança produtiva e intensamente ocupada." Sobre as sociedades de caça-dores-coletores, Curr escreveu: "Eles achavam que o mundo era uma extensão plana de cerca de 300km para todos os lados e que seu país era o centro."[9] Imagine o que o aborígene sentiu quando barcos europeus ancoraram em suas praias. Provavelmente, foi como se marcianos aterrissassem nos jardins da Casa Branca. Sua visão de mundo e suas percepções das próprias sociedades e um do outro devem ter sido abaladas, não gradativamente, mas em um golpe atordoante. Quaisquer diferenças antes desagregadoras entre grupos aboríge-nes seriam expostas como leves e banais. Embora as sociedades de caçadores--coletores continuassem ativas, foi impossível reconstruir seu senso original de identidade social e de diferenciação dos vizinhos.

Por essas razões, usarei o pretérito ao falar sobre caçadores-coletores e, depois, das sociedades tribais, não para sugerir que as pessoas se foram, mas que seu modo de vida original, sim. Os poucos caçadores-coletores com quem tive a sorte de passar um tempo, como N!ani, já tinham sido solicitados a se fixar em um lugar e parar de caçar. Mesmo assim, temos certeza de que os caçadores-coletores estudados em séculos recentes podem revelar algo sobre como nossos ancestrais conduziam seus negócios, pelo menos, em termos ge-rais. Sociedades de bandos diferentes, como os Inuítes, do Ártico, e os Hadza, da África, são semelhantes de formas que sugerem que a existência nômade humana segue um modelo — forragear amplamente por alimentos selvagens essenciais era parte de um pacote que, como regra, incluía outros componen-tes sociais que discutiremos a seguir. Ao longo do caminho, investigaremos o que as sociedades representaram para esses caçadores-coletores e por que tantos antropólogos as subestimaram ou ignoraram. Mostraremos que os caça-dores-coletores viviam em sociedades anônimas como vivemos hoje.

A FISSÃO-FUSÃO E A CONDIÇÃO HUMANA

A característica que diferenciou as sociedades de bandos de outros modos de vida não foi a caça nem a coleta, que as pessoas ainda apreciam, mesmo que caçando um veado ou escavando trufas. Tampouco foi o nomadismo. Tribos pastoris como os hunos se dispersavam para os campos parte do ano a fim de assegurar pastagem para os animais domésticos.[10] O que mais os diferenciou foi o padrão de movimento dos membros: caçadores-coletores nômades se es-palhavam por fissão-fusão, com pessoas vagando com considerável liberdade.

Entretanto, a fissão-fusão assumiu uma forma regrada para os caçadores-coletores nômades recentes, como também ocorreu com os que viviam antes da invenção da agricultura. As pessoas se agrupavam em bandos aqui e ali. Cada bando consistia em média de 25 a 35 indivíduos, incluindo famílias nucleares, não relacionadas, muitas vezes atravessando três gerações.[11] Uma pessoa visitava outros bandos, mas mantinha uma conexão de longo prazo com um deles. Mudanças entre bandos ocorriam com pouco esforço, mas raramente, bem diferente dos eternos deslocamentos flexíveis dos chimpanzés e de outras espécies de fissão-fusão caracterizados pela mudança contínua.

Também, excepcionalmente, os membros de um bando humano separavam-se todos os dias em grupos de trabalho — confusamente chamados de partidos — para encontrar comida. Todas as noites, voltavam para o local escolhido para montar acampamento, por alguns dias ou semanas. Esse prolongado comprometimento com um bando, cada um tendo uma base fixa que mudava com frequência, é exclusivo da nossa espécie. A analogia mais próxima com outros animais de fissão-fusão são os lobos cinzentos e as hienas-malhadas durante as semanas em que a alcateia, ou clã, leva carne para os filhos na toca. Nas três espécies, a base mudava para evitar que inimigos seguissem seu cheiro e para deixar os residentes ao alcance de novos campos de caça.

O ecologista Edward O. Wilson argumenta que uma base sólida bem protegida é essencial à nossa humanidade.[12] Segundo esse ponto de vista, os primeiros seres humanos eram como formigas forrageando a partir de um ponto central. Proponho um adendo. Certamente, os bandos organizavam seus acampamentos melhor que uma alcateia de lobos faz, e se fixar em um lugar por um tempo proporcionava alívio para idosos, enfermos e jovens. No entanto, os acampamentos eram temporários e não muito seguros. Em parte, os bandos se movimentavam para se proteger. Alguns caçadores-coletores Aché e das Ilhas Andamão, do Paraguai e da baía de Bengala viviam sob ameaça constante por parte de outsiders, e mudavam-se com frequência — às vezes, diariamente. Os membros de um bando enfrentavam um leopardo juntos, embora um bando de babuínos se reunindo para atacar o mesmo felino fosse igualmente eficiente; e é fato que as várias fogueiras acesas ao redor do acampamento mantinham predadores à distância mais do que uma única de uma família sozinha. Mas esse era o alcance da defesa em termos de bando: fortificações protegendo a todos tornaram-se preponderantes apenas para as pessoas que viviam em vilas.

104 O ENXAME HUMANO

Nossa história de viver em bandos nômades que faziam parte de uma rede de fissão-fusão que abrange sociedades de deslocamentos e relações sugere que se espalhar gerava (e gera) tantas consequências quanto se fixar. O tempo passado nos acampamentos permitia aos seres humanos melhorar sua vida social e cultural com base nas interações estendidas dos indivíduos de modos impossíveis a qualquer outra espécie de fissão-fusão, mas ao mesmo tempo sua mobilidade permitira a expansão do território da sociedade além de qualquer limite antes atingido pelas sociedades de qualquer outro vertebrado terrestre. Isso exigia uma inteligência excepcional para monitorar as relações diárias com indivíduos do mesmo bando e de acompanhar, até onde possível, o que ocorria com quem estava longe.

A fissão-fusão em outros animais parece incrivelmente desorganizada quando comparada à de sociedades de bandos, mas um partido de chimpanzés (ou bonobos) e um bando humano não são irreconciliavelmente diferentes. Certos chimpanzés chegam perto de se estabelecerem em abrigos temporários. Embora a maioria dos chimpanzés more em florestas, alguns vivem em savanas, o habitat no qual evoluíram. Chimpanzés da savana são pouco notados, embora seus padrões sociais se aproximem mais do dos bandos de caçadores-coletores. Por exemplo, eles precisam andar tanto quanto caçadores-coletores nômades. A primatologista Fiona Stewart calcula que uma comunidade de 67 elementos na Tanzânia ocupe uma área de cerca de 270km² a 480km², com os animais levemente espalhados como eram os caçadores-coletores nesse ambiente.

Partidos de chimpanzés da savana também mantêm afiliações e locais mais estáveis comparados aos das comunidades da floresta. Vários fatores entram em jogo. Os animais não encontram o outro partido com facilidade devido à distância. Seus grupos preferidos de árvores também são poucos e espaçados, e a distância muitas vezes encoraja vários macacos a ficarem perto de um local durante alguns dias antes de tentarem um lugar diferente. Caçadores-coletores recentes também gostavam de touceiras de árvores da savana para seus acampamentos, não só pela sombra, mas pela água e por outros recursos associados a ela. Além disso, árvores da savana raramente são fortes o bastante para que os macacos curvem os galhos para formar uma "cama de dossel", como o fazem na floresta. Em vez disso, os chimpanzés muitas vezes se deitam no chão, amontoando capim ou dobrando plantas novas em estruturas que se parecem toscamente com os abrigos temporários que os boxímanes constroem com capim e varas. Eles também ficam em cavernas para evitar o sol do meio-dia.[13] Forrageando a partir de locais de descanso, os chimpanzés da savana matam pequenos primatas com lanças feitas com galhos e escavam tubérculos comestíveis com varetas de modo semelhante aos caçadores-coletores.[14]

Não é difícil imaginar que o ancestral comum que partilhamos com os chimpanzés era capaz de manobras parecidas, sem mencionar a longa linhagem de hominídeos que se seguiram. A evolução das habilidades sociais necessárias aos indivíduos para ficar com os mesmos membros da sociedade todas as noites; o controle do fogo pelo nosso predecessor *Homo erectus* há 400 mil anos; e a cooperação em dividir a comida antes de dormir teriam dado aos seres humanos um refúgio ao qual valeria a pena voltar regularmente.[15] Teria sido o início de acampamentos apropriados.

A REALIDADE DAS SOCIEDADES DE CAÇADORES-COLETORES

Há pilhas de artigos e livros de antropologia sobre caçadores-coletores baseados apenas no que acontecia nos bandos, ignorando como se identificavam com a sociedade em geral. Às vezes, quando reconhecem a conexão entre bandos, sua solução é alegar que os nômades não tinham sociedades dignas de nota.[16] Muitas vezes, essa visão sugere que a cultura dos caçadores-coletores variava de um grupo a outro, sem afiliações humanas mais amplas e nenhum limite nítido.

Acho isso improvável. Por exemplo, todos os outros povos humanos vivem em grupos que chamamos de sociedades. Além disso, os grupos de caçadores-coletores documentados ao longo dos últimos séculos eram afiliados a sociedades. De fato, há muitas evidências de que a afiliação a sociedades foi um aspecto crucial da existência dos caçadores-coletores — e indispensável à compreensão de como as sociedades atuais passaram a existir. Meu termo "sociedade de bando" poderia sugerir que um bando formava uma sociedade, e isso realmente ocorreu algumas vezes, mas sociedades geralmente se estendiam por vários conjuntos específicos de bandos. Não me surpreendo por essas sociedades terem se perdido ou sido mal interpretadas. Até primatologistas como Goodall deduzirem que chimpanzés tinham sociedades a partir do espaço entre os animais e o confronto com intrusos, havia o consenso de que animais de fissão-fusão eram "espécies de grupos abertos", sem fronteiras sociais.[17] Assim, faz sentido que esses bandos humanos, cujas movimentações eram marcadas da mesma forma pela fissão-fusão, também não as tivessem.

106 O ENXAME HUMANO

Como os membros de sociedades de bando humanas, bem como as de chimpanzés, raramente se reuniam, é difícil descobrir onde uma sociedade termina e a outra começa, mas uma nítida separação entre suas afiliações ocorre do mesmo modo.[18] Inúmeros relatos mostram como os caçadores-coletores de séculos recentes se sentiam seguros na presença "dos seus".[19] Perguntados quem eram, os caçadores-coletores normalmente dariam o nome de uma comunidade abrangendo vários, às vezes uma dezena ou mais, de bandos espalhados em uma ampla área geográfica. Essas sociedades de bandos tinham populações que variavam de algumas dezenas a talvez alguns milhares de indivíduos.[20]

Para sustentar a ideia de que caçadores-coletores não se separavam em sociedades distintas, alguns antropólogos deram o exemplo de povos do Grande Deserto Arenoso, da Austrália, uma região desolada, de recursos raros e poucos habitantes. Os aborígenes dessa região não criaram fronteiras claras com seus vizinhos.[21] Esse conceito é discutível. O antropólogo Mervyn Meggitt lembra uma conversa com um dos grupos de bandos de aborígenes do Deserto Ocidental e Central que mostra a visão do Nós-versus-Eles do povo dessa região em termos precisos.

"Há dois tipos de blackfellows [sujeitos negros]", dizem eles, "nós, os Walbiri, e os infelizes que não são. Nossas leis são as verdadeiras; outros blackfellows obedecem a leis inferiores, que quebram constantemente. Em consequência, espera-se qualquer coisa desses outsiders."[22]

Certamente os povos do Grande Deserto Arenoso casam-se entre eles, mas isso ocorre em todas as sociedades em geral. Também é fato que, para sobreviver, eles precisam aceitar fronteiras abertas. Robert Tonkinson, antropólogo, escreveu: "Em áreas inóspitas como o Grande Deserto Arenoso, a necessidade de afirmar determinada identidade deve se equilibrar em relação à de manter boas relações com os vizinhos."[23] Felizmente. No entanto, os povos do Grande Deserto Arenoso se inserem em grupos tão distintos quanto os dos aborígenes de outras regiões.[24] Mesmo que, por necessidade, eles mostrassem uma cooperação generosa incomum com os estrangeiros, as sociedades não se dissolvem quando são gentis umas com as outras. A fronteira entre a França e a Itália não é tensa como entre a Coreia do Norte e a do Sul, mas existe mesmo assim.

Pensamos em nações, que acadêmicos chamam de estados, como tendo governos e leis, e em sociedades de bando, como não tendo nenhum dos dois. Mesmo assim, caçadores-coletores mostram o mesmo conforto e confiança em relação ao povo de sua sociedade que exibimos atualmente, e, de muitos modos, suas sociedades eram análogas às nossas nações. O historiador do século XIX Ernest Renan acreditava que as nações são um fenômeno moderno. No entanto, sua definição de nação como um povo fortemente conectado com uma herança de memórias partilhadas e um desejo de identificação coletiva é também uma descrição perfeita das sociedades de bandos.[25] Assim, com alguma justificativa, "nação" substituiu "tribo" como a palavra escolhida de muitos nativos norte-americanos. Para eles, os elos são extremamente importantes.

Embora as instituições das nações modernas sejam eficientes em inspirar paixões por nossa sociedade em escalas grandiosas, a simpatia que consideramos consciência nacional tem uma história profunda.[26] Como nos conta o linguista Robert Dixon, novamente sobre os aborígenes:

> Uma sociedade de bando parece, na verdade, ser uma unidade política e não semelhante a uma "nação" na Europa ou outro lugar — cujos membros estão muito cientes de sua "unidade nacional", consideram-se como tendo uma "linguagem nacional" e adotam uma atitude condescendente e crítica em relação a costumes, crenças e línguas diferentes dos seus.[27]

Como nações e, na verdade, todas as sociedades humanas, as sociedades de bandos estão associadas a uma expansão de terra que ocupavam com exclusividade. Elas eram territorialistas — cautelosas e, muitas vezes, hostis em relação a intrusos que entravam na sua área. Elas eram nômades, mas as movimentações dos integrantes do bando em geral eram tão limitadas quanto a dos povos que vieram a depender da agricultura.[28] Havia exceções. A territorialidade desaparecia quando não se ganhava nada com ela. No Oeste norte-americano, as tribos da Grande Bacia vagavam com certa tranquilidade onde os pinhões eram tão abundantes que defender um suprimento não fazia sentido.[29] No entanto, cada sociedade em geral assumia uma área que ia de centenas a milhares de km^2, com divisões tacitamente determinadas antecipadamente.[30]

Diferentemente dos chimpanzés e dos bonobos, que se mudam para qualquer lugar dentro do espaço reivindicado pela sua comunidade (com alguns macacos tendo inclinações individuais por determinados pontos), cada grupo

108 O ENXAME HUMANO

de pessoas — cada bando — usava apenas uma porção do território da sociedade, um espaço que seus residentes conheciam como a palma da mão e, às
vezes, herdavam. O apego ao lar não nasceu com a mudança das pessoas para
uma estrutura física, mas pela sua ligação com a terra. O antropólogo australiano William Stanner afirmou:

> Não há palavras em inglês que expressem o significado dos elos entre
> o aborígene e sua pátria. A nossa palavra "pátria", por mais calorosa e
> sugestiva que seja, não corresponde à palavra aborígene que talvez signi-
> fique "acampamento", "lar", "país", "lar eterno", "local do totem", "fonte
> de vida", "centro espiritual" e muitas outras análogas.[31]

Alguns antropólogos chamam a terra cruzada pelos bandos de "território",
mas o uso da paisagem foi mais flexível do que essa palavra sugere.[32] Como o
vizinho batendo casualmente à porta para pedir uma xícara de açúcar, qualquer pessoa socialmente íntegra é capaz de ingressar no espaço de outro bando. Contanto que se tenha pedido permissão, o bando local divide a água ou
o espaço se os alimentos estiverem em falta em outros locais, ou permite ao
visitante que fique e converse com amigos e parentes. Assim como indivíduos
do mesmo bando compartilhavam e emprestavam uns aos outros, a reciprocidade entre os membros de uma sociedade era algo rotineiro.

Havia mais boa vontade entre os bandos do que costumava existir entre as
sociedades que os encerravam, cujas reivindicações eram rigidamente obede-
cidas quando necessário. Entre os boxímanes, bandos da mesma sociedade
ocupavam espaços contíguos, enquanto existia uma terra de ninguém entre
diferentes sociedades.[33] Espaços não ocupados semelhantes também separam
as sociedades de outras espécies — comunidades de chimpanzés, alcateias de
lobos e colônias de formigas-de-fogo.[34]

RAÇAS ANTIGAS

O fato de um aborígene falar de "outros blackfellows" refletia uma clara consciência entre os nativos australianos de quem era quem e, ao mesmo tempo,
nos faz lembrar a questão da raça. Expressões físicas de traços genéticos que
variam muito entre os povos tornaram-se valorizadas pelos seres humanos de
um jeito sem comparação em outros animais. Associamos muitas nações e,

Sociedades de Bandos 109

certamente, os grupos dentro delas, com a raça. Ao mesmo tempo, temos nos distraído tanto pelos diferentes aspectos físicos dos caçadores-coletores de várias partes do mundo, como os aborígenes ou os pigmeus, que muitas vezes ignoramos suas sociedades. Precisamos refletir sobre a identidade racial dos caçadores-coletores e o quanto ela foi importante para eles.

Muitos sociólogos e outros estudiosos alegam que raças são socialmente construídas — produtos arbitrários do imaginário.[35] Esse é um ponto sensível, considerando que o que muitas vezes descrevemos como raças se desenvolveu como mudanças gradativas nos traços físicos em territórios de dimensões continentais, com todos os tipos de intermediários entre eles. No entanto, no contexto das sociedades compostas por pessoas de diferentes linhagens com que entraram em contato, geralmente como resultado de deslocamento de populações inteiras com diferentes aparências, a raça pode ter um significado vigoroso. Sociedades de outras espécies não migram o suficiente para que distinções de raça surjam entre os vizinhos em seu caminho.

Todos os aborígenes descendem da mesma migração de pessoas, de modo que os membros de sociedades vizinhas no continente têm uma aparência semelhante, incluindo a pigmentação da pele.[36] Além de algum contato com indonésios ao longo da costa, categorizar pessoas por características herdadas geneticamente bem definidas não se aplica aos aborígenes antes do contato com europeus, que ficavam sintonizados principalmente com diferenças sociais de uma sociedade a outra. Os nativos australianos tornaram-se aborígenes ("blackfellows") e desenvolveram um senso de alteridade e de autoconsciência como raça só depois que os europeus povoaram a Austrália.

Na África, o teste da evolução para a mente e o corpo humanos, a situação foi diferente. Embora as diferenças entre os povos africanos não pareçam tão preto e branco (literalmente) quanto muitas das distinções aceitas como normais hoje em dia, alguns dos caçadores-coletores vizinhos da África eram "tão geneticamente diferentes uns dos outros como o são os principais grupos ancestrais do mundo", como afirmam dois especialistas.[37] Essa proximidade de grupos distintos reflete a imensidade de tempo durante o qual as sociedades humanas se dispersavam e se movimentavam ao redor do continente para criar sociedades que acabaram vivendo perto de grupos muito diferentes de seus próprios. E assim, nos últimos milênios, os pigmeus formaram alianças com fazendeiros radicalmente diferentes, enquanto os boxímanes viveram

110 O ENXAME HUMANO

entre os pastores Khoikhoi talvez durante 2 mil anos e entre os bantu, de pele escura, que entraram em suas terras durante os últimos 1.500 anos.

No entanto, apesar do longo contato com povos muito diferentes e, certamente, não alheios à semelhança entre eles, os boxímanes nunca se sentiram uma unidade isolada, digna de um nome e reconhecimento de afinidade, mais do que os habitantes nativos dos EUA se consideravam indígenas antes de os europeus cunharem o termo. Os boxímanes eram uma categoria que eles, que se viam em termos de suas sociedades como os !Xõ e os !Kung, não reconheciam.[38] Mesmo hoje eles se consideram boxímanes — ou San, um nome pejorativo dado a eles por seus vizinhos Khoikhoi, que significa malandro — somente quando deixam a floresta para aceitar empregos em outro lugar.[39] Quanto a outras diferenças, uma característica se torna um marcador de identidade somente se o povo decide vê-lo dessa forma — e isso inclui a raça.

Diferenças físicas entre grupos grandes vivendo próximos não eram exclusivas dos caçadores-coletores da África. Os Aché, do Leste do Paraguai, tinham (e têm) uma pele clara comparada à de outros povos nativos da região. E também havia leves diferenças dentro dessas raças. Às vezes, as pessoas associavam certa aparência a um certo grupo, como os Ypety, um grupo dos Aché que tinha pele mais escura e barba mais espessa que os outros. Contudo, em geral, os grandes grupos que hoje consideramos como raças não parecem ser fundamentais ao estudo dos caçadores-coletores. Somente completos estrangeiros, normalmente europeus (para quem todos os caçadores-coletores de uma região parecem iguais), reúnem todos em um grupo — ignorando o fato de que caçadores-coletores realmente pertenciam a múltiplas sociedades.

Fora isso, os sociólogos estão certos em identificar a raça como uma invenção recente. Nesse sentido, é uma avaliação imprecisa da aparência geral de um grande número de indivíduos que não têm antecedentes comuns. A fixação moderna pelas raças resulta de uma combinação de pessoas a partir de uma mistura de fontes em amplas classes que não existiam antes. Muitas vezes, os caçadores-coletores de uma região compartilharam uma herança genealógica muito mais próxima, mas ironicamente essas pessoas não se importavam com seus pontos em comum com as raças. Algumas dessas raças genealógicas tinham uma distribuição tão limitada que eram representadas por um punhado de sociedades: os Hadza formam um grupo; os que chamamos Aché tinham quatro sociedades; os Yamana da Terra do Fogo, culturalmente extintos, tinham cinco; e os nativos das Ilhas Andamão foram originalmente separados em treze sociedades. Enquanto isso, "os" aborígenes, espalhados pelo continente australiano, tinham sociedades de cinco a seiscentas pessoas.

NÔMADES ANÔNIMOS

Apesar dos pontos em comum com os chimpanzés e com outros mamíferos que vivem em fissão-fusão, as sociedades de bandos de caçadores-coletores eram anônimas — dependiam de marcadores de identidade mais do que do conhecimento pessoal. Indivíduos se espalhavam com regularidade de um modo que nem todos os desconhecidos com quem se encontravam pertenciam a outras sociedades. Como um antropólogo que viveu entre os boxímanes há cerca de um século disse: "Os bandos de uma tribo mais amplamente separados não conhecem nem têm contato direto uns com os outros."[40] Até hoje, os Hadza, com mil membros, consideram-se um povo, apesar de suas afiliações com pequenos bandos. Muitos indivíduos nunca entram em contato nem conhecem os Hadza na extremidade do território de sua sociedade.[41]

Isso sugere que os caçadores-coletores encaravam suas sociedades como unidas ao redor de uma identidade comum — língua, cultura e outros marcadores. O antropólogo George Silberbauer escreveu em 1965 que chamar os boxímanes G/wi de "tribo" — ou seja, sociedade — foi merecido "pelo fato de que também há outras características comuns em sua cultura, além da língua". Infelizmente, ele nunca revelou quais eram.[42] No verão de 2014, ao me deparar com a falta de informações sobre identidades de caçadores-coletores, visitei Irven DeVore, professor aposentado de Harvard, uma proeminente autoridade sobre boxímanes. Aos 80 anos, usando uma barba branca rala e cercado de totens tribais, Irv parecia um mago. Ele ressaltou que muitos detalhes relevantes sobre as interligações entre os bandos — os marcadores que partilhavam — foram ignorados ou não registrados, mesmo quando ainda não tinham desaparecido ou mudado desde a exposição dos povos aos europeus.

Esse descuido pode ter ocorrido porque muitas características das sociedades de caçadores-coletores são mínimas para o observador contemporâneo. Embora ainda nos fixemos em pequenas diferenças entre os povos e, muitas vezes, exageremos sua importância, nosso mundo gira em torno de estímulos supernormais, impelindo nossos sentidos a intensidades não experimentadas no passado. Muitos de nossos marcadores sociais, do Big Ben à Times Square, são inflados para obter efeito máximo. Para os caçadores-coletores, os sinais

112 O ENXAME HUMANO

da existência eram subestimados. Cada nuance sobre o mundo natural e o povo que o habitava enchia seus sentidos. Distinções entre vizinhos que para nós seriam sutis teriam sido tão nítidas quanto as pegadas de um antílope.

Foi fácil notar e estudar os dialetos usados pelos boxímanes. Hoje eles falam uma das cerca de duas dúzias de línguas (ou dialetos) básicas. Infelizmente, várias outras línguas e os boxímanes que as falavam foram extintos.[43] Entretanto, há muitos marcadores além da linguagem que distinguem as sociedades de boxímanes. A antropóloga Polly Wiessner descreveu certos artigos — discos de oráculos para prever o futuro, forquilhas de madeira para cerimônias de puberdade e aventais usados pelas mulheres — como identificando-os como parte de um grupo de bandos, independentemente de quão pouco seus povos interagissem.[44] Dependendo do "agrupamento do bando" — a sociedade —, os boxímanes !Xõ falavam diferentes dialetos e faziam flechas de formatos diferentes. As pessoas de um agrupamento de bando !Xõ reconheciam as flechas de outro bando "como vindo de !Xõ 'que não pertencem ao nosso povo'", segundo Wiessner. Enquanto isso, ela descobriu que outro grupo de boxímanes, os !Kung, com até 2 mil integrantes, tinha um estilo de flechas próprio.[45]

DeVore ressaltou que algumas diferenças entre os boxímanes podem ter desaparecido quando eles pararam de realizar pinturas e gravações rupestres, as razões para esse trabalho artístico há muito esquecidas. Os boxímanes também pararam de fazer potes de cerâmica quando começaram a comercializar mercadorias com os vizinhos Bantu, séculos atrás. O arqueólogo Garth Sampson encontrou lascas de cerâmica em acampamentos milenares de boxímanes na África do Sul. Ele descobriu motivos em cerâmica exclusivos em certas áreas e concluiu que cada uma tinha sido usada por diferentes grupos de boxímanes, todos extintos. Concentrados em um pedaço de terra, por exemplo, havia potes de cerâmica pente, uma técnica que pressiona a borda de uma concha na argila ainda mole que deve ter sido inventada pela sociedade local.[46]

Outros caçadores-coletores tinham mais diferenças entre as sociedades. A cena clássica de filmes de faroeste em que o caubói vê indígenas com pintura de guerra e enfeites tribais e proclama: "Aqui vêm os apaches", tem uma leve base na realidade. "Uma pessoa instruída pode ver um par de mocassins dos indígenas das planícies a uma distância de 300m e dizer: 'Aqueles são Ojibwa; aqueles, Crow; e os outros, Cheyenne'", contou-me o arqueólogo Michael O'Brien. "O trabalho em couro é diferente, mas o acabamento em contas é que os denuncia." Decorações em potes e desenhos nas tendas também são marcadores conclusivos. Isso também vale para cocares de guerra: as penas eram colocadas achatadas ou eretas em um tubo. Algumas tribos substituíam as penas por chifres de búfalo ou antílope. Os Comanches acabaram com os cocares e, em seu lugar, usavam a pele inteira de um búfalo com os chifres.[47]

Quanto aos aborígenes, "as nossas são as verdadeiras leis", diria o povo Walbiri, uma declaração clara do quanto os costumes e as crenças eram importantes para distinguir um grupo de outro. Em relação a questões mais sutis, o historiador Richard Broome escreveu sobre os aborígenes que "até gestos podem ser mal interpretados, já que piscadelas e apertos de mão em um grupo são apenas espasmos ou toques no outro".[48] Mesmo assim, até onde posso compreender, as diferenças claras entre sociedades aborígenes (ou grupos etnolinguísticos, como os antropólogos gostam de chamá-los) eram poucas, além da linguagem. Os penteados variavam; os Urabunna, por exemplo, prendiam os cabelos em uma "estrutura parecida com uma rede", enquanto seus vizinhos os enfeitavam com penas de emu.[49] Mas expressões artísticas, como a escarificação (sua versão de tatuagens), parecem ter mudado apenas em um nível mais amplo, regional.

Há informações intrigantes sobre a identidade de grupo dos caçadores-coletores em outros lugares. Entre os moradores das Ilhas Andamão, que na maior parte do tempo evitavam outsiders com ferocidade, até o início do século passado, havia os Onges, que pintavam o corpo, enquanto os Jarawas se tatuavam perfurando a pele com lascas de quartzo.[50] Pigmeus africanos se distinguiam pela qualidade e pela cadência da música, as danças acompanhando suas performances e os instrumentos que tocavam (e, em geral, ainda tocam).[51] As quatro sociedades Aché adotavam diferentes mitos e tradições, assim como tinham instrumentos e estilos de canto próprios. O que tornava um desses grupos, os Ypety Aché, ou Aché Gatu, tão extraordinários (e temidos pelas três outras sociedades Aché) não é tanto o fato de serem canibais, mas um povo que com apenas cerca de quarenta indivíduos vivos realizava uma elaborada cerimônia e alimentava a tradição de comer os mortos. Como um observador descreveu há mais de sessenta anos: "Os Aché (Gatu) consomem seus mortos para evitar que suas almas invadam os corpos dos vivos [...] levados embora depois da refeição pela fumaça que se ergue das cinzas do crânio [...] A alma sobe ao céu para se perder no mundo superior, a Floresta Invisível, a Grande Savana, a terra dos mortos."[52]

Canibalismo à parte, a maioria das diferenças que identifiquei entre sociedades de caçadores-coletores pode parecer trivial, mas para eles eram marcantes. Os seres mais estranhos que os caçadores-coletores encontravam durante a vida seriam vizinhos que eram, na verdade, bastante parecidos e tinham coisas muito semelhantes. Mesmo assim, suas diferenças teriam suscitado uma reação visceral excessiva de ansiedade ou de medo muito maior do que você ou eu sentimos durante os encontros com a maioria dos estrangeiros nos dias de hoje. Afinal, considerando a baixa densidade da maioria dos caçadores-coletores na antiguidade, as pessoas teriam encontrado uma fração infinitesimal de outsiders com que a maioria de nós está familiarizada hoje.

A escassez de caçadores-coletores nômades afetou as relações não só entre as sociedades, mas também dentro delas. Embora suas sociedades fossem um pouco maiores do que as de outros vertebrados, no dia a dia as pessoas entravam em contato apenas com os poucos do bando. Isso tornava cada bando equivalente a uma vizinhança unida, mesmo que itinerante. Socialmente, então, a vida nômade era algo que reconheceríamos. Econômica e politicamente, nem tanto. Todos esses aspectos, e apreciar a companhia um do outro a questões de fluxo de trabalho e tomada de decisões em grupo, foram aperfeiçoados e realizados em combinação para facilitar o sucesso desses povos em cenários desafiadores.

CAPÍTULO 9

A Vida Nômade

Para ter uma ideia de como era uma sociedade de bando no dia a dia, pense em cada uma com seus cerca de trinta residentes, não só como uma vizinhança, no sentido social da palavra. Tendo que operar de modo independente, também tinha que servir como centro de fabricação local. Imagine não uma fundição, mas uma unidade de produção com um mínimo de organização, algo de que nenhum quarteirão de bairro daria conta. A fábrica não era elaborada. As pessoas não precisavam de infraestrutura complexa ou permanente. Como ocorre com animais em uma pequena sociedade, como as colônias de formigas mais simples, eles criavam habitações simples e qualquer coisa que quisessem com os materiais colhidos no local. Esqueça farmácias. No Território do Norte, na Austrália, vi um aborígene tratar um caso de congestão como faziam seus avós caçadores-coletores. O homem pegou um ninho de formigas-tecelãs no formato de uma barraca em uma árvore, formou uma polpa com o enxame agitado e, colocando-a diante do nariz, inalou algumas vezes. Fiz o mesmo e senti o cheiro forte de Vick Vaporub de óleo de eucalipto.

Poucas tarefas em uma sociedade de bando requeriam muitos trabalhadores. Quando algo tinha que ser feito em etapas, como uma lança ou um telhado, a mesma pessoa (ou talvez duas) executavam o processo do início ao fim. O trabalho em equipe, se necessário, não era elaborado, embora abater uma girafa ou um mamute exigisse os esforços coordenados de vários homens e, talvez, cortá-los exigisse a participação orquestrada de todos eles.

A divisão do trabalho por sexo e idade era o esteio da fábrica. Em um bando humano, quase sempre os homens pescavam ou caçavam animais grandes,

115

116 O ENXAME HUMANO

enquanto as mulheres, muitas vezes sobrecarregadas com a amamentação dos filhos (o que tornava a caça impraticável), proviam a maior parte do consumo de calorias do bando na forma de frutas, vegetais e pequenas presas como lagartos e insetos, e preparavam as refeições.

O ritmo das expedições orquestradas por sexo adicionava uma camada de complexidade que superava a dos deslocamentos de quase todos os outros animais. Além dos bandos de forrageamento de certas formigas, as excursões mais especializadas no reino animal acontecem quando grupos de chimpanzés caçam carne de macaco, ou quando lobos cinzentos ou hienas-malhadas se reúnem para uma perseguição.

Como uma fábrica, cada bando era formado de forma redundante: havia vários grupos de caça e coleta, e as famílias realizavam muitas tarefas sozinhas. Como precisavam se deslocar livremente para manter os estômagos cheios, os caçadores-coletores não podiam acumular alimentos e não tinham propriedades como as entendemos. As pessoas só possuíam o que podiam carregar — cerca de 11kg de suprimentos é o número apresentado, o peso da bagagem de mão permitido pelas companhias aéreas. (Havia exceções: os Inuítes levavam mais peso em trenós puxados por cães, os indígenas das planícies em travois feitos de redes presas em duas estacas cruzadas e outros grupos carregavam canoas ou botes.) O carregamento de braseiros, pedras pesadas para moer grãos e pedaços de pedras para fabricar ferramentas, ficava para depois.[1]

A troca de mercadorias e informações tornou o bando uma unidade econômica. Se alguém não conseguia fabricar um item quando necessário, ele era dado ou emprestado, ficando implícito que quem o dera poderia recuperá-lo ou pedir algum outro objeto em troca.[2] A troca mais significativa para a sobrevivência da fábrica era a de comida. Os Batek, um grupo que visitei na Malásia Peninsular, encarava a troca de alimentos não como um ato benevolente, mas como uma reflexão sobre o fato de que toda a comida pertence à floresta, não à pessoa que a encontrou.[3] O homem que abatia um animal dividia a carne com o bando. Entre os Aché e alguns pigmeus, o caçador não consumia mais que um bocado do que apanhava. Essa generosidade contrasta fortemente com a mesquinhez dos chimpanzés e a atitude apenas um pouco melhorada dos bonobos, que nunca dividem comida com os demais, mas é praticada pelos seres humanos. Os caçadores matam animais maiores que o bando pode comer e essa carne deve ser consumida imediatamente. Ao adotar essa antiga prática, o caçador que um dia distribuiu carne tem certeza de que alguém alimentará a sua família em outro — o pacote de seguro social original.[4]

Um dos pontos positivos dessa vida fabril é que as pessoas não se ocupavam em cultivar lavouras ou lutar para estocar alimentos. Eles tinham tempo de lazer — um bem que rendeu a esses nômades o apelido de "próspera sociedade original".[5] O único bem acumulado era o tempo para se dedicar às relações sociais. A população típica de um bando se torna o seu ideal. Carne, vegetais e produtos suficientes eram obtidos, processados e trocados normalmente para manter todos alimentados e confortáveis. O sucesso era um problema quando menos que quinze ou mais que sessenta indivíduos integravam um bando.

O tamanho dos bandos era controlado automaticamente. Indivíduos e famílias, embora interdependentes, faziam o que desejavam. As pessoas podiam deixar um bando superpopuloso e se unir a outro, ou ficar só por algum tempo. A dispersão era uma tradição anual a cada outono para os Shoshones ocidentais de Nevada, quando cada família partia sozinha para colher as mesmas nozes favoritas dos gaios. Eles se separavam não devido à escassez de comida, mas porque estava espalhada, o que também lhes dava a desculpa de visitar amigos em outros locais.[6]

PAU PARA TODA OBRA

Atualmente, as pessoas contam com especialistas, representativos (pense em Steve Jobs) e mais prosaicos (o relojoeiro). Em comparação, as pessoas em uma sociedade de bando adotavam a estratégia de pau para toda obra das formigas em pequenas colônias — e pela mesma razão. Quando a força de trabalho é reduzida, depender de especialistas é um desastre, principalmente quando um membro morre sem deixar um substituto treinado. Isso e a natureza de despojamento em relação à propriedade significavam que tudo sobre sua vida nômade tinha que se encaixar na cabeça de cada um, mesmo que colegas, e principalmente os idosos, fossem úteis para reforçar o que era correto.

Hoje é difícil compreender isso. Ninguém é capaz de fazer um lápis, quanto menos um iPhone ou um carro a partir do zero. As expectativas sobre o que as pessoas deviam fazer de acordo com a idade ou sexo eram as únicas descrições de cargo. Do contrário, a única linha de trabalho especializado em um bando era a do curandeiro. Mesmo assim, curandeiros aborígenes, cujo

118 O ENXAME HUMANO

treinamento para essa função levava anos, ainda deviam realizar todas as outras tarefas cotidianas.[7]

A abordagem de "um cérebro tamanho único" limitou a complexidade da sociedade de bando e dos trabalhos que seu povo realizava. Os desconcertantes manuais de instrução modernos sugerem que dar instruções não é tarefa fácil mesmo para detalhes permanentemente registrados e, naturalmente, os caçadores-coletores não tinham escrita. O inventor do bumerangue, certamente um aborígene hábil em esculpir madeira, também teve que encontrar um meio para que o homem comum construísse um sem grande dificuldade ou a descoberta teria desaparecido em uma geração.

Embora todos os membros de uma sociedade de bando carregassem o mesmo kit de sobrevivência, diferenças de criatividade e habilidade individuais se manifestavam. Como reconheceu o filósofo Gunnar Landtman nos anos de 1930, entre os boxímanes "algumas mulheres são mais engenhosas e rápidas para produzir contas do que outras, alguns homens são mais hábeis para fabricar cordas e cachimbos, mas todos sabem como esses objetos são feitos, e ninguém dedica a vida a eles".[8] Ainda assim, ressaltar os talentos de alguém era uma questão delicada. Devido à intimidade da vida nos acampamentos, as sociedades de bando raramente toleravam exibicionismos. Há inúmeras histórias de caçadores-coletores provocando pessoas bem-sucedidas e talentosas, incluindo declarações como esta: "Quando mato um animal, é normal que nossos companheiros, mesmo de nosso bando, exclamem: 'Que pequeno!' Mesmo que seja extremamente gordo."[9]

Brincadeiras à parte, todos sabiam quem era o melhor caçador, não importava o quanto os outros esperassem que ele fosse humilde. Reconhecer a competência está em nossos genes — mesmo um adolescente percebe indivíduos que se distinguem pela habilidade ou conhecimento, e as crianças procuram a pessoa adequada para resolver um problema quando têm cerca de 5 anos.[10] É provável que essa inclinação tenha se originado nos primórdios de nosso passado evolucionário. As sociedades de muitas espécies se beneficiam dos talentos variados de seus membros, e alguns animais gravitam ao redor de indivíduos eficientes, como chimpanzés fazem quando aprendem a abrir nozes.

Entre os boxímanes !Kung, dizia-se que pessoas improdutivas sem habilidades relevantes eram *tci ma/oa* ou *tci khoe/oa*, o que significa "coisa nula", inútil. Homens cujos talentos geraram benefícios aos outros eram chamados de *//aiha* (*//aihadi* no caso das mulheres), que se traduz aproximadamente como "alguém que tem coisas" (não pergunte como isso se pronuncia).[12] Assim, sem especialistas ou empregos, as sociedades de bandos ofereciam oportunidades para ferramenteiros hábeis, incríveis contadores de histórias, mediadores de conflitos sociais habilidosos e tomadores de decisão ponderados. Pessoas talentosas que não se alegravam com a desgraça alheia ou não se abalavam com provocações evitavam o destino dos personagens de *Admirável Mundo Novo*, de Aldous Huxley, que tinham a criatividade reprimida. Em vez disso, eles usavam seus talentos para melhorar a qualidade de vida de modos aceitáveis, por exemplo, atraindo um companheiro desejável.[13]

Alguns psicólogos afirmam que a individualidade só passou a ser valorizada no final da Idade Média.[14] Mesmo assim, desde que as suas ações não fossem reprovadas por toda a tribo, os caçadores-coletores nômades tinham uma ampla margem para fazer escolhas incomuns — principalmente considerando a liberdade de os dissidentes se mudarem para outro bando.[15] Diferenças na realização de tarefas podiam ser aceitas de uma pessoa a outra. Um homem podia ter um jeito especial de fabricar flechas, mesmo que somente para dar provas de que uma caça era dele e, assim, sorrateiramente exibir sua habilidade. Esse espaço para a individualidade deve ter sido uma fonte de inovação, principalmente considerando as centenas de pessoas em vários bandos e seus possíveis talentos. Se cada família fosse obrigada a fabricar seu machado, elas poderiam tentar imitar os métodos da pessoa mais habilidosa nessa tarefa.

Assim como não tinham especialistas, caçadores-coletores raramente tinham grupos de interesse especial além das famílias e dos grupos de caça e coleta que saíam todos os dias. Não havia partidos políticos ou fã-clubes, seguidores de moda, cursos preparatórios, hippies, yuppies ou geeks — e certamente ninguém que usasse algo como uma camiseta de time esportivo. Grupos de mulheres que gostavam de tricotar não marcavam reuniões; fraternidades exclusivas não promoviam festas ruidosas. O grupo com mais chance de ser comparado a esse tipo de afiliação era o próprio bando, em torno do qual as pessoas gravitavam com base na compatibilidade social e, até certo ponto, por parentesco. Porém, os membros do bando não costumavam se julgar diferentes ou superiores aos de outros bandos de sua sociedade. Indivíduos podiam competir e, embora vilas e cidades modernas alimentem rivalidades, não vi sinais que indiquem que os bandos o faziam (bandos nunca, por exemplo, se enfrentavam diretamente em grupos esportivos).[16] Além da combinação de

120 O ENXAME HUMANO

personalidades dos residentes e, talvez da proximidade de uma boa fonte de água, não havia vantagens especiais em competir com outro bando.

De modo geral, a falta de grupabilidade *dentro* de uma sociedade de bando é outra razão para suspeitar de que ela gerou consequências incomuns para o seu povo. No presente, esforçamo-nos muito a nos adaptar às afiliações, seja a igreja seja o boliche, em um aspecto multifacetado de identidade relacionada à imagem em si do grupo.[17] Em uma sociedade de bando, todo esse zelo era dirigido à única afiliação que a maioria dos nômades tinha, além da família nuclear: sua sociedade. Entre outros indicadores de que a vida em sociedade expressava sua visão de mundo, os bandos não distinguiam crenças sagradas (geralmente relacionadas à natureza) de outros aspectos da vida. Da mesma forma, rituais, entretenimento e educação — todas as questões, exceto as familiares, faziam parte de sua relação com a sociedade como um todo.[18]

Quanto às sociedades atuais, o fato de os indivíduos interagirem com alguns membros com mais frequência gerou poucas consequências: o foco na identidade e na afiliação com toda a sociedade tornou os elos entre todos os membros tão claros, ou até mais, do que os percebidos pelos cidadãos de uma nação moderna.

GOVERNO POR DISCUSSÃO

Quando o antropólogo canadense Richard Lee perguntou a um boxímane se seu povo tinha chefe, o homem, maroto, respondeu: "Claro que temos chefe! Na verdade, todos somos chefes. Cada um é seu próprio chefe!"[19]

Entre as funções ausentes nos bandos, estava a de líder. Ficar ansioso por tomar decisões pelos outros era um problema para pessoas que passavam a maior parte da vida em pequenos grupos dia após dia com pouca privacidade. Zombaria e piadas eram as armas empregadas contra os que tentavam influenciar os outros, assim como eram usadas para desencorajar demonstrações de habilidade ou superioridade. Portanto, a ostentação não era uma opção para ser influente; manter a economia do bando transcorrendo bem exigia habilidades sociais sutis, a fim de, nas palavras de um antropólogo: "Persuadir, mas não ordenar."[20]

A humildade era o segredo. O membro bem-sucedido do bando era um diplomata e mestre da negociação, guiando a discussão com delicadeza sem pressão e cedendo àqueles com mais discernimento na situação. Não é surpresa que caçadores-coletores preferissem jogos menos competitivos do que os atuais. Com algumas exceções, como cabos de guerra ou um passatempo de jogar varetas em redes entre os garotos boxímanes para ver quem as lançava mais longe, o objetivo não era vencer.[21]

É claro que uma pessoa liderava na medida em que atendia às necessidades do momento, assim como todos fazem de tempos em tempos. Esse líder surge quando uma ação decisiva é exigida e não há chance de discutir o assunto. Isso ocorre entre animais, por exemplo, quando uma leoa motivada chefia o ataque a uma zebra. Ou um indivíduo tem informações de valor imediato, como quando uma abelha volta de uma viagem de exploração e realiza uma "dança do requebro" para informar outras abelhas onde encontrar flores.

Os bandos suprimiam qualquer exibição assertiva de pretensões ou tentativas de dirigir os outros pelo que conhecemos como uma hierarquia de dominância reversa.[22] A maioria poderia entrar em conflito para impedir o egoísta, o faminto de poder, o exibicionista. Táticas semelhantes aparecem de forma incipiente quando chimpanzés ou hienas-malhadas se reúnem para combater o ofensor, mas, em bandos, essas ações eram eficazes o suficiente para subverter qualquer hierarquia rígida dos primatas que nossos antepassados herdaram.[23] Reversões de domínio não são infalíveis. Todos aprendemos pelo jeito mais difícil que tiranos bem-sucedidos conspiram, como quando valentões associados uns aos outros causam estragos no pátio da escola. Contudo, esses jogos de poder tiveram sucesso limitado. Antropólogos gostam de dizer que os caçadores-coletores podiam votar com os pés. Quando tribulações eram frequentes, eles partiam para outros bandos. Sem poder conquistar apoio político em todos os bandos, os valentões podiam ser evitados com segurança.

A ausência de alguém para dominar e a resistência do grupo em ser intimidado criaram igualdade nos bandos. Há precedentes dessa igualdade entre animais — cães-da-pradaria, golfinhos-nariz-de-garrafa e leões vivem sem líderes e pouca dominância. Em comparação, a vida com um chimpanzé alfa muito preocupado é difícil, pois seus subalternos disputam a posição.

A falta de diferenciais em poder ou influência nos faz lembrar os insetos sociais. Sua atividade frenética eficiente deixa supor que alguém está no controle — mas não. Você acha que a rainha chefia a colônia? Ela não chefia nenhum exército, não dá ordens aos construtores do ninho ou aos auxiliares do berçário. A existência é horrível. Depois de um contato sexual, a formiga-rainha

122 O ENXAME HUMANO

fica no subsolo. Produzir ovos é sua única função. Enquanto isso, as operárias trabalham sozinhas na fila ou realizam tarefas com as que estão perto delas e com quem comem, dormem e trabalham quando lhes convêm.

Insetos sociais são igualitários? As operárias da espécie mais centrada na colônia não brigam nem mesmo diante de uma perigosa escassez de comida. Mesmo assim, elas mostram um tipo de domínio reverso em uma situação de divergência social. As abelhas operárias patrulheiras e algumas formigas e vespas esmagam os ovos de companheiras operárias que ousam competir com quem é a responsável pela postura de ovos de direito — a rainha.[24]

Entre caçadores-coletores, igualdade não significava paridade. Isso nem sempre se aplica às famílias — alguns pais sempre dominaram com mão de ferro.[25] E, embora a riqueza material variasse pouco, diferentes graus de competência diplomática e outras habilidades criavam disparidades. Nesse aspecto, os bandos me lembram os leões, uma espécie igualitária sem hierarquia dominante e, ainda assim, os animais brigam pela caça. Igualdade significa igualdade de oportunidades, não de resultados. Entre os seres humanos, ela nunca surge com espontaneidade. Nas palavras do antropólogo social Donald Tuzin: "Pelo menos, para os norte-americanos, a 'igualdade' tem um toque levemente jeffersoniano, evocando imagens de pioneiros decorosos, com roupas de couro, trabalhando juntos em harmonia para o bem de todos. Na verdade, é o oposto: a igualdade é uma doutrina um tanto selvagem, pois envolve vigilância e intriga constante entre os membros da sociedade enquanto lutam para se manter iguais aos outros."[26] Não é surpresa que as fofocas sejam uma habilidade humana tão importante.

A igualdade tampouco foi expressa com perfeição, com expectativas variando de modo consistente conforme o sexo e a idade nas áreas de criação de filhos, preparo de alimentos e caça, como vimos. Na maior parte, porém, cada voz era ouvida, o que dava aos boxímanes, entre outros, mais igualdade sexual do que existe nas sociedades atuais.[27] Quando surgia um problema, todas as partes afetadas falavam até que se chegasse a uma decisão por consenso no que deve ter sido o primeiro tipo de entretenimento antes da TV. O deles, de fato, era o "governo por discussão" original, como o primeiro-ministro britânico Clement Attlee descreveu as democracias.[28]

Superar divergências era uma preocupação essencial. Embora os membros dos bandos tivessem poucos meios formais de controlar o comportamento, partilhavam crenças sobre como as pessoas deviam agir. Hoje, pensamos nelas como *direitos*. De certa forma, identificar-se com essas normas era a medida de cidadania: o dever de se comportar adequadamente e participar de questões importantes para o grupo. "As nossas leis são as verdadeiras", disse o homem Walbiri, referindo-se ao seu código de ética.

DECISÕES COLETIVAS

Em outras espécies, as ações da comunidade também são determinadas por escolhas coletivas. Um suricato que não encontra alimento emite um "chamado de movimento". Essa voz solitária não atrairá o clã, mas, caso um segundo animal o repita, o grupo se mudará para um novo local.[29] Nessa situação, o suricato dominante não tem mais poder para convencer o grupo do que qualquer outro. Os mabecos espirram para mostrar concordância sobre onde ir caçar. As abelhas e algumas formigas usam uma técnica parecida quando selecionam um novo ninho por um tipo de votação em relação a cada local considerado. Quem disse que a democracia foi uma invenção dos seres humanos?[30]

A formiga-correição [formiga legionária] é um exemplo de organização sem supervisão. Na Nigéria, sem querer pisei em um tapete de formigas-correição de uns 30m de largura, uma horda disposta a atacar com suas mandíbulas cortantes em uma campanha de comoção e pavor. Nenhum chefe orienta a fila. Os enxames de formigas dependem de sua inteligência, e cada indivíduo contribui com um pouco de informação — talvez indicando o local da presa ou um inimigo com feromônios. No entanto, o padrão geral criado pelo grupo é estrategicamente coerente, já que milhões de formigas acabam tomando um rumo produtivo sem ninguém no comando.

A coordenação social nas formigas-correição extrapola qualquer fato mostrado por bandos humanos. Embora decisões compartilhadas sejam eficientes para pequenos grupos humanos, nossas sociedades estão cada vez mais dependentes de centros de poder para realizar esforços de larga escala, o que nos torna muito vulneráveis. Um líder pode ser o calcanhar de Aquiles de uma sociedade. Como os indivíduos muitas vezes se colocam em posições de liderança para ganho pessoal, e até podem ser populares apesar da arrogante falta de preocupação com os demais, um Hitler ou Pol Pot pode levar a sociedade à ruína. Novamente, uma sociedade pode cair em igual desordem quando a morte de um líder bem-intencionado deixa um vazio. Assim, para uma sociedade que busca derrotar outra, o regicídio — matar um rei — é uma alterna-

124 O ENXAME HUMANO

tiva barata à guerra. Sem chefe para eliminar, você pode pisar nas formigas incessantemente, e outras continuarão a invadir a sua despensa.

As informações, e a capacidade de usá-las, são distribuídas para as formigas em marcha e para os caçadores-coletores espalhados em bandos. Até certo ponto, as redes sociais provocaram a volta a essa tomada de decisão em grupo, possibilitando a indivíduos com ideias afins realizar ações coletivas sem supervisão e quase sem nenhum custo. Em 2001, em um importante exemplo histórico, um tribunal das Filipinas foi obrigado a aprovar o impeachment do presidente Joseph Estrada depois que a Avenida Epifanio de los Santos, em Manila, foi tomada por manifestantes. O que reuniu tantas pessoas foi uma rápida troca de milhões de mensagens que diziam *Vá à 2 EDSA, vista preto*. O simples fato de tratar essa mensagem como legítima exigiu a confiança de que quem a compartilhava eram seus pares. Esse dia viu a hierarquia de domínio reverso firmemente de volta ao controle na forma do que o futurista Howard Rheingold chama de "multidão inteligente".[31]

AS VANTAGENS DAS SOCIEDADES
PARA OS SERES HUMANOS: VIVENDO EM BANDOS

Quase todos os benefícios de ser membro de uma sociedade animal também se aplicam à nossa espécie, visto que sustentamos e protegemos os integrantes. Pense na questão do ponto de vista de uma sociedade de bando. A afiliação concedeu aos nômades um equilíbrio entre a estabilidade de uma base de apoio confiável (na verdade, muitas, mudando de tempos em tempos para cada bando) e flexibilidade de movimento, em que o bando e a sociedade são responsáveis por diferentes atribuições. O bando era a unidade de interação diária, sua intimidade no mesmo nível da dos macacos. Mesmo no bando, as conexões entre membros são dinâmicas, possibilitando separações diárias em turmas de caça e coleta. Grupos de pessoas derrotavam inimigos ou predadores em conjunto, obtinham comida (e a dividiam, ao contrário da maioria dos primatas) e cuidavam dos filhos. Nessa última tarefa, que os bonobos e os chimpanzés realizam muito mal, na melhor das hipóteses, as mulheres assumiam a responsabilidade, mas os homens participavam como pais, assim como os avós: um papel para os idosos, incomum entre os animais, embora os golfinho-nariz-de-garrafa fêmeas velhas demais para a reprodução ajudassem no cuidado dos filhotes. Notavelmente, o aprendizado social foi essencial e complexo para os seres humanos: as crianças reuniram lições não só dos pais, mas de outros adultos, absorvendo o ritmo de vida em sua sociedade.

Em comparação ao relacionamento proporcionado por um bando, as sociedades a que os caçadores-coletores pertenciam giravam em torno de identidades — inclusão e exclusão. Mesmo que cada bando executasse as tarefas diárias sozinho, a sociedade oferecia uma sensação de segurança, apoiando relações confiáveis de comércio e casamento além de seu espaço imediato. Logo, embora as pessoas de todos os bandos fossem menos intrínseca e constantemente dependentes umas das outras do que nos tornamos nas nações, sua inclusão em uma sociedade teve um grande valor para a sobrevivência, proporcionando o recurso de compartilhar bens e informações e agir em conjunto quando surgem problemas e oportunidades.

Os caçadores-coletores nas sociedades de bando minimizavam discussões banais e mantinham a igualdade dividindo-se em bandos com a eficiência de uma fábrica. Então, como os seres humanos usaram a vantagem da "aglutinação social" oferecida por suas identidades partilhadas e forjaram civilizações?

O processo começou com os próprios caçadores-coletores. Na verdade, a minha descrição das suas sociedades, embora alinhada com muito do que foi escrito a respeito delas, é incompleta: não transmiti o sentido das possibilidades abertas a eles. A fissão-fusão entre os seres humanos pode ser reconfigurada para permitir que as pessoas se distribuam em vários meios alternativos, de uma simples vila a um aglomerado urbano, para se alimentarem e se defenderem. Não menos que fazendeiros que os seguiram, a vida dos caçadores-coletores variava de acordo com as circunstâncias. Havendo recursos, uma sociedade poderia se fixar mesmo que seus membros continuassem a forragear na natureza. Sua aversão à aceitação da autoridade de líderes poderia ser posta de lado, e as exibições de talento em determinada tarefa se tornavam um motivo justificável de orgulho ou até uma necessidade. Tanto os benefícios quanto as pressões para participar de uma sociedade se intensificaram, como mostrará o próximo capítulo.

CAPÍTULO 10

Estabelecendo-se

Entre o Monte Eccles e o mar de Vitória, Austrália, em uma planície de lava formada por uma erupção vulcânica há 30 mil anos, estão vestígios arqueológicos de centenas de moradias.

As estruturas formam grupos de cerca de uma dezena, algumas tão grandes, que se dividem em apartamentos. Milhares de pessoas se instalaram nesse território em pequenas vilas, membros de tribos estabelecidas que pressionaram, lutaram e criaram alianças duradouras.

A região em torno das vilas foi transformada em uma ampla paisagem aquática, com córregos e rios represados de formas variadas e desviados a fim de criar um sistema de drenagem labiríntico, mas integrado. As hidrovias, que se estendiam por quilômetros, são antigas, muitas com mais de 8 mil anos, sendo que o sistema atingiu sua maior glória entre 600 e 800 anos atrás. Os canais eram usados para a criação de animais selvagens — uma espécie de enguia —, com armadilhas de 100m de comprimento e construídas em alguns locais cercados de muros de pedra de até 1m de altura. As pessoas também escavaram pântanos artificiais nos quais as enguias jovens se desenvolviam até atingir o tamanho certo para consumo, e apanhavam o peixe, tão abundante, que o excesso era preservado e armazenado para a entressafra.[1]

Como todos os aborígenes de outras regiões da Austrália, o povo em Monte Eccles não cultivava alimentos. Toda essa elaborada infraestrutura foi criação dos caçadores-coletores. Mesmo assim, parece que as casas eram permanentes e, de algum modo, ocupadas o ano todo — segundo descendentes dos primeiros moradores. De fato, os aborígenes de Monte Eccles nos ensinaram que,

128 O ENXAME HUMANO

mesmo antes de as sociedades assumirem a agricultura, as pessoas tinham a opção de morar no que chamo de sociedade estabelecida de caçadores-coletores.

A vida social dos caçadores-coletores de bandos é um enigma para nós. Muitos aspectos de sua existência parecem uma antítese da vida moderna. A maioria de nós segue de bom grado um líder que respeita e alguns querem sê-lo. Caçadores-coletores nômades viam as duas opções com desdém. Aderimos a uma hierarquia social, não só incentivando diferenças de status, mas admirando os poderosos e renomados, respeitando os bem-nascidos e ricos e despendendo um tempo desmedido acompanhando a vida privada de astros e presidentes. Karl Marx analisou a história das sociedades em termos de luta de classes, mas os bandos de caçadores-coletores não tinham classes pelas quais lutar. De onde, então, veio o valor dado pelas civilizações ao acúmulo de riquezas, se caçadores-coletores tinham poucos bens e se dispunham a se desfazer de todos? De onde vieram nossas ambições pessoais e desde quando essa necessidade existe? Finalmente, já que está claro que não fomos feitos para ser generalistas, como as formigas em pequenas colônias, de onde veio nosso desejo de ser diferente e destacar-nos em uma trajetória profissional restrita?

Ao se estabelecerem, as pessoas se viram obrigadas a usar uma série de implementos de sua caixa de ferramentas mental, diferentes das empregadas pelos caçadores-coletores nos bandos. Embora condições que consideramos normais — como desigualdade social, especialização profissional e aceitação de lideranças — estivessem longe de ser onipresentes entre os caçadores-coletores, cada geração passada em um lugar aumentava a probabilidade de essas condições passarem ao primeiro plano. Devido a essa elaboração, antropólogos descrevem os caçadores-coletores estabelecidos como complexos, em comparação às supostamente simples sociedades de bando. Contudo, a fissão-fusão tinha suas complicações. Entre elas, a dificuldade de encontrar comida, além de bons locais de acampamento e a luta para manter uma paridade social. Por esse motivo, evitarei rotulá-los como simples ou complexos. Em vez disso, focarei a constância e a compacidade de seus locais de moradia como a principal causa da complexidade (ou simplicidade) da sua vida.

Muitas descrições de seres humanos pré-históricos partem do pressuposto de que o cultivo de alimentos fez com que o poder e as diferenças de funções entrassem em ação. A agricultura fez a balança pender para um lado. Entretanto, como camaleões mudam de cor de acordo com a necessidade, os seres humanos reconfiguraram a vida social — passando da igualdade e compartilhamento à deferência à autoridade e à formação de grupos, e de perambular a criar raízes — de acordo com a situação. Isso é difícil de acreditar porque olhamos os caçadores-coletores como eles teriam nos olhado: uma forma de vida estranha. No entanto, a cognição humana continua adaptável em todas as opções sociais que já estiveram disponíveis para os caçadores-coletores.

REUNINDO-SE

As pessoas ficam satisfeitas ao viverem amontoadas, graças às sociedades anônimas, que nos permitem nos desligar dos outros. A maioria dos animais tem pouca tolerância em dividir espaço. Apesar da necessidade de ficar com o grupo, os babuínos mantêm distância, com exceção dos aliados, enquanto formigas-correição quase sempre ficam em cima das outras. Os gaios são mais flexíveis, vivendo em bandos densos parte do ano e em pares em ninhos para criar os filhotes. Paradoxalmente, até animais que vivem em fissão-fusão descartam as possibilidades de dispersão visto que, em outras espécies que não as humanas, lobos e elefantes, só suportam alguns elementos próximos por vez. Quando Goodall armazenou algumas bananas em sua estação de pesquisa para alimentar a comunidade, nem todos os chimpanzés se instalaram perto, mas passaram por uma desintegração que provocou sua total separação (um tema para depois). Para os seres humanos, isso não seria problema. Mesmo pessoas que viviam em bandos de caçadores-coletores aceitam a vida na cidade (apesar de, como ocorre com quem cresceu em uma sociedade diferente, as mudanças culturais serem difíceis). Enquanto isso, o turista mergulhado na multidão da estação Grand Central pode embarcar em um trem para Blue Mountain para um agradável passeio sem nenhum ser humano à vista no mesmo dia.

Parte da versatilidade da expressão humana de fissão-fusão ficou visível quando bandos de caçadores-coletores formaram agregações de centenas. Essas reuniões sociais ocasionais eram realizadas em estações em que havia fartura de recursos para sustentar a todos por semanas. Durante o período, as pessoas se amontoavam como macacos em um bando, só que instaladas. O local escolhido era próximo de um poço ou de outra área produtiva. Todos os anos, algumas sociedades das Ilhas Andamão, normalmente itinerantes, reconstruíam suas casas perto do oceano e bandos se reuniam para pescar durante alguns meses. As estruturas de troncos e folhas de palmeira atingiam até 10m de diâmetro e vários metros de altura, o que é mais que meu apar-

130 O ENXAME HUMANO

tamento no Brooklyn. No interior, cada família tinha uma plataforma para dormir e uma fogueira. Os domicílios comunitários eram mantidos por tantas gerações que cada uma era associada com pilhas de detritos em alguns lugares com milhares de anos e mais de 150m de circunferência e 10m de altura.[2] Outro exemplo, a cada outono na América do Norte, bandos de certas tribos se reuniam para afugentar manadas de bisões nos penhascos.[3] Nenhuma comunidade de chimpanzés aprecia companhia dessa forma, como um grande encontro; os macacos diluem as suas reuniões sociais.

Em alguns aspectos básicos, a vida em uma reunião de bandos não mudava muito, cada um mantinha sua posição de "vizinho", acampando a uma pequena distância. No entanto, as multidões se juntavam nas reuniões do dia, animadas por fofocas, presentes, música e dança, e, como ocorre quando elefantes de juntam, com os machos buscando uma conquista.[4] Embora as ocasiões mais comuns de socialização entre bandos fossem visitas de viajantes solitários ou famílias que já conheciam, eram temperadas com o compartilhamento da identidade das pessoas. Isso deve ter dado às reuniões um significado para apoiar comportamentos e práticas grupais, mesmo que só pelas circunstâncias. Não vi sinais de que foram tomadas decisões que afetassem a todos. Mesmo assim, as atividades devem ter transmitido um senso de objetivo comum.[5]

As reuniões foram um passo na direção dos povoados permanentes. Porém, apesar de terem reafirmado a afiliação das pessoas, esse tipo de reuniões, em que caçadores-coletores itinerantes simplesmente paravam de se movimentar, estava condenado por vários motivos. Fontes próximas de alimento se esgotavam, resíduos e lixo se acumulavam (um problema que os nômades não sabiam administrar) e mosquitos viviam dias de festa. Ainda pior, com tantas personalidades amontoadas, ciúmes e ressentimentos passavam ao primeiro plano. Afinal, que encontro não reúne alguns arqui-inimigos?

De fato, como a maioria dos mamíferos, as pessoas brigam muito, principal razão pela qual elas nunca melhoraram o estilo de vida igualitário das sociedades de bandos. Assim como shows de rock podem se degenerar em entropia social, grandes reuniões podem terminar em tumulto. Assassinatos atingiam o auge nesse período.[6] Os bandos voltavam à sua terra natal, deixando algumas lacunas quando pessoas se uniam a um companheiro ou amigos que viviam em outro lugar. "Sociedades livres são sociedades em movimento, e com o movimento vem o atrito", disse o escritor Salman Rushdie. E foi o que literalmente ocorreu com os caçadores-coletores itinerantes.[7]

A MENTALIDADE DO DIA CHUVOSO

Em alguns casos, os bandos desenvolviam práticas que tornavam seus alimentos silvestres equivalentes à agricultura. Mesmo sem plantar sementes ou cultivar os alimentos, certos modos de extração do meio ambiente lhes possibilitavam a permanência por um tempo.[8] Em 1835, o agrimensor geral da Austrália Thomas Mitchell registrou uma vista "que se estendia por quilômetros" de planícies desmatadas pelo fogo às margens do rio Darling, que tinham "a agradável aparência de um campo de feno". Os Wiradjuri colhiam o painço com facas de pedra e o amontoavam para secar. Apesar das alegações sobre o que constitui a paleodieta, o grão era moído e transformado em pão.[9]

Em alguns casos, os caçadores-coletores tentavam melhorar sua produtividade. Os Aché, da América do Sul, criaram plantações de larvas de besouro *guchu*, que atingem o tamanho expressivo de 10cm, em palmeiras bútia-capitata-maior mortas, derrubando-as e cortando-as para eles. As idas e vindas dos bandos tinham que ser coreografadas para que todos voltassem a tempo de colher os gordos insetos. A iguaria era tão apreciada, que, se os Aché achassem um meio de cultivá-la em quantidade suficiente em um local seguro, suponho que teriam fixado residência ali mesmo como criadores de besouros.[10]

Deixar a errância exigia recompensas contínuas. Isso incluía armazenar todo excesso para sustentar as pessoas na escassez. Entre as sociedades de insetos que agem assim estão as formigas-colhedoras, que constroem despensas subterrâneas bem protegidas em conjunto, onde mantêm sementes frescas por meses. Entretanto, a maioria das sociedades de vertebrados não usa a recompensa adiada por meio de esforços do grupo. Cada gaio guarda suas próprias sementes e ataca qualquer membro do bando que queira roubá-las.

Ao descrever as práticas de coleta de uma sociedade de boxímanes, o antropólogo Richard Lee explicou: "Os !Kung não acumulam o alimento excedente porque acham que o meio ambiente é seu armazém."[11] Contudo, as práticas culturais que produziam suprimentos de comida duradouros sustentavam pontos de apoio por muito tempo. Tantos os boxímanes e os Hadza deram um pequeno passo nessa direção secando carne (mas não o bastante para mantê-los em um local por muito tempo).[12] Os Inuítes se superaram colocando carcaças de focas no gelo — para eles, o meio ambiente era um grande refrigerador. Quando os Shoshones ocidentais se dividiam em famílias, a cada outono, para colher pinhões, reuniam o excesso em cestas. Durante o inverno, no período de estagnação, eles se juntavam para consumi-los, transformando o período de inatividade sazonal em um evento social e culinário.[13]

Poucos ambientes propiciam o acúmulo de alimento em grande quantidade na natureza, ano após ano. Mesmo quando há recursos, o risco de se comprometer com um local é grande, pois a opção de mudar para outra área caso as coisas corram mal pode desaparecer se vizinhos decidirem se estabelecer. Exemplos incluem as tribos aborígenes de Monte Eccles e os Jōmon, do Japão, que viviam grande parte ou todo o ano em povoados. Algumas dessas vilas eram pequenas e simples, como as dos poucos caçadores-coletores da Nova Guiné, que comiam peixes e o miolo da palmeira sagu-de-jardim selvagem em uma região pantanosa demais para criar porcos e plantar o inhame apreciado pelos vizinhos hortícolas.[14] Mais sofisticados eram os caçadores-coletores da América do Norte: os Calusa, do sudoeste da Flórida, os Chumash da costa do Sul da Califórnia e das Ilhas do Canal e, os mais bem estudados, as tribos do Noroeste do Pacífico, que iam das altas florestas do Oregon às paisagens atrofiadas da costa do Alasca.[15] Todos colhiam e armazenavam alimentos de origem aquática em grande quantidade para consumir na escassez.[16]

O Noroeste do Pacífico era densamente povoado por caçadores-coletores quando os europeus chegaram à América do Norte. Assim como os boxímanes e os aborígenes nunca se tinham visto como grupo, os povos da região também não tinham nenhuma palavra que abrangesse todos que viviam um estilo de vida estabilizado e que os distinguisse dos bandos itinerantes que viviam no interior. É possível que essa omissão semântica tenha ocorrido porque entre os povoados havia populações de antecedentes Inuítes e indígenas, cada um formado por múltiplas tribos donas de terras que tinham adotado esse estilo de vida. A maioria vivia longe do mar, mas alguns que dependiam do salmão encontraram locais para se estabelecer permanentemente ao longo dos rios.

Alguns locais do Noroeste do Pacífico foram ocupados por séculos, por algumas centenas a quase 2 mil indivíduos. Os mais desenvolvidos eram impressionantes. Suas *longhouses* [casas compridas] e outras residências eram enormes, a maior registrada com 200mx15m. Isso representa tanto espaço quanto o das casas de muitas celebridades modernas, apesar de várias famílias compartilharem o prédio; um pequeno povoado podia ocupar uma *longhouse*, enquanto uma vila grande abrangia várias estruturas.

As sociedades eram separadas por marcadores de identidade em maior quantidade do que nos povos que viviam em pequenos bandos. As diferenças eram marcantes e bem documentadas no Noroeste do Pacífico. As mais espantosas eram os botoques, enfeites usados em perfurações na face ou lábio inferior, variando de discos de marfim a trabalhos em contas multicoloridas. Os botoques surgiram há 3 mil ou 4 mil anos e revelavam muito sobre a posição social e econômica do usuário, embora seu valor original e principal fosse conectar as pessoas com a tribo.[17] No extremo norte, por exemplo, as tribos aleútes também se distinguiam por suas tatuagens, piercings, colares e parcas com a pele do animal de sua escolha. Quando se deparavam com estrangeiros, fosse em um encontro amistoso ou em uma batalha, não havia marcador mais crucial para os aleútes que um chapéu tribal que lembrava o bico de um pássaro, pintado com motivos em cores vivas.[18]

LIDERANÇA

Parte da complexidade da vida estável é resultado das divergências pessoais e das questões de logística que sempre separavam grupos de caçadores-coletores nômades. O fato de os bandos de caçadores-coletores individuais em todo o mundo, em habitats tão diversos em termos de oferta de recursos como tundras e florestas tropicais, limitarem seu tamanho a algumas dezenas de indivíduos corrobora que esse era um problema para os nômades. Uma falha social, não alguma questão inevitável acerca da caça e da coleta, explicaria essa regularidade.[19] Os bandos de algumas sociedades de boxímanes, por exemplo, tornavam-se incontroláveis e disfuncionais a cada duas ou três gerações.[20]

Para contornar essa disfunção, os povoados passaram a tolerar pessoas que tinham jeito para tomar decisões que eles poderiam acatar. Há animais que exibem poucas diferenças entre os membros em termos de poder e influência e se saem bem — formigas agem por meio de um tipo de inteligência coletiva. As pessoas não são formigas, para quem marcadores são suficientes para manter a sociedade unida — do extremo de um continente a outro, como no caso das formigas-argentinas. Todos os seres humanos enfrentaram conflitos sociais, inclusive os bandos. Mas de onde veio a propensão de liderar ou obedecer? Ela certamente reflete uma criação em que cedemos aos pais que sabem mais que nós e que esperam — de fato, muitas vezes nos obrigam — que nos comportemos do modo indicado pela sociedade e posição, e acabou se estendendo por toda nossa vida. Hoje estamos cercados por figuras de autoridade, do professor ao chefe e ao delegado, o presidente, e o Congresso. Para que as

134 O ENXAME HUMANO

sociedades funcionem, as pessoas precisam conhecer seu lugar em diferentes circunstâncias e se comportar de acordo, seja para liderar seja para obedecer.[21]

Em muitos vertebrados, o animal dominante nos lembra um líder. A dominância determina quem interage com quem e como. Mesmo assim, embora expressões de poder e controle de recursos sejam componentes importantes do status superior, não necessariamente colocam quem está no topo da pilha no comando. Entre a maioria das espécies, é provável que o "chefe" dê ordens aos outros sem produzir nada significativo para o grupo. Alguns indivíduos alfa exercem certa influência: rainhas dos ratos-toupeira-pelados cutucam e mordiscam os operários, supostamente para encorajá-los a trabalhar. Obedecer ao animal mais poderoso e com mais autoridade pode dar segurança aos outros se algo der errado — o lêmure-da-cauda-anelada alfa determina o ritmo seguido pelo grupo durante o dia. Isso não ocorre em manadas de cavalos, nas quais as éguas, e não o garanhão chefe, definem o caminho.[22]

Contudo, a maioria das pessoas considera líder quem assume um papel preponderante na direção dos assuntos da sociedade. O macho alfa e a loba fazem exatamente isso: além de estabelecerem a direção do bando, fazem com que todos se movimentem e iniciem caçadas e ataques a lobos estranhos.[23] Em núcleos de elefantes, a fêmea mais velha conquista a posição de matriarca sem intimidar as companheiras. As outras obedecem ao reconhecer sua sabedoria acumulada em questões como identificar estranhos amistosos.[24] Ela também intervém quando ocorrem tensões entre seus inferiores e conforta as partes prejudicadas, algo que chimpanzés dominantes com habilidades políticas também fazem.[25] Mesmo assim, hábeis negociadores dessas espécies exercem um impacto limitado. Eles não podem estabelecer linhas de ação de longo prazo para toda a sociedade, como o fazem monarcas e presidentes (embora esses líderes hoje raramente executem essas ações sem a aprovação dos demais).

A liderança, nesse sentido mais restrito, é rara na natureza. Contudo, vimos que mesmo pessoas não precisam de líderes. Em bandos de caçadores-coletores, tudo, de atividades cotidianas a planos de longo prazo, era tema de discussão. Porém, quando mais de doze pessoas conviviam por muito tempo, essa abordagem de igualdade tornava-se inviável. Nas primeiras vilas, a facilidade de se afastar de indivíduos intimidadores ou de agir em conjunto para derrubá-los se perdeu: na melhor das hipóteses, era possível andar até os limites da cidade.

Nessas circunstâncias, muitos fatores definiriam o líder. Personalidades magnéticas conseguiam apoio, mas raramente apareciam em sociedades de bando ou em pequenos povoados. Não vemos muitos John Kennedys agir em nações de milhões. Mesmo assim, ter alguém minimamente talentoso no comando é vantajoso nas animosidades, quando o esforço de uma figura de autoridade e a boa vontade das pessoas de se submeterem a ela valem a pena. Para que a liderança funcione, todos precisam se unir e ignorar as divergências, e apoiar quem se dispôs a enfrentar o desafio.[26] Como hoje, os seres humanos eram atraídos para quem se tornava o centro da atenção e reagia a problemas rapidamente. Parte disso, primeiro utilizada em sociedades de bando, foi a oratória, uma habilidade vital para os estágios iniciais da liderança. Com o "babble effect" [efeito conversa fiada — boa comunicação influencia o surgimento do líder], pessoas falantes sempre tiveram certa influência, embora se diga que jovens boxímanes em bandos igualitários controlavam o impulso em segui-las.[27]

Assim, apesar de os povoados de caçadores-coletores não terem criado governos, tinham pessoas influentes, se não líderes absolutos. Os chefes dos pescadores na região de Monte Eccles eram tratados como nobres, capazes de declarar guerra e reivindicar bons espólios.[28] O governante do Novo Mundo mais próximo a um rei em termos de status foi o chefe Calusa, que manteve a paz sentado em um banco, um trono modesto para os padrões atuais, em um prédio que, segundo um historiador, "abrigava 2 mil pessoas sem as amontoar".[29]

Os chefes Chumash e do Noroeste do Pacífico, embora ostentosos, eram menos assertivos em relação ao poder.[30] Tinham que agir com cautela comparados aos chefes apoiados por exércitos de grandes sociedades agrícolas, contando menos com a coerção do que a persuasão e recompensas, como banquetes para encorajar as pessoas a cumprirem suas obrigações. Líderes sempre foram justos nas manobras políticas e em preservar seus próprios interesses.[31] No entanto, os chefes geralmente se apresentavam como membros exemplares enquanto mostravam parte da humildade, integridade e firmeza esperada do povo do bando. Essas são qualidades ainda admiradas nos líderes de hoje, talvez um remanescente de tempos igualitários. De fato, ao convencer as pessoas a trabalharem juntas, os chefes garantiam que elementos da atitude igualitária continuassem intactos. Mesmo assim, sua influência era limitada. Em uma interminável luta entre líderes e seguidores, pequenos povoados apoiavam seus chefes sobre os quais o povo exercia certo controle.[32] Chefes do Noroeste do Pacífico procuravam o apoio de conselhos informais que opinavam sobre

136 O ENXAME HUMANO

eventos comuns da vida da aldeia. Essa era uma liderança por comitê, em que ele assumia o papel exercido por todo o bando em uma sociedade nômade.

DE LÁ PARA CÁ ENTRE MODOS DE VIDA

Os problemas da sociedade que demandam líderes não precisam ser internos: há ameaças que não vêm de divergências entre os membros, mas de estranhos. Os líderes mais reverenciados da história — George Washington, Abraham Lincoln e Franklin Roosevelt, exemplos norte-americanos — surgiram quando os cidadãos queriam alguém para confiar em tempos conflituosos.[33] Esse também foi o motivo do surgimento de líderes entre caçadores-coletores. Os primeiros registros de colonizadores europeus falam de centenas de aborígenes em batalhas que exigiriam organização e, segundo as descrições, tinham chefes fortes. Os boxímanes também aceitavam lideres ao se unirem contra inimigos.[34] Isso ocorreu com os =Au//ei, que viviam onde hoje é Botsuana ("=" e "//" representam cliques). Os registros sobre esses boxímanes das primeiras décadas do século XIX falam que os =Au//ei ocupavam sazonalmente vilas cercadas por paliçadas de defesa. Para obter comida entrincheiradas, as pessoas inovaram métodos para abater a caça conduzindo bandos por grandes abismos.[35] Os =Au//ei eram guerreiros propensos a ataques sangrentos que queimavam carroças, roubavam gado e cobravam taxas de outros boxímanes.

O fato de a sociedade se adaptar a líderes e à vida na vila não significou uma mudança permanente. Nas décadas finais do século XIX, os =Au//ei voltaram a ser bandos itinerantes sem liderança. Em 1921, os chefes ressurgiram com a função limitada de organizar embates armados, mas, daquela vez, sem se estabelecerem. Os líderes ganhavam influência em períodos de invasão de tribos armadas como os criadores de gado Oorlam.[36] Quando a motivação para lutar diminuiu, os líderes perderam o apoio e o povo voltou à vida igualitária de bando. É possível supor que esse era seu estilo de vida *original*, mas não há registros sobre quando surgiu a necessidade de autodefesa. A dinâmica cultura dos =Au//ei sugere que as mudanças na organização social vêm e vão mal deixando traços.

É sabido que indígenas norte-americanos nômades tinham líderes: idosos cujo papel permanece até hoje. É impossível dizer com que frequência essas tribos de caçadores-coletores com suas cabanas portáteis e *wigwams* [pequenas casas de madeira cobertas com tapetes e folhas] eram lideradas por chefes antes da chegada dos europeus, que levaram cavalos e armas. Em tempos de perigo as sociedades nômades incorporavam uma complexidade social maior. Entre os Indígenas da Planície, associações de guerreiros — as West Points da época — submetiam os homens a um treinamento rigoroso para combates.

Do outro lado do espectro dos =Au//ei, que a maior parte do tempo eram nômades, os caçadores-coletores, vistos como estabelecidos, eram flexíveis. Até os indígenas do Noroeste do Pacífico, o padrão dos povos estabelecidos que forrageavam na natureza, não ficavam no mesmo local. As vilas mudavam ou se separavam conforme lhes convinha. Algumas *longhouses* eram residências sazonais, com famílias se mudando em canoas para outros locais. Também há indícios de acampamentos temporários, que sugerem que as pessoas saíam para caçar, como esportistas de hoje armando barracas.[37] É provável que alguns caçadores-coletores vivessem em extremos: caseiros ou em movimento.[38]

VIVENDO COM AS DIFERENÇAS

Depois de se fixarem por bastante tempo, com a propriedade não mais limitada aos itens que cada família levava consigo, abriram-se as possibilidades de expansão de tecnologias. A revolução na ordem social que se seguiu afetou totalmente a estrutura do cotidiano.

Muitas tecnologias criadas nos povoados melhoraram a produção de alimentos. Os indígenas do Noroeste do Pacífico, por exemplo, construíram canoas resistentes, equipamentos para processamento de peixes em massa e contêineres impermeáveis para armazenamento prolongado de frutos do mar desidratados. Os dispositivos se diversificaram até ser possível apanhar peixes em vários tipos de redes, ou mortos a pauladas, com lanças, arpões, e levados para a terra em uma linha, ou presos em barragens. A ampla variedade de equipamentos complexos permitiu que poucos indivíduos obtivessem grande parte dos alimentos para todos. Isso foi importante, considerando que a concentração de pessoas em um local impossibilitava que todos saíssem e buscassem alimento individualmente. Pôr o pão na mesa — ou o salmão — tornou-se uma das muitas tarefas sociais que se beneficiaram do conhecimento especializado.

Assim, os interesses e os talentos de uma pessoa de fabricar flechas ou produzir tecidos encontraram uma recepção mais positiva e aberta do que ocorria nos bandos. No Noroeste do Pacífico, algumas ocupações tornaram-se hereditárias, com pais passando suas habilidades adiante. A crescente necessidade

138 O ENXAME HUMANO

de especialização mostrou que o mecanismo de todos os aspectos do funcionamento da sociedade não estava mais ao alcance de todos — o que também significava que a soma de conhecimentos aumentava. Assim como ficar em um lugar assegurava que a complexidade social não se limitasse à bagagem física que seus membros levavam às costas, estabelecer-se significou que a complexidade se libertou da bagagem cultural que todos carregavam na mente.

Desde o trabalho pioneiro de Émile Durkheim, os sociólogos consideram a especialização uma força para aumentar a coesão ou solidariedade das sociedades.[39] Isso é fato, embora a coesão que ele tinha em mente não se restringisse aos habitantes de povoados. As pessoas que faziam de tudo em uma sociedade de bando também dependiam de uma troca de bens solidária. Embora o comércio entre bandos ocorresse entre pessoas dotadas de diferentes talentos, as tarefas específicas em muitas sociedades estabelecidas acentuaram esse efeito até gerar cada vez mais interdependência, tendência que continua até hoje.[40]

As diferenças de funções também simplificaram as interações com as pessoas pouco conhecidas e com os estranhos, à medida que se tornavam mais comuns em grandes povoados. Sabemos como nos comportar com as pessoas identificando a função que exercem — com base no uniforme de policial usado por alguém, por exemplo — sem saber mais nada sobre elas. Da mesma forma, uma formiga operária interage adequadamente com um soldado da colônia, tenham eles estado em contato antes ou não.

Mamíferos não humanos raramente assumem tarefas especiais além de cuidar dos filhotes e algumas temporárias como montar guarda. Pode-se argumentar que a qualidade de vida dos chimpanzés e dos bonobos poderia ser melhorada se um macaco experiente em encontrar nozes entregasse seu suprimento para outro experiente em as abrir. Tudo isso é simples: muitas formigas-colhedoras contam com um tipo de operária que colhe sementes e com operárias maiores que as cortam para todas comerem. No entanto, o vertebrado que se aproxima mais dessa separação de tarefas é o rato-toupeira-pelado, cujas sociedades relativamente grandes apoiam uma divisão de tarefas semelhante à das formigas, com rainhas, reis, operários e soldados.

Em nossa espécie, a especialização mostra não só como interagimos com estranhos e uns com os outros com base nas posições sociais, mas também como nos identificamos com os outros em geral, incluindo suas conexões com todos os tipos de grupos especiais. Para os caçadores-coletores nômades, essa diferenciação social dentro da sociedade era menos importante, ultrapassando as diferenças de sexo e idade. Os povos de muitas sociedades australianas, porém, pertenciam a grupos conhecidos como skins e moieties. As crianças eram designadas a um skin seguido a de um de seus pais, e a uma moiety com base em sua conexão a um ser ancestral e ligações com uma espécie de planta ou animal, conexões que determinavam como socializar e com quem se casar.

Entre caçadores-coletores estabelecidos, com o tempo, muitas vezes os grupos especializados se multiplicavam: sociedades secretas que praticavam rituais antigos e verdades ocultas, sociedades de xamãs etc. É provável que essa identificação multifacetada tenha surgido da primeira afiliação da sociedade em si para criar classificações de coletivos de menor urgência, estatura e duração. É curioso como é raro outros animais fazerem o mesmo em suas sociedades, além das redes de fêmeas que criam e protegem a cria, de mamíferos de golfinhos e hienas a alguns primatas. Tampouco qualquer um desses animais pensa em si como associado a companheiros com as mesmas opiniões, como gostar de frutas. É difícil dizer se os chimpanzés se sentem solidários quando caçam ou batalham juntos, como as pessoas.

A grupabilidade em povoados humanos teria reduzido a competição interna e dividido os estímulos sociais em partes administráveis e gratificantes. O conceito de distintividade ideal, apresentado pela psicologia, explica essa questão. As pessoas têm melhor autoestima quando atingem equilíbrio em sua percepção de inclusão e singularidade. Isto é, elas desejam ser semelhantes para se sentirem parte do grupo, mas também diferentes para serem especiais.[41] Embora a afiliação a um grande grupo seja importante, não atende ao desejo de se sentir especial; isso motiva as pessoas a se separarem da multidão e se unirem a grupos mais exclusivos. Caçadores-coletores nômades tinham sociedades pequenas o bastante para que esse problema quase não existisse. Além da afiliação a alguns grupos, como os moieties e skins, todas as peculiaridades e os laços sociais das pessoas eram suficientes para se sentirem únicas em uma sociedade de centenas. Não havia necessidade de manifestar diferenças identificando-se com uma função ou clube. Na verdade, elas eram desencorajadas. À medida que as sociedades estabelecidas cresciam, porém, os seres humanos sentiram uma necessidade maior de se distinguir. Pela primeira vez, tudo o que todos queriam saber sobre alguém era: *O que você faz?*[42]

SENTINDO-SE SUPERIOR

Uma segunda mudança, talvez mais drástica, foi o surgimento de diferenças de status entre membros da sociedade, acima e além da submissão ao líder. Pessoas em bandos e em algumas vilas mais simples consideravam atender às necessidades de curto prazo de alimento e abrigo um objetivo satisfatório e só pensavam que a vida era difícil quando esse mínimo não era alcançado. Em comparação aos itens utilitários em uma magra sacola de um nômade, intercambiáveis e prontos para ser cedidos ou trocados, os caçadores-coletores estabelecidos tinham uma quantidade maior e mais variada de objetos. Embora a propriedade fosse relativa na sociedade de bando, povoados concentravam recursos de modos controláveis pelos indivíduos. Muitas vezes, o materialismo disparava. As pessoas não só possuíam, mas herdavam propriedades, algumas, inacessíveis aos outros.[43] Os indígenas do Noroeste do Pacífico não herdavam nada, nem o direito de cantar uma canção ou contar uma história.

A propriedade tornou-se um sinal de status em uma hierarquia em expansão de riqueza e influência, no que foi o golpe fatal na ética do partilhamento diário adotado pelas sociedades de bando, os chefes ganharam destaque. Na maior parte do tempo, eles consolidavam sua posição se aproveitando da produtividade da comunidade, retirando parte do excedente para si. O ciclo de disparidade continuou após o chefe passar seu status e seus bens para os filhos, ou alguém de sua escolha (quase todos os chefes eram homens). Os bandos itinerantes ficavam perplexos com o comportamento e os objetos, que tinham pouco a ver com o trabalho do chefe, além do de administrar as dívidas para com ele. Os chefes do Noroeste do Pacífico ostentavam sua influência econômica em banquetes cerimoniais chamados *potlatches*, calculavam investimentos para ganho político. Ali, os chefes surpreendiam dando ou até destruindo boa comida e bens materiais reunidos durante anos, fazendo essas pessoas "ricas pelo que dispensavam e não pelo que acumulavam".[44] Foi o que escreveu o antropólogo norte-americano Morton Fried.

As pessoas nos povoados voltaram a focar seus objetivos de conquistar poder e estima, e não de maximizar o tempo livre. No Noroeste do Pacífico, artesãos admirados procurados por máscaras, objetos decorativos e totens, estavam entre os poucos que exerciam seu ofício em tempo integral e eram bem remunerados para conquistar uma posição logo abaixo dos aristocratas.

A nobreza do Noroeste do Pacífico, sem poder de impor sua vontade aos cidadãos comuns, tinha uma alternativa para conseguir que as tarefas fossem feitas: a escravidão. Os escravos eram cativos ou seus descendentes, parte dos saques em emboscadas a outras tribos. À medida que aumentavam sua complexidade, as tribos adaptavam seus marcadores de acordo, modificando-os para mostrar a posição das pessoas na hierarquia de prosperidade e influência além da afiliação tribal. Somente escravos, que não tinham direitos e não eram considerados membros, não usavam botoques.

Fico admirado com a facilidade com que pessoas que viviam como iguais em bandos se adaptaram à desigualdade. As pessoas aceitavam escravos, aristocratas competiam por posições de autoridade, e chefes prepotentes eram depostos, e, mesmo assim, não há registros de revoltas entre a população em geral dessas sociedades. Talvez isso ocorresse porque, mesmo quando uma elite assumia um controle desproporcional dos recursos, todos estavam protegidos e alimentados. Seja como for, ficou mais difícil organizar as revoltas que se materializariam em bandos de caçadores-coletores para reprimir os ávidos por poder. Isso não ocorria porque havia mais indivíduos com opiniões diferentes: era mais difícil conseguir apoio. Chefes espertos podiam aproveitar a boa vontade de bajuladores e de outros integrantes da elite — um oficial militar e um padre apoiavam o chefe Calusa. Além disso, assim que as vidas passaram a depender de diferenças de status, uma conhecida propriedade da psicologia entrou em ação: os desfavorecidos veem os superiores como merecedores da posição.[45] Essa tendência evoluiu de hierarquias de poder como a dos chimpanzés, em que nossa aclimatação às diferenças em estatura foi um dos implementos antigos na caixa de ferramentas mental da nossa espécie.

POVOADOS E DIFERENÇAS DE PODER NA PRÉ-HISTÓRIA

Antes de algum momento em nosso passado, a fissão-fusão deve ter sido a única opção de vida dos nossos ancestrais. Digo isso porque os chimpanzés, os bonobos e os seres humanos têm a fissão-fusão em comum em pequenos grupos. A explicação mais simples para essa característica partilhada é que o ancestral de quem as três espécies se originaram também levava esse tipo de vida. Ao disseminar a única coisa importante a fazer, os acampamentos noturnos dos primeiros proto-humanos devem ter servido de incubadora para a destreza social de que precisaríamos para fixar residência em um lugar. Mas essa

142 O ENXAME HUMANO

separação entre nós e os outros dois primatas ocorreu há cerca de 6 milhões de anos — muito antes que nossos ancestrais estivessem perto de ser qualquer coisa que pudéssemos chamar de humanos. Em que ponto da linhagem evolucionária humana surgiram os assentamentos?

Criar raízes, ao mesmo tempo que ocorria o desenvolvimento de características sociais muitas vezes associadas aos assentamentos, como liderança e desigualdade, foi descrito como um passo crítico para a humanidade. É verdade que todo o potencial da vida estabelecida foi atingido desde o desenvolvimento da agricultura. Contudo, não vejo razão para que esses costumes não tenham surgido, conforme a situação merecia, com toda a versatilidade mostrada pelos =Au//ei, desde o início da humanidade.[46] Os esforços constantes despendidos pelos povos em bandos para manter um campo equilibrado sugerem que o igualitarismo não era a condição original da humanidade, mas uma opção recentemente aperfeiçoada. Afinal, mesmo o afável bonobo é parcialmente igualitário: embora os bonobos não tolerem valentões, muito menos líderes, podem ser competitivos e, muitas vezes, apenas tolerar muitos outros da comunidade, na melhor das hipóteses. Brigas por poder e recursos fazem parte da herança humana que sempre expressamos. Se as pessoas se dispuseram a adotar os costumes da especialização e status há muito tempo, porque então tantos caçadores-coletores em séculos recentes vivem em bandos igualitários, e não em povoados? Imagino que caçadores-coletores andassem menos e se fixassem mais, antes que os agricultores reivindicassem o direito sobre as melhores e mais férteis propriedades do mundo.

Que os aborígenes faziam pão de ervas silvestres que pareciam, aos olhos de estranhos, campos de grãos cultivados mostra que diferenciar entre caçadores-coletores estabelecidos e fazendeiros é, essencialmente, dar importância a mínimos detalhes. De fato, embora antropólogos tradicionalmente amontoem tribos como as do Noroeste do Pacífico com sociedades de bandos sob a rubrica de caçadores-coletores, o mais importante era a confiabilidade na colheita local, e não no alimento cultivado.[47] Mudanças do nomadismo aos assentamentos e da caça e coleta à agricultura foram graduais. Os caçadores-coletores de Fertile Crescent se fixaram em vilas durante séculos antes de gradativamente domesticarem as ovelhas e cultivarem o trigo que comiam. Depois da agricultura, porém, eles aumentaram a produção de alimentos muito além do que rendiam na natureza. Muitos caçadores-coletores estabelecidos eram, do ponto de vista do crescimento populacional e da extravagância cultural que o

Estabelecendo-se 143

acompanha, um beco sem saída da civilização. Domesticar a vida aquática que alimentava a maioria dessas sociedades era impraticável, sem meios de controlar sua reprodução para alimentar as sociedades em expansão, ou de permitir que essas sociedades se espalhassem para longe de suas fontes de alimento selvagem. Em comparação, muitos animais e alimentos cultivados podem ser tirados de seu habitat ancestral, criando-os e levando-os a locais e ambientes ideais para eles. Pastores encontravam pastos para suas ovelhas, e fazendeiros cultivavam em terraços e irrigavam a terra até suas comunidades viverem em todos os lugares. Não que os agricultores sempre tivessem sido motivados a aumentarem a sua produção. A América do Norte era ocupada em parte por plantadores de milho, mas, depois de séculos, essas tribos dificilmente eram mais complexas do que os caçadores-coletores do Noroeste do Pacífico.[48]

Dependentes que somos de alimentos cultivados e preconceituosos em relação a um modo de vida no qual sociedades anônimas foram ampliadas para uma escala maciça, estamos propensos a pensar que os nossos ancestrais cruzaram um caminho que, de simples, tornaram-nos como somos agora. No entanto, a transição da caça e da coleta para a lavoura não foi algo natural. Seja em vilas seja em bandos, poucos caçadores-coletores viam o cultivo de alimentos como uma forma de avançar. "Vocês se dão a todo esse esforço, trabalhando e plantando sementes, mas não temos que fazer isso. Todas essas coisas estão aí para nós", afirmou-se que uma aborígene declarou a um colonizador branco. "Só temos que colher a comida quando está madura."[49] Um visitante nas Ilhas Andamão da metade do século XX escreveu que os nativos ali reagiram de modo semelhante à perspectiva de plantar coqueiros, perguntando porque alguém deveria "cuidar de uma árvore durante dez anos para comer seus frutos quando a ilha e o mar ao redor estava fervilhando de comida para ser colhida?"[50] Assim, os caçadores-coletores Chumash trocavam peixe por milho cultivado por seus vizinhos lavradores, sem nunca pegar em uma pá ou em uma enxada. Até os pigmeus africanos que viveram por séculos como trabalhadores sazonais para fazendeiros e, portanto, entendiam as técnicas agrícolas intimamente, nunca se dedicaram a plantar sementes em tempo integral. Desse modo, desistir da caça e da coleta não foi um avanço na qualidade de vida. Depois da chegada da agricultura, os povos ficaram menores, mais fracos e mais doentes, enquanto lutavam para alimentar e cultivar plantações — condições que não seriam revertidas até a invenção do arado e dos bois com arreios.[51]

Dedicar-se apenas ao cultivo em pequena escala de hortaliças gerou outro contratempo que os primeiros fazendeiros podiam ter previsto: ele poderia prender a sociedade em uma armadilha de plantas.[52] Uma armadilha, porque a opção de voltar à caça e à coleta em tempo integral se dissipou quando uma sociedade em expansão se comprometeu com a agricultura. Claro, caçadores-coletores como os Lakota e os Crow, e algumas tribos pequenas da América do Sul, cultivavam alimentos, mas desistiram da prática.[53] No entanto, quando a população da sociedade aumentava muito ou era espremida em outras sociedades agrícolas, a quantidade de pessoas ficava grande demais para ser sustentada por alimentos nativos, e a fome seria certa.

Os povoados pré-agrícolas, com suprimentos alimentares concentrados e confiáveis, foram o primeiro laboratório das civilizações, em que o povo deu pequenos passos na direção da nacionalidade no sentido político e organizacional moderno. Porém, há campos excelentes, sem esquecer toda a variedade de estilos de vida que existiam entre caçadores-coletores, incluindo os bandos itinerantes. Todos os caçadores-coletores da história recente eram como nós — seres humanos desenvolvidos que exibiam uma ampla série de possibilidades sociais que abandonamos, mas continuam adequadas hoje em dia. Por essa razão, os caçadores-coletores nômades e assentados são relevantes para a compreensão dos povos modernos. Também é por isso que voltaremos a eles com frequência ao apresentar tópicos que vão da psicologia a relações internacionais e aos meios com que as pessoas estruturam as suas sociedades.[54]

Apesar da evolução biológica contínua da espécie humana, também não vejo motivo para esperar que tivesse havido mudanças radicais em nosso potencial social por longos períodos do passado distante. Os primeiros povos já desenvolveram a versatilidade de se espalhar em pequenos bandos, ou se estabelecer em períodos de tempo em encraves, mesmo que fossem modestos para os padrões atuais. Os dois modos de vida se reuniam em torno de marcadores de identidade, formando sociedades anônimas mais simples, mas, nos pontos fundamentais, pouco diferentes do que temos agora. Para respostas sobre como nossas sociedades anônimas passaram a existir, sejam fixas, sejam móveis, precisamos rastrear o que provavelmente aconteceu na pré-história, muito antes de nossos dias como caçadores-coletores nos moldes dos aborígenes ou dos boxímanes, em uma época em que os seres humanos eram neófitos na Terra.

SEÇÃO IV

A Complexa História das Sociedades Anônimas

CAPÍTULO 11

Pant-hoots e Senhas

O condomínio fechado de Pinnacle Point situa-se nos limites da cidade turística de Mossel Bay, ao longo da Garden Route, na costa da África do Sul; seus campos de golfe bem cuidados estendendo-se até um precipício acima do oceano Índico. Descendo pela lateral desse promontório, há uma escada de madeira feita por um criador de avestruzes, encomendada pelo arqueólogo Curtis Marean, da Universidade Estadual do Arizona. Parte da descida, oculta por uma lona, mostra um mundo surreal. À direita, atrás da lona, há uma caverna rasa, na qual os pesquisadores se sentam a mesas frágeis, ocupados com seus notebooks. Bloqueando uma vista ensolarada do mar à esquerda, há um morrinho de sedimentos, iluminado por holofotes e pontilhado de pequenas flâmulas laranja. Outros cientistas cavam degraus no monte, devagar. Três pesquisadores que manejam instrumentos de alta tecnologia estão entre os especialistas em dados e os escavadores, gritando a cada poucos segundos: "Preparar... Pronto!", gerando um efeito hipnótico enquanto traçam as coordenadas de cada item recém-encontrado. Juntos, os arqueólogos trabalham para descobrir os traços deixados pelo povo que ficava ali de tempos em tempos, abrangendo uma época de 164 mil a 50 mil anos atrás. A maioria dos vestígios é de artefatos simples feitos de minerais, pedra ou conchas, representando algumas das melhores informações que temos sobre como viveram nossos primeiros ancestrais.[1] Visitei Pinnacle Point curioso sobre os achados. Havia evidências de que seres humanos de uma época remota eram semelhantes aos da era moderna?

Como nós e nossos parentes mais próximos existentes, o chimpanzé e o bonobo, vivemos em sociedade, imaginamos que o povo de Pinnacle Point

148 O ENXAME HUMANO

também vivia. As evidências nesse sítio e em outros locais, por mais espalhadas e incompletas que fossem, nos fazem concluir que talvez esses seres humanos tenham feito a transição para sociedades anônimas no passado distante de nossa espécie e mostram pistas de como isso ocorreu. Entretanto, por fim, a resposta pode não estar nos registros arqueológicos, mas sim no que disseram uns aos outros, antes mesmo de aprenderem a falar.

De 5 a 7 milhões de anos atrás, nossos predecessores se separaram do macaco, cujos outros descendentes evoluíram para os bonobos e os chimpanzés. Os sucessivos descendentes desses antepassados formavam um grupo variado. A mente humana simplifica essa grande quantidade arranjando-a em uma linha de primitivos a complexos. Esse pensamento linear distorce os fatos. Na maior parte dos últimos milhões de anos, múltiplas espécies prosperaram para formar uma diversificada árvore genealógica. Com exceção de um, os ramos chegaram a um beco sem saída, deixando-nos como único sobrevivente.

Os primeiros seres de nossa espécie, os australopitecíneos e seus progenitores, pareciam-se com outros primatas ao olhar inexperiente. Nosso gênero, *Homo*, originou-se há cerca de 2,8 milhões de anos. Alguns desses precursores, como o *Homo erectus*, deixaram a África, e espécies posteriores, como o neandertal, da Europa e do sudoeste da Ásia, e o "hobbit", da Indonésia, *Homo floresiensis*, evoluíram em outro lugar. Mas, como nossos primeiros ancestrais, o *Homo sapiens* tem origem na África. Em todas as outras partes do mundo, somos tão invasores quanto as formigas-argentinas na Califórnia e na Europa.

DESVENDANDO O PASSADO

Quando exatamente o *Homo sapiens* viveu e — ainda mais indecifrável a partir das evidências — como se identificava e aos demais é um enigma. Turvando ainda mais nossa visão está o fato de que em boa parte do período de permanência neste planeta, incluindo o intervalo em que os seres humanos acamparam em Pinnacle Point, o *Homo Sapiens* estava em dificuldades. O inóspito clima árido durante vários séculos limitou a quantidade de indivíduos. Dados de DNA indicam que em certo ponto apenas algumas centenas permaneceram, menos que muitas das espécies em extinção hoje.[2] Pensar o quanto estivemos perto de fracassar nos deve fazer encarar a nossa pequenez.

As evidências arqueológicas são muito escassas porque caçadores-coletores não tinham razão para construir objetos em excesso que resistissem à deterioração causada pelo tempo, como fazemos hoje, fabricando garrafas que durarão uma eternidade para refrigerantes que são engolidos em minutos. A sobrevivência da arte em cavernas profundas mostra que esses locais tinham um sentido, provavelmente espiritual, para o povo. Entretanto, só temos essas obras, algumas com até 40 mil anos, porque as condições nas cavernas eram ideais para a preservação. A sorte sorri para os arqueólogos: até chimpanzés criam registros arqueológicos. Os martelos para quebrar sementes, identificáveis como ferramentas devido ao acúmulo sob as árvores onde suas superfícies estavam desgastadas pelos golpes repetidos, remontam a 4.300 anos.[3]

Os arqueólogos também contam basicamente com ferramentas de pedra para entender os primeiros seres humanos, mas, a julgar pelos caçadores-coletores recentes, são uma pequena parte do equipamento da viagem. A maioria dos artefatos deixada para trás desapareceu. Por exemplo, entre os aborígenes australianos, pinturas feitas no solo do deserto com areia colorida desapareciam com a próxima ventania. Do mesmo modo, galhos, dentes, ossos, espinhos e folhas empregadas em cerimônias devem ter apodrecido ou ficado indistinguíveis dos outros detritos. Assim, embora imaginemos os locais de acampamento preferidos do povo em Pinnacle Point, não esperamos encontrar relíquias de sua estada e só presumimos imaginar como eles faziam cestos ou produziam tecidos. Muitos dos atributos essenciais das sociedades, como o trato das relações sociais, deixaram poucos ou nenhum traço.

Seria difícil detectar até assentamentos pré-históricos se tivessem sido rudimentares ou feitos de materiais degradáveis. Os muros de pedra dos canais e casas perto de Monte Eccles foram praticamente reduzidos a escombros, apesar de algumas terem sido ocupadas há apenas dois séculos. Porém, vestígios de cabanas de alguns milhares de anos, aparentemente adequadas para permanências longas, foram descobertos na Europa. Em sítios como Terra Amata, na França, foram encontradas estruturas que remontam a centenas de milhares de anos, muito antes de os seres humanos terem evoluído à forma atual. Alega-se que são vestígios de construções feitos de galhos fixados com pedras. Se for verdade, essas habitações conseguiam abrigar muitas pessoas.[4]

A revolução mais recente dos caçadores-coletores não foi uma vida estável, mas a criação de artefatos que persistiram tempo suficiente para que arqueólogos encontrassem evidências desses assentamentos ou, pelo menos, de locais em que pessoas se reuniam com frequência. A peça arquitetônica preservada mais antiga e monumental é Göbekli Tepe, em uma colina em Anatólia, no

150 O ENXAME HUMANO

sudeste da Turquia. A construção foi iniciada há, pelo menos, 11 mil anos, antes de quaisquer plantas ou animais terem sido domesticados. Proclamada por um arqueólogo como "uma catedral na colina", Göbekli Tepe é o mais antigo sítio religioso de que se tem notícia.[5] Arranjados em círculos em uma encosta, estão monólitos de calcário em forma de T, de 3m de altura e até 7 toneladas de volume, gravados com animais estilizados: aranhas, leões, pássaros, cobras e outras espécies perigosas, todos feitos com improváveis ferramentas de pedra simples. O antílope que frequenta a região deve ter atraído caçadores-coletores para essa área de meados do verão ao outono. Explorações arqueológicas revelaram evidências de que Göbekli Tepe era um centro de banquetes com o primeiro tipo de pão e cerveja feitos de grãos colhidos na relva silvestre.[6] Para criar uma estrutura tão descomunal, os construtores do sítio devem ter vivido nas proximidades uma grande parte do ano. Embora moradias igualmente antigas ainda precisassem ser encontradas nas vizinhanças, outros pesquisadores trabalhando a alguns quilômetros ao sul descobriram casas grandes e elaborados ornamentos para a cabeça dos caçadores-coletores de 14.500 anos atrás, muito antes de Göbekli Tepe. Os assentamentos natufianos provam que a vida nas vilas e as disparidades em status associadas a ela surgiram muito antes de as pessoas terem sucesso na domesticação. Outra confirmação de diferenças em indicação de riqueza na vida em aldeias inclui enterros perto de Moscou remontando a 30 milênios; as roupas nos corpos são adornadas com milhares de contas de marfim, que teriam levado anos para serem produzidas.[7]

A escassez de descobertas arqueológicas ainda mais antigas tem sido usada para afirmar que o povo da Idade da Pedra nunca se assentou e, além disso, tinha poucas manifestações — ou nenhuma — de arte, música ou rituais, armas complexas, redes, armadilhas ou botes; talvez eles nem falassem. Alguns alegam que os seres humanos só desenvolveram a capacidade mental do pensamento abstrato e do raciocínio complexo recentemente. Isso faria dos primeiros *Homo sapiens* pouco mais que personagens desajeitados de quadrinhos.

Mas eles eram mais do que isso. A equipe de Pinnacle Point escavou uma quantidade considerável de material cultural nos últimos 15 anos. Durante minha visita de 2 dias, eles encontraram conchas que eram resquícios de uma refeição, um fogão nos quais os moluscos foram cozidos, fragmentos de um pigmento vermelho chamado ocre e uma lâmina de quartzito do tamanho de um canivete. Em todo o estrato, há lâminas feitas com pedras de silcreto aquecidas, tão finas que devem ter sido usadas como pontas de lança ou dardos.

Coisas simples, talvez, mas podemos ao menos dizer que os visitantes costeiros tinham senso estético. Há cerca de 10 mil anos, levavam capacetes de conchas e berbigões caninos para a caverna, objetos bonitos recolhidos no litoral por indivíduos reminiscentes dos *beachcombers* [catadores de praia] de hoje.[8]

Registros arqueológicos mostram que a vida melhorou para o *Homo sapiens* nesses primeiros tempos, principalmente nos últimos 40, 50 mil anos. A quantidade e a sofisticação dos artefatos aumentaram, entre eles, as notáveis pinturas rupestres de Lascaux — sobre as quais Picasso supostamente disse: "Não aprendemos nada." Além disso, ferramentas passaram a ser mais bem projetadas e diversificadas, deixando uma marca mais sólida nos registros arqueológicos.

De fato, é provável que muitos implementos usados pelos caçadores-coletores tenham se originado naquela época. Na última década, uma série de artefatos considerados essenciais por boxímanes recentes foram descobertos por arqueólogos em uma caverna da África do Sul, onde estiveram enterrados por 44 mil anos.[9] Entre os itens preservados, estão varas para desenterrar tubérculos e larvas de besouros, agulhas de ossos, segmentos de madeira dentados para contagem, contas feitas de conchas ou ovos de avestruz, pontas de flechas (pelo menos uma delas tinha enfeites em ocre), resina para fixar pontas de flecha na haste e aplicador para colocar veneno nas pontas das flechas. Qualquer boxímane dos últimos séculos conheceria esses objetos muito bem.

Ao mesmo tempo em que boxímanes recentes teriam reconhecido esses itens, também os teriam visto como estranhos, assim como as ferramentas feitas por uma diferente sociedade de boxímanes vivendo na mesma época. Na verdade, os bens materiais antigos se parecem tanto com os de boxímanes de um século atrás que é lógico concluir que seus donos os fizeram com um toque diferente de um local a outro e rapidamente passaram a associar essas variações às sociedades de boxímanes da época.

Os artefatos de Pinnacle Point mostram muitos indícios de que os povos primitivos se interessavam pelo estilo floreado associado às sociedades humanas mais recentes. Começando há 160 mil anos, o ocre (óxido de ferro) foi levado para o interior das cavernas e queimado no fogo. O aquecimento é um sinal quase certo de que o intento era adornar: ele transforma o ocre em um vibrante tom de vermelho-sangue. Caçadores-coletores de todo o mundo, incluindo os indígenas norte-americanos como os Chumash, pintavam o corpo com desenhos em ocre que evidenciavam sua identidade. Muitos africanos, in-

152 O ENXAME HUMANO

clusive boxímanes, ainda o fazem. A 100km ao sul da costa de Pinnacle Point, pesquisadores descobriram uma oficina de ocre de 100 mil anos com rebolos, percutores e pigmento armazenado em conchas de abalone. Também na caverna de Blombos, havia pedaços de ocre de 71 mil anos riscados com figuras geométricas e conchas de caracol perfuradas, usadas como contas.[10]

No entanto, os artefatos e as condições de vida em Pinnacle Point e em Blombos teriam parecido incrivelmente primitivos até para boxímanes de 44 mil anos atrás. As diferenças são tão claras entre esses períodos da pré-história, que muitos antropólogos sugeriram que as nítidas mudanças culturais entre os seres humanos entre 40 e 50 mil anos atrás devem ter se baseado em uma transmutação evolucionária significativa e relativamente repentina. Essa alegação é implausível. Não faz sentido acreditar que os "seres humanos modernos" passaram a existir após um intervalo de 10 mil anos, muito depois do surgimento de nossa espécie. Essa ideia equivale a acreditar que, pelo fato de as pessoas do início da Revolução Industrial levarem uma vida simples e repulsiva, comparada às da era moderna, a habilidade mental dos seres humanos do século XVII era fundamentalmente inferior à nossa.[11] Dois cientistas resumiram a questão: "Os registros arqueológicos nos mostram só o que as pessoas faziam no passado, não o que eram capazes de fazer."[12]

Ao apontar ossos riscados e colares de conchas como versões da bandeira nacional da Idade da Pedra, a arqueóloga Lyn Wadley afirmou que os seres humanos se tornaram comportamentalmente modernos assim que se comprometeram a armazenar informações abstratas fora do cérebro.[13] É claro que não podemos provar o que nossos ancestrais pensavam sobre os desenhos em ocre, estilos de contas ou pontas de flechas. Eles eram informativos ou rabiscos aleatórios? Mesmo assim, se um objeto não utilitário aparece com frequência nas cavernas de Pinnacle Point, como um certo tipo de concha, era valorizado como marcador: elementos significativos costumam reaparecer, assim como os gatos na arte do Antigo Egito. Mesmo assim, para um artefato designar uma sociedade, ele não só apareceria com frequência, mas seria específico de um grupo. Existem poucos sítios arqueológicos para elucidar os padrões dos povos primitivos.[14] O melhor que fazemos é deduzir que um certo objeto serviu de marcador porque pertencia a caçadores-coletores de tempos mais recentes.

A probabilidade de os primeiros boxímanes terem tido sociedades diferenciadas por marcadores abre a hipótese de sociedades anônimas terem se originado muito antes, talvez se estendendo ao surgimento do *Homo sapiens* ou de seres humanos mais antigos. Uma equipe de pesquisa do Vale do Rift, ao leste do Quênia, descobriu indícios de tecnologias complexas e o que se entende como um comportamento simbólico que remontam a 320 mil anos. Os arqueólogos sugerem que as ferramentas de obsidiana e sinais de trituração do ocre para fazer tintas encontradas eram usadas (possivelmente por *Homo sapiens*) para se enfeitar e definir identidades no grupo. Está claro que esses materiais eram valiosos para seus donos. Os pedaços de ocre e obsidiana foram transportados para o sítio, a obsidiana vindo de locais de até 91km de distância.[15]

As cavernas estão longe de serem os primeiros e únicos locais em que nossos antepassados manifestaram identidade. Não tenho dúvidas de que os habitantes de Pinnacle Point ornamentavam árvores com entalhes e rochas com desenhos, há muito esmaecidos, para proclamar *isso é nosso*. Desde o surgimento do *Homo sapiens*, a África foi inundada por sinais de sociedade dificilmente menos abundantes que as bandeiras que tremulam nos continentes hoje, sejam colocados para advertir, comemorar ou expressar reverência pelo país. Defendo esse ponto por causa da facilidade com que os seres humanos evoluíram para depender de marcadores, como os estudos de outros primatas indicam.

MARCADORES EM EVOLUÇÃO

As culturas e os símbolos a elas associados hoje saturam as sociedades humanas a tal ponto, que é difícil imaginar que os povos primitivos não os tivessem. Contudo, culturas simbólicas e grandes populações não são exigências para a existência de sociedades anônimas. As identidades de colônias de formigas, não importa seu tamanho, são expostas pela química, pura e simples, sem informações simbólicas (até onde sabemos). A necessidade de odor comum apenas *nos* distingue *delas* (com as coisas se complicando um pouco para formigas que distinguem colônias inimigas). O mesmo vale para os gaios, com seu *kaws*, os cachalotes com seus cliques e os ratos-toupeira-pelados com seu cheiro.

Os marcadores simples das primeiras sociedades humanas não transmitiam elementos abstratos como patriotismo ou a conexão das pessoas ao passado. Essas qualidades foram adicionadas mais tarde. Quando pararmos de afirmar que os marcadores precisam conter significados profundos, será mais fácil imaginar o surgimento das sociedades anônimas humanas.

Os primeiros marcadores possibilitaram a diminuição de erros sobre quem vai para onde. Cada membro de uma sociedade pode cometer erros de identificação. Erros seguem duas direções — podem confundir um membro com um estrangeiro perigoso em potencial e ser atacado por isso, ou concluir, talvez em uma situação difícil, que um membro não pertence à sociedade e, equivocadamente, partir para o ataque. Os dois enganos podem ser evitados se o indivíduo em questão indicar com clareza que não é uma ameaça.

Talvez o desejo de igualar o comportamento dos outros do grupo tenha baseado o desenvolvimento desses marcadores. Nossos primeiros ancestrais, como muitas espécies de animais, teriam se sobressaído no aprendizado social. Esse talento gera cultura, ou seja, informações transmitidas socialmente assimiladas agregam, incluindo tradições como as de clãs de suricatos que dormem até mais tarde que os vizinhos, ou golfinhos e baleias que transmitem táticas de pesca aos filhotes.[16] As pessoas aprendem o Juramento à Bandeira em algumas partes do mundo, e se tornam hábeis no uso de hashis em outras.

Copiar não se limita a espécies sociais ou inteligentes — o críquete madeira, ameaçado por aranhas, aprende a se esconder observando críquetes experientes.[17] Mesmo assim, o aprendizado social é de suma importância nas espécies com sociedades. Um estudo mostrou que macacos criados em um bando treinado a preferir milho pintado de rosa a milho pintado de azul mudarão caso se unam a um bando que prefere o azul, mesmo quando as duas cores são facilmente acessíveis.[18] O fato de jovens imitarem os mais velhos gera variações entre comunidades de chimpanzés em como eles empregam pedras para quebrar nozes, capturam cupins com galhos modificados, usam folhas mastigadas para absorver água que está fora de alcance ou abraçam um ao outro enquanto se dedicam ao *grooming*.[19]

Comparadas às convenções humanas, porém, variações nas culturas de chimpanzés são simples e raras e, até onde sabemos, não importam para a aceitação social. Chimpanzés não registram técnicas de absorção com folhas para monitorar quem pertence à que sociedade; tampouco golfinhos monitoram diferenças em estratégias de pesca. Nada sugere que um chimpanzé que se desvia das tradições locais de, por exemplo, segurar mãos durante o *grooming* seja notado pelos companheiros, muito menos que seja evitado, corrigido, repreendido ou morto.[20] Às vezes, à exceção de rejeitar um indivíduo com deficiência, chimpanzés não ficam chocados com comportamentos desconhecidos, o que significa que eles não percebem essas diferenças como marcadores. A fêmea que se transfere para uma nova comunidade se ajusta aos hábitos locais sem sofrer consequências por eventuais maus comportamentos.[21]

A comunidade se adapta à sua presença como indivíduo; essa aceitação não depende de ela assimilar novos modos.

Isso é fato, salvo uma intrigante possível exceção: o grito forte emitido pelos chimpanzés para ficarem em contato com os outros, o *pant-hoot*.

Em certas espécies, até grupos informais e temporários adotam o mesmo sinal vocal para atender às necessidades do momento: pássaros, por exemplo, igualam o chamado dos demais durante o tempo que passam juntos.[22] Às vezes, essa correspondência vocal se aproxima do tipo de reprodução feita pelas pessoas quando sincronizam padrões e maneirismos de fala como sinal de compartilhar um espaço comum — até um macaco prefere seres humanos que adotam seu comportamento.[23] No caso dos chimpanzés, os animais não só distinguem as vozes dos indivíduos — como os macacos fazem e, de fato, como as pessoas sabem se é Tom, Dick ou Jane que está falando — mas também aperfeiçoam o seu *pant-hoot* ouvindo os outros, até que o som exato seja emitido por toda a comunidade.[24] O "sotaque" do *pant-hoot* se transforma em uma parte indelével do repertório da comunidade.[25]

Embora o *pant-hoot* varie de uma comunidade à outra, os macacos não usam o sotaque para identificar se determinados chimpanzés são parte da comunidade do modo que detectamos uma pessoa de outro lugar. Em vez disso, os *pant-hoots* servem principalmente para o que eu chamo de sinal de coordenação do grupo, para ajudar a reunir e mobilizar os membros da sociedade (como a vocalização é usada na maioria dos bandos de aves) e monitorar a localização de chimpanzés de outras comunidades. Essa é uma função comum de gritos vocais em espécies em que os membros da sociedade reivindicam propriedade de um local ou coordenam o comportamento à distância. Como exemplo, morcegos falsos-vampiros empregam um grito específico para cada grupo que guia companheiros para longe de morcegos estrangeiros e até as árvores frutíferas de seu território. Supõe-se que estão afirmando os direitos à propriedade quando continuam a gritar.[26]

Chimpanzés conhecem os *pant-hoots* dos vizinhos bem o suficiente para prever as consequências de um encontro. *Pant-hoots* da própria comunidade motivam um chamado de resposta. Os de uma comunidade bem conhecida provocam um avanço — até um ataque, se quem ouve julgar, pelo som, que tem vantagem numérica. *Pant-hoots* desconhecidos costumam gerar uma retirada cautelosa: nada inquieta mais os macacos que uma comunidade estranha de chimpanzés.[27] PET scans [tomografias] mostram uma resposta intrigante

156 O ENXAME HUMANO

por parte do cérebro do chimpanzé. Em um padrão ainda inexplicado, os *pant-hoots* diferem de outros chamados, pois não ativam o lobo temporal posterior.[28] Como essa região do cérebro está associada a emoções, talvez grupos estranhos recebam uma recepção fria.

Um sinal de coordenação grupal é um marcador insignificante, usado para coordenar atividades e reivindicar espaço, e não necessariamente para diferenciar membros individuais de intrusos. Nós também os temos. Hoje em dia, bandeiras e monumentos nacionais agem tão bem quanto a vocalização dos macacos ou o cheiro depositado por lobos ou formigas para indicar o domínio de cada sociedade. Contudo, converter o sinal de coordenação grupal como o *pant-hoot* em um marcador de reconhecimento de companheiros é fácil e talvez tenha sido motivado por uma razão muito simples. Com uma leve personalização de como esse chamado é dado e recebido, os membros de uma sociedade confirmariam se o indivíduo que tinham dificuldade em identificar era, de fato, um deles. O *pant-hoot* — ou qualquer coisa parecida apresentada para tornar a identidade do grupo conhecida — tornar-se-ia prova de afiliação, um marcador simples servindo de senha.[29]

A SENHA

A hipótese de as senhas terem sido os primeiros marcadores humanos é simples. Nosso outro parente próximo, o bonobo, usa a vocalização *high hoot* de forma semelhante ao *pant-hoot* dos chimpanzés.[30] Por isso, acreditamos que nosso ancestral comum com esses macacos tinha um chamado semelhante adaptado como descrevi. As pessoas raramente dependem de senhas para reconhecer umas às outras, embora o soldado que se aproxima do pelotão em tempos de guerra deve dar um sinal para se identificar. Da mesma forma, um membro da tribo yanomami que volta à aldeia na bacia do Orinoco na floresta tropical, na América do Sul, gritará "amigo".

Na verdade, os especialistas subestimam o chimpanzé nessa questão. Embora eles não usem o *pant-hoot* como um cumprimento habitual ao encontrar os companheiros, o chamado também serve como um indicador improvisado de identidade comunitária. O primatologista Andrew Marshall me contou sobre um chimpanzé que não conseguiu emitir o *pant-hoot* de sua comunidade no zoológico. Esse desajustado social foi banido das seções de *grooming* e só se aproximava da comida quando todos estavam satisfeitos. Por fim, outros machos o atraíram para um fosso, no qual ele se afogou. É impossível provar que seu chamado estranho foi o motivo dos maus tratos, mas parece fazer sentido.

A senha humana inicial pode ter sido marcas no corpo feitas com ocre, o equivalente a usar uma bandeira nacional. Entretanto, como marcas passam despercebidas com facilidade, acho que é mais plausível emitir um som como o *pant-hoot*. Nesse caso, dialetos teriam existido antes de palavras. A linguagem, antes da criação da escrita, é outra característica sem traços nos registros arqueológicos. Ninguém tem certeza quando nossa espécie começou a falar, no entanto, é possível que uma senha tenha evoluído antes que houvesse conversas produtivas.[31] Dominar o som se tornou obrigatório na infância, mais do que imitar comportamentos como técnicas de quebrar sementes foi anteriormente. Também foi essencial para recém-chegados a uma sociedade, embora jovens e imigrantes tivessem que ter alguma folga até aprender a senha.

Imagino que as primeiras senhas tenham surgido quando nossos ancestrais mudaram das florestas para as savanas africanas. A julgar por seu trato digestivo, dentes e ferramentas, nossos progenitores comiam mais carne que os chimpanzés e bonobos, e a caça e a coleta exigia percorrer grandes distâncias.[32] Embora os chimpanzés vissem alguns membros reclusos da comunidade apenas de vez em quando, para pessoas nas sociedades de bando mais remotas, anos passavam-se até que encontrassem membros do bando mais distante. Mesmo que esses indivíduos tivessem se encontrado antes, falhas no reconhecimento devido à passagem do tempo, mudanças na aparência física e lapsos de memória teriam levado a precários momentos de incerteza. Uma senha confiável não só evitaria esse dilema, mas permitiria que membros que nunca se viram e, talvez, fossem totalmente desconhecidos, se identificassem a tempo.

Para animais que dependem do reconhecimento individual, imaginamos que deslocamentos em áreas muito extensas causariam a divisão da sociedade, porque indivíduos separados há muito tempo teriam esquecido um ao outro, se não eram totalmente estranhos. Sociedades humanas evitaram esse destino quando seus membros passaram a depender de uma senha para diferenciar conhecidos e desconhecidos de estrangeiros.

Como os marcadores permitem que indivíduos esqueçam os outros ao mesmo tempo que conservam a conexão social com eles e fiquem à vontade com totais estranhos, eles permitiram que as sociedades se expandissem não só no espaço, mas em população. Comunidades de chimpanzés chegam a algumas centenas de membros, a de bonobos, um pouco menos. Há sugestivos indícios

158 O ENXAME HUMANO

de que as sociedades de nossos ancestrais ultrapassaram esse tamanho desde o início. Com base no volume de seu cérebro, dois antropólogos concluíram que as redes sociais do *Homo erectus* e do primeiro *Homo sapiens* já eram maiores do que as dos chimpanzés.[33] Isso indicaria que suas sociedades superavam duzentos indivíduos. Outro estudo com base em evidências arqueológicas calculou que sociedades já atingiam populações de várias centenas de indivíduos quando o gênero *Homo* surgiu há 2,8 milhões de anos[34] — quando a alimentação humana começou a incluir mais carne. Ambos os resultados sugerem que marcadores são uma parte respeitável de nossa herança, e foram usados muito antes que os primeiros artefatos complexos, como pinturas rupestres, fizessem parte dos registros fósseis.

Não há como saber se as sociedades de nossos ancestrais já incluíram membros desconhecidos desde o início, quando marcadores eram limitados a uma simples senha, ou se estar perto de pessoas desconhecidas tornou-se possível apenas depois que os marcadores ficaram mais sofisticados e diversos. Qualquer que seja o caso, desse ponto em diante os primeiros seres humanos se libertaram da exigência de conhecer outros membros, independentemente da frequência com que se encontravam ou da distância de seu lar. Com as pessoas à vontade com completos estranhos pela primeira vez, eu descreveria nossa espécie como "livre da familiaridade".[35]

CARTAZES VIVOS

As senhas, dadas quando necessário, teriam sido um avanço essencial na evolução humana que foi ignorado. Sociedades de algumas centenas de indivíduos, embora enormes pelos padrões da maioria dos mamíferos, são absurdamente pequenas comparadas às atuais. Na época, porém, teriam representado um progresso à medida que nossos ancestrais enfrentavam sociedades rivais ainda mais dominantes — como sociedades de bando igualmente grandes fizeram até os dias de hoje. Mesmo assim, para realmente assegurar a afiliação nas sociedades, o que foi um sinal se transformou em um sistema completo.

Ter um único marcador deixa as sociedades vulneráveis a enganos e erros que permitem que estranhos entrem sorrateiramente — ou talvez até confundam as afiliações de sociedades inteiras. A natureza está repleta de exemplos de coisas que dão errado quando espécies dependem de sinais muito fáceis ou escassos; pense na aranha que entra livremente em um ninho de formigas hostis depois de cobrir o corpo com a senha delas, o odor da colônia. Mesmo assim, não imagino que uma sociedade humana tenha dominado um competidor estrangeiro furtivamente copiando sua identidade. Essa manobra tornou-se impossível quando nossas senhas iniciais foram sobrepujadas por marcadores cada vez mais variados e inimitáveis — ritos intrincados, por exemplo. Craquear o elixir de moléculas que contêm o cheiro de uma formiga é muito mais simples do que falsificar a mistura de marcadores que as pessoas registram umas sobre as outras.[36] Assim, como nenhum marcador precisa ser caro, ao longo da passagem do tempo evolucionário, certos marcadores, e definitivamente todo o pacote deles de uma sociedade, ficaram inimitáveis. Como resultado, então, mesmo sem gritar a palavra "amigo", as pessoas tornaram suas identidades rapidamente óbvias e incontestáveis.[37] Mesmo que um indivíduo não veja os sinais delatores de que uma pessoa não pertence à sociedade, outro notará o erro. Essa confiança no coletivo para identificar intrusos também é vista nos insetos: uma formiga estrangeira que passar pelo guarda do ninho uma primeira vez acabará descoberta pela próxima sentinela.[38]

Universais entre as pessoas e, provavelmente, entre os primeiros marcadores que se seguiram a senhas que eram mais que simples gestos, estão os do corpo. Os seres humanos evoluíram e se transformaram em cartazes vivos de sua identidade. Nossa pele nua e cabelos na cabeça, características anatômicas que nos distinguem de outros primatas, representam uma primeira tela para nos expressarmos e aprendermos sobre o que os outros são como pessoas e membros da sociedade só com uma olhada.[39]

No Gabão, certa vez mostrei um livro de fotografias de várias tribos africanas a uma multidão que havia se reunido com vozes alvoroçadas. As imagens atraíram olhares curiosos e conversas acaloradas; dedos passaram sobre joias, chapéus de plumas e outros detalhes que pareciam bizarros aos nativos. Contudo, o que mais chamou a atenção foram os estilos de penteados desconhecidos (e claramente absurdos). Por que os seres humanos desenvolveram uma juba desgrenhada merecedora não só do *grooming* que vemos entre outros primatas, com seu pelo curto, mas também de ser elaboradamente aparada e esculpida, se não porque estilos são criados de modos culturalmente distintos?

Os cabelos precisavam ser cortados, nem que só para afastá-los dos olhos. Na China antiga, cabelos não controlados "invariavelmente indicavam figuras fora da comunidade humana: bárbaros, loucos, fantasmas e imortais", segundo um historiador.[40] Os guerreiros de terracota no túmulo de Qin Shi Huang,

160 O ENXAME HUMANO

o imperador fundador da dinastia Huang que morreu em 210 a.C., são perfeitamente representados com coifas que indicam suas origens étnicas. Um antropólogo observou que, entre os Caiapós, no Brasil: "Cada povo usa um penteado específico, que serve de emblema de sua cultura e comunidade (e, assim, a seus próprios olhos, do mais elevado nível de sociabilidade a ser alcançado pela humanidade)."[41] Certos indígenas norte-americanos mantêm os cabelos curtos enquanto outros os deixam crescer até o chão; alguns usam franja; outros raspavam o topo das cabeças (ou os Mohawks, as laterais). Os cabelos eram repartidos, trançados de várias formas, envoltos em pele de castor ou presos em mechas parecidas com chifres.[42] Até povos como os boxímanes, cujos cabelos crespos não ficam compridos, gastam tempo para deixá-los bonitos.

A pele nua de nossa espécie não é menos adequada para ostentar nossa identidade. Darwin achou que corpos nus evoluíram para tornar as fêmeas mais atraentes, um conceito que o chimpanzé macho refutará. A ausência de pelos conferiu às pessoas uma superfície em que se pode gravar, desenhar, pintar, perfurar, tatuar ou enfaixar para definir quem são. A personalização deve ter começado com outros tipos de giz preparados no fogo para criar estilos diferentes que o antropólogo Sergei Kan adequadamente descreve como transformar a pele natural em social.[43] Outsiders têm tamanha aversão às tatuagens faciais das mulheres no norte de Mianmar que casamentos dentro da própria tribo são quase garantidos.[44]

O Homem do Gelo, uma múmia de 5.300 anos descoberta nas montanhas entre a Áustria e a Itália em 1991, exibia 14 conjuntos de tatuagens feitas inserindo fuligem em cortes nas costas e nos tornozelos.[45] Nosso corpo servia de cartaz muito antes da morte do Homem do Gelo. Não sabemos em que ponto do passado surgiram nossas barbas rebeldes e nossos cabelos desgrenhados, mas a pele humana praticamente não os tinha durante 1,2 milhão de anos, levando-nos de volta aos primeiros dias do *Homo erectus*.[46]

O homem das cavernas dos quadrinhos (geralmente um homem) de nossa imaginação não se importava nada com a aparência. Considerando-nos acima da natureza, imaginamos esse bruto como rude, despenteado e sujo.[47] Esse estereótipo persistente que se estende a povos contemporâneos de outras culturas, indica mais crença que realidade. Primatas sociais se dedicam ao *grooming* dos companheiros por horas — sujeira é sinal de saúde precária. Arrumar os cabelos é a versão humana de ajeitar e limpar, menos com o objetivo de unir cuidador à pessoa cuidada, mas para que a pessoa arrumada transmita sua identidade com clareza. Antes dos espelhos de maquiagem, éramos totalmente dependentes dos outros para nos ajudar com a aparência, especialmente para ajeitar "detalhes nas costas", como observou a primatologista Alison Jolly. O homem das cavernas não era só arrumado, mas elegante. Como Jolly, diz: "Estatuetas de 25 mil anos atrás mostram mulheres nuas com lindas tranças."[48]

Nos últimos milênios, experimentar com a pele e os cabelos se tornou parte do fetiche de nos tornar anúncios vivos. Em todo o mundo, os sinais no corpo vão da cabeça aos pés com deformação do crânio, alongamento do pescoço, lóbulos das orelhas ou lábio, lixamento dos dentes com cinzel, decoração das unhas e atrofia dos pés. A moda surgiu não para o recato, mas para embelezar a figura humana — mais um jeito de nos apropriarmos de nossa identidade.

O que pode ter começado como anúncios ocasionais de identidade se multiplicou em conjuntos de marcadores integrados à experiência momento-a-momento das pessoas em relação aos outros. Sua presença confiável eliminou a necessidade constante de monitorar quem é quem. Essa contínua transmissão de identidade passou a ser obrigatória. À medida que as sociedades ficaram suficientemente populosas e dispersas, os seres humanos precisaram da certeza contínua sobre a ligação de todos ao grupo. Rotinas específicas da sociedade não eram mais copiadas por capricho, mas impostas: uma pessoa com comportamento ou roupas inaceitáveis choca até os amigos. Comparações com outsiders fazem parte da equação. Embora nem tudo que é estrangeiro seja ruim — uma sociedade pode desejar os bens de outra, por exemplo — um sinal de lealdade copiado de um estrangeiro pode ser suficiente para banir a pessoa.

A capacidade de imaginar companheiros de sociedade abstratamente permitiu às pessoas relaxar perto de qualquer pessoa em uma multidão que se encaixe em suas expectativas sem percebê-la como indivíduo. Pode ser difícil manter um parceiro de casamento ou amigo especial feliz se você tivesse que refletir sobre cada rosto desconhecido que passasse.[49]

A CATRACA CULTURAL

Os detalhes práticos sobre a vida social se tornaram parte essencial de nosso pacote de marcadores.[50] Os seres humanos passaram a ter culturas: sistemas ricos e complexos que ensinamos uns aos outros e que diferem de uma sociedade a outra. As culturas foram além de servir para identificar onde as pessoas

162 O ENXAME HUMANO

se encaixam; elas mantiveram seus membros em segurança e alimentados e, em geral, tinham um significado profundo para eles de um jeito que nenhum chimpanzé reconheceria.[51]

Todos os tipos de características sociais acabaram por surgir como resultado da criação, modificação e diversificação do comportamento cultural de nossos ancestrais. Desse modo, as pessoas inovam e melhoram cada vez mais o que fazem, uma característica humana exclusiva chamada "catraca cultural".[52] A utilização da catraca subiu nos últimos 50 mil anos e, principalmente nos últimos 10 mil anos, ocorreu não só de século em século, mas de ano em ano. Alguns aperfeiçoamentos foram partilhados além dos limites da sociedade, como os modernos celulares atuais. Ao longo do caminho, as pessoas tornaram tudo que queriam em marcadores de identidade para criar uma ligação de complexidade emblemática quase impossível de ser imitada por outsiders.

Embora não imaginemos um mundo sem essas novidades perenes, parte delas são produto do moderno capitalismo de consumo. Mas essas constantes mudanças não são necessárias à vida humana. Os escassos rastros arqueológicos das primeiras sociedades sugerem que as inovações eram extremamente raras durante a maior parte da existência humana, com pequenas variações, mas com poucos avanços. As experiências de 99% das gerações humanas que já viveram eram praticamente as mesmas das de seus pais e dos pais deles, antes disso, as sociedades variando muito pouco para ser registrado com o passar os anos. Como exemplo, a catraca evidente em Pinnacle Point esteve apenas um pouco acima do índice de mudança zero em relação ao chimpanzé quebrador de nozes, que usou pedras como martelos durante milhares de anos.

Os primeiros seres humanos inovaram pouco porque eram poucos. A elaboração cultural exige uma população ampla. Apesar de minhas afirmações anteriores sobre a autossuficiência dos caçadores-coletores, a lembrança de como fazer as coisas não estava *totalmente* armazenada na cabeça de cada um. Constantemente nos lembramos uns aos outros sobre tudo imaginável. A responsabilidade de lembrar é distribuída entre todos — chame isso de memória coletiva. Sem livros e internet, nossos ancestrais contavam uns com os outros. Quanto mais se comunicavam, menos esqueciam, reduzindo o ônus de cada pessoa de saber como realizar cada tarefa nos mínimos detalhes. O aprendizado humano é imperfeito e as habilidades se deterioram ao longo do tempo.[53] Porém, com pessoas suficientes em contato, memórias coletivas podem se estender ampla e eficientemente, não só de um bando a outro, mas entre as sociedades que aprendem com os vizinhos.

A memória coletiva não nos teria feito avançar há mais de 50 mil anos, quando os seres humanos eram poucos. Assim como a especialização profissional compromete uma pequena sociedade, a dependência excessiva do conhecimento de terceiros apresenta riscos quando há poucas pessoas. Habilidades de sobrevivência básicas desaparecem por pura má sorte. Isso se chama efeito da Tasmânia. Muitos antropólogos acreditam que os aborígenes de lá esqueceram habilidades como acender fogo e pescar depois de terem ficado isolados, há 8 mil anos, com a elevação do nível do mar que transformou a Tasmânia em uma ilha.[54]

Os neandertalenses também sofreram com as baixas densidades. Seu cérebro era mais pesado que o nosso, mas suas sociedades, mais simples. Muitas vezes, a simplicidade foi vista como estupidez, mas como os animais que caçavam no inóspito norte sustentava uma população muito escassa, os neandertalenses meramente adotaram a mesma rotina dos primeiros *Homo sapiens.*[55]

Outro impedimento ao progresso quando a população era reduzida foi o princípio eco, assim chamado para mostrar como o passado ecoa pelas eras.[56] Bens duráveis são descartados, mas não totalmente esquecidos. Evidências de gerações anteriores estão em todos os lugares, estendendo a memória coletiva das pessoas ao passado. É provável que uma estatueta ou um machado preso ao solo tenham sido feitos há milênios ou ontem. Sem nunca perder o estilo de seus predecessores de vista, os primeiros seres humanos podem ter continuado a repeti-los.

Com os bens das populosas civilizações modernas sobrecarregando e ofuscando os refugos de eras distantes, essa prática está quase perdida entre nós. Pontas de flechas eram comuns no chão no Colorado quando eu era criança, e, no entanto, mesmo que as tenhamos guardado como lembrança, tínhamos pouca motivação para descobrir como fazê-las. Mas para os antigos africanos, e até mais tarde para os primeiros seres humanos que colonizaram a Europa e que também sobreviveram em baixas densidades, o princípio eco foi muito útil. Ao estudar resíduos de eras passadas, talentos como produção de ferramentas e estatuetas não desapareceram indefinidamente de suas vidas. Isso pode explicar como muitos artefatos foram replicados com pouca variação ao longo de longos períodos de tempo.

164 O ENXAME HUMANO

Em vez de uma melhoria fundamental no cérebro, uma explicação mais plausível para a proliferação de bens materiais de 40 mil a 50 mil anos atrás foi um aumento nas populações naquele tempo. A explosão populacional foi atribuída a um clima agradável na África e à dispersão de seres humanos em todo o Velho Mundo, nessa época ou um pouco antes.[57] O resultante impulso na memória coletiva causou o surgimento de tecnologias práticas e outros aspectos de identidade.[58] Mais do que em qualquer outro período, os seres humanos também entraram em contato com estrangeiros. Talvez os esforços para se manterem íntegros em relação aos outsiders expliquem porque a variação em objetos com probabilidade de expressar identidades, como em colares e na arte, deslanchou nessa época. Esses marcadores se espalham depressa. O antropólogo Martin Wobst defende que a criação de objetos para transmitir a mensagem *nós fizemos isso* iniciou uma reação em cadeia. Por exemplo, quando uma sociedade acrescentava um desenho aos seus potes, os artigos sem enfeites em outros locais sinalizavam de imediato que quem os fazia *não* era um deles. Como resultado, as pessoas respondiam inovando estilos alternativos que colocavam o foco em sua própria identidade. Imediatamente, novas versões de bens surgiram em um território após outro, esses marcadores alimentando o enriquecimento cultural das sociedades como antes tinham facilitado o crescimento de suas populações.[59]

Como nossas identidades surgem, em parte, como resposta ao contato com grupos estranhos e as coisas que fazem, proponho uma tese: quanto mais as sociedades interagem com diferentes competidores, maior é a quantidade, a complexidade e a visibilidade dos marcadores que exibem.[60] Então, quando as sociedades se juntam, é provável que seus integrantes tentem se diferenciar uns dos outros para evitar confusão e se proteger. Isso explica os botoques variados que distinguem as numerosas tribos do Noroeste do Pacífico. Pense no elevado fator de reconhecimento de enfeites e rituais na Nova Guiné, uma ilha densamente ocupada por mais de mil tribos conhecidas por seus trajes coloridos e elaborados, comparado à relativa uniformidade das relações dos aborígenes esparsamente espalhados na vizinha Austrália.

A brilhante cacofonia de arte, decoração, linguagem e atividades que distinguem sociedades em todo o mundo ficou cada vez mais elaborada. A origem de toda essa diversidade remonta a mudanças fundamentais em sociedades anônimas ocorridas na origem de nossa espécie ou antes. Recapitulando, os marcadores que nossas sociedades usam evoluíram gradativamente a partir de comportamentos que talvez, como imaginei, eram originalmente parecidos aos ainda vistos hoje nos chimpanzés e bonobos. Primeiro, teria havido uma senha. Marcadores posteriores teriam envolvido o uso de todo o corpo como uma tela para expressar afiliação em uma sociedade, mas deixaram poucos traços nos registros arqueológicos. Várias dezenas de milhares de anos atrás sociedades mais complexas prosperaram quando populações humanas aumentaram e interagiram o suficiente para pessoas coletivamente lembrarem, produzirem e improvisarem traços sociais muito mais complicados, em parte para se diferenciar dos vizinhos.

O caminho que leva de sociedades de reconhecimento individual de outros primatas para as sociedades totalmente humanas, com todas as suas excentricidades culturais — desconhecidas no mundo das formigas, com seus marcadores simples e vida social predefinida — foi longo. Precedeu as civilizações. A evolução de sociedades anônimas foi parte de um imenso projeto de reestruturação, do córtex cerebral ao tronco encefálico inferior. Grande parte dos circuitos neurais necessários nasceu do que inicialmente teria sido uma interação rudimentar de estímulos e respostas a marcadores e os grupos que os compartilham. Desde então, nossos cérebros renovados passaram a associar nossas representações de indivíduos e sociedades a um conjunto de emoções e significados desordenados que animam nossa conduta de um momento a outro, e ao longo dos anos. A interação desses comportamentos, ainda não suficientemente tratada pelos evolucionistas, está sendo desnudada pela psicologia.

SEÇÃO V

Funcionando (ou Não) em Sociedades

CAPÍTULO 12

Sentindo os Outros

Passe um tempo entre os caçadores-coletores e compreenderá que dormir a noite toda é um conceito moderno. Em minha viagem à Namíbia, ouvi boxímanes conversarem sob uma bem definida Via Láctea em vozes elaboradas como as dos pássaros, cheias de cliques, sons anasalados e gorjeios. Suas cabanas mal eram visíveis no cintilar das fogueiras das famílias enquanto contavam histórias tradicionais e eventos do dia com prazer e momentos de encenação. Quando o Sol ficou alto, o assunto se concentrou nas tarefas do dia. A noite era o momento de contar histórias sobre os aspectos de uma vida social boa e as conexões das pessoas com a sociedade em geral.[1]

Anos depois, suas histórias animadas vieram à lembrança quando estava com Uri Hasson, professor de psicologia e neurociência na Universidade de Princeton, enquanto ele se curvava sobre um computador que exibia várias imagens de cérebros. Hasson observava a atividade cerebral de pessoas assistindo a um filme. Os trechos eram abertos à interpretação: alguns espectadores suspeitavam que o marido era infiel, enquanto outros concluíam que a esposa mentia. Quando Hasson observou as imagens do cérebro dos espectadores, descobriu que divergiam de acordo. Se, porém, conversassem entre si enquanto assistiam ao filme, seu córtex cerebral entrava em sincronia: as mesmas porções do cérebro se iluminavam quando seguiam a mesma linha da história, com um único ponto de vista. Hasson chama esse alinhamento de "mecanismo para criar e partilhar um mundo social".[2] O prazer mostrado pelos boxímanes naquela noite estrelada deve ter vindo de uma fusão similar.

Cada sociedade é uma comunidade que deve ser socialmente construída no imaginário de seu povo. Isso se aplica aos detalhes de como a sociedade opera. Os seres humanos transformam tudo o que fazem em narrativa e interpretam sua vida à luz dela. Além disso, ela se amplia com as constantes interações na narrativa social, na qual todos têm um papel. A partir do nascimento, entramos na rede de expectativas dessa narrativa maior, com regras e expectativas sobre trabalho, dinheiro, casamento etc. A narrativa completa dá vida aos marcadores sociais mais apreciados pela sociedade, e organiza e dá sentido ao mundo criando uma estrutura integrada na qual as pessoas operam. Transmitida pela história e reformulada a cada geração, a narrativa afeta como concebemos nossa sociedade e o limite que definimos para nos separar dos outsiders.[3] É a psicologia, e não os detalhes de como somos controlados, que baseia essa narrativa, e é a forma como afeta nossa identificação com os outros que estabelece limites. A formação de identidades humanas e nossas reações a elas orientam nossa vida de um modo que os cientistas tentam compreender.

Até agora, abordamos a investigação das origens e da evolução das sociedades em fases. Começamos no reino animal, considerando como as várias espécies criam sociedades e o que ganham com essas afiliações. Em seguida, investigamos a versatilidade das primeiras sociedades de nossas espécies, descobrindo que caçadores-coletores tinham sociedades bem definidas separadas por marcadores de identidade, que persistiram como o princípio organizacional das sociedades desde as origens da humanidade. Para identificar de onde esses sinais de identidade vieram, exploramos o passado remoto, onde vimos que marcadores provavelmente começaram como simples senhas. Mas a história ficou muito mais complicada do que o mero reconhecimento de identidades de outras pessoas. Como descreverei nesta seção, a relação humana com marcadores e os grupos que definem evoluiu com uma rica base psicológica.[4]

MORRENDO POR UMA BANDEIRA

Irenäus Eibl-Eibesfeldt, pioneiro no estudo das ações humanas pelas lentes do comportamento animal, diz:[5] "Os seres humanos seguem uma bandeira como um patinho segue uma bola em um *imprinting*, fenômeno exibido por vários animais jovens, principalmente pássaros — quando saem dos ovos, eles seguem o primeiro objeto em movimento que encontram (que pode ser a mãe, mas não necessariamente), gerando uma ligação social entre eles. Evidências sugerem que aprender marcadores e usá-los para categorizar pessoas, lugares e coisas é instintivo — vem antes da experiência.

Mesmo que as histórias inspiradoras que contamos, como o hasteamento da bandeira dos EUA em Iwo Jima, aumentem o significado e a importância dos marcadores, conhecê-lo não nos faz ficar empolgados com qualquer marcador poderoso. Tampouco um sinal desses precisa estar ligado a uma pessoa para disparar uma reação apaixonada: sua presença (um hino emocionante) ou sua ausência (imagine uma cidade em que norte-americanos atiram em águias-de-cabeça-branca) envolve o sistema límbico, o centro de emoções do cérebro. Esses circuitos explodem como uma tempestade de fogo quando um marcador poderoso é invocado — um ato de violência se torna ainda mais horrendo quando também envolve a destruição de um monumento nacional.[6]

Considerando o espectador e o contexto corretos, até o objeto ou uma palavra gera uma resposta emocional intensa. Imagine uma cruz equilátera com dobras em ângulos de 90°. Esse desenho aparentemente banal pode fazer um sobrevivente do Holocausto desfalecer. No entanto, não é necessário parar para pensar nas implicações simbólicas da suástica para lembrar o horror que ela pode causar. Quando uma reação de angústia é definida por condicionamento, à la Pavlov, afastá-la é tão impossível quanto evitar o reflexo do engasgo diante de pratos étnicos bizarros: imagine o casu marzu [queijo maturado com larvas de moscas], antes um popular queijo corso, retorcendo-se a sua frente. Mesmo assim, na época que eram muito usadas, as suásticas faziam os corações dos nazistas baterem com o mesmo arrebatamento que sentimos quando ficamos diante da bandeira nacional em um jogo de futebol.

As pessoas amam uma bandeira. Hoje, até mesmo "os controlados dinamarqueses ficam doidos com as cores nacionais", diz o historiador Arnaldo Testi. "Em repúblicas democráticas seculares, a bandeira tem uma importância cívica quase sagrada, como alternativa na ausência de outros ícones públicos vinculativos, como um rei ou Deus."[7] Essa euforia nos liga aos nossos grupos mais essenciais: lutar ou morrer pela bandeira é um prazer e uma honra pessoal.

Como um simples padrão de cores, formas ou sons incita fervor ou medo no cérebro ainda não é bem compreendido.[8] Não é surpresa que a resposta surja na infância. Nos EUA, bandeiras são expostas nas salas de aula e o Juramento à Bandeira muitas vezes é recitado nas pré-escolas (embora hoje a participação seja opcional). Com seis anos, uma criança percebe queimar a bandeira como algo ruim; o orgulho do país vem logo depois.[9]

A onipresença dos sinais de identidade nacional confere a todos uma experiência semelhante que prepara os sentimentos quando nossa mente está

172 O ENXAME HUMANO

distraída.[10] Diante de adversidades, os símbolos tornam-se sinais que nos estimulam a agir. Uma gravação do hino nacional tornou-se um single de sucesso em 1990, depois que os EUA se comprometeram com a Guerra do Golfo; a venda de bandeiras do país explodiu em 2001, após os ataques do 11/09.[11]

COMO OS BEBÊS CATEGORIZAM AS PESSOAS

Grande parte da psicologia das interações entre grupos humanos trata de como reagimos aos marcadores diretamente associados a pessoas individualmente. Os esforços de Hasson e outros psicólogos mostram que nosso cérebro é parte do processo. Um primeiro passo essencial é notar os outros seres. Suponha que você está jogando damas no computador, pensando que seu oponente é uma máquina, e no meio do jogo descobre que é uma pessoa, e não um programa, o responsável pelas jogadas. Nesse momento, sua atividade mental muda para áreas do cérebro reservadas às interações com outras pessoas, incluindo seu córtex pré-frontal medial (na frente do telencéfalo) e o sulco temporal superior (uma fissura no lobo temporal). Isso ocorre mesmo que as informações estejam erradas e não haja nenhuma pessoa ali. Mesmo jogo, mesmo computador, e você passa para outro estado mental — o estado normal quando tratamos com pessoas e deduzimos o que se passa em sua mente.[12]

Como seres sociais, dependemos de nossa percepção dos outros. A acuidade mental que compartilhamos com os chimpanzés e os bonobos, aperfeiçoada pela criação das três espécies em sociedades de fissão-fusão em que indivíduos vêm e vão, está na competência em registrar tênues diferenças — pontos em comum — entre pessoas.[13] Os psicólogos chegaram a conclusões fascinantes sobre como as pessoas tratam umas às outras, tanto indivíduos como membros de grupos. Quase todas as pesquisas se referem não a sociedades independentes, mas a raças em ambientes urbanos. Assim, os exemplos que dou refletem essa tendência.[14] No entanto, esses atributos teriam involuído quando os caçadores-coletores viveram em sociedades mais uniformes que as atuais, como respostas aos marcadores de suas e outras sociedades. Então faz sentido supor que marcadores sociais como linguagem e adornos terão resultados parecidos. (Por que deve haver quase uma equivalência de respostas humanas psicológicas a raças e sociedades será tema discutido adiante.)

Reconhecer grupos humanos começa no início da vida e não pode ser reprimido.[15] De moléculas transmitidas pelo líquido amniótico e, depois, pelo leite materno, os bebês sentem o que a mãe come, incluindo quaisquer sabores intensos, como alho ou anis, preferidos por seu grupo étnico.[16] Espera-se que crianças de um ano que observam pessoas que falam sua língua prefiram alimentos semelhantes e que as pessoas de outras origens tenham uma alimentação diferente. Aos dois anos, essa expectativa se consolida como preferência: crianças a partir dessa idade preferem comer o que os membros do seu grupo comem, seja escorpião frito ou sanduíche de atum.[17] Essa é uma manifestação da parcialidade para com o conhecido e, portanto, seguro, como sabem todos que já viram um bebê irromper em lágrimas diante de algo estranho.

Até mesmo um bebê de três meses foca rostos de sua raça.[18] Aos cinco meses, essa preferência se estende aos que falam a língua dos pais e seu dialeto; crianças crescem achando difícil entender sotaques estranhos e são sensíveis a diferenças na fala.[19] Entre seis e nove meses, os bebês categorizam pessoas de outras raças com base em traços faciais, mas depois ficam piores em distinguir indivíduos de raças que não a própria.[20] Isso precede a perda da capacidade de aprender línguas estrangeiras depois dos cinco anos. Prevejo a resposta de um bebê a marcadores de identidade igualmente claros à medida que penteados ou roupas apresentam um declínio semelhante.

Eibl-Eibesfeldt está certo ao afirmar que a resposta a emblemas de afiliação é um reflexo do bebê humano como é para um patinho se conectar à mãe (ou a uma bola, se tiver a infelicidade de achar que ela é sua mãe). Esse *imprinting* ocorre em cada espécie em seu devido tempo. Talvez você ache que esses instintos são mais intensos em aves do que em humanos com toda sua inteligência, mas a distinção não é clara. É necessário flexibilidade para a sobrevivência de todas as criaturas, não só seres humanos. Um patinho precisa se adaptar à aparência da mãe depois da troca de penas, o que lhe dará uma nova aparência.[21] Caso a mãe se transforme em jantar, o patinho terá que fazer o *imprinting* em outra ave. Não é preciso ser um vertebrado inteligente para lidar com essas eventualidades. Às vezes, até formigas se adaptam à identidade de operárias de outras espécies de formigas e aprendem a tratá-las como companheiras de ninho, caso os estrangeiros sejam introduzidos na colônia na vida adulta.[22]

Talvez sejamos mais flexíveis que a maioria dos animais em reconhecer os membros de nossas sociedades assim como as etnias e raças em que nascemos, mas a diferença é de grau. Alguns vertebrados até aperfeiçoam as habilidades em relação a ouras espécies. Um bebê humano exposto a macacos aos seis meses torna-se hábil em distinguir macacos como indivíduos e macacos criados

174 O ENXAME HUMANO

por pessoas demonstram talento semelhante em diferenciar os seres humanos.[23] Eu me pergunto se uma exposição precoce à espécie errada explica o macaco-vervet observado vivendo e acasalando com babuínos na década de 1960 e algumas camaradagens estranhas como ursos brincando com tigres.[24]

Resumindo, antes de o bebê aprender a ler, falar ou entender uma língua, lida sem esforço com afiliações como raça e etnia, sem qualquer influência dos mais velhos. Mas mesmo que sejamos geneticamente preparados para identificá-las, o modo como pensamos nelas é mais complexo do que identificar características como as formigas detectam o cheiro da colônia. As pessoas discernem as categorias de organismos vivos, incluindo seres humanos, como manifestados em sua verdadeira essência, como veremos agora.

A ESSÊNCIA HUMANA E OS "ESTRANHOS"

Com cerca de três meses, os bebês começam a atribuir uma *essência* a todas as formas de vida, um *detalhe* elementar que as torna o que são, e não outra coisa.[25] Esse constructo mental é registrado nas cosmologias dos caçadores-coletores que, como animistas, estavam convencidos de que os espíritos organizam o mundo. Eles viam animais e plantas, e uns aos outros, inundados de essências. Os Aché, do Paraguai, por exemplo, acreditavam que uma criança recebia sua essência ainda no ventre da mãe pelo homem que lhe fornecia carne.[26]

As pessoas atribuem essência a espécies com base em sua aparência e comportamento. No entanto, a essência que fundamenta essas características e não as características em si, é que importa. É assim que o cérebro lida com discrepâncias. Uma criança não tem dificuldade com a noção de uma cadeira se transformar em uma mesa quando seu encosto é cortado, mas sabe que com seres vivos é diferente: uma borboleta continua sendo uma borboleta mesmo que suas asas sejam arrancadas; um cisne criado por patos ainda é um cisne.

Agimos como se as características dos cisnes estivessem entranhadas em seus átomos. Geneticistas falam do DNA do cisne para apoiar essa opinião; entretanto, os genes são mutáveis e possibilitam transições como a evolução. Acreditando que as essências são estáveis, as pessoas não admitem essas intermediações. Nos experimentos, crianças percebem a imagem de um leão se transformando em tigre como uma espécie ou outra, não ambas, mesmo que veja a mudança ocorrendo enquanto a aparência do felino muda.[27] Essências alojam organismos vivos nas categorias em que acreditamos a que pertençam.

Sentindo os Outros 175

É aqui que as sociedades, como existiram para os primeiros seres humanos, diferem dos grupos da vida moderna. Associar-se a um clube do livro ou a uma equipe de boliche é ótimo e ninguém suporia que alguém fosse forçado a escolher um cônjuge em um desses grupos. Tampouco esperamos que arquitetos e advogados se amotinem ou declarem guerra uns aos outros, como ressalta o antropólogo Francisco Gil-White.[28] Não estamos afirmando que algumas pessoas não estejam mais intensamente ligadas à sua fé ou ao New York Yankees do que ao seu país.[29] No entanto, uma camiseta dos Yankees, roupas góticas ou um uniforme profissional podem ser descartados sem abalar quem achamos que a pessoa é: um fã de esportes ou um jovem ligado à contracultura que *está passando por uma fase*. Em comparação, a partir dos três anos, as pessoas veem sua sociedade, sua raça ou etnia como características cruciais de identidade, fixas eternamente por uma essência, do jeito que as espécies são.[30] Mais do que muitas promessas de casamento, uma identidade nacional ou étnica fica conosco até que a morte nos separe. Para nós, elas são, em uma palavra, naturais.

Nessa base, a única espécie humana se separou em várias. Outsiders — pessoas de outras sociedades e, hoje em dia, outras etnias e raças — são tratados como se fossem criaturas distintas. Seus marcadores são transmitidos aos descendentes de modo tão confiável quanto os traços que diferenciam um cisne de um pato, de modo que suas afiliações persistem ao longo do tempo. Mesmo assim, porque sociedades e etnias são percebidas como profundamente arraigadas — estão *no sangue* — podemos nos abrir à possibilidade de que o indivíduo que se parece com o membro de um grupo é parte de outro, do mesmo jeito que aceitamos, mesmo as aparências indicando o contrário, que baleias são mamíferos e não peixes. Para acreditar que o diferente faz parte do grupo, precisamos estar convencidos de que ele nasceu de membros de nosso grupo e que seus filhos também serão membros desse grupo. Podemos tentar ocultar nossa origem mergulhando em um estilo de vida de outro grupo, mas por mais elaborado que seja o disfarce, qualquer pessoa atenta sentirá que nossa essência permanece. Livrar-nos de nossa essência é quase impossível, uma ideia tão absurda quanto um filhote de cisne treinar para ser um pato.

E indivíduos que se casam ou são adotados, como cisnes por patos, por outro grupo? Embora esses membros da família possam ser tratados com amor, é possível que sua aceitação total seja longa e difícil. Como revelam suas essências, nossos olhos afiados detectarão diferenças, por exemplo, nos descendentes de imigrantes. Talvez nem pessoas que nascem de casamentos inter-raciais

176 O ENXAME HUMANO

estejam totalmente integradas depois de várias gerações.[31] Isso também explica por que, embora os norte-americanos usem o termo *birracial* para rotular alguém nascido de pais de duas raças, o filho de mãe branca e pai afro-americano, não importa o quanto sua pele seja clara, será visto, no contexto de uma América do Norte dominada por brancos, como afro-americano — um ponto de vista antes conhecido formalmente como "regra de uma gota", em que o mais leve sinal de descendência negra considera a pessoa como negra.

ORDEM A PARTIR DO CAOS

Independentemente das obsessões modernas com os grupos raciais, as efetivas diferenças físicas não são a única métrica de identidade. O homem com uma gota de "sangue negro" pode ser tão branco quanto qualquer caucasiano. E, para espanto de outsiders que tentam entender o interminável conflito entre israelenses e palestinos, as pessoas envolvidas são muito parecidas: rabinos haredi e imames islâmicos até usam as mesmas barbas. A genética prova que eles vêm de uma única e estreita linhagem, uma semelhança que os próprios povos teriam dificuldade em aceitar.[32]

No entanto, as diferenças físicas existem e são difíceis de ignorar; na verdade, costumamos ampliá-las em nossa mente. Nos últimos 12 mil anos nossas regras de participação social foram adaptadas primeiro para grupos estreitamente definidos, como os povos homogêneos das sociedades de caçadores-coletores próximas e, depois, às raças como as vemos hoje — raças que agora se aplicam amplamente a pessoas que se encaixam nessas vagas descrições físicas que ousadamente afirmamos serem tão claras que as codificamos pela cor: branca, negra, parda, amarela, vermelha. Podemos mostrar que as categorias são artificiais pela facilidade com que mudam. No início do século XX, poucos norte-americanos consideravam os italianos brancos, muito menos judeus, gregos ou poloneses, as diferenças feitas nos Estados Unidos na época sugerindo uma virtuosidade provavelmente exagerada em detectar diferenças sutis entre seres humanos. Enquanto isso, os ingleses da época se referiam não só aos africanos, mas aos indianos e paquistaneses como negros.[33]

Compare essas categorias de raça mal definidas pela cor com o que chamo "raças genealógicas", como os boxímanes ou os Aché, cada qual, embora divididos em múltiplas sociedades, pode ser rastreada no tempo como uma população geral sólida. Embora a capacidade de identificar diferentes morfologias humanas seja antiga, é improvável que a sensibilidade à variação humana tenha evoluído para responder especificamente a diferentes características raciais nas populações de nossas espécies como cor da pele, a maioria das quais surgiu como leves gradações em amplas distâncias — até continentais.

Certamente, categorias de raça ou etnia raramente são extraídas de apenas um conjunto de características humanas. Assim como a criança entende a imagem de um leão que se transforma em tigre vendo-a como um ou outro, não como ambos, a mente vê faces intermediárias em grupos (raças, na maioria dos estudos) coincidindo com uma ou outra. Mesmo assim, também somos sensíveis a outras nuances de identidade que geram categorias menos ambíguas e mais definidas do que o são na realidade. Quando pesquisadores criam um rosto de aparência intermediária entre duas raças, mas lhe dão um penteado típico de uma das raças, a pessoa era categorizada como sendo da raça associada àqueles cabelos. Coloque uma placa como um afro ou tranças afro na cabeça e os entrevistados declaram a pessoas decididamente como negra.[34]

É assim que Rachel Dolezal, de descendência europeia, que tinha pele clara e cabelos loiros lisos quando criança, passou por afro-americana e se tornou presidente da filial da NAACP [Associação Nacional para o Avanço das Pessoas de Cor] em Spokane. Ela deu atenção especial ao estilo e textura dos cabelos enquanto conservava o bronzeado para dar a impressão de que tinha a exigida gota de "sangue negro". Poucos questionaram sua autodeclarada identidade antes que sua duplicidade fosse exposta em 2015.[35] Entretanto, quando se revelou que não havia nenhuma gota ali, sua essência negra desapareceu, mostrando seus marcadores raciais aparentes como superficiais e irrelevantes.

Penteados nos rotulam tanto que, se um corte de cabelo associado a uma raça de pele escura coroar a cabeça de alguém com características raciais indefinidas, enxergamos sua pele como mais escura do que é.[36] A mudança do tom de pele ocorre de modo semelhante com que percebemos a mesma linha mais longa ou curta se desenharmos suas pontas para dentro ou para fora.[37]

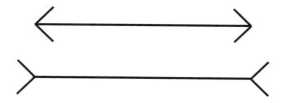

178 O ENXAME HUMANO

A ilusão de óptica funciona porque o cérebro não gosta de confusão — inclusive em categorias sociais. Se a identidade de alguém nos confunde, nossa massa cinzenta, com sua capacidade de improvisar, junta as peças a partir de informações que consideramos úteis. Com o corte de cabelo, o quipá dos judeus, o turbante dos siques e as vestes negras das viúvas gregas são exemplos chamativos. É possível que sinais mais discretos tivessem sido usados pelos caçadores-coletores, cuja aparência física raramente seria diferente e, mesmo que fosse, talvez não tivesse importância. Com esse procedimento mental, as pessoas transformam categorias artificiais (construídas) em realidades sociais.

Anteriormente, falei sobre como os marcadores aceleram o reconhecimento dos grupos. O notável é como as informações são absorvidas depressa e de modo irrefletido. Registramos o conjunto de marcadores de uma pessoa sem deliberação. Alex Todorov, um búlgaro exuberante com uma notável cabeleira e um escritório perto de Hasson no departamento de psicologia em Princeton, mostrou que um rosto visto por um décimo de segundo, um espaço de tempo curto demais para entrar em nossa consciência, é subconscientemente avaliado também em termos do estado emocional, sexo, raça e (assegurou ele) etnia e sociedade da pessoa.[38] Nossa agilidade com marcadores deve reduzir nossa carga cognitiva — o esforço consciente que despendemos. E como Solomon Asch, pioneiro em psicologia social, reconheceu nos anos de 1940, podemos evitar essas impressões tanto quanto nos abstemos de ouvir uma melodia.[39]

Caso os marcadores sejam insuficientes, mesmo em conjunto, sinais de identidade ocasionalmente foram impostos a pessoas. Os judeus eram compelidos a usar um emblema amarelo na França durante a Idade Média e uma Estrela de Davi na Europa controlada pelos nazistas. A lógica dada pelas autoridades é que o emblema servia para indicar vergonha, mas o fato de ser impossível confundir as pessoas de uma etnia certamente foi uma das razões de se obrigar o uso de marcas visíveis. Prova de que as palavras machucam tanto quanto qualquer vara ou pedra, até o boca a boca pode marcar as pessoas com rumores sobre antecedentes familiares provocando a ruína de muitos submetidos a regimes antissemitas.

Se as coisas piorarem, é possível que as pessoas fiquem tão ansiosas para não confundir outsiders com membros de sua sociedade que elas erram, concluindo que alguém considerado esquisito está no lugar errado, mesmo que não seja verdade. Essa tendência é tão previsível que os psicólogos a chamam (de um jeito desajeitado) de efeito de "superexclusão do endogrupo".[40] Às vezes, as consequências da exclusão do endogrupo são cataclísmicas, como indica um boletim de notícias da Segunda Guerra Mundial:

> Confundido por administradores nazistas com judeus deportados, um comboio de refugiados alemães de Hamburgo foi exterminado pelos oficiais da Gestapo em "câmaras de execução" de um campo de concentração de judeus perto de Lwow, o Manchester Evening Chronicle informa hoje [...] Quando o trem chegou, os refugiados alemães famintos e exaustos não eram muito diferentes dos famintos e exaustos judeus que sempre eram levados para as câmaras de gás daquele campo. Os guardas da Gestapo não perderam tempo em desnudar os recém-chegados e em mandá-los para a "câmara de gás".[41]

ALARMES SUBCONSCIENTES

Como nossas mentes processam as identidades das pessoas que encontramos? Quando diferenciamos uma pessoa de um animal, um computador ou outro objeto, o cérebro passa a assimilar as informações sobre esse indivíduo, avaliando, entre outros fatores, se ele é uma ameaça. Esses julgamentos são indispensáveis em um mundo incerto, uma questão de vida ou morte para os caçadores-coletores ao se depararem com alguém inesperadamente ou para tropas em guerra. Mas as avaliações ocorrem até em situações menos tensas, como parte da atividade passada de nosso sistema nervoso.

A reação mental que se segue depende de quem são as pessoas e o quanto elas ou seu grupo são conhecidos. Se a pessoa é desconhecida, mas identificada como sendo um dos nossos ou de algum outro grupo confiável, nossa familiaridade com seus marcadores de identidade faz o estranho parecer menos estranho.[42] Quer façamos ou não o esforço de individualizar a pessoa — de tratá-la como um indivíduo — temos alguma tranquilidade sobre suas crenças e comportamento, embora ainda fiquemos vigilantes se alguém parecer sombrio ou desagradável, ou simplesmente estar tendo um dia ruim.

Estrangeiros — e definitivamente os de uma sociedade não apreciada ou desconhecida — despertam alarmes independentemente de seu comportamento. No mínimo, ficaremos pouco à vontade em sua presença. Entre os boxímanes, até o indício de um estrangeiro, como uma flecha de formato

180 O ENXAME HUMANO

estranho enterrada no chão, induzia ansiedade já que a conduta de seu dono era imprevisível.[43] Um pesquisador que estudou os boxímanes G/wi notou a "tranquilidade e diminuição da tensão depois que um estranho é reconhecido como um companheiro G/wi".[44]

A diferença entre um estranho (um indivíduo que não conhecemos, seja ou não parte de nossa sociedade) e um estrangeiro, ou "outsider" (um membro de uma sociedade diferente, quer o conheçamos ou não), é grande. Os dois são distintos em nossa espécie: podemos fazer amizade com o aluno de intercâmbio em nossa classe, enquanto nunca olhamos para o vizinho. No entanto, os psicólogos muitas vezes confundem estranhos e estrangeiros. Até onde a língua inglesa obscurece essa diferença, ela é infeliz. A palavra "xenofobia", por exemplo, muitas vezes é aplicada a torto e a direito a nossas reações negativas em relação a estranhos e estrangeiros da mesma forma. É provável que a mente humana tenha evoluído para responder a estranhos e estrangeiros de modo diferente e a estranhos estrangeiros com mais intensidade.[45]

Nossa categorização instantânea e impensada de pessoas tem óbvias vantagens adaptativas. Como vimos, ela nos alerta para aqueles cujas ações são imprevisíveis e reduz as tensões em relação aos que se parecem conosco. Nossas avaliações não só ocorrem em nossos radares conscientes, como nos afetam profundamente. Por exemplo, a maioria dos participantes de um estudo que assistia a um vídeo de pessoas sendo espetadas com uma seringa hipodérmica suou menos e mostrou menos atividade na seção da insula anterior bilateral do cérebro quando a pessoa que recebia a injeção era de outra raça, uma resposta neurobiológica que indica a diminuição de empatia.[46] Mesmo um chimpanzé exibirá essa conexão seletiva, bocejando só em resposta ao bocejo de um indivíduo que pertença a sua comunidade.[47] Essa reação revela um ingrediente básico das interações humanas: agimos como se a essência de nosso povo fosse superior, como se fôssemos mais humanos que outros grupos. Diante de alguém que não se encaixa, nós nos retraímos. Em situações extremas, a atividade cerebral de uma pessoa que vê um indivíduo que considera estrangeiro parece a mesma de uma que vê um animal. Quando as pessoas são identificadas como outsiders, a mente abandona a nuance e as expele totalmente da categoria humana. Observadas em conjunto, essas reações sustentam o raquítico edifício dos estereótipos humanos.

CAPÍTULO 13

Estereótipos e Histórias

Estereótipos são atalhos mentais, um resultado inevitável de segmentar nossas experiências em categorias que tornam o mundo compreensível. Sem essas expectativas sobre regularidades, ficaríamos cronicamente surpresos, não esperando pelo perfume dos lírios ou pela dor da picada de uma abelha.[1] Walter Lippmann, o jornalista que conferiu a "estereótipo" seu significado moderno, escreveu o seguinte: "Notamos um traço que marca um tipo bem conhecido e completamos o resto do quadro com os estereótipos que levamos em nossa mente."[2]

Assim, quando categorizamos um objeto como cadeira, assimilando suas pernas e assento característicos, e antevendo que ela é um objeto no qual se sentar, naturalizamos esse fato (talvez um dia surpreendendo-nos quando, sem notar que é feita de papel, nós e ela desabamos no chão, derrubando também nosso estereótipo de cadeira).

Não costumamos associar estereótipos a móveis. Quando aplicados a pessoas, como de hábito, são compartilhados socialmente, previsões simplificadas criadas pelo cérebro sobrecarregado para avaliar os outros. Algumas de nossas previsões são inofensivas. Damos dinheiro ao barista sem pensar. A indiferença é óbvia quando estamos distraídos ou com pressa, como se fosse uma máquina a nos oferecer cafeína, e não uma pessoa. Talvez o barista não se incomode e nos trate como mais um na longa fila de clientes. No entanto, também criamos estereótipos sobre membros de sociedades e grupos étnicos dentro delas, por exemplo, antecipando suas ações, incluindo como os outros agirão em relação a nós ou prejulgando o que pensarão sobre as pessoas e sobre o nosso grupo.[3] As essências que imaginamos nos outros correspondem

182 O ENXAME HUMANO

não só a marcadores humanos verificáveis, mas à bagagem de nossas crenças e preconceitos sobre pessoas que os exibem. Essas generalizações podem ser prejudiciais se associarmos as pessoas de determinada sociedade ou origem a um pacote de suposições indesejáveis e totalmente incorretas.[4]

Nossos preconceitos pessoais são mais disseminados do que acreditamos. Uma das ferramentas poderosas para expor nossos estereótipos é o Teste de Associação Implícita. Ele consiste em uma série aleatória de pares de imagens em uma tela, de uma palavra e de uma pessoa, normalmente com pele clara ou escura (embora dois grupos étnicos também funcionem). O participante deve ligar um tipo de rosto a certo tipo de palavra. Por exemplo, pede-se a uma pessoa que aperte um botão só se a palavra mostrada junto ao rosto escuro tenha uma conotação positiva como *paz* ou *alegria*, e não o apertar se a palavra for negativa, como *violência* ou *doença* e fazer o oposto para rostos de pele clara.

A maioria das pessoas faz perfis raciais. Quase todos os norte-americanos realizam a tarefa mais depressa e com menos esforço (com menos erros) quando lhes pedem para combinar rostos de pele escura com palavras desfavoráveis e de pele clara com positivas. Isso também ocorre mesmo para quem considera estereótipos questionáveis e se orgulha de ser imparcial. O resultado é um grande choque para a maioria dos participantes dos experimentos, que não tem ciência dos próprios preconceitos. Ainda mais surpreendente, segundo psicólogos sociais que inventaram o teste, é que "a consciência dos preconceitos ocultos não nos ajuda a eliminá-los".[5] A prática não melhora os resultados.

No musical *South Pacific*, a equipe compositora libretista de Richard Rodgers e o libretista Oscar Hammerstein colocou na música a visão convencional de como esses preconceitos entram em nossa cabeça:

> *Você precisa aprender a ter medo*
> *de pessoas cujos olhos têm um formato estranho*
> *e de pessoas cuja pele tem um tom diferente.*
> *Você precisa mesmo aprender.*
> *Você precisa aprender antes que seja tarde,*
> *antes que tenha seis, sete ou oito,*
> *a odiar todas as pessoas que seus parentes odeiam,*
> *você precisa mesmo aprender!*

Isso é um erro: não é preciso ensinar esses fatos metodicamente às crianças. Na verdade, aprender estereótipos é uma extensão do desenvolvimento do domínio de detecção de padrões da criança — a primeira tarefa de uma criatura imatura em busca da independência.

Para a criança, diferenciar categorias de pessoas é só o começo. Ela as associa não só a padrões do que vê adultos fazerem, mas também ao que os outros dizem que fazem, e mais, se essas ações são entendidas como boas ou ruins. Essa discriminação não requer um motivo. As pessoas não precisam sentir que os outros são adversários ou competidores. Esses preconceitos surgem com facilidade quando os grupos são totalmente arbitrários. Por exemplo, crianças designadas ao acaso para um dos dois grupos imaginam que os do outro grupo fazem mais coisas ruins.[6] Na verdade, grupos — e principalmente os duradouros e significativos como nações e etnias — são representados por arquivos mentais que começam a se encher na infância com princípios básicos que vão de relativamente inofensivos, como *Italianos comem macarrão*, a conclusões problemáticas como: *Mexicanos fazem trabalho subalterno*.

"O racismo não é algo que ocorre com a criança, é algo que ela faz", argumenta o psicólogo Lawrence Hirschfeld.[7] Aos três anos, as crianças não só reconhecem raças; elas as percebem como algo mais que superficial e as enchem de estereótipos.[8] Isso se revela, fatalmente, à medida que ela assimila as atitudes dos demais, não unicamente dos pais, para formar um ponto de vista. Na verdade, os pais exercem muito pouca influência.[9] Mesmo os descendentes de pais avançados absorvem os preconceitos da sociedade. Os jovens são pequenas máquinas de preconceito, exibindo atitudes negativas tão intensas quanto as dos adultos, mas muitas vezes sem conseguir ocultá-las.[10]

Para as crianças, também é importante descobrir onde se encaixam. Para tanto, elas priorizam observar os outros. Em vez de estudar seu reflexo em um espelho, prestam mais atenção aos da mesma raça e etnia dos pais ou cuidadores.[11] Quando adotadas por outra etnia ou criados por uma babá estrangeira, porém, parecem compreender as próprias origens e como se espera que ajam pela forma como são tratadas pelos outros.[12] O fato de uma criança aceitar a identidade imposta a ela é um sintoma do forte desejo de os seres humanos encontrarem seu lugar. Sem dúvida, se seu cérebro infantil fosse transplantado para a cabeça de uma criança da floresta senegalesa ou de um conjunto habitacional em Macau, você cresceria exatamente como em casa nesse ambiente social com a identidade que tem hoje. As crianças até absorvem duas culturas,

184 O ENXAME HUMANO

mas é provável que se vejam principalmente como membros de uma ou outra à medida que crescem.[13]

Apesar de a genética não determinar preconceitos específicos, o fato de nossa propensão ao preconceito ser inato causa um efeito problemático: uma vez formados, os estereótipos resistem a mudanças. Esse fato infeliz, concluiu uma equipe de psicólogos: "Pode explicar, em parte, porque conflitos entre diferentes linguagens e grupos sociais são profundos e difíceis de erradicar."[14]

JULGAMENTOS PRECIPITADOS

Em todas essas questões, julgamentos precipitados são a norma. Alex Todorov, psicólogo de Princeton, acredita que, no mesmo décimo de segundo necessário para inserirmos uma pessoa em uma categoria, já formamos opiniões sobre sua confiabilidade, entre outros estereótipos. Um outsider em nosso grupo suporta as avaliações mais rápidas e superficiais. Ele gera ansiedade estimulando a amígdala, a mesma porção do cérebro ativada quando espantamos uma abelha com um tapa, com o coração acelerado. Nossa reação intensa e descuidada a tudo que é uma ameaça em potencial é "resistente à mudança e propensa à generalização", disse um neurocientista.[15] O que me surpreende é como damos tais veredito antes de registrar a pessoa em nossa mente consciente. Se continuarmos a examinar um rosto por mais que um piscar de olhos, o único resultado será justificar conclusões já formadas no inconsciente. Na verdade, nesse crítico primeiro momento de percepção, não vemos uma pessoa, mas registramos nossos estereótipos sobre ela, criando um simulacro em nossa mente que supera a maioria das qualidades reais do indivíduo.

Qualquer divergência das pessoas em relação aos nossos estereótipos sobre elas é uma medida de sua individualidade. Você diria que são informações valiosas. Entretanto, só consideramos com seriedade pessoas de nossa sociedade ou etnia. Para elas, concedemos privilégios especiais, absorvemos detalhes de personalidade começando no giro fusiforme, a seção dos lobos temporais e occipitais dedicada ao reconhecimento facial. Por exemplo, se interpretarmos um rosto ambíguo como negro depois de ter sido "rotulado" como afro, é mais provável que formemos uma impressão mais completa do indivíduo se também formos negros. Essa reação se intensifica caso tenhamos opiniões semelhantes às da pessoa em nossas inclinações políticas: em resposta, os disparos neurais passam à parte inferior do córtex pré-frontal medial, a mesma região ativada quando pensamos em nós mesmos.[16]

O preço desse sistema de filtragem automatizado é o gargalo que cria para compreender estranhos. Não que não possamos decidir nos esforçar mais para aprender amenidades sociais sobre uma pessoa do endogrupo como seu nome, por exemplo. Contudo, considerando o modo desajeitado com que individualizamos os que não são "um dos nossos", o sonho de Martin Luther King ainda é uma batalha difícil: pessoas bem-intencionadas muitas vezes não julgam indivíduos de outro grupo só por seu caráter.

De certo modo, no momento do encontro, julgamos automaticamente o livro pela capa, dando uma rápida olhada em seu interior só se a capa for aceitável. E, mais, lembramo-nos melhor das pessoas minutos, dias e semanas depois de as conhecermos se pertencerem ao nosso grupo. Caso contrário, quaisquer detalhes que tenhamos notado desaparecerão da memória. Um resultado é o triste fato de que muitas prisões equivocadas se baseiam no testemunho ocular de acusadores de raça diferente do acusado.[17]

O fato de sinais poderosos suplantarem preconceitos nocivos poderia ser um indício positivo para relações grupais dentro e entre sociedades. Por exemplo, se um homem de uma raça ou etnia diferente usa uma camiseta do nosso time preferido, ela pode se tornar essencial em como ele é avaliado: considerando a nossa lealdade partilhada, esquecemos seu status de outsider.[18] Infelizmente, a mudança é temporária e só afeta a pessoa que usa a camiseta. Caso ela ou outra pessoa de sua etnia use outra camiseta, nossos preconceitos arraigados voltam à superfície. Tentativas de reprimir nossa visão negativa não produzem resultados por meio de um efeito de "não pense em um elefante", onde acabamos pensando em algo — como um elefante — ainda mais depois que tentamos desviar a atenção para outro tema. Nossos preconceitos são ativados com ainda mais intensidade.[19] Ironicamente, isso ocorre porque a energia que gastamos na tentativa de superar estereótipos nos esgota, fazendo-nos cometer erros e nos comportarmos de modo ainda pior.[20]

Imagina-se que o problema seria menor se diferentes sociedades ou grupos étnicos se conhecessem melhor. Entretanto, como vemos no preconceito racial contra afro-americanos em toda a história norte-americana, mesmo onde há grandes concentrações de negros, o contato frequente não é suficiente para superar os efeitos dos estereótipos. Os psicólogos Kimberly e Otto MacLin comparam o problema ao tráfego de Manhattan, onde os pedestres veem mi-

186 O ENXAME HUMANO

lhares de carros, mas sem ter motivo para possuir um, não distinguem um do outro. Na melhor das hipóteses, conhecem as marcas que identificam o carro como um táxi.[21] Para identificar estrangeiros como *pessoas*, e não em termos de estereótipos, não podemos simplesmente ser expostos a eles como o novaiorquino é aos carros. Para levar o exemplo de "maçãs e laranjas" em outra direção: justiça para com os estranhos significa ultrapassar a facilidade com que os vemos como o equivalente a maçãs e a nós mesmos como todos os tipos de interessantes variedades de frutas cítricas. Enxergar outsiders com tantos detalhes não é algo que aconteça sem esforço ou com frequência.

Apenas fanáticos e crianças ingênuas ostentam seus preconceitos. Como adultos, quase todos nós racionalizamos quaisquer prejulgamentos de que temos consciência e as ansiedades que despertam, ou as ocultamos tão profundamente que não notamos sua existência. Entretanto, o Teste de Associação Implícita nos diz que não precisamos ser radicalmente xenofóbicos para mostrar preconceito em relação a outsiders. Mesmo entre pessoas bem-intencionadas percepções indisponíveis à inspeção consciente ainda influenciam respostas que variam, nas palavras de dois psicólogos sociais, "de desvios à degradação à desconexão".[22] Praticamente cada comerciante, empregador, guarda de trânsito ou transeunte distingue membros de endogrupos e exogrupos, reage a certos exogrupos com elevado senso de vigilância e tem menor probabilidade de ir em seu auxílio. Como as mesmas pessoas têm mais condições de se preocuparem com os que encaram como indivíduos — uma propensão conhecida como o efeito da vítima identificável — elas também têm dificuldade em tratar outsiders com justiça devido ao esforço necessário para distinguir um do outro. No entanto, a maioria das pessoas não tem a menor ideia de que se comportou mal. Essa dinâmica ocorre em todas as interações entre sociedades e as etnias dentro delas, e o impacto nas relações interpessoais é incalculável.[23] Todos esses preconceitos enfrentam informações contraditórias. Excluímos deles o amigo que é cidadão de uma nação de que não gostamos sem que essa pessoa melhore nossa avaliação sobre seu povo — nosso parceiro é uma exceção à regra.[24]

Apesar dos pontos negativos, a capacidade humana de lidar com totais estranhos serve para simplificar interações positivas dentro e entre sociedades de um modo impossível a espécies cujos membros precisam se conhecer a fim de funcionar socialmente. As pessoas registram alguém como estrangeiro, mas ainda entram em uma relação produtiva com ele. Inicia-se uma reação adversa modesta, mantendo os indivíduos envolvidos, embora a uma distância formal.[25] Isso é bom apenas em parte. Além da tendência cotidiana de tratar nosso povo um pouco melhor do que a outros, existe o perigo, havendo uma provocação ou oportunidade, de que qualquer repulsa ou ciúme possa ser usado para justificar ações contra toda uma classe de outsiders.[26]

A pressão social para se enquadrar transforma estereótipos em uma profecia autorrealizada. Indivíduos costumam dar o melhor para brilhar em atividades que os estereótipos internalizados sobre si mesmos sugerem que serão bons em fazer, levando aos clichês predominantes nos Estados Unidos de que negros se sobressairão nos esportes e asiáticos em matemática, neutralizando quaisquer outros potenciais que tenham e, assim, sustentando ainda mais esses estereótipos.[27] Se diferenças de talento geram estereótipos ou estereótipos promovem diferenças em talentos é uma pergunta a ser respondida, mas indivíduos enfrentam reações negativas de todos caso não atendam às expectativas do grupo.[28] Isso sugere que nossos preconceitos não se limitam aos exogrupos: esperamos que as pessoas como nós também ajam da mesma forma.

Resumindo, agimos com preconceito sem termos consciência do fato. Esse impulso deve ter evoluído de modo a estimular as pessoas a atender os melhores interesses do grupo mesmo quando suas relações com estrangeiros são boas. Quando laços falhavam, antigamente ou agora, a discriminação indisfarçada subia à superfície.

LEMBRANDO, ESQUECENDO, SIGNIFICANDO E HISTÓRIAS

As pesquisas deixam claro que, quando se trata de outras pessoas, reagimos automaticamente, com nossos sentimentos positivos ou negativos e preconceitos acionados dentro de milissegundos de um encontro. Imagino que nossas reações aos marcadores em si sejam igualmente automáticas, e só quando somos chamados a nos explicar racionalizamos nossas reações, esclarecendo o que um marcador simboliza para nós. Isso não quer dizer que seus significados sejam insignificantes. Os conceitos e histórias com que crescemos tocam vários aspectos de nossas identidades e orientam como interpretamos nosso lugar na sociedade e no mundo. No último capítulo, expliquei que os seres humanos transformam tudo em narrativa. Os detalhes culturais vitais que as pessoas decidem transmitir — por exemplo, o relato de Betsy Ross costurando as estrelas e listras na primeira bandeira norte-americana — conferem um

188 O ENXAME HUMANO

peso emocional a esses detalhes que reforça sua recordação posterior e continuidade. Essas histórias parecem-se com estereótipos na medida em que nos poupam esforço mental eliminando uma confusão de informações para nos lembrar o que é realmente importante em nossas conexões com os outros.

As histórias de uma sociedade falam das aspirações das pessoas e de relatos de seu passado. Podem ser recentes, talvez recontando o sucesso do atleta olímpico daquele ano, mas as mais importantes resistem por gerações: os italianos ainda comemoram o Império Romano e os cidadãos ainda relatam as contribuições de antigas dinastias como a Máuria. Falar sobre o início de uma sociedade em especial é uma fonte de inspiração e prazer, quer o antecessor da pessoa tenha assinado a Declaração da Independência quer tenha apenas se tornado um cidadão naturalizado. Mas nenhuma história original é um relato objetivo de eventos. Criar material sobre uma consciência histórica coletiva é uma questão delicada. O que importa não é a verdade, mas uma *história* que transmita um passado de orgulho e coragem em um momento de crise para o bem do grupo e de seus valores, em que a eterna pergunta que todos enfrentam na vida, "Quem sou eu?", transforma-se em "Quem somos nós?"[29]

Depois que o Vietnã se separou da dinastia Han, da China, no século X, os estudiosos da época registraram relatos da história do país, que atenderam bem a essa função. Durante séculos, a dinastia fundadora dos Reis Hung foi considerada parte da herança vietnamita. Os registros arqueológicos revelaram que esses reis eram uma criação medieval.[30] Na primeira metade do século XIX, revolucionários fizeram o mesmo pelos Han, um grupo étnico que passou a compor a maior parte da população da China. Eles inventaram uma história e ancestrais para todos eles, o mítico Imperador Amarelo.[31]

Feliz é a nação sem história.[32] Assim disse o pensador do século XVII Cesare Beccaria. Ele afirma que uma apresentação completa e precisa do passado abala a função de união da memória coletiva. Pense na história como o conteúdo de uma caixa de lembranças encontrada no sótão de onde tiramos o que queremos e enterramos o que é melhor esquecer. Quer a narrativa resultante das lembranças guardadas não tenha erros, seja uma fábula ou nem uma coisa nem outra, qualquer contestação a ela é desaprovada ou proibida. Uma história bem elaborada passa uma boa imagem das pessoas e molda seu futuro — embora um líder habilidoso manipule o conteúdo da caixa do sótão para conquistar seguidores entusiasmados.[33] Ao mesmo tempo, as pessoas gravam na memória cada detalhe das histórias que contam, como refletiu o historiador Ernest Renan: "O esquecimento e, eu diria, o erro histórico, são essenciais na criação de uma nação."[34] Assim, temos os turcos negando obstinadamente o genocídio de armênios e o relato dos norte-americanos sobre a guerra da independência, que aos olhos dos ingleses tem muitos erros, como o menosprezo do papel do apoio da França à causa rebelde.[35]

Caçadores-coletores, na ausência de relatos escritos e mecanismos para revelar fatos desconcertantes, eram mestres na lembrança coletiva. Eles gostavam de histórias, mas se dedicavam mais em explicar a natureza do que reconhecer as realizações de seus antepassados. Nem todas as sociedades privilegiam a história, muito menos os povos que viviam em bandos. Embora as necessidades do dia a dia, como acender uma fogueira, fossem transmitidas com a máxima frequência, o esquecimento era absoluto quando se referia a tempos passados. Em sociedades antes da escrita, o passado raramente era uma saga digna de ser lembrada. Em vez disso, eles encaravam o tempo como interminável e formando ciclos como as fases da lua, praticamente garantindo que a história, como o filósofo George Santayana previu, se repetiria.[36]

Isso cria um contraste intrigante com nossa atual fascinação pela história. Segundo consta, as sociedades de bando viviam e respiravam no presente. Um dos poucos exemplos que li sobre caçadores-coletores contando histórias passadas foi dos aborígenes recontando a chegada dos pescadores indonésios três séculos antes.[37] Quando perguntei sobre essa falta de interesse no passado, a antropóloga Polly Wiessner sugeriu que o passado ganhou importância — e imagino, também uma cronologia associada a eles e a sua terra — só depois que as pessoas criaram sistemas políticos que tinham que ser justificados e transmitidos pelas gerações, como disposto na Constituição dos EUA.

"Essa terra foi feita para você e eu", cantou Woody Guthrie. Esse sentimento de copropriedade de um espaço, e os elementos que ele contém, seria vital para a conexão das pessoas com a sociedade. Contei como os caçadores-coletores eram territoriais, como as pessoas costumam ser. Mais importante para os caçadores-coletores que as histórias dos pais peregrinos, essenciais ao caráter das nações, era sua ligação com a terra e seus sítios sagrados, como a reverência dos cheyennes à montanha Bear Butte, na Dakota do Sul. Essa intimidade mostra que as pessoas estão dispostas a morrer por sua terra como uma questão de sobrevivência cultural.[38] É ao *aqui* que seu conhecimento do mundo se refere, onde seus modos sacrossantos permeiam o solo. Na verdade, histórias e espaços estão ligados. Aqueles com lembranças baseadas em conhecimento

190 O ENXAME HUMANO

levam suas memórias a locais em um ponto ou cenário imaginário. Tanto o cenário imaginário quanto o real são codificados pelo hipocampo.[39] O tempo do sonho australiano se insere nessa tradição de memória, suas histórias intensas ligando-se a lugares com tantos detalhes que os aborígenes recriariam a topografia de sua terra sem mapas.[40]

Os cidadãos de hoje conservam a convicção de partilhar um território nacional, mesmo que muitos tenham passado a possuir, como indivíduos, apenas uma pequena porção de terra dentro dele. Mesmo que "a nação seja o mesmo povo vivendo no mesmo lugar", como observou o personagem Leopold Bloom, de James Joyce, não é preciso percorrer todo o território da sociedade para sentir uma conexão espiritual.[41] Suas fronteiras estão fixadas na mente como uma fronteira de identidade que separa a Nós Deles que vivem do outro lado. De fato, um espaço de terra muito grande para ser visto na totalidade não é menos concreto na imaginação das pessoas que a vasta comunidade de compatriotas, a maioria dos quais nunca encontrará. Da mesma forma, pronunciamentos emotivos sobre o encanto da terra natal que enriquecem os hinos nacionais: há "as praias de areias douradas e sol" de Fiji; a beleza e graça da Bulgária — "ah, elas são infinitas"; o interior do Chile como "uma cópia maravilhosa do Éden". Enquanto isso, a Guiana está "incrustada como uma pedra preciosa equilibrada entre as montanhas e mares", e "entre as terras", Lesoto "é a mais linda". As pessoas podem adorar uma terra estrangeira, mas poucos fundem esse sentimento com o suave brilho do pertencimento e da profunda ligação com as histórias que os une à terra natal.[42]

Não que as pessoas precisem de um território para se identificarem intensamente com seu grupo. Eternos nômades originários do norte da Índia, os Romani, muitas vezes chamados de ciganos, são uma etnia durável, que conserva uma cultura comum apesar de não ter terras desde que se espalharam pela Europa milhares de anos atrás. Mesmo assim, sem um lar, ou pelo menos, direito a uma pátria, um grupo, étnico ou de outro tipo, pode parecer impotente.[43] Daí, a ressonância emocional de histórias épicas de judeus ou palestinos desterritorializados buscando seu próprio pedaço de chão.

Histórias, e o território a que geralmente estão ancoradas, são os grandes aglutinantes das sociedades. As mentes dos boxímanes, em seus acampamentos, devem ter se conectado intensamente quando contavam histórias de significado mútuo, construindo o que um especialista alegou ser a mente coletiva.[44] Quer ensinadas na escola ou ao redor do fogo, histórias contadas através das gerações, e a terra e o povo descritos, formam nossa criação e destino comuns: elas nos lembram que estamos nisso juntos ou que os outros — *eles* — estão nisso juntos de um jeito que talvez não atenda aos nossos interesses. Aspectos contraintuitivos de uma história tradicional, sejam dos ciclopes de Homero ou de Moisés abrindo o Mar Vermelho, são memoráveis e impossíveis de confundir com as crenças dos outros. Às vezes, os temas das histórias são tão claramente improváveis que é inevitável que os outsiders as considerem absurdas, mas mesmo assim as pessoas aceitam suas facetas idiossincráticas sem questionar.[45] O papel desses mitos não é transmitir lógica, mas sim suscitar emoção e nos ligar ao lugar em que vivemos, e um ao outro. Como uma história é apresentada também é importante. Falada em voz alta nos tons roucos ou cantos barulhentos dos devotos, as histórias não só têm probabilidade de serem lembradas, mas mutilar a narrativa chega perto de ser uma farsa ou um pecado. Recontar uma história torna-se uma prática comum em nossa criação e parte de nossa essência.

A ligação de um povo com a sua terra aumenta a influência emocional da afiliação que partilha, assim como suas narrativas e estereótipos sobre si mesmos e os outros criam uma identidade que confere significado à vida. Aprenderemos que o que torna cada um desses elementos formidáveis é que eles podem ser alavancados para manter nossa autoimagem elevada. Também é possível usá-los como armas contra grupos que competem conosco ou nos ofendem. Infelizmente, isso é o que os torna tão assustadores.

CAPÍTULO 14

A Grande Cadeia

Entre os caçadores-coletores, os jahai, da Malásia, chamam-se de *menra*, ou "pessoas reais". Esse também é o significado de *Dana-zaa*, o nome que os indígenas castores do Canadá adotaram, e *mihhaq*, a palavra usada pelos kusunda, do Nepal. "Mesmo os gentis san (boxímanes) do Calaári", diz E. O. Wilson, "chamam-se de !Kung — *os* seres humanos" — verdade, mesmo que a designação "seres humanos" não se aplique a todos os boxímanes, mas só aos que pertençam à sociedade !Kung.[1]

Não é surpresa que as pessoas de uma sociedade preservem um sentimento de superioridade, embora raramente paremos para analisar o quanto ele é extremo e ousado, como o crítico Ernst Gombrich habilmente descreveu:

Conheço um sábio monge budista que, em um discurso para seus compatriotas, disse que gostaria de saber por que alguém que se vangloria de ser a pessoa mais inteligente, forte, corajosa e talentosa da Terra é vista como ridícula e censurável, ao passo que se, em vez de "eu", ele dissesse "Nós somos as pessoas mais inteligentes, fortes, corajosas e talentosas da Terra", seus parceiros o aplaudiriam com entusiasmo e o chamariam de patriota.[2]

Cultivar e conservar essa confiança em nossa supremacia e a forma como registramos o status relativo dos membros de outras sociedades são fatos universais. Certamente os norte-americanos não inventaram o conceito de que sua nação é a maior. "Talvez em algum lugar haja um país racionalista que peça às crianças que só realizem uma avaliação emocional de sua terra natal depois de

194 O ENXAME HUMANO

comparar cuidadosamente suas invenções, seus heróis e suas incríveis belezas naturais com a dos concorrentes", diz o psicólogo social Roger Giner-Sorolla. "Mas provavelmente esse país não é aquele em que você e eu crescemos."[3] Essa perspectiva é outra vez inserida nos hinos nacionais que expressam temas quase idênticos. Entre eles, a glorificação da história e de heróis nacionais, as expressões de orgulho da ética de trabalho, o comprometimento e a coragem de seu povo e, em tempos de paz, a segurança e a independência e — a palavra mais usada — a liberdade que a nação oferece. Para muitas pessoas, a simples ideia de haver pontos comparáveis aos de outras sociedades é absurda, mesmo quando as semelhanças são claras. As minúcias sociais bastam para gerar uma atitude arrogante em relação aos demais, que, em outros aspectos, são quase indistinguíveis, um fenômeno que Freud chamou de narcisismo das pequenas diferenças.[4] Os membros de uma sociedade raramente precisam ser convencidos dos motivos que tornam seu jeito o melhor: eles sabem como as coisas devem ser, e, para eles, a vida organizada dessa forma vale a pena ser vivida.

O senso de superioridade é só uma parte do quadro. Para agravar a situação, há a inquietante facilidade com que as pessoas desvalorizam estranhos. Se extraterrestres pousassem na Terra e observassem o comportamento humano, classificariam as pessoas como socialmente ineptas: sem refletir, nos alternamos entre tratar animais como pessoas e pessoas como se fossem um ser humano individual, um dispositivo para servir café, ou um tipo inferior de animal. Considerando a recompensa da habilidade de *humanizar* animais (caçadores, por exemplo, imaginam que o alce está pensando para prever seu próximo passo), é chocante descobrir com que facilidade as pessoas *desumanizam* outros seres humanos.[5] Os nomes que muitos caçadores-coletores escolhem para si refletem como os seres humanos tratam os outsiders de modo diferente, e geralmente inferior, que seu próprio povo ou outros grupos que conhecem e em que confiam. Até os nomes que muitas nações atuais aplicam aos seus cidadãos, como *Deutsch* para os alemães e *Dutch* para os holandeses, originam-se da palavra que significa "humano" em sua língua.

A arquitetura da mente, criada para perceber grupos humanos como tendo as próprias essências, não confere qualidade a todos eles. Vemos nossa sociedade e as de outros povos inseridas em uma hierarquia com outros seres vivos, uma noção codificada na Idade Média como a Grande Cadeia dos Seres. Normalmente, o real Nós fica no topo da cadeia (ultrapassado apenas por Deus e pelos anjos). Outros seres humanos seguem em ordem descendente, alguns,

A *Grande Cadeia* 195

Aristóteles anunciou, "muito inferiores a seus pares [...] como as bestas são para os homens".[6] Essa hierarquia continua sua descida no mundo natural, com "alguns animais", como Orwell ironicamente escreveu em *A Revolução dos Bichos*, "mais iguais do que outros".[7]

A escala não foi formada em uma "torre de marfim" grega [um mundo ou atmosfera onde intelectuais se envolvem em questionamentos desvinculados das preocupações práticas do dia a dia]; as pessoas intuíram o universo dessa forma antes que palavras fossem rabiscadas em pergaminho.[8] É muito provável que seja uma característica básica de nossa psicologia. Pesquisas mostram que crianças consideram pessoas superiores aos animais e *outsiders* mais próximos de seu grupo de animais.[9] Além disso, a propensão de caçadores-coletores e povos tribais em descrever-se como *humanos* sugere que esse tipo de pensamento é normal até em sociedades pequenas e que têm muito em comum com seus vizinhos (muito mais que você, com seu amplo conhecimento do mundo, partilharia com pastores de iaques tibetanos hoje).[10] Seu uso de epítetos que significam *não humanos* ou *animal* sugere que essas pessoas se sentiam no direito de tratar, pelo menos, alguns outsiders categoricamente como outra espécie, uma visão que naturalmente afetaria suas relações.

CLASSIFICANDO OS OUTROS

Os psicólogos têm muito a dizer sobre como as pessoas classificam outsiders. O status que atribuímos a diferentes grupos está associado a crenças que adotamos sobre como e com que habilidade seus membros expressam emoções.[11] Antes, alguns fatos. Seis emoções são consideradas básicas — felicidade, medo, raiva, tristeza, aversão e surpresa. Esses são estados mentais psicologicamente distintos separados e conectados expressos primeiro na infância e reconhecidos em todo o mundo com leves ajustes culturais.[12] Reunimos esses sentimentos em emoções secundárias, expressões culturalmente influenciadas de nós mesmos em relação aos outros. Usamos emoções secundárias para interpretar as intenções dos indivíduos e reagir ao que eles pensam de nós como pessoas ou representantes de um grupo. Muitos desses sentimentos complexos são positivos, como esperança e honra, mas há os negativos como constrangimento e piedade. Essas emoções secundárias partilhadas são importantes para unir os membros de uma sociedade, que são motivados pela satisfação do orgulho ou patriotismo e a evitação da vergonha ou culpa para agir em conjunto em

196 O ENXAME HUMANO

situações incomuns.[13] Emoções secundárias exigem aprendizado e mais inteligência que as básicas e surgem depois, enquanto a criança está assimilando a sua identidade.[14]

As pessoas intuem que todos os seres humanos expressam emoções básicas e que as partilham com alguns animais (imagine um cão feliz abanando o rabo).[15] Pensamos em emoções secundárias de modo diferente, tratando-as, junto a qualidades como refinamento, autocontrole e civilidade, não apenas exclusivas dos seres humanos, mas como menos desenvolvidas ou questionáveis em povos que não o nosso. Duvidamos especialmente da complexidade emocional daqueles próximos da base da Cadeia dos Seres, que vemos como motivados quase que só pelas emoções básicas dos animais.[16] Supomos que esses grupos não têm autocontrole tampouco capacidade de sentimentos diferenciados e que não podem ser tratados racionalmente. Descontamos evidências de que expressam remorso — uma emoção secundária — por quaisquer transgressões que atribuímos a eles e duvidamos de sua sinceridade.[17] Porque ligamos nossa ilustre posição à qualidade moral, associamos aqueles párias à imoralidade: eles não seguem (e não podem seguir, pensamos) códigos de ética adequados. Suas supostas falhas morais os colocam fora dos limites do tratamento justo — nossa dimensão de justiça.[18] Para completar, as pessoas desumanizadas despertam poucos sentimentos de nós em troca, uma frieza que piora a situação ao parecer confirmar a avaliação do outro lado de nossas deficiências emocionais.

Nosso tratamento desigual a membros do exogrupo é agravado pelas falhas de comunicação. Muito se perde na tradução não só devido às particularidades de cada língua, mas por causa de uma falta de habilidade em interpretar até emoções básicas em um rosto estrangeiro.[19] Enquanto observamos todos os tipos de detalhes em pessoas como nós, em interações com outsiders que nos deixam pouco à vontade detectamos só as expressões mais extremas (como raiva e aversão). Assim, pesquisas mostram que os caucasianos norte-americanos registram a raiva em rostos negros mais depressa do que em brancos e, quando apresentados a uma pessoa racialmente indefinida, têm maior probabilidade de concluir que o rosto é da raça negra quando expressa raiva.[20] Indivíduos mais suscetíveis a associar uma etnia com perigo — ou seja, racistas — fazem as avaliações mais rápidas e superficiais. Quanto mais escura a pele, mais perigoso o homem.[21] Em 27 de junho de 1994, a revista *Time* publicou uma fotografia de O. J. Simpson, acusado de assassinato, que foi alterada para escurecer seu rosto, como ficou óbvio quando a *Newsweek* publicou a mesma imagem, não retocada. Os protestos obrigaram a *Time* a retirar o exemplar das bancas.

Pode ser difícil perceber se um estrangeiro é confiável. Em um estudo recente com turcos e norte-americanos, os participantes falharam em pegar as mentiras uns dos outros.[22] Da mesma forma, há o clichê dos chineses inescrutáveis, cujas emoções são indecifráveis para os europeus, são vistos como subdesenvolvidos, enquanto os cidadãos chineses, que agem de acordo com outras regras, acham que os europeus têm reações exageradas. As implicações sociais são reais. Vi turistas resmungarem irritados enquanto não viam a irritação no rosto "inescrutável" de um nativo da China ou Indonésia, quando sob circunstâncias normais as emoções são subestimadas.[23] Em parte para compensar a passividade que europeus e norte-americanos veem neles, alguns asiáticos removeram a dobra das pálpebras cirurgicamente.[24]

Dois aspectos de nossa percepção baseiam nossas reações emocionais aos *outsiders*. Primeiro, a cordialidade é a medida de sua confiabilidade, julgada pela incrível velocidade de uma primeira impressão. Segundo, a competência, avaliada devagar e determinada pelo nosso reconhecimento da posição do grupo na hierarquia. A competência é a medida de sua força como povo e, consequentemente, sua capacidade de agir em relação a suas opiniões sobre nós — isto é, se eles nos ajudarão ou nos prejudicarão.[25] Dependendo dessas avaliações instintivas, reagimos de modo diferente, sentindo pena de grupos que vemos como cordiais, mas incompetentes (cubanos, por exemplo, em um estudo com sujeitos italianos); e invejando outros competentes que nos tratam com frieza (japoneses e alemães, no mesmo estudo); e ansiando por interações com grupos competentes que nos tratam bem. Finalmente, a aversão com um toque de raiva — desprezo — em uma reação às vezes indisfarçada aos considerados hostis e ineptos (uma reação que muitos europeus têm aos romani).[26]

A aversão provocada pelos romani e outros povos depreciados os coloca firmemente entre os vermes na posição mais baixa da hierarquia. Exemplos existem aos milhares. O nome dado aos caçadores-coletores Aché pelos vizinhos lavradores é Guayaki, ou "ratos ferozes".[27] Proclamar que "nem todo ser com um rosto humano é humano", como um teórico político do Terceiro Reich afirmou, os nazistas equipararam os judeus a sanguessugas e cobras.[28] Durante o genocídio em Ruanda, em 1994, os hutus compararam os rivais tutsis, um grupo racial um pouco diferente a baratas. A tática de comparar negros com macacos começou nos primeiros contatos europeus com a África Ocidental.

198 O ENXAME HUMANO

Gostamos de pensar que essa visão ofensiva é coisa do passado, mas o Teste de Associação Implícita mostra que a caracterização continua arraigada nas mentes dos norte-americanos.[29] Essas não são comparações descartáveis como depreciar alguém por se comportar como um porco ou elogiar alguém por ser inteligente como uma coruja.[30] Registrar alguém como repugnante e subumano nos permite lidar com ele da mesma forma. Esse foi o destino dos prisioneiros de guerra em Abu Ghraib, fotografados em condições humilhantes por guardas norte-americanos em 2003 e 2004. Na melhor das hipóteses, seu infortúnio é desrespeitado ou tratado com *schadenfreude* — prazer com sua dor.

A aversão é uma emoção complicada. Ela é dirigida não só a certos seres humanos e animais, mas a tudo contaminado ou anti-higiênico. Isso inclui comidas bizarras, como o casu marzu, e qualquer coisa — ou pessoa — que nos lembre uma natureza animal suja.[31] A aversão a pessoas e a coisas insalubres parece equivalente, um produto da atividade de duas áreas do cérebro: a ínsula, uma porção do córtex cerebral com um sulco profundo, e a amígdala, um par de conglomerados neurais em forma de amêndoa inseridos nos lobos temporais, parte do sistema de resposta rápida do cérebro. Enquanto isso, o córtex pré-frontal medial, uma parte de tecido cerebral envolvida nas interações humanas, falha em ser ativada, como se estivéssemos diante de um objeto.[32] Desconfio que o erro de identificação dos alemães enviados para a câmara de gás por acidente para "eliminar os piolhos" tenha resultado em parte da aparência repugnante depois da longa jornada em vagões lotados e imundos. Se pensarmos que a higiene anda ao lado da piedade e acreditarmos que os sujos estão no extremo imundo e ímpio da balança, faz sentido que os norte-americanos subjugados tivessem sido obrigados a usar torneiras e banheiros separados.

Imigrantes, muitas vezes menosprezados como sujos ou vermes, são especialmente vulneráveis à xenofobia extrema. De fato, é possível que a aversão tenha se desenvolvido nos seres humanos como uma forma de evitar que doenças entrassem na sociedade ao criar um gargalo para o contato com outsiders. Infecções como a gripe aviária e o ebola desencadeiam o mesmo temor hoje.[33] Um território fechado a outsiders funciona como uma ilha em que alguns parasitas têm dificuldade de entrar.[34] Doenças tornaram-se armas não intencionais nas conquistas. Sociedades colonialistas muitas vezes transmitiam doenças contra as quais a população nativa não tinha imunidade. Os aruaques contatados por Colombo estavam entre as muitas tribos norte-americanas que sucumbiram à varíola.[35]

SOBREVIVENDO NO FUNDO

Se povos marginalizados constroem relações com vizinhos mais poderosos, seu baixo status os coloca em desvantagem psicológica e econômica. Eles não só se sentem inferiores, como têm uma imagem desfavorável de si, como a explicação dos boxímanes !Xõ sobre as crenças modernas de seu povo revela:

> O Deus *Gu/e* criou todas as pessoas iguais, depois as dividiu em povos diferentes, alguns para trabalharem para os outros. Mesmo assim, quando Deus fez o homem, primeiro criou o homem branco e depois o negro. Com a raspa do tacho fez os boxímanes, motivo pelo qual eles são tão pequenos e pouco inteligentes comparados aos demais povos. *Gu/e* fez a mesma coisa com os animais. Primeiro criou os grandes, depois os pequenos e com a raspa do tacho as criaturas menores.[36]

No entanto, até povos maltratados pelos outsiders e com baixa autoestima lutam para reconhecer suas particularidades encontrando fatos específicos em seu grupo para valorizar e dar sentido às suas vidas.[37] Por exemplo, pelo que sei dos !Xõ, não me surpreenderia se eles se orgulharem de seu elevado conhecimento da natureza.

O fato de os valores e a identidade de uma sociedade serem protegidos diante da superioridade demonstrada pelos estrangeiros enfatiza que a ideia do significado de ser humano está aberta à interpretação. Cada sociedade ou grupo étnico dá um toque favorável aos padrões e características que os definem. Assim, sem desumanizar os povos de outra sociedade e etnias, atribuímos a eles e a nós qualidades diferentes.[38] Os chineses percebem sua nação como admiravelmente comunal, enquanto os norte-americanos se orgulham do individualismo. Vemos estrangeiros como inteligentes, mais ambiciosos ou mais expressivos que nós, caso em que decidimos que nossa objetividade, satisfação ou natureza reservada é uma conduta adequada e justificável. Ao chamar nossas falhas de "apenas humanas", ficamos tão perto do topo da hierarquia quanto possível. Racionalizamos que enquanto os outros têm muitas qualidades vantajosas, falham em categorias em que nós brilhamos. Talvez eles acabem trabalhando feito máquinas, não usufruam de prazeres da vida que nosso grupo acha importante, ou careçam de princípios morais.[39]

PRECONCEITOS ENTRE ANIMAIS E NA EVOLUÇÃO

A tendência em ver outsiders malquistos como vermes repugnantes sugere que preconceitos contra seres humanos e fobias a criaturas partilham uma psicologia básica. Certa vez, passei um dia observando Barr Taylor, professor de psiquiatria em Stanford, tratar uma paciente com aracnofobia. O Dr. Taylor apresentou-lhe aranhas aos poucos, uma parte do corpo de cada vez, começando com o desenho da cabeça, depois o abdômen, depois cada pata. O que tinha sido assustador passou a ser rotineiro enquanto ela absorvia os detalhes.[40] Nesta leitura da questão, a familiaridade gera compreensão ou, pelo menos, tolerância. A falha em registrar adequadamente outsiders como indivíduos revela um desconforto semelhante com pessoas que consideramos incompreensíveis — uma hesitação em olhá-las nos olhos.[41]

Talvez a equiparação de exogrupos com vermes tenha se originado entre outros primatas. Macacos machos associam membros do grupo a frutas e macacos estrangeiros a aranhas, em uma versão semelhante do Teste de Associação Implícita. É imaginável, então, que a desumanização seja anterior à linguagem. Uma hipótese razoável é que a classificação de sociedades e grupos étnicos na Grande Cadeia tenha surgido da hierarquia dominante que organiza as relações de indivíduos *dentro* da sociedade de muitos animais. Para um macaco ou babuíno, todos os momentos são ditados por diferenças de status nas quais dominantes importunam subordinados. Dessa forma, perceber sociedades estrangeiras e seus membros como abaixo da hierarquia do próprio grupo seria cognitivamente simples e um precursor plausível para a desumanização dos grupos.[43]

Mesmo assim, em outras espécies que não a nossa, é difícil conceber os preconceitos elaborados exibidos pelos humanos. Uma razão para isso é que os biólogos não sabem se outro animal tem as emoções secundárias que parecem ser a base para os seres humanos avaliarem estrangeiros. Mas, deixando essa questão de lado, avaliar a cordialidade, competência, profundidade emocional ou o status, por mais superficial que a avaliação seja, só faz sentido se houver oportunidade de construir uma relação. Isso é impossível, por exemplo, para os chimpanzés, cujo único recurso ao encontrar um animal estrangeiro é fugir ou matá-lo (com a exceção de alguns encontros com fêmeas solitárias).

Sem dúvida, o surgimento de sociedades anônimas moldou nossa percepção de sociedades estrangeiras como espécies. Com efeito, marcadores são traços que transmitimos para nos estabelecer como seres humanos *bona fide*.[44] A exibição da identidade usando o corpo como uma tela possivelmente começou com a reação de nossos ancestrais aos neandertalenses e outros ramos extintos de nossa árvore genealógica, cujos queixos fracos, mandíbulas salientes, testas inclinadas e anomalias comportamentais marcaram nosso corpo como diferente. Assim, a reação a estrangeiros que eram uma espécie realmente distinta foi transferida para sociedades diferentes de nossa própria espécie.[45]

É possível que avaliar outsiders dessa forma e ver neles o que tememos tenha sido o início de uma resposta inteligente em nosso passado distante, principalmente há 40 ou 50 mil anos, quando os contatos com outsiders eram raros, o conhecimento sobre eles, superficial e a expectativa de vida, curta demais para depender de um aprendizado minucioso. Gerar estereótipos (mesmo que pouco mais que palpites para afastar um excesso de informações imprecisas) deu aos nossos ancestrais um guia rápido para prever se os estrangeiros os beneficiariam ou prejudicariam. A confiança em preconceitos seria menos arriscada do que descobrir as personalidades individuais daqueles cuja moral, motivação e modos de expressão eram estranhos e com quem se criara laços frágeis ou inexistentes.

O filósofo Immanuel Kant afirmou que nossa preocupação moral deveria assimilar a raça humana.[46] Deveria estar claro agora que a mente não se acomoda facilmente a esse ponto de vista. Situar-nos no alto da Grande Cadeia dos Seres explica como podemos ouvir falar de mortes em guerras no exterior todos os dias e ainda apreciar o jantar.[47] Um resultado de julgar as capacidades mentais e emocionais de outras pessoas como desfavorecidas, e suas éticas como deficientes, representa uma recompensa considerável em termos puramente evolucionários. Uma vez o fato consumado, ver os injustiçados como menos que humanos se torna um mecanismo de autopreservação para aplacar a culpa, permitindo-nos a avançar.[48] Gerações passarão antes que reconheçamos nossas ações como hediondas, caso a nossa memória seletiva o permita. Na verdade, assim como duvidamos de expressões de pesar nos outros, dizer que nós (como sociedade) sentimos muito é uma ideia surpreendentemente recente e nada fácil.[49] Inserida no Defense Appropriations Act de 2009 estava a desculpa "pelos muitos casos de violência, maus tratos e negligência infringidos aos povos nativos pelos cidadãos dos Estados Unidos". Ela não chegou à primeira página.

Até agora, descrevi como os estereótipos sociais caracterizam cada membro de dada sociedade ou etnia. Ainda temos que abordar a forma como nossos preconceitos também canalizam nossas percepções de um grupo considerado em sua totalidade. Mais adiante, explorarei como a sociedade parece ser um todo homogêneo, como responde com uma voz e realiza atos como uma frente unida.

CAPÍTULO 15

Grandes Uniões

As maiores exibições de poder na Alemanha nazista pré-guerra foram as manifestações em Nuremberg. Todos os anos, milhares de pessoas extasiadas — essa quantidade chegou a quase um milhão — enchiam uma arena cercada por 130 holofotes claros o bastante para serem vistos a quilômetros. Durante discursos inflamados, ondas de tropas marchavam em passo de ganso sob imensas bandeiras e flâmulas ao som retumbante de Wagner.

O espetáculo deixou claro que os nazistas colocavam os alemães no topo da Grande Cadeia dos Seres. Mas, para quem observava as notícias no resto do mundo, também mostrou a predileção humana — no caso, dos alemães — em concluir que grupos de outsiders são iguais. A extravagância foi a exibição de uma solidariedade tal que seus inúmeros participantes, todos parecendo e agindo da mesma forma e se identificando com os mesmos símbolos, confundiam-se nas mentes dos temerosos do nazismo como um enxame de uniformidade distópica que as pessoas normalmente associam a colônias de insetos. De fato, George Orwell chamou nacionalismo "o hábito de supor que os seres humanos são classificados como insetos e que blocos inteiros de milhões de pessoas podem ser rotulados de 'bons' ou 'ruins'".[1]

Mesmo quando os grupos não exibem o deslumbramento da multidão de Nuremberg, seus membros se unem, como fazem tantas formigas, porque a aparência não familiar e as formas de agir que partilham dificulta distingui-los. Isso contrasta com as pessoas de nosso grupo. Hoje, o problema está disseminado dentro e além das sociedades. *Todos parecem iguais:* os caucasianos dizem isso sobre os asiáticos, que, por sua vez, dizem o mesmo sobre os caucasianos. É uma visão que desconsidera o todo, visto que ambas as raças mostram a mesma variação de feições.[2] *Não se pode confiar neles:* esse preconceito era tão comum entre as sociedades de caçadores-coletores quanto é hoje.

Quando encaixamos os outros em categorias, o bando ruidoso de um país hostil ou os aplausos animados de um amigo passam a impressão de que os indivíduos são várias células em um corpo como o de Frankenstein, uma entidade de carne e osso com uma personalidade e ambições próprias, capazes de se sustentar no longo prazo. Psicólogos dizem que o grupo tem uma elevada entitatividade, a capacidade de ser percebido como uma entidade.[3] Exibições prepotentes de símbolos como bandeiras e música em Nuremberg aumentam o efeito. Eles fazem estrangeiros parecer não só mais unidos, mas mais competentes (e, assim, uma ameaça potencialmente maior) e friamente intimidantes e, portanto, não fidedignos.[4] Nossa avaliação da força de um grupo e as perspectivas de uma competição destrutiva conosco influencia se o consideramos um inimigo, um aliado, um dependente necessitado etc.[5]

Embora seja óbvio que os criadores da exibição ostensiva em Nuremberg tinham prazer em impressionar o mundo exterior, o centro de seu plano de jogo era fortalecer a identificação do povo alemão com a nação. Para os participantes, é claro, toda a atividade era inebriante. Imagina-se que os alemães passaram pela mesma reformulação que realizaram na mente dos estrangeiros, mas com um resultado diferente. Embora, na maior parte do tempo, as pessoas encontrem o reconhecimento desejado ao revelar suas conexões com uma sociedade por meio de sua contribuição como indivíduos e ver os outros como pessoas, a satisfação de ser um igual é maior quando se sentem parte de uma única multidão. O impulso dos participantes de expressar sua individualidade é posta de lado e suas diferenças esquecidas, deixando a sensação em suas veias de serem iguais aos demais e únicos em um só grupo.

Imaginar a sociedade como uma entidade concreta é uma experiência comum, alimentada por qualquer celebração nacional, com seus desfiles, fogos de artifício e tremular de bandeiras.[6] A percepção começa na infância, com a necessidade de pertencimento, um bem-estar com os demais que se transforma em elos fortes com a sociedade conforme crescemos.[7] Essa sensação de ser parte de algo nos leva a inflar o que temos em comum com os outros, mesmo se não os vemos como indivíduos. Ela também intensifica as distinções que percebemos entre nossa sociedade e os outsiders, "homogêneos", que parecem ainda mais idênticos quando nos amedrontam ou enfurecem — enquanto nossa desatenção aos detalhes aumenta a impressão de união dos grupos.

Aqueles no poder contribuem para essa entitatividade. Em casos extremos, como Hitler durante o Terceiro Reich, o líder se torna um símbolo e a personificação da identidade de todos, impressionante como um totem. De forma semelhante, as pessoas veem um líder estrangeiro como representante de sua sociedade. Essa visão reforça a tendência a estereótipos que nos incita a tratar outsiders como cópias. O líder torna-se o original do qual elas foram feitas.

Acreditar nessa cópia não exige comprovação de que os estrangeiros são parecidos. Se supusermos que todas as pessoas de uma nacionalidade ou grupo étnico são iguais se encontrarmos um hostil, acharemos que todos são hostis. Em um primeiro momento, as pessoas representam sua sociedade, como seu líder faz na arena internacional. Isso se aplica especialmente a quaisquer traços de personalidade que nos desagradam.[8] O mesmo ocorre ao generalizarmos as demais ameaças. É natural que acreditemos que todas as abelhas picam se uma o fizer. Espantar abelhas é útil. Nossa resposta às sociedades, tratadas como espécies, pode ser igualmente simplista e, às vezes, igualmente prejudicial aos outsiders. Melhor ficar em segurança do que ser picado.

A SOCIEDADE SE TORNA O INDIVÍDUO

Se pensarmos no significado das sociedades como entidades, deveríamos recuar e observar a ampla variedade de conexões humanas do ponto de vista pessoal ao abstrato. Diferentes estilos de interação funcionam bem em grupos de diferentes tamanhos, e esses estilos e tamanhos de grupos têm sido importantes desde a antiguidade.[9] Mais próximas são as relações entre pares como um casal unido pelo matrimônio ou um subordinado e seu chefe. Há as relações entre pessoas que realizam uma tarefa em conjunto. Para caçadores-coletores, isso significava grupos que coletavam plantas ou caçavam animais e hoje se aplica à colaboração no local de trabalho onde as decisões devem ser tomadas com tranquilidade para atingir a um objetivo. *Onde encontraremos esses tubérculos?*, tornou-se *como venderemos esse carro?*

Em seguida, houve os bandos de caçadores-coletores de duas ou três dezenas de indivíduos que hoje correspondem ao tamanho de muitas salas de aula, departamentos comerciais e clubes amadores. É mais difícil administrar conflitos em grupos grandes, mas as pessoas ainda estão unidas por um forte conhecimento dos outros como indivíduos. De centenas a milhares eram os fiéis a uma sociedade de bando e hoje vemos números correspondentes em grupos sociais como congregações religiosas, conferências e escolas, institui-ções essenciais para troca de informações e recursos em uma comunidade maior. Nesse nível, grupos de pessoas vão além de indivíduos que interagem diretamente ou até se conhecem. Em vez disso, a maioria das multidões anôni-mas se identifica de um modo simbólico.

Seria ir longe demais afirmar que uma sala de aula equivale a um bando de caçadores-coletores ou que um grupo tão efêmero quanto uma conferência equivale a uma sociedade de bando. No entanto, a satisfação com a intimidade de uma sala de aula ou a alegria mais abstrata de estar em uma conferência com vários colegas entusiastas mostra como nossa psicologia interagia com os outros nos primeiros bandos e sociedades, respectivamente. Independen-temente disso, para a maioria dos indivíduos as sociedades, não importa sua dimensão, conservam a primeira impressão, seus marcadores interligados de-finindo as condições para as pessoas verem umas às outras e indivíduos estran-geiros como parte de um todo permanente e unificado.

Desse modo, as pessoas encontram significado nos colegas e na sociedade, que é percebida como uma entidade que representa mais do que a mera soma de seus membros.[10] Vemo-nos desempenhando um papel na continuidade da sociedade, portadores de sua celebrada história, suas tradições, leis e seus có-digos sociais — todos marcadores que nos ligam ao futuro.[11] As pessoas sentem que continuam a viver por meio de sua descendência e dessa união: o amor ao país se torna um caminho indireto para a imortalidade.[12] O etnógrafo Elsdon Best relatou a manifestação de um fenômeno entre nativos neozelandeses:

> Ao estudar os costumes dos maori, devemos lembrar que um nativo se identifica tanto com sua tribo que sempre emprega o pronome na primei-ra pessoa. Ao mencionar uma luta que ocorreu possivelmente dez gera-ções atrás, ele dirá: "Eu derrotei o inimigo ali", citando o nome da tribo.[13]

Assim, se nossos soldados morrem na guerra, reagimos com angústia, re-volta ou temor. Se nosso time nacional vence na Olimpíada, ficamos entusias-mados não só pelo time, mas com a sensação de nós mesmos termos vencido.[14] Unir-se em volta de outros cidadãos é acompanhado de orgulho e consciência de força e glória. Esse tipo de amor etnocêntrico que alguns alegam sentir é resultado do efeito da oxitocina, um hormônio que abafa a ansiedade da res-posta da amígdala e aumenta a empatia por nossos pares — sentimentos positivos também associados à bandeira.[15] Momentos de solidariedade e unidade como esses representam um ponto alto na vida das pessoas. Os norte-americanos sentiram essa afinidade no momento em que *nós* pousamos na Lua ou, para os britânicos, a sensação de *compartilhamento* que acompanha a coroação de um rei ou rainha. Esquecemos nossas diferenças quando impelidos pela identidade que partilhamos e, em um efeito chamado emoção grupal, nossos sentimentos intensos e simultâneos nos aproximam.[16] Pergunte a uma pessoa como se sente, e ela responderá muito feliz; entretanto, se ela ouvir sobre um ato de terrorismo contra seu país, é provável que demonstre grande tristeza ou raiva. Intrínsecas à autoestima humana, as emoções de grupo focam o orgulho, a atenção e a energia a nível nacional e a sociedade torna-se inerentemente parte do indivíduo.

Quando as reações se espalham, às vezes, como um contágio, a resposta dos indivíduos aumenta quanto maior a proximidade, quer macacos agitados convergindo para uma árvore frutífera, quer fãs empolgados vibrando em uma arena de esportes.[17] No entanto, multidões modernas não necessariamente cultivam emoções e conexões de grupo. Um modesto sentimento de unidade é suficiente. Para caçadores-coletores nômades, sua conexão com a sociedade deve ter atingido o auge quando os bandos se reuniam. Membros confirmariam sua solidariedade não só com a troca de bens e estabelecendo camaradagem, mas principalmente identificando-se com a comunidade reunida. As confraternizações ofereciam uma sensação de sagrado na forma de orgulho coletivo e patriotismo. As pessoas nos bandos reafirmavam sua unidade por meio de festejos, histórias, canções e danças.[18]

O prazer em realizar essas atividades e de ceder a individualidade ao grupo se origina do impulso de agir como achamos que devemos a fim de ser aceitos. Isso é visto em como copiamos não só os tiques vocais e gestos, mas também as emoções de quem respeitamos, especialmente de quem pertence à nossa raça ou etnia.[19] Essas ações são involuntárias, induzidas em parte por neurônios-espelho no córtex pré-frontal acionados quando nos envolvemos em uma ação ou observamos alguém realizar uma ação.[20] O comportamento tem base genética: recém-nascidos imitam a tristeza, o medo ou surpresa dos outros.[21] A imitação e as respostas emocionais ao nível do grupo também surgem em outros animais, como um bando de macacos empolgados. Chimpanzés imitam as brincadeiras ou a raiva de macacos em um vídeo.[22]

AGINDO COMO UM SÓ

Não faz muito tempo, eu estava em Tóquio usufruindo o ar fresco de janeiro no templo xintoísta Teppozu Inari, reconhecível por seus portões torii e tetos arqueados seculares, quando mais de cem indivíduos, usando tangas e adereços de cabeça brancos, se reuniram no pátio ao redor de uma piscina cheia de gelo e começaram a cantar. Cerca de trinta entraram, ajoelharam-se até a água gelada atingir a cintura e imitaram os movimentos de remar em um barco enquanto suas vozes se alternavam de uma prece melodiosa a um coro de duas notas e então a um murmúrio contínuo. Depois de alguns minutos frígidos, os devotos saíram e foram substituídos pelo próximo grupo de pessoas.

O ritual é conhecido como o festival de purificação de inverno Kanchu Misogi. Eu o assisti com Panos Mitkidis, afiliado ao Centro de Retrospecção Avançada da Duke University, onde psicólogos investigam processos de pensamento humanos, incluindo, no caso de Mitkidis, como as pessoas agem em sincronia em condições difíceis. Mitkidis trabalhou com empenho apesar do frio enquanto sua equipe reunia dados durante o dia.

Rituais consistem em sequências replicadas de ações que não têm utilidade prática evidente. As marchas de algumas espécies de mamíferos são o comportamento mais próximo a rituais na natureza. Lobos cinzentos saltam um no outro e ganem, enquanto hienas-malhadas têm momentos em que se esfregam umas nas outras, as caudas eriçadas. A marcha motiva os participantes a correrem riscos que evitariam se estivessem sozinhos — atacar outro bando ou clã, talvez.[23] Essa coragem reflete o que em nossa espécie se chama de efeito de descontinuidade: grupos interagindo com outros tendem a ser mais competitivos e menos cooperativos do que os indivíduos seriam se interagissem um a um.[24] Naturalmente, há uma diferença entre seres humanos e outros animais: as pessoas muitas vezes têm símbolos — uma bandeira — para levar na marcha. Formigas escravagistas são uma exceção a essa regra. Partilhando uma bandeira de feromônios, as operárias correm apressadas em um enxame pelo ninho antes de saírem em marcha para conseguir uma nova remessa de servos.[25]

Os seres humanos seguem mais padrões ritualizados do que imaginamos, além da simples imitação de fala e emoções. Quando crianças, ficamos mais hábeis em duplicar as ações complexas dos outros, sem nenhum fim evidente que o de demonstrar nosso comprometimento com um grupo. Pense em uma criança obtendo aceitação na classe da escola ao obedecer a quaisquer regras que inventem. *Nós nos vestimos desse jeito* — tudo bem![26] Desempenhar tarefas não essenciais corretamente — acertar o ritual — é uma forma exclusiva dos seres humanos de afirmar suas identidades, inclusive para a sociedade.[27]

Mitkidis acha que os participantes de rituais intensos obtêm uma solidariedade acima do poder de afirmação de identidade de marcadores sociais comuns ao fazer com que sejam muito coerentes, o tipo de comportamento aumentado em total obscuridade por fraternidades que estabelecem unidade coletiva por meio de embates difíceis. Quando expressões formais de devoção são repetidas com regularidade, as pessoas ficam motivadas a alinharem seus destinos a ponto de se comprometerem com ações perigosas. Cultos e gangues instilam o senso de unidade assim; especialmente em organizações criminosas como a Máfia, que impõe o comprometimento dos membros por gerações.

Rituais ainda mais extremos que o festival de purificação de inverno causam a personificação radical de emoções do grupo, a fusão de identidade. Os participantes veem a si mesmos e ao grupo como um só, o que estimula o comprometimento e assegura que os seus padrões sejam rigorosamente seguidos.[28] Esses "ritos de terror" são raramente desempenhados e muitas vezes por uns poucos eleitos. Em nações, só são praticados hoje nos programas militares mais intensos ou em situações reais de combate.[29] Caçadores-coletores e grupos tribais comumente exibiam esses ritos custosos e realistas que se ampliaram para produzir marcadores dolorosos e irreversíveis como cicatrizes no corpo quando seu povo era envolvido continuamente com outsiders hostis. Pense em seus atos como simulação da dor excruciante que os participantes esperam sentir durante as provações futuras, preparando-os para agir em conjunto.

Como biólogo estudioso de formigas, fico intrigado com a cerimônia de iniciação de guerreiros ainda praticada pelos sateré-mawé, no norte do Amazonas. O rito exige que garotos sejam picados por formigas-bala terríveis de quase 3cm e formato de losango por uma boa razão.[30] O choque da picada de uma dessas certa vez me nocauteou mesmo a tendo tirado antes que instilasse todo o veneno. Isso não é nada comparado à experiência dos adolescentes sateré-mawé, picados por dezenas delas durante cinco minutos em um nível de tormento equivalente à agonia de muitos ferimentos de batalha.[31] Os sateré-mawé, não surpreendentemente, são um povo propenso à guerra.

É claro que um povo não precisa de rituais para estar disposto a proteger seus integrantes. Em tempos de perigo, eles se unem com a mesma determinação de uma manada de cavalos confrontada com uma alcateia de lobos.

O comprometimento de lutar pelo bem comum é fonte de satisfação e inspiração, mas também tem seus riscos. Compatriotas respondem como um mesmo quando têm sentimentos contrários sobre a estratégia do grupo. Por exemplo, talvez eles guardem suas opiniões com receio de rejeição ou de serem vistos como covardes, ou simplesmente para entrar no clima do momento. Por mais liberdade de pensamento que uma pessoa tenha como indivíduo, suas diferenças são postas de lado para apoiar a resposta do grupo.[32] O psicólogo do desenvolvimento Bruce Hood observou sobre essas situações, "Qualquer que seja a individualidade que você defenda é subjugada pelos outros."[33]

Não que todos participem de exibições de unidade. A cooperação e a confiança aumentam, mas essas atitudes nem sempre são adotadas por todos. Se alguém discordar abertamente, a maioria, envolta na bandeira, verá um problema. Defender a opinião de alguém é impopular ou desleal, uma traição tão hedionda que na Europa medieval era considerada um pecado passível de esfolamento ou estripamento.[34] *Estamos nisso juntos* transforma-se em algo mais grave: *Quem não está conosco, está contra nós.*[35] É melhor render-se ou, pelo menos, mostrar que não teve opção caso seja chamado a se justificar depois. Criminosos nazistas se justificaram em Nuremberg que só obedeciam a ordens. Então, não só abandonamos nosso melhor julgamento ou a fé cega na sociedade, como somos absolvidos dos seus e dos nossos erros em seu nome.

Pessoas que ministram choques elétricos a outras após receberem essa ordem de uma autoridade mostram uma diminuição da atividade cerebral, sugerindo que obedecer a ordens nos distancia emocionalmente das consequências.[36] Quando não estamos ouvindo um chefe, mas seguindo a vontade comum e ficamos inebriados com as emoções do grupo, nosso sentimento de culpa desaparece. Nosso fervor sanciona uma trajetória pela qual não gostaríamos de ser responsabilizados se a tivéssemos escolhido sozinhos.[37] Melhor ainda, um sentimento de igualdade e intercambialidade nos deixa seguros em nosso anonimato. Quer em uma formação militar como em Nuremberg ou no caos de um campo de batalha, soldados comuns são treinados para agir como clones confiáveis, impossíveis de serem diferenciados.

Se uma multidão se reúne sem um plano ou líder definido, é possível que suas ações sejam uma propriedade emergente do coletivo ou o comportamento de grupo de um enxame de formigas-correição. A massa de seres humanos dá a impressão de atingir objetivos por vontade própria a despeito da pequena contribuição individual. Entretanto, é possível que a resposta da multidão seja coordenada com inteligência e ainda ser insensata — com adaptação inadequada, mas vantajosa para as pessoas, porém imoral. É provável que um grupo sem liderança tome decisões equilibradas só sob condições cuidadosamente construídas nas quais a população é inquirida após cada pessoa ter tido a liberdade de afirmar sua preferência individual sem influência de terceiros. Do contrário, talvez o que muitas vezes é chamado de "inteligência" de enxame seja mais bem descrito como um governo de multidão, em que os participantes renunciam à vontade individual e sucumbem à histeria do grupo.[38] Unir-se às massas confere ao normalmente incapaz condições de experimentar uma força inspiradora, direto para a violência de gangues e para o genocídio.

Como uma etnia bem-sucedida e invejada (considerada fria, mas competente por outsiders hostis), os judeus enfrentaram uma reação clássica que chegou ao auge com os nazistas. Embora fossem respeitados com relutância e seus negócios apoiados antes do Holocausto, os ataques a eles começaram quando os problemas aumentaram — a culpabilização da vítima, levada ao extremo.[39] Esse padrão repetiu-se ao longo da história. Residentes chineses foram atacados por razões semelhantes durante os tumultos de Java, em 1998. Coreanos-americanos durante os conflitos raciais em Los Angeles em 1992 foram alvos da histeria coletiva que, às vezes, chegava ao assassinato em massa.[40] A razão exerce pouca influência nos fatos quando as tensões são fortes.[41] A facilidade com que as pessoas comuns são impelidas a causar danos sob as justificativas mais incoerentes é desanimadora. Depois do genocídio em Ruanda, a maioria dos hutus admitiu que os tutsi eram bons vizinhos. Essencial para mudar esse ponto de vista não foi só a disseminação de comparações dos tutsi a insetos: tratar as mortes como normais estimulou preconceitos existentes, mas ocultos, a subir à superfície até que, nas palavras de um participante: "Quando a violência começou, caiu sobre nós como uma chuva repentina."[42]

Pequenos grupos de indivíduos ponderados não se saem melhor. O pensamento do grupo se materializa, um desejo de fraternidade e pertencimento eclipsando a meta de obter soluções saudáveis.[43] As pessoas deturpam suas percepções dos fatos para se ajustarem às expectativas do grupo.[44]

A tragédia da condição humana é que os comportamentos do grupo justificam temores e preconceitos que outsiders têm a nosso respeito. De fato, talvez possamos agir como todos os outros e como uma unidade. A intercambialidade percebida das pessoas corresponde de modo mais intenso à realidade quando as tensões são fortes e entramos em sintonia como soldados em um

212   O ENXAME HUMANO

desfile. Em nossa sociedade, e igualmente na deles, essa tensão estimula a cooperação ou, pelo menos, concordância com o curso de ação da sociedade. Subsequentemente, ela reforça a sensação de que nossos destinos estão ligados — em choque com os outros similarmente unidos.

A sensação de similaridade com os outros também se estende ao comportamento cotidiano. Os jivaros, do Equador, eram horticultores e caçadores. Para eles, matar quem "fala diferente" (isto é, outras tribos), e então usar um processo especial para encolher a cabeça das vítimas, era obrigatório.[45] A perversidade em relação aos estrangeiros se compara à relativa gentileza das sociedades de boxímanes da história recente. A brutalidade dos jivaros e a benevolência dos boxímanes são estereótipos passíveis de contestação, veementemente quando supomos que são aplicados a todas as pessoas. No entanto, estereótipos refletem diferenças de grupo reais, o que chamamos de personalidade coletiva, ocorrendo a nível populacional.[46] Isso também se aplica a animais; por exemplo, colônias de abelhas da mesma população diferem drasticamente em termos de agressividade.[47] Para seres humanos, a personalidade coletiva surge de forma semelhante que os marcadores mais óbvios da sociedade, como produto de interações repetidas que fazem os indivíduos parecerem e agirem da mesma forma. Sabe-se que os britânicos são mais reservados que os norte-americanos, e estes mais reativos que os franceses nas demonstrações de humor.[48] Diferenças no caráter nacional têm origem antiga, em que os boxímanes !Kung expressavam mais abertamente a raiva que os G/wi, e os boxímanes sendo em média mais tímidos que outros sul-africanos.[49] Essas "personalidades muito evidentes" aumentam a impressão de que as sociedades são entidades.

Ao examinar sociedades sob diversos ângulos, ignorei um fato incontestável da psicologia: quase todo o bem-estar das pessoas reside principalmente nos laços familiares. Tendo definido como as sociedades humanas funcionaram desde o início, e como a mente humana reage às pessoas de sociedades iguais ou diferentes, agora exploraremos a relação entre famílias e sociedades.

CAPÍTULO 16

Colocando a Família em Seu Lugar

Faz sentido insistir em que uma sociedade é mais do que uma família nuclear — mais do que um casal com uma prole que dele depende. Mas isso não exclui a possibilidade de famílias e sociedades terem bases psicológicas e biológicas similares. Pode uma sociedade representar um grupo de consanguinidade estendida, seja em termos da origem de seu povo ou, talvez, psicologicamente, na mente de seus membros? Assim, o que devemos considerar como parentesco, no sentido amplo da família estendida? As famílias têm o mesmo tipo de afiliação e identidade clara que esperamos das sociedades? O quanto o conhecimento de nosso parentesco biológico é completo, amplo, universal ou preciso? A lógica e a emoção das conexões com nossas famílias se aplicam às conexões com as sociedades?

Famílias, é claro, são essenciais à vida humana, e de modos não vistos em outras espécies. Pense na possibilidade de o pai ficar com os filhos. Nenhum golfinho, elefante, chimpanzé ou bonobo cresce conhecendo o pai. E pais com filhos são só uma parte do todo. As relações humanas familiares são confusas comparadas aos vínculos de parentesco de outros animais. Entre as pessoas, os pais não só participam da vida dos filhos — e dos netos — enquanto viverem, mas acompanham toda a série de relações do lado materno e paterno da família. Conhecemos nossos irmãos e seus pais e os cônjuges de todos eles. Os humanos não só são parceiros para a vida toda (ou, pelo menos, tentam) — seus laços os unem a redes de parentesco.[1]

As investigações de biólogos e antropólogos sobre essas redes têm sido uma base importante para a exploração do comportamento social e, principalmente, da cooperação e do altruísmo. Na década de 1960, os biólogos desenvolveram um trabalho sobre a teoria da seleção de parentesco. Ela defende que as espécies desenvolvem comportamentos que favoreçam a propagação dos genes de parentes para a próxima geração. Desde então, os cientistas têm interpretado o parentesco como a principal força motriz não só das famílias, mas também de nossas conexões com a sociedade: se elas são comunidades imaginadas, a mente humana a imagina como uma extensão da família. Isso, por sua vez nos faria encarar nossos companheiros de sociedade como se fossem parentes.

De fato, há uma certa sobreposição em como as pessoas expressam seus laços com parentes e com a sociedade. Contudo, evidências do reino animal e do mundo dos seres humanos sugerem que compreender e monitorar parentes e membros da sociedade são tarefas distintas, geralmente realizadas para avaliar problemas e soluções diferentes, mas às vezes sobrepostos.

PARENTESCO E SOCIEDADES NA NATUREZA

Para que a seleção de parentesco funcione, os indivíduos precisam identificar seus parentes na multidão ou, pelo menos, favorecê-los ao acaso. Para formigas e outros insetos sociais, isso não é problema: geralmente, a sociedade *é* os parentes. Nessas espécies, a colônia é uma família nuclear fervilhante formada pela rainha-mãe e múltiplas gerações de descendentes.

Porém, além da colônia de formigas, a ideia de sociedade torna-se nebulosa. O núcleo do elefante-da-savana, muitas vezes erroneamente chamado de família, permite que outsiders se juntem ao grupo, em que, até onde se pode determinar, são tratados como iguais.[2] Que o núcleo acabe sendo composto por parentes é um efeito secundário de sua história. Como irmãos crescem juntos, têm condições de continuar juntos. Alcateias de lobos cinzentos podem formar famílias, mas eles, também, se mostraram capazes de admitir outsiders como membros permanentes.[3]

Linhas de sangue são transitórias. Isso se aplica até a espécies como o lobo ou o suricato, cujas sociedades se parecem com uma colônia social de insetos porque consistem em uma família com múltiplas gerações de filhotes que ajudam na criação dos pequenos e outras tarefas. Uma alcateia ou clã pode se estender por gerações, sem interromper a unidade. Mas preste atenção: machos e fêmeas reprodutores vêm e vão, às vezes em paz, às vezes substituídos por outsiders em uma luta. Dez, vinte ou cinquenta anos depois a mesma sociedade, no mesmo território, serve-se de várias linhagens até ser composta por animais sem relação de sangue com os fundadores.

Muitas vezes, no caso de lobos cinzentos e elefantes-da-savana — e de muitos outros mamíferos, de golfinhos-nariz-de-garrafa a gorilas-das-montanhas —, as sociedades são compostas por várias linhagens de parentesco.[4] Há sociedades sem essa conexão; é provável que nenhum cavalo adulto de uma manada seja ligado por parentesco, resultado de como uma sociedade de cavalos se forma. Cavalos adultos não se unem a amigos de infância, como os elefantes, mas com indivíduos que encontram depois que deixam a sociedade em que nasceram. Eles perdem todas as conexões com os parentes com que cresceram. A teoria da seleção de parentesco prevê que um animal arriscaria a vida pelos seus. Entretanto, membros não relacionados dessas sociedades de cavalos ficam uns com os outros por longo tempo, e até se unem para proteger potros dos lobos.[5]

Entre as sociedades de mamíferos mais estáveis, estão as comunidades do morcego-nariz-de-lança, mas elas não são aparentadas. Cada caverna em seu habitat abriga várias sociedades, empoleiradas em locais separados, consistindo em de 8 a 40 fêmeas que se encontraram ainda jovens e um macho totalmente dispensável. As fêmeas não são aparentadas, mas tratam bem umas às outras. As fêmeas forrageiam juntas em seu território e são tão comprometidas com o grupo em sua vida de cerca de 16 anos que quando um bebê cai do poleiro, elas o protegem de morcegos estrangeiros até que a mãe o resgate.[6]

As sociedades oferecem vantagens — como a proteção aos filhotes — que mantêm os animais juntos independentemente de sua relação consanguínea. Embora as relações de parentesco aumentem a motivação de permanecer em certas sociedades, a presença de parentes não é obrigatória para que elas avancem de modo positivo. Uma coexistência benéfica é o segredo de seu sucesso.

E os primatas não humanos? Quando fêmeas adolescentes de bonobos e chimpanzés se transferem a outra comunidade, elas ficam longe de parentes, mas (principalmente entre bonobos) criam laços com facilidade. Já os machos ficam com os parentes, embora seus aliados mais próximos não costumem ser irmãos ou irmãs.[7] Eles preferem fazer amizades com indivíduos com temperamentos compatíveis. Chimpanzés sociáveis ou agitados ficam juntos, uma das vantagens de ter liberdade para vagar em uma sociedade de fissão-fusão.[8]

216 O ENXAME HUMANO

Além disso, em sociedades geneticamente diversas, humanas ou não, às vezes é inviável descobrir o parentesco. Pense na relação de um bebê com a mãe. Nenhum outro membro da família é mais facilmente reconhecido por ele. Contudo, há dificuldades até aqui, já que o bebê precisa aprender a diferenciar a mãe, babás, avós e outras pessoas que ajudam a cuidar dele — cuidadores que existem em muitas espécies com sistemas de criação cooperativa. Os seres humanos têm uma solução: o bebê ouve a mãe no ventre e cria laços com o rosto associado a essa voz com três dias de idade.[9] É improvável que um atalho semelhante exista para reconhecer outro parente, inclusive o pai.

Pode haver indícios sob forma de similaridades entre familiares. Um hamster não só sabe diferenciar outros hamsters, mas detecta um parente que nunca conheceu comparando seu cheiro com o dele.[10] Em um estudo, chimpanzés corresponderam fotografias de macacos bebês desconhecidos às fotografias de suas mães mais vezes do que o acaso permitiria.[11] Por esse motivo, semelhanças, mesmo entre membros próximos da família, são inconsistentes. Pais humanos são conhecidos por superestimar a semelhança com os filhos. Embora pesquisadores tenham mostrado que outsiders podem identificar os pais de crianças com mais frequência do que o esperado, ocorrem muitos erros.[12] À medida que crescem, as pessoas reconhecem os membros da família não com base na aparência ou qualquer relação genética, mas confiando nos outros que lhes dizem quem é quem, e por estarem juntos desde o nascimento.

Colocando de lado as dificuldades de detectar parentesco, há a questão de seu significado para os seres humanos e outros animais. As pessoas conceitualizam categorias de relação de parentesco, como *mãe* ou *irmão*, e provavelmente outros vertebrados também, como foi documentado com os babuínos.[13] Contudo, o que se passa na mente de um babuíno que interage com a irmã não corresponde ao conceito de *irmã* de uma pessoa. Os babuínos contam mais com associação para apoio do que com relações ou semelhanças. Elos entre eles nascem da íntima familiaridade, e não da genealogia real e irreconhecível.[14] Cada fêmea rastreia sua matrilinearidade — uma rede pessoal de relações de seus descendentes, irmãs, mãe etc. Na prática, porém, quem a fêmea inclui em sua matrilinearidade depende de gosto pessoal, e o parente é deixado de lado e não parentes aceitáveis são acrescentados.[15]

Quem faz o corte? Shakespeare definiu bem quando disse que "a natureza ensina às bestas a conhecerem seus amigos". Muitas vezes, animais criam relações de apoio com quem está próximo à mãe durante a infância. Um amigo de infância não precisa ser parente, mas é bem provável que alguns sejam. Pode ser um irmão mais velho ainda apegado à mãe, ou talvez um parceiro de brincadeiras sem parentesco. Às vezes, a vida promove encontros ao acaso, como quando um babuíno macho fica com uma antiga companheira na expectativa de uma possível relação amorosa com ela. Nesse processo, ele faz amizade com o filhote dela, que tem uma boa chance de ser dele.[16]

Na maior parte, os animais buscam conexões sociais e não famílias biológicas. Estudos da psicologia das relações sugerem que pessoas reagem a amigos e parentes de forma semelhante e lhes conferem igual valor.[17] Como diz o ditado, os amigos são a família que você escolheu. A intercambialidade dos dois é essencial para pessoas com famílias pequenas ou desfeitas ou idosos que perderam todos os membros da família de sua geração.[18]

Uma sociedade de bando incluía muitas linhagens familiares, e amizades definiam escolhas sociais tanto quanto o parentesco, se não mais. Um casal criava os filhos no mesmo bando em que vivia um ou ambos os avós, e, às vezes, um irmão ou dois. Fora isso, suas relações — as famílias de seus irmãos, primos e tios — se espalhavam entre os bandos da sociedade.[19] A compatibilidade mantinha a união. Como em outras espécies de fissão-fusão, as pessoas procuravam pessoas com quem tinham afinidades.[20] Entre os boxímanes, com suas atividades de caça e coleta, "os bandos têm características marcantes: um é formado por pessoas habitualmente quietas e sérias, outro por um grupo alegre ou, talvez, por pessoas que apreciam um humor um pouco mais ácido", um antropólogo relatou.[21] Não que um bando fosse homogêneo quanto às personalidades de seus membros; como qualquer outro grupo social, é possível as pessoas ficarem presas a alguém rejeitado de que ninguém gosta — talvez o parente irritante de uma pessoa envergonhada no mesmo acampamento.

Mesmo assim, a proximidade é um fator psicológico determinante ao avaliarmos os outros como possíveis parentes próximos. As pessoas tendem a evitar sexo com qualquer pessoa com quem tiveram contato frequente na infância; isso parece agir como uma heurística para evitar incesto.[22] Caçadores-coletores nômades também costumavam encontrar parceiros fora de sua esfera social da infância, escolhendo casar com residentes de bandos distantes dos seus, onde qualquer parentesco seria muito improvável.[23]

O QI DO RELACIONAMENTO HUMANO

A diferença óbvia entre pessoas e outros animais é que quando uma criança forma um vocabulário, entende não só quem são seus parentes, mas também as relações da árvore genealógica (mesmo entre os vistos raramente).[24] As palavras mais antigas e disseminadas são "mamãe" e "papai" — que um bebê de seis meses já aplica corretamente aos pais.[25] Contudo, seu significado implícito vem depois com a descoberta de que outras crianças têm diferentes pais.

É surpreendente como as crianças entendem mal essas relações. Elas precisam amadurecer para empregar a linguagem e construir representações complexas de relações antes de saber quem se liga a quem, e conceitos como *tio* levam anos para serem entendidos. Entender o parentesco é tão difícil quanto memorizar uma tabuada, com a ressalva de que enquanto a multiplicação é invariável, o que as crianças aprendem sobre parentesco depende da sociedade. A complexidade de nosso conhecimento sobre parentesco muda com a história e com a cultura. No inglês moderno, um primo de primeiro grau é o filho do irmão do pai ou a filha da irmã da mãe, uma diferença para a qual o inglês médio tinha palavras separadas. Mesmo em uma sociedade, entender o parentesco varia de uma pessoa a outra dependendo do tamanho e da proximidade da família. Os que pertencem a famílias pequenas ou separadas têm dificuldade em destrinchar relações que outros consideram normais. (*Primo de segundo grau? O que é isso?*) Como o biólogo David Haig, especialista em relações familiares, brincou: "A criança que conhece o pai é inteligente, e a que conhece o meio-primo de primeiro grau é ainda mais inteligente."[26]

Dado o significado que os cientistas conferem ao parentesco, perguntamos quantos seres humanos têm capacidade de registrar informações sobre sua árvore genealógica. Quantos passariam em um teste de QI que mede o conhecimento sobre os parentes? A canção clássica e complicada dos anos de 1940 "I'm My Own Grandpa" [Sou Meu Próprio Avô] começa com o pai do cantor casando-se com a filha da mulher do cantor, fruto de outro casamento; por meio de um nó górdio de acontecimentos o intérprete chega ao título, afinal. Acompanhar a letra me dá dor de cabeça e desconfio que muitas outras pessoas não passariam em um teste de QI de relações que incluísse essa canção.

Um profundo conhecimento de relações de parentesco não parece ser essencial à vida humana. Assim como muitas tribos não têm palavras para números além de um ou dois, algumas sociedades são menos obcecadas em desenredar o emaranhado de parentesco, pelo menos, na medida em que faça parte do vocabulário. A tribo pirarrã do Amazonas é ainda mais pobre, pois tem uma única palavra que se aplica aos dois pais, os quatro avós e os oito netos. Sua única palavra para "criança" também é usada para netos e bisnetos, enquanto a palavra para "irmãos" se aplica aos irmãos dos pais e os filhos dos irmãos. Parece faltar recursividade à língua pirarrã — pense na "mãe do pai da mãe" — um tipo de ciclo exigido para representar parentes distantes.[27]

Apesar dessa simplicidade linguística, a falta de um nome para uma categoria não impede os pirarrãs de entenderem as diferenças entre os membros da família. As evidências disponíveis são claras, mas, talvez, esses indígenas ainda usem a intuição para encaixar alguém na genealogia com base na idade e em ter lhe dado à luz sem um termo para distinguir irmão de primo. Outra possibilidade é que uma categoria como "primo" seja incompreensível para os pirarrãs assim como a gravidade passou despercebida pela maioria das pessoas até que Newton deu significado à palavra. Essa alternativa parece plausível, considerando a irritação que mostram quando pensam e falam sobre outros tipos de categorias para as quais têm poucos termos, como os números.[28]

A questão é: são necessários anos de treinamento para entender as conexões familiares reconhecidas em determinada sociedade, mas bebês de três meses, ainda sem saber falar, identificam membros de sociedades ou etnias. Uma razão prática para nossas dificuldades em relação ao parentesco é que nossos parentes não são um grupo distinto com limites claros — mais elementos podem ser adicionados ao se recuar mais uma geração. A relativa facilidade das crianças com grupos étnicos e raciais comprova a importância de grupos mais amplos do que o parentesco em nossa evolução. Sociedades e diferenças que as marcam, não famílias além de seus membros imediatos, são componentes indispensáveis ao mundo mental humano.

DE PARENTESCOS FICTÍCIOS A FAMÍLIAS ESTENDIDAS

Mesmo para indivíduos dotados de um QI impressionante de relações, é provável que o conhecimento de sua árvore genealógica tenha um limite. As lembranças sobre parentes geralmente são restritas aos que conhecem ao longo da vida, como os bisavós que viram na infância. Poucas pessoas lembram muito sobre ancestrais distantes (exceto o que fez algo de que se vangloriar). Até sociedades que praticam o culto aos ancestrais raramente exigem que as pessoas conheçam sua genealogia, mas que reverenciem todos os seus ancestrais.

As pessoas na maioria de bandos de caçadores-coletores dão ainda menos ênfase em conhecer suas exatas conexões biológicas. A tênue relação com o passado e seu povo tornou improvável reter essas informações.[29] Mencionar ancestrais representava má sorte e um certo tabu para os boxímanes, que talvez não quisessem descobrir relações de sangue distantes. Nativos australianos nunca falavam dos mortos, que eram esquecidos depois de uma geração. De fato, um motivo surpreendente para a mudança da língua entre alguns aborígenes foi que qualquer palavra que se parecesse com o nome de uma pessoa tinha que ser evitada após sua morte. Era preciso inventar uma palavra nova.[30]

Quanto aos caçadores-coletores, a cultura e outros marcadores ultrapassavam a genética. Famílias de algumas tribos indígenas norte-americanas adotavam crianças tomadas em batalha para reforçar a reserva de guerreiros da tribo. Não era o sangue que ligava os adotados à tribo, mas a adesão aos costumes, aprendidos com outras crianças. Essa criação partilhada mostra que as famílias e a sociedade eram culturalmente uniformes e geneticamente diversas.[31] Mesmo quando a genealogia era importante, era possível inventá-la. Membros de tribos da Ásia Central que alegam ter uma origem clara não estão mais relacionados aos companheiros do que com a população como um todo.[32]

A terminologia associada ao parentesco desempenhou papel importante entre os caçadores-coletores. Em sociedades de bando, eram comuns parentescos fictícios, às vezes chamados de parentescos culturais, um método de conferir a cada pessoa uma relação simbólica com os demais. Assim, as pessoas usavam palavras como "pai" ou "tio" para falar de membros da sociedade, e todos os pais e tios eram iguais.[33] Isso talvez explique por que, apesar de os boxímanes valorizarem parentes próximos como os pais, avós e irmãos genéticos, suas línguas não tinham uma palavra para *família*.[34] Quando os boxímanes falavam de parentesco, não necessariamente se referiam a um parente de sangue. Muitas vezes, eles tinham em mente qualquer pessoa que partilhasse um determinado nome, que evidenciava sua conexão fictícia. Um homem não podia se casar com uma mulher considerada sua irmã, não importa quão distante sua consanguinidade. O principal valor do parentesco fictício era manter redes sociais baseadas em normas relativas a tudo desde questões monumentais, como casamento, a detalhes como quem poderia trocar presentes com quem. Conservamos resquícios dessa visão de relações quando rotulamos um indivíduo não aparentado como se fosse da família — certo, irmã?

Um motivo para não dar muito valor a parentes distantes é que, medida geneticamente, somente a família imediata é importante.[35] Na verdade, quem é parente é relativo. Todos somos relacionados em certo nível. Além dos laços de família mais próximos, o parentesco se funde imediatamente à população geral em termos do DNA partilhado. Faça as contas e descobrirá que primos de primeiro grau partilham 12,5% por descendente; primos de segundo grau caem a meros 3%. Até duas pessoas tiradas de uma comunidade ao acaso têm uma minúscula fração de genes em comum só por acaso. Dessa forma, qualquer QI de relacionamento que os seres humanos possuam está concentrado em alguns parentes próximos.

Na prática, porém, a cultura dita quem consideramos parte da família. Muitos latinos consideram as famílias estendidas.[36] Mesmo assim, poucas culturas definem regras específicas para a associação familiar além da família imediata. Ao descrever nossa família, os primos não são óbvios, embora possamos prever algumas coincidências. Apesar disso, conexões com uma rede mais ampla de relações consanguíneas têm valor para a sobrevivência e reprodução quando os parentes são compelidos a auxiliarem uns aos outros. Naturalmente, a colaboração também acontece entre não parentes e é igualmente esperada. A frase "trate o outro como sendo da família" descreve como é comum essa cooperação entre membros de grupos unidos como unidades militares e congregações religiosas.[37] Tampouco pode-se dizer que essa ajuda seja fácil ou confiável mesmo vindo de membros da família geneticamente próximos. Lembre-se de atritos entre irmãos e da competição pela atenção de pais ansiosos.[38] Dickens, em *A Casa Soturna*, menciona "uma verdade melancólica que até grandes homens têm relações insatisfatórias". Entretanto, é possível que famílias castiguem membros que não sejam generosos. Isso dificulta a tarefa de escapar às obrigações familiares. Para a maioria das pessoas, independentemente de quaisquer aborrecimentos, parentes são parentes para a vida toda.[39]

Se bandos de caçadores-coletores davam pouca importância à genealogia, de onde vieram nossas atuais obsessões e dependência de relações de famílias estendidas? Árvores genealógicas tornaram-se uma preocupação para caçadores-coletores que abandonaram o estilo de vida de não possuir mais do que podiam carregar. Pessoas assentadas que queriam herdar uma posição social e itens materiais tinham um bom motivo para conhecer seu histórico familiar.[40]

222   O ENXAME HUMANO

Da mesma forma, em sociedades industriais, famílias estendidas foram mais cultivadas quando havia fortunas a partilhar.[41] O tamanho dessas sociedades valoriza pessoas que constroem um amplo conjunto de relações confiáveis e redes de parentesco são um caminho consistente disponível para atingir esse objetivo. Aprender a conceber famílias estendidas — e, assim, rastrear e valorizar esses relacionamentos — foi um complemento recente na evolução humana. Essa habilidade exige um aprendizado e uma comunicação complexos e é grandemente dependente das expectativas de cada sociedade.

Seria a relação das pessoas com sua sociedade um erro material na mente, uma falha de sua representação mental do parentesco? Isso seria como se as pessoas confundissem a sociedade com uma enorme extensão da família, de costa a costa, como diz a canção patriótica.[42] Parece que alguns caçadores-coletores aplicaram uma aproximação dessa representação da sociedade como parentesco. Para eles, o parentesco fictício foi constituído para abranger toda a sociedade. Cada indivíduo identificava os outros membros com um termo de parentesco.[43] Esse parentesco universal persiste em palavras como "fraternidade", uma abreviação para o conceito de tratar a todos como se em suas veias corresse o mesmo sangue.[44] Como vimos, porém, o parentesco realmente foi uma metáfora entre os bandos de caçadores-coletores e pouco tinha a ver com consanguinidade — muito menos suas sociedades.

Para a nossa espécie, sociedades de parentes distantes são a norma. Nenhuma sociedade, nem a "pátria" de uma pequena tribo, foi formada pelos filhos de uma mulher, do jeito que ocorre em uma colônia de insetos. Mesmo para insetos sociais — cujo sucesso muitas vezes é explicado em termos da teoria da seleção de parentesco e da próxima relação genética da rainha-mãe com as filhas operárias — a rainha se acasalará com vários machos, produzindo descendentes com diferentes pais. Mais impressionante, uma sociedade de formigas-argentinas não é uma família unida. Uma supercolônia tem rainhas geneticamente variadas. No entanto, nenhuma formiga prefere o parente próximo ou reconhece que a rainha é sua mãe ou quais indivíduos são seus irmãos. Como em qualquer outra espécie de formigas, a identificação com a colônia, e não o parentesco, é o foco da atividade de cada operária.[45]

Acho difícil que as sociedades humanas sejam simplesmente versões ampliadas de relações familiares. Entretanto, isso não exclui a possibilidade de que os laços familiares contribuíram para as primeiras manifestações das sociedades, humanas ou não. O primeiro vislumbre de uma sociedade deve ter surgido entre nossos ancestrais muito antes que o chimpanzé, o bonobo e a espécie humana se separassem uns dos outros, iniciando-se talvez quando o protomacaco estendeu seu apego aos filhotes para os demais.[46] E então, como primatas não geram proles numerosas como as formigas-rainhas, todas as vantagens da vida em grupo — como, por exemplo, ficar longe de outsiders beligerantes — não eram conseguidas sem aumentar o tamanho do grupo além de uma família. Alguns antropólogos argumentam que os marcadores que identificam sociedades ou etnias (roupas, penteados etc.) substituem semelhanças entre membros das famílias.[47] Não estou convencido disso, pois parentes raramente são consistentemente parecidos. Mesmo assim, do ponto de vista da história profunda, a sociedade representa um tipo de pátria.

Portanto, não se pode negar que o parentesco é uma força poderosa. As obrigações para com famílias imediatas estão tão arraigadas nas operações físicas do cérebro quanto os comprometimentos para com a sociedade, em que ambas envolvem aspectos da vida inerentemente diferentes. Cientistas se beneficiariam de uma correção de curso ao focar menos o parentesco e mais a base psicológica e biológica das sociedades.

Ficou claro que a psicologia humana que envolve as sociedades tem um amplo alcance. Nos últimos capítulos, esclarecemos como os membros de uma sociedade são registrados como tendo essências, equivalendo-se às espécies biológicas. Além disso, investigamos como nossa avaliação inexorável, extremamente rápida e unificada de outras pessoas se baseia nessa percepção. Nossos preconceitos se estendem a como humanos e animais percebem sua capacidade para emoções e a cordialidade geral e competência dos "seus". Vimos também como essas avaliações se desenrolam no nível das populações. Somos propensos a descontar as diferenças entre indivíduos e perceber os membros de outras sociedades — e em um grau menor os das nossas — como semelhantes e formando um todo unificado. Finalmente, consideramos os meios pelos quais a psicologia das famílias se relaciona às percepções de nossa sociedade, admitindo a influência de ambas nas questões humanas. Concluímos que mesmo que o parentesco biológico tenha uma base sólida nos genes partilhados pela descendência, e visto que as sociedades são comunidades idealizadas puramente pela imaginação, o papel delas na psique e no pensamento humano é fundamental e de importância vital.

Por esse motivo, as escolhas referentes a quem deve ser tratado como membro da sociedade são essenciais à sobrevivência, sejam esses seres humanos relacionados ou não por parentesco. Quando as pessoas são percebidas como estrangeiras, tudo passa a ser imprevisível. A probabilidade da rivalidade — e a da colaboração — entre sociedades será nosso próximo tema.

SEÇÃO VI

Paz e Conflito

CAPÍTULO 17

Conflitos São Necessários?

E uma trilha com a equipe de pesquisa do primatólogo Richard Wrangham, no Parque Nacional Kibale, em Uganda, tive meu primeiro encontro com chimpanzés selvagens. Meu coração quase saltou pela boca quando ouvi os gritos e brados de uma dúzia de macacos acrobatas procurando frutas em uma figueira que se erguia acima de mim como um punho sombreado. Com seus corpos robustos, eles eram mais intimidantes do que imaginei. Entretanto, de mãos dadas, brincando de pega-pega e se abraçando, eram cativantes. Era em parte uma festa de confraternização, parte encontro zen. Surpreendi-me por estar em paz, como se estivesse entre amigos.

A leitura do material que eu tinha levado, incluindo *O Macho Demoníaco: As Origens da Agressividade Humana*, de Wrangham, e artigos de Jane Goodall, abalaram meu entusiasmo. Imagino o choque que Goodall sentiu em 1974 quando, após anos de relativa calma no Parque Nacional Gombe, na Tanzânia, começou o banho de sangue. Uma comunidade de chimpanzés destruiu outra no que se tornou uma guerra desigual de quatro anos. A violência dos chimpanzés lembrou as piores facetas do comportamento humano, no qual os membros de uma sociedade, reagindo em massa a outros que, em muitos casos, nem conhecem, põem de lado dúvidas sobre violência para atacar outsiders.

A capacidade para tal violência é um fio que une humanos a chimpanzés e outras espécies. Voltaire, escreveu: "É lamentável que para ser um bom patriota seja preciso se tornar inimigo do resto da humanidade." Chimpanzés, pertencentes ao gênero *Pan*, parecem sempre dispostos a combater os demais integrantes da espécie.[1] Mesmo assim, embora contenha mais que uma ponta de verdade, a conclusão de Voltaire vai longe demais — pelo menos, para as

228 O ENXAME HUMANO

pessoas. Os seres humanos são flexíveis em suas opções para obter recursos e derrotar opressores, incluindo agressão, tolerância e colaboração entre grupos. Como as sociedades humanas escolhem entre essas opções é tema desta seção. Ao focar primeiro assassinato e caos, este capítulo, mais que os anteriores, volta à natureza para que possamos apreender insights sobre o comportamento humano. Na atração pelo lado sombrio de nosso passado, na verdade queremos descobrir se as sociedades humanas estão fadadas à violência.

Antes de Goodall testemunhar a onda de matança em Gombe, conflitos documentados entre chimpanzés eram *internos*. Sabia-se que machos lutavam, às vezes, até a morte, por posições sociais; e fêmeas, descobriu-se depois, até matam o filho de uma rival. Não é que essa violência não tenha sido notada. Pensava-se que sociedades de chimpanzés não existiam; não se sabia que eles viviam dentro de restritos limites territoriais, muito menos que protegiam seu espaço implacavelmente.[2] Talvez você experimente uma sensação de déjà-vu: a ignorância inicial dos primatólogos sobre as comunidades de chimpanzés lembra a visão original dos entomologistas das supostamente pacíficas formigas-argentinas, antes que fossem encontradas matando umas às outras nas fronteiras territoriais. Como as afiliações nas sociedades nem sempre são visíveis na vida do dia a dia, é fácil não as ver, por mais importante que sejam.

ATOS DE EXTRAORDINÁRIA BRUTALIDADE

A agressão entre sociedades é diferente do estado padrão entre seus membros. Em uma comunidade de chimpanzés, a agressão envolve lutas entre indivíduos e, às vezes, vários aliados se unindo contra uma vítima. Não foram relatadas lutas entre grupos dentro da comunidade, envolvendo muitos indivíduos de ambos os lados. Um partido de chimpanzés, por exemplo, pode ser cauteloso ao se aproximar de outro da própria comunidade, mas nunca são claramente hostis. Sociedades de estrangeiros são os alvos da violência grupal.

Entre os chimpanzés, essa violência é lançada em ataques aos vizinhos. Sua estrutura de fissão-fusão torna os animais vulneráveis ao ataque. Estes ficam longe de quaisquer partidos que, pelo som que provocam, são grandes o bastante para opor resistência e, em vez disso, escolhem um alvo, macho ou fêmea, que encontram sozinho. Esses ataques parecem ser o objetivo dos atacantes. Esses macacos não parecem estar famintos e não param para se alimentar. Para evitar que o inimigo prepare assaltos furtivos e escape ileso, patrulhas

Conflitos São Necessários? 229

mantêm vigilância nas fronteiras, às vezes movimentando-se em silêncio, outras, com algazarra. Tanto patrulhas quanto ataques são formados quase que totalmente por machos, o sexo hipercompetitivo focado na territorialidade.[3]

Os ataques ocorrem de surpresa. Ao matar estrangeiros, os atacantes os enfraquecem e acabam os eliminando, como ocorreu em Gombe. A consequência de longo prazo é a expansão da área pelos agressores para o território adjacente, melhorando o acesso à comida para criar os filhotes e atrair mais fêmeas — até adicionando algumas sobreviventes do grupo derrotado.[4]

Para alguns animais, os conflitos entre sociedades são testes de força que exibem pouca violência. Bandos de lêmures-de-cauda-anelada iniciam o confronto com fêmeas batendo, arremetendo e gritando, enquanto os machos agitam as caudas para espalhar um cheiro intimidante. Clãs de suricatos saltam um diante do outro com as caudas eretas. Contudo, até nessas espécies, a situação se agrava se ambos os lados forem numericamente iguais e nenhum recua. Os perdedores são feridos ou mortos e, às vezes, perdem o território. Outras espécies são como os chimpanzés na violência incontida. Lutas entre clãs de hienas-malhadas e colônias de ratos-toupeira-pelados podem se tornar banhos de sangue. Próximo da estratégia de ataque dos chimpanzés, está o macaco-aranha do Novo Mundo, outra espécie de fissão-fusão. Os machos se unem para atacar vizinhos, na estratégia inusitada para um animal que vive no topo das árvores de se mover em fila no chão, tão silenciosamente quanto os chimpanzés.[5] Porém, é o lobo cinzento que se aproxima mais dos chimpanzés na pura selvageria. Eles matam membros de alcateias estrangeiras, muitas vezes, durante invasões ousadas em outros territórios em busca de comida.[6]

Os lobos não matam outsiders com a mordida rápida no pescoço com que abatem um alce. Em Yellowstone, ao visitar pesquisadores de lobos, eu soube que uma alcateia tinha acabado de matar uma velha fêmea e o companheiro de outro bando. Ambos morreram devido a mordidas no abdômen e no peito aparentemente infligidas durante várias horas. Quanto à violência em Gombe: "Houve ataques de gangues de incrível brutalidade", lembrou Goodall. "Eles fizeram coisas aos companheiros que nunca fariam dentro da comunidade, mas que fazem quando tentam matar uma presa."[7] Isso é um eufemismo: a ferocidade de chimpanzés e lobos contra animais estrangeiros excede o que fazem para abater uma presa ou matar rivais dentro da própria comunidade.

A violência é menos comum em seres humanos que em chimpanzés, que sofrem agressões todos os dias.[8] Dito isto, conflitos entre sociedades humanas

230 O ENXAME HUMANO

atingem extremos de perversidade desde sempre. Evidências das primeiras matanças de grandes dimensões entre caçadores-coletores vêm do sítio de um antigo cemitério em Jebel Sahaba, ao norte do Sudão, onde 58 homens, mulheres e crianças foram sepultados há cerca de 14 mil anos depois de terem sido empalados com de 15 a 30 lanças e flechas, mais que o necessário para matar uma pessoa, o que sugere que a comunidade foi brutalmente dizimada.[9] Também há relatos de aborígenes matando-se em verdadeiras batalhas, umas das quais envolveu 300 indivíduos. Um antigo viajante europeu contou sobre homens e mulheres "lutando furiosamente e indiscriminadamente, cobertos de sangue [...] sem pausa durante duas horas." No final, os vencedores levaram os perdedores a um acampamento, onde os espancaram até a morte. O relato continua: "Os corpos foram mutilados de forma chocante, com braços e pernas cortados com lascas de pedra, conchas e machados."[10] Em toda a história, guerreiros fizeram troféus com partes do corpo de suas vítimas, de cabeças encolhidas a escalpos à genitália, muitas vezes para fortalecer a essência do próprio povo ao capturar a força da vida de um grupo estranho.[11] O excesso de flechas e mutilações grotescas lembram as mortes por lobos em Yellowstone e chimpanzés atacando outsiders de forma mais violenta com que matam para comer. Uma característica de violência de outro modo psicopática é normalizada quando a depreciação se transforma em demonização. O que seria em outro momento condenado como hediondo se torna motivo de celebração.

Como ocorre com outros animais, a identidade de grupo é essencial para compreender quando e por que a agressão extrapola o necessário. É muito provável que bandos vizinhos de caçadores-coletores nômades pertencessem à mesma sociedade e não mostrassem animosidade.[12] Naturalmente, nem todos participam, e conflitos entre indivíduos podem se agravar, mas bandos inteiros não alimentavam ressentimentos nem consideravam outros bandos da sociedade como hostis. A agressão de grupo dirigia-se a outras sociedades. A extensão e forma dessa violência há muito têm sido uma questão polêmica na antropologia. É certo que caçadores-coletores evitavam atividades de alto risco.[13] Sua situação era comparável à das formigas em pequenas colônias, que também não têm estruturas permanentes e muitas propriedades para proteger: quando ameaçadas por outsiders, era mais simples mudar de local.[14] Os nômades realizavam ações mais perigosas só em tempos de forte competição e conflito, como vimos quando os boxímanes =Au//ei combatendo vizinhos agressivos no século XIX. Massacres como os de Jebel Sahaba teriam sido raros para povos vivendo em bando — provavelmente havia um assentamento de caçadores-coletores nesse local. Para nômades humanos, chimpanzés e macacos-aranha que vivem em fissão-fusão, ataques furtivos eram a opção preferida.

Muitas vezes, ataques eram justificados como retaliação a transgressões percebidas — talvez feitiçaria ou invasão territorial pela outra parte.[15] Mesmo que os atacantes identificassem a pessoa que tinha realizado a ofensa que provocou o ataque, eles geralmente visavam quem pudessem alcançar com facilidade. A indiferença quanto à escolha da vítima era um resultado conveniente de ver outsiders (no caso dos nômades, provavelmente, quem os agressores conheciam) como idênticos e intercambiáveis. Ela também possibilitava que os intrusos entrassem e saíssem rapidamente e incólumes. Quando um povo é reduzido a uma categoria, todos são alvos. A prescrição bíblica de olho por olho não distingue os olhos; injustiças infligidas por apenas um ou alguns estrangeiros são vistas como corrigidas com ataques a qualquer um dos "outros". Essa substituição social apresenta resultado contrário quando as vítimas são vistas pelos compatriotas como pessoas únicas e irrepreensíveis. Seu sofrimento é sentido por todos; assim, a retaliação é inevitável.[16] Nenhum animal que conhecemos dirige represálias agressivas a grupos estrangeiros dessa forma.

Considerando que os bandos de caçadores-coletores tinham poucos bens materiais, quais eram as recompensas dessas atividades se não saciar a sede de sangue? Em sociedades humanas, como nas dos chimpanzés, os agressores eram predominantemente machos que controlavam um domínio específico que (visto pela perspectiva de um biólogo) produzia recursos essenciais para a criação dos descendentes. Um recurso valioso eram as mulheres que davam luz aos filhos, e elas podiam ser levadas durante os ataques. Além disso, o território podia ser um bem digno de ser tomado. Todavia, descrições de caçadores-coletores anexando territórios são raras.[17] Um detalhe do antropólogo Ernest Burch sobre os esquimós iñupiaq nos dá uma ideia do motivo: "A maioria das pessoas pensava que suas propriedades eram o melhor lugar para viver e falava longamente sobre o que era especial sobre elas."[18] Talvez o conceito de a grama-é-sempre-mais-verde raramente fizesse sentido nas sociedades tradicionais onde as pessoas cresciam conhecendo todos os detalhes do território natal. Cobiçar a terra do vizinho seria ilógico, a menos que oferecesse uma grande melhoria em relação à região já conhecida. Mesmo assim, ataques continuariam até que um grupo rival fosse eliminado e nenhum pedaço de terra ficava desocupado por muito tempo. E, por menores que as sociedades de

232 O ENXAME HUMANO

bando pareçam hoje, seu tamanho relativo foi crítico para seu sucesso. Grupos maiores desalojavam os menores mesmo quando decidiam não exibir a sua força — o lema "paz por meio da força" deixado em suas origens pré-históricas.

VIOLÊNCIA E IDENTIDADE

Outro benefício da agressão está no reforço da união. "São guerras [...] qualquer coisa que não os meios pelos quais uma nação é sustentada, fortalecida, alimentada, consolidada?", escreveu o Marquês de Sade após a Revolução Francesa, fazendo-nos lembrar as marchas nazistas em Nuremberg.[19] Quando o rancor dos membros se dirige aos estrangeiros, sua identificação com a sociedade aumenta; seu sentimento de propósito comum e destino partilhado, de pessoas se unindo como uma só, é revigorado.[20] No norte ianque dos Estados Unidos, foi preciso uma Guerra Civil para criar esse tipo de unidade. "Antes da guerra, nosso patriotismo era uma exibição estimulante, uma saudação, uma serenata para feriados e noites de verão", brincou Ralph Waldo Emerson. "Agora, as mortes de milhares e a determinação de milhões de homens e mulheres mostram que é real."[21]

William Graham Sumner, o sociólogo que cunhou o termo "etnocentrismo", escreveu em uma passagem muito discutida um século atrás: "As exigências da guerra com outsiders são o que fazem a paz dentro do grupo para que a discórdia interna não o enfraqueça para a batalha."[22] Para Sumner, a guerra externa e a paz interna desempenham um horrível papel de interdependência. Qualquer competição e conflito com outsiders redireciona a atenção das pessoas de sua competição e conflitos mútuos para sua identidade como grupo.[23]

Seja violência contra outsiders obrigatória ou não para manter a sociedade intacta, é sabido que nos comparar a eles e, principalmente aos que consideramos inimigos, ajuda a colocar a sociedade à frente e no centro de nossa vida. Somos unidos pela necessidade de autoproteção. O psicólogo israelense Daniel Bar-Tal diz a seus leitores que cada sociedade identifica grupos para "servirem de símbolos de maldade, perversidade ou iniquidade", cujas ameaças, mesmo que reais, tendem a ser exageradas.[24] Recentemente, a Rússia, a Coreia do Norte e o Irã assumiram esse papel nos Estados Unidos. Caso falte um adversário, as pessoas se esforçam até que um novo seja encontrado — ou inventado. Nós nos unimos em sincronia contra terroristas, refugiados em busca de asilo, estrangeiros ilegais que roubam empregos ou membros de nossa so-

Conflitos São Necessários? 233

ciedade que consideramos ter falsos ideais, passando nossa ira de um a outro com facilidade. Quando esse sangue ruim fica profundamente arraigado na autoidentidade do grupo, ele se torna precioso demais para ser abandonado. Essas posições obstinadas são defendidas por muitos israelenses e palestinos; cada lado funciona com excepcional solidariedade e forte comprometimento para reconhecer suas diferenças.

Para agravar a questão, nossa capacidade falha para avaliar riscos indica que nossas respostas a exogrupos são exageradas. Parte do problema é a forma seletiva pela qual as pessoas escolhem informações, uma proclividade que não é boa para as relações nacionais ou étnicas. Temos maior probabilidade de lembrar um estrangeiro prejudicando nossa sociedade do que um realizando o bem na mesma medida.[25] Notícias sobre terroristas despertam nossos preconceitos mesmo que morrer em um ato de terrorismo seja muito menos provável do que em um escorregão fatal na banheira. Nossa sensibilidade faz sentido se acreditarmos que a mente humana evoluiu para discernir qualquer coisa motivada para ferir as pessoas que se reuniam em pequenos grupos em épocas antigas. Nossa supersensibilidade a esses riscos perversos — um resquício do passado distante — tem a propriedade de colocar os seres humanos no caminho da guerra muito depressa.[26]

Novamente, talvez a ansiedade quanto a danos físicos não seja a única causa de nossa apreensão. Ao entendermos nossos medos, não devemos subestimar o papel da identidade. Isso inclui a compreensão das identidades de outsiders de quem não gostamos ou tememos. Os seres humanos são suscetíveis a se agarrar a estereótipos negativos mesmo quando não têm base na realidade (talvez explicando a crença das tribos antigas de que os membros da tribo vizinha são canibais).[27] Emoções fortes são reforçadas por aspectos potentes dos marcadores humanos, especialmente objetos de poder simbólico e como são tratados.[28] E assim, se estrangeiros mostram deferência à nossa bandeira, nós os registramos como confiáveis e reagimos com gentileza. Por outro lado, qualquer percepção de que um símbolo é maltratado nos enraivece: pense no clamor que nasce quando a imagem de nosso líder é atacada. Nosso apego a emblemas de identidade sugere que a razão pela qual entramos em pânico com relação ao terrorismo e não a banheiras não é a possibilidade de os terroristas nos prejudicarem como pessoas, mas de prejudicarem objetos de importância simbólica de nossa sociedade. Pense nas Torres Gêmeas e no Pentágono. O medo de um novo 11/09 deixa as emoções de grupo em alerta máximo.

AFASTANDO-SE DA VIOLÊNCIA: LIÇÕES DA NATUREZA

A principal pergunta continua sendo se a caracterização da natureza de Alfred Lord Tennyson, "vermelha nos dentes e nas garras", aplica-se às sociedades. Estruturar o mundo em grupos leva à alienação das pessoas? Isso realmente se aplica às formigas, que não mostram alternativas aos conflitos entre as sociedades de suas espécies, sempre lutando ou procurando recursos antes que colônias vizinhas os peguem. É de se esperar que as pessoas também o façam, por um simples motivo: há um espaço limitado para as sociedades neste mundo, assim como há um espaço limitado para os indivíduos. Se as sociedades são bem-sucedidas na vantagem competitiva que oferecem aos seus membros em relação aos outsiders, dificilmente valerá a pena desistir de algo por eles, a menos que o ato envolva algum ganho mútuo. Daí o provérbio latino *Homo homini lupus*: o homem é o lobo do próprio homem.

Animais podem baixar a guarda perto de outsiders em algumas circunstâncias. Algo próximo à harmonia até foi documentado no belicoso lobo cinzento. Lobos, como as hienas-malhadas, atravessam territórios estrangeiros em perseguição de rebanhos migratórios. Não sabemos dizer se isso ocorre devido à cortesia dos proprietários ou uma invasão sorrateira. Mais convincente é o comportamento dos lobos no Parque Provincial Algonquin, no Canadá, onde há trinta anos as alcateias iniciaram uma tradição que não foi vista em outros lugares. Em vez de ocupar seus territórios o ano todo, os lobos seguem o êxodo dos alces todos os invernos para um pequeno trecho de terra perto do parque chamado pátio dos alces. Ali, estes animais ficam concentrados o bastante para alimentar todos os lobos. As alcateias não chegam a socializar, mas vivem em paz, mesmo com dez vezes o seu tamanho habitual. Em certo momento, duas alcateias se uniram sem incidentes; três alcateias comeram certa vez, sem confusão, da mesma carcaça ao longo do dia. Essa indiferença cautelosa é uma forma minimalista de parceria. E também é uma prova da flexibilidade de uma espécie normalmente xenofóbica que supomos agir por instinto.

Entre as espécies conhecidas por sua afabilidade, os elefantes-da-savana e os golfinhos-nariz-de-garrafa se destacam. No caso dos elefantes, a afeição é normalmente mais intensa em núcleos que se separaram no passado e compartilham a mesma história. Membros de núcleos unidos realizam cerimônias de saudação, com bramidos e ruídos estrondosos enquanto agitam as orelhas e giram no mesmo lugar. Os membros de um núcleo conhecem os do outro

Conflitos São Necessários? 235

e certos indivíduos são amigos chegados. Os golfinhos na Flórida entram na comunidade uns dos outros e interagem de modo amistoso. Mas nem tudo são rosas, mesmo para essas espécies. As cicatrizes de batalha de golfinhos--nariz-de-garrafa machos foram atribuídas a conflitos de fronteira. Elefantes--da-savana ficam longe de núcleos que não conhecem ou de que não gostam ao ouvir os chamados infrassônicos. Muitas vezes, um núcleo grande, ou com uma matriarca forte, expulsa o mais fraco de perto de uma árvore ou poço. Esses jogos de poder afetam a saúde e a reprodução de membros individuais e a sobrevivência das próprias sociedades.[29]

Os bonobos são famosos pelas relações pacíficas entre sociedades, com comunidades interagindo abertamente. Cada comunidade ocupa uma área determinada, mas, em vez de defendê-la rigidamente, como os chimpanzés, os bonobos as atravessam para fazer visitas sociais acompanhados dos filhotes. Eles até preferem dar comida a estranhos em vez de membros da comunidade, um notável indicador de seu entusiasmo em desenvolver relações exteriores.[30] Isso dito, os bonobos dificilmente são arrogantes em suas visitas sociais. Embora os visitantes não entrem sorrateiramente como grupos de ataque, existem fronteiras territoriais que são atravessadas com a devida cautela. Os residentes podem responder ao seu surgimento com perseguições e gritos frenéticos, mordidas e arranhões. Geralmente, todos se acalmam, mas se o convívio social não estiver no programa, os visitantes vão embora. Além disso, certas comunidades nunca são vistas juntas. Assim como dois indivíduos ficam com as relações abaladas, algumas sociedades têm diferenças irreconciliáveis. Nessas circunstâncias, os bonobos ficam em seu lado das linhas territoriais.[31]

Feitas essas observações, por que as sociedades dos bonobos costumam ser tão permissivas? A falta de violência tem sido atribuída à abundância de fontes de alimento em seus habitats.[32] Se o motivo for esse, e as comunidades de bonobos se derem bem apenas em tempos de vacas gordas, as boas relações podem ser suspensas assim como a trégua entre as alcateias de lobos em Algonquin seria quebrada se no inverno a população de alces não enchesse o estômago de todos. Durante intervalos do conflito, as vantagens de pertencer a uma comunidade de bonobos ficam óbvias. Felizmente, os tempos difíceis parecem ser poucos e dispersos na parte do Congo em que vivem. Seja como for, os bonobos são capazes de enfrentar uma luta. "Às vezes, veterinários foram chamados depois de altercações para dar alguns pontos em um escroto ou pênis" relata a antropóloga Sarah Hrdy sobre bonobos em cativeiro.[33] Além

236 O ENXAME HUMANO

de um ataque ocasional, eles podem matar na natureza. Em um caso, vários bonobos se uniram para atacar um macho da própria comunidade. Os pesquisadores suspeitam de um assassinato, mas nenhum corpo foi encontrado.[34]

Mesmo em algumas das espécies menos violentas, a maioria dos animais lida com relações internacionais ignorando ou evitando outsiders, como fazem os lobos no pátio dos alces. Cachalotes vivem entre clãs estrangeiros, mas ficam fora do caminho — são tão grandes que qualquer choque pode ser fatal. Os geladas são mestres em ignorar outsiders: seus bandos se misturam em uma exibição de indiferença, além da cautela que os machos alfa mostram perto de solteiros para evitar problemas. Isso nos diz só que entre esses primatas, que comem muitas gramíneas, há pouca ou nenhuma competição por comida.[35]

Espécies geralmente ansiosas para combater outsiders também têm seus momentos de tolerância. Quando um bando de leões se divide e cada metade assume o território original, parece dar aos outros espaço para se acomodarem. Mesmo assim, dentro de um ano ou dois os companheiros do grupo anterior ficam tão hostis como se fossem estranhos.[36] Bandos de babuínos e gorilas-das-montanhas se misturam e deixam os filhotes brincarem juntos quando os machos não têm fêmeas sexualmente receptivas por quem brigar. Cães-da-pradaria permitem o relaxamento de tensões em espaços de forrageio comuns fora de seu território em terras precárias demais para cavar tocas que não valem a pena ser defendidas.

E os chimpanzés — os machos territoriais podem reverter a natureza demoníaca atribuída a eles por Wrangham e coexistir com os vizinhos? Quando se trata de acomodar comunidades estrangeiras, essa espécie está no fim da lista. O melhor que se pode dizer é que algumas populações atacam e matam estrangeiros com menor frequência. Contudo, a moderação tem mais a ver com a falta de oportunidade do que com o desejo de paz: os chimpanzés nessas áreas se unem a grandes partidos e, assim, raramente ficam vulneráveis a ataques.[37]

Considerando a proximidade genética de chimpanzés e bonobos com os seres humanos, é razoável concluir que nosso nível básico de desconfiança em relação a outsiders e a vontade de prejudicá-los são parte da herança que partilhamos com o chimpanzé, enquanto a capacidade de pôr nossas apreensões de lado e criar laços é um dom que temos em comum com os bonobos. Nossos dois primos tornam-se dois ângulos opostos em nossos ombros, sussurrando os bons e maus conselhos. Felizmente, a espécie humana reduziu o tipo de violência impulsiva comum nos chimpanzés, nosso maior controle emocional e tolerância em relação aos outros uma adaptação que partilhamos com os bonobos.[38] Mesmo assim, a mensagem da natureza não é nada otimista. Muitas vezes achamos que sociedades animais estão em bons termos ou, pelo menos, não são perigosas para os outros quando as condições permitem: quando há pouca competição por propriedade ou parceiros, ou quando não vale a pena lutar por eles. Essas situações ideais raramente são duradouras. Com os lobos de Algonquin, por exemplo, a violência volta quando as condições se deterioram, depois que os alces se espalham novamente no verão e são mais difíceis de serem caçados.[39] Quando as alcateias são compelidas a competir por comida outra vez, os lobos restabelecem os hábitos agressivos.

Considerando a situação que vemos nas espécies quando a competição é intensa e a resposta humana à competição e choques de identidade com poderes estrangeiros, parece justo supor que a equanimidade com os vizinhos será uma eterna luta. Diz-se que Platão alegou que somente os mortos viram o fim da guerra e, sem dúvida, é verdade. A guerra une as pessoas, como William Sumner descreveu, e por mais preocupante que pareça, uma sociedade incapaz de recorrer a esse recurso ficará indefesa em tempos de perigo.

Contudo, um fato é certo: sociedades não precisam adotar uma posição antagônica em relação a outsiders mais do que exigem que seus membros cooperem nela. Sociedades hostis não passam a maior parte do tempo lutando, mesmo quando a paz é incerta. Talvez não tenham consideração por outros povos, por hábitos ou símbolos, no entanto, tampouco queimam suas bandeiras. Às vezes, isso é tudo o que duas sociedades têm condições de atingir — tolerância para deixar disputas de lado e cuidar da própria vida como os lobos no pátio dos alces. Esses arranjos funcionam em tempos de conflito intenso, mesmo breves, como a trégua de Natal de 1914, quando as tropas alemãs e aliadas se sentiram livres para entrar na "terra de ninguém" na Frente Ocidental e entoar canções e beber juntos durante o dia. Mesmo ver estrangeiros como inferiores não precisa levar à hostilidade, como é demonstrado pelos macacos. Mencionei que esses macacos conectam imediatamente os outsiders com vermes (*que horror, uma aranha!*); o resultado habitual dessa tendência é que as tropas dão espaço às outras, em vez de partir para o ataque.[40] Os estereótipos negativos e as distinções relativas a espécies entre sociedades que vêm com tanta naturalidade para os seres humanos não obrigam a uma resposta violenta e

238 O ENXAME HUMANO

talvez essa falta de intolerância similar à dos macacos, por assim dizer, tenha sido uma porta para as primeiras alianças humanas rudimentares.

Embora um adversário comum motive inquestionavelmente as pessoas a se unirem ao redor da sociedade, a guerra é uma escolha tática, e podemos ter inimigos que não têm intuito de nos matar. Na verdade, o fato de que alianças internacionais ocorrem é uma prova positiva de que ser leal e defender a sociedade é um ato psicologicamente independente de pensar mal de outsiders. Um pode existir sem o outro.[41] Enquanto sua antipatia mútua não for profunda, a cooperação entre sociedades humanas ultrapassa qualquer fato observado na natureza. Em seguida, as condições sob as quais essas relações cordiais prosperam e o que nos dizem sobre a humanidade.

CAPÍTULO 18

Cooperando com os Outros

Como muitos exploradores, troquei anzóis por algo de que precisava — no caso, uma canoa feita pela tribo da floresta tropical perto da costa do Pacífico, na Colômbia. Não havia nada de excepcional no acordo, mesmo que tivesse exigido que eu engolisse uma bebida fermentada que não me agradou muito. No entanto, por mais comum que a transação tivesse sido, considerando tudo o que sabemos sobre conflitos entre sociedades no mundo natural, essa disposição de ambas as partes, não só de superar hostilidades, mas de ver um estrangeiro de forma positiva, é muito especial.[1]

Como você deve ter deduzido com base na opinião exposta no capítulo anterior, quaisquer contatos positivos entre sociedades de animais são problemáticas, e colaboração real entre elas são raras ou ausentes. Muitas vezes, suas interações positivas parecem unidirecionais. Em vez de representar um lado de uma negociação ou acordo, a generosidade do bonobo em dar comida a estranhos é mais encarada como um sinal de paz. Os macacos não esperam nada em troca dos animais estrangeiros além de, talvez, sua tolerância — muito menos se unir a eles para fazer algo em grupo. As sociedades de elefantes-da--savana e de golfinhos-nariz-de-garrafa também não mostram evidências de ir da camaradagem à parceria. O arranjo mais próximo a uma aliança existe entre os cachalotes, que se unem com outras unidades sociais para apanhar lulas com mais eficiência do que cada uma conseguiria sozinha.[1]

Sociedades humanas obtêm mais benefícios ao trabalhar em conjunto do que umas contra as outras, reduzindo a competição por recursos, um feito que outros animais raramente realizam. As sociedades de nossa espécie transformam escassez em abundância extraindo mais do meio ambiente com ajuda

240 O ENXAME HUMANO

externa (como duas baleias fazem ao caçar lulas). Diante dos verdadeiros riscos representados pelos estrangeiros, vale perguntar como e por que os seres humanos desenvolveram essas iniciativas. E, quando o fizeram, como foram capazes de equilibrar as exigências de estar em uma aliança considerando as pressões das sociedades para se manter separadas e distintas. As evidências deixadas pelos caçadores-coletores nos orientam na análise dessas questões.

A VARIEDADE DAS ALIANÇAS

Uma das colaborações mais notáveis entre caçadores-coletores se dava entre os aborígenes coletores de enguias da região de Monte Eccles, na Austrália. Pelo menos, cinco grupos gunditjmara falando dialetos diferentes, e provavelmente outros povos da região, construíram uma ampla rede de distribuição de água que possibilitou a todos apanhar os peixes. Suas relações não foram destituídas de derramamento de sangue. Às vezes, guerras irrompiam, mas comparadas aos indígenas belicosos do Noroeste do Pacífico, igualmente dependentes da migração de peixes, as tribos australianas se tratavam de modo quase amistoso e com uma clara recompensa mútua: o sucesso de todos dependia do trabalho de manter os canais. A coleta de enguias era um esforço internacional.[2]

Algumas alianças de caçadores-coletores envolviam o deslocamento de pessoal a fim de atingir um objetivo mútuo, geralmente defesa. Embora o comportamento seja desconhecido em outros animais, combinar forças contra um inimigo comum une sociedades humanas, assim como os membros de uma sociedade quando ameaçada por outsiders. Os indígenas norte-americanos chamados coletivamente de iroqueses, caçadores com agricultura rudimentar que ocupavam o que hoje é o oeste do estado de Nova York, criaram uma confederação antes da chegada dos europeus, entre 1450 e 1600.[3] Os seus membros eram autossuficientes e independentes; porém, um grande conselho se reunia quando era necessário direcionar suas relações e coordenar a defesa contra outsiders, os europeus entre eles depois.[4] Além disso, as tribos colaboravam de modo dinâmico para atender aos seus interesses, como faziam povos tribais e de caçadores-coletores em outras partes da América do Norte e do mundo.[5]

Para os seres humanos, muitas vezes a produção abundante por meio de relações intergrupais é atingida por meio do comércio.[6] A possibilidade desse arranjo é universal. Os aruaques supuseram que Colombo, embora advindo de uma sociedade desconhecida, estaria disposto a trocar bens. Infelizmente, ao buscar ganhos mútuos, eles se depararam com seu fim, mortos pelo trabalho forçado, tiros de mosquete e doenças até desaparecerem como entidade independente. Lewis e Clark atravessaram os territórios de nativos norte-americanos que geralmente eram hostis aos outsiders e não tinham escrúpulos em matá-los — exceto os europeus que se apresentaram como possíveis parceiros comerciais. Sustentar essas associações no longo prazo exige uma interação delicada entre as partes. O ideal é que se vejam como independentes, mas com o mesmo nível de força e importância. Isso, ou o grupo mais forte dita as normas do arranjo para desvantagem dos parceiros.

O destino dos aruaques nos lembra que o contato com estrangeiros é uma tarefa tensa. Os seres humanos sempre se voltaram primeiro para os da sua sociedade, cuja identidade partilhada facilita os intercâmbios sociais e econômicos. Há maior risco de duplicidade ou mal-entendidos ao se negociar com aqueles cujos costumes e valores e, claro, a língua, são estrangeiros. A julgar pelas pesquisas sobre interações entre raças em sociedades modernas, superar as diferenças requer muita atenção mental e possibilita o cometimento de erros.[7] A possibilidade de rejeição ou represálias caso as coisas deem errado aumenta a ansiedade.[8] A autossuficiência é desejável. Tudo, então, de encontrar um parceiro para obter as refeições a manter inimigos à distância tende a ser tratado internamente sempre que possível.[9]

Tampouco as sociedades precisam estar abertas ao comércio e a intercâmbios culturais. Alguns boxímanes cooperavam com vizinhos, outros, não.[10] Pense na linha divisória entre sociedades como um gargalo para regular o movimento de pessoas, informações, matérias-primas e produtos preparados. Todos esses bens se movem com relativa facilidade dentro de uma sociedade, mas de forma regulada e, muitas vezes, claramente reduzida entre sociedades. Quando existe, o gargalo pode ser alargado ou estreitado, dependendo, respectivamente, dos benefícios ou perdas geradas pelo contato. Quando uma sociedade estrangeira era malquista, a influência percebida como prejudicial à cultura local, o gargalo se apertava. Mesmo assim, a aceitação de bens e inovações desejáveis, qualquer que seja sua fonte, era incontrolável, o que foi responsável pela ampla disseminação de ferramentas de pedra recém-inventadas nos primeiros registros arqueológicos.

MANTENDO AS COISAS EM MOVIMENTO

É difícil dizer quando ocorreram as primeiras colaborações entre sociedades humanas. Os caçadores-coletores não são conhecidos só por terem comercializado com fazendeiros durante séculos, há muito procuravam mercadorias de outras sociedades. Infelizmente, alianças e até comércio não deixam evidências claras. Achar ferramentas fabricadas com pedras que só poderiam ter vindo de um sítio a alguns quilômetros é uma possível evidência de comércio entre sociedades.[11] No entanto, o implemento poderia ter chegado até lá por outros meios. Em vez de ter sido adquirida em uma transação com outsiders, talvez a mesma pessoa intrépida a tenha levado por toda essa distância ou ela foi trocada entre membros de uma sociedade cujo território atingia a região.

Ou talvez sua migração tenha ocorrido por uma série de etapas de uma sociedade à outra no que é chamado de cadeia de transferência. Há o exemplo de peças antigas de cerâmica chinesa que trocaram de mãos até chegar a aldeias no interior de Bornéu.[12] Nem mesmo o comércio sempre explica a movimentação. *Coenobita compressus*, uma espécie de caranguejo-eremita, passa a uma concha maior à medida que cresce. Muitas vezes, a concha que escolhe foi abandonada por outro caranguejo, assim como uma pessoa recolhe um enfeite de Natal descartado por outra. As conchas se movem com a energia do caranguejo em média 2.400m por ano, de um caranguejo inquieto a outro. Elevado à escala humana, isso equivale a uma viagem de 1km todos os dias.[13]

Nozes enterradas por roedores são um exemplo de cadeia de transferência; no caso, por roubo. Esquilos roubam bolotas que outros enterraram para consumi-las mais tarde. Assim, uma noz passa de um ponto a outro por quilômetros até brotar ou ser comida pelo larápio.[14] Algumas formigas e abelhas roubam outras colônias, levando comida de operárias estrangeiras e partindo.[15] Esses exemplos lembram-nos que roubar é uma antiga alternativa ao comércio como meio de mover objetos por um território, que precede a humanidade.

Apesar de não sabermos se as primeiras sociedades humanas dependeram mais do comércio ou de roubos, a força bruta raramente obtinha um sucesso certeiro. Isso mostra que as necessidades humanas são mais complexas e diversas que as dos esquilos ou abelhas. Quando as pessoas começaram a depender de artigos como pontas de flechas e pinturas corporais, localizar comida e água suficiente não era mais sua única preocupação. Nem todas as mercadorias que uma sociedade apreciava estavam disponíveis no território que controlavam. Embora as pessoas tentassem atender a várias necessidades materiais localmente, estabelecer relações com estrangeiros abertos ao comércio de longo prazo se tornou, em muitos casos, não um luxo ou gesto de amizade, como o presente de petiscos dos bonobos a outsiders, mas uma exigência.[16]

Mesmo assim, o comércio pode ter começado como os contatos tranquilos e amistosos do bonobo com outsiders. Mesmo antes disso, talvez, a mera tolerância mútua fosse suficiente para possibilitar o fluxo de bens. Sociedades de bando muitas vezes concordaram com que outsiders entrassem em suas terras para colher recursos desejados. Não que fosse possível impedir a passagem de invasores. Embora um melro capaz de vigiar todos os cantos de seu pequeno domínio de um poleiro central veja e tente bloquear todas as incursões em seu espaço particular, os domínios das sociedades de seres humanos e de muitos outros animais são amplos demais para isso. Um clã de suricatos chega ao ponto de dormir descaradamente nas tocas de outro clã enquanto os donos estão fora. Na melhor das hipóteses, os residentes confrontam os intrusos que descobrem, expulsando-os zelosamente do interior do território, o centro geográfico que em muitas outras espécies abriga seus esconderijos.

Porém, caçadores-coletores eram hábeis em decifrar o meio ambiente. Indígenas norte-americanos e boxímanes não só detectavam pegadas de dias, mas identificavam o sexo, a idade e, muitas vezes, a pessoa que as deixara.[17] Era provável que intrusos fossem descobertos, mesmo que só após o fato. Por isso, era prudente evitar retaliação, buscando autorização para entrar na terra de estrangeiros. Seja como for, outsiders nem sempre entravam sorrateiramente e encontravam o que queriam — eles dependiam de informações atualizadas dos nativos sobre quando e onde ir. Assim, vigiar o território, além de pouco prático, geralmente era desnecessário.[18] Era possível obter permissão para acessar os recursos para resolver um problema urgente. Relatos de caçadores-coletores estão repletos de histórias de poços secos e animais selvagens migrando de um território a outro. Em todo o caso, a tolerância para visitas estava atrelada a condições. Ambas as partes deveriam retribuir o favor com regularidade e contar com essa reciprocidade mantinha as pessoas comportadas.

Dependendo do custo e dos benefícios de defender ou conceder acesso aos recursos, caçadores-coletores distinguiam-se quanto à possessividade de seu espaço.[19] Alguns adotavam a abordagem agressiva dos chimpanzés, outros seletivamente protegiam os recursos como os babuínos, enquanto outros ainda aceitavam outsiders como os bonobos — com a possibilidade de negociar

244 O ENXAME HUMANO

todos os tipos de concessões intermediárias. Mas raramente havia ambiguidade sobre quem era dono de que. Bens valiosos, entre eles os materiais prezados pela importância simbólica (um pigmento usado em cerimônias, talvez), acerbavam rivalidades. Contudo, em geral o baixo custo de negociar uma flexibilidade aumentou os motivos de não tomar territórios estrangeiros. Tal atitude sempre favoreceu o contato e a familiaridade entre as sociedades humanas.

Quem tinha uma superabundância de recursos valiosos podia ser generoso. Mariposas bogong voam todos os anos para as Montanhas Nevadas, na Austrália, em tal quantidade que, na época certa, estrangeiros que as visitavam na temporada eram informados sobre locais na encosta onde apanhavam e consumiam cerca de 1kg de insetos por pessoa todos os dias. A tradição durou mil anos. Esse peso de mariposas contém a quantidade de gordura de trinta Big Macs. No final da temporada, as pessoas antes esqueléticas voltavam aos seus territórios de origem gordas e satisfeitas — e, imagina-se, com a certeza de que deviam aos nativos algo em troca.[20]

OS PRIMEIROS MERCADOS

Independentemente de a tolerância à entrada de outsiders em um território a fim de coletar alimentos ter sido um precursor do comércio, ele começou como é conhecido hoje quando as partes trocaram mercadorias diretamente. Os primeiros simples mercados devem ter sido organizados em fronteiras de territórios para respeitar os espaços privados de cada um ao mesmo tempo em que possibilitavam verificação para garantir que as trocas fossem justas.

Mas o que era justo? Negociações entre pessoas da mesma sociedade de bando geralmente assumiam a forma de trocas casuais.[21] Sabia-se que não era possível esperar a paridade exata, assim como ocorre com os cristãos na troca de presentes de Natal. Se uma das partes fosse prejudicada, poderia ser compensada na próxima vez. O comércio entre sociedades era diferente, menos previsível, com mais regateios e fiscalização e risco de tensão nas relações.

A atitude tranquila nas trocas entre sociedades diminuiu à medida que os povoados cresciam. Quando os comerciantes ofereciam muitos bens e serviços diferentes e eram estranhos ou mal se conheciam, valores específicos tiveram que ser afixados às suas ofertas. Como resultado, as interações entre sociedades tornaram-se semelhantes ao comércio entre sociedades. Assentamentos dos caçadores-coletores chumash na Califórnia usavam contas como forma de moeda, definindo valores a mercadorias como os atuais.

Para caçadores-coletores recentes, as cadeias de transferência impulsionadas principalmente pelo comércio eram responsáveis por amplas conexões entre sociedades de bandos.[22] Artigos como plantas medicinais, pedras de amolar e ocre passavam de um grupo australiano a outro, às vezes para os extremos do continente. Seu valor aumentava com a distância, assim como ocorreu com os bens dos nativos norte-americanos.[23] Conchas de pérolas certamente pareceram algo mágico quando chegaram ao longínquo interior para serem usadas em enfeites. Alguns itens não eram usados como pretendidos originalmente. Bumerangues deixaram de ser feitos no norte da Austrália há séculos. Os habitantes do sul que continuavam a esculpi-los acabaram por trocá-los por outros bens quando surgiu a moda no norte de empregar esses mísseis não como armas, mas como instrumentos de percussão em eventos musicais.[24]

Além de matérias-primas e produtos acabados, as sociedades de bando trocavam ideias. Qualquer coisa de uma palavra nova a uma tecnologia inovadora para fabricar uma ferramenta podia ser copiada em grandes distâncias. A circuncisão realizada nas cerimônias de iniciação em garotos aborígenes provavelmente foi aprendida dos comerciantes indonésios nos anos de 1700. O procedimento ganhou impulso em uma grande parte da Austrália, alguns levando a prática a extremos cortando o pênis em todo seu comprimento.[25] Os aborígenes também copiavam as canções e danças uns dos outros. Bem documentado foi um exemplo relatado pela primeira vez em 1897. O ritual molonga dos workaia consistia em várias noites longas de performances fantásticas, os principais personagens em fantasias elaboradas. Nos 25 anos seguintes, os molonga se espalharam em um espaço de 1.500km na Austrália central, mesmo que somente os workaia entendessem suas palavras.[26]

Para sociedades interagirem sem percalços, era importante ter algum nível de conexão social. Caçadores-coletores muitas vezes arranjavam casamentos entre as sociedades com o objetivo de conseguir aliados; os cônjuges geralmente tinham oportunidades de visitar o lar, o que lhes dava o equivalente à dupla cidadania, algo desconhecido entre outros animais.[27] A compreensão mútua era essencial. Era útil, como consequência da história das relações intergrupais, que muitos caçadores-coletores falassem a língua de vizinhos. Nativos australianos e indígenas das grandes planícies também compartilhavam

246 O ENXAME HUMANO

linguagens de sinais por diplomacia. Alguns gestos eram visíveis à distância de modo que os negociadores podiam se comunicar fora do alcance de uma lança.[28] Os mesmos gestos tinham uma segunda função: durante invasões, guerreiros sinalizavam um ataque coordenado aos companheiros em silêncio.

O COMÉRCIO E AS DIFERENÇAS CULTURAIS

Assim como os indivíduos interagem mais à vontade quanto mais tiverem em comum, o mesmo se aplica a sociedades: semelhanças abrem caminho para a amizade.[29] Por exemplo, línguas semelhantes e culturas compatíveis simplificaram a parceria dos iroqueses. Arqueólogos falam da inter-relação entre sociedades como uma "esfera de interação", na qual valores comparáveis e outros aspectos da identidade facilitam o tráfego de bens.[30] O simples ato de comercializar reforça ainda mais a semelhança entre sociedades. Isso decididamente se aplica quando os bens transferidos são mais que simples matérias-primas, como quando os grupos comercializam novos meios de fabricar ou fazer coisas ou os próprios bens fabricados.

No entanto, as sociedades precisam se manter suficientemente distintas para preservar o senso de valor e de sentido para seus membros, ou, pelo menos, é o que sugerem as descobertas dos psicólogos. Aqui encontramos o ato de equilíbrio que tanto influenciou os rumos da história. Pontos em comum são positivos — até certo ponto. Reciprocidade em excesso é visto como uma ameaça à identidade única do povo. Talvez para agravar o problema, ser parecido também pode gerar o resultado oposto do esperado se as sociedades se virem desejando e entrando em conflito pelos mesmos bens escassos.

Anteriormente apresentei a teoria da distintividade ideal, na qual os indivíduos querem ser como outros membros da sociedade para conquistarem seu respeito, mas, ao mesmo tempo, querem ser diferentes o bastante para se sentirem especiais. Uma hipótese razoável é que ao formar relações com os vizinhos, as sociedades também gravitam até esse ponto intermediário — uma ligação intensa surgida do consolo oferecido por suas similaridades e do orgulho de sua distintividade. Ser uma sociedade sólida ou uma pessoa bem ajustada é ser igual *e* diferente. Mesmo sociedades parecidas devem preservar diferenças especiais no íntimo das pessoas.

Reduzir as sobreposições diminui a competição de modo proporcional; é o que apresenta a teoria que se propôs a explicar, por exemplo, diferenças na

Cooperando com os Outros 247

alimentação entre tribos que moram próximas no Amazonas.[31] Um desejo por diferenças valorizadas pode ser satisfeito produtivamente pelo surgimento de papéis econômicos distintos entre as sociedades. Afinal, as partes que oferecem artigos idênticos têm pouco a comercializar. Uma sociedade pode trocar um excesso de ferramentas feitas por seus membros por itens cuja fabricação considera difícil. Considerando a versatilidade necessária em um bando de caçadores-coletores, cujos membros aperfeiçoaram habilidades generalizadas diferenciadas só por sexo e idade, a especialização entre pessoas pode ter originado em nível social antes de chegarem aos indivíduos dentro das sociedades.

Embora essas diferenças de aptidão não fossem onipresentes nas sociedades de caçadores-coletores, evidências sugerem que ocorriam com frequência. "Cada localidade tendia a fabricar certos objetos com uma habilidade ou um talento admirado em outras", escreveu Geoffrey Blainey, historiador australiano, sobre os aborígenes. Diferentes grupos criavam lanças, escudos, tigelas, pedras de amolar, joias etc. De fato, ele acrescenta: "Grande parte da especialização existiu por gerações e sua origem foi até tema de mitos tribais."[32] No Noroeste do Pacífico, as cobertas tecidas pelos Chilkat Tlingit e lâminas de enxós de certas outras tribos eram trocadas (ou roubadas) ao longo da costa. Vários outros exemplos de relações recíprocas foram documentados entre pequenas sociedades tribais dependentes de alimento domesticado. Por exemplo, os agricultores fur, do Sudão, forneciam painço a várias tribos pastoras em troca de leite e carne.[33]

Ao atingir um nível de distintividade ideal, as sociedades se tornariam, primeiro, interdependentes por um longo período, seus povos encontrando muitas razões para evitar asperezas e procurar uma à outra para benefício mútuo. Contudo, sou de opinião que cada sociedade preservaria suas fronteiras independentemente do quanto seu povo estivesse exposto a outsiders ou o quanto realizavam trocas ou confiavam neles. Isso ocorria se — considerando dois exemplos da Austrália — estivessem mal sobrevivendo no Deserto Ocidental ou eram pescadores bem alimentados cuidando dos canais repletos de enguias na região de Monte Eccles. Benjamin Franklin afirmou que nenhuma nação foi arruinada pelo comércio, não só no aspecto econômico, mas também social.[34] Os mandan e os hidatsa das Grandes Planícies norte-americanas conservaram identidades claras mesmo quando seus centros culturais se transformaram em polos de comércio, um desenvolvimento que forçou outras tribos a aprender suas línguas.[35] Quanto aos iroqueses, a confederação teve

248 O ENXAME HUMANO

que ser liberal o bastante para suas tribos não cederem autonomia ou terras. Na verdade, havia pouco contato entre as pessoas comuns de diferentes tribos iroquesas e sua separação persistiu e até se fortaleceu apesar de sua interdependência.

Povos diferentes também encontram meios de lucrar um com o outro. Na verdade, quanto mais radicais eram as distinções, mais rápida era essa trajetória. Aborígenes australianos acolhiam pescadores indonésios que visitavam a costa norte no século XVIII, enquanto boxímanes comercializavam bens com os pastores bantu que viveram entre eles por dois milênios.[36] Pigmeus e seus vizinhos fazendeiros deram um passo adiante codificando uma relação que sustentou a sobrevivência de ambos em um habitat de floresta em que encher a barriga era difícil, cultivando um solo árido e caçando presas escassas. Ao subsistir como caçadores-coletores grande parte do tempo, cada grupo de pigmeus se associou a uma vila. Ali, mantiveram uma relação duradoura com um dos fazendeiros, trabalhando em seus campos parte do ano e fornecendo-lhe carne de caça e mel em troca de colheitas e outros produtos. Conexões entre pigmeus e fazendeiros são de tal modo arraigadas e antigas que alguns fazendeiros acreditam que foram os pigmeus que os apresentaram à floresta.[37]

Um possível objetivo dos marcadores é evitar que as pessoas imitem outsiders quando costumes estrangeiros podem infligir danos.[38] Eu duvido disso. Naturalmente, há influências externas prejudiciais, como quando drogas perigosas cruzam uma fronteira. Mas mesmo se os vizinhos mostrarem diferenças significativas, ambos tendem a adotar do outro o que lhes convêm, sem que a troca provoque um desastre. De fato, as pessoas podem transformar as disparidades em benefício. Certamente, o problema de comunicação com pessoas diferentes pode representar uma forte desvantagem no início. Ainda assim, seus povos provavelmente teriam necessidades materiais muito diferentes; mesmo se um considerasse o outro inferior, eles não precisariam ser rivais pelas mesmas coisas. Na verdade, seus modos de vida e conjunto de habilidades como os dos pigmeus e fazendeiros, podem se complementar.

As semelhanças e diferenças entre sociedades, grandes ou pequenas, devem ser incorporadas às opiniões dos povos sobre outsiders — por exemplo, sua cordialidade e competência. Por sua vez, isso influenciaria o quanto os outsiders são vistos como uma entidade assustadora, potencialmente hostil ou pessoas com que se pode negociar em boa fé. Quando os primeiros seres humanos aperfeiçoaram suas opções para se dar bem com os outros, desses assentamentos surgiram interações entre sociedades que podiam ser tão variadas, sintonizadas e ajustáveis ao longo do tempo quanto são hoje. As tribos que formavam os iroqueses tinham sido violentas umas com as outras antes de sua união; de fato, a paz entre eles ocorreu somente depois da guerra. Como um especialista no assunto comentou: "Às vezes, a melhor forma de fazer alguém parar de lutar é enfrentá-lo até que ele pare."[39] Porém, depois que os iroqueses negociaram um armistício, as tribos mais distantes começaram a ficar inquietas. Ironicamente, a harmonia entre as sociedades pode gerar violência em uma região, ao definir um oponente mais perigoso para os que ficaram fora do acordo.[40] Um inimigo substitui o outro.

As conexões neurais da amígdala continuam a acionar seus antigos reflexos de alerta de luta ou fuga. Superar esses impulsos básicos para estabelecer confiança mútua entre sociedades que nutriam preconceitos umas contra as outras é uma tarefa difícil, um problema essencial de diplomacia. Mesmo para grupos em excelentes termos, preconceitos sublimados garantem que o campo de ação nunca está perfeitamente equilibrado, já que cada lado luta por um acordo melhor. Nossas identidades coletivas nos encorajam a ser egoístas e implacáveis, minando boas relações e criando terreno fértil para o surgimento de inimigos em tempos difíceis.[41] Rivalidades entre grupos não criam etnocentrismo; entretanto, a competição revela as suas facetas mais repugnantes.[42]

Como evitamos conflitos quando recursos e oportunidades acabam? Em séculos recentes, mesmo com atrocidades em massa levadas em conta, a probabilidade de morrer em um ato de agressão entre sociedades caiu globalmente. É possível que a paz seja promovida pelo aumento do contato entre países. As nações também usam cada vez mais os talentos e recursos de além das fronteiras.[43] O ideal é que essa inter-relação e interdependência ajude as nações em períodos difíceis, em tempos em que a tranquilidade existente entre as sociedades de outros animais tende a desaparecer. No entanto, evitar a violência quando os ganhos potenciais e materiais de uma guerra são altos exige mais que boas intenções: exige cultivar e reconhecer o benefício maior de paz sobre o conflito no longo prazo — mesmo entre adversários odiados. Sempre que esse mínimo não puder ser alcançado, cada ação deve se comprometer a agir contra os que se recusam a acatar as normas que preservam a ordem nacional. Esse é um objetivo nobre. Esperamos que seja um objetivo viável na luz dos perigos das guerras modernas. Em nenhuma outra espécie sociedades trabalham em conjunto para preservar a paz.

250 O ENXAME HUMANO

A volatilidade das relações entre as sociedades encontra paralelo dentro delas, em que elos pessoais nunca são estáticos. As identidades sofrem mudanças durante um período muito longo, que podem ser previstas em linhas gerais, uma inconstância que acompanha a ascensão e a queda das sociedades.

SEÇÃO VII

Vida e Morte
das Sociedades

CAPÍTULO 19

O Ciclo de Vida das Sociedades

"Nem ao menos conseguimos determinar o momento aproximado em que uma sociedade nasce e morre", lamentou o eminente sociólogo francês Émile Durkheim, há mais de um século.[1] Apesar da óbvia importância prática e acadêmica de questões decisivas referentes a sociedades — como são fundadas, como se desenvolvem e como novas sociedades as substituem — nenhuma resposta definitiva surgiu desde a declaração de Durkheim, em 1895. Ele ressaltou que até os biólogos de sua época tinham esclarecido pouco sobre a vida e a morte das sociedades. Embora esses ciclos tenham sido bem estudados em certos grupos de organismos, o assunto é amplamente ignorado pelas ciências naturais como tema de pesquisa geral. Quanto a sociólogos e historiadores, eles tendem a tratar o nascimento ou dissolução de qualquer sociedade — seja do antigo Egito, seja da extinta Tchecoslováquia — como um caso exclusivo de seu tempo e lugar.

Naturalmente, os problemas estão nos detalhes. Mesmo assim, a ascensão e queda de sociedades no mundo natural indica que nossos grupos sociais foram projetados pela evolução para ir e vir, assim como são os corpos de organismos individuais. Esse avanço e declínio de sociedades estão associados a como os membros percebem as identidades dos outros. O comportamento dos animais e o modo pelos quais os seres humanos formulam suas identidades na mudança de ambientes sociais estão intimamente ligados à perda e reconstrução social. Relacionado a essa questão profunda está o tema crítico do trauma e se ele é uma necessidade infeliz dos ciclos de vida das sociedades.

A dinâmica da gênese e transformação da sociedade se desenrola de forma única para cada espécie, constituindo a crônica histórica básica de seu gênero.

254 O ENXAME HUMANO

Essa narrativa depende das regras pelas quais os membros interagem e identificam uns aos outros e os recursos disponíveis em certo momento. Porém, surge uma questão: a vida requer a constante satisfação de necessidades — alimento, abrigo, parceiros. Quando não são atendidas, o aumento de estressores físicos e sociais estimula a decadência das sociedades. Os problemas serão mais graves quando a sociedade for maior que os recursos fornecidos pelo meio ambiente para sustentá-la. Embora uma sociedade de grandes dimensões possa invadir vizinhos menores, sua população em crescimento acirra a competição entre os próprios membros, além do ônus adicional de cada indivíduo identificar quem é quem — caso as sociedades de uma espécie tenham oportunidade de atingir um tamanho em que isso represente um problema. A eficiência dos membros em administrar relações e coordenar atividades diminui.[2] Isso proporciona uma mudança na lealdade para a afiliação a um subgrupo da sociedade — grupos fragmentados em que todos se saem melhor.

A separação de subgrupos em sociedades independentes é norma nos vertebrados. Por exemplo, várias leoas deixarão o grupo que ficou grande demais para que todos se alimentem. Se um macho agressivo se unir ao bando, as fêmeas com filhotes de outro macho partirão, dividindo o grupo para evitar infanticídio por parte do recém-chegado. Leões em grupos enormes são obrigados a um novo começo com quem conhecem e se dão bem, como é normal em espécies que dependem do reconhecimento individual.[3] Essa desagregação das relações difere grandemente do fenômeno da fissão: a separação temporária e casual dos membros da sociedade que ocorre regularmente com animais que vivem em fissão-fusão — espécies como leões, chimpanzés e seres humanos em que os indivíduos são livres para se separar e voltar a se juntar. Quando uma sociedade se divide, há pouca chance de uni-la novamente.[4]

UM RECOMEÇO PARA O CHIMPANZÉ E O BONOBO

Como as sociedades nascem continua sendo a maior brecha em nosso conhecimento sobre nossos companheiros grandes símios, os chimpanzés e bonobos. Esse evento seminal é raro: sociedades de vertebrados geralmente surgem uma vez em décadas, se não séculos. Essa infrequência é um problema. Para começar, os dados são escassos. Pior, facilita a tarefa de minimizar incidentes críticos à criação ou destruição de sociedades, ignorá-los como anomalias só porque são incomuns. Esse evento pode ser um recém-chegado de fora da

O *Ciclo de Vida das Sociedades* 255

sociedade ou a morte de um animal importante dentro dela. Qualquer mudança é uma ameaça para a estabilidade do grupo.

Um excelente exemplo são os conflitos brutais entre os chimpanzés em Gombe documentados por Jane Goodall no início dos anos de 1970, desconcertantes na época, mas que esclareceram como as sociedades se separam. Hoje, primatólogos compreendem o que causou essa série de atos especialmente violentos: o que era uma sociedade se dividiu em duas, sob os olhares vigilantes de Goodall e seus assistentes. A separação foi o ponto final de um longo processo. O primeiro indício de que algo não ia bem ocorreu em 1970, com a maior associação de alguns chimpanzés a alguns companheiros do que com o resto da comunidade criando dois subgrupos que chamarei de facções. Não há evidências de que as facções já existiam, mesmo de modo incipiente, quando Goodall chegou a Gombe 10 anos antes. Contudo, em 1971 elas se consolidaram, uma ocupando o norte e a outra o sul do território.[5]

No início, os membros dos grupos divididos interagiam amistosamente. Os machos dominantes das facções atacavam os outros quando se viam, mas isso era normal, já que competidores pelo status alfa na comunidade desafiam rivais. Porém, em 1972, as facções seguiram dois caminhos, criando sociedades independentes que não mais se misturavam. Goodall, reconhecendo que os chimpanzés tinham se separado em duas sociedades com diferentes membros, chamou as comunidades de Kasakela e Kahama. A violência começou depois da separação, quando os membros da Kasakela atacaram os mais fracos Kahama no sul, no final eliminando-a e tomando grande parte de seu território.[6]

O processo de duas etapas em Gombe — a criação de duas facções internas seguidas por divisão — parece onipresente em sociedades de primatas e já foi documentado em grupos de dezenas de espécies de macacos.[7] Só resta conjeturar os motivos que levam a ele. Como as pessoas, outros vertebrados procuram aliados e parceiros, evitam ou enfrentam inimigos e ignoram outros. Entre chimpanzés e bonobos de fissão-fusão, cada indivíduo escolhe o grupo que melhor atende aos seus interesses na época. Em geral, os macacos cultivam relações variadas, criando oportunidades sociais em qualquer território que estiver percorrendo. Tal comportamento ajuda a manter toda a comunidade interligada. Mas com o crescimento exacerbado, o excesso de macacos pede a criação de facções para que seus membros foquem a atenção em um grupo mais bem administrável de indivíduos mais afáveis. No início, esses macacos continuarão como parte da comunidade original, as facções se misturando

256 O ENXAME HUMANO

sem contratempos, dados os vários elos sociais existentes entre eles. Contudo, devido ao grande tempo que passam separados, quaisquer aliados que cada animal tinha do "outro lado" acabará sendo retirado de sua vida com a firmeza que esperaríamos de uma pessoa que abandona um amigo que se une a uma seita. Meses ou anos depois da formação da facção, eles cortam relações — entre os chimpanzés, todos os laços remanescentes são cortados (com a rara exceção, relatada no Capítulo 4, de amizades secretas entre fêmeas de diferentes comunidades).[8] Uma única comunidade gerou entidades independentes, um par de sociedades tão incompatíveis quanto duas colônias de formigas.

Os primatologistas admitem desconhecer detalhes sobre a história dos chimpanzés. A única divisão observada foi a de Gombe. Da mesma forma, há o registro da divisão de uma comunidade de bonobos. O rumo dos acontecimentos foi semelhante ao de Gombe. Ao contrário desta, porém, as facções de bonobos já estavam formadas quando o estudo começou, de modo que não podemos dizer como e por que se formaram. Os dois subgrupos ficaram estáveis durante os nove anos do estudo, antes do rompimento, exceto por duas fêmeas que trocaram de lado e um macho que fez uma troca temporária. Com o passar do tempo, as facções tiveram conflitos ruidosos. Depois da divisão, as comunidades ficam separadas por um ano, e passaram a ter uma relação amistosa, o que é comum em sociedades desta espécie.[9]

Divisões ocorrem quando uma sociedade atinge uma densidade populacional elevada. As comunidades de chimpanzés raramente ultrapassam 120 indivíduos e as dos bonobos são um pouco menores. Com essa população, a comunidade está madura e tem condições de dominar seus vizinhos, embora esse tamanho traga dificuldades. As relações dentro da sociedade ficam tensas, como ocorre com leões em um bando grande demais onde todos não mais se conhecem bem. Isso faz com que encaremos a maturidade como o ponto em que as sociedades se dividem, o que ocorre com frequência. No entanto, pelo menos, em Gombe, foi diferente: a comunidade se separou quanto tinha cerca de trinta adultos. É evidente que as pressões que dividem uma sociedade se formam a qualquer momento. Em Gombe, os pesquisadores provavelmente aceleraram a divisão quando forneceram bananas para atrair os macacos para um estudo — uma ideia aparentemente boa com consequências indesejáveis. Os chimpanzés geralmente evitam competir com outros da comunidade dispersando-se. Essa tática funciona porque a maioria de seus alimentos encontra-se em pontos diferentes. Mas quando todos os macacos de Gombe recorreram para a mesma fonte concentrada de alimento, os conflitos se intensificaram quando os indivíduos que depois formariam Kasakela e dizimaram Kahama assumiram o controle sobre as iscas. O antagonismo entre as facções se agravou quando as frutas foram retiradas e todos se viram sem nada.

É possível que a luta pela dominância tenha impulsionado a divisão. As facções em Gombe se consolidaram nos meses depois que Leakey, o macho dominante, morreu, deixando um vazio de poder a ser preenchido. Humphrey, o segundo na linha de sucessão, recusou-se a ceder a ascendência a Charlie e seu irmão, Hugh. A disputa entre os machos compeliu os demais a escolherem um lado, sendo o subgrupo que oferecia melhor estabilidade social, capacidade de defesa, alimento e parceiros o preferido. Como alternativa, cada macaco poderia simplesmente escolher a porção do território que um ou o par de outros machos alfa favorecia. Humphrey preferia a parte norte do território onde a comunidade Kasakela acabou por se instalar. Lutas pelo status alfa fragmentaram sociedades nas espécies de gorilas-das-montanhas a cavalos a lobos. Um bando de babuínos se divide se as fêmeas escolhem dois machos favoritos diferentes ou se rebelam contra uma fêmea tirânica.[10]

Nem sempre o antagonismo social determina a divisão de sociedades. Entre os insetos sociais, incluindo a maioria das formigas, as rainhas deixam o ninho em que nasceram para fundar novos, sem confrontos. Sociedades de abelhas e formigas-correição não funcionam sem grandes populações, então formam colônias por divisão, mas o mecanismo é diferente do procedimento de outros animais e não requer agressão. As operárias se separam em dois grupos, sendo que um fica com a rainha original e o outro acompanha a nova, sua filha. O processo é tranquilo, apesar da diferença na lealdade real.[11] E há divisões cordiais até entre vertebrados. Muitas vezes, um núcleo de elefantes grande demais fica descoordenado após a morte da matriarca, e a instabilidade faz os membros se unirem a diferentes fêmeas com idade próxima; essas facções se separam até ficarem independentes — às vezes, embora nem sempre, em termos amistosos. Cachalotes também formam novas sociedades sem muito desgaste, como quando uma unidade muito grande de mais de quinze adultos tem dificuldade em realizar atividades. A unidade se divide em subgrupos que se afastam cada vez mais até ficarem separados, sem tensões sociais. Mas geralmente, uma animosidade entre vertebrados é praticamente uma garantia.

Ainda temos muito a aprender e torcemos para que outra divisão de chimpanzés esteja prestes a acontecer para obtermos uma documentação mais de-

258 O ENXAME HUMANO

talhada. Uma comunidade em Uganda chegou a duzentos membros, a maior registrada. Facções têm se formado há, pelo menos, dezoito anos. O fato de ter persistido sugere que os macacos demoram muito para eleger suas preferências antes de conquistarem a independência.[12] Imagino que cada facção seja uma receita cozinhando em fogo lento, os membros individuais se adaptando à seleção geral antes de se fixar em uma sociedade funcional que sobrevive sozinha.

OUTRAS FORMAS DE FUNDAR UMA SOCIEDADE

A divisão não é o único meio de gerar sociedades, nem em nossa espécie. Com alguns outros mamíferos, um indivíduo solitário ou casal estabelece uma sociedade similar à da maioria de formigas e cupins, com a dispersão de rainhas e machos. Comparado a uma divisão, esse caminho é um risco. A segurança de se fixar em uma sociedade é um benefício a que os membros raramente renunciam, exceto em condições de grande oportunidade (surgimento de um território livre que possa sustentar um animal solitário) ou perigo (como quando um animal ou um grupo deles é agressivamente expulso por competidores). Entre os mamíferos, apenas os ratos-toupeira-pelados ficam sós como parte do ciclo regular da formação de uma sociedade. Pelados e indefesos, mas indivíduos dos dois sexos, engordados para a provação futura, enfrentam uma permanência perigosa na superfície, vagando do ninho em que nasceram para cavar uma toca maior para a nova colônia. Ali, o animal solitário espera que um ou vários parceiros o descubram.[13] Às vezes, um par de cães-da-pradaria e, possivelmente, de hienas-malhadas, se instalam em um pequeno pedaço de terra desocupado por outros de sua espécie, embora a divisão seja um caminho normal para ambos os animais. Como um último exemplo, é possível que uma loba cinzenta prenha parta sozinha, apesar da dificuldade para caçar e afastar inimigos sem auxílio. Essa loba raramente fica só por muito tempo, apesar de a vida dificilmente ser menos arriscada se um macho se juntar a ela, considerando que um par de lobos não é páreo para toda uma alcateia.

Em último caso, um chimpanzé se sai bem sozinho. Em um sítio na Guiné, às vezes os machos abandonam a comunidade de origem, comportamento típico de fêmeas. O desertor macho não tem a opção da fêmea de se unir a outra comunidade, provavelmente porque os machos o matariam. Porém, os macacos não vivem amontoados na Guiné. Caso o macho encontre um local seguro entre territórios de comunidades, ficará ali e tentará cruzar com qualquer

O *Ciclo de Vida das Sociedades* 259

fêmea que passe tentando imigrar. Não sabemos se ela ficaria com ele para iniciar uma comunidade, embora as chances de sucesso sejam pequenas.[14]

Deixando de lado a relevância do pertencimento para os seres humanos, a "independência obrigatória" que alguns reivindicam para nossa espécie é exagerada.[15] Além da dependência dos pais na infância, viver sozinho, ou como casal ou em família, é conveniente. Mencionei que as famílias dos shoshone ocidentais se separavam no outono, mas se reuniam todos os anos. Poucos sobreviveram ao isolamento contínuo, como o aventureiro de 24 anos, Chris McCandless, tentou fazer no Alasca em 1992, com os trágicos resultados contados no livro de Jon Krakauer, *Na Natureza Selvagem*. O perigo de viver sozinho reduz a chance de um casal gerar uma sociedade quase a zero.[16] O relato de 1983 de William Peasley, *The Last of the Nomads* [*Os Últimos Nômades*, em tradução livre] conta a envolvente história de Yatungka e Warri, caçadores-coletores mandildjara que partiram sozinhos pela Austrália porque as leis da tribo não reconheciam sua relação. O par foi resgatado anos mais tarde, quase mortos, após uma seca.[17] Com outro clima, talvez tivessem netos. Mesmo assim, como o germe de sociedade, seus descendentes teriam sido perigosamente consanguíneos. No geral, então, partir sozinho é o último recurso. Essa opção depende dos números: as colônias de formigas rejeitam as possíveis rainhas e os machos para acasalá-las, às centenas, para que as colônias se reproduzam mesmo que quase todas morram. Nenhum vertebrado gera uma prole tão numerosa.

Onde um casal falha, um pequeno grupo pode ter uma chance, nas espécies humanas e em outras. O êxodo de alguns animais de uma sociedade é chamado "expansão" se eles tiverem êxito em formar um grupo independente.[18] O ideal é que não precisem ir muito longe. Vários lobos ou leões conseguem um canto no antigo território da sociedade, aproveitando o acesso a uma área que conhecem bem. Caso o pequeno grupo chegue um pouco mais longe, seus ganhos podem ser extraordinários se, por acaso, a jornada o leve para terras não ocupadas onde haja "leite e mel", ou o equivalente disso para a espécie. Um exemplo supremo de tal manobra é a invasão de formigas-argentinas onde o que originalmente eram algumas colonizadoras se transforma em supercolônias de bilhões. Algumas migrações pré-históricas de seres humanos teriam sido desse tipo. Como com todas as espécies invasivas, os povos primitivos tiveram mais sucesso quando encontravam um local com poucos ou nenhum concorrente. Algumas tribos norte-americanas começaram dessa forma, como quando os atabascanos do subártico se mudaram para onde hoje é o México

260 O ENXAME HUMANO

e o sudoeste norte-americano e se tornaram os antepassados dos apaches e navajos há mais de um milênio. Mais drástica ainda foi a relocação de almas corajosas para terras realmente distantes; quem navegou na primeira jangada da Ásia para a Austrália é um bom exemplo. Para essas pessoas, totalmente separadas dos antigos companheiros de sociedade, todo o território estava à sua disposição. Para cada grupo de passageiros afortunados que sobreviveu à jornada, um número assombroso deve ter perecido.

Existem ainda outros meios de formar sociedades na natureza, mas eles não estão acessíveis à nossa espécie. Muitas vezes, um clã de suricatos ou uma matilha de mabecos começa quando alguns machos de um clã ou uma matilha se unem a várias fêmeas de outro. Essa abordagem de "namoros em grupo" oferece a relativa segurança de uma grande população na nova sociedade desde o início.[19] Uma manada de cavalos geralmente é criada quando indivíduos errantes de diferentes origens se unem em que é considerada uma versão diminuta de um caldeirão de culturas. O que mais se aproxima disso entre os seres humanos ocorre quando pessoas de grupos dizimados se unem para formar uma comunidade, como aconteceu com alguns indígenas norte-americanos e escravos africanos fugidos, conhecidos como *maroons*, que construíram sociedades espalhadas em todo o Novo Mundo.[20]

FRAGMENTANDO SOCIEDADES HUMANAS

A divisão, então, parece ser o caminho natural para a geração de sociedades de seres humanos e da maioria dos outros vertebrados. Dividir produz claras vantagens para as espécies — afinal, ambos os lados começam populosos.[21] Porém, a divisão de uma sociedade humana não se parece com o procedimento automatizado tranquilo típico das abelhas. Grupos de revoltosos insatisfeitos não surgem em sociedades de insetos; mas as pessoas, afinal, são vertebrados belicosos típicos. Informações suficientes mostram fatores que teriam causado o rompimento de sociedades formadas a partir de bandos de caçadores-coletores e nos permite avaliar como eles influenciam a dissolução de sociedades assentadas, incluindo as nações atuais.

As divisões entre caçadores-coletores nômades não foram motivadas por problemas sociais locais, como disputas familiares ou excesso de estímulos sociais para pessoas que tinham pouca privacidade.[22] Dada a facilidade com que as pessoas se deslocavam para bandos em outras partes do território, esses

O *Ciclo de Vida das Sociedades* 261

conflitos seriam resolvidos sem a comoção de uma ruptura.[23] É interessante notar que um bando disfuncional que se separava mantinha o sentimento de todos sobre quem eram — sua identidade — inalterado. A vida continuava depois que as pessoas escolhiam com quem ficavam mais à vontade na sociedade. Uma divisão social seria comumente o resultado de divergências entre grupos maiores de pessoas em vários bandos. É aqui que o plano de ação de duas etapas, observado em nossos primos primatas e em outros mamíferos, teria agido em nossa espécie: as pessoas ficariam cada vez mais ligadas a facções que surgiam, seguidas, às vezes depois de anos, por um rompimento das relações.

Fica a pergunta do que causou essas facções, já que muitos fatores que motivam seu surgimento em outros vertebrados parecem importar pouco em sociedades humanas. Mesmo assim, vale a pena analisá-los. Escassez de comida, água, parceiros ou abrigos seguros, significativos na divisão de outras espécies, acabaram por precipitar a queda de muitas sociedades humanas. No entanto, a escassez de recursos não é necessária a esse processo. Como as sociedades de bando não tinham líderes, é improvável que seu destino estivesse associado a ações de indivíduos específicos, no sentido descrito sobre os chimpanzés de Gombe, que favoreciam diferentes candidatos a status de poder. Seja como for, uma divisão não era forçada; as pessoas em bandos se manifestariam contra a ideia.[24] Dificuldades em coordenar atividades eram problemas ocasionais, mas havia pouca necessidade de cooperação por parte dos que viviam longe em uma sociedade de bando. Além disso, como as pessoas que vivem em bandos dão pouca ênfase à questão da consanguinidade fora de suas famílias imediatas, o enfraquecimento de laços de parentesco em populações em expansão também não teria importância. Afinal, parentes fictícios, pessoas que eram chamadas de pai, tia etc., ainda estariam em todas as partes da sociedade. Entretanto, era mais difícil ficar conectado a aliados à medida que as sociedades ultrapassavam mil pessoas, mas dificilmente avançavam muito mais do que isso. E devido ao uso de marcadores partilhados, grandes (rituais, língua) e pequenos (maneirismos, gestos), a presença de estranhos — ou, pelo menos, indivíduos que eram cada vez menos conhecidos — não seria mais um problema do modo que teria sido para os chimpanzés ou bonobos em uma comunidade em crescimento.

De fato, ao partilhar marcadores na sociedade, as pessoas adicionam algo diferente ao padrão dos mamíferos de se separar em facções antes da divisão — e essa mudança do reconhecimento individual a sociedades anônimas teria feito diferença nos meios imediatos pelos quais as sociedades se desfaziam. Talvez o papel essencial dos marcadores no rompimento de sociedades não seja visível de imediato. Afinal, marcadores partilhados têm o poder de reduzir tensões entre indivíduos que motivam outros primatas a cortar suas conexões. Um tema recorrente na história é que, quando seres humanos sentem uma forte identificação uns com os outros, não só resistem, mas se unem e prosperam sob condições quase brutais.[25] Faça-os passar fome ou persiga-os, amontoe-os ou espalhe-os, mas tenha uma certeza: os laços que os unem mais intensamente além dos das famílias imediatas, serão sua identificação com a sociedade. Onde relações teriam se desfeito para sempre em um bando de macacos ou grupo de cães-da-pradaria, os marcadores dão aos seres humanos resiliência para permanecerem fiéis aos outros membros. Na realidade, dada a vantagem de uma grande população em superar outras sociedades em circunstâncias competitivas, imaginamos que, quando nossos ancestrais usavam marcadores para diferenciar o insider do outsider, as sociedades humanas poderiam crescer sem limites. Afinal, quando os marcadores de um inseto social são confiáveis, os esforços para unir uma sociedade astronomicamente grande e uma pequena são os mesmos — formigas-argentinas continuam a partilhar a identidade com outras formigas de sua supercolônia mesmo depois de terem se espalhado pelos continentes, removendo todos os concorrentes do território.

Entretanto, é preciso fazer uma distinção entre a mistura molecular fixa que define uma sociedade de formigas e os marcadores incrivelmente diversos que unem uma sociedade humana. Apesar da solidez social conferida aos seres humanos pelos marcadores, com o passar do tempo, a estabilidade que conferem não é confiável. Nossos marcadores não são fixos, mas sujeitos a alterações que geram distinções de classe social, variações regionais etc. Mesmo que o tamanho da população não seja um problema para o *Homo sapiens* da mesma forma que o é para o chimpanzé, diferenças disruptivas em marcadores certamente ocorrerão em nossa espécie quando muitos indivíduos interagem com pouca frequência — a situação normal de quando os primeiros seres humanos se espalharam em bandos. Quanto mais mudanças nos marcadores da sociedade se acumularem sem que os membros se adaptem a elas, mais facciosa ela tende a ser. Por fim — entre bandos de pessoas, cedo ou tarde, como mostrarei em seguida — cada sociedade atinge um ponto de ruptura.

CAPÍTULO 20

O Dinâmico "Nós"

Nos anos 1950, antropólogos registraram uma crença entre os Walbiri, que vivem nos desertos no norte e no oeste de Alice Springs, Austrália, famosos por suas danças e artes tribais, de que mantinham laços religiosos com a terra.[1] No entanto, assim como ocorre para todos nós, estabilidade social é uma ilusão. Sofremos de amnésia cultural, uma memória seletiva que nos faz imaginar que há uma essência inabalável que sustenta nosso povo, apagada por seus valorizados rótulos de identidade. Na verdade, marcadores são instáveis. A quantidade de estrelas na bandeira dos EUA aumentou de treze para cinquenta sem abalar a conexão dos cidadãos com a nação — a multiplicação foi motivo de orgulho. Mesmo o modo de fazer coisas que parecem essenciais à vida da sociedade, como manter escravos, mudar ou morrer. No longo prazo, o que importa não são os marcadores específicos que valorizamos no momento, mas que os que estão em voga garantam a separação das sociedades dos outsiders — e isso significa que elas estão abertas à transformação.[2] Desde que a catraca cultural dos seres humanos se acelerou na pré-história, as sociedades ficaram sujeitas a uma melhoria estável, à reinterpretação e à total reconstrução. O modo certo de fazer as coisas muda com o tempo sem desestabilizar ou desgastar a descontinuidades entre a sociedade e as demais. Porém, quando essa elasticidade social falha, pisamos em um terreno instável.

MELHORIAS E INOVAÇÕES

Em longo prazo, os limites entre sociedades superam os marcadores que as definem. Ainda assim, seus membros buscam minimizar as mudanças que

264 O ENXAME HUMANO

afetam o que consideram suas qualidades proeminentes. Para os povos pré-letrados, muitos itens da identidade, de crenças a danças, foram preservados por gerações com uma precisão surpreendente. A repetição e a ritualização "incluíram 'códigos' indestrutíveis para os não iniciados", segundo antropólogos da Universidade de Connecticut, o que fixou nuances.[3] Não é preciso recorrer a cerimônias de caçadores-coletores e storytelling para nos convencer desse ponto: os gregos antigos transmitiram a *Ilíada* e a *Odisseia* oralmente antes de inventarem o alfabeto. Para aspectos da cultura que exigem esse tipo de perseverança para aprender, os seres humanos geralmente enfrentam o desafio — chame isso de ser maduro, visto que os ritos de passagem essenciais à maioria das sociedades significam assumir comportamentos e responsabilidades da vida adulta. Contudo, apesar da continuidade da tradição, caçadores-coletores não tinham padrões imutáveis sobre como agir e nenhum meio de impor seus marcadores ao longo dos séculos. Seres humanos primitivos não viviam em um vácuo, estáticos e não reativos, mesmo que as evidências arqueológicas indiquem que sofreram mudanças a um ritmo quase imperceptível.

Em geral, habilidades essenciais à sobrevivência resistiram, fato comprovado pela consistência de tipos de ferramentas de pedra em longos períodos. Isso não impediu as pessoas de reconfigurarem seu modo de vida quando necessário, apesar do fato de algumas ficarem presas aos costumes independentemente das consequências negativas. Por exemplo, os vikings da Groenlândia aparentemente estavam ligados à terra natal pelo comércio esporádico e pressionados pela igreja a manter seus costumes agrícolas. Algumas de suas comunidades passaram fome depois de tentativas lamentáveis de criar gado em vez de assimilar as práticas do Inuítes de caçar baleias e focas.[4]

No entanto, a disposição de buscar oportunidades é uma marca registrada do ser humano. Os Pumés de bandos de caçadores-coletores são um ótimo exemplo dessa adaptabilidade. Nas savanas da Venezuela, onde o cultivo seria difícil, eles se satisfazem com lagartos, tatus e plantas silvestres, enquanto ao longo dos rios, as aldeias Pumés cultivam mandioca e plátanos. Entre os Pumés, essas diferenças têm pouca importância. Todos realizam o mesmo ritual que dura a noite toda, falam a mesma língua e se consideram Pumés.[5]

A flexibilidade das identidades humanas indica que as diferenças na subsistência não são fundamentais para distinguir sociedades como são para espécies animais, com seus nichos e funções ecológicas. Sim, as sociedades optam por abordagens diferentes para se desenvolver, o que reduz a competição. Por

O *Dinâmico "Nós"* 265

exemplo, sociedades litorâneas dependem principalmente da pesca, enquanto os vizinhos caçam — e as pessoas viam essas escolhas como parte do que as definiam. No entanto, sociedades que ocupam o mesmo habitat comem a mesma comida e fabricam as mesmas ferramentas, sendo que as únicas distinções externas entre elas são variações arbitrárias em mitos ou vestimentas.

Nem todas as mudanças de identidade surgem intencionalmente. As pessoas obedecem aos costumes tradicionais da melhor forma possível, mas falhas na memória com o passar das gerações alteram inadvertida e, às vezes, prejudicialmente o comportamento, como quando os tasmanianos, antes habilidosos na pesca esqueceram, como pescar. Registros escritos retardam, mas não impedem a perda, mesmo de fatos muito valorizados. Poucas lembranças e novos modos de pensar afetam as percepções de eventos bem documentados quando encaramos o passado em termos alegóricos. Membros das sociedades pré-letradas, dependentes da memória de todos, faziam o jogo do "telefone sem fio", em que frases faladas de uma pessoa a outra ficavam truncadas e irreconhecíveis — exceto que, para eles, a truncagem se estendia a tudo o que faziam.

Mudanças na linguagem mostram claramente essa tendência. Até mesmo em nossa era de intercâmbio global, ainda persiste uma rica diversidade de línguas e dialetos. A linguagem falada nos estados do meio-oeste costuma ser apontada como padrão para o inglês norte-americano. Porém, depois de ouvir esse sotaque na televisão ou no rádio durante gerações e adotar partes dele, populações de língua inglesa em todo o mundo conservaram padrões distintos e trajetórias de mudança de linguagem próprios. Habitantes do meio-oeste continuam a se desviar de "seu" padrão: uma mudança no som das vogais na região dos Grandes Lagos começou nos anos de 1960, tipificada pelo alongamento do *a* em certas palavras como "trap" [armadilha], por exemplo, passaram a soar como *tryep*.[6] Linguistas adoram essas variações, registrando-as em todas as sociedades de boxímanes !Kung à realeza britânica.

Tudo o que sirva como marcador de identidade — linguagem, culinária, gestos — é constantemente reafirmado como tal. Algumas mudanças decorrem da monotonia de fazer tudo do mesmo modo.[7] Novidades são introduzidas de baixo para cima, com a entrada de bens e ideias pelo comércio ou roubo, ou resultam da difusão de tendências entre a população. O ensaísta Louis Menand resumiu a evidência: "Somos atraídos pelo que vemos as outras pessoas querendo e gostar de determinada coisa é um ciclo que se autoalimenta."[8] Caçadores-coletores não adotavam modismos de modo automático, da mudança do comprimento das roupas aos populares aplicativos para celulares, tampouco suas culturas protagonizaram mudanças como as das subculturas da vida moderna. No entanto, suas pinturas na pele e suas músicas tinham diferenças, mesmo que sutis. Na verdade, as pessoas adotavam novidades com hesitação, mas, com o tempo, passavam a gostar cada vez mais das novas escolhas sociais.

Autênticas novidades também encontravam seu espaço. Imagine um caçador-coletor aparecendo com algo radical. Se a inovação fosse valiosa, seria difundida, qualquer que fosse a origem. Do contrário, a reação a ela dependeria do inovador. As pessoas preferem seguir os que partilham seus valores, mas é possível que deem uma chance a um excêntrico. Embora bandos de caçadores-coletores não tivessem líderes declarados, novidades eram introduzidas de cima para baixo por qualquer pessoa influente. Esse modelo é capaz de levar as escolhas das pessoas a novas direções, talvez ao despertar o impulso de imitar o comportamento de alguém admirado.[9] Por exemplo, as pessoas seguem o conselho de alguém com habilidades espirituais, como mostra esta história contada por um antropólogo que observou os nativos das Ilhas Andamão:

> Costumes antigos são alterados do nada como resultado da "revelação" de algum profeta, até serem derrubados pela próxima "revelação". Observei uma experiência dessas com os Onge quando Enagaghe, um conhecido profeta, anunciou que os espíritos tinham ordenado como os troféus de caça deveriam ser expostos. As mandíbulas de porcos não deveriam mais ser empaladas uma após a outra nas varas que pendiam pelo telhado inclinado da cabana um pouco acima da cama do caçador.[10]

Hoje, grande parte da variação cultural vem dos adolescentes, que estão à frente em desafiar o comportamento "apropriado". Embora suas escolhas só se estendam até o limite permitido pela sociedade para reações antagônicas, à medida que o tempo passa, todos, dos hippies aos skinheads, afetam a tendência dominante; equilibrando a mudança, estão as velhas gerações, que a freiam até sua influência diminuir. As batalhas entre jovens e velhos parecem atemporais, mas não está claro se eram travadas nas sociedades de caçadores-coletores: a maioria dos relatos de pessoas que viviam em bandos foca como as crianças aprendiam as tradições, e não quem as subvertia ou inventava. Mas crianças são crianças e o desafio é parte integrante de seu crescimento para se tornarem seres independentes. Como ocorre com garotos e garotas, os filhos de caçadores-coletores estavam abertos a novas experiências, de inventar novos estilos de penteados a explorar território desconhecido.[11] Quando ideias, métodos ou produtos interessantes apareciam no passado distante, é muito provável que tenham sido introduzidos por um jovem.

O NASCIMENTO DE UM EXOGRUPO

Considerando que flagrar uma sociedade de bando no momento da divisão é quase impossível — na verdade, nunca ocorreu —, é normal que os detalhes da separação sejam incompletos. A frequência com que as línguas nascem é uma referência aproximada da duração das sociedades. As línguas se separam com o tempo tanto quanto as sequências genéticas entre as espécies no que é conhecido como relógio molecular e medições dessa mudança linguística sugerem que elas se dividem em média a cada quinhentos anos.[12] Porém, nem todas as sociedades desenvolvem o que os linguistas julgam ser uma língua própria — algumas mostram apenas uma diferença no dialeto. Portanto, talvez meio milênio seja uma estimativa de tempo de vida exagerada para as sociedades. Ainda assim, as poucas estimativas de longevidade de sociedades de bando sugerem um número não muito distante disso.[13] Tampouco essa longevidade é única: comunidades de chimpanzés atingem idade semelhante.[14]

No entanto, embora a dissolução final ocorra uma vez a cada cinco séculos, o caminho até esse momento deixa muitas evidências do passado. Ao combinar esses fragmentos de informação com o que sabemos sobre como grupos humanos se separam, tento mostrar um quadro geral de como eram os ciclos de vida das sociedades durante quase toda a existência humana.

Entre os bandos, o "telefone sem fio" devia-se ao conhecimento impreciso do que acontecia em outros lugares. Variações se insinuavam em maior número quando os membros mantinham pouco contato. Em uma sociedade anônima, indivíduos que viviam longe não precisavam se conhecer, mas, se quisessem que seus marcadores continuassem inalterados, precisavam estar cientes do que membros distantes faziam. Certos fatores ampliavam a variação entre pessoas separadas por grandes distâncias. É evidente que a exposição a ideias e produtos externos era maior nas fronteiras territoriais. Bandos periféricos com mais contato com sociedades estrangeiras e menos exposição a outras partes da própria sociedade eram diferentes de seus compatriotas em outros locais.[15] Para complicar, diferentes trechos das fronteiras tinham vizinhos

268 O ENXAME HUMANO

diferentes. Assim, bandos enfrentavam problemas e oportunidades muito diferentes de um lugar a outro que formavam as diferenças de identidade em relação aos outros de sua sociedade.[16] Como resultado, as pessoas nos limites territoriais eram marginalizadas.[17] Facções nasceram desses grupos afastados.

Uma característica humana que ajuda a manter a sociedade unida diante de uma diversidade potencialmente disruptiva é que às vezes as pessoas não veem essas diferenças, mesmo quando confrontadas por elas. O filósofo Ross Poole expressou o fato com perfeição: "O importante não é tanto que todos imaginem a mesma nação, mas que imaginem que imaginam a mesma."[18] Mesmo quando discrepâncias eram notadas — nos caçadores-coletores, talvez em uma reunião de bandos para uma festa — as pessoas evitavam expressar divergências abertamente sobre questões de identidade se um confronto fosse provável, assim como fazemos hoje.[19] Mesmo assim, em determinado momento, até diferenças que talvez tenham parecido casuais e inconsequentes poderiam ser vistas como importantes e desconfortáveis demais para serem ignoradas. As reuniões eram ocasiões de mexericos animados. Entre os assuntos certamente estavam comportamentos excêntricos, principalmente quando os membros com quem tinham pouco ou nenhum contato faziam algo inesperado. Os seres humanos tendem a projetar motivos mais negativos em estranhos e quanto maior é a sociedade — até uma sociedade de caçadores-coletores — mais desconhecidos existem.[20] Com opiniões favoráveis a um lado ou outro e sem um líder para induzir as pessoas a tomar uma posição, o terreno está preparado para o surgimento de facções ainda mais distintas e independentes. Chame-os de exogrupos em formação.

Da mesma forma que a sorte de um chimpanzé é definida pela facção a qual se une e, portanto, onde viverá e com quem, a de uma pessoa depende da facção que escolher — mais que a escolha do parceiro. Contudo, ao tomar a decisão, caçadores-coletores tinham pouco em que se basear, principalmente porque era improvável terem ideia do que os esperava. Seres humanos primitivos, como animais diante da dissolução da sociedade, raramente teriam enfrentado uma divisão antes. Eles não compreendiam bem as circunstâncias da mudança tampouco visualizavam com precisão um resultado ideal. Para piorar, estudos sobre tomada de decisão nos mostram que as pessoas são notadamente inseguras em relação aos seus melhores interesses quando muita coisa está em jogo — por exemplo, muitas vezes elas concordam com uma ideia popular, mas na qual poucos acreditam.[21] Quanto a questões de identidade, a carroça pode vir adiante dos bois. As pessoas só descobrirão se uma escolha é boa ou ruim após serem obrigadas a tomar uma posição sobre o tema.[22]

Apesar de tudo, é mais que provável que a maioria das escolhas de uma facção seja previsível. Os seres humanos se satisfazem em estar com conhecidos — ou seja, no caso de uma sociedade de bando, os de seu bando e de bandos próximos. A conexão das pessoas a uma certa área dentro do território —, sua "casa" representa um fator aglutinante. Até as facções em Gombe se formaram ao redor dos chimpanzés com predileção pelo mesmo pedaço de terra. O que fez as facções humanas corresponderem ao local em que as pessoas passam a maior parte do tempo foram os marcadores modernos espalhados a partir de seu ponto de origem; devido a essa difusão, facções de caçadores-coletores, como muitas diferenças culturais atuais, seriam regionais.

Diferentes facções não precisavam ser adversárias, não de imediato. Como os chimpanzés de Gombe que socializavam, as pessoas permaneciam identificadas com a sociedade original interconectada. Recentemente, os Walbiri dividiam-se em quatro subgrupos com boas relações, cada qual com sua interpretação de sonhos e rituais, enquanto os comanches se separaram em três facções com seus próprios dialetos, danças e associações militares.[23] Considerando que as mentes humanas tratam sociedades como espécies, imagino que tratemos essa variedade dentro da sociedade como lidamos com diferenças entre espécies animais, por exemplo, raças de cães que nós (e, na verdade, os cães também) vemos como variações de um único tema; da mesma forma, registramos membros de outras facções na sociedade como versões de nosso próprio "gênero".[24]

Os problemas aumentavam quando as facções se tornavam uma fonte de irritação. "A principal defesa contra a exata percepção e mudança social é sempre e em cada sociedade a tremenda convicção de probidade sobre qualquer forma de comportamento existente", declarou o psicólogo John Dollard.[25] Novamente, é importante reconhecer que os próprios membros decidem que comportamento é adequado ou ofensivo. Qualquer diferença dispararia a resposta à "probidade" e iniciaria o processo de consolidar as facções.

Imagina-se que a divisão é causada pelo acúmulo de muitas peculiaridades ou uma diferença especialmente incômoda; em sua história infantil *The Sneetches* [Pássaros amarelos personagens do livro infantil que fala de preconceito e discriminação], o Dr. Seuss descreveu um mundo em que os que tinham uma estrela azul na barriga não se associavam a quem não tinha. Entre as pequenas

270 O ENXAME HUMANO

mudanças que assumiriam a importância de uma estrela na barriga está a língua, uma verdade evidenciada pela história da Torre de Babel.[26] Sociedades de caçadores-coletores desenvolviam dialetos regionais à medida que cresciam.[27] Nos anos de 1970, um linguista revelou que os Dyirbalnan, da Austrália, que viviam no norte do território, não só tinham um dialeto, mas se chamavam por nomes diferentes, indicando uma divisão iminente.[28]

Sem dúvida, o efeito da ovelha negra é um fator significativo, em que as pessoas hostilizam qualquer membro cujos modos ultrajantes sejam uma afronta aos conceitos do que é a sociedade. Psicólogos estudam ovelhas negras como uma ou poucas pessoas: adolescentes rebeldes que se tornam criminosos, talvez. Mas, e se "o que está fora do ritmo da procissão está realmente no ritmo de outra música?", como indagou o sociólogo norte-americano Charles Cooley.[29] Talvez esses desajustados não sejam tratados como uma ovelha negra pelos companheiros. As pessoas eliminam algumas variantes sociais e absorvem outras em sua diversidade permissiva. Porém, o que permitem talvez não corresponda à toda sociedade. Entre as pessoas que pensam da mesma forma, o dissidente pode prosperar, suas escolhas imitadas por aqueles em sincronia com o ritmo de outra música. O canibalismo dos Aché Ypety, um ato envolto em significado espiritual, mas mal compreendido e temido por outros grupos de Aché, pode ter sido o motivo do rompimento quando eles se separaram.[30]

Barreiras geográficas causam divergências que a sociedade tem condições de superar sem uma resposta ao comportamento dissidente. Seres humanos que ficaram isolados, como os primeiros aborígenes a chegar à Austrália, foram liberados para seguir em qualquer direção que considerassem adequada.[31] Em outros lugares, características topográficas levaram as pessoas à divisão a despeito de algum contato com antigos companheiros de sociedade. Outro grupo de Aché dividiu-se nos anos de 1930 quando uma rodovia foi construída no meio de seu território. Com medo dos estrangeiros que percorriam essa rota, os caçadores-coletores ficaram à distância dela. Com os laços sociais entre eles reduzidos a praticamente nada, os Aché Yvytyruzu afastaram-se dos Aché do norte até que ambos os grupos se tornaram povos independentes.[32]

A SEPARAÇÃO FINAL

Ao discorrer sobre a queda do Império Romano, o senador norte-americano do século XIX, Edward Everett, escreveu que a sociedade tinha se dividido

O Dinâmico "Nós" 271

"em átomos hostis, cujo único movimento era o da repulsão mútua."[33] Supomos que também para os caçadores-coletores a divisão foi posta em movimento quando cada facção passou a enxergar a outra como um átomo hostil, com uma identidade intolerável e ações que ultrapassavam os limites do comportamento aceitável da sociedade, mesmo que somente por divergências sobre onde estavam esses limites. Se uma sociedade dá sentido ao mundo ao transmitir uma história sobre como a vida devia transcorrer, o que tinha sido uma história se separaria em duas.

Ninguém demonstrou especificamente como uma sociedade se divide, mas pesquisas realizadas pelo psicólogo social Fabio Sani, grande parte delas com o colega Steve Reicher, sobre cismas em diferentes tipos de grupos sugerem fatores que também afetam sociedades inteiras.[34] A Igreja da Inglaterra dividiu-se depois de 1994 quando membros que viam a ordenação de mulheres como contrária à verdadeira natureza da comunidade seguiram seu caminho e criaram outras denominações. Em um segundo exemplo da mesma época, o partido comunista italiano seguiu a tendência dominante e adotou um novo nome, fazendo com que uma facção minoritária criasse um novo partido que conservou os princípios e os símbolos originais do grupo. Em ambas as situações os membros que sentiram que as alterações melhoravam sua identidade adotaram as mudanças como obrigatórias. Para eles, elas fortaleciam o grupo. Os outros membros, porém, interpretaram as alterações como desvios prejudiciais em relação à essência intangível que os definia, ameaçando sua solidariedade. A crença de que sua identidade seria subvertida colocou uma barreira ente eles e os apoiadores da mudança.

Imaginamos que a maioria das divisões seja incitada, hoje e no passado, por alterações na identidade de ambas as partes. Os estudos de Sani, porém, sugerem que há desequilíbrios. A facção mais conservadora, que defende um mínimo de transformação — talvez na época dos caçadores-coletores as pessoas no centro do território que foram protegidos de influência externa e conservaram a maioria dos antigos atributos e nome original da sociedade — atrai os indivíduos que hoje tratamos como nacionalistas, que abominam mudanças. Na visão dessas pessoas, comportamentos perigosos talvez originados por uma única ovelha negra, se disseminaram. O que antes foi uma pessoa afastada merecedora de punição, ou pior, seria responsável pela formação de uma facção que age inadequadamente, até maldosamente, como unidade. Essa facção invoca um forte comprometimento de seus membros por causa da

272 O ENXAME HUMANO

convergência de opiniões. Facções expressam uma série de comportamentos mais limitado do que o existente em toda a sociedade, facilitando o surgimento da solidariedade. Entretanto, o lado mais radical — ocupando as margens do território — vê as coisas da mesma forma e se sente igualmente unificado sobre seu ponto de vista. Como viram as mudanças que promoveram como essenciais para fortalecer a mesma sociedade, para eles dissidentes eram os conservadores que recusaram as melhorias.

Quando facções surgem ao redor de diferenças desagradáveis, existe pouco esforço para encarar os fatos pelo ângulo do lado oposto. Estudos psicológicos mostram que essa diminuição de atenção para o outro lado se manifesta até para facções em fase inicial e ainda são trivialmente diferentes.[35] Como resultado, a comunicação é rompida e as facções se fortalecem. Individualizar os outros não fica apenas difícil, mas destrutivo. Essa atitude nos faz questionar nossas crenças quando estamos confiantes de que nossos motivos são puros e os outros estão errados — maus, até. Do ponto de vista de ambas as partes, então, o desafio que separou a sociedade não foi a escassez de comida ou moradia, mesmo que os momentos difíceis causados por essas fatalidades tenham sido levados em conta. Em vez disso, foram os defeitos da identidade coletiva que antes os uniram.[36]

Vimos que as pessoas pensam nas sociedades como se fossem espécies separadas. Na verdade, a metamorfose das sociedades, quando elas se separam das outras, foi rotulada como "pseudoespecificação", transformando o que tinha sido uma espécie de seres humanos em duas.[37] Nessa separação, os marcadores desempenham um papel semelhante ao dos genes.[38] Como os biólogos que descrevem a origem das espécies entendem, a disseminação da mudança torna a descoberta de quem se separou de quem na pré-história um desafio. As experiências feitas pelos antropólogos são ainda mais importantes pela facilidade com que as sociedades comercializam, emprestam e roubam.[39] As palavras finais de Darwin sobre seres vivos em a *Origem das Espécies* se aplicam igualmente às sociedades: "Formas intermináveis mais lindas e maravilhosas evoluíram e continuam a evoluir."[40] Uma consideração mais detalhada da psicologia que fundamenta a separação das sociedades humanas confirmará que essa beleza não veio com facilidade.

CAPÍTULO 21

Inventando Estrangeiros
e a Morte das Sociedades

A dissolução de uma sociedade é um momento de reinvenção. Qualquer interpretação da história sugere que o rompimento de uma sociedade se assemelha ao de um casamento. Quando não se pode reverter a separação, externam-se anos de críticas reprimidas que expressam o oposto do que foi declarado um mês ou até um dia antes. À medida que as pressões de obedecer às normas sociais mudam ou desaparecem totalmente, as pessoas de ambos os lados conquistam espaço para explorar meios de interagir antes impopulares ou controversos. Atitudes antes inaceitáveis tomam a dianteira, ajudando cada grupo a se distanciar dos que agora são os *outros*, reimaginados como outsiders, de modo a parecerem cada vez mais estrangeiros.

Evidências indicam que muitas modificações em sociedades-filhas — seu deslocamento de caráter, emprestando novamente um termo da biologia — ocorrem nos anos iniciais depois da separação, talvez motivadas pela recém-conquistada liberdade de expressão. É quando a linguagem — e, sem dúvida, muitos outros aspectos menos estudados da identidade — sofre o mais rápido ritmo de mudança, antes de se fixar em uma relativa estase.[1] De fato, as distinções entre as sociedades, muitas vezes suficientes, são resultado não da ignorância mútua devido a uma separação geográfica, mas da consciência e da interação entre elas. Isso seria notadamente verdadeiro depois da separação. As oportunidades para o pensamento e as invenções independentes possibilitadas por uma sociedade recém-criada, levando a uma convergência de percepções ao redor de temas que os membros celebram como sendo deles, torna

273

274 O ENXAME HUMANO

os anos de formação em uma era de prosperidade. Por exemplo, a Declaração de Independência e a Constituição dos EUA continuam pontos de referência que os norte-americanos procuram quando surgem questões sobre o governo da nação. Com base no que se sabe sobre modificações na identidade, acredito que foi isso que ocorreu ao longo de nossa evolução até como é hoje.

No entanto, haveria um ímpeto psicológico mais profundo para que a reformulação da identidade florescesse logo após a divisão. A sensação de estar à deriva, seus destinos desligados do significado e propósito que a sociedade original oferecia, aumentaria a urgência da procura das pessoas por uma identidade forte e uma essência, claramente distintas.[2] Além disso, a identificação mútua deve realmente *importar*. Certos grupos, como pessoas em situação de rua ou obesas são marginalizados, mas não criam sociedades com identidades próprias. Tampouco chimpanzés ou elefantes doentes ou com deficiência, mesmo quando os outros os tratam como marginais. Esses rejeitados não criam laços, pois não veem outros nas mesmas condições com bons olhos. Falta a eles o que os psicólogos descrevem como distintividade positiva.[3]

Logo, os insights dos psicólogos sugerem que os membros de uma nova sociedade terão dificuldade em se distinguir favoravelmente. Para tanto, eles improvisam qualidades apreciadas ou expressam as antigas de modo especial. O processo é análogo ao desenvolvimento de traços que os biólogos que estudam a divergência entre espécies chamam de mecanismos de isolamento. Quaisquer pontos em comum que permanecem com a outra sociedade são negados ou ignorados. Como divorciados que não se falam, as sociedades perdem contato, o que significa que qualquer história compartilhada será afastada ou esquecida.[4] De qualquer modo, não importa o quão parecidas as sociedades sejam aos olhares externos, uma reunificação seria impossível.

DIVISÕES E A PERCEPÇÃO DO NÓS E ELES

Um aspecto notável da divisão da sociedade é que as relações entre antigos companheiros precisam ser reformuladas a nível individual — cada uma delas.

Uma divisão deve render uma compreensão inequívoca sobre a que lugar cada um pertence, mesmo que só para que cada ramo mantenha a ordem e a independência desde o início. A natureza traumática dessa reformulação de identidade nos chimpanzés foi o que fez os ataques Kasakela à comunidade Kahama ainda mais terríveis. Os animais mortos não só eram conhecidos;

Inventando Estrangeiros e a Morte das Sociedades 275

muitos tinham sido seus amigos. Os bons companheiros Hugo e Golias se viram em lados opostos no cisma dos chimpanzés, mas continuaram a fazer o grooming um no outro enquanto as facções se afastavam (sendo que Golias estava no lado perdedor). Hugo não tomou parte em sua morte, mas outro macho, Figan, sim, embora Golias tenha sido "um de seus heróis da infância", conta Jane Goodall.[5]

O que condenou Golias foi a mudança que ocorreu na forma como os chimpanzés diferenciavam seus antigos compatriotas — uma mudança de categorização. A destreza dos macacos com categorias nos lembra que, como um primatologista disse: "Chimpanzés, como seres humanos, separam o mundo entre 'nós' contra 'eles'."[6] Eis o comentário adicional de Goodall sobre o tema:

> O conceito de identidade de grupo dos chimpanzés é forte, e eles sabem bem quem "pertence" ou não... Não é o "simples medo de estranhos" — membros da comunidade Kahama eram conhecidos dos agressores Kasakela, mas foram atacados brutalmente. Ao se separar, foi como se perdessem o "direito" de ser tratados como membros do grupo. Além disso, alguns padrões de ataque dirigidos a indivíduos alheios ao grupo nunca foram vistos durante as lutas entre os membros de uma mesma comunidade — torcer membros, arrancar pedaços de pele, beber o sangue.

"As vítimas", conclui Goodall, "foram, então, para todos os intentos e propósitos, 'deschimpanzados'".[7] Como a desumanização provavelmente ocorre com as pessoas, a capacidade de desligar a conscientização de pertencimento à "nossa espécie" torna-se um mecanismo pelo qual os membros de uma nova sociedade afirmam a separação irrevogável dos antigos companheiros de sociedade.[8] Essa mudança de percepção pode ser um processo gradual, precedendo a própria divisão. Por exemplo, na divisão de um bando de macacos, as lutas passaram de conflitos entre indivíduos das diferentes facções no início a confrontos entre facções agindo em massa à medida que o rompimento se aproximava. Foi como se os macacos não mais tratassem os outros como seres separados, mas como coletivos.[9]

O que aconteceu em Gombe para finalmente causar que um grupo se separasse do outro — o ponto crítico, depois de todos os anos em que as facções se toleravam, quando os chimpanzés finalmente cortaram os laços remanescentes? De algum modo, eles todos reformularam os antigos membros enquanto

276 O ENXAME HUMANO

deschimpanzaram outros. Os cientistas negligenciaram a alteração que fez todos os macacos mudarem sua visão sobre os membros da outra facção? Parece plausível que algum incidente decisivo tenha desempenhado o papel determinante na divisão de macacos em contato constante com todos no bando e, portanto, raramente perdem algo importante. Esse rigor de conhecimento é impossível para chimpanzés, espalhados como vivem. Nem todo macaco teria testemunhado algo crucial, e chimpanzés notariam pouco o que transpirou pelos demais. Isso chama nossa atenção para uma diferença essencial entre divisões de chimpanzés, bonobos e pessoas: ao dirimir questões como *Quem fica com quem?* ou *Os outros agora são estrangeiros?*, as relações dos macacos, na melhor das hipóteses, dependem das poucas informações que têm condições de assimilar dos membros da comunidade que por acaso estão perto. Embora a dinâmica de como as divisões transcorrem possa ter evoluído antes da fala, os seres humanos averiguam o que ocorreu em outro lugar e externam e apoiam opiniões sobre quem deve ser banido da sociedade e quem pertence a ela.

O que quer que tenha causado o rompimento final na comunidade de Gombe, uma coisa é certa: a deschimpanização não ocorreu com cada animal negociando a mudança de relação com cada um dos demais. Talvez, na época da divisão, os macacos avaliassem a forma de lidar com os companheiros da outra facção. *Voilà!* Antigos companheiros se tornaram estrangeiros em uma única transferência de identidade, e uma sociedade nasceu. Para animais agressivos como chimpanzés e lobos cinzentos, uma mudança de limites que distingue quem faz parte não dá muita importância a relações passadas. De uma só vez, o antes amado Golias se tornou um estrangeiro — e perigoso.

Chimpanzés, lobos e a maioria dos outros mamíferos não têm marcadores aos quais afixar sua identidade. O que nossa espécie evoluiu para fazer (se dermos crédito a essa hipótese imprecisa) é conectar essa transferência em massa de identidade aos atributos únicos que os membros associam a sua facção. Essa mudança de perspectiva cria choques entre pessoas da mesma sociedade. Acreditamos que quando os seres humanos virem um grupo de compatriotas aceitando comportamentos que consideram realmente indesculpáveis, até revoltantes, essas pessoas se tornam irremediavelmente *outros*. Preconceitos agora ganham grande destaque à medida que seus marcadores, encarados de forma desfavorável, tornam-se o principal elemento registrado sobre eles.

Outras espécies com sociedades anônimas comportam-se de modo semelhante, embora algumas usem uma estratégia muito mais formalmente orga-

Inventando Estrangeiros e a Morte das Sociedades 277

nizada e rápida que os seres humanos. Em uma colônia de abelhas em processo de divisão, as duas colmeias resultantes partilharão o mesmo marcador de identidade no início — o mesmo odor. Até onde se sabe, a única razão pela qual as colmeias resultantes não se recombinam é que uma delas voa para um local longe do ninho original. Embora a questão não tenha sido estudada, um palpite razoável é que quando as duas colônias se instalam em seus respectivos pontos, diferenças na alimentação ou mais provavelmente, na genética de cada rainha, fazem seus cheiros "nacionais" se separarem. Como resultado, cada colônia, tardiamente, consegue uma identidade própria.

Uma análise dos conflitos civis mostra que a forma como os seres humanos reagem aos outros na própria sociedade muda em um instante, de modo desconcertante, estendendo-se a uma flagrante desumanização e total brutalidade. Os exemplos mais bem documentados referem-se a etnias modernas e não a facções emergentes e mostram o problema em seu extremo. A investigação do historiador norte-americano polonês Jan Gross confirma que cidadãos comuns cortam relações de modo tão completo e chocante quanto qualquer chimpanzé. Gross reconstruiu a história de Jedwabne, uma cidade polonesa em que mataram brutalmente mais que 1.500 residentes judeus em um dia em 1941.[10] Embora eu duvide de que uma violência dessa intensidade fosse comum em sociedades de caçadores-coletores, uma facção dissidente poderia ser encarada como inferior. Dependendo da resposta das pessoas aos novos costumes adotados por seus membros, isso poderia se manifestar até com repulsa desde o início. Será difícil alterar esse cenário criado com a violência da desintegração social. Os grupos se separariam com determinação rapidamente.

A rejeição é um golpe psicológico. Mesmo a rejeição por parte de quem rejeitamos provoca mágoa e depressão. Machuca ser excluído por um grupo que nos desagrada; entre os estudos que comprovam essa hipótese está um intitulado "A KKK Não Me Deixa Brincar".[11] Um resultado previsto é que quanto mais as pessoas que se identificam com uma facção são maltratadas, mais forte é o elo criado.[12] Os que aderem a movimentos separatistas em Quebec, País de Gales, Escócia e Catalunha se unem com profunda indignação em prol de tudo o que percebam como injusto, como tributação excessiva ou repressão de direitos civis, aguçando as diferenças de opinião que dividiriam a sociedade.[13]

Normalmente, laços estreitos tendem a resistir à divisão da sociedade. Por terem crescido juntos, os membros da família costumam pensar da mesma maneira e provavelmente escolherão a mesma facção. Isso explica porque os ca-

278 O ENXAME HUMANO

çadores-coletores se relacionavam, em média, aos outros na sociedade em um grau um pouco maior depois da divisão, um padrão também presente após a divisão em outros primatas.[14] A tendência é ainda mais forte em assentamentos tribais. Seus membros dependem das famílias estendidas para dividir bens e legar propriedades, ordenando a maioria das divisões entre as linhagens familiares.[15] É claro que parentes e aliados que tomam partidos opostos em um cisma social veem suas relações testadas. Qualquer um que dedique fidelidade a outra facção corre o risco de ser deserdado e substituído por amigos leais.[16] A história é rica em narrativas de irmãos que matam irmãos. Isso não foi mais claramente documentado do que durante a Guerra Civil Norte-americana, conhecida como a guerra de irmãos para quem a lealdade à família e à cidade foi destruída rompendo relações por muitas gerações.[17]

Não sei qual ponto crítico fez os primeiros caçadores-coletores se separarem, mas registros e evidências de outros primatas sugerem que a inimizade era presente. Isso continuou após o advento da linguagem, quando nossos ancestrais teriam anulado as relações instintivas em prol de negociações mais justas. Houve brigas antes da divisão na comunidade de Gombe; entretanto, essas altercações eram normais entre os chimpanzés. Pequeno consolo, este: a matança começou assim que a comunidade se separou.

No entanto, a comparação ao divórcio, com a suposição comum de irreconciliabilidade, talvez não seja a melhor analogia para o resultado de uma divisão. Como com outros mamíferos, a flagrante violência não precisa fazer parte da divisão ou deteriorar as relações entre as sociedades. Elefantes-da-savana (e parece que também os bonobos) enfrentam desordem e incerteza enquanto as divisões transcorrem e sofrem uma reformulação global similar da afiliação. Entretanto, muitas vezes eles (mas nem sempre) recriam laços mais tarde. Com essas espécies, como com a nossa, é mais útil comparar a divisão a conflitos de adolescentes com os pais: uma fase de crescimento tensa que deve ser atravessada por ambas as partes para alcançar a independência. Em quase todas as circunstâncias tumultuosas existe uma boa perspectiva de fazer reparações mais tarde, mesmo que as duas partes estejam firmemente separadas.

O NÚMERO MÁGICO

Durante centenas de milênios a volatilidade das identidades humanas assegurou a dissolução de sociedades de pequenas dimensões. De fato, o tamanho

Inventando Estrangeiros e a Morte das Sociedades 279

era tão previsível que alguns antropólogos anunciaram 500 como um "número mágico". Como média aproximada para todas as partes do globo, essa era a quantidade de pessoas vivendo em uma sociedade de bando.[18] Assim como 120 parece ser o tamanho a partir do qual é provável que uma comunidade de chimpanzés fique instável, é razoável acreditar que 500 representava o limite máximo para a população de uma sociedade estável para a maioria dos *Homo Sapiens* da pré-história.[19]

Pode-se deduzir uma razão prática para que a sociedade contenha, pelo menos, 500 membros: segundo alguns cálculos, uma população desse tamanho confere aos seres humanos a oportunidade de escolherem um parceiro que não seja parente próximo.[20] Talvez isso explique por que as pessoas, diferentemente de muitas espécies de mamíferos que vivem em sociedades de algumas dezenas, raramente sentem a motivação inquieta e arriscada de se unir a uma sociedade estrangeira. Graças à abundância de parceiros, a maioria das pessoas em toda a história teve a opção de ficar na sociedade de origem por toda a vida. Mas o que deu impulso a divisões em sociedades desse tamanho e não em outras maiores, o que teria dado aos nossos ancestrais uma escolha mais ampla de cônjuges, assim como as vantagens de defesa de um grupo mais imponente? Esse número nem ao menos parece refletir os freios e contrapesos [checks and balances — o controle do poder pelo próprio poder] das sociedades que vivem enredadas na natureza, visto que fatores ecológicos como predadores e disponibilidade de alimento diferem muito entre as florestas e tundras em que os caçadores-coletores viviam. A área total dos territórios ocupados por eles variava nesses ecossistemas diferentes, com o povo do Ártico atingindo distâncias maiores, mas as populações das sociedades eram muito parecidas em todos os lugares.

O fato de as sociedades de bando atingirem um baixo limite populacional pode ter sido uma atribuição da psicologia controlando a expressão da individualidade humana. Manter o equilíbrio era essencial: os membros precisavam se sentir semelhantes o bastante aos demais para partilhar um senso de comunidade, mas ainda diferentes o bastante para pensar em si mesmos como únicos. Observei no Capítulo 10 que as pessoas tinham pouca motivação para se distinguir dos demais quando todos na sociedade viviam em poucos bandos, daí a notável escassez de grupos exclusivos entre esses caçadores-coletores. Mas quando sua população aumentou, essas mesmas pessoas ansiaram pelas diferenças oferecidas por conexões com grupos mais restritos. Esse aumento

280 O ENXAME HUMANO

de motivação em direção à diversidade de identidade promoveu o surgimento de facções que acabaram por causar discórdia entre os bandos e desfazer suas relações. A situação foi diferente em sociedades assentadas, acabando em populações enormes. Ao contrário de povos que vivem em bandos, a maioria dos povos assentados encontrava oportunidades de se conectar a grupos sociais que não eram facções, mas eram bastante aceitáveis e necessários ao funcionamento da sociedade — empregos, associações profissionais, clubes sociais e nichos na hierarquia social ou entre a família extensa.

Deixei em aberto a pergunta sobre o que é especial no mágico 500 dos antropólogos. Desconfio que, por volta desse número, os meios necessários para os seres humanos conhecerem todos na sociedade, mesmo que superficialmente, ficam limitados, obrigando-os a contar mais com os marcadores em suas interações. Em grupos com mais de 500 membros, os seres humanos se sentem anônimos, algo que não tem efeito nas formigas, mas abala o desejo das pessoas de terem importância como indivíduos. Essa perda de amor-próprio torna as pessoas ansiosas para aumentar sua distintividade, fazendo-as aceitarem quaisquer novidades que surjam. Sem uma organização e uma supervisão rígidas de uma comunidade assentada importante, essas novidades estimulam a divisão. Não sei dizer se esse atributo de identidade social evoluiu na era paleolítica para manter as sociedades no tamanho ideal (por razões ainda a serem totalmente compreendidas) para a vida naquela época. Ou então, talvez tenha sido uma adaptação para melhorar as interações sociais individuais das pessoas, caso em que talvez o número 500 fosse um resultado acidental desse elemento psicológico. É provável que ambas as hipóteses sejam válidas.

COMO AS SOCIEDADES MORREM

Sociedades vêm e vão. Colônias de formigas e cupins geralmente morrem com a rainha. Cada geração da colônia recomeça com uma nova fundadora. Algumas sociedades de mamíferos quase atingem um fim igualmente decisivo. Caso o casal reprodutor em um bando de lobos cinzentos ou mabecos ou clã de suricatos morra sem um sucessor viável, sua sociedade está condenada. Diferentemente dos insetos, porém, os outros membros continuam a viver e, com sorte, se dispersarão para se unir a outro bando ou clã em outro lugar.

Divisões asseguram que a maioria das sociedades de vertebrados não atinja esse fim definitivo. Sob condições ideais, uma sociedade se propaga como

Inventando Estrangeiros e a Morte das Sociedades 281

amebas em contínua divisão. O biólogo Craig Packer observou vários grupos de leões se dividirem durante doze gerações ao longo de cinco décadas de pesquisa na África.

As supercolônias de formigas-argentinas, e algumas outras espécies de formigas cujos membros conservam a identificação da colônia, à medida que se espalham globalmente, são as que mais se aproximam de uma sociedade imortal. Mesmo para elas, porém, novas colônias presumivelmente surgem em algum momento. Para que isso ocorra, a identidade das formigas da mesma supercolônia precisa mudar e se tornar incompatível. Como as formigas nunca se veem diante das escolhas de comportamento que incitam as pessoas a se separar, sua divergência de identidade baseia-se na genética. Talvez uma rainha com uma mutação que afete seu cheiro "nacional" evite ser morta pela colônia de nascença se tiver a sorte de se instalar em um ponto isolado. Ali, ela cria um ninho com seu odor de identidade único, que — por mais improvável que seja — poderia se transformar em uma supercolônia.

Entre os vertebrados, as comunidades de golfinhos-nariz-de-garrafa na costa da Flórida se comparam a supercolônias em permanência, embora certamente não em escala (dadas suas sociedades de reconhecimento individual). Uma comunidade que ocupa o mesmo trecho da baía de Sarasota se manteve estável com cerca de 120 animais durante mais de quatro décadas de estudo, seu território sendo passado adiante ao longo das gerações — herança de propriedade sendo uma grande vantagem da afiliação a sociedades em muitas espécies. Evidências genéticas sugerem que essa comunidade está lá há séculos.[21]

Contudo, apesar da repetição potencialmente infinita de divisões, o declínio das sociedades será inevitável em algum momento, se não para o golfinho--nariz-de-garrafa, então para todos os demais. Até uma ameba, que se divide interminavelmente, enfrenta uma batalha difícil quando sua dieta é suprimida. Lutando ao ponto de inanição, uma das duas amebas morre depois de cada divisão, deixando a irmã para se dividir novamente. Essa resposta geneticamente programada mantém a quantidade geral de amebas perto da capacidade de carga — a maior quantidade que o meio ambiente pode sustentar.[22]

Essa elevada taxa de mortalidade nos lembra a tragédia que ocorreu com os chimpanzés de Gombe quando uma comunidade dizimou a outra e por um bom motivo. Realidades malthusianas se aplicam a ambos, como segue: populações até das espécies de crescimento mais lento atingem a capacidade de carga em algumas gerações. Portanto, salvo mudanças ambientais, cerca da mes-

282 O ENXAME HUMANO

ma quantidade de comunidades de chimpanzés teriam existido em qualquer habitat apropriado durante o milênio. Antes que os chimpanzés (ou leões ou seres humanos) atinjam esse pico populacional, os produtos de cada divisão encontram espaço para se estabelecer sem muita luta. No entanto, à medida que as sociedades ficam muito próximas, é provável que os conflitos se tornem iminentes não só entre sociedades vizinhas, mas também internamente enquanto seus membros brigam e lutam por recursos, desgastando as relações até que desmoronem. Caso uma grande sociedade rache nessas condições de superpopulação, seus membros não ficarão em melhor situação. Os animais continuarão a lutar pelos recursos que eram acessíveis a todos quando eram parte de uma sociedade. A divisão em si não alivia a tensão da população.

Ainda assim, dividir uma sociedade oferece uma forma brutalmente prática de evitar esse impasse. Quando uma comunidade de chimpanzés, todos competindo entre si, é destroçada e dividida ao meio, a sociedade-filha que destrói a outra — como Kasakela fez com Kahama — toma tudo para si e reduz o nível de conflito entre os próprios membros. É o plano de matança de uma ameba faminta implementado pela força bruta. Com as sociedades funcionando na capacidade de carga, ou perto dela, como geralmente ficam, o modo de avançar certamente será cruel. Se seus antigos companheiros de sociedade, agora por conta própria, não o derrubaram, outras sociedades o farão. Não é preciso ser matemático para compreender que a maioria das sociedades desaparece com o passar do tempo.

O cálculo impiedoso da sobrevivência nos diz que, no sentido máximo das causas evolucionárias, a competição é a causa da divisão das sociedades. Mesmo assim, considerando o quanto seus marcadores mudaram de um local a outro, a divisão das sociedades de bando seria inevitável em dado momento, independentemente da pressão populacional. A questão passa a ser o que ocorreu quando os seres humanos encheram o ambiente até o limite de modo que as sociedades resultantes, próximas a vizinhos competitivos, não tinham para onde ir ou espaço para crescer. As pessoas tendem a unir-se para enfrentar uma ameaça quando a concorrência com outsiders é sua principal preocupação. A frente unificada de uma sociedade cercada impede o surgimento de pontos de vista conflitantes, presumivelmente incluindo as facções cujos conflitos são um pré-requisito da divisão. É possível que a sociedade nessa situação difícil mantenha uma única identidade coerente, se em lento processo de mudança, mesmo se bombardeada por influências externas.[23] Mesmo assim, desconfio que essa situação retardaria a divisão da sociedade, mas não a impediria. De fato, caso a fricção social impelisse uma divisão quando as sociedades-filhas são muito unidas, a perda da mais vulnerável delas estaria assegurada. Imagina-se que foi isso que ocorreu no trecho de floresta em Gombe quando os chimpanzés Kahama tinham pouco espaço para a retirada. Um fim semelhante deve ter ocorrido a muitas sociedades humanas na pré-história, muitas vezes por desgaste causado por ataques, em que os poucos sobreviventes, geralmente mulheres, se uniram ao grupo vencedor.

"O passado é um país estrangeiro", afirmou o escritor L. P. Hartley.[24] As regras arquetípicas com base nas quais os seres humanos alteram sua identidade garantem, assim, a incorporação dessa obsolescência. Até sociedades predominantes transformam-se com o tempo para formas que os fundadores rejeitariam como insuportavelmente estrangeiras. Com o tempo, a alteração de uma sociedade é tão inevitável quanto a de uma espécie biológica que evolui até que as gerações vivas não reconhecem seus predecessores e os paleontologistas a consideram merecedora de um novo nome.

Assim ocorreu repetidas vezes antes do início da história, sociedades se separando, algumas dizimadas e os vencedores mudando com o tempo até ficarem irreconhecíveis e dividindo-se outra vez. Cada separação era fonte de sofrimento e de agonia, realizada por motivos relevantes na época, mas, por fim, esquecidos. Essas divisões têm sido parte tão importante do ritmo de vida quanto o amor ou a mortalidade, e têm transcorrido por várias gerações além de nossa compreensão. Ganhando ou perdendo, uma sociedade, como seus membros, é efêmera.

Quantas sociedades o ciclo gerou? Se pudermos considerar a quantidade de línguas que já existiram como uma indicação aproximada, as sociedades humanas chegaram a centenas de milhares.[25] Como nem toda sociedade tem uma língua própria, é uma atitude conservadora supor que mais de um milhão de sociedades nasceram e desapareceram — sendo que a sua é uma delas — cada uma formada por homens e mulheres seguros do significado, da existência eterna e do sucesso em relação aos predecessores.

Assim, não há dúvidas sobre a separação e o desaparecimento das sociedades. Rememorando, na maioria das sociedades de vertebrados, o processo não tem nada a ver com os marcadores que deixam as pessoas à vontade umas com as outras. Os chimpanzés seguem tradições socialmente aprendidas, mas não discriminam os que agem de modo diferente. Além disso, não há motivo para pensar que eles criaram hábitos que alguns membros adotam e outros rejeitam, causando a separação da comunidade. Porém, para os seres humanos, fazer parte de uma sociedade acarreta obrigações de agir adequadamente e de aceitar suas regras e expectativas. Mesmo assim, essas regras e expectativas são um alvo dinâmico. Desde que os seres humanos adotaram marcadores para sociedades, elas se dividiram em facções de pessoas que têm pontos de vista alternativos sobre sua identidade. Nossa psicologia orquestra a mudança transformando o que era conhecido em estrangeiro.

Ao acompanhar o nascimento das sociedades dos predecessores dos caçadores-coletores, falei pouco sobre os detalhes da ascensão e queda das nações, que será um dos temas do próximo capítulo. Antes de chegar a essa questão, preciso tratar dos caminhos sociais que possibilitaram a existência dessas sociedades imensas. No entanto, o que motivou o sucesso das civilizações não foi o espírito pacificador. As sociedades que se puseram a conquistar umas às outras — com o tempo incorporando etnias e raças — entraram em cena há pouco tempo. Os efeitos residuais de suas lutas, algumas antigas, algumas contínuas, persistem em todos os cantos do mundo de hoje.

SEÇÃO VIII

De Tribos a Nações

CAPÍTULO 22

Transformando uma Vila em uma Sociedade Conquistadora

Há dez mil anos — um piscar de olhos na longa pré-história de nossa espécie —, a última era do gelo chegava ao fim. À medida que o clima se aquecia, alguns caçadores-coletores passaram a praticar a agricultura, uma mudança conhecida dos arqueólogos como a Revolução Neolítica. Essa metamorfose ocorreu de modo independente em seis partes do mundo: primeiro e principalmente na Mesopotâmia, uma região do Oriente Médio, há 11 mil anos; depois, na área ocupada hoje pela China, há 9 mil anos; nas Terras Altas da Nova Guiné, há cerca de 7 mil anos; na região central do México e mais recentemente nos Andes, ao redor do Peru, entre 5 mil e 4 mil anos atrás; e no leste dos Estados Unidos, entre 4 mil e 3 mil anos atrás.[1]

Desse início humilde, surgiram reinos imensos em quatro áreas: China, Oriente Médio (incluo a Índia aqui, que foi sustentada por lavouras levadas dessa região), México (começando com os Maias e, depois os Astecas), e os Andes (culminando com os Incas). Nada parece mais grandioso e merecedor de tratamento detalhado do que a formação de uma civilização, com suas cidades e arquitetura e culturas elaboradas. No entanto, após o crescimento das sociedades a um tamanho superior aos dos bandos de caçadores-coletores, começando com as pessoas se fixando em tribos, nossa história acelera, pelo simples motivo que os pré-requisitos para transformar essas tribos em civilizações são mais simples do que parecem.

Não se vê nada que se aproxime de uma nação contemporânea em termos de escala ou complexidade entre outros mamíferos; na natureza, só certos

288 O ENXAME HUMANO

insetos sociais evoluíram para o que realmente são civilizações próprias. Está claro que a evolução de sociedades anônimas foi crucial para criação e disseminação das civilizações. Contudo, o anonimato é insuficiente para explicar por que os seres humanos são capazes de desenvolver grandes sociedades ou como as mantêm. Vários fatores entram em ação — alguns, como o fornecimento suficiente de alimento são evidentes. Outros, como condições de solucionar problemas sociais e dar aos membros vários meios de se distinguir não são tão relevantes. Aproximar-se de qualquer coisa que chamamos civilização exigiu ainda outro elemento: violência e maquinações de poder.

Livros de história estão repletos do esplendor das nações, de seus conflitos e parcerias, das lutas de seus personagens pitorescos, de governos que avançam em direção ao progresso ou falham. Encaramos os detalhes como pessoais, pois muitas vezes essas são as histórias de nosso povo e são importantes para nós. Apesar disso, as diferenças entre nações e a maioria das sociedades que as precederam são questões de grau e não de tipo.

Eu disse *a maioria* das sociedades que as precederam porque uma transição era uma mudança fundamental quando elas cresceram e se tornaram complexas. As sociedades começaram a absorver umas às outras. A partir daí o caminho para as nações como são hoje, aberto pela Revolução Neolítica, foi curto. Para que essas sociedades conquistadoras fixassem raízes, os vários elementos necessários para realizar essa tarefa foram recursos extremamente básicos.

ALIMENTO E ESPAÇO

Mais pessoas precisam de mais comida. Essa verdade óbvia nos faz imaginar que um grande suprimento de comida é suficiente para impulsionar o crescimento das sociedades. Não é. Pense nos macacos aos brados em volta dos mercados de Nova Deli. Macacos urbanos vivem de frutas (e carne e legumes) da agricultura, roubados de vendedores de rua. Embora a relativa fartura realmente sustente uma grande população geral de macacos, os bandos urbanos continuam do mesmo tamanho que os de seus irmãos caipiras no interior da floresta.[2] Simplesmente há mais bandos em um lugar apertado do que em espaços desocupados. Fato semelhante ocorre com as formigas-argentinas que ainda vivem na Argentina, onde colônias, cercadas por muitos vizinhos hostis, não podem crescer muito, por mais alimento que tenham. As da Califórnia, claro, escaparam a essa limitação.

De fato, a humanidade não acabou como os macacos urbanos. O vale do Nilo não abrigou milhares de mini-Egitos, mas o grandioso que deu origem a Ramsés II. Dito isto, nas grandes extensões do globo os seres humanos reagiram à disponibilidade de alimentos, a partir do cultivo ou de fontes da natureza, propagando muitas pequenas sociedades em vez de criar uma grande. Nos anos 1930, quando outsiders chegaram às Terras Altas da Nova Guiné, elas já estavam ocupadas por milhares de indivíduos. Uma caminhada de alguns quilômetros era tudo de que se precisava para chegar ao território de outra tribo. Cada uma se comprometia com o suprimento de comida gerado em sua área, que incluía plantas e animais domesticados. Exploradores encontraram o mesmo padrão na bacia do Amazonas e outras regiões. Embora a maioria dessas tribos horticultoras tivesse culturas menos exuberantes que a dos caçadores--coletores do Noroeste do Pacífico, também viviam em aldeias ou, pelo menos, tinham um abrigo em que se refugiar (embora poucas tribos, principalmente em partes da África e Ásia, fossem nômades que pastoreavam animais domesticados). No passado, uma minoria desses grupos tribais mostraram ser pontos de transição para as grandes sociedades atuais. Compreender como as tribos eram organizadas e as características especiais que permitiram a essas poucas crescer em tamanho e complexidade é a próxima parte de nossa jornada.

SOCIEDADES DE VILAS

A vida na tribo era como uma grande novela. Como ocorria entre os povoados de caçadores-coletores, não faltavam ocasiões para discussões fúteis e violência. Os conflitos incluíam disputas sobre questões que podem estragar uma reunião de família, como o que tem para jantar, mas também acusações de feitiçaria, brigas envolvendo cônjuges e discussões sobre divisão de responsabilidades.[3] Essas divergências tinham o poder de precipitar a divisão da vila; às vezes, as pessoas ficavam de tal modo aborrecidas que se mudavam para evitar os demais o máximo possível. Muitos aldeões vivenciaram esse tipo de cataclismo social uma ou mais vezes na vida. Aldeias pré-históricas no sudoeste norte-americano, por exemplo, costumavam durar de 15 a 70 anos.[4] Um exemplo de fissão de aldeia é o praticado pelos Huteritas. Surgida no século XVI onde hoje fica a Alemanha, essa seita é relativamente recente pelos padrões dos grupos que normalmente chamamos de tribos. Depois de vários séculos de migração, os Huteritas emigraram em 1874 da Rússia para o oeste norte-a-

290 O ENXAME HUMANO

mericano, onde vivem em colônias de até 175 pessoas, cada qual administrando uma fazenda. Tensões sociais surgem à medida que a colônia cresce, até que finalmente os membros dividem a colônia, um ajuste que transcorre em média a cada 14 anos. Embora essas transições sejam tratadas de forma mais organizada que a de aldeias anteriores à palavra escrita, a dinâmica é muito parecida.[5]

Para que as tribos ficassem juntas, eram necessárias soluções para melhorar, ou, pelo menos, administrar, os conflitos. Nesse caso, tribos dependentes da horticultura criavam estratégias semelhantes às dos caçadores-coletores. Era comum reduzir a competitividade entre as pessoas adicionando dimensões às distinções sociais aceitáveis na sociedade.[6] Havia diferenças no status do trabalho. Assim, mesmo que as tribos começassem igualitárias ou como caçadores-coletores em bandos, tal cenário não durava. As oportunidades de integrar grupos sociais também contribuíam para as diferenças de seus membros. Em tribos de todo o mundo, a diferenciação atingiu seu apogeu na Nova Guiné. Os mais complicados eram (e ainda são) os Enga, uma população regional que administra uma existência social que, às vezes, mostra uma complexidade semelhante à de Rube Goldberg [uma máquina que executa uma tarefa simples de forma complicada; referência ao cartunista e inventor norte-americano Rube Goldberg, adepto ao mecanismo]. Os mais de mil indivíduos dentro de cada tribo Enga celebram a história de seu povo. Entretanto, cada membro nasce em um clã e subclã que reivindicam seus próprios espaços de cultivo e, às vezes, ocorrem discussões ou verdadeiras brigas entre os clãs. Ainda assim, cada tribo se manteve intacta ao longo dos anos.[7]

Uma administração centralizada para lidar com questões sociais existe em assentamentos humanos, mesmo que rudimentar. Como descrevi sobre caçadores-coletores assentados, pessoas integradas a um local tinham mais paciência com exibições de autoridade do que os bandos — no entanto, só um pouco mais; as aldeias tinham chefes, mas sua importância se mostrava em conflitos, e eles gastavam a maior parte do tempo convencendo pessoas, não as liderando.

Ainda assim, até as tribos das terras altas do sudeste da Ásia descritas pelo antropólogo James Scott em seu livro *The Art of Not Being Governed* [*A Arte de Não Ser Governado*, em tradução livre] não faltava controle. O título alude aos esforços tribais de evitar ser devorado pelas civilizações poderosas que se espalhavam como amebas a partir das terras baixas. Os moradores das montanhas

Transformando uma Vila em uma Sociedade Conquistadora 291

tinham chefes às vezes tirânicos.[8] Em outros lugares, o tema de quem deveria ter poder era motivo de discórdia. Supervisionar questões sociais nem sempre exigia uma pessoa específica no comando. Os Nyangatom, do Sudão do Sul e da Etiópia, são pastores distribuídos por várias aldeias, e cada uma se muda várias vezes durante o ano para locais adequados para os rebanhos (podem ser retratados como caçadores-coletores que não caçam, visto que cuidam de animais domesticados em vez de perseguir os selvagens). Os Nyangatom têm especialistas, como homens habilidosos em castrar gado ou fazer cicatrizes simbólicas no peito dos guerreiros e, no entanto, mantêm a paz sem um governante permanente; em vez disso, cada homem assume e partilha a liderança da tribo ocasionalmente com companheiros da mesma idade.[9] Quanto a povos tribais que vivem em povoados — quer vivam de caça e coleta, cultivo ou agricultura movida à gasolina — o atrito social limitou suas populações a um local a algo em torno de algumas centenas de indivíduos, até a alguns milhares para os moradores de terras altas da Nova Guiné, que distanciaram suas casas de uma forma para reduzir conflitos, imagino eu. Já aldeias Ianomâmi na floresta tropical na América do Sul onde todos vivem em redes quase uma em cima da outra em casas ovais, eram muitas vezes menores, com de 30 a 300 membros.[10]

Em algumas situações, uma aldeia era tudo o que havia em termos de sociedade. Muitas vezes, porém, havia um agrupamento acima dela. Os Huteritas, os Ianomâmi e os Korowai, da Nova Guiné, renomados por suas casas nas árvores, são exemplos de tribos compostas de mais de uma aldeia. O equivalente estrutural e funcional de uma sociedade de caçadores-coletores nômades era um aglomerado de assentados — chame de sociedade tribal ou vila.[11]

Como antropólogos subvalorizaram sociedades de bandos em favor do estudo dos bandos, cada aldeia individual foi igualmente peça central da pesquisa antropológica, e não todas elas. Essa tendência se deve principalmente à autonomia das aldeias. Nenhum outsider, mesmo de outra vila da tribo, dizia aos residentes da vila o que fazer, não mais que qualquer bando de caçadores-coletores dizia algo a outro. Mas outro motivo pelo qual os pesquisadores focaram as vilas é marcante: muitas vezes, as vilas eram conhecidas por seus conflitos com outras, incluindo, entre os Ianomâmis, mortes por vingança.

Da mesma forma, as tribos eram importantes para seu povo. Aldeias Ianomâmis alimentavam disputas mortais — lembrando os Hatfields contra os McCoys, embora no caso dos Ianomâmis, várias famílias estavam envolvidas. Mesmo assim, as vilas renegociavam suas relações continuamente. Lutas se

292 O ENXAME HUMANO

alternavam com reconciliações envolvendo casamentos, festas ou comércio. Todos tinham amigos em outras aldeias Ianomâmis e, como com membros de bandos de caçadores-coletores, as pessoas podiam se mudar para outra vila — embora os moradores, comprometidos com o cultivo das hortas (e, na Nova Guiné, porcos domesticados), realizavam a mudança com menos facilidade do que os nômades livres que forrageavam alimentos na natureza. De fato, assim como um aldeão podia mudar de aldeia, vilas inteiras podiam se fundir. Essa dinâmica funcionava como em bandos de caçadores-coletores, com a fissão-fusão de aldeias motivada por relações sociais.[12] A maior diferença entre sociedades de vilas e de bandos é que as vilas mudavam de lugar (para locais de cultivo recém-preparados) e se dividiam e se combinavam com menos frequência.[13]

Vistos dessa forma, vilas e bandos não eram muito diferentes. Como nos bandos, os residentes de uma vila raramente tinham que pensar sobre a sociedade mais ampla da qual faziam parte, mas que estava ali nos raros momentos em que precisavam dela. Sua identidade mútua se torna visível quando surge uma oportunidade ou dificuldade em escala social. Os aldeões Jivaro, no Equador, famosos pelas cabeças encolhidas, uniam forças quando atacavam tribos estrangeiras. Em 1599, no maior ataque desse tipo, 20 mil Jivaros de muitas aldeias livraram o território do domínio estrangeiro com o massacre de 30 mil espanhóis.[14] Essas sociedades de vilas também tinham palavras que abrangiam toda a sociedade, assim como caçadores-coletores. Ianomâmi, por exemplo, é o nome que o povo dá a si mesmo, enquanto Ianomâmi tapa é como designam todas as vilas. Como vimos com os nomes de muitas sociedades de bandos, Ianomâmi e Jivaro significam "humano".

Marcadores coletivos de identidade definiam esses agrupamentos tribais de vilas como sociedade, assim como ligavam outras sociedades pelo mundo. Os Ianomâmi são um bom exemplo. O vestuário, as casas, os rituais e outras características partilhadas dos membros permitiram a fissão e fusão de vilas — similaridades reconhecidas pelas pessoas. Quando os moradores de uma vila chegavam a um impasse e seguiam seu caminho, a separação era como a de um bando de caçadores-coletores. Mesmo que esses indivíduos sentissem uma animosidade mútua, no final tinham a mesma linguagem e modo de vida e permaneciam parte da mesma sociedade.[15] Entretanto, diferenças se acumulavam pelas vilas de uma tribo. Em tribos fixas tanto quanto em bandos de caçadores-coletores, o rompimento era permanente. Os Ianomâmis atuais apresentam diferenças em diversas tribos, cada qual com uma população de alguns milhares, como resultado de mudança de identidades. De fato, alguns linguistas distinguem cinco línguas Ianomâmi, muito semelhantes. Os próprios Ianomâmi estão cientes das divergências e zombam do Ianomâmi estranho de vilas distantes.[16]

Tribos como os nômades Nyangatom e os assentados Enga e Ianomâmi conseguiram se manter intactas em relação às populações como um todo geralmente de milhares — mais que o normal para uma sociedade de bando. Ao mesmo tempo, essas observações sobre a intolerância dos Ianomâmi para com as diferenças de seu povo apontam para uma razão pela qual muito poucas tribos construíram um império. Estar cercados por tribos vizinhas não era um obstáculo. Uma tribo enfrentava o mesmo problema que os caçadores-coletores: a identidade dos próprios integrantes entrava em choque.

Porém, mesmo que uma tribo conseguisse conservar uma identidade coerente, nunca produziria uma sociedade extensa só com o crescimento da população, nem sob condições ideais — uma taxa de natalidade favorável possibilitada por alimento e espaço suficientes, uma liderança capaz e muita diferenciação social. Que esses atributos eram insuficientes é demonstrado pelo fato de que todas grandes sociedades humanas, observadas com atenção, contêm não os descendentes de um grupo homogêneo de pessoas, mas populações de herança e identidade diversas. O fracasso de sociedades de caçadores-coletores e tribais em se adaptarem à variação de marcadores contrasta fortemente com o grande sucesso das nações nesse aspecto. De fato, para compreender o nascimento das civilizações precisamos entender como elas foram formadas a partir de uma mistura de cidadãos, por fim abrangendo as etnias e raças atuais.

SOCIEDADES NÃO SE FUNDEM LIVREMENTE

Uma possível explicação para a heterogeneidade das civilizações é que o desenvolvimento das sociedades pressupõe sua fusão voluntária. As evidências mostram que não é o que ocorre. Entre os animais, a fusão de sociedades é praticamente inexistente, mesmo em espécies que competem pouco.[17] Bonobos e chimpanzés exemplificam essa situação: as únicas "fusões" de suas comunidades distorcem o significado da palavra. O primatologista Frans de Waal me diz que bonobos estranhos criam uma comunidade do zero sem complicações. A capacidade desses símios de fazer amizade simplifica a adaptação mútua.

294 O ENXAME HUMANO

Contudo, essas sociedades arranjadas são reproduções de confinamentos no zoológico. Na natureza, as comunidades de bonobos, mesmo quando em bons termos, mantêm os membros separados. Em comparação, integrar chimpanzés cativos em uma comunidade é um pesadelo, e exige meses de procedimentos cuidadosos, com muitas brigas sangrentas ao longo do caminho. O único motivo para os chimpanzés se adaptarem uns aos outros é que, sem as comunidades originais, como os bonobos em cativeiro, são refugiados. De modo semelhante, as poucas fusões permanentes registradas em macacos selvagens ocorreram depois que seus grupos foram praticamente dizimados. Os sobreviventes, como macacos no zoológico, eram um tipo de refugiados, desistindo das antigas sociedades para se juntar a outra para sobreviver. Suas uniões não chegam perto das uniões de massa que vimos entre grupos inteiros.[18]

Sob condições normais, o mesmo se aplica aos insetos sociais: combinar colônias maduras não faz parte das funções de seu minúsculo cérebro.[19] Que eu saiba, fusões permanentes de sociedades saudáveis ocorrem só entre os elefantes-da-savana, na África, raramente, e só entre dois núcleos que já pertenceram a um único núcleo que se dividiu no passado. Ao recompor sua afiliação original, às vezes depois de anos de separação, os paquidermes parecem afirmar que nunca esquecem.[20] Fora isso, quando uma sociedade se forma e seus membros se identificam uns com os outros e permanece com um número de integrantes suficiente para perseverar, ela continuará distinta de todas as outras.

O mesmo se aplica a seres humanos: quando os membros da sociedade fixam suas identidades, é improvável que ocorra a fusão com outra. Não vi indícios de grandes números de estrangeiros absorvidos por bandos de caçadores-coletores, nem em casos de grande semelhança cultural entre os outsiders e a sociedade a qual se uniriam. Assim, embora bandos da mesma sociedade de caçadores-coletores se fundissem, como vilas de uma tribo, permaneciam separados. Os atritos na fusão de sociedades entre seres humanos decorrem da improbabilidade de cada uma se ajustar às identidades da outra. Os únicos exemplos de fusões nos lembram situações de fuga: sociedades coalescentes surgem quando umas poucas pessoas não têm condições de subsistir por conta própria. A coalescência foi o destino dos indígenas norte-americanos arrancados de suas terras a partir dos anos de 1540 até o século XVIII, principalmente no sudeste, após anos morrendo nas lutas contra os europeus e suas doenças — como os Seminoles e os Creeks. Quando combinadas, essas populações de refugiados muitas vezes assumiam o nome e parte do estilo de vida da tribo dominante, com algumas concessões aos marcadores sociais dos demais.[21]

Mesmo a adoção de um estilo estrangeiro não leva a uma fusão. Por exemplo, o povo Fur, de Darfur, vive em terras áridas que normalmente viabilizam a vida de poucos animais. Uma família afortunada com mais animais só os alimenta mudando e se associando aos Baggara. Mas isso não é uma mudança de identidade. Os Baggara não são uma tribo; o termo é uma palavra árabe que se aplica a uma vida de pastoreio adotada por muitas tribos em Darfur. Assim, embora uma família Fur pastoreie entre outras tribos e até seja respeitada e aceita como aliada por outros pastores, ela permanece diferente. Mesmo um Fur que case com alguém entre os Baggara não tem a criação para ser confundido com um nativo da tribo.[22]

Apesar da capacidade humana de gerar parcerias estrangeiras, fusões completas de sociedades nunca são resultado de alianças. De fato, psicólogos acreditam que sociedades fortemente dependentes umas das outras costumam se separar.[23] A confederação iroquesa foi essencial na luta contra inimigos comuns — originalmente outros indígenas, depois os europeus — e as tribos tinham a tarefa de defender diferentes fronteiras de seu território aliado. Porém, a independência de suas seis tribos nunca foi posta em dúvida.[24] Coalizões como essas são um motivo de orgulho, mas isso não diminuía a importância de suas sociedades originais.

Mas podemos ter uma certeza: as sociedades, de bandos de caçadores-coletores unidos a grandes impérios, nunca renunciam livremente à sua soberania para criar uma sociedade ainda maior.[25] Aquisições agressivas de povos e suas terras, e não fusões voluntárias, reuniram diferentes sociedades em um só grupo. O filósofo grego Heráclito estava certo em afirmar que a guerra é o pai de todas as coisas. Em lugares do Oriente Médio ao Japão, da China ao Peru, o único meio de uma sociedade criar uma civilização era combinando uma explosão populacional com a expansão de seu território pela força ou pelo domínio.[26]

ACEITANDO UM OUTSIDER

A absorção de outsiders em sociedades humanas não começou com agressão. Ela começou — de forma inofensiva, considerando que os dois lados se beneficiariam do arranjo — com a aceitação de outsiders ocasionais como membros,

296 O ENXAME HUMANO

como é necessário para encontrar parceiros sexuais em muitas espécies. Embora as sociedades de bandos costumassem ser populosas o bastante para seus membros escolherem um parceiro entre eles, algumas transferências teriam ocorrido para selar uma parceria entre grupos e minimizar a consanguinidade ao longo do tempo.[27]

Aceitar um estrangeiro não teria sido fácil mesmo para os primeiros seres humanos. O parceiro (geralmente a mulher), refugiado adotado ou proscrito teria que fazer o esforço para se adaptar. Alguns comportamentos exóticos do recém-chegado talvez fossem encorajados, como vantajosos para a sociedade — uma opção melhor do que trocar uma ferramenta que não se sabia fazer era adotar o ferramenteiro! Mesmo assim, considerando como as pessoas cultivam e protegem suas identidades no contato com outsiders, um recém-chegado teria pouca influência na conduta da sociedade.[28] Qualquer nova chegada inábil ou avessa a mudar seus costumes enfrentava uma vida difícil e possível rejeição. Ainda assim, o estrangeiro podia alterar sua identidade e se ajustar à nova sociedade só até certo ponto. A conversão de afiliação nunca é absoluta. Mesmo quando pessoas tentam com afinco se adaptar, sua essência interior permanece estranha, inalterável.[29] Depois de anos entre os Ianomâmi, o antropólogo Napoleon Chagnon escreveu,

> Cada vez mais me consideravam menos estrangeiro ou sub-humano e cada vez mais eu me tornava uma pessoa real para eles, parte de sua sociedade. Por fim, eles começaram a me dizer, quase como se fosse uma confissão: "Você é quase um ser humano, você é quase um Ianomamö."[30]

O que dá crédito à percepção dos Ianomâmi sobre Chagnon é o fato de que nenhum recém-chegado em qualquer sociedade humana consegue aperfeiçoar todos os marcadores de um povo estrangeiro. Sinais indicadores revelam a origem da pessoa mesmo que ela tenha conseguido assimilar as mudanças mais importantes o bastante para encontrar um lugar entre a sociedade.

Mesmo assim, aceitar um outsider ou dois dessa forma não era suficiente para qualquer coisa remotamente próxima à transformação de todo um *grupo* étnico. A verdade desagradável é que as etnias surgiram na forma de uma atividade que só progrediu entre as pessoas que se estabeleceram: a escravidão.

ADMITINDO A ESCRAVIDÃO

A escravidão é uma atividade quase exclusivamente humana. É claro que existem as formigas escravagistas, descritas em um capítulo anterior deste livro. Entre outros vertebrados, o único comportamento semelhante à escravidão ocorre entre os macacos langur. Uma fêmea que nunca pariu um filhote pode roubar um de outro bando para criá-lo (embora suas chances de sobrevivência sejam mínimas).[31] Na África Ocidental, machos invasores às vezes atraem uma fêmea estrangeira para seu território para sexo, e não para matá-la, mas ela foge para casa na primeira oportunidade, no mesmo dia.[32]

Sequestrar um estrangeiro e mantê-lo para sempre raramente era uma opção óbvia para pessoas em bandos. Escapar era muito fácil. Mesmo assim, grupos de ataque levavam mulheres sobreviventes, que tinham pouca alternativa senão casar-se com os vencedores. A escravidão era praticada regularmente por algumas sociedades de bando e pequenas sociedades tribais, como entre os indígenas das Grandes Planícies, que não só faziam prisioneiros, mas os trocavam como mercadorias.[33] Embora esses prisioneiros pudessem fugir, sua identidade às vezes era tão contaminada que nunca conseguiriam voltar para casa. Vimos um exemplo em uma menina espanhola de 11 anos capturada pelos Ianomâmis em 1937. Depois de 24 anos, Helena Valero fugiu e descobriu seus filhos meio indígenas segregados pela comunidade espanhola visto que, como contou com amargura ao antropólogo Ettore Biocca: "Ela era indígena e seus filhos, indígenas."[34] Uma mulher sequestrada pelos comanches em 1785 recusou-se a ser resgatada apesar de ser filha do governador de Chihuahua. Ela enviou uma mensagem em que afirmou que seria infeliz se voltasse com o rosto marcado por tatuagens tribais, o tipo de marcador indelével que praticamente garante um compromisso eterno com a sociedade — e transformou essa mexicana em uma estrangeira entre seus conterrâneos.[35] Em ambos os casos as prisioneiras eram europeias, mas povos tribais apanhados por outra tribo enfrentavam o mesmo problema.

A servidão ficou mais importante à medida que os povoados se organizaram para manter prisioneiros, embora nem todos os povos assentados mantinham escravizados. Até os indígenas do noroeste viveram em acampamentos durante séculos antes de empregar a escravidão como vingança. Muitas vezes, essas tribos dificultavam a fuga dos escravizados sequestrando-os em expedições a vilas tão distantes que voltar para casa era quase impossível.[36]

298 O ENXAME HUMANO

A escravidão levou a desigualdade do relacionamento do recém-chegado com a sociedade que o recebia a extremos absolutos, conferindo à última controle total sobre o prisioneiro. Os prisioneiros mantinham o status de estranhos e eram dissuadidos ou proibidos de se identificar com a sociedade. Não é surpresa, talvez, considerando a importância dos marcadores na vida humana, que algum tipo de marca fosse imposta às pessoas capturadas para garantir sua identificação como escravizados. Tatuagens e marcas com ferro quente eram prevalentes nas Américas e na Europa medieval. Raspar as cabeças era prática disseminada, também: com penteados como motivo de orgulho e indicadores de identidade, a sua perda pretendia representar um golpe psicológico. Para piorar, muitas sociedades submetiam os escravizados a iniciações diabólicas e os impediam de usar nomes de batismo, práticas que tiravam qualquer esperança de eles restabelecerem antigas conexões ao mesmo tempo em que deixava claro a todos seu status inferior e a perda de uma identidade significativa.[37]

Uma vez que os escravizados eram declarados como mercadoria danificada, para sempre incapazes de voltar para casa, seus donos tiravam vantagem dos insights deles sobre as sociedades onde nasceram levando-os para capturar mais escravizados.[38] Eles também eram valiosos por habilidades com línguas para negociar tréguas ou acordos comerciais. Um dos cativos mais conhecidos da história foi Sacagawea, sequestrada dos Shoshone pelos Hidatsa na virada do século XIX que depois serviu de guia para Lewis e Clark.[39]

Os benefícios de ter escravizados eram imensos. Um refém tomado durante um ataque rápido renderia uma vida inteira de trabalho ao custo de uma besta de carga — comida e abrigo — sem o tempo e a despesas de criá-los. Os indígenas norte-americanos não tinham animais de trabalho, então os escravizados das tribos do Noroeste do Pacífico eram economicamente essenciais, como cavalos e bois para muitas sociedades do Velho Mundo. A história está repleta de comparações de escravizados com bestas. Mais que qualquer outra coisa, essas comparações revelam a antiguidade da propensão de considerar só o próprio povo como humano e de designar diferentes graus inferiores de humanidade a outsiders. Mesmo caçadores-coletores igualitários julgavam os estrangeiros inferiores; a escravidão colocava esse conceito em prática no dia a dia, ao mesmo tempo em que dava a esses não humanos o valor de mercadorias. Ao escrever sobre a visão das tribos dos indígenas do Noroeste do Pacífico sobre outras tribos, um estudioso nos diz: "Populações livres da costa podem ser vistas como análogas a salmões não pescados e árvores não cortadas. E assim como os pescadores transformaram o salmão em comida e o lenhador, as árvores em abrigos, o guerreiro predador converteu homens livres em riqueza."[40]

O status do escravizado como animal, por mais extremo que seja, era uma extensão direta dos desequilíbrios de prestígio que muitas vezes surgiam entre povos em sociedades assentadas. Destituídos de identidade, o mais baixo dos mais baixos, escravizados se encaixavam na base da hierarquia gerada pelas mentes humanas. Essa hierarquia aparentemente pré-ordenada permitiu à classificação terrível ser registrada como natural e justa para as pessoas antes da época de Aristóteles e ao longo do milênio. De fato, um motivo de buscar escravizados, de longe, era que a novidade da aparência dos cativos facilitava a tarefa de vê-los como distintos e, portanto, inferiores.

Embora os membros da elite possuíssem mais escravizados, sua existência também era vantajosa para membros de status inferior, que deixavam de se ver como pertencentes ao patamar inferior da sociedade e de fazer o trabalho degradante que vinha com ele. Isso sugere outro motivo para os caçadores-coletores raramente fazerem prisioneiros: a escravidão não fazia sentido quando todos realizavam tarefas equivalentes com tempo de lazer para gastar. Supervisionar escravizados teria aumentado sua carga de trabalho. No entanto, nem todos os escravizados eram maltratados ou realizavam trabalhos servis ou perigosos como levar o lixo ou quebrar pedras.[41] Os escravizados se desempenhavam melhor em condições privilegiadas e os escravizados de um líder tinham que valer o seu status. Independentemente de suas funções, porém, os escravizados eram pontos de referência de afirmação de identidade. Por exemplo, a historiadora Theda Perdue explica que, entre os Cherokees, os escravizados "agiam como desviantes", um serviço valioso, considerando que "os membros da sociedade estabelecem sua identidade não proclamando o que são, ou a norma, mas definindo o que não são, ou um desvio".[42]

Quando a sociedade dependia de escravizados, tinha um compromisso contínuo para obter mais, porque escravizados raramente geram escravizados em número suficiente. Os homens eram rotineiramente castrados para ficarem dóceis e o estresse reduzia a reprodução em ambos os sexos. Assim como formigas escravagistas precisam realizar diversos ataques, às vezes aos mesmos ninhos, para repor escravizadas que não têm rainhas próprias para reproduzir, donos humanos de escravizados tinham que realizar outros ataques, muitas vezes às mesmas sociedades "inferiores", para manter a quantidade de escravizados.

AS SOCIEDADES CONQUISTADORAS

A simples existência de escravizados exigia que as fronteiras sociais da sociedade se expandissem além de seus números e estranheza, uma realização radical. No entanto, na forma inicial entre os caçadores-coletores e a maioria das sociedades tribais na qual era praticada, a escravidão significava adicionar apenas algumas almas de vez em quando. Apesar de esses escravizados serem em número muito menor e serem tratados como meros animais, eles eram um prenúncio da diversidade entre as sociedades futuras. De fato, pela sua mera presença, os escravizados fizeram da inclusão de outsiders em quantidades significativas uma noção compreensível. Entretanto, permanece a questão de como as sociedades tragaram populações inteiras e passaram a considerá-las como seus membros.

O que deu início ao processo foi uma mudança na motivação para o belicismo. Quando as pessoas criavam raízes ao redor de uma rica fonte de alimento, selvagem ou domesticada, tinham que se defender de vizinhos gananciosos. As tribos do Noroeste do Pacífico tinham boas casas, peixe em abundância e boas reservas que poderiam ser roubadas; elas também possuíam pessoal para protegê-los ou saquear os outros.[43] Traços de fortificações são ampla evidência de que antigas aldeias em todo o mundo precisavam se defender contra a ameaça de outsiders.[44] A mera existência de um povoado teria ampliado o medo e a desconfiança, visto que a concentração de indivíduos em um lugar cria uma aparência de unidade potencialmente perigosa — uma reação lógica para outsiders, visto que indivíduos próximos podem agir em conjunto rapidamente.[45]

A densidade de bens, que exigia uma postura defensiva, levou à expansão das sociedades em termos de espaço e população. Embora a tomada de terras de alguém, quanto mais as pessoas dentro dela, não ocorresse a caçadores-coletores nômades, sociedades tribais descobriram que os saques de uma luta eram multiplicados quando um grupo belicoso anexava um território produtivo e deixava seus residentes viver. Na verdade, quando as pessoas começaram a viver em algo maior do que sociedades de bando que poderiam se desintegrar após ataques repetidos, destruir completamente um grupo estrangeiro raramente era um objetivo ou o resultado de choques no passado.[46] Nesse contexto, grande parte da história do século passado, como a visão nazista de um mundo sem judeus ou a dedicação do EI para obliterar os muçulmanos xiitas parece ainda mais grotesca.[47] A Bíblia declara que cada homem, mulher e criança dos cananeus de Sodoma e Gomorra foram mortos, mas estudos genéticos mostram que eles são os ancestrais dos libaneses atuais.[48]

Considerando o lucro obtido com uma população dominada, dizimar povos não faz sentido. Apesar de a escravidão se mostrar economicamente mais lucrativa que matar pessoas, a submissão aplicou esse cálculo a tomar sociedades inteiras, de onde tributos e mão de obra poderiam ser extraídos em base contínua. Nenhum outro animal mostra algo nem sequer aproximado a essa conquista colonial. Ela está ausente nas formigas, para quem a rendição seguida por submissão é impossível. Ao separar os despojos de guerra, em todas as espécies de formigas há somente duas opções: tomar escravizados ou acabar com os perdedores, caso em que o canibalismo é comum, também com humanos.[49]

Caçadores-coletores em bandos não faziam conquistas, mas vilas, sim. Nem todas as sociedades tribais se dispunham a se apropriar de territórios. Indígenas do Noroeste do Pacífico iam longe para tomar escravizados, mas, raramente, se o faziam, assumiam controle de um povo estrangeiro e suas terras. Em comparação, uma tribo com uma cultura voltada à expansão e ao domínio muitas vezes lutava com os ocupantes de territórios adjacentes aos seus porque o vizinho hostil era uma ameaça maior que o povo remoto, e porque era mais fácil controlar as pessoas em propriedades próximas. Os vitoriosos que usavam essa tática são chamados de chefatura; seu líder, de chefe.

Chefaturas foram só uma minoria entre as sociedades. Mesmo assim, exploradores europeus encontraram centenas, algumas com milhares de integrantes. Grande parte da América do Norte, por exemplo, era ocupada por chefaturas conhecidas pelo cultivo de milho e terraplanagem. Contudo, nem toda chefatura dependia da agricultura. Por exemplo, os Calusa, da Flórida, eram uma chefatura de caçadores-coletores assentados.

Chefaturas foram um ponto crucial tão importante ao avanço das sociedades quanto a evolução de marcadores de identidade. Nenhuma civilização existiria sem o padrão colocado em ação por chefaturas após a Revolução Neolítica: subjugar sociedades estrangeiras em vez de expulsá-las, arruiná-las, escravizá-las ou assassiná-las.

302   O ENXAME HUMANO

Para realizar conquistas, a vila precisava de um supervisor eficiente. Embora a liderança tribal, como comentamos, geralmente fosse fraca, uma pessoa podia ganhar proeminência. Essa figura, chamada de Big Man [Grande Homem] pelos antropólogos (como os chefes, a maioria era homens), conseguia seguidores depois de se mostrar um guerreiro excepcional. Na Nova Guiné, onde as tribos estavam sempre em conflito, havia (e ainda há) muitos Big Men. Dependendo da ameaça ao seu povo, esses chefes mudavam a influência — e então desapareciam, como relatado sobre os boxímanes =Au//ei, que faziam a transição quase diretamente dos bandos a sociedades de Big Men e vice-versa dentro da memória histórica. Quando havia o risco de vizinhos atacarem primeiro, os Big Men voltavam-se às técnicas de força bruta empregadas por chimpanzés machos alfa, mas com alcance muito maior.[50] Nessa situação, o Big Man era indispensável para coordenar os muitos que concordaram em formar um grupo unido para fortalecer o "we-group" [grupo interno] para a guerra, como diz o sociólogo William Sumner.

Um Big Man poderia se tornar o chefe ao controlar outras vilas. Isso nem sempre ocorria ao capturar inimigos. Às vezes, ele tomava à força uma união permanente do que antes tinha sido uma boa aliança entre vilas autônomas amigas, reunida para atender às necessidades do momento de combater um adversário comum. Esse indivíduo predatório poderia então comandar toda a região como base para uma futura expansão de seu domínio.[51] Chefaturas vigorosas dominavam o que antes tinham sido vilas independentes e, por fim, outras chefaturas para chegar a populações de dezenas de milhares ou mais.

Poucas chefaturas duravam muito. Para que uma sobrevivesse, seu chefe tinha que parar as insurreições em longo prazo. Como um Big Man, um chefe fraco tinha que continuar a conquistar o respeito de seu povo e a confiança nele raramente durava ou passava automaticamente aos filhos. A melhor chance de um chefe era contar com o medo das pessoas de serem atacadas mantendo as batalhas em andamento. Por fim, porém, uma chefatura tinha que persistir em tempos de paz, o que exigia que a posição de um chefe e a de seus herdeiros escolhidos, fosse fixada com firmeza. O status herdado existe entre certos animais: um babuíno ou uma hiena-malhada fêmea assume a posição social da mãe. Entre os seres humanos, o apoio a líderes no longo prazo poderia ser auxiliado por uma disposição psicológica de ver o status quo como legítimo. Exibições de força eram parte básica da função e o vestuário extravagante da realeza remonta aos enfeites de cabeça de chefes antigos. Hoje, os

Transformando uma Vila em uma Sociedade Conquistadora 303

mais espezinhados são propensos a acreditar que a posição elevada dos outros é justificada e supõem que indivíduos importantes são inteligentes e competentes.[52] Essa crença talvez inata teria evoluído para proteger as pessoas do impulso de tentar subjugar os poderosos e, assim, se colocar em perigo, o que explicaria porque as pessoas que se concentravam em povoados sempre foram suscetíveis a ditadores, autocratas e noções de direito divino. Acreditar que só uma divindade tem poder sobre um líder garante sua ascendência.

Manter controle sobre muitas pessoas, principalmente quando pertencem a múltiplos grupos, sempre foi uma tarefa difícil.[53] Para uma chefatura em expansão continuar a funcionar, os derrotados, embora desumanizados até certo ponto, não podiam ser depreciados como escravizados. Eles não perdiam sua identidade. Muitos continuavam em suas terras com a família e a comunidade, uma situação que permitia que suas populações — ao contrário da de quase todos os escravizados — aumentasse. No entanto, a vida em uma chefatura poderia ser dura. Os residentes de vilas independentes, como os membros de um bando, tinham pouco motivo para se esforçar mais do que o necessário para sobreviver. Uma vez conquistados, porém, os vencidos ficavam um pouco acima de escravizados, mas ainda eram considerados recursos a serem explorados. A consolidação em uma sociedade maior significava que as relações de mercado tinham se espalhado além das fogueiras da vila local e, na teoria, os bens tomados dos subjugados impulsionavam a economia para o bem de todos. Entretanto, os despojos iam desproporcionalmente para o povo do chefe ou eram canalizados para conquistas futuras. Aumentando a ganância das chefaturas estava a demanda por recursos de uma crescente parte da sociedade, de sacerdotes a artistas, desconectados da produção de alimentos.

Em sociedades de bando e de vilas, as vilas e os bandos que as formavam eram capazes de agir por conta própria, e o faziam quase o tempo todo. Com as chefaturas, essas conexões informais tornaram-se coisa do passado. As chefaturas eram, então, um passo formativo na consolidação das sociedades em uma unidade — um teste decisivo para o que atualmente consideramos uma nação sólida. Para perdurar durante gerações, as sociedades que começaram como chefaturas precisavam atingir o que é impossível em outras espécies: tolerância sustentável, se não fusão, de grupos antes distintos. Contraintuitivamente, então, essa formação foi mais forte não em sociedades cuja maioria dos membros eram parecidos, mas naquelas cujos integrantes de várias origens passaram a coexistir e a depender uns dos outros. Isso era notadamente verdadeiro para as sociedades-estado que se originariam de chefaturas mais prodigamente bem-sucedidas, cujas organização e estabilidade política e influência em combinar pessoas com diferentes origens consideraremos em seguida.

CAPÍTULO 23

Criando e Destruindo uma Nação

Há cinco milênios e meio, Uruk, um grupo de cidades interconectadas localizadas ao leste do rio Eufrates, onde hoje é o Iraque, cresceu em população e complexidade. A maior delas abrigava milhares de pessoas, apoiada por uma série de bens e serviços, como jamais tinha sido visto. Havia ruas, templos e oficinas. As numerosas tábuas com escrita cuneiforme recobradas na área sugerem que muitos aspectos da vida eram cuidadosamente observados.[1] Uruk está entre os primeiros exemplos de uma sociedade que se transformou tão fortemente que o que começou como uma chefatura passou a utilizar uma nova forma de organização: o que acadêmicos chamam de sociedade-estado (ou nação, como me referirei aos Estados modernos, seguindo o uso corriqueiro e informal). Embora alguns dos primeiros Estados não fossem maiores que aldeias pelos padrões atuais, eram o tipo de sociedade a qual juramos lealdade hoje em dia.

Os Estados partilhavam uma série de características importantes desde o surgimento. Principalmente, em uma sociedade-estado o líder se livrava das muitas obrigações que sobrecarregavam os chefes. Ele tinha uma base de poder limitada e era facilmente derrubado. A falha fatal em uma chefatura era a incapacidade do chefe de delegar autoridade. Quando a chefatura crescia muito, os antigos chefes das vilas subjugadas tinham permissão de manter a posição, mas o chefe principal tinha que supervisioná-los pessoalmente. Esse tipo de supervisão precária, baseada grandemente no domínio ou poder de persuasão do líder, tornou-se impraticável quando o território combinado levava mais que um dia para ser atravessado.[2]

306 O ENXAME HUMANO

Tudo isso mudou com o surgimento dos Estados. Chefes de Estado não só faziam valer o direito exclusivo de impor sua vontade, eles o sustentavam com apoio de uma infraestrutura formal. Em um Estado, a divisão da mão de obra e as hierarquias de controle se transformaram em instituições dedicadas à governança. Então, com o orgulhoso nascimento da burocracia as sociedades aumentaram sua coesão e passaram a governar grandes territórios. Quando um Estado conquistava outro, era norma converter cada um de seus territórios em uma província e transformar a capital em um centro administrativo.[3] Agentes do governo, cada qual mestre em uma tarefa específica, eram distribuídos como o necessário. Esse sistema de supervisão permitiu que as sociedades fossem governadas mais coercitivamente, mesmo que os intervalos na comunicação entre a capital e as regiões periféricas dificultassem as coisas. Na verdade, com uma infraestrutura forte, um Estado tinha condições de sobreviver à derrubada de seus líderes ou controlar seus piores impulsos.

As chefaturas de Estados também se distinguem em outros aspectos. Primeiro, as leis são definidas: enquanto as pessoas desempenhassem o papel de justiceiros em sociedades com líderes fracos, em um Estado com autoridade, punições são empregadas. Nos Estados, há também a noção de propriedade privada, incluindo bens de luxo procurados pelas classes altas. De fato, enquanto nas chefaturas as pessoas ganhavam prestígio e, às vezes, apresentavam diferenças de classe social, nos Estados as desigualdades atingiam extremos. O acesso diferenciado ao poder e aos recursos era conquistado ou herdado, com algumas pessoas trabalhando para as outras. Finalmente, Estados extraíam tributos, impostos ou trabalho dos cidadãos de modo mais formal que nas chefaturas; em troca, ofereciam infraestrutura e serviços que garantiam aos membros poderem contar com a sociedade mais do que nunca.

ORGANIZAÇÃO E IDENTIDADE EM SOCIEDADES ESTADO

Estados em todo o mundo apresentam similaridades não só em características decisivas como a administração de poder, mas também na organização de infraestruturas e serviços. Como qualquer sociedade, um Estado é uma organização solucionadora de problemas e seus grandes problemas muitas vezes exigem soluções complexas.[4] Nessa questão, discernimos nos Estados muitos padrões que já vimos entre insetos sociais. Quando uma sociedade, humana ou de formigas, cresce, as demandas sobre ela para sustentar e proteger seus

Criando e Destruindo uma Nação 307

membros ficam complicadas e diversas. Consequentemente, assim também ficam os meios pelos quais essas obrigações são atendidas. É preciso encontrar métodos para o transporte de suprimentos, tropas e pessoal quando e onde os bens e serviços são necessários. Falhar em atender a necessidades básicas é catastrófico. Portanto, embora haja mais de um modo de configurar um Estado digno do nome de "civilização", com centros urbanos impressionantes, a gama de possibilidades é limitada.[5] Quando Estados e suas cidades se expandem, o uso da terra fica mais estruturado, instituições intelectuais a corporações policiais ficam mais elaboradas, e as oportunidades de emprego disparam.

Também há melhoria na economia de escala. Por exemplo, é mais fácil alimentar e abrigar cada membro e essa redução de custos leva a um excedente de recursos que as formigas investem em guerras e os seres humanos no exército, embora nossa espécie também destine o excedente a ciências, artes e projetos não essenciais como o Taj Mahal, as pirâmides e o telescópio Hubble, que exigem níveis de coordenação e trabalho semelhantes aos das formigas.[6]

Na verdade, as similaridades entre as civilizações do mundo, mesmo aquelas com histórias totalmente distintas, são incríveis, se não totalmente inquietantes. O historiador e novelista Ronald Wright explica:

O que ocorreu no início dos anos de 1500 foi excepcional, algo que nunca tinha ocorrido e não se repetirá. Dois experimentos culturais, ocorridos em separado por 15 mil anos ou mais, finalmente se encontraram... Quando Cortés chegou ao México, encontrou estradas, canais, cidades, palácios, escolas, tribunais, mercados, projetos de irrigação, reis, sacerdotes, templos, camponeses, artesãos, exércitos, astrônomos, mercadores, esportes, teatro, arte, música e livros. Uma civilização superior, diferente, mas parecida nos aspectos essenciais, evoluíra separadamente na Terra.[7]

Muitas dessas inovações não só possibilitaram alimentar e abrigar grandes populações, mas contribuíram para manter as sociedades intactas ao influenciar o pensamento das pessoas sobre os outros. Manter uma afiliação em vários bandos de caçadores-coletores era improvável; sustentar uma identidade comum ficava desafiador à medida que as sociedades se expandiam — às vezes, até os limites de um continente — e tribos se tornavam nações, com todos seus membros variados. Grande parte do problema era, e é, uma questão de conectividade. Para retardar mudanças de identidade disruptivas,

308 O ENXAME HUMANO

a população precisa estar interconectada: quanto mais conhecimentos atualizados os cidadãos têm uns sobre os outros, melhor. As pessoas podem impedir uma mudança ou se adaptar a ela, mas somente se houver uma troca eficiente de informações na sociedade.[8]

Um fator que permitiu o rápido aumento da interação humana foi a evolução da flexibilidade de nossa espécie quanto ao espaço pessoal. Como descrevi anteriormente, isso foi importante até para os primeiros assentamentos humanos. Porém, essa flexibilidade atingiu o ápice hoje em dia. Em Manila e Daca, há cerca de uma pessoa para cada $20m^2$, um milhão de vezes a densidade de alguns territórios de caçadores-coletores. Nosso conforto com a proximidade de pessoas depende da criação. No entanto, excluindo transtornos como agorafobia ou monofobia (medo de multidões ou de estar sozinho, respectivamente), as pessoas que vivem ombro a ombro exibem poucas patologias.[9]

A proximidade é apenas um meio de baixa tecnologia para as pessoas ficarem em sintonia com a identidade das outras. Mesmo assim, não é essencial. Afinal, parte da população de qualquer Estado precisa viver em áreas rurais para cultivar as plantações. As sociedades desenvolveram outros métodos para manter contato em seus territórios. A domesticação de cavalos na Eurásia, a invenção da escrita pelos mesopotâmios e os navios que atravessavam oceanos dos fenícios, as estradas de longa distância dos incas e dos romanos, a prensa móvel na Europa — essas inovações promoveram a estabilidade e a expansão das sociedades. Além de facilitar o transporte de bens e aumentar o controle da autoridade central, elas melhoraram a disseminação de informações — e, notadamente, informações sobre identidade. Isso ocorreu não apenas em Estados. Quando tiveram cavalos, tribos nômades como os tártaros e caçadores-coletores como os shoshone mantiveram suas identidades intactas em distâncias muito maiores do que seria possível quando seus ancestrais percorriam apenas alguns quilômetros, embora a complexidade tenha ficado muito maior à medida que os Estados aceitavam grupos diferentes em maior quantidade.

Vamos até a Roma antiga. Em seu apogeu, quase todas as partes mais remotas do império eram firmemente unidas por uma identidade que abrangia vocabulário; moda de vestuário a acessórios a penteados; artesanato como cerâmica, pisos em mosaico e paredes de estuque; costumes casuais, tradições formais e práticas religiosas; culinária; e projetos residenciais e melhorias como encanamento e aquecimento central. A identificação com Roma se estendeu a serviços públicos como projeto de cidades, estradas e aquedutos. Isso não quer dizer que as províncias cediam a um padrão uniforme de romanização. Roma, como todas as sociedades, permitia a diversidade e as pessoas expressavam sua identificação com o império com avanços geograficamente locais que refletiam sua ascendência — e baseadas em classes, também, com os ricos optando pelos emblemas mais caros da identidade romana.[10] Esse amplo acolhimento de marcadores exigia uma comunicação eficiente além de tudo que era possível em uma sociedade tribal.

Qualquer forma que a liderança tomasse — arranjos de alternância, liderança por comitê ou governo de uma só pessoa — o líder ajudava a formar a estrutura social e parte dessa missão era reforçar a identidade das pessoas. Às vezes, o influenciador apenas apresentava o que era amplamente acordado como comportamento aceitável, outras suas próprias excentricidades entravam em voga e ainda outras os líderes impunham o comportamento de sua escolha, definindo padrões de qualquer coisa da fala ao vestuário. Considerando a vulnerabilidade de sua posição, a primeira e mais inócua dessas funções, servir de a Voz do Povo, era o esteio dos líderes de sociedades tribais e chefaturas. Para dar um exemplo sólido, um líder eficiente garantia sua posição contribuindo com o senso de identidade e de destino partilhados dos cidadãos, ajudando a manter os laços das pessoas fortes mesmo quando eram numerosas. Mas quando a população ficava firmemente sob jugo do líder, sua autoridade tendia a se ampliar: reis raramente se sentiam obrigados a mostrar a generosidade de um chefe em uma cerimônia. Em muitas situações históricas, a influência de líderes refletia um firme controle das estradas, prensas, e outros meios pelos quais a informação fluía em suas sociedades.

Quando uma sociedade expressava a organização do Estado, normalmente o papel da religião tinha mudado de um jeito que aumentava a identificação das pessoas. Caçadores-coletores admiravam os imbuídos de habilidades espirituais e de cura, no entanto as filosofias animistas pediam pouco de seus seguidores.[11] A maioria das tribos e chefaturas não era muito diferente nesse sentido, mas a invisibilidade que a grande população dos Estados proporcionava aos membros exigia que eles fossem mais rigidamente supervisionados. A noção de deuses onipotentes oferecia um mecanismo que influenciava o comportamento das pessoas até atrás de portas fechadas por meio do medo da punição divina.[12]

Desde que o governo não seja abertamente despótico, os benefícios que os Estados oferecem podem ser profundos. O nível de interação tipo colmeia

310 O ENXAME HUMANO

dentro delas não só fortalece a identidade coletiva do povo; a rápida troca de informações causa o oposto do efeito tasmânia, no qual populações esparsas e pouco conectadas esquecem as inovações de seus antepassados. Quando multidões interagem, novas perspectivas não só são assimiladas, elas são pegas no processo da constante mudança social. A catraca cultural que se iniciou de fato 50 mil anos atrás acelerou ao ponto de ninguém envelhecer em uma sociedade sem mudar marcadamente desde que nasceu. Essas melhorias fizeram a identificação com a sociedade mudar ainda mais depressa.[13] E mais, as conexões em massa que proliferam nos Estados acompanham a ignorância em massa. Em comparação com a sagacidade cultural quase abrangente dos caçadores-coletores que viviam em bandos, nem mesmo o líder de um Estado sabe mais que uma fração do que é exigido para manter a sociedade funcionando. Muitas vezes, hoje as pessoas acham necessário rastrear tendências sociais que mudam rapidamente para decidir o que devem fazer.

A proteção e o controle de grandes populações exigem um elevado nível de organização, cuja origem pode ser encontrada nas primeiras sociedades-estado. Estados que reuniam exércitos para derrotar revoltas e realizar outras invasões territoriais usando estratégias ofensivas que mudavam à medida que as sociedades cresciam. Ataques cautelosos faziam sentido para caçadores-coletores e povos tribais, já que tinham condições de perder combatentes e o objetivo era causar danos ou matar, em vez de subjugar. Big Men e chefes muitas vezes tinham que liderar guerreiros pessoalmente a fim de motivar e manter seus seguidores. Mesmo então cada combatente ficava propenso a agir sozinho, com planos sendo desfeitos no calor do momento com pouca responsabilização.

Em comparação, o governador de um Estado permanecia acomodado em segurança na capital, onde podia orientar os ataques e, se a batalha era ganha, supervisionar a ocupação do território e seus sobreviventes. Tarefas militares eram delegadas a especialistas. Para um Estado sustentar uma grande população e alimentar os esforços de guerra, a agricultura, geralmente de grãos com alto teor energético como trigo, arroz e milho, tinha que ser realizada em grande escala. Um Estado tem capacidade de superar os concorrentes não só por ter um número maior de combatentes, mas também por suas táticas, armamento e comunicações superiores. Notável também foi o intenso controle do Estado sobre seus regimentos, compostos de cidadãos convocados para a guerra. A forte identidade coletiva do exército, instilada pelo treinamento e

Criando e Destruindo uma Nação 311

pela imersão em símbolos patrióticos, consolidava a determinação dos soldados para "enrijecer os tendões, fazer ferver o sangue", como dizia Shakespeare. O treinamento disciplinado garantia maior confiabilidade e uniformidade entre as tropas. Essa uniformidade e a pura escala de guerras garantiam a natureza impessoal do empreendimento. Todos os traços de individualidade eram reprimidos. O combate entre grandes Estados assumia características semelhantes ao de formigas em sociedades anônimas gigantes. A substituibilidade social — o conceito de que a retaliação por transgressões pode ser infligida a qualquer um no grupo culpado — foi ampliada a partir da época em que caçadores-coletores matavam qualquer estrangeiro que encontrassem durante os ataques, muitas vezes alguém que conheciam: exércitos enfrentavam soldados estranhos intercambiáveis e indistinguíveis. Estereótipos sobre o inimigo teriam obscurecido qualquer percepção deles como indivíduos, como muitas vezes acontece com estrangeiros. Além disso, os inimigos atacavam em quantidades e vestidos em uniformes que tornavam quase impossível — e completamente desnecessário — distingui-los.

A MARCHA DAS CIVILIZAÇÕES

"A guerra fazia o Estado, e o Estado fazia a guerra", comentou acertadamente o sociólogo Charles Tilly.[14] Não existiram Estados realmente pacifistas. Quer falemos de chefaturas ou de nosso país, a paz mascara gerações de jogos de poder e quase sempre debates habilidosos. Qualquer sociedade maior do que um punhado de vilas é composta por grupos antes independentes. Minoa, uma civilização da Idade do Bronze, na ilha de Creta, era conhecida por uma cultura tranquila de mercadores e artesãos.[15] No entanto, até sua população, serena em seu apogeu, reuniu-se, neste caso antes dos registros históricos, pela força. O mesmo ocorreu com os povos modernos de Estados há muito pacíficos como Luxemburgo e Islândia, quando se estuda as origens de sua história. Assim como chefaturas engoliam tribos e depois umas às outras, o padrão de expansão das nações e impérios resultantes continuou o mesmo. Em todos os registros históricos a conquista era seguida pela consolidação e pelo controle, repetidos *ad infinitum*.

O nascimento de Estados em conflito e a inclusão obrigatória de pessoas de origens variadas tem uma explicação: quando os Estados surgiram, essencialmente nenhum território permaneceu desocupado. Algum grupo — quer

312 O ENXAME HUMANO

caçadores-coletores, uma tribo, uma chefatura ou um Estado — já estava lá disposto a tudo para manter sua independência. Qualquer sociedade em expansão tinha que afastar, conquistar ou destruir outros povos cujos territórios faziam parte de um espaço ininterrupto em um mapa. Não que todas as batalhas tivessem o objetivo de controlar o território — muitas vezes o plano era realizar saques e fazer escravizados. Ao mesmo tempo, os Estados mais gananciosos e bem-sucedidos ampliavam ainda mais suas fronteiras territoriais. Apenas alguns caçadores-coletores sobraram para lutar pela subsistência em locais rejeitados porque a terra era estéril demais para a agricultura.

Porém, a superioridade em batalha não era suficiente para passar de uma chefatura a um grande Estado. As poucas civilizações poderosas que surgiram o faziam em cenários em que as sociedades que conquistavam viviam em um espaço limitado. Nessas condições, descritas pelo antropólogo Robert Carneiro como circunscritas, as conquistas proporcionavam recompensas vultosas. "A guerra aparece quando a mobilidade não é uma opção" segundo o antropólogo Robert Kelly.[16] Tribos que cultivavam terras férteis cercadas por regiões inóspitas vivenciavam essa circunscrição, que as prendia a uma luta da qual apenas um escaparia.[17] Pense no vale do Nilo cercado por desertos, onde o antigo Egito se instalou; ou os arquipélagos havaianos e polinésios, pontos no oceano imenso, onde chefaturas gigantescas, algumas contendo 100 mil pessoas, reivindicavam seu domínio.[18]

Assim, longe de estarem protegidas por um cenário circunscrito, era mais provável que civilizações surgissem nesses locais do que em outros.[19] Onde não havia circunscrição, a chefatura ou o Estado atingia um tamanho modesto e era incapaz de aumentar seus limites visto que as sociedades vizinhas mudavam sua localização para escapar à ocupação. Essa era a situação na Nova Guiné, onde toda uma tribo, os Enga, por exemplo, se mudavam para não serem encurralados — uma reminiscência da reação de fuga empregada por uma pequena colônia de formigas para evitar conflitos. Para se instalar em um novo local, a tribo em fuga teria que negociar cada mudança por meio de alianças com os novos vizinhos.[20] Como as pessoas desenvolvem laços emocionais com os territórios, essas migrações envolviam grandes pressões. No entanto, aparentemente como resultado dessa fuga em grupo, a ilha da Nova Guiné nunca suportou nem mesmo uma pequena sociedade-estado até que foi fundada a Papua Nova Guiné no extremo leste da ilha em 1975. Mesmo então, passaram-

Criando e Destruindo uma Nação 313

-se anos até que muitos cidadãos da PNG aprendessem que existia algo como um "país". Para a maioria, suas tribos continuavam a ser mais importantes.

Quando era impossível escapar de uma sociedade em ritmo agressivo de expansão, muitas vezes a vitória era obtida sem derramamento de sangue. Os vizinhos ficavam atemorizados com demonstrações de bravura aumentada por uniformes e bandeiras que envolviam as tropas ordenadas unidas em um "monstro vigoroso", como mostra a descrição de uma batalha.[21] "Era política expressa dos incas ao expandir seu império tentar persuadir antes de recorrer à força das armas", explicou Garcilaso de la Vega, um cronista da história da América do Sul do início do século XVII.[22] Mas o espetáculo sem dúvida estabelecia a tônica das negociações e era mais seguro conformar-se com a submissão do que ser incessantemente aterrorizado por hordas de outsiders bem armados.

FRAGMENTAÇÃO, SIMPLIFICAÇÃO E CICLOS

Vale reiterar que nada sobre a transição para Estados era preestabelecido. Mesmo assim, o surgimento de Estados grandes e complexos — civilizações — às vezes passa a impressão de inevitabilidade, mesmo que só porque sua expansão tenha reduzido a quantidade de pequenas sociedades. Não é surpresa que os Estados tenham sido de longe a forma mais rara de sociedade, mas agora são onipresentes.

A conquista de chefaturas e Estados tomou conta do mundo depois da chegada da agricultura. A maioria era fogo de palha, essa transitoriedade um lembrete de que nenhum nível de complexidade garante a existência de uma sociedade. A epígrafe deste livro cita Platão, que escreveu que um Estado só pode ter a permissão de crescer a um tamanho consistente com a unidade. Contudo, se os cultos governadores de tal Estado seguirem o conselho de Platão, sua unidade ainda seria transiente. Estados passam por um ciclo, nunca por uma estase duradoura ou ascensão inexorável.[23]

Em *Colapso*, Jared Diamond explora como fatores como degradação ambiental e competição aceleram a destruição de uma sociedade.[24] Mas o que Diamond chama de colapso são algumas situações extremas do que realmente é a natureza em constante mutação das sociedades. Mais importante, esse colapso — quando a palavra é usada para indicar a extinção abrupta de uma sociedade, e não uma crise econômica desanimadora — é mais acertadamente

314 O ENXAME HUMANO

uma fratura. Embora sociedades de bandos e tribos se dividam, o modus ope-
randi para separar chefaturas e Estados tem sido um tipo de cisão complexa,
mas muitas vezes previsível. No final, essas divisões eram esperadas, independentemente da abundância de recursos. Mais especificamente, o modo pelo
qual chefaturas e Estados absorvem outsiders os torna propensos a se separar
ao longo das demarcações de um mapa que correspondem mais ou menos às
suas ocupações militares passadas, mesmo que fatores políticos e topográfi-
cos e os caprichos da guerra tenham um impacto no local em que as linhas
divisórias acabam sendo definidas.[25] Por exemplo, quando a civilização maia
se desintegrou, suas famílias não escaparam para a floresta, não se espalharam por uma área ampla e tampouco pelo período prolongado que a palavra
"colapso" sugere. O rei perdeu o controle. O primeiro escalão da sociedade
desapareceu. Antigos objetos sagrados e simbólicos e obras públicas muitas vezes foram profanados.[26] Distritos remotos, subjugados em uma época distante,
seriam assim libertados sob líderes que não tinham mais a quem dar ordens
sobre o que fazer. A fragmentação do último reino maia, Mayapan, décadas
antes da chegada dos espanhóis, deixou dezesseis pequenas sociedades-estado
para serem encontradas pelos conquistadores.[27]

Conquistas e fragmentações se alternaram ao longo do tempo. Caso os espanhóis tivessem chegado ao México um século depois, em um diferente ponto desse círculo, possivelmente encontrariam um outro império maia como
Mayapan, renascido ou, talvez — se uma ruptura recente tivesse sido especialmente dura — vilas agrícolas isoladas. No exemplo anterior, os palácios,
templos e arte os teriam impressionado além de qualquer coisa que realmente
viram. Essas obras públicas se transformam em ruínas sempre que a mão de
obra e suprimentos essenciais desaparecem. Como resultado, as sociedades
menores deixadas para trás depois de uma ruptura experimentam uma simplificação cultural. Embora muitas vezes ainda de posse de seus palácios, as
populações rurais não teriam mais recursos e pessoal para mantê-los com o
esplendor anterior; em situações extremas, as pessoas alternavam entre agricultura, caça e coleta.[28]

No final, o Império Romano também se fragmentou em Estados menores.
Eles permaneceram intactos ao delegar responsabilidades de liderança a senhores no que se tornou o sistema feudal, uma forma de organização social em
muitas maneiras funcionalmente equivalentes às chefaturas.[29] Nesse ponto, as
sociedades, em termos de identificação do povo com o grupo como um todo,

pareciam ter perdido a influência em grande parte da Europa. No entanto, um estudo cuidadoso mostra que os senhores locais foram enfraquecidos, mas não desapareceram, o sentido de pertencimento dos camponeses em relação à região ultrapassando os feudos. O fato de as nações terem surgido rapidamente durante e após a Idade Média revela como as pessoas podem se reconectar aos sentimentos de solidariedade que remontam a um tempo passado.[30]

Ciclos de conquista e dissolução são evidentes em todos os lugares. Registros históricos estão repletos de chefaturas e Estados que ganharam e perderam membros e propriedades após se expandirem demais para conservar os territórios. Esse último fenômeno, que o historiador de Yale, Paul Kennedy chama de "imperial overstretch" [quando um império se estende além de sua capacidade de manter ou expandir seus compromissos militares e econômicos], embora não seja exclusivo de impérios, é precipitado pela forma como as sociedades excessivamente ambiciosas se desgastam por invasões e guerras civis.[31] Nessas questões, os aspectos econômicos eram importantes. O controle de povos distantes era um empreendimento logístico custoso. Havia uma linha tênue entre perceber uma população distante como benefício ou fardo, seja por competir com os conquistadores pelos recursos ou porque não contribuía o suficiente para justificar o investimento do conquistador, ou ambos. Enquanto isso, a província raramente reunia compensações suficientes para cobrir os recursos retirados dela e o desequilíbrio fomentava o descontentamento. Famílias sobrecarregadas partiam para o interior, vivendo como refugiados além do alcance do governo. No entanto, inúmeras vezes na história essas pessoas que escolhiam ficar em suas terras acabavam recuperando a independência, seja por vontade do conquistador em se retirar ou pela luta.

O "imperial overstretch" talvez ocorresse porque os bens mais exóticos e desejáveis vinham de sociedades radicalmente diferentes e muito distantes. Em algum ponto, a opção prática passava da conquista ao comércio, um cálculo que levou à construção da Rota da Seda e às redes de comércio modernas.[32]

Outros padrões surgem em grande escala. A Mesopotâmia e a Mesoamérica eram como a Europa: grupos de Estados em uma região geográfica que, devido ao comércio e às conexões históricas de conquistas passadas, tinham muito em comum. Sociedades individuais e suas expressões regionais poderiam se extinguir. Suméria, Acádia, Babilônia, Assíria e outros estados ao redor do sistema hídrico do Tigre-Eufrates nasceram e desapareceram. Ainda assim, todos mostraram traços em comum que chamamos mesopotâmicos com estilos

316 O ENXAME HUMANO

artísticos sobrepostos e religiões politeístas. Então, no século I d.C., após três milênios de esplendor, as tradições culturais, as organizações políticas e as línguas mesopotâmicas desapareceram. Elas foram destruídas pela invasão de nômades que vinham do sul e do oeste, deixando apenas traços da influência nas modernas populações do Oriente Médio.[33]

Tudo isso foi um passeio na montanha-russa exibida em câmera lenta. Cada subida e descida deixou sua marca na população da região, produzindo uma nova combinação de ingredientes culturais. Povos dominados depois libertados revertiam aos costumes dos antepassados, mas não totalmente. A sociedade maior da qual fizeram parte deixou sua marca, pois aprenderam uma língua ou assimilaram as crenças dos que ficaram no poder. Em uma extensão geográfica, então (por exemplo, ao longo de todo o território da Mesoamérica ocupada pelas muitas e sucessivas civilizações maias), as pessoas conservavam evidências de suas uniões passadas nas crescentes similaridades de suas identidades. Essa sobreposição facilitaria a conquista e o controle uns dos outros na próxima vez.

A marca de sociedades passadas explica certas curiosidades da geografia mundial. Povos com parentesco distante das florestas da América do Sul têm artesanato, tradições e línguas semelhantes dificilmente explicadas pelo comércio. Suas culturas híbridas seriam uma assinatura de chefaturas poderosas, agora extintas, que dominaram e reformularam as identidades de muitos. A arqueóloga Anna Roosevelt, bisneta de Theodore, argumentou que a bacia amazônica já teve centros urbanos. As evidências dessas cidades, como canais pré-históricos que vi no Suriname, estão enterradas sob um tapete verde.[34]

O AVANÇO E O RECUO DAS NAÇÕES

Pelo menos, no último século, a maioria das guerras foi civil, muitas vezes tentativas brutais de destruir sociedades e não de ampliar sua extensão.[35] Os fatores já descritos para divisões das primeiras sociedades humanas continuam a ser relevantes. A identidade ainda é essencial para criar e fragmentar nações, com uma diferença fundamental. Cismas em uma sociedade de bandos ocorriam em um território devido às diferenças provocadas por falhas de comunicação entre pessoas que eram muito parecidas quando a sociedade se formou. Facções nasciam entre os membros da sociedade de um jeito difícil de prever quando a tribo era jovem. Em nações hoje em dia, porém, muitas facções são

Criando e Destruindo uma Nação 317

sintomáticas de grupos cujas diferenças se estendem ao passado remoto — de fato, anteriores ao Estado. Populações lutando por independência, como os escoceses ou catalães, não estão preocupadas só com interesses políticos e econômicos, mas têm um forte motivador psicológico: elas se veem como diferentes desde o passado.

É fascinante pensar em que isso significa em termos psicológicos. A resposta dos primeiros seres humanos a um cisma em suas fileiras provavelmente surgiu devagar, até atingir um ponto de crise entre os membros cujos antepassados, na época da criação da sociedade, teriam visto os outros como iguais. Em comparação, os cidadãos de um Estado podem reagir a muitos levantes concentrando-se imediatamente nas diferenças sociais desgastadas dos rejeitados recalcitrantes, uma escolha que às vezes confere novo destaque a conflitos de séculos. É provável que crenças estereotipadas depreciativas subam à superfície, ideias que remontam ao passado, pelo menos, de forma grosseira, a um tempo em que essas pessoas pertenciam a sociedades separadas.

Grupos separatistas atuais se baseiam em símbolos com uma conexão significativa com o passado e, de fato, manipulam-nos de modo a obter um intenso efeito emocional, para manter seu povo unido diante das dificuldades ou catalisar sua secessão.[36] A dissolução da Iugoslávia resultou em meia dúzia de repúblicas que reformularam hinos, bandeiras e feriados antes valorizados por seu povo; elas também adicionaram novos de imediato. Essas revoluções lembram como caçadores-coletores divergiam sem demora ao definir diferenças depois do trauma de uma divisão.[37] Mas reivindicar marcadores antigos é um modo descuidado de revitalizar a independência recém-alcançada do povo.

Como ocorreu no desmembramento das primeiras sociedades estado, como os maias, as populações dos países resultantes muitas vezes precisavam sobreviver com menos do que faziam quando eram parte de uma nação mais inclusiva. A menos que o regime original tenha sido extremamente repressivo, a divisão representa um retrocesso econômico. Hoje, nações separadas que recebem pouca assistência externa se recuperam devagar — entre os produtos da antiga Iugoslávia, a Bósnia e Kosovo continuam estagnados. Em minha opinião, porém, os intensos sentimentos de identificação com a nova sociedade compensam qualquer perda na qualidade de vida. Afinal, a obediência a um governante distante muitas vezes representa um esgotamento social. Felizmente, os núcleos básicos da existência social, como o apoio que comunidades locais oferecem aos indivíduos e às famílias, parecem resilientes à ascensão e

318 O ENXAME HUMANO

queda das sociedades. Assim, embora a divisão de uma sociedade de bando afete todos os membros de modo semelhante, a queda de um Estado é um golpe nos poderosos, mas pode fazer muito menos diferença a todos os demais.

Em todas essas questões, a geografia é realmente um fator de sorte. Para que uma secessão seja bem-sucedida, o grupo ofensivo normalmente precisa povoar uma porção específica do território do país, que eles alegam ser a antiga terra natal. Isso significa que o rompimento acaba ocorrendo entre espaços do terreno fortemente povoado por etnias que antes tinham sociedades próprias ali. Mesmo assim, mudanças de identidade de um local a outro ainda causam impacto, como ocorria com os bandos de caçadores-coletores. Essas mudanças ajudam a gerar culturas regionais encontradas em todas as nações e influenciam todas as atividades de culinária à política.

Contudo, a probabilidade de que essa variação geográfica por si só fragmente um país parece relativamente pequena, mesmo que essas diferenças sejam enfatizadas. Por exemplo, os aspectos econômicos da escravidão, não a identidade, foram um grande motivador da Guerra Civil Norte-americana. Na época, a maioria dos sulistas se via como os primeiros e principais norte-americanos. O que hoje se considera a cultura sulista tornou-se motivo de orgulho só depois do final da guerra. Durante o conflito, os intelectuais sulistas promoveram a superioridade dos costumes do sul para incitar a lealdade regional, incluindo alegações de que os brancos do sul pertenciam a um grupo étnico próprio — descendentes de uma linha de sangue inglesa refinada que se enquadrava melhor nos princípios básicos dos EUA do que os do norte.[38] No entanto, seus apelos aos pontos comuns sulistas não surtiram muito efeito A maioria dos sulistas, indecisa quanto à sensatez da secessão, foi menos inspirada pela Confederação do que pela obrigação de defender suas famílias. A ausência de uma identidade fortemente partilhada, separada da do norte, foi o principal fator que baseou a luta da Confederação para se manter unificada e, por fim, sua derrota.[39]

Embora muitas secessões tenham apresentado questões de identidade que incluem reafirmações de antigos direitos territoriais, um bom exemplo sendo a tensa, mas por fim pacífica separação da Noruega e da Suécia em 1905, elas são, naturalmente, exceções. Questões políticas entram em ação para criar nações que não têm ligação com qualquer grupo anteriormente autônomo.[40] Quando a Venezuela e o Panamá se separaram da Colômbia (originalmente Grã-Colômbia) em 1830 e 1903, respectivamente, dificuldades de viagem

Criando e Destruindo uma Nação 319

entre seus territórios acentuaram a desarticulação política. Como resultado, eles se tornaram países separados sem qualquer divisão digna de nota na herança do povo. Alternativamente, forças externas podem prevalecer, como na divisão da Coreia do Norte e do Sul, em 1945, que teve grande influência da rivalidade entre russos, chineses e norte-americanos; ou nas linhas basicamente artificiais que separam o Paquistão e Bangladesh da Índia, negociadas pela Inglaterra com os governantes dos principados definidos durante o domínio inglês da região até 1947. Em outras épocas, novidades introduzidas pelo colonialismo eram um fator relevante. Esse foi o caso na separação da Eritreia da culturalmente mais tradicional Etiópia: os normalmente semelhantes eritreus foram moldados por anos de cultura e domínio italiano quando o país foi anexado à Etiópia após a Segunda Guerra Mundial. Eles venceram a guerra pela independência em 1991.

Nenhuma sociedade persiste, a menos que fazer parte dela seja importante para seu povo. Déspotas mantêm nações disfuncionais intactas por algum tempo, mas um povo com poucos vínculos com um grupo é menos vigoroso e diligente.[41] A URSS é um exemplo de nacionalidade que se deteriorou após ser imposta ao povo menos que um século antes. Como a Iugoslávia, ela se balcanizou em Estados com os quais as pessoas se sentiam mais comprometidas — no caso soviético, a Letônia, a Estônia, a Lituânia, a Armênia e a Geórgia foram os produtos com continuidades históricas especialmente profundas.[42]

A arqueóloga Joyce Marcus descobriu que as sociedades estado da antiguidade tinham um tempo de vida finito, normalmente de dois a cinco séculos.[43] Essa duração sugere que Estados não são mais persistentes que sociedades de bandos de caçadores-coletores, que a evidência indica que também perduraram por alguns séculos. Devemos perguntar por que nações não são mais estáveis considerando os controles que empregam, os serviços que oferecem e as melhorias no fluxo de informações que expõem os cidadãos às percepções sobre o comportamento adequado uns dos outros. Apesar dos benefícios de viver em uma sociedade estado, uma falha recorrente é que, como um arqueólogo declarou, Estados são "mecanismos decrépitos, na melhor das hipóteses compreendidos pela metade pelo povo que os criou".[44] Que tribunais, mercados, irrigação etc. tivessem que existir em alguma forma não significa que as pessoas sempre os combinassem do modo ideal. Parte da estrutura mal-ajambrada do Estado é baseada em uma frágil compreensão das origens da devoção do povo ao seu país e uns aos outros e como eles podem ser administrados.

320 O ENXAME HUMANO

Nações podem ser governadas sem força excessiva contanto que o povo sinta que partilha uma identidade e propósito comuns. No entanto, à medida que as conquistas invadiam a história humana, conseguir vínculos satisfatórios em uma sociedade ficou cada vez mais problemático. Marcadores de identidade passaram a variar radicalmente, deixando os membros se esforçando para reunir perspectivas para sua sociedade que eram conflitantes.[45]

Tenho mostrado que nunca se ouviu sobre outros animais acomodarem outsiders em grande escala. A maioria das sociedades de vertebrados aceita um parceiro ou refugiado ocasional. Adicionar estrangeiros como uma classe começou em nossa espécie, com a tomada de prisioneiros e escravizados, mas cresceu com a aquisição generalizada de populações não por fusões feitas de bom grado, mas pela força. Com o tempo, surgiram sociedades estado que eram mais capazes de administrar e controlar suas populações variadas — incluindo o que hoje vemos como etnias e raças. Como essas populações se relacionam é o tema da próxima seção. Sociedades estado, como vimos, são efêmeras e, para que continuem apesar de tudo, precisam funcionar com sua estrutura decrépita e população desigual. O sucesso exige que elas conservem a marca do grupo que seu povo valoriza acima de todas as outras afiliações. Isso significa que um Estado deve transmitir aos cidadãos a consciência de que são parecidos, mesmo que — com a incorporação de outsiders — eles muitas vezes sejam claramente diferentes. Nesse aspecto, a aceitação do domínio e do controle tem desempenhado um papel crítico.

SEÇÃO IX

De Prisioneiro a Vizinho... a Cidadão Global?

CAPÍTULO 24

A Ascensão das Etnias

Saindo de meu prédio, no Brooklyn, cruzo com pessoas passeando com os cães ou correndo até o metrô para Manhattan. Viro a esquina na Atlantic Avenue e vejo o Sahadi's, uma mercearia centenária que cheira a temperos recém-moídos e cozinha mediterrânea. Há restaurantes e mercados do Oriente Médio, em que cidadãos norte-americanos de ascendência árabe passam sem esforço da língua de seus ancestrais para o inglês. Paro no meu café preferido, junto a um casal afro-norte-americano, uma família árabe-norte-americana e um mexicano-norte-americano falando com uma das várias pessoas brancas nas pequenas mesas redondas perto de mim.

Para os nova-iorquinos, essa é uma experiência comum. E, no entanto, do ponto de vista de um caçador-coletor de 10 mil anos atrás, meu lindo dia de primavera seria incompreensível. A incorporação de números maciços de pessoas diferentes tem sido a inovação mais radical na história das sociedades humanas. Ela deu a elas a opção de crescer e absorver grupos antes separados, muitas vezes adversários, para criar etnias — isto é, grupos que antes constituíam suas próprias sociedades, mas passaram a ocupar a mesma sociedade (e que, com a passagem do tempo, costumam se ver, muitas vezes sinceramente, como parte dessa sociedade). Embora nem todos vivam entre etnias intensamente diferentes de minha vizinhança, todas as sociedades atuais, até as com populações aparentemente homogêneas, indo de pequenas nações, como Liechtenstein e Mônaco, a extensas, como Japão e China, são misturas de povos, as distinções entre seus cidadãos meramente obscurecidas pela passagem dos séculos. As outras mudanças radicais que ocorreram ao longo dos milênios, de inovações na política a novas crenças religiosas a conquistas

324 O ENXAME HUMANO

científicas, exigiram pequenos ajustes em comparação a essa aceitação e intermistura de tipos humanos.

Nas chefaturas e nos primeiros pequenos estados, as populações misturadas não eram o que hoje consideraríamos etnias e raças. As diferenças de identidade entre conquistadores e subjugados teriam sido mínimas ou inexistentes. É mais que provável que tivessem apenas vilas adjacentes da mesma tribo, antes autônomas, mas agora politicamente unidas. Expanda o suficiente, porém, e uma chefatura ou sociedade estado aceitaria não só povos de sociedades distintas, mas grupos definidos por diferentes línguas e tradições. Diferenças acentuadas apresentavam desafios de comunicação e controle, mas também vantagens: os subjugados eram definitivamente *outros* e podiam ser tratados como tal. Havia menos obrigatoriedade moral em se preocupar com o bem-estar dos recém-chegados. De fato, segundo algumas definições, um império é um estado que se estende em uma distância grande o bastante para controlar povos de culturas marcadamente diferentes — uma estratégia que passou ao colonialismo quando as conquistas avançaram para o estrangeiro.[1]

À medida que mais povos eram adicionados, encontros com desconhecidos dentro da sociedade tornavam-se normais. As sociedades pareciam enxames de pessoas, a maioria, estranha. Ainda mais bizarro, esses estranhos, por mais diferentes que fossem, eram reconhecidos e tratados como membros. Como essas sociedades conciliaram essa diversidade e transformaram *eles* em *nós*?

CONTROLE

"Quando os povos eram conquistados, incorporados às províncias e, no devido tempo, se tornavam parte de um império integrado", nos diz uma interpretação acadêmica do surgimento do racismo no Império Romano, "ocorria um processo de desintegração e decomposição étnica".[2] Durante essa absorção de estrangeiros, as populações eram transformadas em etnias que interagiam bem juntas. Porém, isso não ocorreu em todas as sociedades. Leia a seguinte passagem de um estudo sobre o Império Inca:

Uma das razões para o sucesso dos Incas foi o uso de estruturas políticas e sociais existentes dos povos conquistados para governá-los. Em vez de tentar mudar suas vidas, eles tentaram manter a continuidade para que a vida das pessoas sofresse o mínimo de perturbação possível... Eles conferiram

A Ascensão das Etnias 325

poderes de autoridade no governo aos líderes conquistados, deram-lhes presentes de elevado status e honraram suas crenças e práticas religiosas. Em troca, os Incas esperavam que os conquistados trabalhassem duro para produzir alimento, tecidos, cerâmica, edifícios e outros itens, grandes e pequenos, e fossem súditos obedientes e leais.[3]

Os povos subjugados pelos Incas essencialmente conservaram a identidade que tinham como sociedade independente. Por esse motivo, imagina-se que os Incas eram menos dominantes em relação aos derrotados do que os romanos, mas creio que essa é uma interpretação incorreta do que era uma forma austera de domínio indireto. Embora os povos conquistados recebessem alguma comida e bens dos incas, os residentes da maioria das províncias não tinham um verdadeiro status dentro do império. Eles quase não tinham contato com a população regular Inca e eram proibidos de tomar seus senhores como modelo. Com sua contínua estrangeiridade levando-os à exclusão social, esses infelizes eram inegavelmente *outros*.

Se, em vez disso, os Incas tivessem permitido a integração dos subjugados à sociedade, como Roma e dinastias chinesas fizeram com as populações de muitas províncias conquistadas, esses povos passariam não só a se identificar, mas a se sentir como eles, orgulhando-se do império mesmo que sua posição dentro dele estivesse longe de ser igualitária. Como era, os ocupantes das províncias distantes eram subjugados pela força, agitações reprimidas e vilas rebeldes transplantadas para terras que não as delas para garantir sua subserviência. O único bem possível que extraíam desse abuso era a proteção, já que os Incas combatiam tribos além de seus territórios. Supõe-se que as populações fronteiriças preferiam se curvar diante do inimigo que já conheciam. Nada iguala adversários comuns ao reunir pessoas e isso se aplica a povos de sociedades separadas dependentes uma da outra por segurança, grupos totalmente aceitos da mesma sociedade ou — em grande parte do Império Inca — residentes de distritos intimidados pelos superiores.

Sem dúvida, o sistema funcionava. Quando os espanhóis chegaram ao Peru no século XVI, eles se depararam com um império de cerca de 14 milhões de pessoas. Isso era notável, considerando que os Incas tinham sido uma tribo pastoral pouco menos que um século antes (mas uma tribo que teve a vantagem de construir sobre os alicerces de reinos anteriores na região). Porém, uma coisa é um país marginalizar pequenos grupos dentro dele, como os

Estados Unidos fizeram depois com as tribos nativas; outra totalmente diferente é controlar uma civilização cuja maioria da população vê com má vontade seus governantes e não se identifica com eles. Eu me pergunto quanto tempo o Império Inca teria ficado intacto se não consolidasse suas províncias motivando as pessoas a apoiarem a população dominante.

A comparação dos métodos incas e romanos de administração de uma sociedade mostra a diferença entre controlar as pessoas pela dominação total e incorporá-las à sociedade. No primeiro caso, líderes obedientes locais muitas vezes eram mantidos na posição depois que a sociedade era subjugada. Eles eram regiamente pagos para supervisionar a extração de bens e serviços de seu povo, que recebiam poucos benefícios em troca. Alternativamente, a população era integrada à sociedade com a expectativa de que, mesmo subservientes, poderia ver-se como parte dela. Nesse caso, o governo central costumava assumir a administração de suas necessidades em retribuição de bens e serviços. Quanto mais intensamente as pessoas eram incorporadas, sua lealdade e identidade reformuladas e os antigos governantes destituídos, menos capazes eles eram de tentar se separar de seus conquistadores.

Sociedades estado tentaram diversas abordagens, da dominação cruel à incorporação generosa, dependendo da docilidade das pessoas e da vantagem de lhes oferecer um status mais elevado com menos limitações. Os romanos aceitavam diferenças culturais e religiosas de pessoas nascidas livres em regiões em todo o império.[4] Entretanto, eles ainda mantinham inconformados rebeldes, como certos distritos africanos, em rédea curta ao mesmo tempo que absorviam pessoas subservientes como os bretões.[5] A estratégia de um estado mudava com o tempo. Os japoneses mantiveram uma relação ambivalente com os caçadores-coletores Ainu, da ilha de Hokkaido, durante séculos, em alguns momentos tentando forçá-los a renunciar a seus costumes e se adaptar à população em geral, outras vezes mantendo-os separados de todos.[6]

O subcontinente da China fascina por suas conquistas terem começado cedo e com sucesso, acabando por criar uma uniformidade virtual entre o que hoje é considerada a raça chinesa, ou Han, atualmente somando 90% da população do país. A escala desse resultado é resultado da política das primeiras dinastias de aceitar qualquer um que se convertesse à sua cultura, escrita e, às vezes, à linguagem. Essa tradição remonta a Confúcio, que promoveu a ideia de que as pessoas podiam se tornar Han simplesmente se comprometendo a esse modo de vida.[7]

A Ascensão das Etnias 327

Com base em evidências de textos antigos e mudanças de identidade expressas em tudo, de arquitetura a trabalhos em laca, arqueólogos explicaram como as dinastias Qin (221 a 207 a.C.) e Han (202 a.C. a 220 d.C.) reuniram grande parte da população que acabaria se tornando a China moderna.[8] Ao contrário dos romanos, que exportaram aos seus súditos uma miscelânea de melhorias como encanamento, iluminação e outras necessidades básicas, as dinastias chinesas ofereceram poucos benefícios para melhorar a qualidade de vida das massas remotas, dependendo mais de sua presença militar para esmagar repetidas revoltas. Algumas das táticas usadas pelas dinastias Qin e Han eram comuns a muitas expansões territoriais pelo mundo. Ambas as dinastias se concentravam em unificar os distritos próximos aos centros imperiais, que acreditavam ser o suposto local de nascimento da original Han no norte. Súditos confiáveis eram encorajados a colonizar esses distritos para garantir a ascendência da cultura Han. Entre os provincianos, o mais rico seria o primeiro a realizar o desejo de ensinar os costumes Han aos filhos. Ao longo dos séculos, essa educação se infiltrou nos estratos sociais para gerar uma identificação Han disseminada à época da dinastia Ming no século XIV. O foco das dinastias nos territórios acessíveis explica porque elas repetidamente perdiam controle dos compartimentos mais remotos, incluindo os que se tornariam a Coreia e o Vietnã.

Dentro das fronteiras havia bolsões de sociedades indígenas que as dinastias falharam em incluir na sociedade. Muitas vezes, grupos habitavam regiões montanhosas inadequadas ao cultivo, oferecendo pouco em troca do esforço de subjugá-los. Algumas áreas étnicas, notadamente as dos tibetanos e uigures no oeste e os Wa perto da fronteira da Birmânia [hoje Mianmar], acabariam sob controle das dinastias, mas mesmo então as autoridades mantinham esses povos à distância como inferiores, repetindo a atitude dos japoneses antigos que encaravam os uigures como cães.[9] Uma política não escrita era deixar a língua e práticas desses pagãos intactas. No século XVI, a dinastia Ming até cercou os rebeldes Miao em suas fortalezas nas montanhas, reprimindo-os e outros povos como qualquer poder colonial faria.[10] Ao conservar suas identidades, os proscritos sociais desempenhavam o papel que províncias no interior talvez tivessem para os Incas e os escravizados tinham para sociedades como os Cherokee. O grande poeta grego Konstantínos Kaváfis estava certo ao perguntar: "Agora, o que vai acontecer conosco sem os bárbaros? / Eles eram,

328 O ENXAME HUMANO

esse povo, um tipo de solução."[11] Simplesmente por existir, os bárbaros nos mostravam o que era certo e adequado.

ASSIMILAÇÃO

O que resta ser esclarecido é como as interações entre essas sociedades unidas se alinharam da escravidão ou submissão a relações mutuamente vantajosas, que não mais exigiam força. Nesses realinhamentos, surgiram sociedades que, apesar de quaisquer abismos sociais, inspiravam as lealdades exibidas pelos membros de pequenas sociedades no passado. De algum modo, o povo tinha que aceitar os que tinham sido outsiders, com identidades incompatíveis, mesmo que, como vimos, as sociedades rejeitem ser combinadas tão intensamente quanto um corpo rejeita um enxerto de pele que não é compatível com a identidade imunológica do hospedeiro. Eu vejo o sucesso dessas fusões como resultado de uma característica humana, utilizada com um novo objetivo: embora as pessoas não possam simplesmente trocar uma identidade por outra, seus marcadores, e como são empregados, sempre tiveram que ser flexíveis para que os seres humanos se adaptassem às perenes mudanças sociais *dentro* de suas sociedades.

Ao descrever a psicologia humana em capítulos anteriores, afirmei que descobertas de pesquisas sobre diferentes etnias e raças em uma sociedade poderiam ser extrapoladas a atitudes de membros de sociedades estrangeiras. Contudo, esse raciocínio implica o oposto: que o conjunto de ferramentas psicológicas desenvolvido por nossos ancestrais para interagir com sociedades estrangeiras foi cooptado e reconfigurado para permitir que as etnias e raças de uma sociedade coexistissem. Reflita sobre como isso pode ter ocorrido. Os seres humanos expressam orgulho por sua sociedade, conhecimento de sua excepcionalidade e diferença entre sua identidade e a dos estrangeiros. Quando tribos conquistadoras começaram a aceitar esses mesmos outsiders em suas sociedades, os mesmos circuitos mentais já empregados para distinguir e reagir a grupos estrangeiros foi colocado em ação para entender as relações entre as etnias dentro delas. Se essa descrição estiver correta, a afiliação a uma sociedade e uma etnia ou raça pode ser equiparada de muitas maneiras. Entretanto, há uma diferença importante. Grupos étnicos investiram parte de sua identidade e obrigações sociais na sociedade maior da qual se tornaram parte. Esses grupos agem, até certo ponto, como sociedades *dentro* da sociedade.

A *Ascensão das Etnias* 329

Nesse estágio final de nossa narrativa, os seres humanos tomaram um caminho que tem poucos paralelos na natureza. Essa complexidade de sociedades-dentro-da-sociedade encontra alguma semelhança nos clãs dos cachalotes em todos os oceanos, cada qual contendo centenas de sociedades de grupos de algumas fêmeas adultas e filhotes. No entanto, a semelhança é superficial. Os grupos não diferem em comportamento e relações de poder como as etnias. A afiliação no mesmo clã oferece a oportunidade de os grupos se unirem para apanhar as presas com eficiência usando uma abordagem partilhada para a caça, e isso é tudo. Em comparação, distinções étnicas permeiam todos os aspectos da vida humana.

Para que as etnias se deem bem em uma sociedade maior, devem alinhar suas identidades de modo a superar o significado de quaisquer diferenças que permaneçam entre elas. Como as diferenças entre etnias, como aquelas entre as sociedades, estão visíveis no corpo — na forma de marcadores que afetam ações e aparência —, o enxerto de outsiders em uma sociedade exige que eles se adaptem à "escrita" local. Isto é, que assimilem.[12]

A assimilação é mais desafiadora quando amplas distâncias culturais precisam ser superadas e as pessoas têm quantidades e recursos para contra-atacar, um obstáculo que pode frear a expansão de impérios. Ela tende a ocorrer de uma maneira especial, como descreverei, porque o modo pelo qual os outsiders são levados a uma sociedade garante que cada uma se consolide em grande parte ao redor da etnia. Quase sempre, esse povo dominante fundou a sociedade, originalmente ocupou sua região central e passou a coroar a Grande Cadeia dos Seres, com outros grupos sofrendo preconceitos negativos em comparação a eles.[13]

Parte do poder está nas mãos desse grupo central de pessoas e principalmente dos líderes e da nobreza, que geralmente são do grupo dominante e tendem a apoiar seus interesses. Assim, a assimilação é assimétrica. O ônus de seguir a cultura dominante está nas mãos de outras etnias. De fato, desse ponto em diante usarei a palavra etnia como costuma ser usada no dia a dia, para descrever não só o povo dominante, mas os grupos de status inferior. O grupo dominante pode compelir essas etnias a se adaptar ou, se um povo étnico achar que as mudanças os favorecem, podem aceitá-las por iniciativa própria. Muitas vezes, ocorre um pouco de ambos, assim como alguma acomodação a ainda outras etnias. Se as mudanças são impostas ou feitas livremente, alguma tolerância da parte do povo dominante — certamente mais que os

Incas costumavam mostrar — será necessária enquanto os recém-chegados aprendem o que é esperado.[14]

Nada de novo aqui. Os mesmos ajustes se aplicariam ao membro individual de um bando de caçadores-coletores que tivesse se casado em outra sociedade; ele também teria que agir dentro dos limites sociais permitidos pela sociedade adotada. Até então, os locais teriam que fazer algumas concessões quanto aos modos diferentes do recém-chegado. A simples possibilidade de toda uma população assimilar a cultura deve ter tido origem em movimentos eletivos de indivíduos solitários tentando se tornar membros de outra sociedade, o tipo de transferência amplamente vista em animais e que teria ocorrido em todo nosso passado evolucionário.

A aceitação de uma etnia exige que se controle absolutamente qualquer coisa que faça seus membros serem rotulados como ovelhas negras, como tradições que a cultura dominante considera imoral ou repreensível. A proibição de "potlatches" [cerimônia praticada entre tribos indígenas da América do Norte] dos indígenas do Noroeste do Pacífico em 1884 pelo governo canadense, que as declarou esbanjadoras e incivilizadas, é um de inúmeros exemplos. As populações dominantes assumiram a tarefa de eternamente "civilizar" as pessoas com a imposição de padrões de comportamento aceitáveis e submissão a seu próprio lugar social por parte daqueles "selvagens" — um termo que os colonizadores nos EUA muitas vezes aplicaram aos indígenas norte-americanos, embora o sentimento existisse antes de registros históricos. Colombo identificou escravizados no mesmo dia em que o *Santa Maria* aportou no Novo Mundo, onde nativos norte-americanos racionalizaram a tomada de prisioneiros como "domá-los".[15]

Embora a "civilização" se estendeu a comportamentos menos notáveis do que os "potlatches", apagar a fronteira entre si mesmos e grupos étnicos nunca foi o objetivo de um povo dominante. O resultado final da assimilação é um tipo de fusão, mas não implica a perda de uma identidade separada. Em vez disso, a identidade do que antes tinha sido uma sociedade independente é reformulada de acordo com a imagem do grupo dominante — até certo ponto.

Digo "até certo ponto" porque se o comportamento estranho por parte do grupo subordinado deixa o grupo dominante pouco à vontade, o mesmo pode ocorrer com o excesso de conformidade. De fato, semelhanças demais entre etnias desrespeitam o desejo das pessoas de preservar diferenças valorizadas e, por fim, pioram o preconceito. Da mesma forma, assimilação em excesso pode destruir a autoestima de um povo étnico.[16] Assim, embora os grupos dominantes incentivem muito do que ocorre, a posição das etnias também tem sua relevância. Ajustar-se às expectativas das pessoas no poder aumenta o status da etnia ou, pelo menos, sua legitimidade, contanto que sua população se mantenha diferente o bastante para não invadir a identidade única do grupo dominante. Então, os judeus foram rotulados pelos nazistas não por não se adaptarem na cultura alemã, mas, pelo menos, em parte, por serem reconhecidos como diferentes, mas quase nunca serem distinguidos de outros alemães. Menorás e dietas kosher ficavam restritos a ambientes fechados. Essa incerteza foi usada para alimentar receios de que os judeus estivessem usando a assimilação para ocultar riqueza, influência e más intenções.[17] Sua fluência com a cultura dominante colocou os judeus em perigo tanto quanto suas diferenças.

É claro que cada etnia tem alguma influência sobre a cultura dominante, aproximando-se dos limites do que uma sociedade permite quando ela acolhe sua culinária, música e outros destaques culturais — assim como a mesma sociedade importaria esses elementos de outras.[18] No processo de romanizar os distritos distantes, por exemplo, Roma também tomou o melhor que esses povos tinham a oferecer — perfumes, corantes, especiarias e vinho.[19] Mesmo com essa fabulosa gama de aspectos étnicos, ainda podemos separar um conjunto de características que descrevem a sociedade no todo (como *na* cultura canadense). No entanto, a maioria das sociedades não é mais definida por uma cultura, no sentido em que as pessoas empregam esse termo. Em vez disso os membros focam seus pontos em comum ao mesmo tempo que fazem concessões para uma diversidade maior do que jamais fizeram no passado — a riqueza da etnia em si é uma fonte para o caráter nacional em locais como os Estados Unidos ou Singapura. Para descrever essa tolerância e, de fato, atitudes positivas entre grupos, psicólogos falam de uma identidade superior cultivada por meio de pontos em comum em toda a sociedade. Essa identificação diminui as diferenças entre Nós-versus-Eles possibilitando uma mentalidade do Nosso.[20] Esse é um ponto de vista necessário para que as "sociedades dentro da sociedade" funcionem.

Para ter certeza, convergir para uma combinação perfeita entre etnias seria impossível, mesmo que a perda de autoestima não fosse um problema. Indivíduos que se distanciam de suas origens étnicas não só deixam de perder seu sotaque e outros maneirismos étnicos, mas geralmente inadvertidamente se apegam a códigos subjacentes de conduta de seus ancestrais e os incutem

332 O ENXAME HUMANO

nos filhos.[21] Diferenças persistirão por gerações mesmo que ocorra uma quase fusão de grupos no longo curso da história — no caso de Han, dois milênios. Assim como a romanização dos povos variou nas províncias romanas remotas, os habitantes locais de qualquer sociedade dão sua interpretação à identidade, intencionalmente ou não — e outros membros notam isso. Embora os Han que viviam nas primeiras dinastias chinesas vissem os provincianos que adotaram os costumes Han como legítimos cidadãos Han, ainda assim teriam registrado as diferenças. A partir das evidências existentes, eles teriam visto esses Han como inferiores, mesmo que muito menos inferiores do que grupos étnicos da China que não eram Han.[22]

Anteriormente, argumentei que deveria ter sido dito que caçadores-coletores tinham nações apesar da falta de uma infraestrutura governamental associada aos estados modernos. Mas o fato é que as nações — no sentido em que muitos estudiosos as encaram, como grupos independentes de pessoas partilhando a mesma história e identidade cultural — realmente existiam só nos dias dos caçadores-coletores, quando as sociedades eram muito mais uniformes.[23] Cada sociedade estado, analisada com o devido cuidado, é uma miscelânea étnica. Mesmo assim, continuarei a me curvar à linguagem corrente e me referir às sociedades atuais como nações.

DOMÍNIO

O controle do grupo dominante do poder e da identidade da sociedade é uma vantagem do fundador. Entretanto, o mais importante para a afiliação do grupo dominante é partilhar a etnia desses fundadores em vez de buscar seus verdadeiros ancestrais no nascimento da nação. Assim, caucasianos continuaram dominantes nos Estados Unidos apesar de que os ancestrais de muitos europeus norte-americanos terem chegado aos EUA depois de 1840. Enquanto isso, praticamente todos os afro-norte-americanos descendem de escravizados que chegaram antes da independência do país, o que significa que a família negra comum é norte-americana há mais tempo que a família branca comum.[24] Alega-se que Winston Churchill disse que a história é escrita pelos vitoriosos. De fato, as cuidadosamente editadas histórias que as nações promulgam põe os povos dominantes em posição favorável e afirmam suas reivindicações de poder e status. Isso sugere outro motivo pelo qual os bandos de caçadores-coletores, sendo igualitários, tinham pouco interesse em histórias.

A Ascensão das Etnias 333

O que mantém o grupo dominante no poder? Seu povo, chamado de maioria. Como o termo indica, ele consiste na maioria da população, principalmente no território original do grupo dominante. Que outras etnias ou minorias às vezes formem a maior parte do povo, porém, sugere que estar no topo é uma questão circunstancial e não de quantidade. Isso se aplica aos africânderes que dominaram os povos nativos africanos na África do Sul do apartheid, e de uma forma ainda mais claramente repressiva a "sociedades escravagistas" como as dos gregos antigos, onde os cativos existiam em número maior do que os homens livres. Também se aplica a sociedades criadas por pastores nômades como os mongóis, que exploravam suas habilidades com os cavalos para controlar sociedades agrícolas muito maiores.

Geralmente, o grupo dominante é menos capaz de manter o controle em locais em que são em menor número, já que seu povo tende a ficar em províncias distantes. Esse foi um problema na capital romana, onde os escravizados ficaram mais numerosos que os cidadãos. Os escravizados romanos vinham de várias localidades e não podiam ser diferenciados com clareza da população nascida livre, que era igualmente diversa. O governo escolheu ignorar essa complicação depois de compreender que marcar seus servos deixaria clara sua vantagem numérica e promoveria rebeliões.[25] Grupos minoritários com populações reduzidas, mas com sucesso econômico relativamente elevado, também podem ser encarados como ameaças. Os chineses em países como a Malásia enfrentaram essa dificuldade, assim como os judeus em várias ocasiões da história.

Embora os povos de distritos remotos com maior probabilidade de serem diferentes do povo conquistador tenham mostrado uma taxa de libertação elevada, eles raramente controlaram o grupo dominante e todo o país. "Confrontamos aqui quase o equivalente político da lei de Newton", afirmam dois cientistas políticos. "Corpos no poder tendem a ficar no poder a menos que uma força aja sobre eles."[26] Isso indica o quanto os povos dominantes são eficientes em proteger sua posição, controlar a polícia e o exército; mas também mostra o quanto é difícil para minorias, muitas vezes geográfica e culturalmente díspares mesmo que grandes quando combinadas, unir forças. Houve derrubadas bem-sucedidas. Uma ocorreu na Rodésia, quando a população branca perdeu a exaltada posição e o país foi renomeado como Zimbábue em 1980, acabando com anos de guerrilha. Essa foi uma exceção que comprovou a regra: a "maioria" branca, antigos colonizadores que tinham se separado

334 O ENXAME HUMANO

do Reino Unido só quinze anos antes, era em número muito menor que os grupos tribais, a disparidade nesses números impossibilitando a permanência no poder.

O controle do grupo dominante se estende de questões do dia a dia aos símbolos mais valorizados pela sociedade. Esse controle majoritário dos marcadores sociais enfraquece a posição dos grupos minoritários. Descendentes asiáticos nascidos nos EUA reverenciam a bandeira do país, mas estudos experimentais mostram que eles a associam mais facilmente com pessoas brancas do que com seus compatriotas asiáticos-norte-americanos.[27] Mesmo que o membro de um grupo minoritário faça parte de uma família de orgulhosos cidadãos de origens ancestrais, em algum nível há a sensação de ser "um eterno estrangeiro no próprio país", afirma um estudo.[28] Enquanto isso "o norte-americano branco protestante raramente tem consciência do fato de que habita um grupo. *Ele* habita nos EUA. Os *outros* vivem em grupos", escreve o sociólogo Milton Gordon.[29] Isso explica qual é a característica que melhor define os povos dominantes e porque elas raramente são tratadas como etnias. As pessoas que fazem parte da maioria gostam de se expressar como indivíduos únicos mais do que os da minoria, que acabam dedicando mais tempo e esforço para se identificar com o próprio grupo étnico.[30]

Há sérias consequências de uma maioria associar "seu" país principalmente com seu próprio povo e menos com outras etnias. Estudos de laboratório sugerem que o povo dominante geralmente expressa incerteza sobre a lealdade das minorias.[31] Como as pessoas costumam aceitar as visões tendenciosas que os outros repetidamente expressam sobre elas, essa desconfiança pode provocar exatamente o comportamento temido pela maioria, marginalizando as minorias. As pessoas de grupos especialmente depreciados se comportarão conforme são acusados, até encarando o crime como uma escolha razoável quando poucas outras opções existem para elas.[32] Além da desconexão em relação aos símbolos e à riqueza da nação, existe outro motivo para as minorias expressarem menos apego a sua sociedade.[33]

Há um sentimento no qual as minorias atuais desempenham um papel um pouco diferente do das tribos indígenas nas dinastias chinesas, como o povo Miai, habitante das montanhas: elas servem de pontos de comparação para o povo dominante, que continua o "puro" representante da sociedade. Daí a estranheza que asiáticos-norte-americanos sentem quando lhes perguntam de onde são quando, em comparação com pessoas de ascendência europeia não se espera que digam que são de Peoria (uma resposta comum a tal pergunta sendo, "Não, de onde mesmo você é?").[34] As minorias mais difamadas são mantidas a grande distância social, como ocorre com afro-norte-americanos. Embora ainda estigmatizados, filhos birraciais de pais asiáticos e caucasianos, por exemplo, têm mais facilidade em se encaixar do que os com "sangue negro".[35]

O elo entre a sociedade e seu povo dominante tem raízes profundas. Peça a uma pessoa que imagine um cidadão de seu país. Se ela for dos EUA, a imagem que quase sempre lhe virá à mente, qualquer que seja seu sexo ou raça, será a de um homem branco.[36] O pensador político britânico T. H. Marshall escreveu sobre cidadania como "uma reivindicação de ser aceito como membro efetivo da sociedade".[37] Considerando o que sabemos sobre as vantagens partilhadas pelo povo da maioria, e sobre as respostas psicológicas humanas a etnias e raças, o segredo aqui está na palavra "efetivo".

STATUS

As relações de status entre etnias e raças são mais complexas do que a mera aceitação do domínio da maioria; a posição de grupos minoritários dentro da Grande Cadeia dos Seres torna-se mais fluente quando observada ao longo de décadas e séculos.[38] Mudanças em status são incomuns entre redes sociais e alguns grupos presentes nas sociedades que não da espécie animal. É raro que em um grupo de babuínos com um sistema matrilinear uma fêmea vença uma luta com outra fêmea de status mais elevado conquistando acesso a melhores locais para dormir e mais comida.[39] Grupos humanos e étnicos dificilmente mudam de posição por meio de agressão direta. Em vez disso, sua posição sobe ou desce com base nas mudanças na percepção da sociedade em relação a eles.[40] Tampouco todas as pessoas de uma determinada etnia se encontram em um mesmo posto. As famílias que subiram na hierarquia — muitas vezes em parte por assimilar mais característica do país adotado — talvez não se associem aos membros mais pobres de sua etnia ou que chegaram recentemente.[41]

Um motivo por que a mudança é lenta tem a ver com o modo que posições sociais estabelecidas são aceitas, e não só pelos que estão no poder. As pessoas muitas vezes veem a posição de sua etnia e raça como natural, inalterável e justificada, assim como percebem seu status social de pessoas individuais como merecido. Uma visão normal é que o mundo é basicamente justo; desse modo, os problemas das pessoas e de seu grupo são justificados.[42] Como uma

336 O ENXAME HUMANO

equipe de proeminentes psicólogos explicou, "Em vez de ressentimento em relação aos privilegiados e solidariedade para com os desfavorecidos, as pessoas, em média, endossam a aparente meritocracia e deduzem que para os grupos o status elevado invariavelmente representa competência."[43] Como resultado, segundo outro grupo de autores, "as pessoas que sofrem mais com uma determinada conjuntura são, paradoxalmente, os menos propensos a questionar, desafiar, rejeitar ou mudá-la."[44]

A força dessa convicção não pode ser negada. Isso se aplica hoje aos membros da casta mais baixa da Índia, os intocáveis e, sem dúvida, assim foi para qualquer escravizado resignado com seu destino em toda a história.[45] Essa aceitação da posição social deve ter sido essencial ao sucesso de sociedades que remontam aos primeiros estados e chefaturas. O que os caçadores-coletores manifestaram como cautela, aversão ou repulsa contra estrangeiros foi redirecionado às classes de pessoas dentro da sociedade com um efeito tão disseminado que até os espezinhados conservaram uma opinião negativa sobre si mesmos. O resultado, como nossa perspectiva psicológica revelou, é que etnias coexistem apesar dos estigmas sociais que carregam.

Na verdade, distinções similares de poder em relação aos pertencentes a etnias também existiram entre sociedades, como o embate dos EUA com economias emergentes como a Índia e China na disputa por status no cenário mundial. Quando se trata de sofrer um status inferior como etnia ou sociedade, os pigmeus oferecem um bom exemplo. Esses africanos ocuparam, e muitos ainda ocupam, uma posição em algum ponto entre a sociedade independente de caçadores-coletores e grupos minoritários em uma comunidade agrícola. Durante a temporada em que se mudam para vilas para servir de mão de obra no campo, eles realizam o trabalho árduo que os fazendeiros evitam, esse arranjo duradouro tornando-os os primeiros trabalhadores migrantes. Sua relação com os fazendeiros afirma que as interações étnicas dentro da sociedade conservam parte do sabor das alianças entre sociedades. Mesmo que os pigmeus se tratem como iguais, como bandos de caçadores-coletores costumam fazer, e mesmo que os fazendeiros tenham elevado respeito pelos pigmeus como músicos e xamãs, seu status social é claro. Às vezes, fazendeiros dizem que os pigmeus conhecem e aceitam seu lugar. "Na floresta, os pigmeus Aka cantam, dançam, jogam e são muito ativos e faladores. Nas vilas seu comportamento muda drasticamente: eles andam devagar, falam pouco, raramente sorriem e evitam contato visual com os outros", diz Barry Hewlett,

A Ascensão das Etnias 337

antropólogo, descrevendo a atitude subserviente que os primatólogos reconhecem instantaneamente entre os babuínos cientes de hierarquias, e que o resto de nós associa com minorias divididas.[46]

Os pigmeus assumem o papel de servos voluntariamente em troca de bens que não conseguiriam de outra forma. As minorias em uma sociedade parecem igualmente motivadas a aceitar sua posição. De fato, ao preservar sua independência e a liberdade de voltar aos territórios da floresta quando desejam, os pigmeus contornaram as constantes desigualdades confrontadas pelas etnias presas a uma sociedade controlada por um povo majoritário. Bandos de pigmeus abandonam ligações com uma vila agrícola e criam uma relação com uma vila em outro local.[47] Na verdade, esses pigmeus trocam um grupo dominante por outro, que, talvez, ofereça uma relação melhor.

Que um grupo inteiro de antigos outsiders — um grupo étnico — possa ser aceito em uma sociedade, e subir na hierarquia dentro dela, pode ter origens nas respostas humanas que evoluíram para sobreviver à escravidão. Nenhum escravizado melhorava uma situação ruim trocando de comunidade como fazem os pigmeus, mas sua capacidade de se adaptar ao cativeiro ajudou-os a sobreviver e, às vezes, permitiu-lhes ter uma vida melhor. Entre os comanche, escravizados eram aceitos na tribo quando se julgava que tinham atingido uma *pessoalidade* adequada ao assumirem os principais marcadores da sociedade. Isso significava dominar os costumes e a língua comanche. Isso ocorria com mais sucesso entre outsiders capturados quando crianças e criados por famílias da tribo. Crianças sempre foram ideais para serem capturadas durante saques de guerra, primeiro, porque eram fáceis de controlar e, segundo, porque com suas identidades flexíveis, assimilavam (atingiam pessoalidade) mais completamente que adultos.[48] De fato, segundo um estudo, jovens passam por um período crítico antes dos 15 anos quando estão mais propensos e capazes de absorver uma cultura.[49] Porém, ser adotado por uma família era uma coisa; ser totalmente aceito pela sociedade era outra — esse é um problema ainda enfrentado por crianças adotadas por outras culturas. Geralmente, contudo, se um escravizado tinha a oportunidade de assimilar a cultura, seus filhos ou netos eram tão bem recebidos quanto muitos cidadãos de segunda ou terceira geração de países hoje em dia.[50] Os comanche ofereciam um atalho aos escravizados, mas eram exigentes. Para ser um verdadeiro comanche e casar-se com uma moça da tribo, o escravizado tinha que executar um ato de heroísmo no campo de batalha.

338 O ENXAME HUMANO

A perspectiva de um escravizado subir na hierarquia e, possivelmente, tornar-se um membro da sociedade dependia de suas regras. Alguns melhoravam o status, mesmo que só para se tornarem escravizados mais poderosos, como ocorreu no Império Otomano; ou ganhavam a liberdade como indivíduos, como os escravizados comanches, ou, às vezes, como classe. Os gregos eram democráticos, mas raramente libertavam os escravizados; os romanos, por outro lado, faziam muitos escravizados, mas os libertavam prontamente. De fato, escravizados romanos conquistavam cidadania com mais facilidade que estrangeiros que residiam em Roma há gerações.[51] No entanto, ex-escravizados podiam ser impedidos de tentar melhorar seu status. Evidências de origens obscuras, como a ampla associação hoje em dia da pele escura com a escravidão do passado, poderia ser um empecilho. Como resultado, uma mudança formal de posição nem sempre representava uma melhoria social. Obstáculos ao avanço surgiram após a Guerra Civil Norte-americana, quando algumas pessoas contratavam escravizados libertados, muitos dos quais acabavam em condições piores do que as que tinham quando escravizados.[52] As dificuldades criadas pela sociedade para a aceitação e posição social de grupos étnicos são menores, mas, mesmo assim, existem.

INTEGRAÇÃO

Um fundamento do processo pelo qual as etnias se interligam a uma sociedade como membros valorizados é a integração, uma palavra que uso para descrever como um povo étnico que originalmente viveu separado agora se mistura ao grupo dominante. Até mesmo chefaturas simples, formadas por algumas vilas, nem sempre permitiam essa mistura fácil, e mantinham as pessoas separadas fora de suas propriedades. Permitir que membros de uma província remota deixassem sua terra, que não os escravizados destituídos de sua identidade, seria uma concessão que o povo dominante via como um risco. Esse controle rígido de deslocamento dentro da sociedade é incomum. Em outros animais, é normal todos os membros se movimentarem pelo território. Em algumas espécies, os membros dividem o território entre eles, com cães-da-pradaria, chimpanzés fêmeas e golfinhos-nariz-de-garrafa muitas vezes preferindo determinadas áreas. O uso do espaço pelas sociedades de bando muitas vezes era mais compartimentalizado que isso; os bandos ficavam no canto que era seu "lar" dentro do território que os residentes conheciam melhor. No entanto, em todos esses exemplos, os indivíduos podiam ir a qualquer lugar no território.

A territorialidade humana se tornou mais complexa à medida que as sociedades se expandiram para incluir estrangeiros e os transformou em etnias. Os Incas obrigaram a maioria dos povos subjugados a ficarem separados, social e geograficamente. Em geral, apenas indivíduos étnicos com um status elevado para coletar impostos de seu povo tinham acesso às famosas estradas. Nem sociedades beneficentes ficavam sempre abertas para dar passagem livre a grupos étnicos à capital. A maioria, ou todas as minorias, especialmente as de origem humilde, ficava na região em que nascera. Para conquistar o direito de se movimentar, os provincianos teriam que demonstrar lealdade e submissão constantes até que o grupo dominante estivesse convencido de que não havia mais necessidade para o uso de força. A separação imposta continuaria até que o grupo tivesse assimilado os costumes culturais suficientemente para que seu povo fosse considerado confiável. Fazer as mudanças requeria que o grupo dominante aceitasse que o povo étnico aprendesse e adotasse a cultura do país, mesmo que de uma distância segura. Dinastias chinesas mantinham súditos provincianos longe do centro imperial até que seu comportamento Han passasse por inspeção. Então, essas pessoas já teriam conseguido a "percepção de proximidade" de ser Han. O processo preparava-os para se integrar à população como um todo cultivando uma lealdade que dava maior valor às preocupações de sua sociedade do que em seus interesses étnicos. Para os tolerantes e autoconfiantes romanos, a integração costumava vir antes da assimilação, com muitos grupos distintos acomodados na capital.

Por fim, contudo, permitir que uma etnia se estendesse além de seu local de origem serviu para firmar o controle da maioria sobre o poder. É provável que um povo disperso ficasse menos identificado com seu grupo e com uma voz mais fraca do que um concentrado. Ao mesmo tempo, se a etnia se espalhou além de sua antiga terra natal, o povo dominante tem maior facilidade em manter a influência sobre seu território original. Há menos divergências nas sociedades quando as etnias são muito espalhadas ou bem integradas com a população em geral.[53] No último caso, com o estímulo à integração, o caminho está aberto para interações positivas e rápida assimilação. Cidadãos do grupo majoritário aprendem e idealmente se adaptam — os estranhos entre eles — a quem se torna uma presença familiar e não ameaçadora. As minorias, aderindo ao ditado "quando em Roma", por sua vez aperfeiçoam o que é esperado deles e ganham posição social ao fazê-lo. É impossível se acomodar adequadamente aos outros sem essa primeira exposição. Porém, a absorção da

340 O ENXAME HUMANO

minoria pela sociedade desacelera se recém-chegados ingênuos, ainda seguindo os velhos costumes, continuam a chegar da terra natal.[54]

A diferença entre ficar em uma província com aqueles com as mesmas origens e vagar entre o grupo dominante como uma pessoa livre é imensa. É difícil dizer quando começou a existir essa integração. Embora o Império Romano seja encarado como um primeiro experimento de multiculturalismo, as civilizações gregas que o precederam eram abertas só para os de origem grega, enquanto outras etnias eram impedidas de viajar além dos portos da cidade.[55] Em estados mais antigos, como a Babilônia, não há indícios que mostrem se homens livres de províncias remotas viviam com tranquilidade entre o povo dominante.

Naturalmente, a integração nunca significou mistura aleatória. A antiga cidade de Teotihuacan, fundada aproximadamente em 100 d.C. perto de onde hoje é a cidade do México, tinha um bairro distinto ocupado pelos zapotec do sul.[56] Em Roma, há evidências de que os judeus e os imigrantes do leste se concentravam em certos burgos distantes e que os templos étnicos dessa cidade devem ter sido locais de reunião animados.[57] É quase certo que vizinhanças étnicas existiram em outras cidades antigas, embora existam poucas provas, provavelmente porque os bairros ocupados por diferentes grupos mudavam ao longo da vida das cidades, confundindo as evidências arqueológicas.[58] De fato, estudos mostram que populações étnicas modernas se expandem e se contraem local e regionalmente ao longo do tempo, contribuindo para a variada dinâmica de "sabores" em como a identidade nacional pode ser expressa no panorama do mesmo país.[59]

Vestígios de segregação espacial permanecem mesmo quando as pessoas mudam para longe de sua terra natal, às vezes à força. As reservas de indígenas norte-americanos são um tipo remanescente de separação territorial — como quando grupos vilipendiados ficavam longe da população em geral, tribos eram afastadas de qualquer terra valiosa e, muitas vezes, tinham seus movimentos limitados.[60] Em termos práticos, algumas vizinhanças do centro da cidade funcionam da mesma forma.

Nem toda segregação é ruim, principalmente entre grupos de prosperidade e status semelhantes, como é o caso quando uma vizinhança de italianos da classe trabalhadora encosta em uma de trabalhadores hispânicos: vizinhanças étnicas podem simplesmente refletir o desejo das pessoas de buscar o que os outros buscam. Essa autoclassificação é uma consequência não intencional de

A *Ascensão das Etnias* 341

escolhas pessoais que remontam à separação mais sutil de caçadores-coletores entre os bandos de uma sociedade.[61] Embora o contato reduzido causado por essa classificação contribua com a ignorância sobre os de outras vizinhanças, dados de comunidades modernas mostram que há poucos danos contanto que as interações entre encraves sejam positivas.[62] Porém, uma reação negativa pode ocorrer se uma vizinhança for tão autocontida que os residentes se isolam unicamente com os iguais a eles. Nesse caso, a insularidade das pessoas pode contribuir para impressões de que elas ainda são *estrangeiras*, gerando ressentimento entre outros membros da sociedade.[63] Mesmo então, porém, comunidades étnicas servem de pontos de paragem que permitem aos recém-chegados evitar o choque cultural e, ainda assim, assimilar o necessário, muitas vezes ao longo do curso de gerações.[64]

A mistura total de diferentes etnias e raças leva a integração um passo adiante, mas apresenta riscos próprios. Estudos sugerem que pensar em acabar com as separações étnicas, sociais e geográficas é algo a ser tratado com delicadeza. Os povos dominantes precisam estar abertos a ter famílias não ortodoxas na casa ao lado. Sua confiança na própria identidade e senso de segurança dever ser grande o suficiente para ignorar uma atitude "lá se vai a vizinhança" em relação a famílias de minorias atravessando os limites urbanos.[65] Para famílias de minorias, sair de uma vizinhança étnica para a comunidade geral representa um avanço social, mas também apresenta riscos. A distância social entre grupos ainda precisa ser respeitada. Qualquer um que se esforce demais para se encaixar na maioria corre o risco de se transformar em um "homem marginal", como o sociólogo Robert Park observou de modo perspicaz, abandonado como "o que vive em dois mundos, nos quais ele é mais ou menos um estranho."[66]

Não importa qual seja a distribuição espacial ou o grau de interação das etnias e raças, elas precisam trabalhar em conjunto para possibilitar às sociedades estado funcionarem ao longo da vida humana. Nas páginas a seguir, falaremos sobre essas interações em mais detalhes, com mais atenção à imigração e às relações de grupo dentro das nações atuais.

CAPÍTULO 25

Divididos Continuamos

enham a mim as massas exaustas, pobres e oprimidas ansiando por respirar liberdade: assim começa o soneto de Emma Lazarus, gravado em uma placa no pedestal da Estátua da Liberdade. No entanto, diante de suas imensas diferenças, o que mais tem definido as massas que chegam a terras desconhecidas em busca de refúgio é menos a fuga da exaustão, pobreza e opressão, mas o fato de serem encaradas como estranhos. Eles não são *nós*.

A mistura de etnias no Brooklyn, onde moro, ocorreu como a diversidade encontrada em muitas comunidades do mundo. Excetuando a maioria dos afro-norte-americanos, elas não chegaram até lá porque elas ou seus ancestrais foram escravizados ou subjugados. A imigração, no sentido do afluxo de uma população significativa de terras estrangeiras, tornou-se o principal meio pelo qual povos estrangeiros entram e se tornam membros de uma sociedade. Essa última e mais benevolente prática e como contribuiu para as pessoas atuarem em conjunto como sociedade, é o tema deste capítulo.

A imigração difere da subjugação na medida em que as partes escolheram receber uma à outra. A sociedade de destino às vezes encoraja a entrada de imigrantes, no espírito do poema de Lazarus com a expectativa de que eles ficarão por vontade própria. Essa aceitação voluntária de populações inteiras ao longo do tempo quase não existia no início da história humana. É claro que aceitar imigrantes não é um ato aleatório em geral, cada pessoa passa por um processo de verificação. E, às vezes, a chocante exposição da população da sociedade hospedeira aos recém-chegados ativa uma reação negativa — que reflete a preocupação sobre a imigração em muitos países hoje em dia. Ainda assim, é extraordinário que a sociedade receptora permita aos

343

344 O ENXAME HUMANO

recém-chegados embrenharem-se na população em geral desde o início. Mesmo quando muitas pessoas que chegam se mudam para vizinhanças étnicas, elas têm a oportunidade de uma rápida assimilação.

Como as nações se abriram a esse influxo, geralmente cordial, de tantos novos membros? Os bandos de caçadores-coletores aceitavam refugiados ocasionais que tinham escapado de alguma tragédia na sociedade de origem. Em suas raízes, a imigração é esse tipo de aceitação de pessoas desfavorecidas multiplicadas várias vezes. Desconfio que historicamente essa aceitação ocorreu em etapas. Em sua forma inicial, os desfavorecidos teriam se originado não em sociedades estrangeiras, mas no próprio estado. Afinal, quando um povo era subjugado, seu status de estrangeiro ou nativo ficava obscuro durante algum tempo. Esse é o motivo pelo qual os primeiros estados regulavam o deslocamento dos povos remotos. Até terem assimilado o suficiente para ser confiáveis, seu êxodo da terra natal para o resto do território da sociedade, se de fato permitido, era tratado como um tipo de imigração germinal. Talvez os movimentos vistos hoje entre sociedades estrangeiras tivessem começado ali.

Embora o processo de adicionar membros à sociedade pela imigração não seja abertamente hostil, ele não gera uma fusão de iguais. Muito pouco mudou. As questões de dominância e status descritas no capítulo anterior também se aplicam aos imigrantes. A psicologia do endogrupo/exogrupo essencial à subjugação continua. Isso mostra que grande parte das massas agrupadas por toda a história de fato foram as pessoas agredidas entre as raças agredidas que o poema de Lazarus sugere. Muitas vezes, os imigrantes chegam pobres de bens materiais e posição social, essa condição com poucas probabilidades de mudar em um futuro próximo. Assim, os chineses que foram para a Califórnia e os indianos, para a África no século XIX, eram mão de obra barata paga, mas detestada. O melhor que os imigrantes podem esperar é chegar em uma época em que a intolerância é amplamente desestimulada.

Os obstáculos enfrentados pelos imigrantes são muitos. Sua paixão pela nova sociedade e seus valorizados símbolos, seu conhecimento sobre como agir e suas conexões pessoais com outros cidadãos levam tempo para ser construídos, levando a um profundo ceticismo por parte dos outros membros da sociedade sobre sua perseverança.[1] Para piorar, como divorciados marcados pelo casamento que não deu certo, novos imigrantes são ainda mais estigmatizados por não ficarem em sua sociedade de origem. De muitas formas, suas tribulações são reminiscentes da dificuldade que outros tipos de animais

Divididos Continuamos 345

enfrentam ao se transferir para outra sociedade. Lá também, recém-chegados, nesse caso, geralmente vindo um de cada vez, passam por provações até, com tempo e sorte, serem aceitos.

Recém-chegados, então, são estranhos em uma terra estranha e não importa quão baixa é sua posição ou o quanto tentam se encaixar, a população nativa questiona o quanto sua estranheza será prejudicial. Assim como pessoas recuam diante de um influxo muito grande de bens comercializados que são uma ameaça a sua cultura, elas podem considerar a imigração como reduzindo seu controle sobre a sociedade. Ironicamente, isso ocorre até mesmo nos Estados Unidos, uma terra de imigrantes. Thomas Jefferson preocupou-se com que o excesso de imigrantes em sua época "deturpasse ou subvertesse a direção do país e produzisse uma massa heterogênea, incoerente e sem rumo".[2]

A frequente associação feita pelas pessoas entre os que buscam asilo e outros estrangeiros com doenças e elementos repulsivos hoje assume vários níveis. É possível que imigrantes apresentem não só doenças físicas, como também culturais que possam corromper nossa identidade — comportamentos amorais preeminentes entre eles.[3] Talvez esses temores existam porque há poucos meios de limitar o comportamento de imigrantes. Em comparação, o povo subjugado do passado poderia passar por uma quarentena em sua propriedade até a assimilação remover quaisquer impurezas sociais do tipo "ovelha negra". Apesar dessas ansiedades, vimos que as sociedades são bastante resilientes à chegada de pessoas e suas práticas, assim como com qualquer coisa trazida pelo comércio com o país de origem dos imigrantes — veja a popularidade mundial das cozinhas chinesa, italiana e francesa, que não reduziram os EUA ou qualquer outra sociedade à massa incoerente prevista por Jefferson. Essa solidez é evidenciada pelas línguas, que tomam palavras de outros idiomas sem obscurecer a linha entre elas, mesmo após um contato prolongado. Fora línguas de contato [palavras que designam qualquer língua criada, normalmente de forma espontânea, a partir da mistura de duas ou mais línguas e que serve de meio de comunicação entre os falantes dessas línguas] criadas para promover comunicação entre grupos (formalizada em crioulas quando se tornam a língua franca dos falantes), a língua nunca descende de mais que uma língua-mãe.[4]

PAPEL

A heterogeneidade das sociedades que tanto preocupou Jefferson contribui para o seu sucesso. Talvez isso tenha ocorrido com estados formados por meio de conquistas, mas a imigração foi responsável por grande parte. Entendemos a força da heterogeneidade em termos do modelo de distintividade ideal descrito anteriormente — a tendência de indivíduos, grupos étnicos e sociedades, gravitarem a um meio-termo entre ser parecido e diferente. As etnias procuram e melhoram seus pontos em comum, mesmo enquanto lutam contra a perda cultural e, no final, se interligam com mais tranquilidade quando todos percebem semelhanças, mas não equivalência. Esse aspecto dinâmico da identidade superior do povo resulta em um ato de equilíbrio no qual ele demonstra sua fidelidade à etnia e à sociedade como um todo. Dessa forma, a reação negativa da maioria em relação aos que antes eram vistos como estrangeiros é aliviada e a sociedade se mantém em posição relevante na vida dos cidadãos.[5]

Para grupos que contribuem de modo positivo, as vantagens sociais são incríveis.[6] Adicionar ingredientes à cultura de uma sociedade é importante. Além disso, um povo fortalece o orgulho étnico inserindo-se no sistema de diferenças de papéis. Essa opção se abriu às etnias há muito tempo: por exemplo, os trabalhadores de mármore da Bitínia, uma antiga província onde hoje é a Turquia, renomados em todo o Império Romano, ou os Rucana, do império Inca, designados para carregar a liteira real do imperador.[7] Essas distinções oferecem uma vantagem psicológica quando um pequeno número de indivíduos talentosos influencia uma maior percepção de seu grupo étnico. Mas o atrito é reduzido quando muitos indivíduos de uma etnia passam a ocupações que poucas pessoas realizam. Em comparação, povos minoritários enfrentam represálias quando escolhem uma carreira preferida pelo grupo dominante. Por esse motivo, o membro de uma minoria que aceite um emprego desejável é avaliado mais negativamente, como um rival.[8] Essa sensibilidade em relação à escolha de uma profissão diminui em anos de pouca competição social, ou quando a sociedade precisa de uma injeção na força de trabalho. Progressos econômicos e guerras são épocas em que outsiders são levados para dentro de uma sociedade e algumas etnias podem florescer. Mesmo os caçadores-coletores comanche concediam aos prisioneiros de guerra alguma posição social como guerreiros quando sua força de combate precisava ser completada. No outro extremo, as minorias são rejeitadas quando a competição se acirra.

Os normalmente tolerantes romanos, por exemplo, ficaram xenofóbicos em anos de fome, quando alguns grupos étnicos foram banidos de Roma.[9]

Imigrantes sem habilidades especiais ainda têm uma saída. A expectativa básica é que etnias — como escravizados e povos subjugados na antiguidade — assumam responsabilidades indesejadas pelos nativos. Estamos falando de trabalhos servis que não exigem conhecimentos especiais, ou de um emprego que exija treinamento de um grupo, mas de posição inferior. Um exemplo foi os afro-norte-americanos que se tornaram barbeiros de clientes brancos no século XIX. Oferecer uma especialização com uma base sólida, porém, pode servir de incentivo a alguém. No caso dos barbeiros, italianos que tinham um histórico familiar no ofício tornaram-se populares e tinham desalojado quase todos os babeiros negros em 1910.[10]

No Capítulo 18, que descreveu alianças, vimos os antecedentes desse tipo de especialização em padrões de comércio entre sociedades. Aqueles com algo exclusivo para contribuir — bumerangues ou cobertores entre os caçadores--coletores; vinhos, queijos e perfumes, pelos franceses de hoje — tornavam-se parceiros comerciais privilegiados.[11] Levar outsiders talentosos para a sociedade como membros contornava a necessidade de negociações comerciais instáveis. Em uma sociedade pequena, como mencionado antes, casar com um estrangeiro talvez seja a solução. Comunidades africanas que sazonalmente empregavam pigmeus também contavam com eles para conseguir comida na floresta. Alguns fazendeiros se casaram com pigmeus cuja proficiência em encontrar carne e mel foi um benefício para as vilas, reduzindo sua dependência dos pigmeus de fora.[12] Alternativamente, o trabalho especializado era tomado à força. Os presos mais valorizados pelas tribos do Noroeste do Pacífico eram artesãos e escravizados levaram trabalhos em metal, carpintaria, pintura e outras habilidades práticas e artísticas às regiões islâmicas.[13]

Contudo, com os estímulos corretos, não era preciso usar a força para trazer indivíduos com talentos especiais. Uma pequena parcela de imigrantes sempre foi altamente qualificada cuja chegada é um sinal de fuga de capital humano [fuga de cérebros] dos países de origem.[14] Quando a academia que Platão fundou em Atenas foi fechada em 520 d.C., seus estudiosos foram para o Império Sassânida onde hoje é o Irã, levando com eles as escrituras.[15] Júlio César concedeu cidadania a médicos e professores, vocação com pouca oferta em partes do mundo também hoje.[16] Mas historicamente, o papel mais frequentemente desempenhado por outsiders qualificados foi o de mercador.

348 O ENXAME HUMANO

As leis estabelecidas pelo rei Hammurabi, da primeira dinastia da Babilônia, em 1780 a.C., incluíam o direito de comerciantes estrangeiros de se instalar e, com o passar do tempo, muitos deles se naturalizaram.[17]

Mesmo para pessoas requisitadas, porém, qualquer coisa perto de igualdade é difícil. "Vemos os feios sinais do racismo e nativismo coexistindo com nossa retórica de aceitação e tolerância", escreveram duas autoridades sobre imigração.[18] Isso não quer dizer que imigrantes e país adotado não possam prosperar mutuamente. Na verdade, o que torna quaisquer maus-tratos toleráveis é a perspectiva de melhoria de qualidade de vida apesar dos abusos sofridos. Imigrantes qualificados, muitas vezes vindos de sociedades pobres demais para sustentá-los, aceitam cargos de elite não preenchidos, da mesma forma que os inexperientes aceitam empregos humildes sem prejudicar ninguém. Em ambos os casos, os recém-chegados podem contar com residentes da mesma etnia para ajudá-los a começar.[19]

Naturalmente, as sociedades também cultivam opções para usar estrangeiros temporariamente para atender necessidades de mão de obra de curto prazo sem conceder-lhes cidadania, na verdade importando-os até sua tarefa estar completa, como vimos nas viagens sazonais de trabalhadores rurais entre o México e os Estados Unidos. Mesmo quando migrantes têm permissão de ficar no país receptor, eles podem não ter direitos legais ou apenas os conquistarão depois de vários anos, sua situação de estrangeiros tornando-os facilmente descartáveis.[20]

Nessas questões, parece que as crenças estereotipadas sobre talentos ou deficiências foram significativas na coexistência das etnias, assim como crenças semelhantes foram essenciais para a coexistência de classes sociais que remonta aos primeiros assentamentos de caçadores-coletores.

RAÇA

Pessoas assimilando uma sociedade enfrentam um dilema — uma discrepância entre o que elas pensam de si mesmas e como todos os outros as percebem. Imigrantes, com frequência, descobrem que a identidade que valorizaram a vida toda nada significa no novo país. Assim, o imigrante que cresceu como um orgulhoso membro das tribos Tsonga, de Moçambique, e vai à Europa ou aos EUA, é reclassificado como moçambicano, na melhor das hipóteses, e mais

Dividido Continuamos 349

frequentemente apenas como negro — uma designação que não tem relevância social em quase toda a África.[21]

Por esse processo de fusão, raças definidas em termos gerais saem dos grupos que originalmente foram importantes para as pessoas. Essa simplificação de identidades reflete que a lealdade original do imigrante tende a ser complexa demais para ser compreendida e valorizada no país adotado. Portanto, imigrantes se veem obrigados a sofrer a desintegração e decomposição étnica já mencionada.[22] E foi assim que os Shoshone, Mohawk Hopi, Crow e outras tribos "tornaram-se indígenas, todos nós mais ou menos idênticos em termos práticos", lamenta o Comanche Paul Chaat Smith. "Mesmo que até o momento, e durante milhares de anos antes disso, fôssemos tão diferentes uns dos outros quanto gregos e suecos." A reconfiguração não foi tarefa fácil. "A verdade é que não sabíamos nada sobre ser indígenas. Essa informação não constava de nossas Instruções Originais. Tivemos que descobrir enquanto avançávamos."[23]

Essas categorias abrangentes de identidade racial nos lembram que os europeus classificaram os boxímanes como uma classe ao mesmo tempo que falharam em valorizar a diversidade dos caçadores-coletores, que não se viam como boxímanes, mas membros de muitas sociedades distintas. De modo semelhante, vinte séculos atrás, no que se tornaria a China de hoje, o dominante Han falava de todos do sul como Yue, descrevendo suas tatuagens e cabelos soltos em uma simplificação exagerada do que deve ter sido uma diversidade enorme, agora já totalmente esquecida.[24]

O simples amontoar em grupos como "negro" repete uma atitude dos conquistadores do passado em relação a sociedades estrangeiras. Embora saibamos que chimpanzés tratam todos os outsiders com o mesmo veneno "deschimpanizador", os seres humanos direcionam sua desumanização seletivamente, mas as pessoas que recebem a parte pesada desse mal nem sempre se verão conectados com os grupos nos quais estão classificados. Os antigos chineses, gregos e romanos reuniram toda inteligência que puderam contra seus inimigos mais ameaçadores, mas do contrário não tinham interesse em diferenciar outsiders. De fato, a ignorância pode ser uma bênção. Os militares garantiram a vitória, então por que se esforçar? "Hoje governamos países cujos nomes não sabíamos com exatidão em tempos antigos", escreveu o historiador romano Cassius Dio no segundo século d.C.[25] Seres humanos não precisam se comparar com precisão a outsiders, ou mesmo ter a menor noção sobre eles, para ter confiança sobre a própria posição no mundo e a correção de

350 O ENXAME HUMANO

seu modo de vida. Mesmo hoje muitos norte-americanos e europeus encaram a África, lar da maior diversidade de pessoas do mundo, como o Continente Sombrio — um bloco social monolítico.

Quanto ao que ocorre dentro da sociedade, a ampliação das identidades das pessoas não é uma perda total para as minorias — em parte, ela pode motivá-la. Sua transformação se parece com o que ocorreu durante a formação de sociedades coalescentes nas quais refugiados de diferentes tribos se uniram para sobreviver. Ao deixar sua primeira identidade por uma definição mais ampla de quem são, as minorias ganham a base de apoio essencial a sua sobrevivência social e política dentro da população geral de uma nação. Isso se aplica se elas decidirem trabalhar com o grupo dominante ou se rebelar contra ele. Por exemplo, a revolta no Haiti no final do século XVIII talvez nunca tivesse tido êxito se os escravizados tivessem se apegado com firmeza com suas lealdades às tribos africanas originais (algumas das quais devem ter sido inimigas). Tampouco, é claro, os grupos ampliados são exatamente homogeneizados: se sua comunidade tem uma presença forte, aspectos das identidades podem ficar conectados a uma etnia que é uma subcategoria de uma raça, como as subculturas japonesas ou coreanas de asiáticos-norte-americanos.

Além disso, não importa o quanto as etnias e raças de hoje tenham sido irrelevantes para os ancestrais de um povo, cada grupo criou, no novo cenário, seu próprio modo de vida. As identidades de antigos imigrantes sofrem alterações revolucionárias, que os ligam a outros imigrantes e, ao mesmo tempo, os separam das populações de seus ancestrais. Ao visitar Israel alguns anos atrás, fiquei surpreso com o fato de "bagels" [pão tradicionalmente feito sob medida à mão com massa de farinha de trigo fermentada, na forma de anel, que primeiro é fervido em água e depois assado] serem incomuns por lá: muitos judeus aprendem sobre "bagels", italianos sobre espaguete e almôndegas e chineses sobre chop suey só depois de emigrarem para a América do Norte ou Europa, conforme o caso.[26] Imigrantes e seus descendentes são um povo reinventado e voltar é difícil ou impossível. "Eu achava que quando visitasse a China, as pessoas me olhariam e não me deixariam ir para casa por eu ser tão chinesa", a escritora Amy Tan me contou. Ela encontrou a resposta oposta. "Seu jeito de andar, sua aparência, seu modo de agir — nada em você é chinês", lhe disseram. Embora a palavra chinesa para "nacionalismo" derive da palavra para "raça chinesa", a origem ancestral de Tan, ser verdadeiramente *chinês* não é tão simples.

Divididos Continuamos 351

Isso nos lembra o frequentemente expresso ideal norte-americano de que uma combinação produz um tipo superior de pessoa.[27] "Aqui, indivíduos de todas as nações são combinados em uma nova raça de homens", escreveu o fazendeiro de Nova York, J. Hector St. John de Crevècoeur, nascido na França, em um ensaio de 1782.[28] Mas para sociedades compostas por diferentes grupos humanos, a mistura proclamada pelo lema *e pluribus unum* nunca é atingido. Certamente, o ditado que "todos os homens são criados iguais" aplica-se a bandos de caçadores-coletores igualitários, etnicamente uniformes mais do que a qualquer sociedade desde então. Mesmo quando relações étnicas são positivas, nenhuma nação é o caldeirão de culturas do idealista mais do que seus membros são sempre totalmente coiguais. Isso se reflete em parte como as pessoas desistem de alguma liberdade e, até certo ponto, de sua igualdade, para ganhar a segurança e as recompensas sociais e econômicas de pertencer a uma nação, com algumas etnias renunciando mais que outras.

Muitos sociólogos falam como se etnias pudessem ser assimiladas pelo todo. Até que isso ocorra passará muito tempo, como visto na antiga e quase monolítica maioria Han chinesa. A necessidade de ser igual, mas diferente garante que a coalescência não aconteça em toda a sociedade, que categorias difusas como branco e negro se combinem tanto quanto o caldeirão cultural permite.

Da mesma forma, o povo majoritário tem condições de ampliar sua identidade e absorver outros grupos, como os Han fizeram, embora somente após os recém-chegados perderem algumas das marcas registradas de suas vidas passadas. Ítalo-norte-americanos "atingiram o padrão" como brancos há um século após ficarem menos italianos e mais norte-americanos. No norte dos Estados Unidos, essa transformação refletiu a necessidade psicológica de brancos apresentarem um endogrupo forte. Eu digo porque o status dos italianos mudou ao mesmo tempo que as comunidades negras cresciam a um ritmo tal que a diferença entre brancos e italianos ficou menos relevante do que tinha sido antes.[29] O fato é que, diante do crescimento de populações minoritárias, o grupo dominante fica obrigado a ampliar sua afiliação para manter o controle do poder, nesse caso trocando um exogrupo (italiano) por outro (negro). Atualmente, apenas um em quatro norte-americanos se origina de britânicos protestantes que antes formaram o núcleo étnico e maioria do país. No entanto, a aceitação gradativa de outras pessoas como brancas, italianos entre elas, garantiu aos caucasianos continuarem a formar a maioria (cerca de 2/3) de norte-americanos.[30]

Ao mesmo tempo que uma sociedade amplia suas fronteiras para aceitar outsiders, as etnias e raças dentro dela continuam divididas. Distinções percebidas se estendem à própria *humanidade* dos grupos.[31] Isso não deve mudar, mesmo com o aumento da aceitação de casamentos inter-raciais. Olhos atentos identificarão diferentes etnias e raças, especialmente se um grupo ocupa uma posição indigna há séculos — mesmo que os dados sejam imprecisos. Assim, um norte-americano desfavorecido de raça indefinida costuma ser registrado como negro, assim como um não africano como afro.[32]

CIDADANIA

Considerando a escala de imigração ao longo dos últimos séculos, avaliar quem pertence a uma sociedade, uma tarefa fácil para caçadores-coletores, tornou-se um desafio. A dificuldade aumenta nos Estados Unidos devido a uma população composta quase totalmente de imigrantes de várias origens. Nesse aspecto, Thomas Jefferson estava certo sobre a potencial influência desvirtuante de imigrantes: uma sociedade precisa dispor de uma forte estrutura de cultura comum e pertencimento coletivo para se sustentar. Jefferson tinha essa identidade básica em mente quando formulou ideais norte-americanos sobre direitos, comprometimento religioso e trabalho ético.[33] Como havia pouca história para ser partilhada entre seus cidadãos no início, a consciência da necessidade de ser uma nação dependia menos da origem étnica e das histórias comuns e mais de símbolos que foram praticamente recriados, tornando bandeiras e fanfarras uma parte proeminente da vida dos norte-americanos desde então. Com símbolos vigorosos como pontos de convergência, as convicções norte-americanas de Jefferson serviram para gerar um espírito de propósito e solidariedade.[34]

Ainda assim, a abertura dos EUA à imigração começou lentamente. Os autores e signatários da Declaração da Independência e da Constituição certamente não eram tão diversos: fora dois com ascendência holandesa, alguns eram da Grã-Bretanha — Inglaterra, Irlanda, Escócia e País de Gales — e os outros eram descendentes de ingleses nascidos nos Estados Unidos. Tampouco a cidadania era concedida generosamente no início, e o racismo era generalizado. Como originalmente manifestado pelos Pais Fundadores, a nacionalidade era ofertada amplamente para europeus e a imigração estimulada das regiões do norte e oeste desse continente. Até isso era liberal para a época.

Divididos Continuamos 353

Em seu significado atual, amplamente reconhecido, cidadania é uma forma de afiliação que ultrapassa o sentido de pertencimento para incluir direitos básicos, status legal e papel na política.[35] A ampla aplicação da cidadania nos EUA, assim definida, surgiu devagar.[36] As mulheres puderam votar a partir de 1920, mas, na prática, esse direito se aplicou primeiro só a mulheres brancas. Nativos norte-americanos tornaram-se cidadãos em 1924, mas a decisão de poder votar foi deixada para os estados até o final de 1956. Descendentes de chineses, inclusive os nascidos nos Estados Unidos, receberam o direito à cidadania após 1943. Os de ascendência asiática e indiana esperaram até 1946 para votar, enquanto outros asiáticos-norte-americanos conquistaram esse direito em 1952. O caminho para os afro-norte-americanos foi duro. A Décima Quinta Emenda, ratificada em 1870, concedeu o direito ao voto aos homens negros, mas a adesão dos estados foi irregular até a aprovação da Lei dos Direitos de Voto de 1965.

Na prática, a definição moderna de cidadania significa que os pré-requisitos para ser um cidadão legal em países em todo o mundo foram reduzidos a algumas condições, entre elas exigências mínimas, até onde se pode medir, que imigrantes se identifiquem com a população em geral e sigam seus costumes morais básicos. Mesmo assim, a compreensão do imigrante sobre o país adotado pode ser bastante detalhada, se apenas por causa da exigência de passar em teste cívico para se naturalizar. É mais provável que imigrantes aprendam mais sobre princípios e símbolos de uma nação do que seus antigos cidadãos, que são capazes de nunca ter pensado profundamente em seus sentidos apesar de professar — e esperar — dedicação a eles. De fato, a maioria dos norte-americanos não passaria no exame de naturalização de seu país.[37]

Juramentos de lealdade, como os votos do casamento, são destinados a fechar o acordo. Ainda assim, a complexidade das identidades humanas torna a adaptação, quanto mais a aceitação, onerosa mesmo quando a dedicação dos imigrantes ao novo país é intensa desde o início.[38] Conhecer os fatos não é suficiente. A afiliação, no nível mais íntimo das interações, não é um exercício intelectual, mas um jeito de *ser*. É impossível impor o profundo tecido da identidade nacional em uma lei de imigração: a infinidade de detalhes como aprender a andar ou falar "como um norte-americano" (ou um francês). Esses pormenores não são coisas que as pessoas notam com facilidade, quanto mais aperfeiçoam com a prática do jeito que se aprende a andar de bicicleta. Muitas vezes, passam-se uma ou duas gerações antes que os membros da família de

354 O ENXAME HUMANO

um imigrante assimilem esses detalhes.[39] Que esses marcadores não são obrigatórios corrobora o ponto básico de que a integração requer que se aceite diferenças.[40]

Independentemente da razoável probabilidade de que colegas identifiquem um ao outro pelo andar, sotaque ou sorriso, o fato de se perguntar a indivíduos de uma minoria de onde vêm nos diz que os dias da quase certeza em distinguir um cidadão e um estrangeiro acabaram. Cedemos essa tarefa aos órgãos estatais. Isso significa que, mesmo que nosso comprometimento para com as sociedades não tenha diminuído, quando não inflado pela retórica dos governos, possuir um passaporte não faz mais parte de como nossos cérebros registram quem *pertence*: a cidadania e nossas avaliações psicológicas de afiliação nem sempre combinam.

Isso foi muito evidente no Império Romano, quando, em 212 d.C., praticamente todos os residentes estrangeiros foram declarados cidadãos por decreto. E isso foi feito basicamente pelo propósito prático de tributá-los: como um psicólogo poderia prever e a evidência histórica nos conta, os preconceitos da maioria romana continuaram arraigados. Os registros estão repletos de relatos depreciativos sobre etnias por parte dos que sentiam que Roma tinha sido "invadida pela escória da humanidade", ou assim o poeta Lucano se queixou.[41]

Respostas instintivas sobre quem realmente pertence falham depressa, principalmente quando alguém de uma etnia marginalizada comete um crime. Então, quando um cidadão norte-americano com pais afegãos entrou atirando em uma boate na Flórida em 2016 e matou 49 pessoas, o horror provocou uma indignação diferente e mais intensa do que se uma pessoa pertencente à maioria tivesse puxado o gatilho: dirigida a todo um grupo de pessoas percebidas por muitos como partilhando a responsabilidade pelo ataque. Enquanto isso, um branco que cometesse tal atrocidade, como Timothy McVeigh, que matou 168 pessoas em 1995 no atentado a bomba em Oklahoma, é visto como um indivíduo anormal, pessoalmente responsável pelo que aconteceu.[42]

Em toda a história das nações, um grupo odiado substituiu outro em uma sucessão interminável, sua confiabilidade, certamente seu mérito e cidadania, postos em dúvida em percepções instáveis. O apetite por bodes expiatórios leva as pessoas a encarar etnias como algo sinistro.[43] A tolerância tem variado muito e, em geral, acompanha a ascensão e queda das economias. No final do século XIX nos EUA, italianos e irlandeses eram considerados menos desejáveis que noruegueses, alemães e ingleses. Tidos como incapazes de assimilação e um veneno cultural, esses imigrantes foram rotulados com a palavra "irishismo" para descrever a percebida depravação das pessoas daquele país.[44]

A discriminação contra grupos étnicos costuma atingir o auge durante disputas com potências estrangeiras. Os mesmos, vagamente associados com o estado inimigo no momento enfrentam reações negativas, quando não desumanização generalizada. Para os EUA, adversários soberanos têm incluído nativos norte-americanos, Grã-Bretanha, França, Marrocos, Trípoli, Argel, México, Espanha, Japão, Alemanha, URSS, Cuba, China, Coreia do Norte, Irã e outros países do Oriente Médio. Cada vez, norte-americanos descendentes desses países sofreram, com o desprezo pelos nipo-americanos durante a Segunda Guerra Mundial sendo especialmente difícil de imaginar hoje em dia.

Os nova-iorquinos com quem falei afirmam que, após os ataques de 11/09, realizados por extremistas muçulmanos, bandeiras foram exibidas com destaque em lojas de muçulmanos, ou aqueles facilmente confundidos com eles, que viam sua posição como compatriotas em terreno instável. Com essa demonstração pública de um indicador claro, os donos das lojas se certificaram de que ninguém os confundisse com o inimigo durante uma época em que o preço de ser erroneamente identificado era alto — o efeito designado por superexclusão do endogrupo. Quando grupos se sentem ameaçados pela própria sociedade, exibições de patriotismo acompanhadas do abrandamento de suas origens étnicas é o caminho esperado.

Alguns países apoiam até o mais frágil apego a sua cidadania. Sem uma forte identidade central para ser celebrada por seu povo, eles correm o risco de se fragmentar em unidades "naturais" de onde seus membros extraem sua identidade básica e laços primordiais — os subgrupos menores que se formaram entre os bandos de nossos predecessores caçadores-coletores são comuns. Grande parte do mundo consiste em nações artificiais com as quais as pessoas têm pouco comprometimento porque que suas fronteiras nacionais foram definidas após a Primeira Guerra Mundial para registrar não a homogeneidade ou solidariedade de seu povo, mas os interesses econômicos da Grã-Bretanha, França e Estados Unidos.[45] Como resultado dessas decisões, as populações dessas regiões muitas vezes ficam mais ligadas às tribos e grupos étnicos originais do que ao país. Isso é notadamente verdade quando esses grupos conservam conexões antigas com um território e podem ser hostis a outras tribos que agora estão no mesmo país. Quando paixões são profundamente dirigidas aos povos locais em detrimento do governo, é um desafio agir em conjunto, quan-

356 O ENXAME HUMANO

to mais ser parte funcional de um mundo interconectado. Um país formado por povos regionalmente fragmentados é mais uma confederação delicada a serviço do ganho econômico do que uma nação.[46]

Essa sensação de uma aliança frágil existe até certo ponto entre todos os grupos étnicos, na medida em que o povo dominante é o dono principal dos símbolos, do poder e da riqueza da nação. Essas desigualdades garantem que quando uma sociedade está sob pressão, o sentimento de unidade é mais intensamente mobilizado entre a maioria, que tem mais a perder, e mais fracamente entre quaisquer etnias tratadas como cidadãos de segunda classe.[47]

Essa disparidade entre maioria e minorias na percepção de propriedade em relação à sociedade é o calcanhar de Aquiles das nações. Mesmo nos EUA cosmopolita, onde todos os homens são criados iguais por decreto, o respeito pela cidadania é uma coisa, e a diversidade desses cidadãos, outra. Embora as minorias tenham interesses conflitantes e preconceitos em relação umas às outras, o apoio a políticas pró-diversidade como ações afirmativas é maior entre elas, com a diversidade reforçando a diversidade de modos que causam discórdia entre a maioria monolítica.[48] Nessas questões, as minorias e a maioria podem ser igualmente egoístas.

NACIONALISTAS E PATRIOTAS

Não só faltaram etnias às sociedades paleolíticas, como seu povo não teria respeitado o surgimento de grupos radicais como os movimentos American Tea Party e Occupy Wall Street [Festa do Chá de Boston e Ocupem Wall Street, respectivamente]. Tivessem confrontos partidários intensos como esses da última década ocorrido entre os caçadores-coletores, a sociedade, com os conflitos dos povos atingindo um ponto crítico, teria se dividido; porém, mesmo com as diferenças regionais aumentando nos EUA e em outras nações, povos com inclinações políticas e sociais variadas são por demais misturados para que suas sociedades se separem com facilidade. Estamos presos um ao outro.

A predisposição para dominar outros grupos, sejam eles outras sociedades ou etnias dentro da sociedade, influencia as visões das pessoas sobre se o principal papel das sociedades deve ser proteger em comparação a sustentar seus membros.[49] Estamos cientes de que as sociedades da maioria dos animais atendem às duas funções. A proteção foca fatores externos hostis — notadamente outras sociedades. O papel de suprimento se estende ao cuidado dos que estão dentro dela.

A visão das pessoas sobre muitas questões sociais preocupantes revela o quanto esses papéis são valorizados de modo diverso, dependendo de as pessoas concordarem com o patriotismo ou nacionalismo. Como hoje a maioria dos psicólogos usa essas palavras, esses são hábitos de pensamento que representam expressões distintas da identificação das pessoas com a sociedade. Às vezes, reunidos, patriotismo e nacionalismo ficam claros e se chocam em momentos difíceis. Dependendo da pessoa, os pontos de vista passam a mais nacionalistas ou patrióticos durante períodos de estresse.[50] No entanto, os indivíduos costumam ficar dentro de uma limitada faixa de atitudes; os sentimentos surgem na infância sob a influência do legado e da criação.[51]

Embora os indivíduos adeptos do nacionalismo e do patriotismo sejam dedicados à sociedade, eles se relacionam com ela de modo distinto.[52] Patriotas mostram orgulho de seu povo, um sentimento de identidade partilhada e, especialmente de *pertencimento*; esse sentimento surge naturalmente nos nascidos no país, mas pode ser adquirido por imigrantes. Com a maior parte de sua paixão dirigida ao próprio grupo, patriotas priorizam as necessidades de seus membros: garantir que tenham comida, moradia, educação etc. Nacionalistas têm emoções semelhantes, mas manifestam sua identidade com exaltação. Seu orgulho está ligado ao preconceito. Assim como os patriotas são obcecados com o cuidado dos membros, os nacionalistas se dedicam em preservar o que percebem como um modo de vida superior mantendo a sociedade em segurança e saudável e colocando seu povo em destaque no cenário mundial.

É interessante notar que patriotas e nacionalistas têm ideias divergentes sobre quem é o "seu povo". De fato, os aspectos da identidade valorizados pelos nacionalistas são os que separam a maioria confiável. É essa posição que defendem.[53] O nacionalista extremado protege ferrenhamente cada detalhe dessa identidade para manter a nação associada a uma ideia de transcendência. As prioridades dos nacionalistas incluem demonstrações intensas de lealdade, aceitação das costumeiras regras de ordem, obediência a líderes que veem como responsáveis e preservação das relações sociais estabelecidas, mais claramente entre etnias e raças.[54] Todos esses valores passaram ao primeiro plano depois que as pessoas se fixaram e começaram a dominar as outras. Nacionalistas orientados pela tradição acreditam no país em qualquer situação. Eles se comprometem ao status quo, às vezes contra ideais democráticos que permitem transformações: suas personalidades são menos abertas a novas experiências e mudanças sociais.[55] Compare a atitude *meu país está certo ou errado* à visão dos patriotas, que igualmente colocam o país em um patamar elevado, mas acreditam que ele precisa ser conquistado por merecimento e não por lutas, supondo que haja possibilidades de melhoria.

Em sua atenção a diferenças entre grupos, nacionalistas tratam pessoas de outras nações e cidadãos de minorias como outsiders, com uma visão limitada de quem é, de fato, parte da sociedade.[56] Eles ficam mais à vontade com a ideia majoritária de democracia na qual o povo dominante deve ter a primeira palavra no governo. Seus pontos de vista em questões legais e morais refletem isso. Acho justo dizer que para um nacionalista, uma pessoa de outra etnia, cidadão ou não, é relativamente mais *estrangeiro*.

Anteriormente, eu disse que as formigas são nacionalistas extremadas, porque se atêm ao marcador da colônia — seu cheiro — como um símbolo de sua identidade. De fato, apesar de em nossa espécie um patriota poder se tornar tão emotivo quanto qualquer nacionalista em exibições de lealdade à bandeira ou a hinos, os nacionalistas são supersensíveis a esses símbolos.[57] Para eles, uma breve exposição à bandeira ou a um líder idolatrado desperta reações intensas — como a ausência desse emblema quando esperado. Daí a comoção quando a ginasta Gabby Douglas não colocou a mão no peito durante a execução do hino nacional nas Olimpíadas de 2016, uma falha que para os nacionalistas tornou a medalha de ouro uma conquista pessoal e não dos Estados Unidos. A reação foi um sinal do sentimento que as sociedades são entidades: as pessoas não competem nos jogos, países, sim.

Os pontos de vista dos nacionalistas e dos patriotas são consistentes, com os primeiros mais avessos ao risco e vigilantes a qualquer coisa que possa contaminar sua cultura. Eles preferem errar defendendo o separatismo, erguendo barreiras que possam alienar aqueles cujos interesses diferem dos seus, enquanto patriotas são mais abertos às oportunidades.[58]

Em resumo, os nacionalistas desconfiam da diversidade, enquanto os patriotas a acolhem.[59] Ou, pelo menos, a toleram, porque mesmo um patriota, não importa o quanto tenha a mente aberta, não é imune ao preconceito: o ardor que os patriotas reservam a companheiros da própria raça ou etnia ainda resulta em discriminação, quando sutil, e involuntariamente, tratam os iguais de forma mais justa.[60]

Por que essas diferenças em atitudes patrióticas e nacionalistas se desenvolveram? O fato é que um choque entre opiniões nas sociedades, embora às vezes tão extremo a ponto de torná-las disfuncionais, pode sempre ter sido parte integrante da sobrevivência humana. Nossa expressão variada de pontos de vista provavelmente remonta a "preocupações sociais atemporais", como uma equipe de pesquisa observou.[61] Cada perspectiva é vantajosa em determinados contextos. Essa dimensão de nossa identidade social pode ser uma adaptação do equilíbrio das necessidades de proteger e sustentar uma sociedade. Mesmo que as pessoas com opiniões opostas estejam em desacordo, uma sociedade com poucos ou muitos indivíduos em cada extremidade do espectro pode estar à beira da catástrofe. Essa promoção de diversidade comportamental tem paralelo em espécies improváveis de animais. Aranhas sociais são mais bem-sucedidas quando suas colônias contêm indivíduos que recuam diante do perigo, mas cuidam incansavelmente do ninho, e ousados que se esforçam mais na defesa contra parasitas sociais, que roubam alimento da colônia; as colônias de certas espécies de formigas funcionam com mais eficiência quando contêm um misto de tipos de personalidade de eficiência semelhante.[62]

Para os seres humanos, os perigos de uma população comprometida ao extremo nacionalismo ou patriotismo são evidentes. Nacionalistas veem a maior abertura dos patriotas a fronteiras fracas e partilhamento entre etnias como promoção da dependência social e fraudes, temores que refletem a natureza competitiva de grupos presentes nas espécies. Enquanto isso, a prevalência de nacionalistas nas sociedades, convencidos de que suas opiniões estão corretas e que estão preparados para lutar por elas, significa que os perigos que temem podem de fato se tornar realidade. Mesmo assim, ao defender a opressão e a agressão com facilidade, nacionalistas radicais nos fazem lembrar a descrição do historiador Henry Adams da política como uma organização sistemática dos ódios. Seu ponto de vista se alimenta de certas facetas da psicologia.[63] É inebriante discordar de um inimigo, às vezes diante de um sinal de dificuldades. Para aqueles arrebatados pela perspectiva nacionalista, o crescimento das emoções e a consciência de um propósito comum por parte do grupo dá mais significado à vida. Não só o moral, mas a saúde mental melhoram entre civis quando as nações enfrentam conflitos.[64] O fato é que sociedades inclinadas à violência há muito estão em posição de superioridade, com o impulso para a guerra e o receio de um ataque crítico para motivar muitas inovações sociais e técnicas e a expansão dos estados.[65] E mais, nacionalistas, ao aderir a uma interpretação limitada sobre que comportamentos são adequados, têm a vantagem de estar muito mais unidos e coesos do que patriotas e mais capazes de agir em conjunto.[66] Tudo isso para dizer que o ponto de vista do patriota é e sempre será um caminho mais oneroso.

Devido à parcialidade de seu grupo, exibida por patriotas e nacionalistas de formas diferentes, os problemas de nossas sociedades são profundos. Já é ruim o bastante que um ato hediondo executado por um membro das minorias — o tiroteio na boate da Flórida, por exemplo — provoque indignação em relação a todo um grupo minoritário. Porém, abusos podem ser transmitidos a etnias não ligadas à tragédia.[67] Esse é um resultado de como os estereótipos eliminam o pleno entendimento, facilitando associar grupos a ponto de criar categorias tão confusas e absurdas como "pessoas marrons".[68] Mesmo quando nenhuma associação existe, preconceitos podem ser ligados, a difamação de uma pessoa associada à desvalorização das outras.[69] Pessoas que temem por sua segurança, seus empregos ou seu modo de vida os juntam indiscriminadamente como as sociedades antigas faziam com os "bárbaros" além de suas fronteiras. O impulso é tão forte que quando foi perguntado a uma amostra de norte-americanos o que achavam dos "wisianos", quase 40% os considerou inferiores e não os queriam como vizinhos, mesmo sem saber nada sobre eles porque o pesquisador inventou o nome.[70]

Sociedades contêm etnias e raças que ficam juntas apesar dos preconceitos dos demais membros. A opinião comum, externada por William Sumner há mais de um século, é a de que o atrito com os outsiders aproxima as sociedades. Está claro que isso nem sempre é verdade. As forças externas que promovem a paz civil primeiramente motivam os povos dominantes ao mesmo tempo que estreitam seus laços com outras etnias da sociedade quando esses grupos são considerados como parte do problema. Essa tensão entre os membros causa um tipo de doença social autoimune, voltando a sociedade contra si mesma. Por todas essas tribulações, podemos nos perguntar se as sociedades são realmente necessárias.

CAPÍTULO 26

A Inevitabilidade das Sociedades

Podemos rejeitar nossas sociedades, combiná-las em uma ou relegá-las em prol de uma visão mais universal da humanidade?

Aqui está um trecho da história que parece uma parábola. Durante séculos, a ilha de Futuna, no Pacífico, uma faixa baixa de rocha vulcânica, de $46km^2$, oferecia espaço e recursos só para duas chefaturas — Sigave e Alo. Essas sociedades que reivindicavam extremos opostos da ilha viviam em conflito, parando brevemente vez ou outra para cerimônias em toda a ilha, quando se tomava uma bebida psicoativa feita de um arbusto nativo do oeste do Pacífico. Pergunta-se se isso possibilitou às pessoas se tolerarem durante o dia.[1] Imagino que seus confrontos com lançamento de lanças era o principal motivador em suas vidas, um conflito de árabes-israelenses em um microcosmo. É de se esperar que em um espaço tão confinado e durante um período tão longo de tempo uma chefatura tivesse conquistado a outra. Talvez isso não tenha ocorrido por causa do desejo humano de ter um exogrupo, se não um verdadeiro oponente. Poderia Alo ter continuado sem Sigave — uma sociedade em um vácuo? Seria ela, única no mundo, o que chamaríamos de sociedade?

"Vai ter com a formiga, ó, preguiçoso, observa seu proceder e torna-te sábio!", aconselhou o rei Salomão, atento observador da natureza. As formigas-argentinas que lutam pelo controle no sul da Califórnia nos lembram uma segunda hipótese sobre o resultado de uma sociedade extinguir as demais. Para as formigas, o emblema decisivo da colônia (seu cheiro) não seria mais um marcador; até ele se tornaria sinônimo de ser uma formiga-argentina. Dessa forma, a espécie atingiria a paz universal que os especialistas acreditavam existir antes de descobrirem as guerras nas fronteiras entre supercolônias.

362 O ENXAME HUMANO

Embora possamos aprender uma lição observando as formigas, como o valor de investir em estradas e saneamento, não seria aconselhável imitá-las. A paz dependeria da habilidade sem igual para a matança, carnificina que, no total, excederia os episódios mais aterradores da história humana.

No entanto, como segunda lição para essa questão, só faz sentido chamar um grupo de sociedade — e reconhecer quaisquer marcadores que identificam os membros como tal — quando existe mais que uma. Isso significa que a compulsão de fazer parte de uma sociedade precisa corresponder à obrigação de se identificar um exogrupo — Sigave para Alo e vice-versa, ou, pelo menos, "outros" vagamente declarados, como os bárbaros eram para o Império Romano e as dinastias chinesas — se somente como um padrão de comparação e uma fonte de boatos, quando não difamação. Nesse sentido, as chefaturas de Futuna, por mais simples e semelhantes que possam ser pelos nossos padrões, exemplificam a natureza humana totalmente despojada.

Será mesmo? Em um estudo intitulado "Nós Sem Eles", o psicólogo Lowell Gaertner e seus colegas descobriram que quando as pessoas precisam umas das outras constroem uma identidade comum sem se contrapor a outsiders.[2] Elas sentem que estão agindo como uma unidade. Esses sentimentos promovem o convívio e a união — algo esperado da tripulação de um navio no esforço conjunto para resistir a uma tempestade. Mas seria demais chamar esse grupo, não importa a interdependência de seus membros ou seu grau de colaboração, de sociedade. Primeiro, os colegas de navio já se identificam com uma sociedade, qualquer que seja a nação de que vieram.

Vamos avançar um pouco: suponhamos que o navio naufrague, e a tripulação perca contato com o mundo. É desnecessário dizer que suas identidades não desapareceriam de um dia para o outro. Vinte e cinco anos depois do motim a bordo do HMS *Bounty*, descobriu-se que a tripulação fugiu para as ilhas Pitcairn. Redescobertos por um navio norte-americano dezoito anos depois, os amotinados, e os polinésios e taitianos que os acompanhavam, ainda eram reconhecíveis como ingleses, polinésios e taitianos. Suponha, porém, que todos tivessem sobrevivido e continuado desaparecidos. Com o tempo, eles ou seus descendentes teriam se reimaginado no que nós reconheceríamos como uma sociedade claramente definida e unificada?[3]

Não é fácil achar exemplos de um único grupo de pessoas totalmente separado do resto do mundo durante gerações. Alguns vikings que chegaram à Islândia e à América do Norte talvez tivessem sobrevivido ao isolamento. Entretanto,

eles conservaram seu modo de vida viking suficientemente para voltar e se conectar sem dificuldades ao seu povo na Europa; mas a separação durava décadas, no máximo e suas origens nunca ultrapassavam a memória viva.[4] Povos
pré-históricos também chegaram a ilhas remotas, mas na maioria dos lugares
entraram em contato com tribos de outras ilhas ou tiveram espaço para se dividir em mais que uma sociedade. Futuna tinha duas, e a ilha de Páscoa abrigou dezessete tribos adversárias construtoras-de-estátuas-de-pedra, enquanto
na Austrália centenas de sociedades aborígenes que prosperaram em tempos
pré-coloniais descendiam de um grupo que chegou ao continente pela Ásia.

Um possível exemplo histórico de uma sociedade isolada é encontrado em
Henderson. Com 37km², imagina-se que essa ilha polinésia tenha oferecido
pouco espaço e recursos para que suas dezenas de habitantes se dividissem em
duas sociedades como Alo e Sigave. Não tendo mais madeira para construir
barcos, os hendersonianos do século XVI foram separados de seus parceiros
de comércio nas ilhas Pitcairn e Mangareva, ilhas a 90km e 690km de distância, respectivamente. Quando os exploradores encontraram a ilha em 1606,
seus habitantes tinham morrido. Não se sabe dizer o que essas poucas almas
pensavam a seu respeito — se, por exemplo, ainda se consideravam uma tribo
e se deram um nome.[5] Eu acho que ao se apegar a vagas lembranças dos outros
lá fora, passadas de geração a geração, esses desesperados habitantes da ilha
conservaram alguns traços da identidade como sociedade, nunca eliminando
o sentimento de Nós versus Eles de suas mentes.

Seria preciso que a existência de estrangeiros tivesse desaparecido até das
lendas e mitos depois de várias gerações para que o hendersonianos se vissem
como totalmente sós no mundo. Caso eles tivessem vivido tanto tempo, teriam
manifestado uma necessidade de pertencimento, um anseio pela individualidade e de [*we*-ness] compartilhamento? Ou teria qualquer comprometimento
antes existente em relação a uma identidade comum se desvanecido? Talvez,
nesse caso, encontraríamos em Henderson indivíduos que continuavam a ser
sociais com amigos e familiares, mas nenhuma sociedade. Essa parece ser a
opinião da antropóloga Anya Peterson Royce: "O grupo hipotético em uma
ilha sem conhecimento de outras pessoas não é um grupo étnico; ele não tem
uma identidade étnica; ele não tem estratégias baseadas em etnia."[6]

Pode-se discordar de Royce, ressaltando o desejo do ser humano de explorar pontos em comum, demonstrado pela facilidade com que nos baseamos
nas peculiaridades dos que admiramos. Criadores de tendências motivam a

364 O ENXAME HUMANO

popularidade de muitas práticas, enquanto os hábitos de pessoas malvistas são evitados.[7] Copiar um líder ou indivíduo venerado pode resultar em convenções equivalentes a algum tipo de identidade, até para os muitos sofridos hendersonianos. A vida desses ilhéus deve ter sido limitada ao mínimo pelo efeito tasmânia, já descrito, pelo qual as pessoas em grupos esparsos esquecem aspectos de sua cultura. Mesmo assim, eles ainda tinham muito em comum ao crescer e aprender uns com os outros. Entretanto, sem um *outro*, sua semelhança se tornaria tão irrelevante que devemos dar razão a Royce: seria difícil considerá-los como uma sociedade (e certamente não como um grupo étnico).

Suas similaridades talvez não importem com a intensidade de características compartilhadas quando servem de marcadores sociais. Às vezes, o mero conhecimento das pessoas sobre as outras é suficiente para torná-las uma sociedade. As espécies que vivem pelo reconhecimento individual — que não têm marcadores — se percebem como um coletivo independentemente da existência de outsiders ou suas sociedades se desintegram sem um "outro"? O biólogo de campo Craig Packer disse-me que essa dissolução é o destino de bandos de leões isolados: os membros se dispersam em grupos ainda menores. Não é surpresa, considerando que a principal função das sociedades é vencer competidores. Essa pressão desaparece quando não há outros. No entanto, o destino dos leões nem sempre é um indicador confiável para os seres humanos. Os leões, que também caçam sozinhos, se saem melhor por conta própria que pessoas, que anseiam por estar com mais alguém além do cônjuge para evitar a solidão e dar sentido à vida, se não para ficar em segurança e alimentadas. Esse é um dos motivos pelos quais sociedades humanas em dificuldades raramente se desintegram, mas se dividem em sociedades menores nas quais as pessoas recuperam suas redes de apoio, mesmo que em um cenário mais simples. Escapar a uma sociedade destruída não significa desistir dela.

Com base nisso, esperamos que seres humanos isolados fiquem juntos mais que os leões, quer suas relações mereçam ou não o nome de sociedade, mesmo que seja meramente a dedicação Nós-sem-Eles que vemos entre companheiros de navio. Isso de fato se aplica aos chimpanzés. A comunidade isolada de um chimpanzé fica interligada da mesma forma que chimpanzés fazem em qualquer outro lugar, pelo menos, é o que a pesquisa sobre um grupo solitário em um desfiladeiro em Kyambura, Uganda, revela.[8]

No entanto, esses grupos isolados se adaptam depressa às mudanças. Para os chimpanzés isolados, a supercolônia de formigas-argentinas que mata todos os inimigos, ou os ilhéus tribais que esquecem os outros, sua identidade como sociedade voltaria a ter sentido no momento em que reencontrassem outsiders. Os ilhéus acentuariam quaisquer características precárias que os separassem, fixando um limite entre si e os recém-chegados (se os invasores não dominassem, matassem ou integrassem seu pequeno coletivo primeiro).[9]

Um experimento em 1954 aproximou-se um pouco dessa situação, demonstrando a rapidez com que algumas características das sociedades se tornam importantes quando sob condições adequadas. Garotos de 12 anos no Parque Estadual de Robbers Cave, em Oklahoma, foram divididos ao acaso em dois grupos que primeiro ficaram sozinhos. Quando os grupos se viram à distância pela primeira vez, e depois entraram em contato, rapidamente desenvolveram identidades separadas: canções preferidas, propensão a falar palavrões etc. Os garotos deram um nome ao outro grupo, desenharam o símbolo de um animal nas camisetas e brandiram bandeiras em competições esportivas. A violência com que os Rattlers [cascavéis] e os Eagles [águias] logo mostraram em relação um ao outro foi aliviada depois que os pesquisadores os fizeram trabalhar em conjunto, mas suas diferenças permaneceram.[10]

Mesmo que nenhum estrangeiro apareça para perturbar uma comunidade isolada — se, por exemplo, uma sociedade superagressiva conquistasse o mundo todo de modo a que não existissem outsiders —, sua conquista teria vida curta. Quando a quantidade de seres humanos isolados aumenta, eles privilegiam alguns indivíduos em detrimento de outros, criando condições sob as quais se nascem múltiplas sociedades. Os estrangeiros necessários nasceriam em seu interior. A união se fragmentaria, como ocorreria com todas as nações e todas as sociedades que viessem depois delas.[11]

SONHANDO COM UMA SOCIEDADE UNIVERSAL

Portanto, o que sabemos sobre a cognição humana não mostrou bons resultados para os que acreditam que a humanidade pode um dia cobrir a Terra com uma população sem fronteiras, sem nenhum outsider. Ainda assim, mesmo que as sociedades não desapareçam, talvez outro cenário se desenrole e as remova de cena. Com a quantidade de sociedades se reduzindo um século após outro, poderíamos imaginar que todas as nações remanescentes do mundo algum dia abririam suas fronteiras a ponto de criar uma comunidade cosmopolita mais importante para as pessoas do que as próprias sociedades.

366 O ENXAME HUMANO

Alguns alegam que a internacionalização da cultura (pense em McDonald's, Mercedes-Benz, *Guerra nas Estrelas*) e as conexões (com o Facebook reunindo pessoas de Aa, na Estônia, a Zu, no Afeganistão) são um prenúncio de uma queda das fronteiras dos Estados, à la Muro de Berlim. Não é verdade. As sociedades nunca se fundiram livremente e isso não mudará. As populações de todo o mundo devorarão KFC, Starbucks e Coca-Cola enquanto assistem aos sucessos de Hollywood — e apreciarão sushis, flamenco, alta-costura francesa, tapetes persas e carros italianos. Talvez adotem tendências cosmopolitas, e até sejam inundadas por elas. Mas não importa quantas influências exóticas as nações absorvam ou quantas conexões estrangeiras façam, essas nações não se desarticulam e conservam a intensa devoção do povo.[12] Afinal, desde tempos imemoriais as sociedades têm tirado o que querem do mundo exterior reivindicando-o como seu e ficaram ainda mais fortes agindo assim. Até a Estátua da Liberdade, o símbolo quintessencial dos Estados Unidos, foi projetada e construída em solo francês pelo mesmo Sr. Eiffel que deu a Torre a Paris.

Apesar da rígida preservação de fronteiras, a humanidade pode criar redes de organizações compostas de muitas nações. No entanto, esse grupo universal também falhará em substituir nossos elos com as sociedades, como demonstrado pela associação mais vinculativa de sociedades nos registros antropológicos. No noroeste da Amazônia moram cerca de vinte tribos, ou grupos de línguas, conhecidos coletivamente como tucanos. Cada um tem sua língua ou dialeto, alguns semelhantes, outros mutuamente incompreensíveis. As tribos são de tal modo interconectadas que são ligadas economicamente, cada uma especializada em bens que troca com as outras. Entre elas existe o que são relações comerciais obrigatórias e um tipo incomum: casamentos dentro da tribo são inadequados. "Os que falam a mesma língua são nossos irmãos, e não nos casamos com irmão", dizem eles.[13] Assim, a noiva se casa com alguém de outra tribo, onde aprende a língua local. Se você vê esse arranjo como uma aberração, trocas conjugais globais similares foram registradas na Nova Guiné.

Uma explicação para esses arranjos é a redução da consanguinidade em sociedades muito pequenas. Essa situação também ocorre em muitas sociedades não humanas, como entre os chimpanzés, onde as fêmeas evitam cruzar com parentes se transferindo entre as comunidades. Quando as populações são minúsculas, como as dos Tucanos eram no passado, as únicas opções de casamento eram entre irmãos e irmãs, um ato incestuoso pelo qual nossa espécie tem uma aversão inata.[14] Esse é um problema muito mais provável para os Tucanos do que para países atuais. A aversão psicológica a casar com irmãos parece superar qualquer inquietação que os Tucanos possam ter sobre unir firmemente suas sociedades. Em minha opinião, essas trocas conjugais compulsórias criaram as mais sólidas alianças já registradas, atualmente totalizando cerca de 30 mil almas amazônicas. Mesmo assim, as tribos Tucanas continuam livres e separadas, cada qual confinada a áreas específicas.[15]

Fora a situação incomum dos Tucanos, a falha de alianças em substituir a afiliação de um povo a uma sociedade é universal, incluindo as Nações Unidas e a União Europeia. Essas organizações intergovernamentais não conquistam o comprometimento emocional das pessoas porque lhes faltam ingredientes que as tornem *reais* para seus membros. A UE foi uma das tentativas mais ambiciosas de integração econômica já concebida, mas nunca superará as nações dentro dela. Os membros não a veem como uma entidade merecedora de sua lealdade, como ocorre com os outros países, por vários motivos. Primeiro, suas fronteiras não são delimitadas — estão sujeitas a revisão, conforme os Estados vêm e vão. Além disso, seus membros têm um histórico de conflitos que datam da Idade Média e uma divisão já existe do leste e oeste entre culturas comunistas e capitalistas. Acima de tudo isso, a fundação da UE não oferece uma história grandiosa, nenhum símbolo ou tradição venerável e não tem muito sentido alguém lutar e morrer pela Europa como por sua própria nação.[16] Isso torna a UE uma coalizão política semelhante à Confederação Iroquesa, porém menos poderosa. Cada país membro foca sua autovalorização, uma posição que torna a afiliação na UE secundária e descartável. Uma análise da votação do Brexit em 2016 mostra que os que mais pensam em si mesmos como ingleses foram contra ficarem na UE. Esses eleitores viram uma ferramenta econômica e mantenedora de paz como ameaça a sua identidade nacional.[17]

Questões financeiras e de segurança mantêm a UE unida. O mesmo se pode dizer da Suíça, um país sujeito a contínua investigação por que, como as quatro línguas e a complexa territorialidade atestam, sua condição de nação repousa em uma aliança política e social detalhada entre 26 comunidades locais, ou cantões. Esses estados autônomos atuam, em muitos aspectos, como nações em miniatura situados em um cenário de montanha que reforça sua autonomia, "Cada Cantão tem sua própria história, constituição e bandeira, e alguns até um hino", relata o cientista político Antoine Chollet, como a "cidadania Suíça se refere a *um que pode votar* e nada mais".[18] A formação da confederação suíça exigiu que se reescrevessem narrativas do passado para manter um

368 O ENXAME HUMANO

sentimento de igualdade entre os cantões. Esse passo desafiador foi necessário para que sobrevivessem ao longo dos séculos quando foram obrigados a negociar seus interesses com países vizinhos muito mais poderosos.

A UE e a Suíça são entidades regionais que se mantêm unidas pela necessidade de enfrentar perigos por parte de outsiders, o que confere a ambas uma boa chance de sucesso. Uma união global humana não teria essa motivação e seria, portanto, muito mais precária. Um possível meio de atingir a unidade global seria mudar a percepção das pessoas sobre quem é outsider — uma opinião que Ronald Reagan sempre expressava, inclusive o fez em um discurso nas Nações Unidas: "Às vezes penso que nossas diferenças, no âmbito global, desapareceriam depressa se tivéssemos que enfrentar um ser extraterrestre."[19] Histórias populares de ficção científica como *A Guerra dos Mundos* retratam a humanidade se unindo contra um inimigo comum. No entanto, nossas sociedades resistiriam até mesmo a isso. Seres extraterrestres não deixariam a Terra menos relevante do que europeus que chegaram à Austrália e causaram a dispersão das tribos de aborígenes. Isso aconteceria independentemente de quanto os alienígenas abalassem as crenças das pessoas sobre suas sociedades, cujas amadas diferenças agora pareceriam triviais se comparadas. Além disso, quando as sociedades se aliam, por vantagem comercial ou para se defender de alienígenas, essa confiança não diminui o peso que elas põem em nossas diferenças. A noção de cosmopolitismo, a ideia de que pessoas do mundo sentirão uma conexão significativa com a raça humana, é um sonho impossível.

SOCIEDADES E O SER HUMANO

Quero fazer uma última pergunta. O que aconteceria se as pessoas renunciassem a seus marcadores ou, de alguma forma, deixassem de lado o impulso de rotular os outros? Então, as únicas diferenças que as pessoas perceberiam seriam entre indivíduos — não entre grupos. Supõe-se que nessas circunstâncias nossas nações se desintegrariam totalmente, mas é difícil prever o que surgiria em seu lugar. Talvez nossas afiliações pudessem se unir ao redor de vizinhanças locais ou pessoas que conhecemos bem, com a população global dividida em milhões de micronações. Preveríamos uma volta ao reconhecimento individual das sociedades de nossos ancestrais, onde todos se conheciam.

Ou, ao descartar nossas diferenças ou nossa propensão para julgar as diferenças, atingiríamos o resultado oposto, eliminando as sociedades? Os conjun-

A *Inevitabilidade das Sociedades* 369

tos de redes construídas por meio de viagens internacionais e amizades no Facebook nos interligariam de modo tão indiscriminado que garantiríamos essa unidade pan-humana, abrangendo todos os homens, mulheres e crianças?

Nossa dependência de marcadores remonta ao passado dos seres humanos, mas o que é natural nem sempre é desejável, e, felizmente, nossa inteligência nos oferece a perspectiva de nos livrarmos de nossa biologia e história. Porém, quando as mudanças se referem a como delimitamos nossa identidade, qualquer alteração seria muito difícil e exigiria mais que educação. Embora se livrar de marcadores étnicos e sociais pareça bom no início, a atitude significaria a perda de muito do que os seres humanos prezam. Nacionalistas ou patriotas, as pessoas se preocupam com suas afiliações e poucos desistiriam delas de bom grado. E nem poderiam, porque as respostas a grupos são involuntárias. Marcadores são facas de dois gumes, fazendo-nos ignorar os diferentes de nós, mas, ao mesmo tempo, transmitindo um espírito de solidariedade a completos estranhos que correspondem a nossas expectativas. Largar marcadores humanos iria contra anseios psicológicos atemporais. Não há dúvida de que se um hipnotizador em massa nos fizesse esquecer nossas diferenças, nos esforçaríamos para encontrar novas a que nos apegar. A única forma de reformularmos esse atributo humano seria pela remoção de partes do cérebro por um cirurgião com conhecimento quase milagroso do sistema nervoso. O resultado desse ajuste de ficção científica seria uma criatura que não reconheceríamos como nós mesmos. Não sei como mediríamos se essas pessoas estariam mais felizes do que somos hoje, mas certamente, *elas* não seriam mais *nós*.

Para seres humanos em nossa atual condição, a questão de se as sociedades realmente precisam existir se resume a se as pessoas precisam participar de uma para serem viáveis e ter saúde emocional. Acho que sim. "Um homem precisa de uma nacionalidade assim como precisa de um nariz e de duas orelhas", escreveu Ernest Gellner, renomado pensador sobre o nacionalismo. Gellner — que continua argumentando, equivocadamente, que a necessidade humana de fazer parte de uma nação não é nada mais que uma invenção dos tempos modernos — nunca imaginou o quanto sua declaração estava certa.[20] A mente evoluiu no universo Nós-versus-Eles produzido por nós. As sociedades resultantes desse firmamento psicológico sempre foram pontos de referência que conferem um sentido de compreensão e validação às pessoas.

Dizer que uma pessoa não tem país lembra disfunção, trauma ou tragédia. Sem essa identidade, os seres humanos se sentem marginalizados,

370 O ENXAME HUMANO

desenraizados, à deriva: uma situação perigosa. Um bom exemplo é a sensação de não ter um lar experimentada por imigrantes que perderam conexões com sua terra natal somente para sentir a dor da rejeição no país adotado.[21] A marginalização social foi um motivador mais forte do que o fanatismo religioso, explicando porque muitos terroristas originalmente partiram para o extremismo só depois de serem excluídos da tendência cultural dominante. Para os socialmente desprovidos, opiniões radicais preenchem um vazio.[22] Grupos de crime organizado também comandam algumas das propriedades que dão à sociedade sua vitalidade proporcionando aos párias sociais metas comuns e um senso de orgulho e pertencimento. Vimos isso em uma forma muito embrionária com os garotos bem ajustados socialmente em Robbers Cave.

As evidências apresentadas neste livro apontam para sociedades humanas universais. Os ancestrais humanos viveram em grupos de fissão-fusão que evoluíram, por etapas simples, de sociedades de reconhecimento individual a separadas por marcadores. Os limites de endogrupos-exogrupos da afiliação da sociedade teriam passado por essa transição sem alteração. Não houve uma sociedade original "autêntica", nenhum momento em que as pessoas e famílias vivessem em uma rede social aberta antes de decidir se separar em grupos bem definidos. Ser uma sociedade — de fato, sociedades múltiplas, contrastantes — é mais indispensável e antigo que a fé e o matrimônio, a forma como as coisas eram antes de sermos humanos.

Os últimos ilhéus de Henderson devem ter passado fome não só física, mas social — apáticos, ou assim imagino, sobre o significado de suas vidas. Temos certeza de que poucas facetas da vida correspondem à sociedade com o mesmo entusiasmo no coração humano, contanto que outras sociedades existam para se comparar à nossa. Considerando que não nos reformulamos e, em vez disso, escolhemos ficar totalmente humanos, as sociedades e os marcadores que nos unem e separam, estão aqui para ficar, significando os limites entre as pessoas em nossa mente, e definindo os limites entre elas fisicamente, em toda a superfície da Terra.

CONCLUSÃO

Identidades Mudam e Sociedades Se Desfazem

Aquele que deseja que sua terra natal nunca seja maior, menor, mais rica, mais pobre, é um cidadão do mundo.

— VOLTAIRE

Atravessando a savana africana, a costa australiana e as planícies norte-americanas, nossos ancestrais se moveram em pequenos bandos afiliados de viajantes permanentes. Mês após mês, eles montavam acampamento e procuravam água e comida. Raramente encontravam outros seres humanos. Acho difícil imaginar ver tão poucos desconhecidos dia após dia durante a vida toda. Com o passar das gerações, as sociedades cresceram a ponto de agora nos movimentarmos como formigas em meio a um enxame anônimo. Muitos na multidão são menos parecidos conosco que as pessoas que os caçadores-coletores encontravam, ao longo de centenas de gerações.

Era tão raro nossos ancestrais se depararem com estrangeiros que outsiders ocupam um universo quase mítico. Aborígenes acharam que os primeiros europeus que viram eram fantasmas.[1] Com o passar do tempo, nossa visão dos membros de outras sociedades mudou; hoje, estrangeiros não parecem estranhos ou esquisitos como eram. Como consequência da exploração global iniciada no século XV e ainda mais atualmente graças ao turismo e às redes sociais, o contato entre pessoas de partes distantes do globo é comum. O desco-

371

nhecimento total de outsiders não é mais a justificativa muitas vezes usada na pré-história. Naquela época, sabia-se tão pouco sobre estrangeiros que bandos de bárbaros eram tratados como se fossem monstros assustadores.[2]

Mesmo assim, a humanidade continua a expressar sua relação com as sociedades de modos que as pessoas raramente reconhecem ou admitem. No entanto, nossas mentes, configuradas para interagir com poucos indivíduos e grupos, estão sobrecarregadas. E, assim, este livro se baseou em muitos campos de estudo a fim de assimilar a natureza das sociedades e compreender como lidamos com essa sobrecarga, com muitas revelações ao longo do caminho. Aqui, eu os resumo a algumas conclusões essenciais.

A mais fundamental é que as sociedades não são uma invenção unicamente humana. A maioria dos organismos não têm grupos fechados que chamamos de sociedades, mas nas espécies que as têm, elas atuam de diversas maneiras para sustentar e proteger seus membros. Entre esses animais, os indivíduos precisam reconhecer uns aos outros como pertencentes ao mesmo grupo. Essa afiliação oferece vantagens, independentemente de esses membros cooperarem ou não ou ter alguma outra relação social ou biológica.

Embora as sociedades não sejam exclusivas dos seres humanos, são necessárias para a condição humana, e existem desde quando os pré-humanos se separaram na árvore filogenética dos outros primatas. É possível que um milhão de sociedades humanas tenham nascido e desaparecido. Todas foram grupos fechados a outsiders, e pelos quais seus membros estavam dispostos a lutar e, às vezes morrer. Cada uma exigiu forte comprometimento de seus membros do nascimento à morte e através das gerações. Até milênios recentes, todas essas sociedades eram pequenas comunidades de caçadores-coletores, mas isso não significa que o vínculo com elas fosse mais fracos que os nossos hoje em dia.

Nas sociedades de nossos ancestrais pré-humanos, como nas da maioria de outros mamíferos, os membros tinham que se reconhecer individualmente para o grupo funcionar. As restrições da memória limitavam o seu tamanho a cerca de duzentos. Em algum ponto de nossa evolução, provavelmente antes das origens do *Homo sapiens*, rompemos essa barreira, formando sociedades anônimas. Elas, encontradas entre seres humanos e alguns outros animais — como formigas e a maioria dos insetos sociais — atingem grandes dimensões porque seus membros não precisam mais lembrar-se dos demais pessoalmente. Em vez disso, contam com marcadores de identidade para aceitar indivíduos conhecidos e estranhos que correspondem às suas expectativas. Odores servem de marcadores para os insetos, mas os seres humanos vão além. Para nós, eles vão de cheiros e gestos a estilos de vestuário, rituais e bandeiras.

Marcadores são componentes essenciais em todas as sociedades de mais de algumas centenas de indivíduos, sejam os poderosos seres humanos ou simples insetos. Em certo ponto do crescimento, porém, só marcadores são insuficientes para manter a união de uma sociedade de seres humanos. Grandes populações humanas dependem da inter-relação entre marcadores e a aceitação de um controle e uma liderança social, juntamente com maior comprometimento com especializações, como empregos e grupos sociais.

Entre seres humanos primitivos, as novas sociedades nasceram em um processo de duas etapas semelhantes a de outros vertebrados. O processo começa, geralmente aos poucos, com a formação de subgrupos dentro da sociedade, causada por divergência de identidade. Anos depois, essas identidades divergem a ponto de se tornarem incompatíveis. As facções então se separaram para formar sociedades distintas permanentes.

A habilidade de aceitar estranhos nascidos na mesma sociedade como membros não é responsável, por si só, pelo grande crescimento das sociedades humanas. O que possibilitou essas vastas expansões foi a aquisição de povos de outras sociedades. Outsiders tinham que se ajustar à identidade esperada para serem aceitos como parte da sociedade. A adição de estrangeiros, inicialmente, à força, por meio de escravidão e subjugação e, mais recentemente, pela imigração, gerou as misturas de etnias e raças encontradas nas sociedades atuais. As relações entre esses grupos mantêm a marca das diferenças de poder e controle que, em alguns casos, remontam a antes dos registros da história.

A diferenciação de identidades entre membros da sociedade continua a ser motivo de disrupção. Entretanto, em vez de se dividir como faziam os grupos de caçadores-coletores, as sociedades modernas costumam se fragmentar ao longo de falhas geológicas que grosseiramente refletem as antigas terras natais de grupos étnicos que passaram a viver dentro delas.

A necessidade de ter sociedades, por sua antiguidade, moldou todos os aspectos da experiência humana. Mais notadamente, relações entre sociedades influenciaram a evolução da mente humana e, por consequência, interações entre grupos étnicos e raciais que surgiram depois. Embora não lidemos com os outsiders baseados na pura ignorância, como os antigos seres humanos, respostas automáticas refletem nossa propensão de criar estereótipos sobre

374 O ENXAME HUMANO

diferentes grupos e sobre a superioridade do nosso. A psicologia que baseia nossa identificação com as sociedades e etnias perpassa todas as nossas ações. A reação às pessoas que vemos, a forma como votamos e se aprovamos a decisão de nosso país de entrar em guerra se moldam por processos arraigados em nossa biologia. A movimentada confusão da modernidade só as exacerba.

Mesmo enquanto enfrentamos essa avalanche de interações sociais como indivíduos, nossas nações ficam ainda mais interdependentes. No entanto, somos quem somos, e, assim, nossas sociedades ainda dedicam um esforço descomunal em manobras para obter mais territórios, recursos e poder, como sociedades de animais sempre fizeram. Nós atacamos. Intimidamos. Censuramos. Abusamos. Isolamo-nos de potências estrangeiras em que não confiamos nos unindo às quais confiamos. Essas alianças, únicas na humanidade, podem nos salvar. Mesmo assim, elas podem trazer ainda mais incerteza e destruição, enfurecendo ou espalhando medo nos que foram deixados de fora.

Esperamos que as últimas décadas tenham trazido mudanças: cientes de sua interdependência e atentas aos custos dos conflitos modernos, as nações pararam de tentar conquistar umas às outras abertamente. Nosso conhecimento global da humanidade tornou comum o extraordinário, criando uma realidade cotidiana inatingível com contato intergrupal raro e limitado. Não só entramos em um café cheio de estranhos, mas não ficamos assustados se os apreciadores de *latte* forem diferentes, sejam membros de bolsões étnicos de nossa sociedade, sejam estrangeiros. Tendo oportunidade, apertaremos as mãos dessas pessoas quase sem alteração dos batimentos cardíacos. Sim, entre os outros com quem somos obrigados a conviver ainda há pessoas cuja identidade nos irrita, repugna, ofende ou assusta. No entanto, apesar de todo o intenso tráfego social e os confrontos dolorosos, analisada no contexto evolucionário e histórico, a descontração desse amálgama é um grande negócio.

Durante todo o tempo, a identificação das pessoas com as sociedades que as defendem de um mundo imprevisível continuou inabalável. O sentimento de pertencimento nos protege contra influências externas. E nosso comprometimento foi reforçado por percepções de que nossas nações e tribos são veneráveis e atemporais. Uma leitura correta do passado e da condição social humana requer que enfrentemos o fato que tais crenças sobre estabilidade social são uma ilusão reconfortante. Novos grupos certamente ganharão impulso. Tensões em relação a diferenças nacionais ou étnicas não desaparecerão. Marcadores humanos evoluíram para facilitar não só as forças que unem os membros da sociedade, mas também as que os separam. Elas os unem possibilitando a estranhos se verem como membros da sociedade; elas os separam porque ao longo das gerações e distâncias geográficas, identidades mudam e sociedades se desfazem. Todas as sociedades são basicamente efêmeras — passageiras, como previu o Chefe Seattle. Itália, Malásia, Estados Unidos, tribos amazonenses ou sociedades de bando de caçadores-coletores: todos agem organicamente, sua continuidade exigindo uma resposta dinâmica nunca livre de conflito e angústia. Mesmo assim, a dura realidade mostra que os aspectos básicos sociais suportam só um determinado número de alterações. Em algum momento, o tecido social não será mais reparado e, por fim, a integridade territorial de cada nação será desafiada e se desfará.

Ao observarmos o futuro, será esclarecedor reestruturar a discussão sobre uma ideia valorizada por pessoas de todo o lugar, e que citei superficialmente: a liberdade. Os norte-americanos declaram orgulho dela desde que conquistaram a independência e, no entanto, à época da Guerra Revolucionária, os britânicos se consideravam livres, frente a sociedades mais repressivas da época. Grande parte da atividade humana é compreendida em termos da busca de opções que a sociedade nos oferece. Mas essa liberdade de expressão pessoal nunca é simples. A permissividade sempre tem limites. Qualquer sociedade se define pelo que não tolera e pelo comportamento exigido de seus membros; assim, por sua natureza, a afiliação a uma sociedade reduz as opções das pessoas e implica uma perda de liberdade. Para a maioria das espécies, a restrição se limita apenas à interação dos indivíduos com outros membros e à redução ou ausência de contatos com outsiders. As sociedades humanas vêm com mais outras obrigações. Precisamos agir adequadamente, aderindo a quaisquer marcadores que nos afastem de outsiders. Somos livres na medida em que nossas ações correspondam às mais essenciais dessas regras e aderirmos ao nosso comprometimento para com a sociedade e nosso lugar e status dentro dela. No geral, quanto mais privações a sociedade sofreu, mais rígidas são as expectativas em relação a seu povo.[3] Fora regimes extremistas, na maioria das vezes os cidadãos em todos os lugares aceitam essas restrições de boa vontade. Eles acreditam na *retidão* de sua sociedade e encontram conforto nas limitações que impõem. Em troca, as sociedades dão muito, incluindo a sensação de tranquilidade, mesmo camaradagem, com pessoas que pensam igual; a segurança e apoio social que acompanha a filiação; e acesso a recursos, oportunidades de emprego, parceiros adequados para casamento, as artes e muito mais.

376 O ENXAME HUMANO

Embora as pessoas valorizem a liberdade, limites socialmente impostos são tão indispensáveis à felicidade quanto a liberdade em si. Se as pessoas ficam sobrecarregadas ou inseguras pelas opções disponíveis e pelas ações daqueles em volta, sentem caos, não liberdade. Então, o que consideramos liberdade é muito restrito. No entanto, somente um outsider sugeriria que as restrições impostas por uma cultura são opressivas. Por essa razão, as sociedades que promovem o individualismo, como os EUA, e as que alimentam uma identidade coletivista, como o Japão e a China — onde as pessoas dão maior ênfase à sua identificação com o coletivo e o apoio que ela lhes oferece — celebram igualmente as oportunidades e a felicidade que sua sociedade proporciona.[4] Independentemente da permissividade da sociedade, a unidade falha se seus cidadãos têm a liberdade (ou sentem que devem tê-la) de agir fora da zona de conforto de outros, quer isso signifique mulheres votando, ativistas queimando a bandeira ou casais não tradicionais reivindicando o direito de se casar.

Essas são fraquezas do tecido social que muitas sociedades enfrentam hoje. Contudo, a diversidade étnica representa uma complicação ainda maior na busca de unidade e liberdade. A dificuldade está em equilibrar a busca de um grupo pela liberdade com a de outro pelo conforto. Com frequência, surgem desigualdades na liberdade pessoal entre os grupos. Minorias precisam se adaptar ao que a sociedade considera aceitável — principalmente ao que o grupo dominante espera. No entanto, elas também não devem imitar excessivamente o povo dominante, deixando a maioria com seu status distinto e privilegiado. Portanto, as minorias ficam em posição de ter que investir não só na identificação com a sociedade da qual são cidadãos, mas com a própria etnia. Por exemplo, hispano-americanos são constantemente registrados por seus companheiros norte-americanos e quase sempre se veem como hispânicos. Em comparação, os membros dominantes, no controle dos símbolos e recursos das nações, raramente precisam pensar sobre a própria etnia ou raça além do que é necessário quando se unem em tempo de dificuldades econômicas. Isso lhes confere maior liberdade: indivíduos da maioria se dão ao luxo de se considerar pessoas únicas e idiossincráticas.[5]

Os EUA, que dominaram os nativos do subcontinente para formar uma sociedade composta de pessoas que chegavam voluntariamente— fora escravizados e descendentes —, são um experimento singular. Sua população se origina de muitas fontes, sem grupos étnicos tomando conta de amplas regiões geográficas das quais possam alegar raízes territoriais. Como resultado, não têm os pontos de fratura que se espalham em muitas sociedades do Velho Mundo, dadas à incorporação forçada e à interminável história de ressentimentos. A falta de linhas de falha prontas dá aos EUA uma medida de durabilidade apesar das instabilidades políticas. Mesmo assim, o que ocorrerá desse país, à medida que se aproxima da marca de dois séculos e meio, é incerto. Uma única pergunta supera todas as outras: ou seja, se os Estados Unidos podem persistir como nação indivisível, com uma relação produtiva com o resto do mundo como seu superpoder remanescente. Com a latitude da diversidade reduzindo as exigências para cidadania para algumas condições, a compreensão social e a abertura para se adaptar será essencial, como é em muitos países.

Qual é a situação ideal para o futuro de nossas sociedades? O que criaria saúde e longevidade social? A tendência atual é de as sociedades se afastarem do apoio à diversidade para focar mais intensamente a identidade nacional no grupo dominante. Mesmo assim, as minorias não desaparecerão. Podemos desacelerar a imigração, mas não é mais viável livrar-se de povos étnicos como os romanos fizeram algumas vezes em épocas difíceis. Felizmente, os EUA estão entre o número crescente de nações hoje que são excepcionais não só na pluralidade étnica, mas em sua riqueza de todos os tipos. Essas nações se orgulham de sua riqueza de oportunidades de emprego, escolhas religiosas, fãs de esportes e outros grupos de interesse. Essa abundância amplia a força da sociedade dando aos cidadãos muitas opções que adicionam camadas a suas identidades pessoais e afinidades com os outros. Os que conseguem ir além de sua etnia e raça ou achar pontos em comum com povos como eles, mas com diferentes pontos de vista têm a chance de criar elos em relação a outros entusiasmos partilhados; pense no estudo que mostra que a raça de uma pessoa pode ser ignorada caso ela esteja usando a camiseta de seu time preferido.[6] Essas conexões cruzadas podem ser individualmente frágeis, mas fortes em grandes quantidades, mantendo a sociedade inteira em tempos de turbulência.[7] O governo também é importante. Nações compostas de diferentes etnias funcionam bem quando suas instituições apoiam a diversidade.[8] Desde que as interações continuem produtivas, o preconceito diminui. Não importa o quanto as pessoas sejam insulares em sua escolha de amigos ou quanto tempo passem diretamente com outras etnias, esse fenômeno ocorre.[9]

A diversidade apresenta desafios sociais ao mesmo tempo em que gera troca, inovação, soluções de problemas criativas impulsionadas por talentos e pontos de vista variados.[10] Quanto tempo uma sociedade pode continuar forte diante das mudanças de relações entre seu povo é uma pergunta intrigante. Para que uma sociedade se mantenha intacta que não pela força, todas essas comunidades devem estar motivadas a se reunir em volta de uma identidade básica com a mesma paixão — mais fácil de dizer que fazer, considerando a maior liberdade e força da maioria em manipular as regras o jogo a seu favor, muitas vezes por meio de instituições grandemente controladas pela classe social mais alta. Uma nação que apoia fortes ligações entre seu povo e igualmente habilidosa em lidar com outras sociedades serviria ao bem-estar maior de seus cidadãos, aumentando seu tempo na Terra e deixando um legado importante na história da humanidade.

Seria o máximo da idiotice pensar que tal resultado possa ser alcançado por meio de uma animada boa vontade ou um zeloso planejamento social. Por mais otimista que você seja sobre nossa competência como solucionadores de problemas, as mentes humanas — e as sociedades que fabricamos quando elas interagem — são maleáveis só até certo ponto. Nossa disposição em usufruir uma posição social vantajosa, até magoar alguém na tentativa de preservar nosso senso de dominância e superioridade é uma característica persistente.

Nossa infelicidade tem sido e sempre será que as sociedades não eliminam a insatisfação; elas só a redirecionam para os outsiders — que, paradoxalmente, podem incluir grupos étnicos. A melhoria no nosso conhecimento dos outros nem sempre foi suficiente para melhorar como os tratamos. Se quisermos que nossa espécie rompa com a história de dissonância entre grupos que remonta à antiguidade, precisamos entender melhor o impulso de ver outras pessoas como menos humanas, mesmo como insetos. Também precisamos saber mais sobre como as pessoas reformulam sua identidade e reagir a cada mudança radical com menor dano possível. O *Homo sapiens* é a única criatura na Terra capaz de fazer isso. Se nossa disposição em relação a outsiders varia, alguns de nós ficam inclinados à cautela, outros, à confiança, mas ainda assim partilhamos uma aptidão para aproveitar conexões com outros aparentemente incompatíveis. Nossa salvação reside em reforçar esse dom, orientado pelas descobertas cada vez mais refinadas das ciências abordadas neste livro. A boa notícia é que os seres humanos têm a capacidade de atenuar a propensão herdada para o conflito por meio de autocorreção deliberada. Divididos seremos, e divididos precisamos ficar.

Agradecimentos

Um aspecto subvalorizado de enfrentar as agruras de partes remotas do mundo é ser obrigado a desacelerar. Dos longos dias como biólogo esperando o aguaceiro tropical passar debaixo de uma lona ou atravessando ossos branqueados e areia em cima de um camelo, aprendi que a produtividade está *entre* as coisas, os intervalos que uma agenda cheia raramente permite. Em *The Journey* [*A Jornada*], a poetiza Mary Oliver escreve sobre a vocação pessoal de alguém. Ao percorrer uma "estrada cheia de pedras e ramos caídos", a pessoa descobre que lentamente um novo mundo se descortina. Identifico-me com o poema porque uma vida inteira nessas estradas me deu muito tempo para contemplar o que tenho visto e motivou-me a escrever este livro.

Como fazer conexões entre campos com vocabulários e abordagens divergentes às vezes exigiu que eu simplificasse argumentos para torná-los acessíveis para o púbico em geral, incluí mais referências do que se costuma encontrar em obras não acadêmicas para dar aos leitores com diferentes conhecimentos a opção de seguir determinadas linhas; mesmo assim, tive que ser seletivo. Este livro e seu predecessor técnico (Moffett 2013) também seriam incompletos sem ir além da literatura por meio da procura de conselhos de especialistas que se mostraram generosos, da leitura de rascunhos à paciência com perguntas ingênuas. Uma resposta gratificante foi: "Eu nunca pensei nisso." Sinto-me à vontade para admitir que alguém muito mais inteligente que eu deveria ter escrito este livro; quaisquer erros de interpretação são meus.

As pessoas a seguir gentilmente me ajudaram em questões de por que os hamsters ficam excitados com o odor do corpo e como programas de rádio podem acelerar um genocídio à devoção dos imigrantes a seu país. Entre os nomes que seguem, os em *itálico* revisaram partes do manuscrito: Dominic Abrams, Stephen Abrams, Eldridge Adams, Rachelle Adams, *Lynn Addison*,

380 *Agradecimentos*

Willem Adelaar, Alexandra Aikhenvald, Richard Alba, Susan Alberts, *John Alcock*, Graham Allan, Francis Allard, Bryant Allen, Warren Allmon, Kenneth Ames, David Anderson, Valerie Andrushko, Gizelle Anzures, Coren Apicella, Peter Apps, Eduardo Araral Jr., *Elizabeth Archie*, Dan Ariely, Ken Armitage, Jeanne Arnold, *Alyssa Arre*, Frank Asbrock, Filippo Aureli, Robert Axelrod, Leticia Avilés, Serge Bahuchet, Russell Paul Balda, *Mahzarin Banaji*, Thomas Barfield, Alan Barnard, *Deirdre Barrett*, Omer Bartov, Yaneer Bar-Yam, Brock Bastian, Andrew Bateman, *Roy Baumeister*, James Bayman, Isabel Behncke-Izquierdo, *Dan Bennett*, Elika Bergelson, Joel Berger, Luís Bettencourt, Rezarta Bilali, Michał Bilewicz, Andrew Billings, Brian Billman, Thomas Blackburn, Paul Bloom, Daniel Blumstein, Nick Blurton-Jones, Galen Bodenhausen, Barry Bogin, Milica Bookman, Raphaël Boulay, Sam Bowles, Reed Bowman, Robert L. Boyd, Liam Brady, Jack Bradbury, Benjamin Braude, Stan Braude, Anna Braun, Lauren Brent, *Marilynn Brewer*, Charles Brewer-Carias, Charles Brown, Rupert Brown, Allen Buchanan, Christina Buesching, Heather Builth, Gordon Burghardt e David Butz.

Francesc Calafell, Catherine Cameron, Daniela Campobello, Mauricio Cantor, Elizabeth Cashdan, *Kira Cassidy*, Deby Cassill, Emanuele Castano, Frank Castelli, Luigi Luca Cavalli-Sforza, Richard Chacon, Napoleon Chagnon, Colin Chapman, Russ Charif, Ivan Chase, Andy Chebanne, Jae Choe, Patrick Chiyo, Zanna Clay, Eric Cline, Richmond Clow, Brian Codding, Emma Cohen, Lenard Cohen, *Anthony Collins*, Richard Connor, Richard Cosgrove, Jim Costa, Iain Couzin, Scott Creel, Lee Cronk, Adam Cronin, Christine Dahlin, Anne Dagg, Graeme Davis, Alain Dejean, Irven DeVore, Marianna Di Paolo, Shermin de Silva, Phil deVries, *Frans de Waal*, Oliver Dietrich, Leonard Dinnerstein, Arif Dirlik, Robert Dixon, Norman Doidge, Anna Dornhaus, Ann Downer-Hazell, Michael Dove, Don Doyle, Kevin Drakulich, Carsten De Dreu, Christine Drea, Daniel Druckman, Robert Dudley, *Lee Dugatkin*, *Yarrow Dunham*, Rob Dunn, *Emily Duval*, David Dye, *Timothy Earle*, *Adar Eisenbruch*, Geoff Emberling, Paul Escott, Patience Epps, Robbie Ethridge, Simon Evans, Peter Fashing, Joseph Feldblum, Stuart Firestein, *Vicki Fishlock*, Susan Fiske, Alan Fix, Kent Flannery, Joshua Foer, John Ford, AnnCorinne Freter-Abrams, Doug Fry e Takeshi Furuichi.

Lowell Gaertner, Helen Gallagher, Lynn Gamble, Jane Gardner, *Raen Garvey*, Peter Garnsy, Azar Gat, Sergey Gavrilets, Daniel Gelo, Shane Gero, Owen Gilbert, Ian Gilby, *Luke Glowacki*, Simon Goldhill, Nancy Golin, Gale Goodwin

Gómez, Alison Gopnik, Lisa Gould, Mark Granovetter, Donald Green, Gillian Greville-Harris, *Jon Grinnell*, Matt Grove, Markus Gusset, Mathias Guenther, Micaela Gunther, Gunner Haaland, Judith Habicht-Mauche, Joseph Hackman, *David Haig*, Jonathan Hall, Raymond Hames, Christopher Hamner, Marcus Hamilton, Sue Hamilton, Bad Hand, John Harles, Stevan Harrell, Fred Harrington, John Hartigan, Nicholas Haslam, Ran Hassin, Uri Hasson, Mark Hauber, Kristen Hawkes, John Hawks, *Brian Hayden*, Mike Hearn, Larisa Heiphetz, Bernd Heinrich, Joe Henrich, Peter Henzi, Patricia Herrmann, Barry Hewlett, Libra Hilde, Jonathan Hill, Kim Hill, Lawrence Hirschfeld, Tony Hiss, Robert Hitchcock, Robert Hitlan, Michael Hogg, *Anne Horowitz*, Kay Holekamp, Leonie Huddy, Mark Hudson, Kurt Hugenberg, Stephen Hugh-Jones, Marco Iacoboni, Yasuo Ihara, Benjamin Isaac, Tiffany Ito, Matthew Frye Jacobson, Vincent Janik, *Ronnie Janoff-Bulman*, Julie Jarvey, Robert Jeanne, Jolanda Jetten, Allen Johnson, Kyle Joly, Adam Jones, *Douglas Jones* e John Jost.

Alan Kamil, *Ken Kamler*, *Robert Kelly*, Eric Keverne, Katherine Kinzler, Simon Kirby, John Kloppenborg, Nick Knight, Ian Kuijt, Sören Krach, Karen Kramer, Jens Krause, Benedek Kurdi, Rob Kurzban, Mark Laidre, *Robert Layton*, Kang Lee, James Leibold, Julia Lehmann, Jacques-Philippe Leyens, Zoe Liberman, Ivan Light, Wayne Linklater, Elizabeth Losin, Bradley Love, *Margaret Lowman*, Audax Mabulla, Zarin Machanda, *Richard Machalek*, Cara MacInnis, Otto MacLin, Anne Magurran, Michael Malpass, Gary Marcus, *Joyce Marcus*, *Curtis Marean*, Frank Marlowe, *Andrew Marshall*, William Marquardt, José Marques, Anthony Marrian, Abigail Marsh, Ben Marwick, John Marzluff, Marilyn Masson, Roger Matthews, David Mattingly, John (Jack) Mayer, Sally McBrearty, Brian McCabe, John McCardell, Craig McGarty, William McGrew, Ian McNiven, David Mech, Doug Medin, Anne Mertl-Millhollen, Katy Meyers, Lev Michael, Taciano Milfont, Bojka Milicic, Monica Minnegal, John Mitani, Peter Mitchell, Panos Mitkidis, Jim Moore, Corrie Moreau, Cynthia Moss, Ulrich Mueller, *Paul Nail*, Michio Nakamura, Jacob Negrey, Douglas Nelson, Eduardo Góes Neves, David Noy e Lynn Nygaard.

Michael O'Brien, Caitlin O'Connell-Rodwell, Molly Odell, Julian Old-meadow, Susan Olzak, Jane Packard, Craig Packer, Robert Page, Elizabeth Paluck, Stefania Paolini, David Pappano, Colin Pardoe, William Parkinson, Olivier Pascalis, Shanna Pearson-Merkowitz, Christian Peeters, Irene Pepperberg, Sergio Pellis, Peter Peregrine, *Dale Peterson*, Thomas Pettigrew, David Pietraszewski, Nicholas Postgate, Tom Postmes, Jonathan Potts, Adam Powell, Luke

382 *Agradecimentos*

Premo, Deborah Prentice, Anna Prentiss, Barry Pritzker, Jill Pruetz, *Jonathan Pruitt*, Sindhu Radhakrishna, Alessia Ranciaro, Francis Ratnieks, Linda Rayor, Dwight Read, Elsa Redmond, Diana Reiss, Ger Reesink, Michael Reisch, Andres Resendez, *Peter Richerson*, Joaquín Rivaya-Martínez, Gareth Roberts, Scott Robinson, David Romano, Alan Rogers, Paul Roscoe, Stacy Rosenbaum, Alexander Rosenberg, Michael Rosenberg, Daniel Rubenstein, Mark Rubin, Richard Russell, Allen Rutberg, Tetsuya Sakamaki, Patrick Saltonstall, Bonny Sands, *Fabio Sani*, Stephen Sanderson, *Laurie Santos*, Fernando Santos-Granero, Robert Sapolsky, Kenneth Sassaman, Jr., Chris Scarre, Colleen Schaffner, *Mark Schaller*, Walter Scheidel, Orville Schell, Carsten Schradin, Jürgen Schweizer, James Scott, Lisa Scott, Tom Seeley e Robert Seyfarth.

Timothy Shannon, Paul Sherman, Adrian Shrader, Christopher Sibley, James Sidanius, Nichole Simmons, *Peter Slater*, Con Slobodchikoff, David Small, Anthony Smith, *David Livingstone Smith*, Eliot Smith, Michael Smith, Noah Snyder-Mackler, Magdalena Sorger, Lee Spector, Elizabeth Spelke, Paul Spickard, Göran Spong, *Daniel Stahler*, Charles Stanish, Ervin Staub, Lyle Steadman, *Amy Steffian*, Fiona Stewart, Mary Stiner, Ariana Strandburg-Peshkin, Thomas Struhsaker, *Andy Suarez*, Yukimaru Sugiyama, Frank Sulloway, Martin Surbeck, Peter Sutton, Maya Tamir, Jared Taglialatela, John Terborgh, Günes Tezür, John e Mary Theberge, Kevin Theis, Elizabeth Thomas, Barbara Thorne, Elizabeth Tibbetts, *Alexander Todorov*, Nahoko Tokuyama, Jill Trainer, *Neil Tsutsui*, Peter Turchin, Johannes Ullrich, Sean Ulm, Jay Van Bavel, Jojanneke van der Toorn, Jeroen Vaes, Rene van Dijk, Vivek Venkataraman, Jennifer Verdolin, Kathleen Vohs, Chris von Rueden, Marieke Voorpostel, Athena Vouloumanos, Lyn Wadley, Robert Walker, Peter Wallensteen, Fiona Walsh, David Lee Webster, *Randall Wells*, Tim White, Hal Whitehead, *Harvey Whitehouse*, Polly Wiessner, Gerald Wilkinson, Harold David Williams, Edward O. Wilson, John Paul Wilson, *Michael Wilson*, Mark Winston, George Wittemyer, Brian Wood, *Richard Wrangham*, *Patricia Wright*, Tim Wright, Frank Wu, *Karen Wynn*, Anne Yoder, Norman Yoffee, Andrew Young, Anna Young, Vincent Yzerbyt e João Zilhão.

Para a pesquisa sobre sociedades de animais em campo, Melissa e eu fomos generosamente recebidos por Elizabeth Archie para babuínos, Filippo Aureli para macacos-aranha, Anthony Collins para chimpanzés, Kay Holekamp para hienas, Cynthia Moss para elefantes-da-savana, Daniel Stahler para lobos e Randall Wells para golfinhos. Meus agradecimentos especiais à National Geo-

Agradecimentos 383

graphic Society pela longa história de financiar minha pesquisa; a Gerry Ohrs-trom pelo auxílio quando precisei dele no início do livro; a Richard Wrangham pelo apoio para as visitas a acadêmicos do Departamento de Biologia Evolutiva Humana de Harvard; a Allen Rodrigo e equipe pela licença no antigo Centro de Síntese Evolutiva Nacional (e hoje, infelizmente, extingo NESCent); a Lynn Addison pelos muitos sábios conselhos; e a Ted Schultz e ao Departamento de Entomologia por minha contínua posição como colaborador de pesquisa no Museu Nacional de História Natural (Instituição Smithsoniana). Tenho a sorte de ter tantos verdadeiros amigos.

Também sou grato ao meu agente e conselheiro Andrew Stuart, por me orientar pelas complexidades da moderna publicação de livros e ao meu editor, Thomas "T.J." Kelleher, assim como a Roger Labrie, Bill Warhop e à editora-chefe da Basica Lara Heimert, por vislumbrar *O Enxame Humano* como um livro de grande alcance.

Finalmente, agradeço todos os dias a Melissa e sua incrível tolerância com meu apego a este livro quando poderíamos ter saído por aí como sempre, à procura de criaturas fascinantes em locais maravilhosos.

Notas

Introdução

1. Breidlid et al. (1996), 14. Há diferentes relatos sobre o que Seattle disse (Gifford 2015).
2. Sen (2006), 4.
3. Para opiniões sobre "tribo", no sentido mais informal, recomendo Greene (2013).
4. Os humanos podem ter esses impulsos desviados para desenvolver elos fortes com outros grupos como seitas (veja Capítulo 15 e Bar-Tal & Staub 1997).
5. Dunham (2018). Indo adiante, pessoas divididas em grupos ao acaso quase imediatamente valorizam mais os colegas do que os do outro grupo (Robinson & Tajfel 1996).
6. Citado em Dukore (1966), 142.
7. Para evidências de evolução humana contínua, veja Cochran & Harpending (2009).

Capítulo 1

1. O sacrifício pessoal em seres humanos geralmente exige doutrinamento cultural (Alexander 1985).
2. Anderson (1982).
3. Agradeço a Emilio Bruna, editor de *Biotropica*, por permitir que eu adaptasse meus pensamentos neste parágrafo de Moffett (2000), 570–571.
4. Agradeço a David Romano e Günes Tezcür pelo conselho sobre cidadania e direitos individuais dos curdos no Oriente Médio.
5. Por exemplo, Wilson (1975, 595) define sociedade como "um grupo de indivíduos pertencentes à mesma espécie e organizados de modo cooperativo", adicionando o critério diagnóstico da "comunicação recíproca de natureza cooperativa, indo além da mera atividade sexual". Porém, pode-se imaginar sociedades em que se acumulam benefícios que não são reciprocamente comunicados.
6. Émile Durkheim (1895), que definiu a disciplina há mais de um século, viu a cooperação como elemento essencial das sociedades. Ele pensou na cooperação surgindo quando as pessoas partilham sentimentos e pontos de vista similares e, certamente, crenças e princípios morais são elementos essenciais do que eu falarei sobre identificação em sociedades humanas. Veja também Turner & Machalek (2018).
7. Para algumas discussões fascinantes: Axelrod (2006), Haidt (2012), Tomasello et al. (2005), Wilson (2012).
8. Dunbar et al. (2014). A premissa da hipótese do cérebro social foi posta em dúvida há pouco por dados mostrando que o tamanho do cérebro é mais bem previsto pela ecologia do que pela sociabilidade (DeCasien et al. 2017).
9. Para a correção de aplicar a palavra amizade a animais, veja Seyfarth & Cheney (2012).
10. Dunbar (1996), 108. O número de Dunbar geralmente é descrito em termos de relações positivas, mas discute-se se o conhecimento dos inimigos também deve ser considerado (De Ruiter et al. 2011).
11. Isso também se aplica a outras espécies. Como o biólogo, Schaller (1972, 37) ressalta, companheirismo entre leões não influencia a composição do grupo.
12. Dunbar (1993), 692. Vale repetir a sentença na íntegra: "Como pode ser que, apesar das

386 *Notas*

aparentes limitações cognitivas sobre o tamanho do grupo, mesmo assim as sociedades humanas modernas conseguem formar grupos imensos (p.ex. estados-nações)?" Dunbar apresentou a habilidade humana de categorizar membros da sociedade por seus papéis sociais como solução a essa pergunta, mas sabendo o que as pessoas fazem não explica as afiliações à sociedade e os diferentes limites entre elas.

13   Turnbull (1972). Alguns duvidam de suas interpretações (p.ex., Knight 1994).

14   Pelo menos, quanto à data do seguinte estudo: European Values Study Group and World Values Survey Association (2005).

15   Simmel (1950).

16   Às vezes, um chimpanzé será generoso com um indivíduo que provavelmente retribuirá o favor de outra forma (Silk et al. 2013).

17   Jaeggi et al. (2010). Tomasello (2011; veja também 2014) descobre que caçadores--coletores são mais cooperativos do que macacos em todos os domínios: "Cooperação é simplesmente uma característica determinante das sociedades humanas de um modo que não ocorre nas sociedades de outros grandes primatas" (p. 36).

18   Ratnieks & Wenseleers (2005).

19   p.ex., Bekoff & Pierce (2009); de Waal (2006).

20   A vida social oferece benefícios para um grupo em detrimento de outro mesmo quando os indivíduos dentro dele não lucram diretamente e não são relacionados (isso é seleção de grupo) ou quando há vantagens para indivíduos e grupo (seleção multinível) (p.ex., Gintis 2000; Nowak 2006; Wilson & Wilson 2008; Wilson 2012). Não discutirei essas alternativas porque as controvérsias são bem explicadas em outros trabalhos. A seleção de grupo parece exigir estabilidade nas sociedades. Mesmo assim, acho que, no que se refere à maioria das espécies, as sociedades oferecem suficientes benefícios para membros individuais sem a necessidade de invocar a seleção de grupo ou de parentesco.

21   Allee (1931); Clutton-Brock (2009); Herbert-Read et al. (2016).

22   Às vezes fêmeas levam o filhote de outra ou se unem contra uma de que não gostam (Nakamichi & Koyama 1997).

23   Daniel Blumstein e Christina Buesching, pers. comm.; Kruuk (1989), 109. Uma marmota macho também expulsa concorrentes, mas não se sabe se isso é vantajoso para alguém além dele. Os texugos vivem em grupos distintos fechados, mas não está claro se as marmotas fazem o mesmo (p.ex., Armitage 2014).

24   Henrich et al. (2004); Hogg (1993).

25   Citação de registros de Colombo, em Zinn (2005), 1–2.

26   Erwin & Geraci (2009). Para mais sobre biodiversidade de dossel, veja Moffett (1994).

27   Wilson (2012).

28   Caro (1994).

29   Neste caso, diferentes espécies podem se juntar ao grupo (p.ex., Sridhar et al. 2009). Falaremos de manadas que formam sociedades distintas no Capítulo 6.

30   p.ex., Guttal & Couzin (2010); Krause & Ruxton (2002); Gill (2006); Portugal et al. (2014).

31   Anne Magurran, pers. comm.; Magurran & Higham (1988).

32   Hamilton (1971).

33   Esse tipo de comportamento também foi descrito antes em um inseto (Ghent 1960).

34   Costa (2006), 35.

35   Rene van Dijk, pers. comm.; van Dijk et al. (2013 & 2014).

36   Para descrições sobre como sociedades lidam com questões de justiça e "passageiros clandestinos", veja exemplo em Boyd & Richerson (2005).

Capítulo 2

1   Agradeço a Stephen Abrams, Ivan Chase e Carsten Schradin por orientações gerais sobre peixes. Bshary et al. (2002); Schradin & Lamprecht (2000 & 2002).

2   Barlow (2000), 87.

3   Criei espaço para indicar alguns livros disponíveis sobre as espécies que seguem. Sobre suricatos, agradeço a Andrew Bateman, Christine Drea, Göran Spong e Andrew Young; sobre cavalos, a Joel Berger, Wayne Linklater, Dan Rubenstein, Allen Rutberg (veja *The Domestic Horse* by Mills & McDonnell 2005); sobre lobos cinzentos, Dan Stahler, David Mech e Kira Cassidy (veja *Wolves: Behavior, Ecology, and Conservation* de Mech & Boitani 2003); sobre mabecos, Scott Creel, Micaela Gunther, Markus Gusset e Peter Apps (veja *The African Wild Dog* de Creel & Creel 2002); sobre leões, Jon Grinnell e Craig Packer (veja *The*

Serengeti Lion de Schaller 1972); sobre hienas, Christina Drea, Kay Holekamp e Kevin Theis (veja *The Spotted Hyena* de Kruuk 1972); sobre o golfinho-nariz-de-garrafa da costa leste dos EUA, Randall Wells (que publicou muitos artigos técnicos sobre eles); sobre lêmures-da-cauda-anelada, Lisa Gould, Anne Mertl-Millhollen, Anne Yoder e Alison Jolly, infelizmente falecida (veja *Ringtailed Lemur Biology*, Jolly et al. 2006); sobre babuínos (neste livro, falo da espécie das savanas — amarelos, do cabo e anúbis), Susan Alberts, Anthony Collins e Peter Henzi (veja *Baboon Metaphysics* de Cheney & Seyfarth 2007, e *A Primate's Memoir* de Sapolsky 2007); sobre gorilas-das-montanhas, Stacy Rosenbaum; sobre chimpanzés, Michael Wilson e Richard Wrangham (veja *The Chimpanzees of Gombe* de Goodall 1986 e *The Mind of the Chimpanzee* de Lonsdorf et al. 2010); e sobre bonobos, Isabel Behncke-Izquierdo, Takeski Furuichi, Martin Surbec, Nahoko Tokuyama e Frans de Waal (veja *Behavioural Diversity in Chimpanzees and Bonobos* de Boesch et al. 2002, e *The Bonobos* de Furuichi e Thompson 2007).

4 Agradeço a Jennifer Verdolin, Linda Rayor e Con Slobodchikoff por informações sobre cães-da-pradaria. Rayor (1988); Slobodchikoff et al. (2009); Verdolin et al. (2014).

5 Agradeço a Elizabeth Archie, Patrick Chiyo, Vicki Fishlock, Diana Reiss e Shermin de Silva pela ajuda com elefantes. Tudo que se precisa saber sobre espécies da savana está resumido em Moss et al. (2011).

6 De Silva & Wittemyer (2012); Fishlock & Lee (2013).

7 Benson-Amram et al. (2016).

8 Macdonald et al. (2004); Russell et al. (2003).

9 Silk (1999).

10 Laland & Galef (2009); Wells (2003).

11 Mitani et al. (2010); Williams et al. (2004).

12 p.ex., Cheney & Seyfarth (2007), 45.

13 Só os golfinhos da Flórida estudados por Randall Wells são abordados neste livro: os golfinhos-nariz-de-garrafa de outros lugares podem ter comportamento diferente e, às vezes, pertencem a outras espécies.

14 Linklater et al. (1999).

15 Palagi & Cordoni (2009).

16 p.ex., Gesquiere et al. (2011); Sapolsky (2007).

17 Van Meter (2009).

18 Isso não quer dizer que sonhos de sucesso não motivem as pessoas, mas os devaneios de Walter Mitty, personagem de James Thurber raramente ocorrem de verdade e obsessões em ser rei são patológicas a menos que se esteja na linha de sucessão do trono. Pessoas tendem a acreditar em seu potencial de atingir metas acima da realidade, mas não ficam menos felizes quando falham (Gilbert 2007; Sharot et al. 2011).

19 A união de bonobos para caçar presas grandes é mostrado por Surbeck & Hohmann (2008).

20 Hare & Kwetuenda (2010).

21 Brewer (2007), 735.

Capítulo 3

1 Ao contrário de Aureli et al. (2008), vejo pouca confusão quanto as espécies a que o termo "sociedades de fissão-fusão" se aplica.

2 A dificuldade de atacar grandes grupos se aplica a predadores e inimigos, embora leopardos sejam indiferentes às tentativas de chimpanzés de pará-los e são uma exceção (Boesch & Boesch-Achermann 2000; Chapman et al. 1994).

3 Marais (1939).

4 Strandburg-Peshkin, pers. comm.; Strandburg-Peshkin et al. (2015).

5 Bates et al. (2008); Langbauer et al. (1991); Lee & Moss (1999).

6 East & Hofer (1991); Harrington & Mech (1979); McComb et al. (1994).

7 Fedurek et al. (2013); Wrangham (1977).

8 Wilson et al. (2001 & 2004).

9 Os chamados ruidosos do bonobo têm funções complexas (Schamberg et al. 2017).

10 Slobodchikoff et al. (2012).

11 p.ex., Thomas (1959), 58.

12 Bramble & Lieberman (2004).

13 Evans (2007).

14 Stahler et al. (2002).

Capítulo 4

1 Leticia Avilés, pers. comm.; Avilés & Guevara (2017).

2 King & Janik (2013).

3 Boesch et al. (2008).

4 Zayan & Vauclair (1998).

5 Seyfarth & Cheney (2017), 83.

Notas

6 Pokorny & de Waal (2009).
7 de Waal & Pokorny (2008).
8 Miller & Denniston (1979).
9 Struhsaker (2010).
10 Schaller (1972), 37, 46.
11 Esse fato foi ignorado, p. ex., Tibbetts & Dale (2007) analisa o reconhecimento individual, mas curiosamente ignorou seu papel como exigência e apoio à vida em sociedade.
12 Breed (2014).
13 Lai et al. (2005).
14 Jouventin et al. (1999).
15 de Waal & Tyack (2003) e Riveros et al. (2012) as chamam de "sociedades individualizadas".
16 Mencionado por Furuichi (2011). Randall Wells me disse que golfinhos-nariz-de-garrafa fêmeas, que costumam ficar em uma parte limitada do território da comunidade, às vezes ficam quase tão isoladas dos demais membros do grupo quanto as fêmeas de chimpanzés descritas aqui.
17 Rodseth et al. (1991).
18 Citado em Jenkins (2011).
19 Berger & Cunningham (1987).
20 p.ex., Beecher et al. (1986).
21 A excreção difere de um mangusto a outro e é usada pelos animais para distinguir indivíduos, mas existe a intrigante possibilidade de que o cheiro também tenha um componente específico do grupo (Rasa 1973; Christensen et al. 2016).
22 Estes (2014), 143.
23 Joel Berger, Jon Grinnell e Kyle Joly, pers. comm.; Lott (2002).
24 Se as populações costumam chegar a essa população máxima ou atingem um limite de tamanho inferior devido a fatores que não a memória será determinado pelas regras de reprodução da sociedade para a espécie em questão, tema do Capítulo 19.
25 "Grupos" é uma palavra adequada, visto que parecem ser parecidos — são homólogos — com os grupos de outros macacos (Bergman 2010). Os animais também reconhecem alguns membros do grupo que se separaram do seu (como divisões descritas no Capítulo 19). Veja também le Roux & Bergman (2012).
26 Machalek (1992).

Capítulo 5

1 Para mais sobre formigas-cortadeiras veja Moffett (1995 & 2010). Para uma abordagem geral sobre formigas, veja Hölldobler & Wilson (1990). Agradeço à University of California Press pela permissão de adaptar algumas passagens de Moffett (2010) para uso neste livro.
2 de Waal (2014). Por exemplo, típico em artigos comparando chimpanzés e humanos, Layton & O'Hara (2010) passam mais tempo discutindo diferenças do que similaridades significativas.
3 Macacos e crianças humanas com menos de 18 meses de idade falham nesse teste de autoconheicmento. Para essa e outras questões, veja Zentall (2015).
4 Tebbich & Bshary (2004).
5 de Waal (1982).
6 Beck (1982).
7 McIntyre & Smith (2000), 26.
8 p.ex., Sayers & Lovejoy (2008); Thompson (1975).
9 Bădescu et al. (2016).
10 Dou pouca atenção aos cupins e abelhas em favor de minhas amadas formigas, mas se quiser saber mais sobre eles, sugiro Bignell et al. (2011) e Seeley (2010).
11 A função essencial da escala se aplica ao tamanho dos organismos e às sociedade. Veja Bonner (2006) e outros trabalhos do autor.
12 A descrição das economias de mercado das formigas é adaptada, com permissão, de Moffett (2010). Veja Cassill (2003); Sorensen et al. (1985); e para abelhas, Seeley (1995).
13 Wilson (1980).
14 Para algumas outras sociedades de insetos dependentes da agricultura e alimentos domesticados, veja Aanen et al. (2002); e Dill et al. (2002).
15 Bot et al. (2001); Currie & Stuart (2001).
16 Moffett (1989a).
17 Branstetter et al. (2017); Schultz et al. (2005); Schultz & Brady (2008).
18 Mueller (2002).

Capítulo 6

1 Barron & Klein (2016).
2 Algumas outras formigas têm supercolônias, incluindo uma descoberta por

Magdalena Sorger e eu na Etiópia com colônias de quilômetros de largura (Sorger et al. 2017). Para mais detalhes sobre formigas-argentinas e uma análise crítica da literatura em que este capítulo se baseia, veja Moffett (2010 & 2012).

3 Violência na supercolônia ocorre em uma situação. Na primavera, por motivos pouco claros, operárias fazem uma execução em massa de rainhas, poupando o suficiente para manter o crescimento da colônia. Essa exceção prova a regra: a integridade social é refletida em quão bem as formigas lidam com a situação, com a colônia operando suavemente enquanto as rainhas são mortas — até rainhas não protestam (Markin 1970).

4 Injaian & Tibbetts (2014).

5 Embora raros, há casos de rainhas fundadoras reconhecendo-se individualmente pelo cheiro (d'Ettorre & Heinze 2005).

6 As formigas também distinguem as operárias pelas tarefas que realizam no momento (Gordon 1999).

7 Dangsheng Liang, pers. comm.; Liang & Silverman (2000).

8 Depois de usar o termo sociedade anônima pela primeira vez (Moffett 2012), descobri que Eibl-Eibesfeldt (1998) empregou essa frase para descrever qualquer sociedade com uma população grande. Em minha opinião, até uma sociedade pequena pode ser anônima se for demarcada pelo uso de rótulos que *potencialmente* permitem alguns membros não conhecer outros.

9 Brandt et al. (2009). A luta entre supercolônias continua inalterada mesmo depois de as formigas terem ingerido uma dieta idêntica em um cenário de laboratório uniforme durante um ano (Suarez et al. 2002).

10 Haidt (2012).

11 Czechowski & Godzińska (2015).

12 Em alguns casos, os odores da colônia surgem primeiramente das rainhas (Hefetz 2007).

13 Escravizadas são menos agressivas com outsiders do que formigas livres; segundo uma interpretação desse fato, a diversidade de marcadores nas colônias levam ao desleixo na identificação (Torres & Tsutsui 2016).

14 Elgar & Allan (2006).

15 Agradeço a Stan Braude e Paul Sherman por informações sobre essa espécie. Braude (2000); Bennett & Faulkes (2000); Judd & Sherman (1996); Sherman et al. (1991).

16 Braude & Lacey (1992), 24.

17 Burgener et al. (2008).

18 Agradeço a Russell Paul Balda, John Marzluff, Christine Dahlin e Alan Kamil pelos insights sobre essa espécie. Veja Marzluff & Balda (1992); Paz-y-Miño et al. (2004).

19 Agradeço a Mauricio Cantor e Shane Gero pelas informações sobre cachalotes. Cantor & Whitehead (2015); Cantor et al. (2015); Christal et al. (1998); Gero et al. (2015, 2016a, 2016b).

20 Ao contrário dos cachalotes, os golfinhos-nariz-de-garrafa da Flórida parecem não usar vocalizações para identificar suas sociedades (que têm uma população de até algumas centenas e parecem contar com reconhecimento individual). Ainda assim, é possível que diferenças na cultura — comportamento aprendido como técnicas de pesca — também podem agir para separar as comunidades em algumas populações. Durante anos, uma comunidade de golfinhos australianos de uma espécie diferente da dos golfinhos de Sarasota, acompanhava traineiras para conseguir peixes. Esses golfinhos dependentes dos barcos vivem perto de outra comunidade que apanhava peixes do modo normal, longe de barcos. Os dois grupos juntaram-se em um depois que a pesca acabou (Ansmann et al. 2012; Chilvers & Corkeron 2001).

21 A densidade das formigas é maior na frente de uma invasão, mas isso pode refletir alimentos não tocados ali e não um enfraquecimento da supercolônia longe das fronteiras. Em outros lugares do mundo, algumas populações de formigas-argentinas diminuíram, apesar de prognósticos de colapso de supercolônias (Queller & Strassmann 1998) são, na melhor das hipóteses, prematuras (Lester & Gruber 2016).

Capítulo 7

1 O gelada é uma exceção quanto à hesitação ou desconforto entre sociedades, movendo-se com relativa indiferença entre outras "unidades" (Capítulo 17).

2 p.ex., Cohen (2012): McElreath et al. (2003); Riolo et al. (2001).

3 Womack (2005). Sinônimos de "marcadores" incluem palavras como "rótulos" e "etiqueta".

4 de Waal & Tyack (2003); Fiske & Neuberg (1990); Machalek (1992).

5 Para detalhes sobre diferentes níveis de conexões sociais humanas, veja Buys & Larson (1979); Dunbar (1993); Granovetter (1983); Moffett (2013); Roberts (2010).

6 Essa é a versão cultural da ideia de um fenótipo estendido proposto por Dawkins (1982).

7 Wobst (1977).

8 Alessia Ranciaro, pers. comm.; Tishkoff et al. (2007).

9 Simoons (1994).

10 Wurgaft (2006).

11 Baumard (2010); Ensminger & Henrich (2014).

12 Poggi (2002).

13 Iverson & Goldin-Meadow (1998).

14 Darwin (1872).

15 Marsh et al. (2003). Pessoas em prolongado contato social também têm expressões parecidas, talvez devido ao uso similar repetido dos mesmo músculos faciais (Zajonc et al. 1987).

16 Marsh et al. (2007).

17 Sperber (1974).

18 Eagleman (2011).

19 Bates et al. (2007).

20 Allport (1954), 21.

21 Watanabe et al. (1995).

22 Nettle (1999).

23 Pagel (2009), 406.

24 Larson (1996).

25 Tajfel et al. (1970).

26 Dixon (2010), 79.

27 Às vezes, a língua falada por um grupo de pigmeus não corresponde a dos fazendeiros com quem estão atualmente ligados, sugerindo que eles migram (Bahuchet 2012 & 2014). Igualmente misterioso é o fato de boxímanes que se separaram da língua nativa falam versões da língua dos pastores de gado Khoikhoi, antes chamados Hottentots (Barnard 2007).

28 Giles et al. (1977); van den Berghe (1981).

29 Fitch (2000); Cohen (2012).

30 Flege (1984); Labov (1989).

31 JK Chambers (2008).

32 Citado por Edwards (2009), 5.

33 Dixon (1976).

34 Barth (1969); McConvell (2001).

35 Heinz (1975), 38. Na verdade, sociedades de caçadores-coletores são consideradas "tolerantes" por causa da grande liberdade em relação ao comportamento (Lomax & Berkowitz 1972).

36 Guibernau (2013). Naturalmente, qualquer forma de afiliação gera expectativas de comportamento, como a conclusão deste livro deixa claro.

37 Kurzban & Leary (2001); Marques et al. (1988).

38 Vicki Fishlock e Richard Wrangham, pers. comm.

39 Apesar do comportamento rígido, até formigas que não tomam escravizados podem ser manipuladas experimentalmente para receber estrangeiros em sua sociedade — diferentes espécies de formigas incluídas (Carlin & Hölldobler 1983).

40 Minha opinião sobre superorganismos — que liga as sociedades à característica principal que fundamenta todos os organismos, a identidade unida de seus componentes — é adaptada de Moffett (2012).

41 Berger & Luckmann (1966), 149.

42 Para a pesquisa que usa fichas, veja Addessi et al. (2007).

43 Darwin (1871), 145.

44 Tsutsui (2004).

45 Gordon (1989). Chimpanzés, e provavelmente muitos outros animais, fazem o mesmo (Herbinger et al. 2009), mas, novamente, no caso das formigas, é reconhecendo o grupo do que identificando um indivíduo como estrangeiro como faz o chimpanzé.

46 Spicer (1971), 795–796.

47 p.ex., veja debate em Henshilwood & d'Errico (2011).

48 Geertz (1973).

49 Womack (2005), 51.

50 Formigas-cortadeiras resistem a essa tendência com seu cérebro excepcionalmente grande (Riveros et al. 2012).

51 Geary (2005); Liu et al. (2014); p.ex., em comparação ao corpo, os boxímanes têm um crânio muito grande (Beals et al. 1984).

52 Apontado por Gamble (1998), 431.

53 Entre as teorias de grupos sociais estruturadas por psicólogos, os grupos indutivos e dedutivos de Postmes et al. (2005) podem estar mais perto da minha distinção entre reconhecimento individual e sociedades anônimas. A distinção entre vínculo comum e grupos de identidade comum também é intrigante (Prentice et al. 1994).

54 Berreby (2005).

Capítulo 8

1 Como muitos termos de antropologia, há uma série de definições entediantes para "bando" e opções para a palavra, como hordas, acampamentos de pernoite ou grupos locais.

2 Há outros nomes aplicados a essas sociedades itinerantes de caçadores-coletores, a maioria desconcertante, mas "sociedades de bando" tem uma boa origem (p.ex., Leacock & Lee 1982) e enfatizam a primazia da condição de fissão-fusão sobre a igualidade, a caça, a coleta ou a proficiência com ferramentas ou fogo. Em outro lugar, eu as chamo de "sociedades multibandos" (Moffett 2013), um termo que simplifico aqui.

3 Binford (1980), 4.

4 p.ex., Headland et al. (1989); Henn et al. (2011).

5 Roe (1974); Weddle (1985).

6 Behar et al. (2008).

7 Ganter (2006).

8 Meggitt (1962), 47.

9 Curr (1886), 83–84.

10 Agradeço a Thomas Barfield a orientação. Embora os "nômades a cavalo" da Ásia tivessem líderes, eles agiam de modo mais igualitário, como os caçadores-coletores, enquanto em seus acampamentos dispersos (Barfield 2002).

11 Hill et al. (2011).

12 Wilson (2012).

13 Pruetz (2007).

14 Agradeço a Fiona Stewart e Jill Pruetz pelas informações sobre chimpanzés da savana. Hernandez-Aguilar et al. (2007); Pruetz et al. (2015).

15 Para uma descrição da importância do partilhamento do fogo e da comida, veja Wrangham (2009).

16 Veja, p.ex., Ingold (1999) e o "cenário social ilimitado" de Gamble (1998).

17 Wilson (1975), 10.

18 Birdsell (1970).

19 Wiessner (1977, xix) ressalta que "mesmo San (boxímanes) de um grupo de língua diferente... são estrangeiros e devem ser encarados com desconfiança".

20 Arnold (1996); Birdsell (1968); Marlowe (2010). Agradeço a Brian Hayden por informações sobre o tamanho das sociedades de bando do Deserto Ocidental.

21 p.ex., Tonkinson (2011). Note que por causa das dificuldades, os povos da região desistiram do modo original de caça e coleta há muito tempo.

22 Meggitt (1962), 34.

23 Tonkinson (1987), 206. Falamos de algumas dessas questões nos Capítulos 17 e 18.

24 Essas sociedades se distinguiam pela língua, a importância dada a contos espirituais ou sonhos e outros temas (Brian Hayden e Brian Codding, pers. comm.). Suas alianças eram frágeis, porque algumas passavam à luta de qualquer maneira (Meggitt 1962).

25 Renan (1990).

26 Johnson (1997).

27 Dixon (1976), 231.

28 p.ex, Hewlett et al. (1986); Mulvaney (1976); Verdu et al. (2010).

29 Murphy & Murphy (1960).

30 p.ex., Heinz (1994); Mulvaney & White (1987).

31 Stanner (1979), 230.

32 Stanner (1965) introduziu o termo "propriedade" para descrever a área à qual cada bando tinha direitos básicos. Esse conceito de domicílio local variava. Os Hazda se transferiram de um bando a outro e os bandos passaram mais facilmente por extensões do território dos Hazda; mas até para eles, indivíduos ainda ficavam dentro daquela parte da região geral que conheciam bem (Blurton-Jones 2016).

33 Como descrito sobre os boxímanes !Kõ por Heinz (1972). Veja também o Capítulo 17.

34 Para formigas, p.ex., Tschinkel (2006). Vemos a mesma separação hoje com tropas entrincheiradas em batalhas (Hamilton 2003).

35 p.ex., Smedley & Smedley (2005).

36 Malaspinas et al. (2016).

37 Bowles & Gintis (2011), 99; veja também Bowles (2006).

38 Guenther (1976).

39 Lee & DeVore (1976). A palavra "San" continua a ter conotação pejorativa no Kalahari. Eu prefiro boxímanes que tinham menos associações negativas quando inicialmente cunhados por exploradores holandeses, embora outra alternativa é a palavra Bantu "Basarwa."

40 Schapera (1930), 77.

41 Coren Apicella, pers. comm.; Hill et al. (2014).

42 Silberbauer (1965), 62.

43 Schladt (1998) calcula que há um século, havia 200 línguas Khoisan (boxímanes e os pastores relacionados Khoikhoi).

392 *Notas*

44 Essas características transmitem um estilo emblemático (Wiessner 1983). Wiessner (1984) descobriu poucas conexões de povos boxímanes específicos com os estilos de enfeites para cabeça com contas, mas as contas não têm origem antiga; elas foram adquiridas no comércio com os europeus.
45 Wiessner (1983), 267.

46 Sampson (1988).
47 Gelo (2012).
48 Broome (2010), 17.
49 Spencer & Gillen (1899), 205.
50 Cipriani (1966).
51 Fürniss (2014).
52 Clastres & Auster (1998), 36.

Capítulo 9

1 Tonkinson (2002), 48; Hayden (1979).
2 Enquanto outsiders viam os caçadores-coletores pedindo mercadorias como esmola, estes viam os presentes como convites generosos à participação em relações de partilhamento que garantiam que todos estavam sendo cuidados (Earle & Ericson 2014; Peterson 1993).
3 Endicott (1988).
4 Veja argumentos em Wiessner (2002).
5 Sahlins (1968) primeiro descreveu os caçadores-coletores como "ricos", uma ideia que foi contestada (Kaplan 2000), a diferença de opinião surgindo em parte por que é impossível distinguir trabalho e lazer para pessoas que socializam enquanto realizam muitas tarefas.
6 Morgan & Bettinger (2012).
7 Elkin (1977).
8 Bleek (1928), 37.
9 Chapman (1863), 79.
10 Keil (2012).
11 Eles também preferem aprender de indivíduos dominantes (Kendal et al. 2015).
12 Wiessner (2002).
13 Blurton-Jones (2016); Hayden (1995).
14 Baumeister (1986).
15 Pelto (1968): Witkin & Berry (1975).
16 Entre os Aché, homens de diferentes bandos se uniam para lutar, embora mesmo então não como uma equipe, e os combatentes muitas vezes acabavam lutando contra outros do próprio bando (Hill & Hurtado 1996).
17 Ellemers (2012).
18 Finkel et al. (2010).
19 Lee (2013), 124.
20 Lee & Daly (1999), 4.
21 p.ex., Marshall (1976). Um aspecto prático era que um bando tinha muito poucas crianças da mesma idade que pudessem brincar juntas de modo competitivo (Draper 1976).
22 Boehm (1999).
23 de Waal (1982). De modo semelhante, babuínos-anúbis de posição inferior se uniram para expulsar uma fêmea repressora do bando (Anthony Collins, pers. comm.).
24 Ratnieks et al. (2006).
25 Domínio de um sexo sobre outro existe em muitas espécies, com as fêmeas no topo entre as hienas-malhadas, lêmures-de-cauda-anelada e bonobos, enquanto machos assumem o controle entre os chimpanzés e babuínos.
26 Tuzin (2001), 127.
27 Schmitt et al. (2008).
28 Thomas-Symonds (2010).
29 Bousquet et al. (2011).
30 Hölldobler & Wilson (2009); Seeley (2010); Visscher (2007). O mabeco dominante tem um pouco mais de influência do que outros membros do bando (Walker et al. 2017).
31 Rheingold (2002); Shirky (2008).

Capítulo 10

1 Ian McNiven e Heather Builth, pers. comm.; Broome (2010); Builth (2014); Head (1989); McNiven et al. (2015).
2 Cipriani (1966).
3 Brink (2008).
4 No caso dos elefantes as reuniões são formadas por muitos grupos de núcleo ou sociedades, mas em sociedades de bando de caçadores-coletores podem igualmente se reunir para estabelecer alianças e comércio (Hayden 2014).
5 Guenther (1996).
6 O inevitável poderia ser adiado. Os Cheyenne reuniam esquadrões de polícia para supervisionar as caçadas conjuntas de búfalos, um grupo que se desfazia quando as caçadas terminavam (MacLeod 1937).
7 Rushdie (2002), 233.
8 Denham et al. (2007).
9 Mitchell (1839), 290–291.
10 Clastres (1972). Este artigo usa um nome alternativo para os Aché, os Guayaki.

Notas 393

11 Lee (1979), 361.
12 Hawkes (2000).
13 Morgan & Bettinger (2012).
14 Roscoe (2006).
15 Minhas descrições dos indígenas da costa noroeste se deve principalmente à correspondência com Kenneth Ames e Brian Ferguson. Ames (1995); Ames & Maschner (1999); Sassaman (2004).
16 Algumas tribos também controlaram o meio ambiente, por exemplo, estocando salmão em lagos artificiais ou criando amêijoas em açoteias de pedra ainda visíveis na maré baixa (Williams 2006).
17 Patrick Saltonstall e Amy Steffian, pers. comm.; Steffian & Saltonstall (2001). O naturalista norte-americano Edward Nelson, que viveu nos anos de 1870 entre os povos de língua Yupik no sudoeste do Alasca, escreveu que os botoques, feitos de pedra e, portanto, provocando dor para ser mantidos no lugar, "eram removidos e carregados em uma pequena bolsa até nos aproximarmos da vila à noite, quando eram recolocados para mostrar uma aparência adequada diante do povo" (Nelson 1899, 50) — equivalente a uma pessoa exibindo a bandeira nacional em um evento internacional.
18 Townsend (1983).
19 Johnson (1982).
20 Silberbauer (1965).
21 Van Vugt & Ahuja (2011).
22 Bourjade et al. (2009).
23 Peterson et al. (2002).
24 Fishlock et al. (2016).
25 Watts et al. (2000).
26 Baumeister et al. (1989).
27 p.ex., Hold (1980).
28 Dawson (1881); Fison & Howitt (1880), 277.
29 Hann (1991), xv.
30 William Marquardt, pers. comm.; Gamble (2012); Librado (1981).
31 Hayden (2014).
32 Van Vugt et al. (2008).
33 Hogg (2001); Van Knippenberg (2011).
34 Por exemplo, Passarge (1907) escreveu que os boxímanes lhe contaram que já tiveram chefes hereditários que foram ignorados pelos colonizadores porque mostravam pouco da pompa e circunstância dos líderes europeus. Outro antropólogo escreveu, "As sociedades de boxímanes Naron e Auen tinham chefes quando o velho homem era jovem. Eles dirigiam o deslocamento do povo de um local a outro, ordenavam queimadas na savana e, principalmente lideravam durante guerras. Lutas eram frequentes entre as duas tribos, e entre outros nativos que gradativamente invadiam de todos os lados" (Bleek 1928, 36–37).
35 Andersson (1856), 281.
36 Em vez de chefes, uma palavra melhor para os líderes dos =Au//ei seria "Big Men" (Capítulo 22), embora, pelo menos, em alguns casos sua posição era herdada (Mathias Guenther, pers. comm.; Guenther 1997 & 2014).
37 Ames (1991).
38 Testart (1982).
39 Durkheim (1893) distinguia a "solidariedade mecânica" das pessoas que realizam trabalho semelhante em sociedades tecnologicamente simples da "solidariedade orgânica" das sociedades com divisão de trabalho.
40 Este é um subproduto do que é descrito como autodomesticação: primatas como os humanos e bonobos evoluíram de modo a serem tolerantes e ineficazes sem outros de sua espécie (Hare et al. 2012). A autodomesticação está associada com a redução de violência impulsiva (Wrangham 2019). Baumeister et al. (2016) afirmam que pela especialização, as pessoas se tornaram cada vez mais insubstituíveis. No entanto, como muitos indivíduos provavelmente realizarão a maioria das tarefas especializadas em uma grande população, somente uma pequena minoria é atualmente insubstituível.
41 Originalmente proposto por Brewer (1991).
42 Mesmo hoje, as sociedades se distinguem quanto ao nível mais confortável ou ideal pelo qual as pessoas lutam. O foco em *diferenças* é mais intenso nas culturas ocidentais onde o individualismo e o capitalismo reinam, embora mesmo entre elas um publicitário insere as pessoas em uma categoria, tornando-as menos distintas do que pensam (JR Chambers 2008).
43 Hayden (2011).
44 Fried (1967), 118. *Potlatches* existiam antes do contato com europeus e ficaram mais elaborados depois que eles puseram fim às guerras crônicas do Noroeste do Pacífico, sugerindo que as festas substituíram as lutas para demonstrar a importância do chefe.
45 Tyler (2006).

46 Uma antiga afirmação sobre esse ponto de vista foi apresentada por Hayden et al. (1981).

47 Que eu saiba, essa opinião foi primeiro apresentada em Testart (1982).

48 Para exemplos da América do Sul, veja Bocquet-Appel & Bar-Yosef (2008); Goldberg et al. (2016).

49 Berndt & Berndt (1988), 108.

50 Cipriani (1966), 36.

51 Mummert et al. (2011).

52 O'Connell (1995).

53 Roosevelt (1999).

54 É irônico o desprezo mostrado pelas nações industrializadas em relação aos povos de caçadores-coletores, considerando que nossa reação instintiva evoluiu ao longo de milênios passados como caçadores-coletores. As assim chamadas culturas primitivas foram associadas com animais e crianças, como se contar com a caça e a coleta fosse evidência de faculdades mentais perdidas de uma era passada (Jahoda 1999; Saminaden et al. 2010).

Capítulo 11

1 Marean (2010).

2 Behar et al. (2008).

3 Mercader et al. (2007).

4 Villa (1983).

5 Curry (2008).

6 Harlan (1967) colheu suficiente trigo selvagem com ferramentas de pedra para mostrar que uma família pré-histórica na Turquia poderia ter colhido um suprimento para um ano desse grão, e assim, teria condições de fixar raízes.

7 Price & Bar-Yosef (2010); Trinkaus et al. (2014).

8 Jerardino & Marean (2010).

9 d'Errico et al. (2012).

10 Henshilwood et al. (2011).

11 Essa opinião foi efetivamente rebatida por McBrearty & Brooks (2000).

12 Kuhn & Stiner (2007), 40–41.

13 Wadley (2001).

14 A evidência mais convincente de sociedades de diferenciação por marcadores é recente — a quantidade de enfeites de marfim, chifres, madeira, dentes e conchas em toda a Europa entre 37 e 28 mil anos atrás (Vanhaeren & d'Errico 2006).

15 Brooks et al. (2018).

16 Rendell & Whitehead (2001); Thornton et al. (2010).

17 Coolen et al. (2005).

18 van de Waal et al. (2013).

19 Bonnie et al. (2007); Whiten (2011). A prática do grooming é transmitida da mãe aos filhotes (Wrangham et al. 2016).

20 McGrew et al. (2001).

21 Uma fêmea não apertou as mãos de outro chimpanzé "corretamente" quando se uniu à comunidade há duas décadas, mas seus companheiros fazem o grooming nela da mesma forma (Michio Nakamura, pers. comm.).

22 Brown & Farabaugh (1997); Nowicki (1983).

23 Paukner et al. (2009).

24 Resta ser provado se os chimpanzés reagem às características dos pant-hoots do grupo, reconhecem os macacos como indivíduos por meio de leves diferenças nos chamados ou ambos (Marshall et al. 1999; Mitani & Gros-Louis 1998).

25 Crockford et al. (2004). Os *pinyon jays*, com suas sociedades de bando permanente (Capítulo 6), aprendem os gritos de *próximo* e *angústia* desse jeito.

26 Boughman & Wilkinson (1998); Wilkinson & Boughman (1998). Suricatos têm chamados de contato que diferem de um clã a outro, mas nessa espécie os animais parecem não captar a diferença (Townsend et al. 2010).

27 Herbinger et al. (2009).

28 Taglialatela et al. (2009). Um experimento essencial, comparando as reações dos chimpanzés a um *pant-hoot* de membros do grupo versus estrangeiros ainda não foi realizado.

29 Fitch (2000). Há uma hipótese sobre uma senha também ser usada por espécies de pássaros (Feekes 1982).

30 Zanna Clay, pers. comm.; Hohmann & Fruth (1995) Na verdade, os macacos-aranha aprendem um guincho igualmente específico à comunidade (Santorelli et al. 2013).

31 A protolíngua consiste em "nada mais que um conjunto de chamados expressando significados não analisados" (Kirby 2000, 14).

32 Steele & Gamble (1999).

33 Aiello & Dunbar (1993).

34 Grove (2010).

35 Prefiro essa expressão a "liberada da proximidade" (veja Capítulo 4 e Gamble 1998) considerando, por exemplo, que a baixa

densidade dos chimpanzés da savana mostra que a distância não é um problema.

36 Ou, pelo menos, usualmente: trapaceiras como a aranha invasora-de-colônias são raras na formiga-argentina, sugerindo que é difícil se identificar com a supercolônia — talvez seus membros sejam tão parecidos que mesmo o mínimo desvio da "norma" dispare o alarme.

37 Fiske (2010); Boyd & Richerson (2005).

38 Johnson et al. (2011).

39 A quase ausência de pelos tem outras explicações: facilitar a natação, reduzir parasitas ou manter o corpo fresco (Rantala 2007).

40 Lewis (2006), 89.

41 Turner (2012), 488. Veja também Thierry (2005).

42 Gelo (2012).

43 Kan (1989), 60.

44 As tatuagens impedem o sequestro das mulheres (White 2011); para mais exemplos de marcações na pele, veja Jablonski (2006).

45 Pabst et al. (2009) afirma que as tatuagens tem valor medicinal; mesmo assim, tem sido associadas à uma tribo.

46 Alan Rogers, pers. comm.; Rogers et al. (2004).

47 Berman (1999).

48 Jolly (2005).

49 Chance & Larsen (1976).

50 Boyd & Richerson (2005).

51 Foley & Lahr (2011).

52 Tennie et al. (2009). Chimpanzés também criam culturas simbólicas rudimentares, na medida em que um comportamento tem diferentes significados em diversas comunidades; por exemplo, rasgar folhas com os dentes ruidosamente é um convite ao sexo em uma comunidade e para brincadeiras em outra (Boesch 2012).

53 Tindale & Sheffey (2002). Para dar um exemplo, na última década nossa dependência em GPS nos deixou menos hábeis em um talento aprimorado pelos caçadores-coletores, a navegação espacial (Huth 2013).

54 Henrich (2004b); Shennan (2001). Há controvérsias sobre a interpretação da simplicidade da cultura da Tasmânia, incluindo a incapacidade de usar o fogo (Taylor 2008).

55 Finlayson (2009); Mellars & French (2011).

56 Hiscock (2007).

57 Aimé et al. (2013).

58 Powell et al. (2009). Alguns negam a conexão entre complexidade social, densidade populacional e taxas de interação, e certamente outros fatorem também interferem (Vaesen et al. 2016).

59 Wobst (1977).

60 Moffett (2013), 251.

Capítulo 12

1 Wiessner (2014).

2 Hasson et al. (2012). Essa ligação também ocorre entre cérebros de macacos (Mantini et al. 2012).

3 Harari (2015).

4 Para uma ótima análise de muitas questões gerais, veja Banaji & Gelman (2013).

5 Eibl-Eibesfeldt (1998), 38.

6 Callahan & Ledgerwood (2013).

7 Testi (2005); veja também Testi (2010).

8 Bar-Tal & Staub (1997); Butz (2009); Geisler (2005). Na verdade, a mera visão de uma bandeira nacional faz as pessoas se sentirem mais nacionalistas (Hassin et al. 2007), embora essa reação varie entre sociedades (Becker et al. 2017).

9 Helwig & Prencipe (1999); Weinstein (1957); Barrett (2007).

10 Billig (1995), Ferguson & Hassin (2007), Kemmelmeier & Winter (2008).

11 Barnes (2001).

12 Agradeço a Sören Krach e Helen Gallagher por confirmar essa expectativa de respostas humanas a jogar no computador. À medida que os robôs parecem mais reais, nós os tratamos cada vez mais como humanos (Chaminade et al. 2012; Takahashi et al. 2014; Wang & Quadflieg 2015).

13 Parr (2011).

14 Henrich et al. (2010b).

15 p.ex., Ratner et al. (2013).

16 Schaal et al. (2000).

17 Cashdan (1998); Liberman et al. (2016).

18 Ou, pelo menos, a raça de seus pais (Kelly et al. 2005).

19 Kinzler et al. (2007); Nazzi et al. (2000); Rakić et al. (2011).

20 Kelly et al. (2009); Pascalis & Kelly (2009). Esse efeito é reversível em crianças mais velhas com mudanças radicais no meio ambiente, mas é difícil e exige muito tempo (Anzures et al. 2012; Sangrigoli et al. 2005). Podemos aproveitar as habilidades de um bebê de idade adequada para melhorar como ele reconhece outras raças ou etnias — exposição a três rostos do grupo pode funcionar (Sangrigoli & de Schonen 2004).

396 *Notas*

21 Estranho, considerando o esforço que os filhotes investem no *imprinting*, não se sabe se a mãe galinha reconhece os próprios pintinhos (Bolhuis 1991).

22 É claro que o filhote só conhece a mãe, e não o grupo social e as formigas não usam seu *imprinting* como ponto de partida para conhecer os membros da colônia individualmente. Mesmo assim, embora a complexidade de como as pessoas distinguem grupos seja maior, as bases genéticas de como nós o fazemos não devem ser muito diferentes (p.ex., Sturgis & Gordon 2012).

23 Pascalis et al. (2005); Scott & Monesson (2009); Sugita (2008).

24 Rowell (1975).

25 Atran (1990).

26 Hill & Hurtado (1996).

27 Keil (1989).

28 Gil-White (2001).

29 Isso atinge extremos em situações de fusão de identidade (Capítulo 15; Swann et al. 2012).

30 Martin & Parker (1995).

31 Diferentes culturas e etnias têm diversos meios filhos de casamentos mistos (p.ex., Henrich & Henrich 2007).

32 Hammer et al. (2000).

33 Madon et al. (2001) analisa a mudança de estereótipos ao longo das últimas décadas.

34 MacLin & Malpass (2001).

35 Appelbaum (2015).

36 Levin & Banaji (2006).

37 MacLin & MacLin (2011).

38 Ito & Urland (2003), Todorov (2017).

39 Asch (1946), 48.

40 Castano et al. (2002)

41 Agência Telegráfica Judaica (1943).

42 Greene (2013).

43 Wiessner (1983), 269.

44 Silberbauer (1981), 2.

45 O sociólogo alemão Georg Simmel contribuiu para a confusão definindo "estranho" de um jeito não tradicional, como membro do grupo que não se adapta — isto é, alguém que age de modo estranho (p.ex., McLemore 1970). A maioria dos dicionários priorizam o uso de "xenofobia" ao descrever reações negativas a um *estrangeiro*, tenha ele sido encontrado antes ou não e também é como prefiro usá-la.

46 Azevedo et al. (2013). Quanto mais diferentes as raças, menor a empatia (Struch & Schwartz 1989). Respostas à dor também são mais fortes para animais que vemos mais parecidos conosco (Plous 2003).

47 Campbell & de Waal (2011).

Capítulo 13

1 Macrae & Bodenhausen (2000), 94.

2 Lippmann (1922), 89.

3 Devine (1989).

4 Bonilla-Silva (2014) apresenta uma discussão fascinante.

5 Banaji & Greenwald (2013), 149. O teste tem seus críticos (p.ex., Oswald et al. 2015).

6 Baron & Dunham (2015).

7 Hirschfeld (2012), 25.

8 Aboud (2003); Dunham et al. (2013).

9 Harris (2009).

10 Bigler & Liben (2006); Dunham et al. (2008)

11 Hirschfeld (1998).

12 Karen Wynn, pers. comm.; Katz & Kofkin (1997).

13 Edwards (2009).

14 Kinzler et al. (2007), 12580

15 Amodio (2011), 104; veja também, p.ex., Phelps et al. (2000).

16 Até agora, esse trabalho tem sido feito em pessoas com diferentes opiniões políticas e não com identidades nacionais *per se* (Nosek et al. 2009).

17 Beety (2012); Rutledge (2000).

18 Cosmides et al. (2003); Kurzban et al. (2001); Pietraszewski et al. (2014). Esses autores propõem que o maquinário cognitivo evoluiu para detectar alianças dentro das sociedades, mas entre caçadores-coletores recentes e nos primeiros humanos, essas alianças eram mais flexíveis e não conectadas a quaisquer traços de identificação (marcadores, incluindo diferenças raciais).

19 Wegner (1994).

20 Monteith & Voils (2001).

21 MacLin & MacLin (2011).

22 Haslam & Loughnan (2014), 418.

23 Greenwald et al. (2015). Para mostrar apenas uma circunstância em que isso ocorre, muitas vezes as minorias recebem tratamento médico inferior a brancos do mesmo médico (Chapman et al. 2013).

24 Tratar amigos étnicos como especiais é chamado de "subtipagem" (Wright et al. 1997).

25 Uma leve repulsa é um meio de diferenciação e não discriminação (Brewer 1999; Douglas 1966; Kelly 2011).

Notas 397

26 Veja Capítulo 17. Bandura (1999); Jackson & Gaertner (2010); Vaes et al. (2012); Viki et al. (2013).
27 Steele et al. (2002).
28 Fiske & Taylor (2013), Phelan & Rudman (2010).
29 Gilderhus (2010).
30 Kelley (2012); p.ex., muitas tradições norueguesas são invenções semelhantes (Eriksen 1993).
31 Leibold (2006).
32 Beccaria (1764).
33 Haslam et al. (2011b).
34 Renan (1990), 11. Veja também Hosking & Schöpflin (1997); Orgad (2015).
35 Para mais sobre memória, veja Bartlett & Burt (1933); Harris et al. (2008); Zerubavel (2003).

36 Gilderhus (2010); Lévi-Strauss (1972).
37 Berndt & Berndt (1988).
38 Billig (1995); Toft (2003).
39 Maguire et al. (2003); Yates (1966).
40 Lewis (1976).
41 Joyce (1922), 317. Veremos na seção IX que, dada a história de conquistas e imigração, o que conta como "as mesmas" pessoas tornou-se algo complicado.
42 Bar-Tal (2000).
43 Daí a reivindicação do EI ao direito de um Estado (Wood 2015). Veja a Seção IX para como isso afeta raças e etnias.
44 McDougall (1920).
45 Bigelow (1969).

Capítulo 14

1 Wilson (1978), 70. Veja também Read (2011). Como Claude Lévi-Strauss (1952, 21) escreveu, "A humanidade cessa nas fronteiras da tribo".
2 Gombrich (2005), 278.
3 Giner-Sorolla (2012), 60.
4 Freud (1930).
5 Smith (2011).
6 Aristóteles descreve a escravidão como justificada para prisioneiros feitos em batalha (Walford & Gillies 1853, 12).
7 Orwell (1946), 112. Antropomorfismo e desumanização estão relacionados (Waytz et al. 2010).
8 David Livingstone Smith, pers. comm.; Haidt & Algoe (2004); Lovejoy (1936); Smith (2011).
9 Costello & Hodson (2012) estudaram como canadenses de 6 a 10 anos viam crianças negras. Os que viam uma diferença maior entre pessoas e animais tendiam a ser mais preconceituosos.
10 Isso reforça minha opinião de que foi com base na sociedade, não no acampamento ou bando, que as pessoas criaram sua identidade. Em geral, quando os nomes de exogrupos são descrições simplificadas, falam de sua "humanidade", as relações com outsiders tendem a ser mais difíceis do que se os nomes têm um significado mais diferenciado (Mullen et al. 2007).
11 Haslam & Loughnan (2014).
12 Ekman (1992). Alguns alegam diferentes categorias de emoções básicas, p.ex., Jack et al. (2014) propõe que surpresa não pode ser diferenciada de medo, ou repulsa de

raiva. No entanto, como o psicólogo Paul Bloom lembrou, repulsa ou raiva são emoções aversivas negativas, mas são geradas por estímulos diferentes, evocam reações e respostas cerebrais diversas e têm histórias evolucionárias e trajetórias de desenvolvimento variadas.
13 Haidt (2012).
14 Bosacki & Moore (2004).
15 Chimpanzés interpretam as expressões uns dos outros (Buttelmann et al. 2009; Parr 2001; Parr & Waller 2006).
16 Haslam (2006) propõe que desumanizamos todos que conhecemos em diferentes graus. Ele vê a crença de que faltam traços humanos básicos a outsiders como *desumanização animalista*, ou desumanização a nível animal. Isso cria limites como espécies entre grupos não vistos na *desumanização mecânica* de pessoas, como quando médicos ou advogados são vistos como calculistas e desumanizados ao nível de objetos inanimados ou, mais exatamente, máquinas. Martínez et al. (2012) mostra que a desumanização mecânica pode surgir a nível de sociedade.
17 Wohl et al. (2012).
18 Haidt (2003); Opotow (1990).
19 Jack et al. (2009); Marsh et al. (2003).
20 Ambas as raças identificam mal com frequência um objeto como arma quando está na mão de um negro do que um branco. Ackerman et al. (2006); Correll et al. (2007); Eberhardt et al. (2004); Payne (2001).
21 Hugenberg & Bodenhausen (2003).

398 *Notas*

22 Isso ocorreu, pelo menos, se o mentiroso ficou quieto, quando os participantes não notaram sinais sutis de atitude que variam nas culturas; ao falar, pausas desconfortáveis ao formular frases denunciam o mentiroso (Bond et al. 1990). Veja também Al-Simadi (2000).
23 Ekman (1972).
24 Kaw (1993).
25 O relato de desumanização de "conteúdo estereotipado" descrito aqui (Fiske et al. 2007) foi desenvolvido separadamente do modelo de infrahumanização, com seu foco em emoções secundárias.
26 Vaes & Paladino (2010).
27 Clastres (1972).
28 Koonz (2003).
29 Goff et al. (2008); Smith & Panaitiu (2015).
30 Haslam et al. (2011a).
31 Haidt et al. (1997).
32 Amodio (2008); Kelly (2011); Harris & Fiske (2006).
33 Medo de contaminação, expressa como repulsa e a ideia de que os membros do grupo partilham "alguma essência corporal fundamental em comum" (Fiske 2004), pode ser um tipo de um antigo "sistema imunológico comportamental" (Schaller & Park 2011, 30; O'Brien 2003). As pessoas temem mais imigrantes depois de ver fotografias de doentes (Faulkner et al. 2004).
34 Freeland (1979). Essa ideia não funciona com todos os parasitas, pois doenças que se propagam pelas fezes e não contato direto

podem se transferir facilmente entre territórios; além disso, quando uma doença penetra em um território, as populações concentradas ligadas a esse espaço podem promover sua disseminação.
35 McNeill (1976). A sífilis pode ter sido levada de volta à Europa dos EUA, mas com um efeito amplamente menos destrutivo que o da varíola nas Américas.
36 Heinz (1975), 21.
37 Tajfel & Turner (1979).
38 Bain et al. (2009).
39 Koval et al. (2012).
40 Reese et al. (2010); Taylor et al. (1977).
41 Até onde sei, há poucas pesquisas sobre essa questão, embora um estudo mostra que crianças mantêm mais contato visual com indivíduos da mesma raça (Wheeler et al. 2011) e há um estudo clássico que demonstra que brancos mantêm menos contato visual com candidatos a emprego negros (Word et al. 1974).
42 Mahajan et al. (2011); mas veja também Mahajan et al. (2014).
43 Outra opção é que a ligação que fazemos entre outsiders e o senso de repulsa surgiu nos humanos (D Kelly 2013).
44 Henrich (2004a); Henrich & Boyd (1998); Lamont & Molnar (2002); Wobst (1977).
45 Gil-White (2001).
46 Revisado por Kleingeld (2012).
47 Leyens et al. (2003), 712.
48 Castano & Giner-Sorolla (2006).
49 Wohl et al. (2011).

Capítulo 15

1 Orwell (1971), 362.
2 Goldstein (1979).
3 Bloom & Veres (1999); Campbell (1958).
4 Avaliações sobre a cordialidade e competência de grupos sociais foram descritas no último capítulo. Callahan & Ledgerwood (2016).
5 Essas respostas alternativas dependem da força relativa dos grupos e o quanto competem (Alexander et al. 2005).
6 McNeill (1995); Seger et al. (2009); Tarr et al. (2016); Valdesolo et al. (2010).
7 Barrett (2007); Baumeister & Leary (1995); Guibernau (2013).
8 Atran et al. (1997); Gil-White (2001).
9 Brewer & Caporael (2006); Caporael & Baron (1997).
10 A noção de que a sociedade é mais que a soma de seus membros, agora amplamente considerada correta, foi originalmente

chamada de "falácia nacionalista" por Allport (1927).
11 Sani et al. (2007).
12 Castano & Dechesne (2005).
13 Best (1924), 397.
14 Wilson (2002).
15 de Dreu et al. (2011); Ma et al. (2014).
16 Pessoas com uma forte identidade de grupo expressam emoções do grupo com mais intensidade (Smith et al. 2007).
17 Adamatzky (2005).
18 Hayden (1987). Reuniões de bandos de diferentes sociedades para comércio e alianças continuariam com mais cautela (Capítulo 18).
19 Marco Iacoboni pers. comm. e Iacoboni (2008). Quando conscientemente imitamos os outros, porém, o status percebido leva vantagem (Elizabeth Losin, pers. comm. and Losin et al. 2012).

Notas 399

20 Rizzolatti & Craighero (2004).
21 Field et al. (1982). A dança pode ter começado por meio dessa imitação (Laland et al. 2016).
22 Parr & Hopkins (2000).
23 Marchas de animais passam a respostas mais imediatas a um estímulo, como os gritos que atravessam uma comunidade de chimpanzés, mobilizando-os a afugentar um inimigo ou predador. Preston & de Waal (2002); Spoor & Kelly (2004).
24 Wildschut et al. (2003).
25 Para explicações além de "marchas" do comportamento das formigas, veja Moffett (2010).
26 Watson-Jones et al. (2014).
27 Chimpanzés e bonobos copiam uns aos outros quando há um resultado positivo, por exemplo, usar uma vara para apanhar cupins, mas raramente imitam um ato totalmente desconexo com um objetivo prático. Porém, alguns comportamentos chegam perto — como quando os bonobos no Zoológico de San Diego adotaram o hábito de bater palmas de vez em quando ao fazer o grooming nos companheiros (de Waal 2001).
28 Agradeço a Harvey Whitehouse pelas informações sobre fusão de identidade. Whitehouse et al. (2014a); Whitehouse & McCauley (2005).
29 Comprovado pelos civis líbios que se tornaram revolucionários que se rebelaram contra Gaddafi (Whitehouse et al. 2014b).

30 A picada parece como "andar sobre brasas com um prego de 8cm enfiado no calcanhar" (Schmidt 2016, 225).
31 Bosmia et al. (2015).
32 Fritz & Mathewson (1957); Reicher (2001); Willer et al. (2009).
33 Hood (2002), 186.
34 Barron (1981).
35 Hogg (2007).
36 Caspar et al. (2016); Milgram (1974).
37 Mackie et al. (2008).
38 Kameda & Hastie (2015).
39 Fiske et al. (2007).
40 Staub (1989).
41 Pessoas que querem acreditar em algo, preconceitos incluídos, ignoram evidências em contrário enquanto conseguem se ater a *qualquer coisa* que corrobore seu ponto de vista (Gilovich 1991).
42 Especialmente preocupante onde programas de rádio descrevem violência como comportamento cotidiano (Elizabeth Paluck, pers. comm.; Paluck 2009).
43 Janis (1982).
44 Isso recebeu o nome de conformidade Asch devido à psicóloga Solomon Asch (p.ex., Bond 2005).
45 Redmond (1994), 3.
46 Hofstede & McCrae (2004).
47 Wray et al. (2011).
48 Masters & Sullivan (1989); Warnecke et al. (1992).
49 Silberbauer (1996).

Capítulo 16

1 Marlowe (2000).
2 Não parentes são achados em núcleos de todas as populações, mas se unem a eles geralmente quando houve invasão (Wittemyer et al. 2009).
3 Às vezes, um ou mais outsiders se reproduzem debaixo do nariz do par "alfa" antigo (Dan Stahler, pers. comm.; Lehman et al. 1992; Vonholdt et al. 2008).
4 A questão é controversa para cães-da-pradaria de Gunnison. Hoogland et al. (2012) descobriu que fêmeas adultas de um grupo costumam ser parentes próximas do lado materno no Colorado, mas Verdolin et al. (2014) encontrou poucos parentes entre adultos no Arizona, uma possível diferença regional.
5 Cavalos deixam a manada se algo sai muito errado — talvez um garanhão prepotente afaste as fêmeas (Cameron et al. 2009).

6 Bohn et al. (2009); McCracken & Bradbury (1981); Gerald Wilkinson (pers. comm.).
7 É provável que muitos aliados de chimpanzés machos tenham amigos de infância com outra mãe, embora isso deve ser estudado (Ian Gilby, pers. comm.; Langergraber et al. 2007 & 2009).
8 Massen & Koski (2014).
9 Sai (2005).
10 Heth et al. (1998). Note que hamsters são sociais, mas não têm sociedades.
11 É verdade, ao menos quando o filhote é macho (Parr & de Waal 1999).
12 Alvergne et al. (2009); Bressan & Grassi (2004).
13 Cheney & Seyfarth (2007).
14 Chapais (2008); Cosmides & Tooby (2013); Silk (2002).
15 Agradeço a Elizabeth Archie pelos insights sobre matrilinearidade entre os babuínos.

400 *Notas*

Como o que conta é o "grupo" matrilíneo ("rede" é uma palavra melhor) depende do ponto de vista de cada fêmea, a primeira e única categoria que os babuínos compartilham é o bando em si — sua sociedade.

16 A possibilidade de os machos reconhecerem a semelhança física dos filhotes também foi sugerida (Buchan et al. 2003).

17 Isso se aplica principalmente às mulheres, mas também aos homens, quando se unem contra outsiders (Ackerman et al. 2007).

18 Weston (1991); Voorpostel (2013).

19 Apicella et al. (2012); Hill et al. (2011).

20 Schelling (1978). As pessoas costumam desenvolver uma afinidade com outros geneticamente parecidos, parentes ou não, talvez porque semelhanças sutis de atitude abram caminho para a amizade (Bailey 1988; Christakis & Fowler 2014).

21 Silberbauer (1965), 69.

22 Lieberman et al. (2007). Daí crianças criadas juntas em um kibbutz não casam entre si, mesmo que não as impeçam (Shepher 1971).

23 Hill et al. (2011).

24 Hirschfeld (1989).

25 Tincoff & Jusczyk (1999). Essas palavras podem ter se originado para corresponder aos primeiros murmúrios proferidos pela maioria dos bebês (Matthey de l'Etang et al. 2011).

26 Na verdade, David Haig estava reformulando o que disse (Haig 2000). Veja também Haig (2011).

27 Everett et al. (2005); Frank et al. (2008).

28 Frank et al. (2008). Chagnon (1981) descreve pessoas que reconhecem categorias de parentesco para as quais não têm palavras.

29 Woodburn (1982).

30 Gould (1969).

31 Cameron (2016). Embora só uma pequena parte dos Comanche foram cativos em algum momento, a necessidade de novos guerreiros levou a muitos na tribo buscarem sangue estrangeiro (Murphy 1991).

32 É o que diz Ferguson (2011, 262), referindo-se à obra de Chaix et al. (2004).

33 Barnard (2011). Não que ser descrito como parente seja sempre positivo. Alguns

africanos usam metáforas de parentesco não para sugerir proximidade, mas para expressar domínio sobre escravizados (Kopytoff 1982).

34 Tanaka (1980), 116.

35 Como sugerido por estudos como os sobre macacos de Chapais et al. (1997).

36 Muitas vezes, os que apontam a entitividade das famílias (p.ex., Lickel et al. 2000) permitiram que cada pessoa decidisse o que é uma família. Isso é um problema. Perceber os membros da família em especial dos quais se é próximo como um grupo unido parece trivial e em nada diferente de imaginar seus amigos próximos como um grupo unido.

37 Esse senso de obrigação, em vez da relação genética, é como eu explicaria os resultados de Hackman et al. (2015) que mostram altos níveis de sacrifício para com parceiros e parentes.

38 West et al. (2002).

39 Isso pode dificultar rejeitar só parte da família (Jones et al. 2000; Uehara 1990).

40 Muitas sociedades simplificam a questão da herança acompanhando sua descendência a partir de um ancestral específico (Cronk & Gerkey 2007).

41 Johnson (2000). Enquanto isso, expectativas de vida mais longas criaram redes de parentesco mais intrincadas do que antigamente (Milicic 2013).

42 p.ex., Eibl-Eibesfeldt (1998).

43 Barnard (2011).

44 Johnson (1987); Salmon (1998). Ao contrário de van der Dennen (1999), acho que essas metáforas usam nossas crenças em essências (Capítulo 12) e não em parentesco.

45 Breed (2014). Hannonen & Sundström (2003) descrevem um exemplo de nepotismo (favorecer parentes), mas a evidência é fraca.

46 Eibl-Eibesfeldt (1998); Johnson (1986). Acho que um primata não teria confundido sua sociedade embrionária com parentes e aliados — ele os teria mantido separados desde o começo.

47 Barnard (2010).

Capítulo 17

1 Voltaire (1901), 11. Agradeço a Michael Wilson pelo conceito do "gênero Pan".

2 Toshisada Nishida (1968), um notável pesquisador japonês que trabalha em Uganda, foi o primeiro a detectar as comunidades.

3 Wrangham & Peterson (1996).

4 Mitani et al. (2010); Wilson & Wrangham (2003); Williams et al. (2004).

5 Aureli et al. (2006).

Notas 401

6 Douglas Smith, Kira Cassidy (pers. comm.); Mech & Boitani (2003); Smith et al. (2015).
7 Citado em McKie (2010).
8 Wrangham et al. (2006).
9 Wendorf (1968).
10 Morgan & Buckley (1852), 42–44.
11 Europeus desvirtuaram o componente espiritual de conservar troféus ao pagar por escalpos (Chacon & Dye 2007).
12 Boehm (2013).
13 p.ex., Allen & Jones (2014); Gat (2015); Keeley (1997); LeBlanc & Register (2004); Otterbein (2004); DL Smith (2009).
14 Moffett (2011).
15 Gat (1999); Wrangham & Glowacki (2012).
16 Este ciclo muitas vezes é motivado por reações instintivas momentâneas, embora algumas sociedades, tribos de Beduínos, por exemplo, o codificam (Cole 1975).
17 A análise genética indica que os aborígenes ficaram nas regiões que ocuparam no início ao chegar à Austrália apesar das mudanças ambientais desde aquela época (Tobler et al. 2017), embora isso não signifique que as sociedades não tenham se deslocado na área. Mesmo assim, muitos relatos sugerem que a posse da terra por sociedades de bando é antiga e respeitada (LeBlanc 2014).
18 Burch (2005), 59.
19 de Sade (1990), 332.
20 Guibernau (2007); van der Dennen (1999).
21 Bender (2006), 171.
22 Sumner (1906), 12.
23 Johnson (1997).
24 Bar-Tal (2000), 123.
25 Esse viés se reflete até no comportamento de pequenos grupos de crianças(Dunham et al. 2011).
26 Para descrições gerais de nossa inabilidade diante do risco, veja Gigerenzer (2010); Slovic (2000).
27 Fabio Sani, pers. comm.; Hogg & Abrams (1988).
28 p.ex., "A guerra é condicionada por sistemas de símbolos humanos", Huxley (1959), 59.
29 p.ex., Wittemyer et al. (2007).
30 Pelo menos em cativeiro (Tan & Hare 2013).
31 Furuichi (2011).
32 Wrangham (2014 & 2019).
33 Hrdy (2009), 3.
34 Hare et al. (2012); Hohmann & Fruth (2011).
35 A coisa mais próxima à amizade entre unidades é detectada depois que uma delas de divide em duas. Essas "equipes" ficam perto umas das outras com atitudes amistosas — mas até esses leves sinais de conexão desaparecem meses depois (Bergman 2010).
36 Pusey & Packer (1987).
37 Boesch (1996); Wrangham (1999). Mortes são mais comuns em Kibale, Uganda, de grande densidade populacional, onde essa estratégia de ficar com grandes partidos não existe (Watts et al. 2006). Uma possível explicação para a violência dos chimpanzés é que a maioria das populações estudadas hoje se restringem a trechos da floresta em que recursos e espaço são limitados, mas uma análise recente afasta essa hipótese (Wilson et al. 2014).
38 Wrangham (2019) descreve essa redução de "agressão reativa" e os traços que a acompanham.
39 Pimlott et al. (1969); Theberge & Theberge (1998).
40 Mahajan et al. (2011 & 2014).
41 Brewer (2007); Cashdan (2001); Hewstone et al. (2002).

Capítulo 18

1 Cachalotes são a exceção que prova que sociedades têm dificuldades em trabalhar em conjunto. Porém, nesse caso, as sociedades (unidades) colaborativas são parte de uma entidade social maior — clãs de baleias que compartilham as mesmas tradições de caça (Capítulo 6).
2 A colaboração entre povos pescadores de enguias se estendeu a grandiosas reuniões intergrupais e as enguias em si eram amplamente comercializadas. Outros nomes para os Gunditjmara eram os Gournditch-mara ou o termo um pouco mais inclusivo Manmeet (Howitt 1904; Lourandos 1977).
3 Timothy Shannon, pers. comm.; Shannon (2008).
4 Dennis (1993); Kupchan (2010).
5 p.ex., Brooks (2002).
6 Rogers (2003).
7 p.ex., Murphy et al. (2011).
8 Gudykunst (2004).
9 Barth (1969); Bowles (2012).
10 Yellen & Harpending (1972).

402 *Notas*

11 Marwick (2003); Feblot-Augustins & Perlès (1992); Stiner & Kuhn (2006).
12 Dove (2011).
13 Laidre (2012).
14 Moffett (1989b).
15 Breed et al. (2012).
16 Whallon (2006).
17 Diz-se que boxímanes raramente roubam, pois reconhecem as poucas posses uns dos outros e identificam o ladrão por seus rastros, embora eu desconfie que isso se aplique só a roubos *dentro* da sociedade (ou "grupo etnolingúistico": Marshall 1961; Tanaka 1980).
18 Cashdan et al. (1983).
19 Dyson-Hudson & Smith (1978).
20 Bruneteau (1996); Flood (1980); Helms (1885).
21 Boxímanes cultivavam parceiros especiais com quem poderiam contar para trocar bens quando viajando pelo território da sociedade (Wiessner 1982).
22 Binford (2001); Gamble (1998); Hamilton et al. (2007).
23 Cane (2013).
24 Jones (1996).
25 Pounder (1983).
26 Mulvaney (1976); Roth & Etheridge (1897). Palavras também viajavam: antes de os europeus explorarem o interior da Austrália, aborígenes falando várias línguas ouviram sobre animais domésticos e já tinham adotado palavras como "yarraman" para cavalo e "jumbuk" para ovelha (Reynolds 1981).
27 Fair (2001); Lourandos (1997); Walker et al. (2011).
28 Kendon (1988); Silver & Miller (1997).
29 Newell et al. (1990).
30 Uma esfera de interação poderia continuar passo a passo em longas distâncias (Caldwell 1964).
31 Talvez essa diferenças tenham melhorado a competição em anos de escassez de recursos (Milton 1991).
32 Blainey (1976), 207.
33 Haaland (1969).
34 Franklin (1779), 53.
35 Gelo (2012).
36 Orton et al. (2013).
37 Bahuchet (2014), 12.
38 Boyd & Richerson (2005); Richerson & Boyd (1998); Henrich & Boyd (1998).
39 Leechman (1956), 83. Veja van der Dennen (2014).
40 Vasquez (2012).
41 Turner (1981); Wildschut et al. (2003).
42 Homer-Dixon (1994); LeVine & Campbell (1972).
43 Pinker (2011); Fry (2013).

Capítulo 19

1 Durkheim (1982 [1895]), 90.
2 Mais conhecidos são exemplos entre primatas, p.ex., Malik et al. (1985); Prud'Homme (1991); Van Horn et al. (2007).
3 Uma autoridade do Serengeti, Craig Packer, informou-me sobre o tema: "Leões restringem o comportamento cooperativo para indivíduos que conhecem e reconhecem. Quando bandos ficam muito grandes, parece que nem todos se conhecem mais tão bem e se separam."
4 Sociedades divididas foram confundidas como sendo "fissões". Como fissão conota eventos de fissão rotineiros funcionalmente muito diferentes em sociedades de fissão-fusão, nos quais grupos costumam se separar, mas livremente voltam, outro termo também está em uso, motivo pelo qual eu uso divisão, apesar de Sueur et al. (2011) oferecer outra opção, fissão irreversível.
5 Joseph Feldblum, pers. comm.; Feldblum et al. (2018).
6 Williams et al. (2008); Wrangham & Peterson (1996).
7 Veja por exemplo as referências em Van Horn et al. (2007).
8 Veja Sueur et al. (2011).
9 Takeshi Furuichi, pers. comm.; Furuichi (1987); Kano (1992).
10 p.ex., Henzi et al. (2000); Ron (1996); Van Horn et al. (2007).
11 Na abelha, as operárias mais jovens partem com a rainha original para iniciar um novo ninho, deixando as velhas para trás para esperar o nascimento de sua sucessora, que assume a colmeia original; não há disputa sobre o destino de cada grupo. Às vezes, as abelhas se aliam a mais que uma nova rainha e a colmeia se divide em várias partes. Agradeço as informações de Raphaël Boulay, Adam Cronin, Christian Peeters, e Mark Winston. Cronin et al. (2013); Winston & Otis (1978).
12 Jacob Negrey, pers. comm.; Mitani & Amsler (2003).
13 Stan Braude, pers. comm.; O'Riain et al. (1996).

Notas 403

14 Sugiyama (1999). Bonobos machos deixam sua comunidade, mas acredita-se que se juntem a grupos vizinhos, um comportamento impraticável para chimpanzés agressivos (Furuichi 2011).
15 Brewer & Caporael (2006).
16 Dunbar (2011) sugere essa fundação social com seres humanos, afirmando que as sociedades primitivas tendiam a ter 150 membros, os descendentes vivos de um casal de 5 gerações, mas não há evidências de que a fundação similar à das formigas (ou dos cupins) era comum.
17 Peasley (2010).
18 Equivocadamente, o termo "budding" [florescer] também é usado (ex., para formigas-argentinas, veja o Capítulo 5), quando os próprios membros de uma sociedade se mudam para áreas desocupadas, em vez de se distinguirem e separarem.
19 McCreery (2000); Sharpe (2005).
20 Ou "sociedades coalescentes", veja o Capítulo 22 (Kowalewski 2006; Price 1996).
21 Para os seres humanos, ex., Cohen (1978).
22 Fletcher (1995); Johnson (1982); Lee (1979); Woodburn (1982). Vale para aldeias tribais e caçadores-coletores estabelecidos (Abruzzi 1980; Carneiro 1987).
23 Marlowe (2005).
24 Tal rebeldia é vista hoje nas divisões corporativas, quando os funcionários forçados a novas relações continuam a valorizar suas identidades anteriores e se esforçam para não as perder (Terry et al. 2001).
25 25 p.ex., Hayden (1987).

Capítulo 20

1 Os aborígenes mantiveram essa opinião até o final dos anos de 1950 (Meggitt 1962, 33).
2 Barth (1969).
3 Alcorta & Sosis (2005), 328.
4 Diamond (2005). Em vez de passar fome, talvez eles simplesmente se mudaram para outro lugar, acreditam alguns especialistas (Kintisch 2016; McAnany & Yoffee 2010).
5 Karen Kramer, pers. comm.; Kramer & Greaves (2016). Para outro exemplo, considere o Capítulo 6 sobre os Patchuns, em Barth (1969).
6 Não existe um lugar específico para "inglês norte-americano padrão", que é melhor interpretado como a ausência de padrões de fala extremos do que um sotaque específico (Gordon 2001).
7 Proposto para mudanças de linguagem por Deutscher (2010).
8 Menand (2006), 76.
9 Thaler & Sunstein (2009). Em outras palavras, líderes costumam ser "prototípicos" (Hais et al. 1997).
10 Cipriani (1966), 76.
11 Bird & Bird (2000).
12 Pagel (2000); Pagel & Mace (2004).
13 p.ex., Newell (1990).
14 Langergraber et al. (2014).
15 Boyd & Richerson (2005). Residentes de fronteiras também tinham que exibir suas identidades ostensivamente para acentuar as diferenças com outsiders (Bettinger et al. 2015; Conkey 1982, 116; Giles et al. 1977, Capítulo 1). Embora o contato com outsiders faça as pessoas mostrarem suas identidades e, às vezes, formar alianças com outra sociedades por proteção, não é verdade que "tribos fazem estados e estados fazem tribos", proposto por Whitehead (1992), que achava que tribos distintas surgiram só depois que o colonialismo forçou os nativos a criar suas identidades de grupo para a própria proteção.
16 Essa regulação de fronteiras nos lembra a situação descrita para os chimpanzés. Esses macacos mostram esse tipo de adaptação a vizinhos com seus *pant-hoots*, em que os chamados parecem muito diferentes em comunidades vizinhas imediatas e, assim, têm que tomar muito cuidado para evitar confusão sobre quem é quem. Mesmo então, não há evidências de que os *pant-hoots* mostram variação regional dentro do território, dependendo de que vizinho os macacos enfrentam — isso não é provável porque chimpanzés machos, em especial, costumam se deslocar pelo território em vez de ficarem dentro de parte dele a maior parte do tempo, como fazem bandos humanos (Crockford et al. 2004).
17 cf. Read (2011).
18 Poole (1999), 16.
19 Packer (2008).
20 Isso é sugerido pelo fato de que a confiança é maior em grupos pequenos, que toleram maiores desvios entre pessoas que são bem conhecidas (Jolanda Jetten, pers. comm.; La Macchia et al. 2016), enquanto membros menos conhecidos da sociedade suscitam menos confiança (Hornsey et al. 2007).

404 *Notas*

21 Psicólogos chamam isso de ignorância pluralística (Miller & McFarland 1987). Um exemplo foi a suposição por parte de brancos norte-americanos nos anos de 1960 que outros bancos suportavam segregação, o que paradoxalmente levou a práticas intolerantes que poucos consideravam acertadas (O'Gorman 1975).
22 Forsyth (2009).
23 Os subgrupos Comanche são descritos como estando a caminho de agir como sociedades separadas (Daniel Gelo, pers. comm.; Gelo 2012, 87).
24 Sem experiência anterior, até um Chihuahua aceitará um mastiff de 100kg como membro de seu grupo a partir de uma fotografia (Autier-Dérian et al. 2013).
25 Dollard (1937), 366.
26 Note, porém, que se nossos ancestrais distinguiam as sociedades por vocalizações antes da existência de um vocabulário,

um cenário apresentado no Capítulo 11, é possível que nunca tenha havido uma época em que todos os humanos falavam uma língua.
27 p.ex., Birdsell (1973).
28 Dixon (1972).
29 Cooley (1902), 270.
30 Supondo que os Aché Ypety começaram a comer carne humana antes dessa divisão.
31 Birdsell (1957).
32 Kim Hill, pers. comm.; Hill & Hurtado (1996).
33 Citado em Lind (2006), 53.
34 Sani (2009).
35 Mostrado experimentalmente, p.ex., por Bernstein et al. (2007).
36 p.ex., Hornsey & Hogg (2000).
37 Erikson (1985).
38 Pagel (2009); Marks & Staski (1988).
39 Abruzzi (1982); Boyd & Richerson (2005).
40 Darwin (1859), 490.

Capítulo 21

1 Atkinson et al. (2008); Dixon (1997).
2 Billig (1995); Butz (2009).
3 A ideia nasceu com Tajfel & Turner (1979); p.ex., veja Van Vugt & Hart (2004).
4 Connerton (2010); van der Dennen (1987).
5 Goodall (2010), 128–129.
6 Russell (1993), 111.
7 Goodall (2010), 210.
8 Veja também Roscoe (2007).
9 Prud'Homme (1991).
10 Gross (2000).
11 Gonsalkorale & Williams (2007); Spoor & Williams (2007).
12 Como ocorre com raças oprimidas em nações modernas (p.ex., Crocker et al. 1994; Jetten et al. 2001).
13 Boyd & Richerson (2005); estudado em pequenos grupos por Hart & van Vugt (2006).
14 Para primatas, veja Dittus (1988); Widdig et al. (2006). Para caçadores-coletores, veja Walker (2014); Walker & Hill (2014).
15 p.ex., Chagnon (1979).
16 Isso ocorre até quando o grupo em questão é muito mais trivial do que uma sociedade: crianças se unindo a novos grupos de companheiros de brincadeira, surpreendentemente acham novos amigos nesse grupo mesmo que seus membros tenham sido es-

colhidos a esmo pelos pesquisadores (Sherif et al. 1961). Como Muzafer Sherif (1966, 75), pioneiro no estudo desses grupos de competição trivial, disse, "Liberdade de escolher os amigos com base em preferências pessoais passa a ser a liberdade de escolher entre pessoas selecionadas de acordo com as regras de afiliação da organização" — com a afiliação de interesse neste livro sendo o da sociedade em si.
17 Taylor (2005).
18 Binford (2001); RL Kelly (2013a); Lee & Devore (1968).
19 Isso levaria à sociedade de bando se dissolvendo com frequência além desse tamanho: Birdsell (1968) apresentou o número mil como típico para uma divisão.
20 Wobst (1974); Denham (2013).
21 Como essas comunidades de golfinhos se formam é um mistério (Randall Wells, pers. comm.; Sellas et al. 2005).
22 Por fim, as amebas não conseguem mais se dividir e então definham indefinidamente nessa placa de Petri (Bell 1988; Danielli & Muggleton 1959).
23 Birdsell (1958).
24 Hartley (1953), 1.
25 Para estimativas de quantidade de línguas no passado, veja Pagel (2000).

Capítulo 22

1 Kennett & Winterhalder (2006); Zeder et al. (2006).

2 Há um leve aumento na população de algumas espécies, mas isso não pode ser esperado por causa das oportunidades de recursos nas cidades (Colin Chapman, Jim Moore, e Sindhu Radhakrishna, pers. comm.; Kumar et al. 2013; Seth & Seth 1983).

3 Bandy & Fox (2010).

4 Wilshusen & Potter (2010). Que, por exemplo, a maioria dos Ianomâmi experimentaria divisões durante a vida pode ser deduzido pelos gráficos em Hunley et al. (2008) e Ward (1972).

5 Olsen (1987).

6 Flannery & Marcus (2012).

7 As tribos Enga eram formalmente chamadas de fratrias. Os clãs de uma tribo casam entre si e costumam se dar bem, a menos que a horta de um clã cresça demais. Nesse ponto, lutas podem ficar sérias: os Enga nunca foram hábeis em diplomacia (Meggitt 1977; Wiessner & Tumu 1998).

8 Scott (2009).

9 Agradeço a Luke Glowacki pelas informações sobre os Nyangatom. As gerações a que os homens pertencem são determinadas de modo curioso (Glowacki & von Rueden 2015).

10 Chagnon (2013).

11 "Tribo" é uma palavra com uma história confusa. Eu a emprego aqui porque ela tem sido usada por outros para descrever um grupo de vilas com a mesma língua e cultura e porque nenhuma outra palavra está em uso para esse tipo de sociedade. (Stephen Sanderson, pers. comm.; Sanderson 1999). Os huteritas se comportam como uma sociedade de vila na América do Norte, onde pertencem às três seitas que ainda se veem "como iguais", embora cada uma ache que as outras estão desorientadas (Simon Evans, pers. comm.).

12 Smouse et al. (1981); Hames (1983).

13 Muitas tribos praticam a agricultura de queimada. Uma vila limpa uma área de terra para plantar, viaja para limpar outro trecho da floresta quando a produção cai.

14 Harner (1972). Os Jivaro também tentaram convencer outras tribos a participar do ataque aos espanhóis, mas estes contribuíram pouco (Redmond 1994; Stirling 1938).

15 Com as muitas discussões, os aldeões raramente ficavam juntos tempo suficiente para inventar costumes diferentes. O par de vilas resultantes de uma divisão teria modos de vida muito semelhantes, como ocorria com pessoas afastadas de um bando de caçadores-coletores — a divisão mais como uma mudança de vizinhança do que uma troca de raízes sociais (embora leves diferenças no uso do vocabulário possam surgir em vilas depois da separação: Aikhenvald, pers. comm.; Aikhenvald et al. 2008).

16 Kopenawa & Albert (2013).

17 p.ex., Southwick et al. (1974).

18 p.ex., Jaffe & Isbell (2010).

19 Exceções incluem fusões entre colônias de exércitos de formigas depois da perda da rainha (Kronauer et al. 2010) e em colônias de formigas acácia após lutas (Rudolph & McEntee 2016). Nos cupins, foram vistas fusões entre colônias de alguma espécie "primitiva" (basal) na qual as operárias se tornam reprodutoras depois da morte da rainha e rei originais (p.ex., Howard et al. 2013). Alegações de fusões em cupins mais "avançados" são difíceis de avaliar e até onde se sabe, ocorrem raramente, se ocorrem, entre colônias maduras na natureza (Barbara Thorne, pers. comm.).

20 Moss et al. (2011).

21 Ethridge & Hudson (2008).

22 Gunnar Haaland, pers. comm.; Haaland (1969).

23 Brewer (1999 e 2000).

24 O mesmo ocorre com outras alianças, incluindo as entre algumas chefaturas na América do Norte e na liga de estados formada na China durante o século VI (Schwartz 1985).

25 Robert Carneiro originalmente defendeu esse ponto de vista, mas depois recuou e aceitou a fusão de alguns grupos em chefaturas (Carneiro 1998). Acho que essas "fusões" devem ser interpretadas em termos de grupos antes soberanos (p.ex., vilas independentes), muitas vezes da *mesma* sociedade, unidas pela proteção política para realizar uma tarefa; porém, para incorporar totalmente essas vilas em uma única entidade exigiria jogos de poder por parte do chefe que resultariam em um tipo de subjugação.

26 Bowles (2012).

27 Bintliff (1999).

28 Barth (1969).

406 *Notas*

29 Tem havido discussões sobre quanto disso ocorreu; por exemplo, alguns alegam que prisioneiros tomados pelos Iroqueses assimilaram totalmente ao longo do tempo, enquanto outros dizem que isso é impossível (Donald 1997). Desconfio que a aceitação total seria uma descrição mais correta do que a assimilação total, onde as diferenças ainda seriam evidentes.
30 Chagnon (1977), 155.
31 Jones (2007) alega que esse roubo de filhotes é um antecedente da escravidão, o que duvido — certamente o pequeno macaco não é forçado ao trabalho infantil.
32 Boesch et al. (2008).
33 Anderson (1999).
34 Biocca (1996), xxiv.
35 Brooks (2002).
36 Fugitivos costumavam ser apanhados não muito longe — muitas vezes pela tribo vizinha (Donald 1997).
37 Patterson (1982).
38 Cameron (2008).
39 Clark & Edmonds (1979).
40 Mitchell (1984), 46.
41 Alguns plebeus se vendiam como escravizados em tempos difíceis, principalmente quando os escravizados da elite levavam vida melhor que os cidadãos livres mais pobres (Garnsey 1996).
42 Perdue (1979), 17.
43 Marean (2016).
44 p.ex., Ferguson (1984).
45 Veja Capítulo 15 e Abelson et al. (1998).
46 Adam Jones, pers. comm.; Jones (2012).
47 Confino (2014).
48 Haber et al. (2017).
49 Stoneking (2003).
50 Grabo & van Vugt (2016); Turchin et al. (2013).
51 Carneiro (1998 & 2000). Veja Capítulo 22, nota 25.
52 Oldmeadow & Fiske (2007). Como falaremos depois, essa legitimidade percebida de status também se aplica a relações entre grupos étnicos e raças.
53 p.ex., Anderson (1994).

Capítulo 23

1 Liverani (2006). Sítios mesopotâmicos do período Ubaid (5500–4000 a.C.) mostram uma organização de estado mais rudimentar. Para uma discussão geral do surgimento de primeiros estados, veja Scarre (2013) e Scott (2017).
2 Spencer (2010).
3 p.ex., Alcock et al. (2001); Parker (2003).
4 Tainter (1988).
5 Bettencourt & West (2010); Ortman et al. (2014).
6 Richerson & Boyd (1998); Turchin (2015).
7 Wright (2004), 50–51.
8 Birdsell (1968) chamou isso de "densidade de comunicação".
9 Freedman (1975).
10 Hingley (2005). Algumas áreas periféricas podem ter se inclinado à romanização.
11 A espiritualidade ofereceu um "plano-mestre moral" que tornavam líderes desnecessários (Hiatt 2015, 62).
12 Atran & Henrich (2010); Henrich et al. (2010a).
13 DeFries (2014).
14 Tilly (1975), 42.
15 Agradeço a Eric Cline por sugerir Minoa como exemplo de uma sociedade antiga relativamente pacifista.
16 RL Kelly (2013b), 156.
17 Mann (1986).
18 Essas grandes chefaturas atingiam o nível de organização de um estado; de fato, alguns especialistas alegam que algumas eram estados (p.ex., Hommon 2013).
19 Carneiro (1970 & 2012) habilmente derruba outras teorias sobre o surgimento de civilizações. Admito ter simplificado e ajustado suas opiniões como achei adequado; por exemplo, concordo que questões de status social também tiveram importância na formação do estado (Chacon et al. 2015; Fukuyama 2011).
20 Brookfield & Brown (1963).
21 Lowen (1919), 175.
22 de la Vega (1966, escrito 1609), 108.
23 Faulseit (2016).
24 Diamond (2005).
25 Currie et al. (2010); Tainter (1988).
26 p.ex., Joyce et al. (2001).
27 Marcus (1989).
28 Chase-Dunn et al. (2010); Gavrilets et al. (2014); Walter et al. (2006).
29 Johnson & Earle (2000).
30 Beaune (1991); Gat & Yakobson (2013); Hale (2004); Reynolds (1997); Weber (1976).
31 Kennedy (1987).
32 Frankopan (2015).
33 Yoffee (1995).

Notas 407

34 Mais apoio a sua hipótese surge todos os anos (Roosevelt 2013).
35 Algumas dessas guerras foram realizadas para assumir controle de toda a sociedade e não fragmentá-las. Holsti (1991); Wallensteen (2012); Wimmer & Min (2006).
36 Kaufman (2001).
37 Bookman (1994).
38 Mais sulistas vinham de outras partes da Grã-Bretanha do que nortistas, dando a essa distinção uma base aproximada da realidade (Fischer 1989; Watson 2008).
39 Allen Buchanan, Paul Escott e Libra Hilde, pers. comm.; Escott (2010); McCurry (2010); Weitz (2008).

40 Carter & Goemans (2011).
41 Essa falta de comprometimento pode ter ocorrido em vários tipos de grupos (Karau & Williams 1993).
42 Kaiser (1994); Sekulic et al. (1994).
43 Joyce Marcus, pers. comm.; Feinman & Marcus (1998). Chefaturas e primeiros estados eram mais efêmeros, por algumas medidas, com alguns dos últimos durando no máximo de 75 a 100 anos (Hally 1996).
44 Cowgill (1988), 253–254.
45 Claessen & Skalník (1978).

Capítulo 24

1 Alcock et al. (2001).
2 Isaac (2004), 8. Para vários insights sobre a transformação de grupos étnicos em sociedades, recomendo o clássico Van den Berghe (1981).
3 Malpass (2009), 27–28. Agradeço a Michael Malpass pelas informações sobre os Incas.
4 Noy (2000).
5 Meus argumentos são parecidos aos de Cowgill (1988), exceto pelo fato de eu preferir a palavra "dominação", onde ele usa "subjugação", considerando que ambos os grupos dominados e incorporados teriam sido inicialmente subjugados.
6 Yonezawa (2005).
7 Brindley (2015).
8 Francis Allard, pers. comm.; Allard (2006); Brindley (2015).
9 Hudson (1999).
10 A semelhança da grande muralha deixou de fora (e manteve separados) os chineses das sociedade de estrangeiros de nômades da estepe na periferia (Fiskesjö 1999).
11 Cavafy (1976).
12 Spickard (2005), 2. Assimilação e a palavra relacionada "aculturação" foram empregadas com nuances variadas por antropólogos e sociólogos, mas usarei apenas o primeiro termo aqui.
13 Smith (1986). Essa "perspectiva de dominância de grupo" é bem corroborada (Sidanius et al. 1997).
14 As principais exceções dos subjugados submetidos à preponderância da mudança estavam entre os pastores nômades, que eram em número muito menor em relação às sociedades culturalmente mais complexas que dominaram. Genghis Khan e sucessores se afastaram livremente das civilizações que conquistaram. Eles permitiam uma ampla latitude de comportamento entre o próprio povo e os povos que controlavam ao mesmo tempo em que conservavam as tradições nômades (habilmente descritas por Chua 2007).
15 p.ex., Capítulo 8 de Santos-Granero (2009).
16 Hornsey & Hogg (2000); Hewstone & Brown (1986).
17 Aly (2014). O uso de emblemas amarelos para destacar os judeus foi discutido no Capítulo 12.
18 Mummendey & Wenzel (1999).
19 A capital exercia o maior impacto (Mattingly 2014).
20 Em sociedades claramente multiétnicas, pode haver uma luta por quais fatores são incluídos na identidade superior (Packer 2008; Schaller & Neuberg 2012).
21 p.ex., Vecoli (1978).
22 Joniak-Lüthi (2015).
23 Estados mais claramente poliétnicos como os Estados Unidos não são considerados nações nesse sentido. Eu prefiro o uso coloquial de "nação " neste livro (Connor 1978).
24 Sidanius et al. (1997).
25 Seneca (1970), escrito no século I d.C.
26 Klinkner & Smith (1999), 7.
27 Devos & Ma (2008).
28 Huynh et al. (2011), 133.
29 Gordon (1964), 5.
30 Deschamps (1982).
31 Yogeeswaran & Dasgupta (2010).
32 Jost & Banaji (1994); Kamans et al. (2009).
33 Sidanius & Petrocik (2001).
34 Cheryan & Monin (2005); Wu (2002).
35 Ho et al. (2011).

408 Notas

36 Devos & Banaji (2005).
37 Marshall (1950), 8.
38 Deschamps & Brown (1983).
39 Ehardt & Bernstein (1986); Samuels et al. (1987).
40 Lee & Fiske (2006); Portes & Rumbaut (2014).
41 Bodnar (1985).
42 Jost & Banaji (1994); Lerner & Miller (1978).
43 Fiske et al. (2007), 82. Veja Major & Schmader (2001); Oldmeadow & Fiske (2007).
44 Jost et al. (2003), 13.
45 Paranjpe (1998).
46 Hewlett (1991), 29.
47 Moïse (2014).
48 Uma criança capturada pelos Comanche era tratada como da tribo de imediato (Rivaya-Martínez, pers. comm.; Rivaya-Martínez 2012).
49 Cheung et al. (2011).
50 Cameron (2008); Raijman et al. (2008).
51 Isso ocorreu mesmo antes de 212 d.C. (Garnsey 1996).
52 Engerman (2007); Fogel & Engerman (1974).
53 Lim et al. (2007).
54 Ao mesmo tempo, interações entre grupos podem estimular pessoas a encontrar novos meios de se diferenciar (Hogg 2006; Salamone & Swanson 1979).
55 Para os romanos, veja Insoll (2007), 11. Os gregos originaram-se de várias etnias (Jonathan Hall, pers. comm.; Hall 1997).
56 Smith (2010).
57 Noy (2000).
58 Greenshields (1980).
59 Portes & Rumbaut (2014).
60 Primeiro, os indígenas precisavam de permissão oficial para viajar, com o governo dos EUA chegando ao ponto de controlar a ida à igreja fora da reserva (Richmond Clow, pers. comm.).
61 Schelling (1978).
62 Christ et al. (2014); Pettigrew (2009).
63 Paxton & Mughan (2006).
64 Thompson (1983).
65 Hawley (1944), Berry (2001).
66 Park (1928), 893.

Capítulo 25

1 A primeira geração de imigrantes norte-americanos não necessariamente mostram grandes níveis de patriotismo, mas isso geralmente mudava em seus descendentes (Citrin et al. 2001).
2 Citado em Beard (2009), 11.
3 Pode-se dizer que essa é mais do que uma analogia, sendo que muitas normas orientam questões que hoje vemos como questões de saúde, sobre o que e como preparar o alimento, e outsiders não adotando os costumes locais de fato disseminam doenças (Fabrega 1997; Schaller & Neuberg 2012).
4 Dixon (1997).
5 Gaertner & Dovidio (2000).
6 Isso nos faz voltar à conexão entre especialização e coesão social que foi desenvolvida por Durkheim (1893), abordada no Capítulo 10, incluindo a nota 39.
7 Novamente, isso é distintividade positiva (Capítulo 21). Evidências sobre esses papéis são raras porque as informações não costumavam ser registradas nos primeiros estados, por exemplo, túmulos romanos indicavam a etnia do falecido, mas não sua função ou vice-versa (David Noy, pers. comm.).
8 Esses et al. (2001). Embora competir com a maioria seja um caminho para o fracasso, os conflitos entre minorias também são onerosos. (Banton 1983; Olzak 1992). Povos majoritários muitas vezes ganharam por promover rivalidades que mantinham as minorias em conflito, mas não insatisfeitos com o povo no poder. Naturalmente, isso também funciona em sociedades. Os romanos eram mestres em dividir e governar, separando a problemática Macedônia em quatro províncias e promovendo a luta entre elas.
9 Noy (2000). O status dos negros norte-americanos melhorou quando foram necessários como soldados em tempos de guerra (Smith & Klinkner 1999).
10 Boyd (2002).
11 Abruzzi (1982).
12 Turnbull (1965); Zvelebil & Lillie (2000).
13 Veja Cameron (2016) para esse e outros exemplos.
14 Appave (2009).
15 Sorabji (2005).
16 Suetonius (1979, escrito em 121 d.C.), 21.
17 McNeill (1986).
18 Dinnerstein & Reimers (2009), 2.
19 Light & Gold (2000).
20 Bauder (2008); Potts (1990).

Notas 409

21 Enquanto isso, o colonialismo e a fundação de nações que se seguiu a ele, levaram muitas pessoas a perder suas identidades tribais originais em favor de categorias étnicas mais amplas em sua região nativa (p.ex., os Ewe, Shona, Igbo e outros grupos étnicos na África: Iliffe 2007).
22 p.ex., Gossett (1963, Capítulo 1).
23 PC Smith (2009), 4, 5.
24 Brindley (2010).
25 Dio (2008, escrito no século II d.C.), 281.
26 Sarna (1978).
27 Curti (1946).
28 Crevècoeur (1782), 93.
29 Matthew Frye Jacobson, pers. comm.; Alba (1985); Painter (2010).
30 Alba & Nee (2003); Saperstein & Penner (2012).
31 Leyens et al. (2007).
32 Freeman et al. (2011).
33 Smith (1997).
34 Smith (1986).
35 Bloemraad et al. (2008).
36 Ellis (1997).
37 Levinson (1988); Orgad (2011); Poole (1999).
38 Harles (1993).
39 Gans (2007); Huddy & Khatib (2007). Além disso, considerando a conveniência das viagens, comunicação e comércio hoje em dia, imigrantes raramente são separados da terra natal dos ancestrais e de suas tradições, embora essas conexões provavelmente se reduzam nos descendentes (Levitt & Waters 2002).
40 Bloemraad (2000); Kymlicka (1995).
41 Ironicamente, Lucan nasceu no que hoje é a Espanha. Citado em Noy (2000, 34), que discute o racismo em toda a história do Império romano.
42 Michener (2012); Volpp (2001).
43 van der Dennen (1991).
44 Jacobson (1999).
45 Alesina & La Ferrara (2005), 31–32.
46 May (2001, 235) fala disso em relação às tribos de Papua Nova Guiné: "O bem-estar do povo das vilas depende em parte de sua habilidade de captar uma parcela dos bens e serviços que fluem do estado; a liderança de chefes ou Big Men só será eficiente na

medida em que garante acesso a esses benefícios e isso implica uma articulação."
47 Harlow & Dundes (2004); Sidanius et al. (1997).
48 Bar-Tal & Staub (1997); Wolsko et al. (2006).
49 Marilynn Brewer mostrou alguma sobreposição entre minhas opiniões e as de Shah et al. (2004).
50 p.ex., Van der Toorn et al. (2014).
51 Barrett (2007); Feshbach (1991); Lewis et al. (2014); Piaget & Weil (1951).
52 Patriotismo e nacionalismo estão levemente associados com opiniões liberais e conservadoras, respectivamente, mas diferem principalmente em suas expressões extremas. Ultraliberais, por exemplo, se opõem violentamente a qualquer liberdade de expressão contra sua ideologia, enquanto conservadores fiscais apoiam o livre comércio e relações de grupo positivas. Como o nacionalismo pode despertar sentimentos patrióticos, minha discussão sobre patriotas se aplica àqueles com elevado patriotismo, mas pouco nacionalismo.
53 Bar-Tal & Staub (1997).
54 Feinstein (2016); Staub (1997).
55 Veja Schatz et al. (1999), que se referem ao nacionalismo como "patriotismo cego".
56 Blank & Schmidt (2003); Devos & Banaji (2005); Leyens et al. (2003).
57 Andrew Billings, pers. comm.; Billings et al. (2015); Rothì et al. (2005).
58 De Figueiredo & Elkins (2003); Viki & Calitri (2008).
59 p.ex., Raijman et al. (2008).
60 Greenwald et al. (2015).
61 Smith et al. (2011), 371.
62 Jandt et al. (2014); Modlmeier et al. (2012).
63 Feshbach (1994).
64 Hedges (2002); Junger (2016).
65 Turchin (2015).
66 Em comparação, patriotas tentam reunir grupos variados apelando ao seu destino comum (Li & Brewer 2004).
67 p.ex., Banks (2016); Echebarria-Echabe & Fernandez-Guede (2006).
68 Competitividade entre grupos só agrava a situação (Esses et al. 2001; King et al. 2010).
69 Bergh et al. (2016); Zick et al. (2008).
70 Descrito em Sidanius et al. (1999).

Capítulo 26

1 Hayden & Villeneuve (2012), 130.
2 Gaertner et al. (2006).
3 Os descendentes dos amotinados, que podem ter pensado em formar um tipo de sociedade coalescente, agora são parte de

410 *Notas*

um território do Reino Unido no estrangeiro.

4 Para formigas e seres humanos, essa separação pode continuar por gerações por causa do uso de marcadores de identidade (Capítulos 5–7). Opiniões sobre a duração do isolamento dos Vikings variam (Graeme Davis, pers. comm.; Davis 2009).

5 Weisler (1995). Isolamento e completa ignorância de outsiders é o caso de uma tribo na Nova Guiné continental (Tuzin 2001).

6 Royce (1982), 12.

7 Cialdini & Goldstein (2004).

8 Nichole Simmons, pers. comm.

9 Jones et al. (1984).

10 Diferenças entre os grupos que começaram a surgir antes de serem estimulados a competir (Sherif et al. 1961). Há questões sobre quanto o comportamento das crianças foi manipulado pelos pesquisadores (Perry 2018).

11 Carneiro (2004); Turchin & Gavrilets (2009).

12 p.ex., China (Knight 2008).

13 Aikhenvald (2008), 47.

14 Seto (2008).

15 Jackson (1983).

16 McCormick (2017); Reese & Lauenstein (2014).

17 Goodwin (2016).

18 Chollet (2011), 746, 751. Veja também Linder (2010); Rutherford et al. (2014).

19 Leuchtenburg (2015), 634.

20 Gellner (1983), 6. Gellner também disse, "Ter uma nação não é atributo inerente à humanidade, mas [...] hoje dá essa impressão" (ibid.). Veja também Miller (1995).

21 Muitos novos imigrantes enfrentam razoável estresse para se adaptar a sua situação (Berry & Annis 1974).

22 Lyons-Padilla & Gelfand (2015).

Conclusão

1 Reynolds (1981).

2 Druckman (2001).

3 Gelfand et al. (2011).

4 Blanton & Christie (2003); Jetten et al. (2002); Maghaddam (1998). Há pouca diferença no sentimento geral de felicidade (bem-estar) das pessoas em diferentes países (Burns 2018).

5 Deschamps (1982); Lorenzi-Cioldi (2006).

6 Cosmides et al. (2003).

7 Brewer (2009).

8 Easterly (2001).

9 Christ et al. (2014).

10 Alesina & Ferrara (2005); Hong & Page (2004). Aceitar os que parecem estranhos será o maior desafio dos povos socialmente dominantes (Asbrock et al. 2012).

Referências

Aanen DK, et al. 2002. The evolution of fungus-growing termites and their mutualistic fungal symbionts. *Proc Nat Acad Sci* 99:14887–14892.

Abelson RP, et al. 1998. Perceptions of the collective other. *Pers Soc Psychol Rev* 2:243–250.

Aboud FE. 2003. The formation of in-group favoritism and out-group prejudice in young children: Are they distinct attitudes? *Dev Psychol* 39:48–60.

Abruzzi WS. 1980. Flux among the Mbuti Pygmies of the Ituri forest. Em EB Ross, ed. *Beyond the Myths of Vulture*. Nova York: Academic. pp. 3–31.

———. 1982. Ecological theory and ethnic differentiation among human populations. *Curr Anthropol* 23:13–35.

Ackerman JM, et al. 2006. They all look the same to me (unless they're angry): From outgroup homogeneity to out-group heterogeneity. *Psychol Sci* 17:836–840.

Ackerman JM, D Kenrick, M Schaller. 2007. Is friendship akin to kinship? *Evol Hum Behav* 28:365–374.

Adamatzky A. 2005. *A Dynamics of Crowd Minds*. Singapura: World Scientific.

Addessi E, L Crescimbene, E Visalberghi. 2007. Do capuchin monkeys use tokens as symbols? *Proc Roy Soc Lond B* 274:2579–2585.

Aiello LC, RIM Dunbar. 1993. Neocortex size, group size, and the evolution of language. *Curr Anthropol* 34:184–193.

Aikhenvald AY. 2008. Language contact along the Sepik River, Papua-Nova Guiné. *Anthropol Linguist* 50:1–66.

Aikhenvald AY, et al. 2008. *The Manambu Language of East Sepik, Papua New Guinea*. Oxford: Oxford University Press.

Aimé C, et al. 2013. Human genetic data reveal contrasting demographic patterns between sedentary and nomadic populations that predate the emergence of farming. *Mol Biol Evol* 30:2629–2644.

Alba R. 1985. *Italian Americans: Into the Twilight of Ethnicity*. Englewood Cliffs, NJ: Prentice Hall.

Alba R, V Nee. 2003. *Remaking the American Mainstream: Assimilation and Contemporary Immigration*. Cambridge, MA: Harvard University Press.

Alcock SE, et al., eds. 2001. *Empires: Perspectives from Archaeology and History*. Cambridge: Cambridge University Press.

Alcorta CS, R Sosis. 2005. Ritual, emotion, and sacred symbols: The evolution of religion as an adaptive complex. *Hum Nature* 16:323–359.

Alesina A, E La Ferrara. 2005. Ethnic diversity and economic performance. *J Econ Lit* 43:762–800.

Alexander MG, MB Brewer, RW Livingston. 2005. Putting stereotype content in context: Image theory and interethnic stereotypes. *Pers Soc Psychol Bull* 31:781–794.

Alexander RD. 1985. A biological interpretation of moral systems. *J Relig Sci* 20:3–20.

Allard F. 2006. Frontiers and boundaries: The Han empire from its southern periphery. Em MT Stark, ed. *Archaeology of Asia*. Malden, MA: Blackwell. pp. 233–254.

Allee WC. 1931. *Animal Aggregations*. Chicago: University of Chicago Press.

Allen MW, TL Jones, eds. 2014. *Violence and Warfare among Hunter-Gatherers*. Walnut Creek, CA: Left Coast Press.

Allport FH. 1927. The nationalistic fallacy as a cause of war. *Harpers*. Agosto. pp. 291–301.

Allport GW. 1954. *The Nature of Prejudice*. Leitura: Addison-Wesley.

412 *Referências*

Al-Simadi FA. 2000. Jordanian students' beliefs about nonverbal behaviors associated with deception in Jordan. *Soc Behav Pers* 28:437–442.

Alvergne A, C Faurie, M Raymond. 2009. Father-offspring resemblance predicts paternal investment in humans. *Anim Behav* 78:61–69.

Aly G. 2014. *Why the Germans? Why the Jews?: Envy, Race Hatred, and the Prehistory of the Holocaust*. Nova York: Macmillan.

Ames KM. 1991. Sedentism: A temporal shift or a transitional change in hunter-gatherer mobility patterns? Em S Gregg, ed. *Between Bands and States. Center for Archaeological Investigations Occasional Paper No. 9.* Carbondale: Southern Illinois University Press. pp. 103–133.

———. 1995. Chiefly power and household production on the Northwest Coast. Em TD Price, GM Feinman, eds. *Foundations of Social Inequality*. Nova York: Springer. pp. 155–187.

Ames K, HDG Maschner. 1999. *Peoples of the Northwest Coast: Their Archaeology and Prehistory*. Nova York: Thames & Hudson.

Amodio DM. 2008. The social neuroscience of intergroup relations. *Eur Review Soc Psychol* 19:1–54.

———. 2011. Self-regulation in intergroup relations: A social neuroscience framework. Em A Todorov, ST Fiske, DA Prentice, eds. *Social Neuroscience: Toward Understanding the Underpinnings of the Social Mind*. Nova York: Oxford University Press. pp. 101–122.

Anderson B. 1982. *Imagined Communities: Reflections on the Origin and Spread of Nationalism*. Nova York: Verso.

Anderson DG. 1994. *The Savannah River Chiefdoms: Political Change in the Late Prehistoric Southeast*. Tuscaloosa: University of Alabama Press.

Anderson GC. 1999. *The Indian Southwest, 1580–1830: Ethnogenesis and Reinvention*. Norman: University of Oklahoma Press.

Andersson CJ. 1856. *Lake Ngami: Or, Explorations and Discoveries, during Four Year's Wandering in the Wilds of South Western Africa*. Londres: Hurst & Blackett.

Ansmann IC, et al. 2012. Dolphins restructure social system after reduction of commercial fisheries. *Anim Behav* 575–581.

Anzures G, et al. 2012. Brief daily exposures to Asian females reverses perceptual narrowing for Asian faces in Caucasian infants. *J Exp Child Psychol* 112:485–495.

Apicella CL, et al. 2012. Social networks and cooperation in hunter-gatherers. *Nature* 481:497–501.

Appave G. 2009. *World Migration 2008: Managing Labour Mobility in the Evolving Global Economy*. Sro-Kundig, Suíça: Organização Internacional de Migração.

Appelbaum Y. 2015. Rachel Dolezal and the history of passing for Black. *The Atlantic*. 15 de junho.

Armitage KB. 2014. *Marmot Biology*. Cambridge: Cambridge University Press.

Arnold JE. 1996. The archaeology of complex hunter-gatherers. *J Archaeol Meth Th* 3:77–126.

Asch SE. 1946. Forming impressions of personality. *J Abnorm Soc Psychol* 41:258–290.

Asbrock F, et al. 2012. Differential effects of intergroup contact for authoritarians and social dominators. *Pers Soc Psychol B* 38:477–490.

Atkinson QD, et al. 2008. Languages evolve in punctuational bursts. *Science* 319:588.

Atran S. 1990. *Cognitive Foundations of Natural History*. Cambridge: Cambridge University Press.

Atran S, et al. 1997. Generic species and basic levels: Essence and appearance in folk biology. *J Ethnobiol* 17:17–43.

Atran S, J Henrich. 2010. The evolution of religion: How cognitive by-products, adaptive learning heuristics, ritual displays, and group competition generate deep commitments to prosocial religions. *Biol Theory* 5:1–13.

Aureli F, et al. 2006. Raiding parties of male spider monkeys: Insights into human warfare? *Am J Phys Anthropol* 131:486–497.

Aureli F, et al. 2008. Fission-fusion dynamics: New research frameworks. *Curr Anthropol* 49:627–654.

Autier-Dérian D, et al. 2013. Visual discrimination of species in dogs. *Anim Cogn* 16:637–651.

Avilés L, J Guevara. 2017. Sociality in spiders. Em DR Rubenstein, R Abbot, eds. *Comparative Social Evolution*. Cambridge: Cambridge University Press. pp. 188–223.

Axelrod R. 2006. *The Evolution of Cooperation*. Nova York: Basic Books.

Azevedo RT, et al. 2013. Their pain is not our pain: Brain and autonomic correlates of empathic resonance with the pain of same and different race individuals. *Hum Brain Mapp* 34:3168–3181.

Bădescu I, et al. 2016. Alloparenting is associated with reduced maternal lactation effort and faster weaning in wild chimpanzees. *Roy Soc Open Sci* 3:160577.

Bahuchet S. 2012. Changing language, remaining Pygmy. *Hum Biol* 84:11–43.

Referências 413

––––––. 2014. Cultural diversity of African Pygmies. Em BS Hewlett, ed. *Hunter-Gatherers of the Congo Basin.* New Brunswick, NJ: Transaction. pp. 1–30.

Bailey KG. 1988. Psychological kinship: Implications for the helping professions. *Psychother Theor Res Pract Train* 25:132–141.

Bain P, et al. 2009. Attributing human uniqueness and human nature to cultural groups: Distinct forms of subtle dehumanization. *Group Proc Intergr Rel* 12:789–805.

Banaji MR, SA Gelman. 2013. *Navigating the Social World: What Infants, Children, and Other Species Can Teach Us.* Oxford: Oxford University Press.

Banaji MR, AG Greenwald. 2013. *Blindspot: Hidden Biases of Good People.* Nova York: Delacorte Press.

Bandura A. 1999. Moral disengagement in the perpetration of inhumanities. *Pers Soc Psychol Rev* 3:193–209.

Bandy MS, JR Fox, eds. 2010. *Becoming Villagers: Comparing Early Village Societies.* Tucson: University of Arizona Press.

Banks AJ. 2016. Are group cues necessary? How anger makes ethnocentrism among whites a stronger predictor of racial and immigration policy opinions. *Polit Behav* 38:635–657.

Banton M. 1983. *Racial and Ethnic Competition.* Cambridge: Cambridge University Press.

Barfield T. 2002. Turk, Persian and Arab: Changing relationships between tribes and state in Iran and along its frontiers. Em N Keddie, ed. *Iran and the Surrounding World.* Seattle: University of Washington Press. pp. 61–88.

Barlow G. 2000. *The Cichlid Fishes.* Nova York: Basic Books.

Barnard A. 2007. *Anthropology and the Bushman.* Nova York: Berg.

––––––. 2010. When individuals do not stop at the skin. Em RIM Dunbar, C Gamble, J Gowlett, eds. *Social Brain, Distributed Mind.* Oxford: Oxford University Press. pp. 249–267.

––––––. 2011. *Social Anthropology and Human Origins.* Nova York: Cambridge University Press.

Barnes JE. 2001. As demand soars, flag makers help bolster nation's morale. *New York Times.* 23 de setembro.

Baron AS, Y Dunham. 2015. Representing "us" and "them": Building blocks of intergroup cognition. *J Cogn Dev* 16:780–801.

Barrett M. 2007. *Children's Knowledge, Beliefs, and Feelings about Nations and National Groups.* Nova York: Psychology Press.

Barron AB, C Klein. 2016. What insects can tell us about the origins of consciousness. *Proc Nat Acad Sci* 113:4900–4908.

Barron WRJ. 1981. The penalties for treason in medieval life and literature. *J Medieval Hist* 7:187–202.

Bar-Tal D. 2000. *Shared Beliefs in a Society.* Thousand Oaks, CA: Sage Publishing.

Bar-Tal D, E Staub. 1997. Patriotism: Its scope and meaning. Em D Bar-Tal, E Staub, eds. *Patriotism in the Lives of Individuals and Nations.* Chicago: Nelson-Hall. pp. 1–19.

Barth F, ed. 1969. *Ethnic Groups and Boundaries: The Social Organization of Culture Difference.* Boston: Little, Brown. pp. 9–38.

Bartlett FC, C Burt. 1933. Remembering: A study in experimental and social psychology. *Brit J Educ Psychol* 3:187–192.

Bates LA, et al. 2007. Elephants classify human ethnic groups by odor and garment color. *Curr Biology* 17:1938–1942.

Bates LA, et al. 2008. African elephants have expectations about the locations of out-ofsight family members. *Biol Lett* 4:34–36.

Bauder H. 2008. Citizenship as capital: The distinction of migrant labor. *Alternatives* 33:315–333.

Baumard N. 2010. Has punishment played a role in the evolution of cooperation? A critical review. *Mind Soc* 9:171–192.

Baumeister RF. 1986. *Identity: Cultural Change and the Struggle for Self.* Nova York: Oxford University Press.

Baumeister RF, SE Ainsworth, KD Vohs. 2016. Are groups more or less than the sum of their members? The moderating role of individual identification. *Behav Brain Sci* 39:1–56.

Baumeister RF, et al. 1989. Who's in charge here? *Pers Soc Psychol B* 14:17–22.

Baumeister RF, Leary MR. 1995. The need to belong: Desire for interpersonal attachments as a fundamental human motivation. *Psychol Bull* 117:497–529.

Beals KL, et al. 1984. Brain size, cranial morphology, climate, and time machines. *Curr Anthropol* 25:301–330.

Beard CA. 2009. *The Republic: Conversations on Fundamentals.* New Brunswick, NJ: Transaction Publishers.

Beaune C. 1991. *Birth of an Ideology: Myths and Symbols of a Nation.* Berkeley: University of California Press.

414 Referências

Beccaria C. 2009 (1764). *On Crimes and Punishments and Other Writings*. A Thomas, ed. Toronto: University of Toronto Press.

Beck BB. 1982. Chimpocentrism: Bias in cognitive ethology. *J Hum Evol* 11:3–17.

Becker JC, et al. 2017. What do national flags stand for? An exploration of associations across 11 countries. *J Cross Cult Psychol* 48:335–352.

Beecher MD, et al. 1986. Acoustic adaptations for parent-offspring recognition in swallows. *Exp Biol* 45:179–193.

Beety VE. 2012. What the brain saw: The case of Trayvon Martin and the need for eyewitness identification reform. *Denver Univ Law Rev* 90:331–346.

Behar DM, et al. 2008. The dawn of human matrilineal diversity. *Am J Hum Genet* 82:1130–1140.

Bekoff M, J Pierce. 2009. *Wild Justice: The Moral Lives of Animals*. Chicago: University of Chicago Press.

Bell G. 1988. *Sex and Death in Protozoa*. Nova York: Cambridge University Press.

Bender T. 2006. *A Nation among Nations: America's Place in World History*. Nova York: Hill & Wang.

Bennett NC, CG Faulkes. 2000. *African Mole-rats: Ecology and Eusociality*. Cambridge: Cambridge University Press.

Benson-Amram S, et al. 2016. Brain size predicts problem-solving ability in mammalian carnivores. *Proc Nat Acad Sci* 113:2532–2537.

Berger J, C Cunningham. 1987. Influence of familiarity on frequency of inbreeding in wild horses. *Evolution* 41:229–231.

Berger PL, T Luckmann. 1966. *The Social Structure of Reality: A Treatise in the Sociology of Knowledge*. Nova York: Doubleday.

Bergh R, et al. 2016. Is group membership necessary for understanding generalized prejudice? A re-evaluation of why prejudices are interrelated. *J Pers Soc Psychol* 111:367–395.

Bergman TJ. 2010. Experimental evidence for limited vocal recognition in a wild primate: Implications for the social complexity hypothesis. *Proc Roy Soc Lond B* 277:3045–3053.

Berman JC. 1999. Bad hair days in the Paleolithic: Modern (re)constructions of the cave man. *Am Anthropol* 101:288–304.

Berndt RM, CH Berndt. 1988. *The World of the First Australians*. Canberra: Aboriginal Studies Press.

Bernstein MJ, SG Young, K Hugenberg. 2007. The cross-category effect: Mere social categorization is sufficient to elicit an own-group bias in face recognition. *Psychol Sci* 18:706–712.

Berreby D. 2005. *Us and Them: Understanding Your Tribal Mind*. Nova York: Little, Brown.

Berry JW. 2001. A psychology of immigration. *J Soc Issues* 57:615–631.

Berry JW, RC Annis. 1974. Acculturation stress: The role of ecology, culture, and differentiation. *J Cross Cult Psychol* 5:382–406.

Best E. 1924. *The Maori*, vol. 1. Wellington, NZ: HH Tombs.

Bettencourt L, G West. 2010. A unified theory of urban living. *Nature* 467:912–913.

Bettinger RL, R Garvey, S Tushingham. 2015. *Hunter-Gatherers: Archaeological and Evolutionary Theory*. 2ª ed. Nova York: Springer.

Bigelow R. 1969. *The Dawn Warriors: Man's Evolution Toward Peace*. Boston: Little, Brown.

Bigler RS, LS Liben. 2006. A developmental intergroup theory of social stereotypes and prejudice. *Adv Child Dev Behav* 34:39–89.

Bignell DE, Y Roisin, N Lo, eds. 2011. *Biology of Termites*. Nova York: Springer.

Billig M. 1995. *Banal Nationalism*. Londres: Sage Publications.

Billings A, K Brown, N Brown-Devlin. 2015. Sports draped in the American flag: Impact of the 2014 winter Olympic telecast on nationalized attitudes. *Mass Commun Soc* 18:377–398.

Binford LR. 1980. Willow smoke and dog's tails: Hunter-gatherer settlement systems and archaeological site formation. *Am Antiquity* 45:4–20.

———. 2001. *Constructing Frames of Reference*. Berkeley: University of California Press.

Bintliff J. 1999. Settlement and territory. Em G Barker, ed. *Companion Encyclopedia of Archaeology 1*. Londres: Routledge. pp. 505–545.

Biocca E. 1996. *Yanoáma: The Story of Helena Valero*. Nova York: Kodansha America.

Bird DW, RB Bird. 2000. The ethnoarchaeology of juvenile foragers: Shellfishing strategies among Meriam children. *J Anthropol Archaeol* 19:461–476.

Birdsell JB. 1957. Some population problems involving Pleistocene man. *Cold Spring Harbor Symposia on Quantitative Biology* 22:47–69.

Referências 415

———. 1958. On population structure in generalized hunting and collecting populations. *Evolution* 12:189–205.

———. 1968. Some predictions for the Pleistocene based on equilibrium systems among recent foragers. Em R Lee, I DeVore, eds. *Man the Hunter*. Chicago: Aldine. pp. 229–249.

———. 1970. Local group composition among the Australian Aborigines: A critique of the evidence from fieldwork conducted since 1930. *Curr Anthropol* 11:115–142.

———. 1973. The basic demographic unit. *Curr Anthropol* 14:337–356.

Blainey G. 1976. *Triumph of the Nomads: A History of Aboriginal Australia*. Woodstock, NY: Overlook Press.

Blank T, P Schmidt. 2003. National identity in a united Germany: Nationalism or patriotism? An empirical test with representative data. *Polit Psychol* 24:289–312.

Blanton H, C Christie. 2003. Deviance regulation: A theory of action and identity. *Rev Gen Psychol* 7:115–149.

Bleek DF. 1928. *The Naron: A Bushman Tribe of the Central Kalahari*. Cambridge: Cambridge University Press.

Bloemraad I. 2000. Citizenship and immigration. *J Int Migrat Integration* 1:9–37.

Bloemraad I, A Korteweg, G Yurdakul. 2008. Citizenship and immigration: Multiculturalism, assimilation, and challenges to the nation-state. *Annu Rev Sociol* 34:153–179.

Bloom P, C Veres. 1999. Perceived intentionality of groups. *Cognition* 71:B1–B9.

Blurton-Jones N. 2016. *Demography and Evolutionary Ecology of Hadza Hunter-Gatherers*. Cambridge: Cambridge University Press.

Bocquet-Appel J-P, O Bar-Yosef, eds. 2008. *The Neolithic Demographic Transition and its Consequences*. Nova York: Springer.

Bodnar JE. 1985. *The Transplanted: A History of Immigrants in Urban America*. Bloomington: Indiana University Press.

Boehm C. 1999. *Hierarchy in the Forest: The Evolution of Egalitarian Behavior*. Cambridge, MA: Harvard University Press.

———. 2013. The biocultural evolution of conflict resolution between groups. Em D Fry, ed. *War, Peace, and Human Nature*. Oxford: Oxford University Press. pp. 315–340.

Boesch C. 1996. Social grouping in Tai chimpanzees. Em WC McGrew, LF Marchant, T Nishida, eds. *Great Ape Societies*. Cambridge: Cambridge University Press. pp. 101–113.

———. 2012. From material to symbolic cultures: Culture in primates. Em J Valsiner, ed. *The Oxford Handbook of Culture and Psychology*. Oxford: Oxford University Press. pp. 677–694.

Boesch C, H Boesch-Achermann. 2000. *The Chimpanzees of the Taï Forest*. Nova York: Oxford University Press.

Boesch C, et al. 2008. Intergroup conflicts among chimpanzees in Taï National Park: Lethal violence and the female perspective. *Am J Primatol* 70:519–532.

Boesch C, G Hohmann, L Marchant, eds. 2002. *Behavioural Diversity in Chimpanzees and Bonobos*. Oxford: Cambridge University Press.

Bohn KM, CF Moss, GS Wilkinson. 2009. Pup guarding by greater spear-nosed bats. *Behav Ecol Sociobiol* 63:1693–1703.

Bolhuis JJ. 1991. Mechanisms of avian imprinting: A review. *Biol Rev* 66:303–345.

Bond CF, et al. 1990. Lie detection across cultures. *J Nonverbal Behav* 14:189–204.

Bond R. 2005. Group size and conformity. *Intergroup Relations* 8:331–354.

Bonilla-Silva E. 2014. *Racism without Racists: Color-Blind Racism and the Persistence of Racial Inequality in America*. Nova York: Rowman & Littlefield.

Bonner J. 2006. *Why Size Matters: From Bacteria to Blue Whales*. Princeton, NJ: Princeton University Press.

Bonnie KE, et al. 2007. Spread of arbitrary customs among chimpanzees: A controlled experiment. *Proc Roy Soc B* 274:367–372.

Bookman MZ. 1994. War and peace: The divergent breakups of Yugoslavia and Czechoslovakia. *J Peace Res* 31:175–187.

Bosacki SL, C Moore. 2004. Preschoolers' understanding of simple and complex emotions: Links with gender and language. *Sex Roles* 50:659–675.

Bosmia AN, et al. 2015. Ritualistic envenomation by bullet ants among the Sateré-Mawé Indians in the Brazilian Amazon. *Wild Environ Med* 26:271–273.

Bot ANM, et al. 2001. Waste management in leaf-cutting ants. *Ethol Ecol Evol* 13:225–237.

Boughman JW, GS Wilkinson. 1998. Greater spear-nosed bats discriminate group mates by vocalizations. *Anim Behav* 55:1717–1732.

416 *Referências*

Bourjade M, et al. 2009. Decision-making in Przewalski horses (*Equus ferus przewalskii*) is driven by the ecological contexts of collective movements. *Ethology* 115:321–330.

Bousquet CA, DJ Sumpter, MB Manser. 2011. Moving calls: A vocal mechanism underlying quorum decisions in cohesive groups. *Proc Biol Sci* 278:1482–1488.

Bowles S. 2006. Group competition, reproductive leveling, and the evolution of human altruism. *Science* 314:1569–1572.

———. 2012. Warriors, levelers, and the role of conflict in human social evolution. *Science* 336:876–879.

Bowles S, H Gintis. 2011. *A Cooperative Species: Human Reciprocity and its Evolution.* Princeton, NJ: Princeton University Press.

Boyd RL. 2002. Ethnic competition for an occupational niche: The case of Black and Italian barbers in northern US cities during the late nineteenth century. *Sociol Focus* 35:247–265.

Boyd R, PJ Richerson. 2005. *The Origin and Evolution of Cultures.* Oxford: Oxford University Press.

Bramble DM, DE Lieberman. 2004. Endurance running and the evolution of *Homo. Nature* 432:345–352.

Brandt M, et al. 2009. The scent of supercolonies: The discovery, synthesis and behavioural verification of ant colony recognition cues. *BMC Biology* 7:71–79.

Branstetter MG, et al. 2017. Dry habitats were crucibles of domestication in the evolution of agriculture in ants. *Proc Roy Soc B* 284:20170095.

Braude S. 2000. Dispersal and new colony formation in wild naked mole-rats: Evidence against inbreeding as the system of mating. *Behav Ecol* 11:7–12.

Braude S, E Lacey. 1992. The underground society. *The Sciences* 32:23–28.

Breed MD. 2014. Kin and nestmate recognition: The influence of WD Hamilton on 50 years of research. *Anim Behav* 92:271–279.

Breed MD, C Cook, MO Krasnec. 2012. Cleptobiosis in social insects. *Psyche* 2012:1–7.

Breidlid A, et al., eds. 1996. *American Culture: An Anthology.* 2ª ed. Nova York: Routledge.

Bressan P, M Grassi. 2004. Parental resemblance in 1-year-olds and the Gaussian curve. *Evol Hum Behav* 25:133–141.

Brewer MB. 1991. The social self: On being the same and different at the same time. *Pers Soc Psychol B* 5:475–482.

———. 1999. The psychology of prejudice: Ingroup love or outgroup hate? *J Soc Issues* 55:429–444.

———. 2000. Superordinate goals versus superordinate identity as bases of intergroup cooperation. Em R Brown, D Capozza, eds. *Social Identity Processes.* Londres: Sage. pp. 117–132.

———. 2007. The importance of being we: Human nature and intergroup relations. *Am Psychol* 62:728–738.

———. 2009. Social identity and citizenship in a pluralistic society. Em E Borgida, J Sullivan, E Riedel, eds. *The Political Psychology of Democratic Citizenship.* Oxford: Oxford University Press. pp. 153–175.

Brewer MB, LR Caporael. 2006. An evolutionary perspective on social identity: Revisiting groups. Em M Schaller et al., eds. *Evolution and Social Psychology.* Nova York: Psychology Press. pp. 143–161.

Brindley EF. 2010. Representations and uses of Yue identity along the southern frontier of the Han, ca. 200–111 BCE. *Early China* 33:2010–2011.

———. 2015. *Ancient China and the Yue: Perceptions and Identities on the Southern Frontier, c. 400 BCE–50 CE.* Cambridge: Cambridge University Press.

Brink JW. 2008. *Imagining Heads-Smashed-In: Aboriginal Buffalo Hunting on the Northern Plains.* Edmonton: Athabasca University Press.

Brookfield HC, P Brown. 1963. *Struggle for Land: Agriculture and Group Territories among the Chimbu of the New Guinea Highlands.* Melbourne: Oxford University Press.

Brooks AS, et al. 2018. Long-distance stone transport and pigment use in the earliest Middle Stone Age. *Science* 360: 90–94.

Brooks JF. 2002. *Captives and Cousins: Slavery, Kinship, and Community in the Southwest Borderlands.* Chapel Hill: University of North Carolina Press.

Broome R. 2010. *Aboriginal Australians: A History since 1788.* Sydney: Allen & Unwin.

Brown ED, SM Farabaugh. 1997. What birds with complex social relationships can tell us about vocal learning. Em CT Snowdon, M Hausberger, eds. *Social Influences on Vocal Development.* Cambridge: Cambridge University Press. pp. 98–127.

Bruneteau J-P. 1996. *Tukka: Real Australian Food.* Sydney: HarperCollins Australia.

Bshary R, W Wickler, H Fricke. 2002. Fish cognition: A primate's eye view. *Anim Cogn* 5:1–13.

Buchan JC, et al. 2003. True paternal care in a multi-male primate society. *Nature* 425:179–181.

Referências 417

Builth H. 2014. *Ancient Aboriginal Aquaculture Rediscovered.* Saarbrucken: Omniscriptum.
Burch ES Jr. 2005. *Alliance and Conflict: The World System of the Iñupiaq Eskimos.* Lincoln: University of Nebraska Press.
Burgener N, et al. 2008. Do spotted hyena scent marks code for clan membership? Em JL Hurst, RJ Beynon, SC Roberts, TD Wyatt, eds. *Chemical Signals in Vertebrates 11.* Nova York: Springer. pp. 169–177.
Burns RA. 2018. The utility of between-nation subjective wellbeing comparisons amongst nations within the European Social Survey. *J Happiness Stud* 18:1–23.
Buttelmann D, J Call, M Tomasello. 2009. Do great apes use emotional expressions to infer desires? *Devel Sci* 12:688–698.
Butz DA. 2009. National symbols as agents of psychological and social change. *Polit Psychol* 30:779–804.
Buys CJ, KL Larson. 1979. Human sympathy groups. *Psychol Reports* 45:547–553.
Caldwell J. 1964. Interaction spheres in prehistory. Em J Caldwell, R Hall, eds. *Hopewellian Studies, Scientific Paper 12.* Springfield: Illinois State Museum. pp. 134–143.
Callahan SP, A Ledgerwood. 2013. The symbolic importance of group property: Implications for intergroup conflict and terrorism. Em TK Walters et al., eds. *Radicalization, Terrorism, and Conflict.* Newcastle: Cambridge Scholars. pp. 232–267.
———. 2016. On the psychological function of flags and logos: Group identity symbols increase perceived entitativity. *J Pers Soc Psychol* 110:528–550.
Cameron CM. 2008. Captives in prehistory as agents of social change. Em CM Cameron, ed. *Invisible Citizens: Captives and Their Consequences.* Salt Lake City: University of Utah Press. pp. 1–24.
———. 2016. *Captives: How Stolen People Changed the World.* Lincoln: University of Nebraska Press.
Cameron EZ, TH Setsaas, WL Linklater. 2009. Social bonds between unrelated females increase reproductive success in feral horses. *Proc Nat Acad Sci* 106:13850–13853.
Campbell DT. 1958. Common fate, similarity, and other indices of the status of aggregates of persons as social entities. *Syst Res Behav Sci* 3:14–25.
Campbell MW, FBM de Waal. 2011. Ingroup-outgroup bias in contagious yawning by chimpanzees supports link to empathy. *PloS ONE* 6:e18283.
Cane S. 2013. *First Footprints: The Epic Story of the First Australians.* Sydney: Allen & Unwin.
Cantor M, et al. 2015. Multilevel animal societies can emerge from cultural transmission. *Nat Comm* 6:8091.
Cantor M, H Whitehead. 2015. How does social behavior differ among sperm whale clans? *Mar Mammal Sci* 31:1275–1290.
Caporael LR, RM Baron. 1997. Groups as the mind's natural environment. Em J Simpson, D Kenrick, eds. *Evolutionary Social Psychology.* Mahwah: Lawrence Erlbaum. pp. 317–343.
Carlin NF, B Hölldobler. 1983. Nestmate and kin recognition in interspecific mixed colonies of ants. *Science* 222:1027–1029.
Carneiro RL. 1970. A theory of the origin of the state. *Science* 169:733–738.
———. 1987. Village-splitting as a function of population size. Em L Donald, ed. *Themes in Ethnology and Culture History.* Meerut: Archana. pp. 94–124.
———. 1998. What happened at the flashpoint? Conjectures on chiefdom formation at the very moment of conception. Em EM Redmond, ed. *Chiefdoms and Chieftaincy in the Americas.* Gainesville: University Press of Florida. pp. 18–42.
———. 2000. *The Muse of History and the Science of Culture.* Nova York: Springer.
———. 2004. The political unification of the world: When, and how—some speculations. *Cross-Cult Res* 38:162-77.
———. 2012. The circumscription theory: A clarification, amplification, and reformulation. *Soc Evol Hist* 11:5–30.
Caro T. 1994. *Cheetahs of the Serengeti Plains.* Chicago: University of Chicago Press.
Carter DB, HE Goemans. 2011. The making of the territorial order: New borders and the emergence of interstate conflict. *Int Organ* 65:275–309.
Cashdan E. 1998. Adaptiveness of food learning and food aversions in children. *Soc Sci Inform* 37:613–632.
———. 2001. Ethnocentrism and xenophobia: A cross-cultural study. *Curr Anthropol* 42:760–765.
Cashdan E, et al. 1983. Territoriality among human foragers: Ecological models and an application to four Bushman groups. *Curr Anthropol* 24:47–66.
Caspar EA, et al. 2016. Coercion changes the sense of agency in the human brain. *Curr Biol* 26:585–592.
Cassill D. 2003. Rules of supply and demand regulate recruitment to food in an ant society. *Behav Ecol Sociobiol* 54:441–450.

418 *Referências*

Castano E, et al. 2002. Who may enter? The impact of in-group identification on ingroup-outgroup categorization. *J Exp Soc Psychol* 38:315–322.

Castano E, M Dechesne. 2005. On defeating death: Group reification and social identification as immortality strategies. *Eur Rev Soc Psychol* 16:221–255.

Castano E, R Giner-Sorolla. 2006. Not quite human: Infrahumanization in response to collective responsibility for intergroup killing. *J Pers Soc Psychol* 90:804–818.

Cavafy CP. 1976. *The Complete Poems of Cavafy: Expanded Edition*. Nova York: Harcourt Brace.

Chacon RJ, DH Dye. 2007. *The Taking and Displaying of Human Body Parts As Trophies by Amerindians*. Nova York: Springer.

Chacon Y, et al. 2015. From chiefdom to state: The contribution of social structural dynamics. *Soc Evol Hist* 14:27–45.

Chagnon NA. 1977. *Yanomamo: The Fierce People*. Nova York: Holt, Rinehart & Winston.

———. 1979. Mate competition, favoring close kin, and village fissioning among the Yanomamo Indians. Em NA Chagnon, W Irons, eds. *Evolutionary Biology and Human Social Behavior*. North Scituate: Duxbury Press. pp. 86–132.

———. 1981. Terminological kinship, genealogical relatedness, and village fissioning among the Yanomamo Indians. Em RD Alexander, DW Tinkle, eds. *Natural Selection and Social Behavior*. Nova York: Chiron Press. pp. 490–508.

———. 2013. *Yanomamo*. 6ª ed. Belmont, CA: Wadsworth.

Chaix R, et al. 2004. The genetic or mythical ancestry of descent groups: Lessons from the Y chromosome. *Am J Hum Genet* 75:1113–1116.

Chambers JK. 2008. *Sociolinguistic Theory: Linguistic Variation and its Social Significance*. 3ª ed. Chichester: Wiley-Blackwell.

Chambers JR. 2008. Explaining false uniqueness: Why we are both better and worse than others. *Soc Pers Psychol Compass* 2:878–894.

Chaminade T, et al. 2012. How do we think machines think? An fMRI study of alleged competition with an artificial intelligence. *Front Hum Neurosci* 6:103.

Chance MRA, RR Larsen, eds. 1976. *The Social Structure of Attention*. Nova York: John Wiley.

Chapais B. 2008. *Primeval Kinship: How Pair-Bonding Gave Birth to Human Society*. Cambridge, MA: Harvard University Press.

Chapais B, et al. 1997. Relatedness threshold for nepotism in Japanese macaques. *Anim Behav* 53:1089–1101.

Chapman CA, FJ White, RW Wrangham. 1994. Party size in chimpanzees and bonobos. Em RW Wrangham, WC McGrew, F de Waal, eds. *Chimpanzee Cultures*. Cambridge, MA: Harvard University Press. pp. 41–58.

Chapman EN, A Kaatz, M Carnes. 2013. Physicians and implicit bias: How doctors may unwittingly perpetuate health care disparities. *J Gen Intern Med* 28:1504–1510.

Chapman J. 1863. *Travels in the Interior of South Africa*, vol. 2. Londres: Bell & Daldy.

Chase-Dunn C, et al. 2010. Cycles of rise and fall, upsweeps and collapses. Em LE Grinin et al., eds. *History and Mathematics: Processes and Models of Global Dynamics*. Volgograd: Uchitel. pp. 64–91.

Cheney DL, RM Seyfarth. 2007. *Baboon Metaphysics: The Evolution of a Social Mind*. Chicago: University of Chicago Press.

Cheryan S, B Monin. 2005. Where are you really from?: Asian Americans and identity denial. *J Pers Soc Psychol* 89:717–730.

Cheung BY, M Chudek, SJ Heine. 2011. Evidence for a sensitive period for acculturation. *Psychol Sci* 22:147–152.

Chilvers BL, PJ Corkeron. 2001. Trawling and bottlenose dolphins' social structure. *P Roy Soc Lond B* 268:1901–1905.

Chollet A. 2011. Switzerland as a "fractured nation." *Nations & Nationalism* 17:738–755.

Christ O, et al. 2014. Contextual effect of positive intergroup contact on outgroup prejudice. *Proc Nat Acad Sci* 111:3996–4000.

Christakis NA, JH Fowler. 2014. Friendship and natural selection. *Proc Nat Acad Sci* 111:10796–10801.

Christal J, H Whitehead, E Lettevall. 1998. Sperm whale social units: Variation and change. *Can J Zool* 76:1431–1440.

Christensen C, et al. 2016. Rival group scent induces changes in dwarf mongoose immediate behavior and subsequent movement. *Behav Ecol* 27:1627–1634.

Referências 419

Chua A. 2007. *Day of Empire: How Hyperpowers Rise to Global Dominance—and Why They Fall.* Nova York: Doubleday.

Cialdini RB, NJ Goldstein. 2004. Social influence: Compliance and conformity. *Annu Rev Psychol* 55:591–621.

Cipriani L. 1966. *The Andaman Islanders.* Londres: Weidenfeld and Nicolson.

Citrin J, C Wong, B Duff. 2001. The meaning of American national identity. Em RD Ashmore, L Jussim, D Wilder, eds. *Social Identity, Intergroup Conflict, and Conflict Reduction,* vol. 3. Nova York: Oxford University Press. pp. 71–100.

Claessen HJM, P Skalník, eds. 1978. *The Early State.* The Hague: Mouton.

Clark EE, M Edmonds. 1979. *Sacagawea of the Lewis and Clark Expedition.* Berkeley: University of California Press.

Clastres P. 1972. The Guayaki. Em M Bicchieri, ed. *Hunters and Gatherers Today.* Nova York: Holt, Rinehart & Winston. pp. 138–174.

Clastres P, P Auster. 1998. Cannibals. *The Sciences* 38:32–37.

Clutton-Brock T. 2009. Cooperation between nonkin in animal societies. *Nature* 462:51–57.

Cochran G, HC Harpending. 2009. *The 10,000 Year Explosion: How Civilization Accelerated Human Evolution.* Nova York: Basic Books.

Cohen E. 2012. The evolution of tag-based cooperation in humans: The case for accent. *Curr Anthropol* 53:588–616.

Cohen R. 1978. State origins: A reappraisal. Em HJM Claessen, P Skalnik, eds. *The Early State.* The Hague: Mouton. pp. 31–75.

Cole DP. 1975. *Nomads of the nomads: The Āl Murrah Bedouin of the Empty Quarter.* Nova York: Aldine.

Confino A. 2014. *A World Without Jews: The Nazi Imagination from Persecution to Genocide.* New Haven, CT: Yale University Press.

Conkey MW. 1982. Boundedness in art and society. Em I Hodder, ed. *Symbolic and Structural Archaeology.* Cambridge: Cambridge University Press. pp. 115–128.

Connerton P. 2010. Some functions of collective forgetting. Em RIM Dunbar, C Gamble, J Gowlett, eds. *Social Brain, Distributed Mind.* Oxford: Oxford University Press. pp. 283–308.

Connor W. 1978. A nation is a nation, is a state, is an ethnic group is a . . . *Ethnic Racial Stud* 1:377–400.

Coolen I, O Dangles, J Casas. 2005. Social learning in noncolonial insects? *Curr Biol* 15:1931–1935.

Cooley CH. 1902. *Human Nature and the Social Order.* Nova York: C Scribner's Sons.

Correll J, et al. 2007. Across the thin blue line: Police officers and racial bias in the decision to shoot. *J Pers Soc Psychol* 92:1006–1023.

Cosmides L, J Tooby. 2013. Evolutionary psychology: New perspectives on cognition and motivation. *Annu Rev Psychol* 64:201–229.

Cosmides L, J Tooby, R Kurzban. 2003. Perceptions of race. *Trends Cogn Sci* 7:173–179. Costa JT. 2006. *The Other Insect Societies.* Cambridge, MA: Harvard University Press.

Costello K, G Hodson. 2012. Explaining dehumanization among children: The interspecies model of prejudice. *Brit J Soc Psychol* 53:175–197.

Cowgill GL. 1988. Onward and upward with collapse. Em N Yoffee, GL Cowgill, eds. *The Collapse of Ancient States and Civilizations.* Tucson: University of Arizona Press. pp. 244–276.

Creel S, NM Creel. 2002. *The African Wild Dog.* Princeton, NJ: Princeton University Press. Crevècoeur JH. 1782. *Letters from an American Farmer.* Filadélfia: Mathew Carey.

Crocker J, et al. 1994. Collective self-esteem and psychological well-being among White, Black, and Asian college students. *Pers Soc Psychol Bull* 20:503–513.

Crockford C, et al. 2004. Wild chimpanzees produce group specific calls: A case for vocal learning? *Ethology* 110:221–243.

Cronin AL, et al. 2013. Recurrent evolution of dependent colony foundation across eusocial insects. *Annu Rev Entomol* 58:37–55.

Cronk L, D Gerkey. 2007. Kinship and descent. Em RIM Dunbar, L Barrett, eds. *The Oxford Handbook of Evolutionary Psychology.* Oxford: Oxford University Press. pp. 463–478.

Curr EM. 1886. *The Australian Race: Its Origin, Languages, Customs, Place of Landing in Australia,* vol. 1. Melbourne: J Farnes. pp. 83–84.

Currie CR, AE Stuart. 2001. Weeding and grooming of pathogens in agriculture by ants. *Proc Royal Soc* 268:1033–1039.

420 *Referências*

Currie TE, et al. 2010. Rise and fall of political complexity in island South-East Asia and the Pacific. *Nature* 467:801–804.

Curry A. 2008. Seeking the roots of ritual. *Science* 319:278–280.

Curti ME. 1946. *The Roots of American Loyalty.* Nova York: Columbia University Press.

Czechowski W, EJ Godzińska. 2015. Enslaved ants: Not as helpless as they were thought to be. *Insectes Soc* 62:9–22.

Danielli JF, A Muggleton. 1959. Some alternative states of amoeba, with special reference to life-span. *Gerontol* 3:76–90.

Darwin C. 1859. *On the Origin of Species by Means of Natural Selection, or the Preservation of Favoured Races in the Struggle for Life.* Londres: John Murray.

———. 1871. *The Descent of Man.* Londres: John Murray.

———. 1872. *The Expression of the Emotions in Man and Animals.* Londres: John Murray.

Davis G. 2009. *Vikings in America.* Edimburgo: Berlinn Ltd.

Dawkins R. 1982. *The Extended Phenotype.* São Francisco: WH Freeman.

Dawson J. 1881. *Australian Aborigines: The Languages and Customs of Several Tribes of Aborigines in the Western District of Victoria.* Melbourne: George Robertson.

DeCasien AR, et al. 2017. Primate brain size is predicted by diet but not sociality. *Nature Ecol Evol* 1:112.

De Dreu CKW, et al. 2011. Oxytocin promotes human ethnocentrism. *Proc Nat Acad Sci* 108:1262–1266.

De Figueiredo RJ, Z Elkins. 2003. Are patriots bigots? An inquiry into the vices of ingroup pride. *Am J Polit Sci* 47:171–188.

DeFries R. 2014. *The Big Ratchet: How Humanity Thrives in the Face of Natural Crisis.* Nova York: Basic Books.

de la Vega G. 1966. *Royal Commentaries of the Incas and General History of Peru,* Parte I. Trad. de HV Livermore. Austin: University of Texas Press.

Denham TP, J Iriarte, L Vrydaghs, eds. 2007. *Rethinking Agriculture: Archaeological and Ethnoarchaeological Perspectives.* Walnut Creek, CA: Left Coast Press.

Denham WW. 2013. Beyond fictions of closure in Australian Aboriginal kinship. *Math Anthro Cult Theory* 5:1–90.

Dennis M. 1993. *Cultivating a Landscape of Peace: Iroquois-European Encounters in Seventeenth Century America.* Nova York: Cornell University Press.

d'Errico F, et al. 2012. Early evidence of San material culture represented by organic artifacts from Border Cave, South Africa. *Proc Nat Acad Sci* 109:13214–13219.

de Sade M. 1990. Philosophy in the bedroom. Em R Seaver, ed., trad. de A Wainhouse, *Justine, Philosophy in the Bedroom, and Other Writings.* Nova York: Grove Press. pp. 177–367.

Deschamps J-C. 1982. Social identity and relations of power between groups. Em H Tajfel, ed. *Social Identity and Intergroup Relations.* Cambridge: Cambridge University Press. pp. 85–98.

Deschamps J-C, R Brown. 1983. Superordinate goals and intergroup conflict. *Brit J Soc Psychol* 22:189–195.

De Silva S, G Wittemyer. 2012. A comparison of social organization in Asian elephants and African savannah elephants. *Int J Primatol* 33:1125–1141.

d'Ettorre P, J Heinze. 2005. Individual recognition in ant queens. *Curr Biol* 15:2170–2174.

Deutscher G. 2010. *The Unfolding of Language.* Nova York: Henry Holt & Co.

Devine PG. 1989. Stereotypes and prejudice: Their automatic and controlled components. *J Pers Soc Psychol* 56:5–18.

Devos T, MR Banaji. 2005. American = white? *J Pers Soc Psychol* 88:447–466.

Devos T, DS Ma. 2008. Is Kate Winslet more American than Lucy Liu? The impact of construal processes on the implicit ascription of a national identity. *Brit J Soc Psychol* 47:191–215.

de Waal F. 1982. *Chimpanzee Politics: Power and Sex Among Apes.* Nova York: Harper & Row.

———. 2001. *The Ape and the Sushi Master: Cultural Reflections by a Primatologist.* Nova York: Basic Books.

———. 2006. *Primates and Philosophers: How Morality Evolved.* Princeton, NJ: Princeton University Press.

———. 2014. *The Bonobo and The Atheist: In Search of Humanism Among the Primates.* Nova York: W.W. Norton.

de Waal FBM, JJ Pokorny. 2008. Faces and behinds: Chimpanzee sex perception. *Adv Sci Lett* 1:99–103.

de Waal FBM, PL Tyack. 2003. Preface. Em FBM de Waal, PL Tyack, eds. *Animal Social Complexity: Intelligence, Culture, and Individualized Societies.* Cambridge, MA: Harvard University Press. pp. ix–xiv.

Diamond J. 2005. *Collapse: How Societies Choose to Fail or Succeed.* Nova York: Penguin.

Dill M, DJ Williams, U Maschwitz. 2002. Herdsmen ants and their mealy-bug partners. *Abh Senckenbert Naturforsch Ges* 557:1–373.

Referências 421

Dinnerstein L, DM Reimers. 2009. *Ethnic Americans: A History of Immigration.* Nova York: Columbia University Press.

Dio C. 2008. *Dio's Rome,* vol. 3. Trad. de E Cary. Nova York: MacMillan.

Dittus WPJ. 1988. Group fission among wild toque macaques as a consequence of female resource competition and environmental stress. *Anim Behav* 36:1626–1645.

Dixon RMW. 1972. *The Dyirbal Language of North Queensland.* Cambridge: Cambridge University Press.

———. 1976. Tribes, languages and other boundaries in northeast Queensland. Em N Peterson, ed. *Tribes & Boundaries in Australia.* Atlantic Highlands: Humanities Press. pp. 207–238.

———. 1997. *The Rise and Fall of Languages.* Cambridge: Cambridge University Press.

———. 2010. *The Languages of Australia.* Nova York: Cambridge University Press.

Dollard J. 1937. *Caste and Class in a Southern Town.* New Haven, CT: Yale University Press. Donald L. 1997. *Aboriginal Slavery on the Northwest Coast of North America.* Berkeley: University of California Press.

Douglas M. 1966. *Purity and Danger: An Analysis of Concepts of Pollution and Taboo.* Londres: Routledge.

Dove M. 2011. *The Banana Tree at the Gate: A History of Marginal Peoples and Global Markets in Borneo.* New Haven, CT: Yale University Press.

Draper P. 1976. Social and economic constraints on child life among the !Kung. Em RB Lee, I DeVore, eds. *Kalahari Hunter-Gatherers: Studies of the !Kung San and their Neighbors.* Cambridge: Cambridge University Press.

Druckman D. 2001. Nationalism and war: A social-psychological perspective. Em DJ Christie et al., eds. *Peace, Conflict, and Violence.* Englewood Cliffs, NJ: Prentice-Hall.

Dukore BF. 1996. *Not Bloody Likely! And Other Quotations from Bernard Shaw.* Nova York: Columbia University Press.

Dunbar RIM. 1993. Coevolution of neocortical size, group size and language in humans. *Behav Brain Sci* 16:681–735.

———. 1996. *Grooming, Gossip, and the Evolution of Language.* Cambridge, MA: Harvard University Press.

———. 2011. Kinship in biological perspective. Em NJ Allen et al., eds. *Early Human Kinship: From Sex to Social Reproduction.* Chichester, W Sussex: Blackwell. pp. 131–150.

Dunbar RIM, C Gamble, J Gowlett. 2014. *Thinking Big: How the Evolution of Social Life Shaped the Human Mind.* Londres: Thames Hudson.

Dunham Y. 2018. Mere membership. *Trends Cogn Sci,* a ser publicado.

Dunham Y, AS Baron, MR Banaji. 2008. The development of implicit intergroup cognition. *Trends Cogn Sci* 12:248–253.

Dunham Y, AS Baron, S Carey. 2011. Consequences of "minimal" group affiliations in children. *Child Dev* 82:793–811.

Dunham Y, EE Chen, MR Banaji. 2013. Two signatures of implicit intergroup attitudes: Developmental invariance and early enculturation. *Psychol Sci* 24:860–868.

Durkheim E. 1982 (1895). *The Rules of Sociological Method and Selected Texts in Sociology and its Methods.* Nova York: Free Press.

———. 1984 (1893). *The Division of Labor in Society.* Nova York: Free Press.

Dyson-Hudson R, EA Smith. 1978. Human territoriality: An ecological reassessment. *Am Anthropol* 80:21–41.

Eagleman D. 2011. *Incognito: The Secret Lives of the Brain.* Nova York: Random House.

Earle TK, JE Ericson. 2014. *Exchange Systems in Prehistory.* Nova York: Academic Press.

East ML, H Hofer. 1991. Loud calling in a female dominated mammalian society, II: Behavioural contexts and functions of whooping of spotted hyenas. *Anim Behav* 42:651–669.

Easterly W. 2001. Can instititions resolve ethnic conflict? *Econ Dev Cult Change* 49:687–706.

Eberhardt JL, et al. 2004. Seeing black: Race, crime, and visual processing. *J Pers Soc Psychol* 87:876–893.

Echebarria-Echabe A, E Fernandez-Guede. 2006. Effect of terrorism on attitudes and ideological orientation. *Eur J Soc Psychol* 36:259–269.

Edwards J. 2009. *Language and Identity.* Cambridge: Cambridge University Press.

Ehardt CL, IS Bernstein. 1986. Matrilineal overthrows in rhesus monkey groups. *Int J Primatol* 7:157–181.

Eibl-Eibesfeldt I. 1998. Us and the others: The familial roots of ethnonationalism. Em I Eibl-Eibesfeldt, FK Salter, eds. *Indoctrinability, Ideology, and Warfare.* Nova York: Berghahn. pp. 21–54.

Ekman P. 1972. Universals and cultural differences in facial expressions of emotion. Em J Cole, ed. *Nebraska Symposium on Motivation.* Lincoln: University of Nebraska Press. pp. 207–282.

———. 1992. An argument for basic emotions. *Cognition Emotion* 6:169–200.

422 Referências

Elgar MA, RA Allan. 2006. Chemical mimicry of the ant *Oecophylla smaragdina* by the myrmecophilous spider *Cosmophasis bitaeniata*: Is it colony-specific? *J Ethol* 24:239–246.

Elkin AP. 1977. *Aboriginal Men of High Degree: Initiation and Sorcery in the World's Oldest Tradition*. St Lucia: University of Queensland Press.

Ellemers N. 2012. The group self. *Science* 336:848–852.

Ellis JJ. 1997. *American Sphinx: The Character of Thomas Jefferson*. Nova York: Knopf.

Endicott K. 1988. Property, power and conflict among the Batek of Malaysia. Em T Ingold, D Riches, J Woodburn, eds. *Hunters and Gatherers 2: Property, Power and Ideology*. Nova York: Berg. pp. 110–127.

Engerman SL. 2007. *Slavery, Emancipation, and Freedom*. Baton Rouge: Louisiana State University Press.

Ensminger J, J Henrich, eds. 2014. *Experimenting with Social Norms: Fairness and Punishment in Cross-cultural Perspective*. Nova York: Russell Sage Foundation.

Erikson EH. 1985. Pseudospeciation in the nuclear age. *Polit Psychol* 6:213–217.

Eriksen TH. 1993. *Ethnicity and Nationalism: Anthropological Perspectives*. Londres: Pluto.

Erwin TL, CJ Geraci. 2009. Amazonian rainforests and their richness of Coleoptera. Em RG Foottit, PH Adler, eds. *Insect Biodiversity: Science and Society*. Hoboken, NJ: Blackwell. pp. 49–67.

Escott PD. 2010. *The Confederacy: The Slaveholders' Failed Venture*. Santa Barbara, CA: ABCCLIO.

Esses VM, LM Jackson, TL Armstrong. 2001. The immigration dilemma: The role of perceived group competition, ethnic prejudice, and national identity. *J Soc Issues* 57:389–412.

Estes R. 2014. *The Gnu's World*. Berkeley: University of California Press.

Ethridge R, C Hudson, eds. 2008. *The Transformation of the Southeastern Indians, 1540– 1760*. Jackson: University Press of Mississippi.

European Values Study Group and World Values Survey Association 2005. *European and world values surveys integrated data file, 1999–2002*, I Publicação. 2ª versão ICPSR. Ann Arbor, MI: Inter-University Consortium for Political and Social Research.

Evans R. 2007. *A History of Queensland*. Cambridge: Cambridge University Press.

Everett DL, et al. 2005. Cultural constraints on grammar and cognition in Pirahã: Another look at the design features of human language. *Curr Anthropol* 46:621–646.

Fabrega H. 1997. Earliest phases in the evolution of sickness and healing. *Med Anthropol Quart* 11:26–55.

Fair SW. 2001. The Inupiaq Eskimo messenger feast. *J Am Folklore* 113:464–494.

Faulkner J, et al. 2004. Evolved disease-avoidance mechanisms and contemporary xenophobic attitudes. *Group Proc Intergr Rel* 7:333–353.

Faulseit RK, ed. 2016. *Beyond Collapse: Archaeological Perspectives on Resilience, Revitalization, and Transformation in Complex Societies*. Carbondale: Southern Illinois University Press.

Feblot-Augustins J, C Perlès. 1992. Perspectives ethnoarchéologiques sur les échanges à longue distance. Em A Gallay et al., eds. *Ethnoarchéologie: Justification, problémes, limites*. Juan-les-Pins: Èditions APDCA. pp. 195–209.

Fedurek P, et al. 2013. Pant hoot chorusing and social bonds in male chimpanzees. *Anim Behavi* 86:189–196.

Feekes F. 1982. Song mimesis within colonies of *Cacicus c. cela*. A colonial password? *Ethology* 58:119–152.

Feinman GM, J Marcus, eds. 1998. *Archaic States*. Santa Fé, NM: SAR Press.

Feinstein Y. 2016. Rallying around the president. *Soc Sci Hist* 40:305–338.

Feldblum JT, et al. 2018. The timing and causes of a unique chimpanzee community fission preceding Gombe's Four Year's War. *J Phys Anthropol* 166:730–744.

Ferguson MJ, RR Hassin. 2007. On the automatic association between America and aggression for news watchers. *Pers Soc Psychol B* 33:1632–1647.

Ferguson RB. 1984. A reexamination of the causes of Northwest Coast warfare. Em RB Ferguson, ed. *Warfare, Culture, and Environment*. Nova York: Academic Press. pp. 267–328.

———. 2011. Born to live: Challenging killer myths. Em RW Sussman, CR Cloninger, eds. *Origins of Altruism and Cooperation*. Nova York: Springer. pp. 249–270.

Feshbach S. 1991. Attachment processes in adult political ideology: Patriotism and Nationalism. Em JL Gewirtz, WM Kurtines, eds. *Intersections with Attachment*. Hillsdale, NJ: Erlbaum. pp. 207–226.

———. 1994. Nationalism, patriotism, and aggression: A clarification of functional differences. Em LR Huesmann, ed. *Aggressive Behavior*. Nova York: Plenum Press. pp. 275–291.

Field TM, et al. 1982. Discrimination and imitation of facial expression by neonates. *Science* 218:179–181.

Finkel DN, P Swartwout, R Sosis. 2010. The socio-religious brain. Em RIM Dunbar et al., eds. *Social Brain, Distributed Mind*. Oxford: Oxford University Press. pp. 283–308.

Referências 423

Finlayson C. 2009. *The Humans Who Went Extinct: Why Neanderthals Died Out and We Survived*. Oxford: Oxford University Press.

Fischer DH. 1989. *Albion's Seed: Four British Folkways in America*. Oxford: Oxford University Press.

Fishlock V, C Caldwell, PC Lee. 2016. Elephant resource-use traditions. *Anim Cogn* 19:429–433.

Fishlock V, PC Lee. 2013. Forest elephants: Fission–fusion and social arenas. *Anim Behav* 85:357–363.

Fiske AP. 2004. Four modes of constituting relationships. Em N Haslam, ed. *Relational Models Theory*. Nova York: Routledge. pp. 61–146.

Fiske ST. 2010. *Social Beings: Core Motives in Social Psychology*. 2ª ed. Nova York: John Wiley.

Fiske ST, AJC Cuddy, P Glick. 2007. Universal dimensions of social cognition: Warmth and competence. *Trends Cogn Sci* 11:77–83.

Fiske ST, SL Neuberg. 1990. A continuum of impression formation, from category-based to individuating processes. *Adv Exp Soc Psychol* 23:1–74.

Fiske ST, SE Taylor. 2013. *Social Cognition: From Brains to Culture*. Thousand Oaks, CA: Sage.

Fiskesjö M. 1999. On the "raw" and the "cooked" barbarians of imperial China. *Inner Asia* 1:139–168.

Fison L, AW Howitt. 1880. *Kamilaroi and Kurnai*. Melbourne: George Robertson.

Fitch WT. 2000. The evolution of speech: A comparative review. *Trends Cogn Sci* 4:258–267.

Flannery K, J Marcus. 2012. *The Creation of Inequality*. Cambridge, MA: Harvard University Press.

Flege JE. 1984. The detection of French accent by American listeners. *J Acoust Soc Am* 76:692–707.

Fletcher R. 1995. *The Limits of Settlement Growth*. Cambridge: Cambridge University Press.

Flood J. 1980. *The Moth Hunters: Aboriginal Prehistory of the Australian Alps*. Canberra: AIAS.

Fogel RW, SL Engerman. 1974. *Time on the Cross: The Economics of American Negro Slavery*. vol. 1. Nova York: Little, Brown & Co.

Foley RA, MM Lahr. 2011. The evolution of the diversity of cultures. *Phil T Roy Soc B* 366:1080–1089.

Forsyth DR. 2009. *Group Dynamics*, 5ª ed. Belmont, MA: Wadsworth.

Frank MC, et al. 2008. Number as a cognitive technology: Evidence from Pirahã language and cognition. *Cognition* 108:819–824.

Franklin B. 1779. *Political, Miscellaneous, and Philosophical Pieces*. Londres: J Johnson.

Frankopan P. 2015. *The Silk Roads: A New History of the World*. Londres: Bloomsbury.

Freedman JL. 1975. *Crowding and Behavior*. Oxford: WH Freedman.

Freeland WJ. 1979. Primate social groups as biological islands. *Ecology* 60:719–728.

Freeman JB, et al. 2011. Looking the part: Social status cues shape race perception. *PLoS ONE* 6:e25107.

Freud S. 1930. *Civilization and its Discontents*. Londres: Hogarth.

Fried MH. 1967. *The Evolution of Political Society*. Nova York: Random House.

Fritz CE, JH Mathewson. 1957. *Convergence Behavior in Disasters: A Problem in Social Control*. Washington: Academia Nacional de Ciências.

Fry D, ed. 2013. *War, Peace, and Human Nature*. Oxford: Oxford University Press.

Fukuyama F. 2011. *The Origins of Political Order*. Nova York: Farrar, Strauss and Giroux.

Fürniss S. 2014. Diversity in Pygmy music: A family portrait. Em BS Hewlett, ed. *Hunt-er-Gatherers of the Congo Basin*. New Brunswick, NJ: Transaction.

Furuichi T. 1987. Sexual swelling, receptivity, and grouping of wild pygmy chimpanzee females at Wamba, Zaire. *Primates* 28:309–318.

———. 2011. Female contributions to the peaceful nature of bonobo society. *Evol Anthropol: Issues, News, and Reviews* 20:131–142.

Furuichi T, J Thompson, eds. 2007. *The Bonobos: Behavior, Ecology, and Conservation*. Nova York: Springer.

Gaertner L, et al. 2006. Us without them: Evidence for an intragroup origin of positive in-group regard. *J Pers Soc Psychol* 90:426–439.

Gaertner SL, JF Dovidio. 2000. *Reducing Intergroup Bias: The Common Ingroup Identity Model*. Filadélfia: Psychology Press.

Gamble C. 1998. Paleolithic society and the release from proximity: A network approach to intimate relations. *World Archaeol* 29:426–449.

Gamble LH. 2012. A land of power. Em TL Jones, JE Perry, eds. *Contemporary Issues in California Archaeology*. Walnut Creek, CA: Left Coast Press. pp. 175–196.

Gans HJ. 2007. Acculturation, assimilation and mobility. *Ethnic and Racial Stud* 30:152–164.

Ganter R. 2006. *Mixed Relations: Asian-Aboriginal Contact in North Australia*. Crawley: University of Western Australia Publishing.

Garnsey P. 1996. *Ideas of Slavery from Aristotle to Augustine*. Cambridge: Cambridge University Press.

424 *Referências*

Gat A. 1999. The pattern of fighting in simple, small-scale, prestate societies. *J Anthropol Res* 55:563–583.

———. 2015. Proving communal warfare among hunter-gatherers: The quasi-Rousseauan error. *Evol Anthropol: Issues News Reviews* 24:111–126.

Gat A, A Yakobson. 2013. *Nations: The Long History and Deep Roots of Political Ethnicity and Nationalism*. Cambridge: Cambridge University Press.

Gavrilets S, DG Anderson, P Turchin. 2014. Cycling in the complexity of early societies. Em LE Grinin, AV Korotayev, eds. *History and Mathematics*. Volgograd: Uchitel. pp. 136–158.

Geary DC 2005. *The Origin of Mind*. Washington, DC: Associação Norte-americana de Psicologia.

Geertz C, ed. 1973. *The Interpretation of Cultures*. Nova York: Basic Books.

Geisler ME. 2005. What are national symbols—and what do they do to us? Em *National Symbols, Fractured Identities*. Middlebury, CT: Middlebury College Press. pp. xiii–xlii.

Gelfand MJ, et al. 2011. Differences between tight and loose cultures: A 33-nation study. *Science* 332:1100–1104.

Gellner E. 1983. *Nations and Nationalism*. Oxford: Blackwell.

Gelo DJ. 2012. *Indians of the Great Plains*. Nova York: Taylor & Francis.

Gero S, et al. 2016a. Socially segregated, sympatric sperm whale clans in the Atlantic Ocean. *R Soc Open Sci* 3:160061.

Gero S, J Gordon, H Whitehead. 2015. Individualized social preferences and long-term social fidelity between social units of sperm whales. *Animal Behav* 102:15–23.

Gero S, H Whitehead, L Rendell. 2016b. Individual, unit and vocal clan level identity cues in sperm whale codas. *R Soc Open Sci* 3:150372.

Gesquiere LR, et al. 2011. Life at the top: Rank and stress in wild male baboons. *Science* 333:357–360.

Ghent AW. 1960. A study of the group-feeding behavior of larvae of the jack pine sawfly, *Neodiprion pratti banksianae*. *Behav* 16:110–148.

Gifford E. 2015. *The Many Speeches of Chief Seattle (Seathl)*. Charleston, SC: CreateSpace Independent Publishing Platform.

Gigerenzer G. 2010. *Rationality for Mortals: How People Cope with Uncertainty*. Nova York: Oxford University Press.

Gilbert D. 2007. *Stumbling on Happiness*. Nova York: Vintage.

Gilderhus MT. 2010. *History and Historians: A Historiographical Introduction*. Nova York: Pearson.

Giles H, et al. 1977. Towards a theory of language in ethnic group relations. Em H Giles, ed. *Language, Ethnicity and Intergroup Relations*. Londres: Academic. pp. 307–348.

Gill FB. 2006. *Ornithology*. 3ª ed. Nova York: WH Freeman.

Gilovich T. 1991. *How We Know What Isn't So: The Fallibility of Human Reason In Everyday Life*. Nova York: Free Press.

Gil-White FJ. 2001. Are ethnic groups biological "species" to the human brain? *Curr Anthropol* 42:515–536.

Giner-Sorolla R. 2012. *Judging Passions: Moral Emotions in Persons and Groups*. Nova York: Psychology Press.

Gintis H. 2000. Strong reciprocity and human sociality. *J Theoret Biol* 206:169–179.

Glowacki L, C von Rueden. 2015. Leadership solves collective action problems in small-scale societies. *Phil T Roy Soc B* 370:20150010.

Goff PA, et al. 2008. Not yet human: Implicit knowledge, historical dehumanization, and contemporary consequences. *J Pers Soc Psychol* 94:292–306.

Goldberg A, AM Mychajliw, EA Hadly. 2016. Post-invasion demography of prehistoric humans in South America. *Nature* 532:232–235.

Goldstein AG. 1979. Race-related variation of facial features: Anthropometric data I. *Bull Psychon Soc* 13:187–190.

Gombrich EH. 2005. *A Little History of the World*. C. Mustill, trad. de New Haven, CT: Yale University Press.

Gonsalkorale K, KD Williams. 2007. The KKK won't let me play: Ostracism even by a despised outgroup hurts. *Eur J Soc Psychol* 37:1176–1186.

Goodall J. 1986. *The Chimpanzees of Gombe*. Cambridge, MA: Harvard University Press.

———. 2010. *Through A Window: My Thirty Years with the Chimpanzees of Gombe*. Boston: Houghton Mifflin Harcourt.

Goodwin M. 2016. Brexit: Identity trumps economics in revolt against elites. *Financial Times*, 24 de junho.

Gordon DM. 1989. Ants distinguish neighbors from strangers. *Oecologia* 81:198–200.

———. 1999. *Ants at Work: How An Insect Society Is Organized*. Nova York: Simon & Schuster.

Gordon M. 2001. *Small-Town Values and Big-City Vowels*. Durham, NC: Duke University Press.

Gordon MM. 1964. *Assimilation in American Life*. Nova York: Oxford University Press.

Gossett TF. 1963. *Race: The History of an Idea in America*. Nova York: Oxford University Press.

Gould RA. 1969. *Yiwara: Foragers of the Australian Desert*. Nova York: Scribner.

Grabo A, M van Vugt. 2016. Charismatic leadership and the evolution of cooperation. *Evol Hum Behav* 37:399–406.

Granovetter M. 1983. The strength of weak ties: A network theory revisited. *Soc Theory* 1:201–233.

Greene J. 2013. *Moral Tribes*. Nova York: Penguin Books.

Greenshields TH. 1980. "Quarters" and ethnicity. Em GH Blake, RI Lawless, eds. *The Changing Middle Eastern City*. Londres: Croom Helm. pp. 120–140.

Greenwald AG, MR Banaji, BA Nosek. 2015. Statistically small effects of the Implicit Association Test can have societally large effects. *J Pers Soc Psychol* 108:553–561.

Gross JT. 2000. *Neighbors: The Destruction of the Jewish Community in Jedwabne, Poland*. Princeton, NJ: Princeton University Press.

Grove M. 2010. The archaeology of group size. Em RIM Dunbar, C Gamble, J Gowlett, eds. *Social Brain, Distributed Mind*. Oxford: Oxford University Press. pp. 391–413.

Gudykunst WB. 2004. *Bridging Differences: Effective Intergroup Communication*. Thousand Oaks, CA: Sage.

Guenther MG. 1976. From hunters to squatters. Em R Lee, I DeVore, eds. *Kalaharie Hunter-Gatherers: Studies of the !Kung San and Their Neighbors*. Cambridge, MA: Harvard University Press. pp. 120–134.

———. 1996. Diversity and flexibility: The case of the Bushmen of southern Africa. Em S Kent, ed. *Cultural Diversity and Twentieth-Century Foragers: An African Perspective*. Cambridge: Cambridge University Press. pp. 65–86.

———. 1997. Lords of the desert land: Politics and resistance of the Ghanzi Basarwa of the nineteenth century. *Botsw Notes Rec* 29:121–141.

———. 2014. War and peace among Kalahari San. *J Aggress Confl Peace Res* 6:229–239.

Guibernau M. 2007. *The Identity of Nations*. Cambridge: Polity Press.

———. 2013. *Belonging: Solidarity and Division in Modern Societies*. Malden, MA: Polity.

Guttal V, ID Couzin. 2010. Social interactions, information use, and the evolution of collective migration. *Proc Nat Acad Sci* 107:16172–16177.

Haaland G. 1969. Economic determinants in ethnic processes. Em F Barth, ed. *Ethnic Groups and Boundaries: The Social Organization of Culture Difference*. pp. 58–73. Boston: Little, Brown.

Haber M, et al. 2017. Continuity and admixture in the last five millennia of Levantine history from ancient Canaanite and present-day Lebanese genome sequences. *Am J Hu Genetics* 101:1–9.

Hackman J, A Danvers, DJ Hruschka. 2015. Closeness is enough for friends, but not mates or kin. *Evol Hum Behav* 36:137–145.

Haidt J. 2003. The moral emotions. Em RJ Davidson, KR Scherer, HH Goldsmith, eds. *Handbook of Affective Sciences*. Oxford: Oxford University Press. pp. 852–870.

———. 2012. *The Righteous Mind: Why Good People Are Divided by Politics and Religion*. Nova York: Random House.

Haidt J, S Algoe. 2004. Moral amplification and the emotions that attach us to saints and demons. Em J Greenberg, SL Koole, T Pyszcynski, eds. *Handbook of Experimental Existential Psychology*. Nova York: Guilford Press. pp. 322–335.

Haidt J, P Rozin, C McCauley, S Imada. 1997. Body, psyche, and culture: The relationship between disgust and morality. *Psychol Dev Soc J* 9:107–131.

Haig D. 2000. Genomic imprinting, sex-biased dispersal, and social behavior. *Ann NY Acad Sci* 907:149–163.

———. 2011. Genomic imprinting and the evolutionary psychology of human kinship. *Proc Nat Acad Sci* 108:10878–85.

Hais SC, MA Hogg, JM Duck. 1997. Self-categorization and leadership: Effects of group prototypicality and leader stereotypicality. *Pers Soc Psychol Bull* 23:1087–1099.

Hale HE. 2004. Explaining ethnicity. *Comp Polit Stud* 37:458–485.

Hall JM. 1997. Ethnic identity in Greek antiquity. *Cambr Archaeol J* 8:265–283.

Hally DJ. 1996. Platform-mound construction and the instability of Mississippian chiefdoms. Em JF Scarry, ed. *Political Structure and Change in the Prehistoric Southeastern United States*. Gainesville: University Press of Florida. pp. 92–127.

Hames R. 1983. The settlement pattern of a Yanomamo population bloc. Em R Hames, W Vickers, eds. *Adaptive Responses of Native Amazonians*. Nova York: Academic Press. pp. 393–427.

Hamilton J. 2003. *Trench Fighting of World War I*. Minneapolis: ABDO & Daughters.

426 *Referências*

Hamilton MJ, et al. 2007. The complex structure of hunter-gatherer social networks. *Proc Roy Soc B* 274:2195–2202.

Hamilton WD. 1971. Geometry for the selfish herd. *J Theoret Biol* 31:295–311.

Hammer MF, et al. 2000. Jewish and Middle Eastern non-Jewish populations share a common pool of Y-chomosome biallelic haplotypes. *Proc Nat Acad Sci* 97:6769–6774.

Hann JH. 1991. *Missions to the Calusa*. Gainesville: University Press of Florida.

Hannonen M, L Sundström. 2003. Sociobiology: Worker nepotism among polygynous ants. *Nature* 421:910.

Harari YN. 2015. *Sapiens: A Brief History of Humankind*. Nova York: HarperCollins.

Hare B, V Wobber, R Wrangham. 2012. The self-domestication hypothesis: Evolution of bonobo psychology is due to selection against aggression. *Anim Behav* 83:573–585.

Hare B, S Kwetuenda. 2010. Bonobos voluntarily share their own food with others. *Cur Biol* 20:230–231.

Harlan JR. 1967. A wild wheat harvest in Turkey. *Archaeol* 20:197–201.

Harles JC. 1993. *Politics in the Lifeboat*. São Francisco: Westview Press.

Harlow R, L Dundes. 2004. "United" we stand: Responses to the September 11 attacks in black and white. *Sociol Persp* 47:439–464.

Harner MJ. 1972. *The Jívaro: People of the Sacred Waterfalls*. Garden City, NJ: Doubleday.

Harrington FH, DL Mech. 1979. Wolf howling and its role in territory maintenance. *Behav* 68:207–249.

Harris CB, HM Paterson, RI Kemp. 2008. Collaborative recall and collective memory: What happens when we remember together? *Memory* 16:213–230.

Harris JR. 2009. *The Nurture Assumption: Why Children Turn Out the Way They Do*. 2ª ed. Nova York: Simon and Schuster.

Harris LT, ST Fiske. 2006. Dehumanizing the lowest of the low: Neuro-imaging responses to extreme outgroups. *Psychol Sci* 17:847–853.

Hart CM, M van Vugt. 2006. From fault line to group fission: Understanding membership changes in small groups. *Pers Soc Psychol Bull* 32:392–404.

Hartley LP. 1953. *The Go-Between*. Nova York: New York Review.

Haslam N. 2006. Dehumanization: An integrative review. *Pers Soc Psychol Rev* 10:252–264.

Haslam N, S Loughnan. 2014. Dehumanization and infrahumanization. *Annu Rev Psychol* 65:399–423.

Haslam N, S Loughnan, P Sun. 2011a. Beastly: What makes animal metaphors offensive? *J Lang Soc Psychol* 30:311–325.

Haslam SA, SD Reicher, MJ Platow. 2011b. *The New Psychology of Leadership*. East Sussox: Psychology Press.

Hassin RR, et al. 2007. Subliminal exposure to national flags affects political thought and behavior. *Proc Nat Acad Sci* 104:19757–19761.

Hasson U, et al. 2012. Brain-to-brain coupling: A mechanism for creating and sharing a social world. *Trends Cogn Sci* 16:114–121.

Hawkes K. 2000. Hunting and the evolution of egalitarian societies: Lessons from the Hadza. Em MW Diehl, ed. *Hierarchies in Action: Cui Bono?* Carbondale: Southern Illinois University Press. pp. 59–83.

Hawley AH. 1944. Dispersion versus segregation: Apropos of a solution of race problems. *Mich Acad Sci Arts Lett* 30:667–674.

Hayden B. 1979. *Palaeolithic Reflections: Lithic Technology and Ethnographic Excavation among Australian Aborigines*. Londres: Humanities Press.

———. 1987. Alliances and ritual ecstasy: Human responses to resource stress. *J Sci Stud Relig* 26:81–91.

———. 1995. Pathways to power: Principles for creating socioeconomic inequalities. Em T Price, GM Feinman, eds. *Foundations of Social Inequality*. Nova York: Springer. pp. 15–86.

———. 2011. Big man, big heart? The political role of aggrandizers in egalitarian and transegalitarian societies. Em D Forsyth, C Hoyt, eds. *For the Greater Good of All*. Nova York: Palgrave Macmillan. pp. 101–118.

———. 2014. *The Power of Feasts: From Prehistory to the Present*. Nova York: Cambridge University Press.

Hayden B, et al. 1981. Research and development in the Stone Age: Technological transitions among hunter-gatherers. *Curr Anthropol* 22:519–548.

Hayden B, S Villeneuve. 2012. Who benefits from complexity? A view from Futuna. Em TD Price, G Feinman, eds. *Pathways to Power*. Nova York: Springer. pp. 95–146.

Head L. 1989. Using palaeoecology to date Aboriginal fishtraps at Lake Condah, Victoria. *Archaeol Oceania* 24:110–115.

Headland TN, et al. 1989. Hunter-gatherers and their neighbors from prehistory to the present. *Curr Anthropol* 30:43–66.

Hedges C. 2002. *War is a Force that Gives Us Meaning*. Nova York: Anchor Books.

Hefetz A. 2007. The evolution of hydrocarbon pheromone parsimony in ants—interplay of colony odor uniformity and odor idiosyncrasy. *Myrmecol News* 10:59–68.

Heinz H-J. 1972. Territoriality among the Bushmen in general and the !Kõ in particular. *Anthropos* 67:405–416.

———. 1975. Elements of !Kõ Bushmen religious beliefs. *Anthropos* 70:17–41.

———. 1994. *Social Organization of the !Kõ Bushmen*. Cologne: Rüdiger Köppe.

Helms R. 1885. Anthropological notes. *Proc Linn Soc New South Wales* 10:387–408.

Helwig CC, A Prencipe. 1999. Children's judgments of flags and flag-burning. *Child Dev* 70:132–143.

Henn BM, et al. 2011. Hunter-gatherer genomic diversity suggests a southern African origin for modern humans. *Proc Nat Acad Sci* 108:5154–5162.

Henrich J. 2004a. Cultural group selection, coevolutionary processes and large-scale cooperation. *J Econ Behav Organ* 53:3–35.

Henrich J. 2004b. Demography and cultural evolution: How adaptive cultural processes can produce maladaptive losses—the Tasmanian case. *Am Antiquity* 69:197–214.

Henrich J, R Boyd. 1998. The evolution of conformist transmission and the emergence of between-group differences. *Evol Hum Behav* 19:215–241.

Henrich J, et al., eds. 2004. *Foundations of Human Sociality: Economic Experiments and Ethnographic Evidence from Fifteen Small-Scale Societies*. Oxford: Oxford University Press.

Henrich J, et al. 2010a. Markets, religion, community size and the evolution of fairness and punishment. *Science* 327:1480–1484.

Henrich J, SJ Heine, A Norenzayan. 2010b. The weirdest people in the world. *Behav Brain Sci* 33:61–135.

Henrich N, J Henrich. 2007. *Why Humans Cooperate: A Cultural and Evolutionary Explanation*. Nova York: Oxford University Press.

Henshilwood CS, F d'Errico, eds. 2011. *Homo symbolicus: The Dawn of Language, Imagination and Spirituality*. Amsterdã: John Benjamins. pp. 75–96.

Henshilwood CS, et al. 2011. A 100,000-year-old ochre-processing workshop at Blombos Cave, South Africa. *Science* 334:219–222.

Henzi SP, et al. 2000. Ruths amid the alien corn: Males and the translocation of female chacma baboons. *S African J Sci* 96:61–62.

Herbert-Read JE, et al. 2016. Proto-cooperation: Group hunting sailfish improve hunting success by alternating attacks on grouping prey. *Proc Roy Soc B* 283:20161671.

Herbinger I, et al. 2009. Vocal, gestural and locomotor responses of wild chimpanzees to familiar and unfamiliar intruders: A playback study. *Anim Behav* 78:1389–1396.

Hernandez-Aguilar RA, J Moore, TR Pickering. 2007. Savanna chimpanzees use tools to harvest the underground storage organs of plants. *Proc Nat Acad Sci* 104:19210–19213.

Heth G, J Todrank, RE Johnston. 1998. Kin recognition in golden hamsters: Evidence for phenotype matching. *Anim Behav* 56:409–417.

Hewlett BS. 1991. *Intimate Fathers: The Nature and Context of Aka Pygmy Paternal Infant Care*. Ann Arbor: University of Michigan Press.

Hewlett BS, JMH van de Koppel, LL Cavalli-Sforza. 1986. Exploration and mating range of Aka Pygmies of the Central African Republic. Em LL Cavalli-Sforza, ed. *African Pygmies*. Nova York: Academic Press. pp. 65–79.

Hewstone M, R Brown, eds. 1986. *Contact and Conflict in Intergroup Encounters*. Oxford: Blackwell.

Hewstone M, M Rubin, H Willis. 2002. Intergroup bias. *Annu Rev Psychol* 53:575–604.

Hiatt L. 2015. Aboriginal political life. Em R Tonkinson, ed. *Wentworth Lectures*. Canberra: Aboriginal Studies Press. pp. 59–74.

Hill KR, AM Hurtado. 1996. *Ache Life History: The Ecology and Demography of a Foraging People*. Piscataway, NJ: Transaction.

Hill KR, et al. 2011. Co-residence patterns in hunter-gatherer societies show unique human social structure. *Science* 331:1286–1289.

Hill KR, et al. 2014. Hunter-gatherer inter-band interaction rates: Implications for cumulative culture. *PLoS ONE* 9:e102806.

Hingley R. 2005. *Globalizing Roman Culture: Unity, Diversity and Empire*. Nova York: Psychology Press.

Hirschfeld LA. 1989. Rethinking the acquisition of kinship terms. *Int J Behav Dev* 12:541–568.

428 *Referências*

————. 1998. *Race in the Making: Cognition, Culture, and the Child's Construction of Human Kinds*. Cambridge, MA: MIT Press.

————. 2012. Seven myths of race and the young child. *Du Bois Rev Soc Sci Res* 9:17–39.

Hiscock P. 2007. *Archaeology of Ancient Australia*. Nova York: Routledge.

Ho AK, et al. 2011. Evidence for hypodescent and racial hierarchy in the categorization and perception of biracial individuals. *J Pers Soc Psychol* 100:492–506.

Hofstede G, RR McCrae. 2004. Personality and culture revisited: Linking traits and dimensions of culture. *Cross-Cult Res* 38:52–88.

Hogg MA. 1993. Group cohesiveness: A critical review and some new directions. *Eur Rev Soc Psychol* 4:85–111.

————. 2001. A social identity theory of leadership. *Pers Soc Psychol Rev* 5:184–200.

————. 2006. Social identity theory. Em PJ Burke, ed. *Contemporary Social Psychological Theories*. Stanford, CA: Stanford University Press. pp. 111–136.

————. 2007. Social identity and the group context of trust. Em M Siegrist et al., eds. *Trust in Cooperative Risk Management*. Londres: Earthscan. pp. 51–72.

Hogg MA, D Abrams. 1988. *Social Identifications: A Social Psychology of Intergroup Relations and Group Processes*. Londres: Routledge.

Hohmann G, B Fruth. 1995. Structure and use of distance calls in wild bonobos. *Int J Primatol* 15:767–782.

————. 2011. Is blood thicker than water? Em MM Robbins, C Boesch, eds. *Among African Apes*. Berkeley: University of California Press. pp. 61–76.

Hold BC. 1980. Attention-structure and behavior in G/wi San children. *Ethol Sociobiol* 1:275–290.

Hölldobler B, EO Wilson. 1990. *The Ants*. Cambridge, MA: Harvard University Press.

————. 2009. *The Superorganism: The Beauty, Elegance, and Strangeness of Insect Societies*. Nova York: W.W. Norton.

Holsti KJ. 1991. *Peace and War: Armed Conflicts and International Order, 1648–1989*. Cambridge: Cambridge University Press.

Homer-Dixon TF. 1994. Environmental scarcities and violent conflict: Evidence from cases. *Int Security* 19:5–40.

Hommon RJ. 2013. *The Ancient Hawaiian State: Origins of a Political Society*. Oxford: Oxford University Press.

Hong L, SE Page. 2004. Groups of diverse problem solvers can outperform groups of high-ability problem solvers. *Proc Nat Acad Sci* 101:16385–16389.

Hood B. 2002. *The Self Illusion: How the Social Brain Creates Identity*. Nova York: New York University Press.

Hoogland JL, et al. 2012. Conflicting research on the demography, ecology, and social behavior of Gunnison's prairie dogs. *J Mammal* 93:1075–1085.

Hornsey MJ, et al. 2007. Group-directed criticisms and recommendations for change: Why newcomers arouse more resistance than old-timers. *Pers Soc Psychol Bull* 33:1036–1048.

Hornsey MJ, M Hogg. 2000. Assimilation and diversity: An integrative model of subgroup relations. *Pers Soc Psychol Rev* 4:143–156.

Hosking GA, G Schöpflin, eds. 1997. *Myths and Nationhood*. Nova York: Routledge.

Howard KJ, et al. 2013. Frequent colony fusions provide opportunities for helpers to become reproductives in the termite *Zootermopsis nevadensis*. *Behav Ecol Sociobiol* 67:1575–1585.

Howitt A. 1904. *The Native Tribes of South-East Australia*. Londres: Macmillan and Co.

Hrdy SB. 2009. *Mothers and Others. The Evolutionary Origins of Mutual Understanding*. Cambridge, MA: Harvard University Press.

Huddy L, N Khatib. 2007. American patriotism, national identity, and political involvement. *Am J Polit Sci* 51:63–77.

Hudson M. 1999. *Ruins of Identity: Ethnogenesis in the Japanese Islands*. Honolulu: University of Hawaii Press.

Hugenberg K, GV Bodenhausen. 2003. Facing prejudice: Implicit prejudice and the perception of facial threat. *Psychol Sci* 14:640–643.

Hunley KL, JE Spence, DA Merriwether. 2008. The impact of group fissions on genetic structure in Native South America and implications for human evolution. *Am J Phys Anthropol* 135:195–205.

Huth JE. 2013. *The Lost Art of Finding Our Way*. Cambridge, MA: Harvard University Press.

Huxley A. 1959. *The Human Situation*. Nova York: Triad Panther.

Huynh Q-L, T Devos, L Smalarz. 2011. Perpetual foreigner in one's own land: Potential implications for identity and psychological adjustment. *J Soc Clin Psychol* 30:133–162.

Referências   429

Iacoboni M. 2008. *Mirroring People: The New Science of How We Connect with Others*. Nova York: Farrar, Straus and Giroux.

Iliffe J. 2007. *Africans: The History of a Continent*. Cambridge: Cambridge University Press.

Ingold T. 1999. On the social relations of the hunter-gatherer band. Em RB Lee, R Daly, eds. *The Cambridge Encyclopedia of Hunters and Gatherers*. Cambridge: Cambridge University Press. pp. 399–410.

Injaian A, EA Tibbetts. 2014. Cognition across castes: Individual recognition in worker *Polistes fuscatus* wasps. *Anim Behav* 87:91–96.

Insoll T. 2007. Configuring identities in archaeology. Em T Insoll, ed. *The Archaeology of Identities. A Reader*. Londres: Routledge. pp. 1–18.

Isaac B. 2004. *The Invention of Racism in Classical Antiquity*. Princeton, NJ: Princeton University Press.

Ito TA, GR Urland. 2003. Race and gender on the brain: Electrocortical measures of attention to the race and gender of multiply categorizable individuals. *J Pers Soc Psychol* 85:616–626.

Iverson JM, S Goldin-Meadow. 1998. Why people gesture when they speak. *Nature* 396:228.

Jablonski NG. 2006. *Skin: A Natural History*. Berkeley: University of California Press.

Jack RE, et al. 2009. Cultural confusions show that facial expressions are not universal. *Curr Biol* 19:1543–1548.

Jack RE, OGB Garrod, PG Schyns. 2014. Dynamic facial expressions of emotion transmit an evolving hierarchy of signals over time. *Curr Biol* 24:187–192.

Jackson JE. 1983. *The Fish People: Linguistic Exogamy and Tukanoan Identity in Northwest Amazonia*. Cambridge: Cambridge University Press.

Jackson LE, L Gaertner. 2010. Mechanisms of moral disengagement and their differential use by right-wing authoritarianism and social dominance orientation in support of war. *Aggressive Behav* 36:238–250.

Jacobson MF. 1999. *Whiteness of a Different Color: European Immigrants and the Alchemy of Race*. Cambridge, MA: Harvard University Press.

Jaeggi AV, JM Stevens, CP Van Schaik. 2010. Tolerant food sharing and reciprocity is precluded by despotism among bonobos but not chimpanzees. *Am J Phys Anthropol* 143:41–51.

Jaffe KE, LA Isbell. 2010. Changes in ranging and agonistic behavior of vervet monkeys after predator-induced group fusion. *Am J Primatol* 72:634–644.

Jahoda G. 1999. *Images of Savages: Ancient Roots of Modern Prejudice in Western Culture*. Nova York: Routledge.

Jandt JM, et al. 2014. Behavioural syndromes and social insects: Personality at multiple levels. *Biol Rev* 89:48–67.

Janis IL. 1982. *Groupthink*. 2ª ed. Boston: Houghton Mifflin.

Jenkins, M. 2011. A man well acquainted with monkey business. *Washington Post*. Seção de Estilo: 21 de julho.

Jerardino A, CW Marean. 2010. Shellfish gathering, marine paleoecology and modern human behavior: Perspectives from cave PP13B, Pinnacle Point, South Africa. *J Hum Evol* 59:412–424.

Jetten J, et al. 2001. Rebels with a cause: Group identification as a response to perceived discrimination from the mainstream. *Pers Soc Psychol Bull* 27:1204–1213.

Jetten J, T Postmes, B McAuliffe. 2002. We're *all* individuals: Group norms of individualism and collectivism, levels of identification and identity threat. *Eur J Soc Psychol* 32:189–207.

Jewish Telegraphic Agency, 18 de agosto de 1943. Arquivado em http://www.jta.org/1943/08/18/archive/german-refugees-from-hamburg-mistaken-for-jews-executed-in-nazi-death-chambers.

Johnson AW, TK Earle. 2000. *The Evolution of Human Societies: From Foraging Group to Agrarian State*. Stanford, CA: Stanford University Press.

Johnson BR, E van Wilgenburg, ND Tsutsui. 2011. Nestmate recognition in social insects: Overcoming physiological constraints with collective decision making. *Behav Ecol Sociobiol* 65:935–944.

Johnson CL. 2000. Perspectives on American kinship in the later 1990s. *J Marriage Fam* 62:623–639.

Johnson GA. 1982. Organizational structure and scalar stress. Em C Renfrew et al., eds. *Theory and Explanation in Archaeology*. Nova York: Academic. pp. 389–421.

Johnson GR. 1986. Kin selection, socialization, and patriotism. *Polit Life Sci* 4:127–140.

———. 1987. In the name of the fatherland: An analysis of kin term usage in patriotic speech and literature. *Int Polit Sci Rev* 8:165–174.

———. 1997. The evolutionary roots of patriotism. Em D. Bar-Tal, E. Staub, eds. *Patriotism in the Lives of Individuals and Nations*. Chicago: Nelson-Hall. pp. 45–90.

Jolly A. 2005. Hair signals. *Evol Anthropol: Issues, News, and Reviews* 14:5.

Jolly A, RW Sussman, N Koyama, eds. 2006. *Ringtailed Lemur Biology*. Nova York: Springer.

430 Referências

Jones A. 2012. *Crimes Against Humanity: A Beginner's Guide.* Oxford: Oneworld Publishers.

Jones CB. 2007. The Evolution of Exploitation in Humans: "Surrounded by Strangers I Thought Were My Friends." *Ethology* 113:499–510.

Jones D, et al. 2000. Group nepotism and human kinship. *Curr Anthropol* 41:779–809.

Jones EE, et al. 1984. *Social Stigma: Psychology of Marked Relationships.* Nova York: WH Freeman.

Jones P. 1996. *Boomerang: Behind an Australian Icon.* Kent Town, S Aust.: Wakefield Press.

Joniak-Lüthi A. 2015. *The Han: China's Diverse Majority.* Seattle: University of Washington Press.

Jost JT, MR Banaji. 1994. The role of stereotyping in system-justification and the production of false consciousness. *Brit J Soc Psychol* 33:1–27.

Jost JT, et al. 2003. Social inequality and the reduction of ideological dissonance on behalf of the system. *Eur J Soc Psychol* 33:13–36.

Jouventin P, T Aubin, T Lengagne. 1999. Finding a parent in a king penguin colony: The acoustic system of individual recognition. *Anim Behav* 57:1175–1183.

Joyce AA, LA Bustamante, MN Levine. 2001. Commoner power: A case study from the Classic period collapse on the Oaxaca coast. *J Archaeol Meth Th* 8:343–385.

Joyce J. 1922. *Ulysses.* Londres: John Rodker.

Judd TM, PW Sherman. 1996. Naked mole-rats recruit colony mates to food sources. *Anim Behav* 52:957–969.

Junger S. 2016. *Tribe: On Homecoming and Belonging.* Nova York: HarperCollins.

Kaiser RJ. 1994. *The Geography of Nationalism in Russia and the USSR.* Princeton, NJ: Princeton University Press, 1994.

Kamans E, et al. 2009. What I think you see is what you get: Influence of prejudice on assimilation to negative meta-stereotypes among Dutch Moroccan teenagers. *Eur J Soc Psychol* 39:842–851.

Kameda T, R Hastie. 2015. Herd behavior. Em R Scott, S Kosslyn, eds. *Emerging Trends in the Social and Behavioral Sciences.* Hoboken, NJ: John Wiley and Sons.

Kan S. 1989. *Symbolic Immortality: The Tlingit Potlatch of the Nineteenth Century.* Washington, DC: Smithsonian Institution Press.

Kano T. 1992. *The Last Ape: Pygmy Chimpanzee Behavior and Ecology.* Palo Alto: Stanford University Press.

Kaplan D. 2000. The darker side of the "original affluent society." *J Anthropol Res* 56:301–324.

Karau SJ, KD Williams. 1993. Social loafing: A meta-analytic review and theoretical integration. *J Pers Soc Psychol* 65:681–706.

Katz PA, JA Kofkin. 1997. Race, gender, and young children. Em SS Luthar et al., eds. *Developmental Psychopathology.* Nova York: Cambridge University Press.

Kaufman SJ. 2001 *Modern Hatreds: The Symbolic Politics of Ethnic War.* Ithaca, NY: Cornell University Press.

Kaw E. 1993. Medicalization of racial features: Asian American women and cosmetic surgery. *Med Anthropol Q* 7:74–89.

Keeley LH. 1997. *War Before Civilization: The Myth of the Peaceful Savage.* Nova York: Oxford University Press.

Keil FC. 1989. *Concepts, Kinds, and Cognitive Development.* Cambridge, MA: MIT Press.

———. 2012. Running on empty? How folk science gets by with less. *Curr Dir Psychol Sci* 21:329–334.

Kelley LC. 2012. The biography of the Hông Bàng clan as a medieval Vietnamese invented tradition. *J Vietnamese Stud* 7:87–130.

Kelly D. 2011. *Yuck! The Nature and Moral Significance of Disgust.* Cambridge, MA: MIT Press.

———. 2013. Moral disgust and the tribal instincts hypothesis. Em K Sterelny et al., eds. *Signaling, Commitment, and Emotion.* Cambridge, MA: MIT Press. pp. 503–524.

Kelly D, et al. 2005. Three-month-olds but not newborns prefer own-race faces. *Dev Sci* 8:F31–36.

Kelly DJ, et al. 2009. Development of the other-race effect during infancy: Evidence toward universality? *J Exp Child Psychol* 104:105–114.

Kelly RL. 2013a. *The Lifeways of Hunter-gatherers: The Foraging Spectrum.* Cambridge: Cambridge University Press.

———. 2013b. From the peaceful to the warlike: Ethnographic and archaeological insights into hunter-gatherer warfare and homicide. Em DP Fry, ed. *War, Peace, and Human Nature.* Oxford: Oxford University Press. pp. 151–167.

Kemmelmeier M, DG Winter. 2008. Sowing patriotism, but reaping nationalism? Consequences of exposure to the American flag. *Polit Psychol* 29:859–879.

Kendal R, et al. 2015. Chimpanzees copy dominant and knowledgeable individuals: implications for cultural diversity. *Evol Hum Behav* 36:65–72.

Kendon A. 1988. *Sign Languages of Aboriginal Australia.* Cambridge: Cambridge University Press.

Kennedy P. 1987. *The Rise and Fall of the Great Powers: Economic Change and Military Conflict from 1500 to 2000.* Nova York: Random House.

Kennett DJ, B Winterhalder. 2006. *Behavioral Ecology and the Transition to Agriculture.* Berkeley: University of California Press.

King EB, JL Knight, MR Hebl. 2010. The influence of economic conditions on aspects of stigmatization. *J Soc Issues* 66:446–460.

King SL, VM Janik. 2013. Bottlenose dolphins can use learned vocal labels to address each other. *Proc Nat Acad Sci* 110:13216–13221.

Kintisch E. 2016. The lost Norse. *Science* 354:696–701.

Kinzler KD, et al. 2007. The native language of social cognition. *Proc Nat Acad Sci* 104:12577–12580.

Kirby S. 2000. Syntax without natural selection. Em C Knight et al., eds. *The Evolutionary Emergence of Language.* Cambridge: Cambridge University Press. pp. 303–323.

Kleingeld P. 2012 *Kant and Cosmopolitanism.* Cambridge: Cambridge University Press.

Klinkner PA, RM Smith. 1999. *The Unsteady March: The Rise and Decline of Racial Equality in America.* Chicago: University of Chicago Press.

Knight J. 1994. "The Mountain People" as tribal mirror. *Anthropol Today* 10:1–3.

Knight N. 2008. *Imagining Globalisation in China.* Northampton, MA: Edward Elgar.

Koonz C. 2003. *The Nazi Conscience.* Cambridge, MA: Harvard University Press.

Kopenawa D, B Albert. 2013. *The Falling Sky: Words of a Yanomami Shaman.* Cambridge, MA: Harvard University Press.

Kopytoff I. 1982. Slavery. *Annu Rev Anthropol* 11:207–230.

Koval P, et al. 2012. Our flaws are more human than yours: Ingroup bias in humanizing negative characteristics. *Pers Soc Psychol Bull* 38:283–295.

Kowalewski SA. 2006. Coalescent societies. Em TJ Pluckhahn et al., eds. *Light the Path: The Anthropology and History of the Southeastern Indians.* Tuscaloosa: University of Alabama Press. pp. 94–122.

Krakauer J. 1996. *Into the Wild.* Nova York: Anchor Books.

Kramer KL, RD Greaves. 2016. Diversify or replace: What happens to wild foods when cultigens are introduced into hunter-gatherer diets? Em BF Codding, KL Kramer, eds. *Why Forage?: Hunters and Gatherers in the Twenty-First Century.* Santa Fé, NM: SAR/University of New Mexico Press. pp. 15–42.

Krause J, GD Ruxton. 2002. *Living in Groups.* Oxford: Oxford University Press.

Kronauer DJC, C Schöning, P d'Ettorre, JJ Boomsma. 2010. Colony fusion and worker reproduction after queen loss in army ants. *Proc Roy Soc Lond B* 277:755–763.

Kruuk H. 1972. *The Spotted Hyena.* Chicago: University of Chicago Press.

———. 1989. *The Social Badger.* Oxford: Oxford University Press.

Kuhn SL, MC Stiner. 2007. Paleolithic ornaments: Implications for cognition, demography and identity. *Diogenes* 54:40–48.

Kumar R, A Sinha, S Radhakrishna. 2013. Comparative demography of two commensal macaques in India. *Folia Primatol* 84:384–393.

Kupchan CA. 2010. *How Enemies Become Friends: The Sources of Stable Peace.* Princeton, NJ: Princeton University Press.

Kurzban R, MR Leary. 2001. Evolutionary origins of stigmatization: The functions of social exclusion. *Psychol Bull* 127:187–208.

Kurzban R, J Tooby, L Cosmides. 2001. Can race be erased? Coalitional computation and social categorization. *Proc Nat Acad Sci* 98:15387–15392.

Kymlicka W. 1995. *Multicultural Citizenship.* Oxford: Clarendon Press.

Labov W. 1989. The child as linguistic historian. *Lang Var Change* 1:85–97.

Lai WS, et al. 2005. Recognition of familiar individuals in golden hamsters. *J Neurosci* 25:11239–11247.

Laidre ME. 2012. Homes for hermits: Temporal, spatial and structural dynamics as transportable homes are incorporated into a population. *J Zool* 288:33–40.

Laland KN, BG Galef, eds. 2009. *The Question of Animal Culture.* Cambridge, MA: Harvard University Press.

Laland KN, C Wilkins, N Clayton. 2016. The evolution of dance. *Curr Biol* 26:R5–R9.

La Macchia ST, et al. 2016. In small we trust: Lay theories about small and large groups. *Pers Soc Psychol Bull* 42:1321–1334.

Lamont M, V Molnar. 2002. The study of boundaries in the social sciences. *Annu Rev Sociol* 28:167–195.

432 *Referências*

Langbauer WR, et al. 1991. African elephants respond to distant playbacks of lowfrequency conspecific calls. *J Exp Biol* 157:35–46.

Langergraber KE, JC Mitani, L Vigilant. 2007. The limited impact of kinship on cooperation in wild chimpanzees. *Proc Nat Acad Sci* 104:7786–7790.

———. 2009. Kinship and social bonds in female chimpanzees. *Am J Primatol* 71:840–851.

Langergraber KE, et al. 2014. How old are chimpanzee communities? Time to the most recent common ancestor of the Y-chromosome in highly patrilocal societies. *J Hum Evol* 69:1–7.

Larson PM. 1996. Desperately seeking "the Merina" (Central Madagascar): Reading ethnonyms and their semantic fields in African identity histories. *J South Afr Stud* 22:541–560.

Layton R, S O'Hara. 2010. Human social evolution: A comparison of hunter-gatherer and chimpanzee social organization. Em RIM Dunbar, C Gamble, J Gowlett, eds. *Social Brain, Distributed Mind*. Oxford: Oxford University Press. pp. 83–114.

Leacock E, R Lee, eds. 1982. *Politics and History in Band Societies*. Nova York: Cambridge University Press.

LeBlanc SA. 2014. Forager warfare and our evolutionary past. Em M Allen, T Jones, eds. *Violence and Warfare Among Hunter-Gatherers*. Walnut Creek, CA: Left Coast Press. pp. 26–46.

LeBlanc SA, KE Register. 2004. *Constant Battles: Why We Fight*. Nova York: Macmillan.

Lee PC, CJ Moss. 1999. The social context for learning and behavioural development among wild African elephants. Em HO Box, ed. *Mammalian Social Learning: Comparative and Ecological Perspectives*. Cambridge: Cambridge University Press. pp. 102–125.

Lee RB. 1979. *The !Kung San: Men, Women, and Work in a Foraging Society*. Cambridge: Cambridge University Press.

———. 2013. *The Dobe Ju/'hoansi*. 4ª ed. Belmont, CA: Wadsworth.

Lee RB, R Daly. 1999. Foragers and others. Em RB Lee, R Daly, eds. *The Cambridge Encyclopedia of Hunters and Gatherers*. Cambridge: Cambridge University Press. pp. 1–19.

Lee RB, I DeVore, eds. 1968. *Man the Hunter*. Chicago: Aldine.

———, eds. 1976. *Kalaharie Hunter-Gatherers: Studies of the !Kung San and Their Neighbors* Cambridge, MA: Harvard University Press.

Lee TL, ST Fiske. 2006. Not an outgroup, not yet an ingroup: Immigrants in the stereotype content model. *Int J Intercult Rel* 30:751–768.

Leechman D. 1956. *Native Tribes of Canada*. Toronto: WJ Gage.

Lehman N, et al. 1992. A study of the genetic relationships within and among wolf packs using DNA fingerprinting and mitochondrial DNA. *Behav Ecol Sociobiol* 30:83–94.

Leibold J. 2006. Competing narratives of racial unity in Republican China: From the Yellow Emperor to Peking Man. *Mod China* 32:181–220.

Lerner MJ, DT Miller. 1978. Just world research and the attribution process: Looking back and ahead. *Psychol Bull* 85:1030–1051.

le Roux A, TJ Bergman. 2012. Indirect rival assessment in a social primate, *Theropithecus gelada*. *Anim Behav* 83:249–255.

Lester PJ, MAM Gruber. 2016. Booms, busts and population collapses in invasive ants. *Biological Invasions* 18:3091–3101.

Leuchtenburg WE. 2015. *The American President: From Teddy Roosevelt to Bill Clinton*. Oxford: Oxford University Press.

Levin DT, MR Banaji. 2006. Distortions in the perceived lightness of faces: The role of race categories. *J Exp Psychol* 135:501–512.

LeVine RA, DT Campbell. 1972. *Ethnocentrism: Theories of Conflict, Ethnic Attitudes, and Group Behavior*. Nova York: John Wiley and Sons.

Levinson S. 1988. *Constitutional Faith*. Princeton, NJ: Princeton University Press.

Lévi-Strauss C. 1952. *Race and History*. Paris: Unesco.

———. 1972. *The Savage Mind*. Londres: Weidenfeld and Nicolson.

Levitt P, MC Waters, eds. 2002. *The Changing Face of Home: The Transnational Lives of the Second Generation*. Nova York: Russell Sage Foundation.

Lewis D. 1976. Observations on route finding and spatial orientation among the Aboriginal peoples of the Western Desert Region of Central Australia. *Oceania* 46:249–282.

Lewis GJ, C Kandler, R Riemann. 2014. Distinct heritable influences underpin in-group love and out-group derogation. *Soc Psychol Pers Sci* 5:407–413.

Lewis ME. 2006. *The Flood Myths of Early China*. Albany: State University of New York Press.

Leyens J-P, et al. 2003. Emotional prejudice, essentialism, and nationalism. *Eur J Soc Psychol* 33:703–717.
Leyens J-P, et al. 2007. Infra-humanization: The wall of group differences. *Soc Issues Policy Rev* 1:139–172.
Li Q, MB Brewer. 2004. What does it mean to be an American? Patriotism, nationalism, and American identity after 9/11. *Polit Psychol* 25:727–739.
Liang D, J Silverman. 2000. You are what you eat: Diet modifies cuticular hydrocarbons and nestmate recognition in the Argentine ant. *Naturwissenschaften* 87:412–416.
Liberman Z, et al. 2016. Early emerging system for reasoning about the social nature of food. *Proc Nat Acad Sci* 113:9480–9485.
Librado F. 1981. *The Eye of the Flute: Chumash Traditional History and Ritual.* Santa Barbara, CA: Museu de História Natural de Santa Barbara.
Lickel B, et al. 2000. Varieties of groups and the perception of group entitativity. *J Pers Social Psychol* 78:223–246.
Lieberman D, et al. 2007. The architecture of human kin detection. *Nature* 445:727–731.
Light I, SJ Gold. 2000. *Ethnic Economies.* Nova York: Academic Press.
Lim M, et al. 2007. Global pattern formation and ethnic/cultural violence. *Science* 317:1540–1544.
Lind M. 2006. *The American Way of Strategy.* Nova York: Oxford University Press.
Linder W. 2010. *Swiss Democracy.* 3ª ed. Nova York: Palgrave MacMillan.
Linklater WL, et al. 1999. Stallion harassment and the mating system of horses. *Anim Behav* 58:295–306.
Lippmann W. 1922. *Public Opinion.* Nova York: Harcourt Brace.
Liu C, et al. 2014. Increasing breadth of the frontal lobe but decreasing height of the human brain between two Chinese samples from a Neolithic site and from living humans. *Am J Phys Anthropol* 154:94–103.
Liverani M. 2006. *Uruk: The First City.* Sheffield: Equinox Publishing.
Lomax A, N Berkowitz. 1972. The evolutionary taxonomy of culture. *Science* 177:228–239.
Lonsdorf E, S Ross, T Matsuzawa, eds. 2010. *The Mind of the Chimpanzee.* Chicago: Chicago University Press.
Lorenzi-Cioldi F. 2006. Group status and individual differentiation. Em T Postmes, J Jetten, eds, *Individuality and the group: Advances in Social Identity.* Londres: SAGE. pp. 93–115.
Losin EAR, et al. 2012. Race modulates neural activity during imitation. *Neuroimage* 59:3594–3603.
Lott DF. 2002. *American Bison: A Natural History.* Berkeley: University of California Press.
Lourandos H. 1977. Aboriginal spatial organization and population: South Western Victoria reconsidered. *Archaeol Oceania* 12:202–225.
———. 1997. *Continent of Hunter-Gatherers: New Perspectives in Australian Prehistory.* Cambridge: Cambridge University Press.
Lovejoy AP. 1936. *The Great Chain of Being.* Cambridge, MA: Harvard University Press.
Lowen GE. 1919. *History of the 71st Regiment, N.G., N.Y.* Nova York: Veterans Association.
Lyons-Padilla S, MJ Gelfand. 2015. Belonging nowhere: Marginalization and radicalization among Muslim immigrants. *Behav Sci Policy* 1:1–12.
Ma X, et al. 2014. Oxytocin increases liking for a country's people and national flag but not for other cultural symbols or consumer products. *Front Behav Neurosci* 8:266.
Macdonald DW, S Creel, M Mills. 2004. Canid society. Em DW Macdonald, C Sillero-Zubiri, eds. *Biology and Conservation of Wild Canids.* Oxford: Oxford University Press. pp. 85–106.
Machalek R. 1992. The evolution of macrosociety: Why are large societies rare? *Adv Hum Ecol* 1:33–64.
Mackie DM, ER Smith, DG Ray. 2008. Intergroup emotions and intergroup relations. *Soc Pers Psychol Compass* 2:1866–1880.
MacLeod WC. 1937. Police and punishment among Native Americans of the Plains. *J Crim Law Crim* 28:181–201.
MacLin OH, RS Malpass. 2001. Racial categorization of faces: The ambiguous race face effect. *Psychol Public Pol Law* 7:98–118.
MacLin OH, MK MacLin. 2011. The role of racial markers in race perception and racial categorization. Em R Adams et al., eds. *The Science of Social Vision.* Nova York: Oxford University Press. pp. 321–346.
Macrae CN, GV Bodenhausen. 2000. Social cognition: Thinking categorically about others. *Annu Rev Psychol* 51:93–120.
Madon S, et al. 2001. Ethnic and national stereotypes: The Princeton trilogy revisited and revised. *Pers Soc Psychol B* 27:996–1010.
Maghaddam FM. 1998. *Social Psychology: Exploring the Universals Across Cultures.* Nova York: WH Freeman.
Maguire EA, et al. 2003. Routes to remembering: The brains behind superior memory. *Nature Neurosci* 6:90–95.

434 Referências

Magurran AE, A Higham. 1988. Information transfer across fish shoals under predator threat. *Ethol* 78:153–158.

Mahajan N, et al. 2011. The evolution of intergroup bias: Perceptions and attitudes in rhesus macaques. *J Pers Soc Psychol* 100:387–405.

———. 2014. Retraction. *J Pers Soc Psychol* 106:182.

Major B, T Schmader. 2001. Legitimacy and the construal of social disadvantage. Em JT Jost, B Major, eds. *The Psychology of Legitimacy.* Cambridge: Cambridge University Press. pp. 176–204.

Malaspinas A-S, et al. 2016. A genomic history of Aboriginal Australia. *Nature* 538:207–213.

Malik I, PK Seth, CH Southwick 1985. Group fission in free-ranging rhesus monkeys of Tughlaqabad, northern India. *Int J Primatol* 6:411–22.

Malpass MA. 2009. *Daily Life in the Incan Empire.* 2ª ed. Westport, CT: Greenwood. Mann M. 1986. *The Sources of Social Power: A History of Power from the Beginning to 1760 AD,* vol. 1. Cambridge: Cambridge University Press.

Mantini D, et al. 2012. Interspecies activity correlations reveal functional correspondence between monkey and human brain areas. *Nature Methods* 9:277–282.

Marais E. 1939. *My Friends the Baboons.* Nova York: Robert M McBride.

Marcus J. 1989. From centralized systems to city-states: Possible models for the Epiclassic. Em RA Diehl, JC Berlo, eds. *Mesoamerica after the Decline of Teotihuacan A.D. 700–900.* Washington DC: Dumbarton Oaks. pp. 201–208.

Marean CW. 2010. When the sea saved humanity. *Sci Am* 303:54–61.

———. 2016. The transition to foraging for dense and predictable resources and its impact on the evolution of modern humans. *Philos T Roy Soc B* 371:160–169.

Markin GP. 1970. The seasonal life cycle of the Argentine ant in southern California. *Ann Entomol Soc Am* 63:1238–1242.

Marks J, E Staski. 1988. Individuals and the evolution of biological and cultural systems. *Hum Evol* 3:147–161.

Marlowe FW. 2000. Paternal investment and the human mating system. *Behav Proc* 51: 45–61.

———. 2005. Hunter-gatherers and human evolution. *Evol Anthropol* 14:54–67.

———. 2010. *The Hadza: Hunter-Gatherers of Tanzania.* Berkeley: University of California Press.

Marques JM, VY Yzerbyt, J-P Lyons. 1988. The "black sheep effect": Extremity of judgments towards ingroup members as a function of group identification. *Eur J Soc Psychol* 18:1–16.

Marsh AA, HA Elfenbein, N Ambady. 2003. Nonverbal "accents": Cultural differences in facial expressions of emotion. *Psychol Sci* 14:373–376.

———. 2007. Separated by a common language: Nonverbal accents and cultural stereotypes about Americans and Australians. *J Cross Cult Psychol* 38:284–301.

Marshall AJ, RW Wrangham, AC Arcadi. 1999. Does learning affect the structure of vocalizations in chimpanzees? *Anim Behav* 58:825–830.

Marshall L. 1961. Sharing, talking and giving: Relief of social tensions among !Kung Bushmen. *Africa* 31:231–249.

———. 1976. *The !Kung of Nyae Nyae.* Cambridge, MA: Harvard University Press.

Marshall TH. 1950. *Citizenship and Social Class.* Cambridge: Cambridge University Press.

Martin CL, Parker S. 1995. Folk theories about sex and race differences. *Pers Soc Psychol B* 21:45–57.

Martínez R, R Rodríguez-Bailón, M Moya. 2012. Are they animals or machines? Measuring dehumanization. *Span J Psychol* 15:1110–1122.

Marwick B. 2003. Pleistocene exchange networks as evidence for the evolution of language. *Cambr Archaeol J* 13:67–81.

Marzluff JM, RP Balda. 1992. *The Pinyon Jay.* Londres: T & AD Poyser.

Massen JJM, SE Koski. 2014. Chimps of a feather sit together: Chimpanzee friendships are based on homophily in personality. *Evol Hum Behav* 35:1–8.

Masters RD, DG Sullivan. 1989. Nonverbal displays and political leadership in France and the United States. *Polit Behav* 11:123–156.

Matthey de l'Etang A, P Bancel, M Ruhlen. 2011. Back to Proto-Sapiens. Em D Jones, B Milicic, eds. *Kinship, Language & Prehistory,* Salt Lake City: University of Utah Press. pp. 29–37.

Mattingly DJ. 2014. Identities in the Roman World. Em L Brody, GL Hoffman, eds. *Roman in the Provinces: Art in the Periphery of Empire.* Chestnut Hill, MA: McMullen Museum of Art Press. pp. 35–59.

May RJ. 2001. *State and Society in Papua New Guinea.* Hindmarsh, SA: Crawford House.

Referências 435

McAnany PA, N Yoffee, eds. 2010. *Questioning Collapse: Human Resilience, Ecological Vulnerability, and the After-math of Empire*. Cambridge: Cambridge University Press.

McBrearty S, AS Brooks. 2000. The revolution that wasn't: A new interpretation of the origin of modern human behavior. *J Hum Evol* 39:453–563.

McComb K, C Packer, A Pusey. 1994. Roaring and numerical assessment in contests between groups of female lions. *Anim Behav* 47:379–387.

McConvell P. 2001. Language shift and language spread among hunter-gatherers. Em C Panter-Brick, P Rowley-Conwy, R Layton, eds. *Hunter-Gatherers: Cultural and Biological Perspectives*. Cambridge: Cambridge University Press. pp. 143–169.

McCormick J. 2017. *Understanding the European Union*. Londres: Palgrave.

McCracken GF, JW Bradbury. 1981. Social organization and kinship in the polygynous bat *Phyllostomus hastatus*. *Behav Ecol Sociobiol* 8:11–34.

McCreery EK. 2000. Spatial relationships as an indicator of successful pack formation in free-ranging African wild dogs. *Behav* 137:579–590.

McCurry S. 2010. *Confederate Reckoning: Power and Politics in the Civil War South*. Cambridge, MA: Harvard University Press.

McDougall W. 1920. *The Group Mind*. Nova York: G.P. Putnam's Sons.

McElreath R, R Boyd, PJ Richerson. 2003. Shared norms and the evolution of ethnic markers. *Curr Anthropol* 44:122–130.

McGrew WC, et al. 2001. Intergroup differences in a social custom of wild chimpanzees: The grooming hand-clasp of the Mahale Mountains 1. *Curr Anthropol* 42:148–153.

McIntyre RT, DW Smith. 2000. The death of a queen: Yellowstone mutiny ends tyrannical rule of Druid pack. *International Wolf* 10:8–11, 26.

McKie R. 2010. Chimps with everything: Jane Goodall's 50 years in the jungle. *The Observer*, 31 de julho.

McLemore SD. 1970. Simmel's 'stranger': A critique of the concept. *Pacific Sociol Rev* 13:86–94.

McNeill WH. 1976. *Plagues and Peoples*. Garden City, NY: Anchor.

———. 1986. *Polyethnicity and National Unity in World History*. Toronto: University of Toronto Press.

———. 1995. *Keeping Together in Time: Dance and Drill in Human History*. Cambridge, MA: Harvard University Press.

McNiven I, et al. 2015. Phased redevelopment of an ancient Gunditjmara fish trap over the past 800 years. *Aust Archaeol* 81:44–58.

Mech LD, L Boitani, eds. 2003. *Wolves: Behavior, Ecology, and Conservation*. Chicago: University of Chicago Press.

Meggitt MJ. 1962. *The Desert People: A Study of the Walbiri Aborigines of Central Australia*. Sydney: Angus, Robertson.

———. 1977. *Blood Is Their Argument: Warfare Among the Mae Enga Tribesmen of the New Guinea Highlands*. Houston: Mayfield Publishing Co.

Mellars P, JC French. 2011. Tenfold population increase in Western Europe at the Neandertal-to–modern human transition. *Science* 333:623–627.

Menand L. 2006. What it is like to like. *New Yorker.* 20 de junho, 73–76.

Mercader J, et al. 2007. 4,300-year-old chimpanzee sites and the origins of percussive stone technology. *Proc Nat Acad Sci* 104:3043–3048.

Michener W. 2012. The individual psychology of group hate. *J Hate Stud* 10:15–48.

Milgram S. 1974. *Obedience to Authority*. Nova York: HarperCollins.

Milicic B. 2013. Talk is not cheap: Kinship terminologies and the origins of language. *Structure and Dynamics* 6: http://escholarship.org/uc/item/6zw317jh.

Miller D. 1995. *On Nationality*. Oxford: Oxford University Press.

Miller DT, C McFarland. 1987. Pluralistic ignorance: When similarity is interpreted as dissimilarity. *J Pers Soc Psychol* 53:298–305.

Miller R, RH Denniston. 1979. Interband dominance in feral horses. *Zeitschrift für Tierpsychologie* 51:41–47.

Mills DS, SM McDonnell. 2005. *The Domestic Horse*. Cambridge: Cambridge University Press.

Milton K. 1991. Comparative aspects of diet in Amazonian forest-dwellers. *Philos T Roy Soc B:* 334:253–263.

Mitani JC, SJ Amsler. 2003. Social and spatial aspects of male subgrouping in a community of wild chimpanzees. *Behav* 140:869–884.

Mitani JC, J Gros-Louis. 1998. Chorusing and call convergence in chimpanzees: Tests of three hypotheses. *Behav* 135:1041–1064.

436 Referências

Mitani JC, DP Watts, SJ Amsler. 2010. Lethal intergroup aggression leads to territorial expansion in wild chimpanzees. *Curr Biol* 20:R507–R508.

Mitchell D. 1984. Predatory warfare, social status, and the North Pacific slave trade. *Ethnology* 23:39–48.

Mitchell TL. 1839. *Three Expeditions into the Interior of Eastern Australia.* Londres: T.W. Boone.

Modlmeier AP, JE Liebmann, S Foitzik. 2012. Diverse societies are more productive: a lesson from ants. *Proc Roy Soc B* 279: 2142–2150.

Moffett MW. 1989a. Trap-jaw ants. *Natl Geogr* 175:394–400.

———. 1989b. Life in a nutshell. *Natl Geogr* 6:783–796.

———. 1994. *The High Frontier: Exploring the Tropical Rainforest Canopy.* Cambridge, MA: Harvard University Press.

———. 1995. Leafcutters: Gardeners of the ant world. *Natl Geogr* 188:98–111.

———. 2000. What's "up"? A critical look at the basic terms of canopy biology. *Biotropica* 32:569–596.

———. 2010. *Adventures Among Ants.* Berkeley: University of California Press.

———. 2011. Ants and the art of war. *Sci Am* 305:84–89.

———. 2012. Supercolonies of billions in an invasive ant: What is a society? *Behav Ecol* 23:925–933.

———. 2013. Human identity and the evolution of societies. *Hum Nature* 24:219–267.

Moïse RE. 2014. Do Pygmies have a history? revisited: The autochthonous tradition in the history of Equatorial Africa. Em BS Hewlett, ed. *Hunter-Gatherers of the Congo Basin.* New Brunswick NJ: Transaction Publishers. pp. 85–116.

Monteith MJ, CI Voils. 2001. Exerting control over prejudiced responses. Em GB Moskowitz, ed. *Cognitive Social Psychology.* Mahwah, NJ: Lawrence Erlbaum. pp. 375–388.

Morgan C, RL Bettinger. 2012. Great Basin foraging strategies. Em TR Pauketat, ed. *The Oxford Handbook of North American Archaeology.* Nova York: Oxford University Press.

Morgan J, W Buckley. 1852. *The Life and Adventures of William Buckley.* Hobart, Tasmania: A MacDougall.

Moss CJ, et al., eds. 2011. *The Amboseli Elephants.* Chicago: University of Chicago Press.

Mueller UG. 2002. Ant versus fungus versus mutualism. *Am Nat* 160:S67–S98.

Mullen B, RM Calogero, TI Leader. 2007. A social psychological study of ethnonyms: Cognitive representation of the in-group and intergroup hostility. *J Pers Soc Psychol* 92:612–630.

Mulvaney DJ. 1976. The chain of connection: The material evidence. Em N Peterson, ed. *Tribes and Boundaries in Australia.* Atlantic Highlands: Humanities Press. pp. 72–94.

Mulvaney DJ, JP White. 1987. *Australians to 1788.* Broadway, NSW: Fairfax, Syme & Weldon.

Mummendey A, M Wenzel. 1999. Social discrimination and tolerance in intergroup relations: Reactions to intergroup difference. *Pers Soc Psychol Rev* 3:158–174.

Mummert A, et al. 2011. Stature and robusticity during the agricultural transition: Evidence from the bioarchaeological record. *Econ Hum Biol* 9:284–301.

Murphy MC, JA Richeson, DC Molden. 2011. Leveraging motivational mindsets to foster positive interracial interactions. *Soc Pers Psychol Compass* 5:118–131.

Murphy PL. 1991. *Anadarko Agency Genealogy Record Book of the Kiowa, Comanche-Apache & some 25 Sioux Families, 1902.* Lawton, OK: Publicado de forma privada.

Murphy RF, Y Murphy. 1960. Shoshone-Bannock subsistence and society. *Anthropol Records* 16:293–338.

Nakamichi M, N Koyama. 1997. Social relationships among ring-tailed lemurs in two free-ranging troops at Berenty Reserve, Madagascar. *Int J Primatol* 18:73–93.

Nazzi T, PW Jusczyk, EK Johnson. 2000. Language discrimination by English-learning 5-month-olds: Effects of rhythm and familiarity. *J Mem Lang* 43:1–19.

Nelson E. 1899. The Eskimo about Bering Strait. Washington, DC: Government Printing Office.

Nettle D. 1999. Language variation and the evolution of societies. Em RIM Dunbar, C Knight, C Power, eds. *The Evolution of Culture.* Piscataway: Rutgers University Press. pp. 214–227.

Newell RR, et al. 1990. *An Inquiry into the Ethnic Resolution of Mesolithic Regional Groups: The Study of their Decorative Ornaments in Time and Space.* Leiden, Netherlands: Brill.

Nishida T. 1968. The social group of wild chimpanzees in the Mahali mountains. *Primates* 9:167–224.

Nosek BA, MR Banaji, JT Jost. 2009. The politics of intergroup attitudes. Em JT Jost, AC Kay, H Thorisdottir, eds. *Social and Psychological Bases of Ideology and System Justification.* Nova York: Oxford University Press. pp. 480–506.

Nowak MA. 2006. Five rules for the evolution of cooperation. *Science* 314:1560–1563.

Nowicki S. 1983. Flock-specific recognition of chickadee calls. *Behav Ecol Sociobiol* 12: 317–320.

Noy D. 2000. *Foreigners at Rome: Citizens and Strangers.* Londres: Duckworth.

Referências 437

O'Brien GV. 2003. Indigestible food, conquering hordes, and waste materials: Metaphors of immigrants and the early immigration restriction debate in the United States. *Metaphor Symb* 18:33–47.

O'Connell RL. 1995. *The Ride of the Second Horseman: The Birth and Death of War.* Oxford: Oxford University Press.

O'Gorman HJ. 1975. Pluralistic ignorance and white estimates of white support for racial segregation. *Public Opin Quart* 39:313–330.

Oldmeadow J, ST Fiske. 2007. System-justifying ideologies moderate status = competence stereotypes: Roles for belief in a just world and social dominance orientation. *Eur J Soc Psychol* 37:1135–1148.

Olsen CL. 1987. The demography of colony fission from 1878–1970 among the Hutterites of North America. *Am Anthropol* 89:823–837.

Olzak S. 1992. *The Dynamics of Ethnic Competition and Conflict.* Stanford, CA: Stanford University Press.

Opotow S. 1990. Moral exclusion and injustice: An introduction. *J Soc Issues* 46:1–20.

Orgad L. 2011. Creating new Americans: The essence of Americanism under the citizenship test. *Houston Law Rev* 47:1–46.

———. 2015. *The Cultural Defense of Nations.* Oxford: Oxford University Press.

O'Riain MJ, JUM Jarvis, CG Faulkes. 1996. A dispersive morph in the naked mole-rat. *Nature* 380:619–621.

Ortman SG, et al. 2014. The pre-history of urban scaling. *PloS ONE* 9:e87902.

Orton J, et al. 2013. An early date for cattle from Namaqualand, South Africa: Implications for the origins of herding in southern Africa. *Antiquity* 87:108–120.

Orwell G. 1946. *Animal Farm: A Fairy Story.* Londres: Harcourt Brace.

———. 1971. Notes on nationalism. Em S Orwell, I Angus, eds. *Collected Essays,* vol. 3. Nova York: Harcourt, Brace, Jovanovich. pp. 361–380.

Oswald FL, et al. 2015. Using the IAT to predict ethnic and racial discrimination: Small effect sizes of unknown societal significance. *J Pers Soc Psychol* 108:562–571.

Otterbein KF. 2004. *How War Began.* College Station: Texas A&M University Press.

Pabst MA, et al. 2009. The tattoos of the Tyrolean Iceman: A light microscopical, ultrastructural and element analytical study. *J Archaeol Sci* 36:2335–2341.

Packer DJ. 2008. On being both with us and against us: A normative conflict model of dissent in social groups. *Pers Soc Psychol Rev* 12:50–72.

Pagel M. 2000. The history, rate and pattern of world linguistic evolution. Em C Knight et al., eds. *Evolutionary Emergence of Language.* Cambridge: Cambridge University Press. pp. 391–416.

———. 2009. Human language as culturally transmitted replicator. *Nature Rev Genet* 10:405–415.

Pagel M, R Mace. 2004. The cultural wealth of nations. *Nature* 428:275–278.

Painter NI. 2010. *The History of White People.* Nova York: W.W. Norton.

Palagi E, G Cordoni. 2009. Postconflict third-party affiliation in *Canis lupus:* Do wolves share similarities with the great apes? *Anim Behav* 78:979–986.

Paluck EL. 2009. Reducing intergroup prejudice and conflict using the media: A field experiment in Rwanda. *J Pers Soc Psychol* 96:574–587.

Paranjpe AC. 1998. *Self and Identity in Modern Psychology and Indian Thought.* Nova York: Plenum Press.

Park RE. 1928. Human migration and the marginal man. *Am J Sociol* 33:881–893.

Parker BJ. 2003. Archaeological manifestations of empire: Assyria's imprint on southeastern Anatolia. *Am J Archaeol* 107:525–557.

Parr LA. 2001. Cognitive and physiological markers of emotional awareness in chimpanzees. *Anim Cogn* 4:223–229.

———. 2011. The evolution of face processing in primates. *Philos T Roy Soc B* 366:1764–1777.

Parr LA, FBM de Waal. 1999. Visual kin recognition in chimpanzees. *Nature* 399:647–648.

Parr LA, WD Hopkins. 2000. Brain temperature asymmetries and emotional perception in chimpanzees. *Physiol Behav* 71:363–371.

Parr LA, BM Waller. 2006. Understanding chimpanzee facial expression: Insights into the evolution of communication. *Soc Cogn Affect Neurosci* 1:221–228.

Pascalis O, et al. 2005. Plasticity of face processing in infancy. *Proc Nat Acad Sci* 102:5297–5300.

Pascalis O, DJ Kelly. 2009. The origins of face processing in humans: Phylogeny and ontogeny. *Persp Psychol Sci* 4:200–209.

Passarge S. 1907. *Die Buschmänner der Kalahari.* Berlin: D Reimer (E Vohsen). Patterson O. 1982. *Slavery and Social Death.* Cambridge, MA: Harvard University Press.

438 *Referências*

Paukner A, SJ Suomi, E Visalberghi, PF Ferrari. 2009. Capuchin monkeys display affiliation toward humans who imitate them. *Science* 325:880-883.

Paxton P, A Mughan. 2006. What's to fear from immigrants? Creating an assimilationist threat scale. *Polit Psychol* 27:549-568.

Payne BK. 2001. Prejudice and perception: The role of automatic and controlled processes in misperceiving a weapon. *J Pers Soc Psychol* 81:181-192.

Paz-y-Miño G, et al. 2004. Pinyon jays use transitive inference to predict social dominance. *Nature* 430:778-781.

Peasley WJ. 2010. *The Last of the Nomads*. Fremantle: Fremantle Art Centre Press.

Pelto PJ. 1968. The difference between "tight" and "loose" societies. *Transaction* 5:37-40.

Perdue T. 1979. *Slavery and the Evolution of Cherokee Society, 1540-1866*. Knoxville: University of Tennessee Press.

Perry G. 2018. *The Lost Boys: Inside Muzafer Sherif's Robbers Cave Experiments*. Brunswick, Austrália: Scribe Publications.

Peterson N. 1993. Demand sharing: Reciprocity and the pressure for generosity among foragers. *Am Anthropol* 95:860-874.

Peterson RO, et al. 2002. Leadership behavior in relation to dominance and reproductive status in gray wolves. *Canadian J Zool* 80:1405-1412.

Pettigrew TF. 2009. Secondary transfer effect of contact: Do intergroup contact effects spread to noncontacted outgroups? *Soc Psychol* 40:55-65.

Phelan JE, LA Rudman. 2010. Reactions to ethnic deviance: The role of backlash in racial stereotype maintenance. *J Pers Soc Psychol* 99:265-281.

Phelps EA, et al. 2000. Performance on indirect measures of race evaluation predicts amygdala activation. *J Cogn Neurosci* 12:729-738.

Piaget J, AM Weil. 1951. The development in children of the idea of the homeland and of relations to other countries. *Int Soc Sci J* 3:561-578.

Pietraszewski D, L Cosmides, J Tooby. 2014. The content of our cooperation, not the color of our skin: An alliance detection system regulates categorization by coalition and race, but not sex. *PloS ONE* 9:e88534.

Pimlott DH, JA Shannon, GB Kolenosky. 1969. *The Ecology of the Timber Wolf in Algonquin Provincial Park*. Ontário: Departamento de Terras e Florestas.

Pinker S. 2011. *Better Angels of Our Nature: Why Violence Has Declined*. Nova York: Penguin.

Plous S. 2003. Is there such a thing as prejudice toward animals. Em S Plous, ed. *Understanding Prejudice and Discrimination*. Nova York: McGraw Hill. pp. 509-528.

Poggi I. 2002. Symbolic gestures: The case of the Italian gestionary. *Gesture* 2:71-98.

Pokorny JJ, FBM de Waal. 2009. Monkeys recognize the faces of group mates in photographs. *Proc Nat Acad Sci* 106:21539-21543.

Poole R. 1999. *Nation and Identity*. Londres: Routledge.

Portes A, RG Rumbaut. 2014. *Immigrant America: A Portrait*. 4ª ed. Berkeley: University of California Press.

Portugal SJ, et al. 2014. Upwash exploitation and downwash avoidance by flap phasing in ibis formation flight. *Nature* 505:399-402.

Postmes T, et al. 2005. Individuality and social influence in groups: Inductive and deductive routes to group identity. *J Pers Soc Psychol* 89:747-763.

Potts L. 1990. *The World Labour Market: A History of Migration*. Londres: Zed Books.

Pounder DJ. 1983. Ritual mutilation: Subincision of the penis among Australian Aborigines. *Am J Forensic Med Pathol* 4:227-229.

Powell A, S Shennan, MG Thomas. 2009. Late Pleistocene demography and the appearance of modern human behavior. *Science* 324:1298-1301.

Prentice DA, et al. 1994. Asymmetries in attachments to groups and to their members: Distinguishing between common-identity and common-bond groups. *Pers Soc Psychol Bull* 20:484-493.

Preston SD, FBM de Waal. 2002. The communication of emotions and the possibility of empathy in animals. Em SG Post et al., eds. *Altruism and Altruistic Love*. Nova York: Oxford University Press. pp. 284-308.

Price R. 1996. *Maroon Societies*. Baltimore: Johns Hopkins University Press.

Price TD, O Bar-Yosef. 2010. Traces of inequality at the origins of agriculture in the ancient Near East. Em TD Price, G Feinman, eds. *Pathways to Power*. Nova York: Springer. pp. 147-168.

Referências 439

Prud'Homme J. 1991. Group fission in a semifree-ranging population of Barbary macaques. *Primates* 32:9–22.

Pruetz JD. 2007. Evidence of cave use by savanna chimpanzees at Fongoli, Senegal. *Primates* 48:316–319.

Pruetz JD, et al. 2015. New evidence on the tool-assisted hunting exhibited by chimpanzees in a savannah habitat at Fongoli, Sénégal. *Roy Soc Open Sci* 2:e140507.

Pusey AE, C Packer. 1987. The evolution of sex-biased dispersal in lions. *Behav* 101:275–310.

Queller DC, JE Strassmann. 1998. Kin selection and social insects. *Bio Science* 48:165–175.

Raijman R, et al. 2008. What does a nation owe non-citizens? *Int J Comp Sociol* 49:195–220.

Rakić T, et al. 2011. Blinded by the accent! Minor role of looks in ethnic categorization. *J Pers Soc Psych* 100:16–29.

Rantala MJ. 2007. Evolution of nakedness in *Homo sapiens. J Zool* 273:1–7.

Rasa OAE. 1973. Marking behavior and its social significance in the African dwarf mongoose. *Z Tierpsychol* 32:293–318.

Ratner KG, et al. 2013. Is race erased? Decoding race from patterns of neural activity when skin color is not diagnostic of group boundaries. *Soc Cogn Affect Neurosci* 8:750–755.

Ratnieks FLW, KR Foster, T Wenseleers. 2006. Conflict resolution in social insect societies. *Annu Rev Etomol* 51:581–608.

Ratnieks FLW, T Wenseleers. 2005. Policing insect societies. *Science* 307:54–56.

Rayor LS. 1988. Social organization and space-use in Gunnison's prairie dog. *Behav Ecol Sociobiol* 22:69–78.

Read DW. 2011. *How Culture Makes Us Human*. Walnut Creek, CA: Left Coast Press.

Redmond EM. 1994. *Tribal and Chiefly Warfare in South America*. Ann Arbor: University of Michigan Press.

Reese G, O Lauenstein. 2014. The eurozone crisis: Psychological mechanisms undermining and supporting European solidarity. *Soc Sci* 3:160–171.

Reese HE, et al. 2010. Attention training for reducing spider fear in spider-fearful individuals. *J Anxiety Disord* 24:657–662.

Reicher SD. 2001. The psychology of crowd dynamics. Em MA Hogg, RS Tindale, eds. *Blackwell Handbook of Social Psychology: Group Processes*. Oxford, England: Blackwell. pp. 182–207.

Renan E. 1990 (1882). What is a nation? Em HK Bhabah, ed. *Nation and Narration*. Londres: Routledge. pp. 8–22.

Rendell LE, H Whitehead. 2001. Culture in whales and dolphins. *Behav Brain Sci* 24:309–324.

Reynolds H. 1981. *The Other Side of the Frontier: Aboriginal Resistance to the European Invasion of Australia*. Townsville, Austrália: James Cook University Press.

Reynolds S. 1997. *Kingdoms and Communities in Western Europe, 900–1300*. Oxford: Oxford University Press.

Rheingold H. 2002. *Smart Mobs: The Next Social Revolution*. Nova York: Basic Books.

Richerson PJ, R Boyd. 1998. The evolution of human ultra-sociality. Em I Eibl-Eibesfeldt, FK Salter, eds. *Indoctrinability, Ideology, and Warfare*. Oxford: Berghahn. pp. 71–95.

Riolo RL, et al. 2001. Evolution of cooperation without reciprocity. *Nature* 414:441–443.

Rivaya-Martínez J. 2012. Becoming Comanches. Em DW Adams, C DeLuzio, eds. *On the Borders of Love and Power: Families and Kinship in the Intercultural American Southwest*. Berkeley: University of California Press. pp. 47–70.

Riveros AJ, MA Seid, WT Wcislo. 2012. Evolution of brain size in class-based societies of fungus-growing ants. *Anim Behav* 83:1043–1049.

Rizzolatti G, L Craighero. 2004. The mirror-neuron system. *Annu Rev Neurosci* 27:169–192.

Roberts SGB. 2010. Constraints on social networks. Em RIM Dunbar, C Gamble, J Gowlett, eds. *Social Brain, Distributed Mind*. Oxford: Oxford University Press. pp. 115–134.

Robinson WP, H Tajfel. 1996. *Social Groups and Identities: Developing the Legacy of Henri Tajfel*. Oxford: Routledge.

Rodseth L, et al. 1991. The human community as a primate society. *Curr Anthropol* 32:221–241.

Roe FG. 1974. *The Indian and the Horse*. Norman: University of Oklahoma Press.

Rogers AR, D Iltis, S Wooding. 2004. Genetic variation at the MC1R locus and the time since loss of human body hair. *Curr Anthropol* 45:105–108.

Rogers EM. 2003. *Diffusion of Innovations*. 5ª ed. Nova York: Free Press.

Ron T. 1996. Who is responsible for fission in a free-ranging troop of baboons? *Ethology* 102:128–133.

Roosevelt AC. 1999. Archaeology of South American hunters and gatherers. Em RB Lee, R Daly, eds. *The Cambridge Encyclopedia of Hunters and Gatherers*. Nova York: Cambridge University Press. pp. 86–91.

440 Referências

—. 2013. The Amazon and the Anthropocene: 13,000 years of human influence in a tropical rainforest. *Anthropocene* 4:69–87.

Roscoe P. 2006. Fish, game, and the foundations of complexity in forager society. *Cross Cult Res* 40:29–46.

—. 2007. Intelligence, coalitional killing, and the antecedents of war. *Am Anthropol* 109:485–495.

Roth WE, R Etheridge. 1897. *Ethnological Studies Among the North-West-Central Queensland Aborigines*. Brisbane: Edmund Gregory.

Rothì DM, E Lyons, X Chryssochoou. 2005. National attachment and patriotism in a European nation: A British study. *Polit Psychol* 26:135–155.

Rowell TE. 1975. Growing up in a monkey group. *Ethos* 3:113–128.

Royce AP. 1982. *Ethnic Identity: Strategies of Diversity*. Bloomington: Indiana University Press.

Rudolph KP, JP McEntee. 2016. Spoils of war and peace: Enemy adoption and queenright colony fusion follow costly intraspecific conflict in acacia ants. *Behav Ecol* 27:793–802.

De Ruiter J, G Weston, SM Lyon. 2011. Dunbar's number: Group size and brain physiology in humans reexamined. *Am Anthropol* 113:557–568.

Rushdie S. 2002. *Step Across This Line: Collected Nonfiction 1992–2002*. Londres: Vintage.

Russell AF, et al. 2003. Breeding success in cooperative meerkats: Effects of helper number and maternal state. *Behav Ecol* 14:486–492.

Russell RJ. 1993. *The Lemurs' Legacy*. Nova York: Tarcher/Putnam.

Rutherford A, et al. 2014. Good fences: The importance of setting boundaries for peaceful coexistence. *PloS ONE* 9: e95660.

Rutledge JP. 2000. They all look alike: The inaccuracy of cross-racial identifications. *Am J Crim L* 28:207–228.

Sahlins M. 1968. Notes on the original affluent society. Em RB Lee, I DeVore, eds. *Man the Hunter*. Chicago: Aldine. pp. 85–89.

Sai FZ. 2005. The role of the mother's voice in developing mother's face preference. *Infant Child Dev* 14:29–50.

Salamone FA, CH Swanson. 1979. Identity and ethnicity: Ethnic groups and interactions in a multi-ethnic society. *Ethnic Groups* 2:167–183.

Salmon CA. 1998. The evocative nature of kin terminology in political rhetoric. *Polit Life Sci* 17:51–57.

Saminaden A, S Loughnan, N Haslam. 2010. Afterimages of savages: Implicit associations between primitives, animals and children. *Brit J Soc Psychol* 49:91–105.

Sampson CG. 1988. *Stylistic Boundaries Among Mobile Hunter-Gatherers*. Washington, DC: Smithsonian Institution.

Samuels A, JB Silk, J Altmann. 1987. Continuity and change in dominance relations among female baboons. *Anim Behav* 35:785–793.

Sanderson SK. 1999. *Social Transformations*. Nova York: Rowman & Littlefield.

Sangrigoli S, S De Schonen. 2004. Recognition of own-race and other-race faces by threemonth-old infants. *J Child Psychol Psych* 45:1219–1227.

Sangrigoli S, et al. 2005. Reversibility of the other-race effect in face recognition during childhood. *Psychol Sci* 16:440–444.

Sani F. 2009. Why groups fall apart: A social psychological model of the schismatic process. Em F Butera, JM Levine, eds. *Coping with Minority Status*. Nova York: Cambridge University Press. pp. 243–266.

Sani F, et al. 2007. Perceived collective continuity: Seeing groups as entities that move through time. *Eur J Soc Psychol* 37:1118–1134.

Santorelli CJ, et al. 2013. Individual variation of whinnies reflects differences in membership between spider monkey communities. *Int J Primatol* 34:1172–1189.

Santos-Granero F. 2009. *Vital Enemies: Slavery, Predation, and the Amerindian Political Economy of Life*. Austin: University of Texas Press.

Saperstein A, AM Penner. 2012. Racial fluidity and inequality in the United States. *Am J Sociol* 118:676–727.

Sapolsky RM. 2007. *A Primate's Memoir: A Neuroscientist's Unconventional Life Among the Baboons*. Nova York: Simon & Schuster.

Sarna JD. 1978. From immigrants to ethnics: Toward a new theory of "ethnicization." *Ethnicity* 5:370–378.

Sassaman KE. 2004. Complex hunter–gatherers in evolution and history: A North American perspective. *J Archaeol Res* 12:227–280.

Sayers K, CO Lovejoy. 2008. The chimpanzee has no clothes: A critical examination of Pan troglodytes in models of human evolution. *Curr Anthropol* 49:87–117.

Scarre C, ed. 2013. *Human Past.* 3ª ed. Londres: Thames & Hudson.

Schaal B, L Marlier, R Soussignan. 2000. Human foetuses learn odours from their pregnant mother's diet. *Chem Senses* 25:729–737.

Schaller GB. 1972. *The Serengeti Lion.* Chicago: University of Chicago Press.

Schaller M, SL Neuberg. 2012. Danger, disease, and the nature of prejudice. *Adv Exp Soc Psychol* 46:1–54.

Schaller M, JH Park. 2011. The behavioral immune system (and why it matters). *Curr Dir Psychol Sci* 20:99–103.

Schamberg I, et al. 2017. Bonobos use call combinations to facilitate inter-party travel recruitment. *Behav Ecol Sociobiol* 71:75.

Schapera I. 1930. *The Khoisan Peoples of South Africa.* Londres: Routledge.

Schatz RT, E Staub, H Lavine. 1999. On the varieties of national attachment: Blind versus constructive patriotism. *Polit Psychol* 20:151–174.

Schelling TC. 1978. *Micromotives and Macrobehavior.* Nova York: W.W. Norton.

Schladt M, ed. 1998. *Language, Identity, and Conceptualization Among the Khoisan.* Cologne: Rüdiger Köppe.

Schmidt JO. 2016. *The Sting of the Wild.* Baltimore: John Hopkins University Press.

Schmitt DP, et al. 2008. Why can't a man be more like a woman? Sex differences in big five personality traits across 55 cultures. *J Pers Soc Psychol* 94:168–182.

Schradin C, J Lamprecht. 2000. Female-biased immigration and male peace-keeping in groups of the shell-dwelling cichlid fish. *Behav Ecol Sociobiol* 48:236–242.

———. 2002. Causes of female emigration in the group-living cichlid fish. *Ethology* 108:237–248.

Schultz TR, et al. 2005. Reciprocal illumination: A comparison of agriculture in humans and in fungus-growing ants. Em F Vega, M Blackwell, eds. *Insect-Fungal Associations.* Oxford: Oxford University Press. pp. 149–190.

Schultz TR, SG Brady. 2008. Major evolutionary transitions in ant agriculture. *Proc Nat Acad Sci* 105:5435–5440.

Schwartz B. 1985. *The World of Thought in Ancient China.* Cambridge, MA: Harvard University Press.

Scott JC. 2009. *The Art of Not Being Governed: An Anarchist History of Upland Southeast Asia.* New Haven, CT; Yale University Press.

———. 2017. *Against the Grain: A Deep History of the Earliest States.* New Haven, CT: Yale University Press.

Scott LS, A Monesson. 2009. The origin of biases in face perception. *Psychol Sci* 20:676–680.

Seeley TD. 1995. *The Wisdom of the Hive.* Cambridge, MA: Harvard University Press.

———. 2010. *Honeybee Democracy.* Princeton, NJ: Princeton University Press.

Seger CR, ER Smith, DM Mackie. 2009. Subtle activation of a social categorization triggers group-level emotions. *J Exp Soc Psychol* 45:460–467.

Sekulic D, G Massey, R Hodson. 1994. Who were the Yugoslavs? Failed sources of a common identity in the former Yugoslavia. *Am Sociol Rev* 59:83–97.

Sellas AB, RS Wells, PE Rosel. 2005. Mitochondrial and nuclear DNA analyses reveal fine scale geographic structure in bottlenose dolphins in the Gulf of Mexico. *Conserv Genet* 6:715–728.

Sen A. 2006. *Identity and Violence: The Illusion of Destiny.* Nova York: W.W. Norton.

Seneca, LA. 1970. *Moral and Political Essays.* JM Cooper, JF Procopé, eds. Cambridge: Cambridge University Press.

Seth PK, S Seth. 1983. Population dynamics of free-ranging rhesus monkeys in different ecological conditions in India. *Am J Primatol* 5:61–67.

Seto MC. 2008. *Pedophilia and Sexual Offending Against Children.* Washington, DC: Associação Norte-americana de Psicologia.

Seyfarth RM, DL Cheney. 2017. Precursors to language: Social cognition and pragmatic inference in primates. *Psychon Bull Rev* 24:79–84.

———. 2012. The evolutionary origins of friendship. *Annu Rev Psychol* 63:153–177.

Shah JY, PC Brazy, ET Higgins. 2004. Promoting us or preventing them: Regulatory focus and manifestations of intergroup bias. *Pers Soc Psychol Bull* 30:433–446.

Shannon TJ. 2008. *Iroquois Diplomacy on the Early American Frontier.* Nova York: Penguin.

Sharot T, CW Korn, RJ Dolan. 2011. How unrealistic optimism is maintained in the face of reality. *Nature Neurosci* 14:1475–1479.

Sharpe LL. 2005. Frequency of social play does not affect dispersal partnerships in wild meerkats. *Anim Behav* 70:559–569.

442 *Referências*

Shennan S. 2001. Demography and cultural innovation: A model and its implications for the emergence of modern human culture. *Cambr Archaeol J* 11:5–16.

Shepher J. 1971. Mate selection among second-generation kibbutz adolescents and adults: Incest avoidance and negative imprinting. *Arch Sexual Behav* 1:293–307.

Sherif M. 1966. *In Common Predicament: Social Psychology of Intergroup Conflict and Cooperation*. Boston: Houghton Mifflin.

Sherif M, et al. 1961. *Intergroup Conflict and Cooperation: The Robbers Cave Experiment*. Norman: University of Oklahoma Book Exchange.

Sherman PW, JUM Jarvis, RD Alexander, eds. 1991. *The Biology of the Naked Mole-rat*. Princeton, NJ: Princeton University Press.

Shirky C. 2008. *Here Comes Everybody! The Power of Organizing Without Organizations*. Nova York: Penguin.

Sidanius J, et al. 1997. The interface between ethnic and national attachment: Ethnic pluralism or ethnic dominance? *Public Opin Quart* 61:102–133.

Sidanius J, et al. 1999. Peering into the jaws of the beast: The integrative dynamics of social identity, symbolic racism, and social dominance. Em DA Prentice, DT Miller, eds. *Cultural Divides: Understanding and Overcoming Group Conflicts*. Nova York: Russell Sage Foundation. pp. 80–132.

Sidanius J, JR Petrocik. 2001. Communal and national identity in a multiethnic state. Em RD Ashmore, L Jussim, D Wilder, eds. *Social Identity, Intergroup Conflict, and Conflict Resolution*. Oxford: Oxford University Press. pp. 101–129.

Silberbauer GB. 1965. *Report to the Government of Bechuanaland on the Bushman Survey*. Gaberones: Bechuanaland Government.

———. 1981. *Hunter and Habitat in the Central Kalahari Desert*. Cambridge: Cambridge University Press.

———. 1996. Neither are your ways my ways. Em S Kent, ed. *Cultural Diversity Among Twentieth-Century Foragers*. Nova York: Cambridge University Press. pp. 21–64.

Silk JB. 1999. Why are infants so attractive to others? The form and function of infant handling in bonnet macaques. *Anim Behav* 57:1021–1032.

———. 2002. Kin selection in primate groups. *Int J Primatol* 23:849–875.

Silk JB, et al. 2013. Chimpanzees share food for many reasons: The role of kinship, reciprocity, social bonds and harassment on food transfers. *Science Direct* 85:941–947.

Silver S, WR Miller. 1997. *American Indian Languages*. Tucson: University of Arizona Press.

Simmel G. 1950. *The Sociology of Georg Simmel*. KH Wolff, ed. Glencoe, IL: Free Press.

Simoons FJ. 1994. *Eat Not This Flesh: Food Avoidances from Prehistory to the Present*. Madison: University of Wisconsin Press.

Slobodchikoff CN, et al. 2012. Size and shape information serve as labels in the alarm calls of Gunnison's prairie dogs. *Curr Zool* 58:741–748.

Slobodchikoff CN, BS Perla, JL Verdolin. 2009. *Prairie Dogs: Communication and Community in an Animal Society*. Cambridge, MA: Harvard University Press.

Slovic P. 2000. *The Perception of Risk*. Nova York: Earthscan.

Smedley A, BD Smedley. 2005. Race as biology is fiction, racism as a social problem is real. *Am Psychol* 60:16–26.

Smith AD. 1986. *The Ethnic Origins of Nations*. Oxford: Blackwell.

Smith DL. 2009. *The Most Dangerous Animal: Human Nature and the Origins of War*. Nova York: Macmillan.

———. 2011. *Less Than Human: Why we Demean, Enslave, and Exterminate Others*. Nova York: St. Martin's Press.

Smith DL, I Panaitiu. 2015. Aping the human essence. Em WD Hund, CW Mills, S Sebastiani, eds. *Simianization: Apes, Gender, Class, and Race*. Zurich: Verlag & Wein. pp. 77–104.

Smith DW, et al. 2015. Infanticide in wolves: Seasonality of mortalities and attacks at dens support evolution of territoriality. *J Mammal* 96:1174–1183.

Smith ER, CR Seger, DM Mackie. 2007. Can emotions be truly group-level? Evidence regarding four conceptual criteria. *J Pers Soc Psychol* 93:431–446.

Smith KB, et al. 2011. Linking genetics and political attitudes: Reconceptualizing political ideology. *Polit Psychol* 32:369–397.

Smith ME. 2010. The archaeological study of neighborhoods and districts in ancient cities. *J Anthropol Archaeol* 29:137–154.

Smith PC. 2009. *Everything you know about Indians is Wrong*. Minneapolis Press: University of Minnesota.

Smith RM. 1997. *Civic Ideals: Conflicting Visions of Citizenship in U.S. History.* New Haven, CT: Yale University Press.

Smith RM, PA Klinkner 1999. *The Unsteady March.* Chicago: University of Chicago Press.

Smouse PE, et al. 1981. The impact of random and lineal fission on the genetic divergence of small human groups: A case study among the Yanomama. *Genetics* 98:179–197.

Sorabji R. 2005. *The Philosophy of the Commentators, 200–600 AD: A Sourcebook, Volume 1: Psychology (with Ethics and Religion).* Ithaca, NY: Cornell University Press.

Sorensen AA, TM Busch, SB Vinson. 1985. Control of food influx by temporal subcastes in the fire ant. *Behav Ecol Sociobiol* 17:191–198.

Sorger DM, W Booth, A Wassie Eshete, M Lowman, MW Moffett. 2017. Outnumbered: A new dominant ant species with genetically diverse supercolonies. *Insectes Sociaux* 64:141–147.

Southwick CH, et al. 1974. Xenophobia among free-ranging rhesus groups in India. Em RL Holloway, ed. *Primate Aggression, Territoriality, and Xenophobia.* Nova York: Academic. pp. 185–209.

Spencer C. 2010. Territorial expansion and primary state formation. *Proc Nat Acad Sci* 107:7119–7126.

Spencer WB, FJ Gillen. 1899. *The Native Tribes of Central Australia.* Londres: MacMillan & Co.

Sperber D. 1974. *Rethinking Symbolism.* Cambridge: Cambridge University Press.

Spicer EH. 1971. Persistent cultural systems. *Science* 174:795–800.

Spickard P. 2005. Race and nation, identity and power: Thinking comparatively about ethnic systems. Em P Spickard, ed. *Race and Nation: Ethnic Systems in the Modern World.* Nova York: Taylor & Francis. pp. 1–29.

Spoor JR, JR Kelly. 2004. The evolutionary significance of affect in groups. *Group Proc Intergr Rel* 7:398–412.

Spoor JR, KD Williams. 2007. The evolution of an ostracism detection system. Em JP Forgas et al., eds. *Evolution and the Social Mind.* Nova York: Psychology Press. pp. 279–292.

Sridhar H, G Beauchamp, K Shankar. 2009. Why do birds participate in mixed-species foraging flocks? *Science Direct* 78:337–347.

Stahler DR, DW Smith, R Landis. 2002. The acceptance of a new breeding male into a wild wolf pack. *Can J Zool* 80:360–365.

Stanner WEH. 1965. Aboriginal territorial organization. *Oceania* 36:1–26.

———. 1979. *White Man Got No Dreaming: Essays 1938–78.* Canberra: Australian National University Press.

Staub E. 1989. *The Roots of Evil.* Cambridge: Cambridge University Press.

———. 1997. Blind versus constructive patriotism. Em D Bar-Tal, E Staub, eds. *Patriotism in the Lives of Individuals and Nations.* Chicago: Nelson-Hall. pp. 213–228.

Steele C, J Gamble. 1999. Hominid ranging patterns and dietary strategies. Em H Ullrich, ed. *Hominid Evolution: Lifestyles and Survival Strategies.* Gelsenkirchen: Edition Archaea. pp. 369–409.

Steele CM, SJ Spencer, J Aronson. 2002. Contending with group image: The psychology of stereotype and social identity threat. *Adv Exp Soc Psychol* 34:379–440.

Steffian AF, PG Saltonstall. 2001. Markers of identity: Labrets and social organization in the Kodiak Archipelago. *Alaskan J Anthropol* 1:1–27.

Stiner MC, SL Kuhn. 2006. Changes in the "connectedness" and resilience of Paleolithic societies in Mediterranean ecosystems. *Hum Ecol* 34:693–712.

Stirling MW. 1938. *Historical and Ethnographical Material on the Jívaro Indians.* Washington, DC: Smithsonian Institution.

Stoneking M. 2003. Widespread prehistoric human cannibalism: Easier to swallow? *Trends Ecol Evol* 18:489–490.

Strandburg-Peshkin A, et al. 2015. Shared decision-making drives collective movement in wild baboons. *Science* 348:1358–1361.

Struch N, SH Schwartz. 1989. Intergroup aggression: Its predictors and distinctness from in-group bias. *J Pers Soc Psychol* 56:364–373.

Struhsaker TT. 2010. *The Red Colobus Monkeys.* Nova York: Oxford University Press.

Sturgis J, DM Gordon. 2012. Nestmate recognition in ants. *Myrmecol News* 16:101–110.

Suarez AV, et al. 2002. Spatiotemporal patterns of intraspecific aggression in the invasive Argentine ant. *Anim Behav* 64:697–708.

Suetonius 1979 (escrito em 121 d.C.). *The Twelve Caesars.* Trad. de M. Graves. Londres: Penguin.

Sueur C, et al. 2011. Group size, grooming and fission in primates: A modeling approach based on group structure. *J Theor Biol* 273:156–166.

Sugita Y. 2008. Face perception in monkeys reared with no exposure to faces. *Proc Nat Acad Sci* 105:394–398.

444 Referências

Sugiyama Y. 1999. Socioecological factors of male chimpanzee migration at Bossou, Guinea. *Primates* 40:61–68.

Sumner WG. 1906. *Folkways: The Study of the Sociological Importance of Usages, Manners, Customs, Mores, and Morals.* Boston: Ginn & Co.

Surbeck M, G Hohmann. 2008. Primate hunting by bonobos at LuiKotale, Salonga National Park. *Curr Biol* 18:R906–R907.

Swann WB Jr, et al. 2012. When group membership gets personal: A theory of identity fusion. *Psychol Rev* 119:441–456.

Taglialatela JP, et al. 2009. Visualizing vocal perception in the chimpanzee brain. *Cereb Cortex* 19:1151–1157.

Tainter JA. 1988. *The Collapse of Complex Societies.* Cambridge: Cambridge University Press.

Tajfel H, et al. 1970. The development of children's preference for their own country: A cross national study. *Int J Psychol* 5:245–253.

Tajfel H, JC Turner. 1979. An integrative theory of intergroup conflict. Em W Austin, S Worchel, eds. *The Social Psychology of Intergroup Relations.* Monterey, CA: Brooks/Cole. pp. 33–47.

Takahashi H, et al. 2014. Different impressions of other agents obtained through social interaction uniquely modulate dorsal and ventral pathway activities in the social human brain. *Science Direct* 58:289–300.

Tan J, B Hare. 2013. Bonobos share with strangers. *PLoS ONE* 8:e51922.

Tanaka J. 1980. *The San, Hunter-Gatherers of the Kalahari.* Tóquio: University of Tokyo Press.

Tarr B, J Launay, RIM Dunbar. 2016. Silent disco: Dancing in synchrony leads to elevated pain thresholds and social closeness. *Evol Hum Behav* 37:343–349.

Taylor AM. 2005. *The Divided Family in Civil War America.* Chapel Hill: University of North Carolina Press.

Taylor CB, JM Ferguson, BM Wermuth. 1977. Simple techniques to treat medical phobias. *Postgrad Med J* 53:28–32.

Taylor R. 2008. The polemics of making fire in Tasmania. *Aboriginal Hist* 32:1–26.

Tebbich S, R Bshary. 2004. Cognitive abilities related to tool use in the woodpecker finch. *Anim Behav* 67:689–697.

Tennie C, J Call, M Tomasello. 2009. Ratcheting up the ratchet: On the evolution of cumulative culture. *Philos T Roy Soc B* 364:2405–2415.

Terry DJ, CJ Carey, VJ Callan. 2001. Employee adjustment to an organizational merger: An intergroup perspective. *Pers Soc Psychol Bull* 27:267–280.

Testart A. 1982. Significance of food storage among hunter-gatherers. *Curr Anthropol* 23:523–530.

Testi A. 2005. You Americans aren't the only people obsessed with your flag. *Zócalo.* http://www.zocalo-publicsquare.org/2015/06/12/you-americans-arent-the-only-people-obsessed-with-your-flag/ideas/nexus/.

———. 2010. *Capture the Flag.* Trad. de NG Mazhar. Nova York: New York University Press.

Thaler RH, CR Sunstein. 2009. *Nudge: Improving Decisions about Health, Wealth, and Happiness.* Nova York: Penguin.

Theberge J, M Theberge. 1998. *Wolf Country: Eleven Years Tracking the Algonquin Wolves.* Toronto: McClelland & Stewart.

Thierry B. 2005. Hair grows to be cut. *Evol Anthropol: Issues, News, and Reviews* 14:5.

Thomas EM. 1959. *The Harmless People.* Nova York: Alfred A. Knopf.

Thomas-Symonds N. 2010. *Attlee: A Life in Politics.* Nova York: IB Tauris.

Thompson B. 1983. Social ties and ethnic settlement patterns. Em WC McCready, ed. *Culture, Ethnicity, and Identity.* Nova York: Academic Press. pp. 341–360.

Thompson PR. 1975. A cross-species analysis of carnivore, primate, and hominid behavior. *J Human Evol* 4:113–124.

Thornton A, J Samson, T Clutton-Brock. 2010. Multi-generational persistence of traditions in neighbouring meerkat groups. *Proc Roy Soc B* 277:3623–3629.

Tibbetts EA, J Dale. 2007. Individual recognition: It is good to be different. *Trends Ecol Evol* 22:529–537.

Tilly C. 1975. Reflections on the history of European state-making. Em C Tilly, ed. *The Formation of National States in Western Europe.* Princeton, NJ: Princeton University Press. pp. 3–83.

Tincoff R, PW Jusczyk. 1999. Some beginnings of word comprehension in 6-month-olds. *Psychol Sci* 10:172–175.

Tindale RS, S Sheffey. 2002. Shared information, cognitive load, and group memory. *Group Process Intergr Relat* 5:5–18.

Referências 445

Tishkoff SA, et al. 2007. Convergent adaptation of human lactase persistence in Africa and Europe. *Nat Genet* 39:31–40.

Tobler R, et al. 2017. Aboriginal mitogenomes reveal 50,000 years of regionalism in Australia. *Nature* 544:180–184.

Todorov A. 2017. *Face Value: The Irresitable Influence of First Impressions.* Princeton, NJ: Princeton University Press.

Toft MD. 2003. *The Geography of Ethnic Violence.* Princeton, NJ: Princeton University Press.

Tomasello M. 2011. Human culture in evolutionary perspective. Em MJ Gelfand et al., eds. *Advances in Culture and Psychology,* vol 1. Nova York: Oxford University Press. pp. 5–51.

———. 2014. *A Natural History of Human Thinking.* Cambridge, MA: Harvard University Press.

Tomasello M, et al. 2005. Understanding and sharing intentions: The origins of cultural cognition. *Behav Brain* Sci 28:675–673.

Tonkinson R. 1987. Mardujarra kinship. Em DJ Mulvaney, JP White, eds. *Australia to 1788.* Broadway, NSW: Fairfax, Syme, Weldon. pp. 197–220.

———. 2002. *The Mardu Aborigines: Living the Dream in Australia's Desert.* 2ª ed. Belmont, CA: Wadsworth.

———. 2011. Landscape, transformations, and immutability in an Aboriginal Australian culture. *Cult Memories* 4:329–345.

Torres CW, ND Tsutsui. 2016. The effect of social parasitism by *Polyergus breviceps* on the nestmate recognition system of its host, *Formica altipetens. PloS ONE* 11:e0147498.

Townsend JB. 1983. Pre-contact political organization and slavery in Aleut society. Em E Tooker, ed. *The Development of Political Organization in Native North America.* Filadélfia: Anais da Sociedade Etnológica Norte-americana. pp. 120–132.

Townsend SW, LI Hollén, MB Manser. 2010. Meerkat close calls encode group-specific signatures, but receivers fail to discriminate. *Anim Behav* 80:133–138.

Trinkaus E, et al. 2014. *The people of Sunghir.* Oxford: Oxford University Press.

Tschinkel WR. 2006. *The Fire Ants.* Cambridge, MA, Harvard University Press.

Tsutsui ND. 2004. Scents of self: The expression component of self/non-self recognition systems. Em *Ann Zool Fenn.* Comitê de Publicação Zoológica e Botânica da Finlândia. pp. 713–727.

Turchin P. 2015. *Ultrasociety: How 10,000 Years of War Made Humans the Greatest Cooperators on Earth.* Chaplin, CT: Beresta Books.

Turchin P, et al. 2013. War, space and the evolution of Old World complex societies. *Proc Nat Acad Sci* 110:16384–16389.

Turchin P, S Gavrilets. 2009. Evolution of complex hierarchical societies. *Soc Evol Hist* 8:167–198.

Turnbull CM. 1965. *Wayward Servants.* Londres: Eyre and Spottiswoode.

———. 1972. *The Mountain People.* Londres: Cape.

Turner JC. 1981. The experimental social psychology of intergroup behavior. Em JC Turner, H Giles, eds. *Intergroup Behavior.* Oxford: Blackwell. pp. 66–101.

Turner JH, RS Machalek. 2018. *The New Evolutionary Sociology.* Nova York: Routledge.

Turner TS. 2012. The social skin. *J Ethnog Theory* 2:486–504.

Tuzin D. 2001. *Social Complexity in the Making: A Case Study Among the Arapesh of New Guinea.* Londres: Routledge.

Tyler TR. 2006. Psychological perspectives on legitimacy and legitimation. *Annu Rev Psychol* 57:375–400.

Uehara E. 1990. Dual exchange theory, social networks, and informal social support. *Am J Sociol* 96:521–57.

Vaes J, MP Paladino. 2010. The uniquely human content of stereotypes. *Process Intergr Relat* 13:23–39.

Vaes J, et al. 2012. We are human, they are not: Driving forces behind outgroup dehumanisation and the humanisation of the ingroup. *Eur Rev Soc Psychol* 23:64–106.

Vaesen K, et al. 2016. Population size does not explain past changes in cultural complexity. *Proc Nat Acad Sci* 113:E2241–E2247.

Valdesolo P, J Ouyang, D DeSteno. 2010. The rhythm of joint action: Synchrony promotes cooperative ability. *J Exp Soc Psychol* 46:693–695.

Van den Berghe PL. 1981. *The Ethnic Phenomenon.* Nova York: Elsevier.

van der Dennen JMG. 1987. Ethnocentrism and in-group/out-group differentiation. Em V Reynolds et al., eds. *The Sociobiology of Ethnocentrism.* Londres: Croom Helm. pp. 1–47.

———. 1991. Studies of conflict. Em M Maxwell, ed. *The Sociobiological Imagination.* Albany: State University of New York Press. pp. 223–241.

446 *Referências*

————. 1999. Of badges, bonds, and boundaries: In-group/out-group differentiation and ethnocentrism revisited. Em K Thienpont, R Cliquet, eds. *In-group/Outgroup Behavior in Modern Societies*. Amsterdã: Vlaamse Gemeeschap/CBGS. pp. 37–74.

————. 2014. Peace and war in nonstate societies: An anatomy of the literature in anthropology and political science. *Common Knowledge* 20:419–489.

Van der Toorn J, et al. 2014. My country, right or wrong: Does activating system justification motivation eliminate the liberal-conservative gap in patriotism? *J Exp Soc Psychol* 54:50–60.

van de Waal E, C Borgeaud, A Whiten. 2013. Potent social learning and conformity shape a wild primate's foraging decisions. *Science* 340:483–485.

van Dijk RE, et al. 2013. The thermoregulatory benefits of the communal nest of sociable weavers *Philetairus socius* are spatially structured within nests. *J Avian Biol* 44:102–110.

van Dijk RE, et al. 2014. Cooperative investment in public goods is kin directed in communal nests of social birds. *Ecol Lett* 17:1141–1148.

Vanhaeren M, F d'Errico. 2006. Aurignacian ethno-linguistic geography of Europe revealed by personal ornaments. *J Archaeol Sci* 33:1105–1128.

Van Horn RC, et al. 2007. Divided destinies: Group choice by female savannah baboons during social group fission. *Behav Ecol Sociobiol* 61:1823–1837.

Van Knippenberg D. 2011. Embodying who we are: Leader group prototypicality and leadership effectiveness. *Leadership Quart* 22:1078–1091.

Van Meter PE. 2009. Hormones, stress and aggression in the spotted hyena. Ph.D. diss. em Zoologia. Michigan State University, East Lansing, MI.

Van Vugt M, A Ahuja. 2011. *Naturally Selected: The Evolutionary Science of Leadership*. Nova York: HarperCollins.

Van Vugt M, CM Hart. 2004. Social identity as social glue: The origins of group loyalty. *J Pers Soc Psychol* 86:585–598.

Van Vugt M, R Hogan, RB Kaiser. 2008. Leadership, followership, and evolution: Some lessons from the past. *Am Psychol* 63:182–196.

Vasquez JA, ed. 2012. *What do We Know About War?* 2ª ed. Lanham, Maryland: Rowman & Littlefield.

Vecoli RJ. 1978. The coming of age of the Italian Americans 1945–1974. *Ethnic Racial Stud* 8:134–158.

Verdolin JL, AL Traud, RR Dunn. 2014. Key players and hierarchical organization of prairie dog social networks. *Ecol Complex* 19:140–147.

Verdu P, et al. 2010. Limited dispersal in mobile hunter–gatherer Baka Pygmies. *Biol Lett* 6:858–861.

Viki GT, R Calitri. 2008. Infrahuman outgroup or suprahuman group: The role of nationalism and patriotism in the infrahumanization of outgroups. *Eur J Soc Psychol* 38:1054–1061.

Viki GT, D Osgood, S Phillips. 2013. Dehumanization and self-reported proclivity to torture prisoners of war. *J Exp Soc Psychol* 49:325–328.

Villa P. 1983. *Terra Amata and the Middle Pleistocene Archaeological Record of Southern France*. Berkeley: Publicações em Antropologia da Universidade da Califórnia 13.

Visscher PK. 2007. Group decision making in nest-site selection among social insects. *Annu Rev Entomol* 52:255–275.

Volpp L. 2001. The citizen and the terrorist. *UCLA Law Rev* 49:1575–1600.

Voltaire. 1901. *A Philosophical Dictionary*, vol. 4. Paris: ER Dumont.

Vonholdt BM, et al. 2008. The genealogy and genetic viability of reintroduced Yellowstone grey wolves. *Mol Ecol* 17:252–274.

Voorpostel M. 2013. Just like family: Fictive kin relationships in the Netherlands. *J Gerontol B Psychol Sci Soc Sci* 68:816–824.

Wadley L. 2001. What is cultural modernity? A general view and a South African perspective from Rose Cottage Cave. *Cambr Archaeol J* 11:201–221.

Walford E, J Gillies. 1853. *The Politics and Economics of Aristotle*. Londres: HG Bohn.

Walker RH, et al. 2017. Sneeze to leave: African wild dogs use variable quorum thresholds facilitated by sneezes in collective decisions. *Proc R Soc B* 284:20170347.

Walker RS. 2014. Amazonian horticulturalists live in larger, more related groups than hunter–gatherers. *Evol Hum Behav* 35:384–388.

Walker RS, et al. 2011. Evolutionary history of hunter-gatherer marriage practices. *PLoS ONE* 6:e19066.

Walker RS, KR Hill. 2014. Causes, consequences, and kin bias of human group fissions. *Hum Nature* 25:465–475.

Referências 447

Wallensteen P. 2012. Future directions in the scientific study of peace and war. Em JA Vasquez, ed. *What Do We Know About War?* 2ª ed. Lanham, MD: Rowman & Littlefield. pp. 257–270.

Walter R, I Smith, C Jacomb. 2006. Sedentism, subsistence and socio-political organization in prehistoric New Zealand. *World Archaeol* 38:274–290.

Wang Y, S Quadflieg. 2015. In our own image? Emotional and neural processing differences when observing human-human vs human-robot interactions. *Soc Cogn Affect Neurosci* 10:1515–1524.

Ward RH. 1972. The genetic structure of a tribal population, the Yanomama Indians V. Comparisons of a series of genetic networks. *Ann Hum Genet* 36:21–43.

Warnecke AM, RD Masters, G Kempter. 1992. The roots of nationalism: Nonverbal behavior and xenophobia. *Ethol Sociobiol* 13:267–282.

Watanabe S, J Sakamoto, M Wakita. 1995. Pigeons discrimination of paintings by Monet and Picasso. *J Exp Anal Behav* 63:165–174.

Watson RD Jr. 2008. *Normans and Saxons: Southern Race Mythology and the Intellectual History of the American Civil War.* Baton Rouge: Louisiana State University Press.

Watson-Jones RE, et al. 2014. Task-specific effects of ostracism on imitative fidelity in early childhood. *Evol Hum Behav* 35:204–210.

Watts DP, et al. 2000. Redirection, consolation, and male policing. Em F Aureli, FBM de Waal, eds. *Natural Conflict Resolution.* Berkeley: University of California Press. pp. 281–301.

Watts DP, et al. 2006. Lethal intergroup aggression by chimpanzees in Kibale National Park, Uganda. *Am J Primatol* 68:161–180.

Waytz A, N Epley, JT Cacioppo. 2010. Social cognition unbound: Insights into anthropomorphism and dehumanization. *Curr Dir Psychol Sci* 19:58–62.

Weber E. 1976. *Peasants into Frenchmen: The Modernization of Rural France 1870–1914.* Stanford, CA: Stanford University Press.

Weddle RS. 1985. *Spanish Sea: The Gulf of Mexico in North American Discovery 1500–1685.* College Station: Texas A & M University Press.

Wegner DM. 1994. Ironic processes of mental control. *Psychol Rev* 101:34–52.

Weinstein EA. 1957. Development of the concept of flag and the sense of national identity. *Child Dev* 28:167–174.

Weisler MI. 1995. Henderson Island prehistory: Colonization and extinction on a remote Polynesian island. *Biol J Linn Soc* 56:377–404.

Weitz MA. 2008. *More Damning than Slaughter: Desertion in the Confederate Army.* Lincoln: University of Nebraska Press.

Wells RS. 2003. Dolphin social complexity. Em FBM de Waal, PL Tyack, eds. *Animal Social Complexity: Intelligence, Culture and Individualized Societies.* Cambridge, MA: Harvard University Press. pp. 32–56.

Wendorf F. 1968. Site 117: A Nubian final paleolithic graveyard near Jebel Sahaba, Sudan. Em F Wendorf, ed. *The Prehistory of Nubia.* Dallas: Southern Methodist University Press. pp. 954–1040.

West SA, I Pen, AS Griffin. 2002. Cooperation and competition between relatives. *Science* 296:72–75.

Weston K. 1991. *Families We Choose: Lesbians, Gays, Kinship.* Nova York: Columbia University Press.

Whallon R. 2006. Social networks and information: non-"utilitarian" mobility among hunter-gatherers. *J Anthropol Archaeol* 25:259–270.

Wheeler A, et al. 2011. Caucasian infants scan ownand other-race faces differently. *PloS ONE* 6: e18621.

White HT. 2011. *Burma.* Cambridge: Cambridge University Press.

Whitehead NL. 1992. Tribes make states and states make tribes: Warfare and the creation of colonial tribes and states in northeastern South America. Em RB Ferguson, NL Whitehead, eds. *War in the Tribal Zone.* Santa Fé, NM: SAR Press. pp. 127–150.

Whitehouse H, et al. 2014a. The ties that bind us: Ritual, fusion, and identification. *Curr Anthropol* 55:674–695.

Whitehouse H, et al. 2014b. Brothers in arms: Libyan revolutionaries bond like family. *Proc Nat Acad Sci* 111:17783–17785.

Whitehouse H, RN McCauley. 2005. *Mind and Religion: Psychological and Cognitive Foundations of Religiosity.* Walnut Creek, CA: Altamira.

Whiten A. 2011. The scope of culture in chimpanzees, humans and ancestral apes. *Philos T Roy Soc B* 366:997–1007.

Widdig A, et al. 2006. Consequences of group fission for the patterns of relatedness among rhesus macaques. *Mol Ecol* 15:3825–3832.

448 *Referências*

Wiessner PW. 1977. Hxaro: A regional system of reciprocity for reducing risk among the !Kung San. Ph.D. diss. da Universidade de Michigan, Ann Arbor, MI.

————. 1982. Risk, reciprocity and social influences on !Kung San economics. Em E Leacock, R Lee, eds. *Politics and History in Band Societies*. Cambridge: Cambridge University Press. pp. 61–84.

————. 1983. Style and social information in Kalahari San projectile points. *Am Antiquity* 48:253–276.

————. 1984. Reconsidering the behavioral basis for style: A case study among the Kalahari San. *J Anthropol Arch* 3:190–234.

————. 2002. Hunting, healing, and *hxaro* exchange: A long-term perspective on !Kung (Ju/'hoansi) large-game hunting. *Evol Hum Behav* 23:407–436.

————. 2014. Embers of society: Firelight talk among the Ju/'hoansi Bushmen. *Proc Nat Acad Sci* 111:14027–14035.

Wiessner P, A Tumu. 1998. *Historical Vines: Enga Networks of Exchange, Ritual and Warfare in Papua New Guinea*. Washington, DC: Smithsonian Institution Press.

Wildschut T, et al. 2003. Beyond the group mind: A quantitative review of the interindividual-intergroup discontinuity effect. *Psychol Bull* 129:698–722.

Wilkinson GS, JW Boughman. 1998. Social calls coordinate foraging in greater spearnosed bats. *Anim Behav* 55:337–350.

Willer R, K Kuwabara, MW Macy. 2009. The false enforcement of unpopular norms. *Am J Sociol* 115:451–490.

Williams J. 2006. *Clam Gardens: Aboriginal Mariculture on Canada's West Coast*. Point Roberts, WA: New Star Books.

Williams JM, et al. 2004. Why do male chimpanzees defend a group range? *Anim Behav* 68:523–532.

Williams JM, et al. 2008. Causes of death in the Kasakela chimpanzees of Gombe National Park, Tanzania. *Am J Primatol* 70:766–777.

Wilshusen RH, JM Potter. 2010. The emergence of early villages in the American Southwest: Cultural issues and historical perspectives. Em MS Bandy, JR Fox, eds. *Becoming Villagers: Comparing Early Village Societies*. Tucson: University of Arizona Press. pp. 165–183.

Wilson DS, EO Wilson. 2008. Evolution "for the Good of the Group." *Am Sci* 96:380–389.

Wilson EO. 1975. *Sociobiology: The New Synthesis*. Cambridge, MA: Harvard University Press.

————. 1978. *On Human Nature*. Cambridge, MA: Harvard University Press.

————. 1980. Caste and division of labor in leaf-cutter ants. I. The overall pattern in *A. sexdens*. *Behav Ecol Sociobiol* 7:143–156.

————. 2012. *Social Conquest of Earth*. Nova York: W.W. Norton.

Wilson ML, et al. 2014. Lethal aggression in *Pan* is better explained by adaptive strategies than human impacts. *Nature* 513:414–417.

Wilson ML, M Hauser, R Wrangham. 2001. Does participation in intergroup conflict depend on numerical assessment, range location or rank in wild chimps? *Anim Behav* 61:1203–1216.

Wilson ML, WR Wallauer, AE Pusey. 2004. New cases of intergroup violence among chimpanzees in Gombe National Park, Tanzania. *Int J Primatol* 25:523–549.

Wilson ML, RW Wrangham. 2003. Intergroup relations in chimpanzees. *Annu Rev Anthropol* 32:363–392.

Wilson TD. 2002. *Strangers to Ourselves: Discovering the Adaptive Unconscious*. Cambridge, MA: Harvard University Press.

Wimmer A, B Min. 2006. From empire to nation-state: Explaining wars in the modern world, 1816–2001. *Am Sociol Rev* 71:867–897.

Winston ML, GW Otis. 1978. Ages of bees in swarms and afterswarms of the Africanized honeybee. *J Apic Res* 17:123–129.

Witkin HA, JW Berry. 1975. Psychological differentiation in cross-cultural perspective. *J Cross Cult Psychol* 6:4–87.

Wittemyer G, et al. 2007. Social dominance, seasonal movements, and spatial segregation in African elephants. *Behav Ecol Sociobiol* 61:1919–1931.

Wittemyer G, et al. 2009. Where sociality and relatedness diverge: The genetic basis for hierarchical social organization in African elephants. *Proc Roy Soc B* 276:3513–3521.

Wobst HM. 1974. Boundary conditions for Paleolithic social systems. *Am Antiquity* 39:147–178.

————. 1977. Stylistic behavior and information exchange. Em CE Cleland, ed. *Research Essays in Honor of James B. Griffin*. Ann Arbor, MI: Museu de Antropologia. pp. 317–342.

Wohl MJA, MJ Hornsey, CR Philpot. 2011. A critical review of official public apologies: Aims, pitfalls, and a staircase model of effectiveness. *Soc Issues Policy Rev* 5:70–100.

Wohl MJA, et al. 2012. Why group apologies succeed and fail: Intergroup forgiveness and the role of primary and secondary emotions. *J Pers Soc Psychol* 102:306–322.

Wolsko C, B Park, CM Judd. 2006. Considering the tower of Babel. *Soc Justice Res* 19: 277–306.

Womack M. 2005. *Symbols and Meaning: A Concise Introduction.* Walnut Creek CA: Altamira.

Wood G. 2015. What ISIS really wants. *The Atlantic* 315:78–94.

Woodburn J. 1982. Social dimensions of death in four African hunting and gathering societies. Em M Bloch, J Parry, eds. *Death and the Regeneration of Life.* Cambridge: Cambridge University Press. pp. 187–210.

Word CO, MP Zanna, J Cooper. 1974. The nonverbal mediation of self-fulfilling prophecies in interracial interaction. *J Exp Soc Psychol* 10:109–120.

Wrangham RW. 1977. Feeding behaviour of chimpanzees in Gombe National Park, Tanzania. Em TH Clutton-Brock, ed. *Primate Ecology.* Londres: Academic Press. pp. 504–538.

———. 1999. Evolution of coalitionary killing. *Am J Phys Anthropol* 110:1–30.

———. 2009. *Catching Fire: How Cooking Made Us Human.* Nova York: Basic Books.

———. 2014. Ecology and social relationships in two species of chimpanzee. Em DI Rubenstein, RW Wrangham, eds. *Ecological Aspects of Social Evolution: Birds and Mammals.* Princeton, NJ: Princeton University Press. pp. 352–378.

———. 2019. *The Goodness Paradox: The Strange Relationship between Virtue and Violence in Human Evoution.* Nova York: Pantheon Books.

Wrangham RW, L Glowacki. 2012. Intergroup aggression in chimpanzees and war in nomadic hunter-gatherers. *Hum Nature* 23:5–29.

Wrangham RW, D Peterson. 1996. *Demonic Males: Apes and the Origins of Human Violence.* Nova York: Houghton Mifflin Harcourt.

Wrangham RW, et al. 2016. Distribution of a chimpanzee social custom is explained by matrilineal relationship rather than conformity. *Curr Biol* 26:3033–3037.

Wrangham RW, ML Wilson, MN Muller. 2006. Comparative rates of aggression in chimpanzees and humans. *Primates* 47:14–26.

Wray MK, et al. 2011. Collective personalities in honeybee colonies are linked to fitness. *Anim Behav* 81:559–568.

Wright R. 2004. *A Short History of Progress.* Nova York: Carroll & Graf.

Wright SC, et al. 1997. The extended contact effect: Knowledge of cross-group friendsips and prejudice. *J Pers Soc Psychol* 73:73–90.

Wu F. 2002. *Yellow: Race in America Beyond Black and White.* Nova York: Basic Books.

Wurgaft BA. 2006. Incensed: Food smells and ethnic tension. *Gastronomica* 6:57–60.

Yates FA. 1966. *The Art of Memory.* Londres: Routledge & Kegan Paul.

Yellen J, H Harpending. 1972. Hunter-gatherer populations and archaeological inference. *World Archaeol* 4:244–253.

Yoffee N. 1995. Collapse of ancient Mesopotamian states and civilization. Em N Yoffee, G Cowgill, eds. *Collapse of Ancient States and Civilizations.* Tucson: University of Arizona. pp 44–68.

Yogeeswaran K, N Dasgupta. 2010. Will the "real" American please stand up? The effect of implicit national prototypes on discriminatory behavior and judgments. *Pers Soc Psychol Bull* 36:1332–1345.

Yonezawa M. 2005. Memories of Japanese identity and racial hierarchy. Em P Spickard, ed. *Race and Nation.* Nova York: Routledge. pp. 115–132.

Zajonc R, et al. 1987. Convergence in the physical appearance of spouses. *Motiv Emot* 11:335–346.

Zayan R, J Vauclair. 1998. Categories as paradigms for comparative cognition. *Behav Proc* 42:87–99.

Zeder MA, et al., eds. 2006. *Documenting Domestication: New Genetic and Archaeological Paradigms.* Berkeley: University of California Press.

Zentall TR. 2015. Intelligence in non-primates. Em S Goldstein, D Princiotta, JA Naglieri, eds. *Handbook of Intelligence.* Nova York: Springer. pp. 11–25.

Zerubavel E. 2003. *Time Maps: Collective Memory and the Social Shape of the Past.* Chicago: University of Chicago Press.

Zick A, et al. 2008. The syndrome of group-focused enmity. *J Soc Issues* 64:363–383.

Zinn H. 2005. *A People's History of the United States.* Nova York: HarperCollins.

Zvelebil M, M Lillie. 2000. The transition to agriculture in eastern Europe. Em TD Price, ed. *Europe's First Farmers.* Cambridge: Cambridge University Press. pp. 57–92.

Índice

A
aceitação da autoridade
  aversão, 125
afiliação
  confiáveis, 26
  distintas, 30
  especiais, 82
  permanente, 43
  voluntária, 17
agregações temporárias, 32
alianças, 28
  amizade, 28
  duradouras, 127
  laços de família, 28
  obrigações sociais, 28
amnésia cultural, 263
atributos culturais, 84
avaliações instintivas, 197

B
bandos, 99
  egoístas
    comportamento centrípeto, 27
  itinerantes, 140
banquetes cerimoniais, 140
  potlatches, 140
benefícios
  de defesa, 21
  econômicos, 21
    partilhamento, 21
bens
  de coespecíficos, 33
  de luxo, 306
  densidade de, 300
  monopolizar, 33

C
catraca cultural, 162
cenário circunscrito, 312

classificações de coletivos, 139
classificações de coletivos, 139
colonialismo, 324
combinação de personalidades, 119
comportamento
  aceitável, 309
  ético, 21
  excêntricos, 268
  grupais, 130
  humano, 228
  impulso de imitar, 266
  pró-social, 23
    protocooperação, 23
conveniência
  do habitat, 78
  política, 18
cosmopolitismo, 368
cultura
  códigos morais, 84
  conhecimentos compartilhados, 84
  híbridas, 316
  normas, 84
  valores, 84

D
decadência moral, 22
desequilíbrios de prestígio, 299
desvantagem
  econômica, 199
  psicológica, 199
diálogos equilibrados, 21
diferenças
  de aptidão, 247
  de status, 140
domicílios comunitários, 130
domínio reverso, 122

E
economia de escala, 307
efeito

452 *Índice*

da ovelha negra, 270
da vítima identificável, 186
de descontinuidade, 208
residuais, 284
especialização profissional, 128
espírito pacificador, 284
excentricidades, 90
Exibições de força, 302
exigências mentais, 93
expansão do território, 104
expressões artísticas, 113
escarificação, 113
extravagância cultural, 142

F
falhas de comunicação, 196
falta de competição, 80
fé cega, 210
feromônios, 70
fluxo
de informações, 319
de mercadorias, 62
força
da vida, 230
de trabalho, 58
inspiradora, 211

G
ganho político, 140
Grande
Cadeia dos Seres, 194
Colônia, 68

H
habilidades
individuais, 118
sensoriais
excepcionais, 40
sociais, 105
hábitos de pensamento, 357
hierarquia
de controle, 306
de dominância reversa, 121
de poder, 59
hostilidades
superar, 239

I
idade reprodutiva, 30
identidade

afirmação de, 209
aspectos de, 81
comum, 18
emergente, 91
étnica, 175
fusão de, 209
imaginárias, 18
marcadores de, 81
Eventos históricos, 83
expressões, 85
Gestos, 84
hieróglifos egípcios, 83
linguagem, 87
reconhecimento, 81
vestimentas, 83
métrica de, 176
nacional, 175
partilhada, 17
rígidas, 91
social, 19
ignorância em massa, 310
imperial overstretch
fenômeno de expansão, 315
inatividade sazonal, 132
instabilidades políticas, 377
invasão territorial, 231

K
kit de sobrevivência, 118

L
liberdade
de movimento, 38
de pensamento, 210
pessoal, 90
liderança
aceitação de, 128
babble effect
efeito conversa fiada, 135
oratória, 135
Personalidades magnéticas, 134
por comitê, 136
limitações
cognitivas, 21
sensoriais, 40
línguas de contato, 345
lógica evolucionária, 27
longhouses
tipo de moradia, 132

M

maquinações de poder, 288
matrilinearidade, 216
mecanismos
  de isolamento, 274
  de segurança, 31
mediadores de conflitos, 119
memória
  banco de, 51
  coletiva, 162
  exigências de, 51
  seletiva, 263
metas
  conflitantes, 34
  partilhadas, 19
métodos de comunicação, 42
  à longa distância, 42
    código Morse, 42
modalidades sensoriais, 47
  cheiros, 49
  visão, 47
  vocalizações
    chamados, rugidos etc., 47
  vozes, 48
mudanças
  culturais, 129
  de identidade, 265
  na linguagem, 265
mutações biológicas, 83

N

nação indivisível, 377
nacionais
  heróis, 194
  hinos, 194
  história, 194
nações disfuncionais, 319
natureza de despojamento, 117
número de Dunbar, 20
Nuremberg
  manifestações, 203

O

objetivo consciente, 83
obrigações familiares, 221
operações de forrageio, 57
organismo imperialista, 68
orgulho étnico, 346

P

padrões
  de comportamento, 330
  de movimento, 102
pant-hoot
  chamados dos chimpanzés, 41
  grito dos chimpanzés, 155
parentescos
  culturais, 220
  fictícios, 220
personalidade coletiva, 212
pessoas desumanizadas, 196
preconceitos
  ocultos, 182
  pessoais, 182
preferência individual, 211
produção em massa, 64

Q

QI de relacionamento, 221

R

reação
  adversa modesta, 186
  de fuga, 312
  emocional, 197
  mental, 179
  mútua, 30
recursos
  competição por, 239
redes
  cooperativas, 21
  de aliados, 21
  de amigos, 20
  de comércio modernas, 315
  de segurança, 31
  particulares, 82
  sociais, 21
    confusão das, 21
reformulação de identidade, 274
relações
  básicas, 20
  consanguínea, 215
  diárias, 104
  evolucionárias, 60
  individuais, 18
  intergrupais
    comércio, 240
  modos de, 28
    amistosos e conflituosos, 28

454 *Índice*

positivos e negativos, 28
produtivas, 24
resposta emocional, 171
retrocesso econômico, 317
Rota da Seda, 315

S

senso
de certeza pessoal, 36
de segurança, 36
de superioridade, 194
sentimento
de solidariedade, 315
de unidade, 40
simplicidade linguística, 219
sinais
de coordenação do grupo, 155
de identidade, 70
odor, 70
de nacionalidade
agressivos, 82
pré-históricos, 42
sistema
de cooperação, 19
de gestão
de resíduos, 65
imunológico, 91
sobreposição de gerações, 29
social
abismos, 328
aglutinação, 125
antagonismo, 257
compatibilidade, 119
desigualdade, 128
desintegração, 72
diferenciação, 138
esgotamento, 317
estímulos, 139
normas, 273
reconstrução, 253
substituição, 231
tendências, 310
sociedade
administração da, 326
anônimas, 71
marcador da colônia, 71
ascensão e queda, 253
atributos essenciais, 149
benefícios da, 29
capitalistas, 62
conflitos entre, 229
funcional, 258

marxistas, 62
multiplicidade de, 30
permanentes, 29
secretas, 139

T

tecnologias
expansão de, 137
teoria
da distintividade ideal, 246
da personalidade
de Gordon Allport, 86
território
desconhecido, 267
exclusivo, 23
teste
de Associação Implícita, 182
de força, 229
tomada de terras, 300
torre de marfim, 195
traços genéticos, 108
transferência entre sociedades, 43
tratamento desigual, 196
treinamento disciplinado, 311
troca
de mercadorias e informações, 116
troféus
com corpos, 230

U

unidade
econômica, 116
nacional, 107

V

vantagens competitivas, 23
seleção de grupo, 23
variação cultural, 266
variedade interna, 34
vestígios arqueológicos, 127
vida
estável, 133
nômade, 38
vínculos de parentesco, 213
violência, 228
grupal, 228
visão geocêntrica, 101
Voz do Povo, 309

X

xenofobia extrema, 198

Projetos corporativos e edições personalizadas dentro da sua estratégia de negócio. Já pensou nisso?

Coordenação de Eventos
Viviane Paiva
viviane@altabooks.com.br

Assistente Comercial
Fillipe Amorim
vendas.corporativas@altabooks.com.br

A Alta Books tem criado experiências incríveis no meio corporativo. Com a crescente implementação da educação corporativa nas empresas, o livro entra como uma importante fonte de conhecimento. Com atendimento personalizado, conseguimos identificar as principais necessidades, e criar uma seleção de livros que podem ser utilizados de diversas maneiras, como por exemplo, para fortalecer relacionamento com suas equipes/ seus clientes. Você já utilizou o livro para alguma ação estratégica na sua empresa?

Entre em contato com nosso time para entender melhor as possibilidades de personalização e incentivo ao desenvolvimento pessoal e profissional.

PUBLIQUE
SEU LIVRO

Publique seu livro com a Alta Books. Para mais informações envie um e-mail para: autoria@altabooks.com.br

CONHEÇA OUTROS LIVROS DA **ALTA BOOKS**

Todas as imagens são meramente ilustrativas.

/altabooks /alta-books /altabooks /altabooks